Thomas Schneider

Asiatische Personennamen in ägyptischen Quellen des Neuen Reiches

ORBIS BIBLICUS ET ORIENTALIS

Im Auftrag des Biblischen Instituts
der Universität Freiburg Schweiz,
des Seminars für Biblische Zeitgeschichte
der Universität Münster i. W.
und der Schweizerischen Gesellschaft
für orientalische Altertumswissenschaft
herausgegeben von
Othmar Keel
unter Mitarbeit von Erich Zenger und Albert de Pury

Zum Verfasser

Thomas Schneider wurde am 6.9.1964 in Göttingen/BRD geboren. Studium der Geschichte, dann der Ägyptologie, Alttestamentlichen Wissenschaft und Alten Geschichte in Zürich und Basel, zusätzlich Beschäftigung mit semitischen Sprachen. Lizentiat 1990. Verschiedene Aufsätze in Fachzeitschriften seit 1987. Arbeit an einer Dissertation zur «Geschichte der Ausländer im Alten Ägypten» in Basel unter Professor Hornung. 1991/92 Auslandstipendiat des Schweizerischen Nationalfonds in Paris.

Orbis Biblicus et Orientalis 114

Thomas Schneider

Asiatische Personennamen in ägyptischen Quellen des Neuen Reiches

Universitätsverlag Freiburg Schweiz
Vandenhoeck & Ruprecht Göttingen

Die Deutsche Bibliothek – CIP-Einheitsaufnahme

Schneider, Thomas:
Asiatische Personennamen in ägyptischen Quellen des Neuen Reiches / Thomas Schneider. – Freiburg Schweiz: Univ.-Verl.; Göttingen: Vandenhoeck und Ruprecht, 1992
(Orbis biblicus et orientalis; 114)
ISBN 3-525-53748-4 (Vandenhoeck und Ruprecht)
ISBN 3-7278-0806-3 (Univ.-Verl.)
NE: GT

Veröffentlicht mit Unterstützung
der Fondation Michela Schiff Giorgini

Die Druckvorlagen wurden vom Herausgeber
als reprofertige Dokumente zur Verfügung gestellt

ISBN 3-7278-0806-3 (Universitätsverlag)
ISBN 3-525-53748-4 (Vandenhoeck & Ruprecht)

Meinen Eltern

Vorwort

Die vorliegende Untersuchung stellt die erweiterte und überarbeitete Fassung meiner Lizentiatsarbeit dar, die im Frühjahr 1990 von der Philosophisch-Historischen Fakultät der Universität Basel angenommen wurde.
Die Materialsammlung erfolgte im Juli 1989; im Laufe des Jahres 1990 wurden zusätzliche Belege aufgenommen und die inzwischen erschienene Sekundärliteratur, soweit sie mir zugänglich war, berücksichtigt.

Meinem verehrten Lehrer, Herrn Professor Erik Hornung, danke ich herzlichst für sein Einverständnis zur Bearbeitung des Themas, seine Betreuung während der Abfassung und verschiedenste Anregungen und Hinweise.

Mit besonderer Dankbarkeit gedenke ich Herrn Professor Otto Rösslers. Er war auf Anfrage hin sofort bereit, das Korreferat der Arbeit zu übernehmen und sie von der Warte des Semitisten aus zu beurteilen, verfolgte ihre Entstehung mit grossem Interesse und förderte sie durch Anmerkungen und die Erörterung strittiger Punkte. Ich hoffe, dass auch die vorliegende endgültige Fassung seine Zustimmung gefunden hätte.

Herrn Professor Othmar Keel danke ich für sein zuvorkommendes Angebot, die Untersuchung in die Reihe 'Orbis Biblicus et Orientalis' aufzunehmen, ebenso der Stiftung Michela Schiff Giorgini, Lausanne, für die grosszügige Übernahme eines Anteils an den Druckkosten.

Ein letzter Dank gebührt Professor Wolfgang Helck. Seine grosse Untersuchung zu den 'Beziehungen Ägyptens zu Vorderasien' mit einem das vorliegende Thema behandelnden Kapitel gab den eigentlichen Anstoss zu einer entsprechenden umfassenden Studie. Von der kritischen Auseinandersetzung mit dieser Vorgabe hat sie wesentlich profitiert.

Ich widme diese Arbeit meinen Eltern.

Basel, Ende September 1991 — Thomas Schneider

INHALTSVERZEICHNIS

Abkürzungsverzeichnis

Abbadi	S.Abbadi, Die Personennamen der Inschriften aus Hatra, 1983.
AHw	Akkadisches Handwörterbuch, bearbeitet v. Wolfram von Soden, 3 Bde, 1965-1981.
Albright VESO	W.F. Albright, The Vocalization of the Egyptian Syllabic Orthography, 1934.
ARM	Archives Royales de Mari (für die bei Birot nicht mehr erfassten Bände)
Benz	F.L.Benz, Personal Names in the Phoenician and Punic Inscriptions, 1972.
Beyer	K.Beyer, Althebräische Grammatik, 1969.
Birot	M.Birot, Archives Royales de Mari XVI/1, Répertoire analytique, 2. Noms propres, 1979.
Brockelmann GVG	C.Brockelmann, Grundriss der vergleichenden Grammatik der semitischen Sprachen, 2 Bde, 1908-1913.
B, Burchardt	M.Burchardt, Die altkanaanäischen Fremdworte und Eigennamen im Aegyptischen, 2 Teile, 1909/10.
Cassin/Glassner	E.E.Cassin/J.J.Glassner, Anthroponymie et anthropologie de Nuzi, Vol.1: Les anthroponymes, 1977.
Černy LRL	J.Černy, Late Ramesside Letters, 1939.
Fowler	J.Fowler, Theophoric Personal Names in Ancient Hebrew. A Comparative Study, 1988.
Freydank/ Saporetti	Nuove Attestazioni dell'onomastica medio-assira, 1979.
Gardiner LEM	A.H.Gardiner, Late Egyptian Miscellanies, 1937.
Gardiner RAD	A.H.Gardiner, Ramesside Administrative Documents, 1948.
Gelb CAA	I.J.Gelb, Computer-Aided Analysis of Amorite, 1980.
Gelb NPN	I.J.Gelb/P.M.Purves/A.A.MacRae, Nuzi Personal Names, 1943.
Ges.^{18}	W.Gesenius, Hebräisches und Aramäisches Handwörterbuch über das Alte Testament, 18.Auflage, 1.Lieferung, 1987.
Gröndahl	F.Gröndahl, Die Personennamen der Texte aus Ugarit, 1967.
HAL	Hebräisches und Aramäisches Lexikon zum Alten Testament, 3. Aufl., Bd.I-IV, 1967-1990.

Harding	G.L.Harding, An Index and Concordance of Pre-Islamic Arabian Names and Inscriptions, 1971.
H, Helck	W.Helck, Die Beziehungen Ägyptens zu Vorderasien, ^{2}1971.
Hess	R.Hess, Amarna Proper Names, 1984.
Huffmon	H.B.Huffmon, Amorite Personal Names in the Mari Texts. A Structural and Lexical Study, 1965.
Khraysheh	F.al-Khraysheh, Die Personennamen in den nabatäischen Inschriften des Corpus Inscriptionum Semiticarum, 1986.
Kornfeld	W.Kornfeld, Onomastica Aramaica aus Ägypten, 1978.
Krebernik	M.Krebernik, Die Personennamen der Ebla-Texte. Eine Zwischenbilanz, 1988.
KRI	K.A.Kitchen, Ramesside Inscriptions. Historical and Biographical.
LÄ	Lexikon der Ägyptologie.
Laroche NH	E.Laroche, Les noms des Hittites, 1966.
Laroche Suppl.	E.Laroche, Les noms des Hittites: Supplément, 1981.
Lipiński	E.Lipiński, Studies in Aramaic Inscriptions and Onomastics, 1975.
Maraqten	M.Maraqten, Die semitischen Personennamen in den alt- und reichsaramäischen Inschriften aus Vorderasien, 1988.
Noth	M.Noth, Die israelitischen Personennamen im Rahmen der gemeinsemitischen Namengebung, 1928.
R, Ranke	H.Ranke, Die ägyptischen Personennamen, 2 Bde, 1935-52, Bd.3, 1977.
Ryckmans	G.Ryckmans, Les noms propres sud-sémitiques, 3 vols, Louvain 1934-35 (Zitate beziehen, soweit nicht besonders vermerkt, auf Vol.1).
Sab.Dict.	A.F.L.Beeston/M.A.Ghul/W.W.Müller/J.Ryckmans, Sabaic Dictionary (English-French-Arabic), 1982.
Saporetti	C.Saporetti, Onomastica medio-assira, 2 Bde, 1970.
Silverman	H.M.Silverman, Religious Values in the Jewish Proper Names at Elephantine, 1985.
Stamm	J.J.Stamm, Die akkadische Namengebung, 1939.
Stark	J.Stark, Personal Names in Palmyrene Inscriptions, 1971.

Tallqvist	K.L.Tallqvist, Assyrian Personal Names, 1914 (ND 1966).
Wb.	Wörterbuch der Aegyptischen Sprache, hg.v. Adolf Erman und Hermann Grapow, 5 Bände, Berlin 1926-1931.
Wehr	H.Wehr, Arabisches Wörterbuch für die Schriftsprache der Gegenwart, 5.Aufl., 1985.
Wiseman	D.Wiseman, The Alalakh Tablets, 1953.
Zadok	R.Zadok, The Pre-Hellenistic Israelite Anthroponymy and Prosopography, 1988.
ZAH	Zeitschrift für Althebraistik.

Nicht genannte Abkürzungen von Serien und Zeitschriften entsprechen denjenigen des Lexikons der Ägyptologie bzw. des Abkürzungsverzeichnisses der Theologischen Realenzyklopädie (TRE).

AR / MR / NR	Altes Reich/Mittleres Reich/Neues Reich
FN / GN / MN / ON / PN	Frauen-/Gottes-/Männer-/Orts-/Personenname
*	ursprüngliche bzw. rekonstruierte Form
> / <	wurde zu / ist entstanden aus
K, V	Konsonant, Vokal
I, II, III	I./II./III. Radikal der semitischen Verbalwurzel

A. EINLEITUNG

1. Thema und Material

Der Erforschung der Personennamen[1] kommt innerhalb der altorientalistischen Wissenschaften besondere Bedeutung zu. Als "abstrakte Überreste" (nach der üblichen Einteilung historischer Quellen[2]) erschliessen sie etwa die Sprache ihrer Träger, eröffnen einen Zugang zu deren religiöser Vorstellungswelt oder vermitteln einen Einblick in die ethnische Zusammensetzung gewisser Gruppen oder Gebiete. Sie legen Zeugnis von kulturgeschichtlichen Gegebenheiten ab, die mit anderen Mitteln oft schwer oder überhaupt nicht zugänglich blieben.
Die fremdsprachigen Personennamen in dem grossen Bestand ägyptischer Namensüberlieferung[3] sind in verschiedener Hinsicht bedeutsam. Linguistisch stellen sie eine wichtige Nebenüberlieferung zu den entsprechenden onomastischen Korpora der Herkunftssprachen dar und gleichzeitig aufschlussreiches Material für die Transkriptionsmethode des ägyptischen Schriftsystems. In sozialgeschichtlicher Hinsicht repräsentieren sie die wichtigste, meist einzige Quelle zur Identifizierung von Ausländern in Ägypten in ihrer gesellschaftlichen Stellung und - über die Bestimmung ihrer Herkunft - zur Einschätzung des Einflusses anderer Kulturkreise auf die ägyptische Zivilisation.
Die vorliegende Arbeit möchte am Komplex der vorderasiatischen Personennamen in ägyptischen Quellen des Neuen Reichs (1540-1070) versuchen, diese Neben-

1 Zur Theorie des Personennamens s. die in der Bibliographie zur Onomastik in der Zeitschrift Onoma verzeichnete Literatur, zuletzt 27(1987-89), 104-108; W.Laur, Der Name. Beiträge zur allgemeinen Namenkunde und ihrer Grundlegung, Heidelberg 1989 (Beiträge zur Namenforschung, Beiheft 28); A.L.Prosdocimi, Appunti per una teoria del nome proprio, in: A.Avanzini (Ed.), Problemi, 15-70; A.Shisha-Halevy, The Proper Name: Structural Prolegomena to Its Syntex - A Case Study in Coptic, Wien 1989 (Beihefte zur WZKM, 15), Wien 1989, 1-10. Für die konkrete historische und vergleichende Onomastik ist sie im allgemeinen von geringer Relevanz. In den Monographien zur altorientalischen Anthroponomastik findet sich ein entsprechender Abschnitt mit einer Darstellung des Forschungsstandes nur bei Hess, Amarna Proper Names, 1-17.

2 A. von Brandt, Werkzeug des Historikers. Eine Einführung in die Historischen Hilfswissenschaften, Stuttgart, 10. Aufl. 1983, 56-60.

3 Band I von Rankes "Ägyptischen Personennamen" verzeichnet etwa 12'000 verschiedene PN (Bd.I, S. V), zu denen 2000 Nachträge in Band II hinzukommen (Lüddeckens, Namenkunde, S.247 Anm.19), dazu das seither veröffentlichte Material. Für das Neue Reich allein dürfte mit mehreren tausend verschiedenen Personennamen zu rechnen sein.

überlieferung möglichst umfassend herauszuarbeiten und damit auch für die historische Problematik von Ausländern im Alten Ägypten eine sicherere Grundlage zu schaffen.

Für eine derartige Studie existieren bisher lediglich einzelne Vorarbeiten. Nachdem schon W. Max Müller 1893 in seiner Arbeit "Asien und Europa nach altägyptischen Denkmälern" einige dieser Personennamen erörtert hatte, verzeichnete M. Burchardt 1909/10 in seiner Untersuchung über "Altkanaanäische Fremdworte und Eigennamen im Ägyptischen" das bis dahin bekannte Material, das sich allerdings erst auf etwa 80 Belege belief. Die seither einzige umfassendere Zusammenstellung vorderasiatischer PN in ägyptischen Quellen des Neuen Reichs in dem entsprechenden Kapitel von W. Helcks "Beziehungen Ägyptens zu Vorderasien im 3. und 2. Jahrtausend v. Chr." (1962, ^{2}1971) bietet dann eine beträchtliche Vermehrung auf etwa 320 Einträge.[4] Im Rahmen der vorliegenden Studie konnte ich den Umfang des Namensmaterials auf 680 Belege vergrössern. Diese Zahl beansprucht keine Vollständigkeit. Sie möchte aber einen von einer ausführlichen Diskussion der Einzelbelege begleiteten Grundstock schaffen, der durch Untersuchungen weiterer Nebenüberlieferungen, auch aus anderen Epochen der ägyptisches Geschichte, ergänzt werden sollte.[5]

Als Grundlage der Materialsammlung dienten die bestehenden (auch für ihre Zeit unvollständigen) Zusammenstellungen sowie H. Rankes "Ägyptische Personennamen" (1935, 1952). Eine ergänzende Belegsammlung war unabdingbar und erfolgte durch die systematische Durcharbeitung der mir im Basler ägyptologischen Seminar zugänglichen Publikationen und wichtigsten Fachzeitschriften (letztere für den Zeitraum seit der ersten Auflage von Helcks "Beziehungen", 1960-1990).[6]

---

4 Die Statistik S.369 zählt 335 Namen, die Zusammenstellung S.353-367 hat etwa 320 Einträge. Davon sind die Ausländer mit ägyptischen Namen und fälschlich als vorderasiatisch klassifizierte, tatsächlich aber ägyptische Namen abzuziehen (s. unten S.288ff.), während die hethitischen Namen der Kadeschschlacht und einzelne weitere für Syrien bezeugte PN hinzukommen.

5 Noch zur Zweiten Zwischenzeit gehörig und damit in dieser Arbeit nicht berücksichtigt sind die letzten Hyksos-Namen sowie die von Erman im Anhang seiner "Hymnen an das Diadem der Pharaonen" publizierte Namensliste aus dem Fajjum, die Vernus als "nubisch" deuten möchte (Vestiges, 477-479). Dagegen wurden die von Gasse, Données nouvelles, bearbeiteten Papyri mehrheitlich in der 21. Dyn. redigiert und daher hier nicht berücksichtigt. Die Fremdnamen, die bei ihr in 20.-Dyn.-Papyri vorkommen (k-^{c}-h-rw$^{?}$-j, Fragm. Griffith A, col.2,23; wr-m-r^{F} ,Pap. Louvre, Fragm.D, 8) dürften eher libyschen Ursprungs sein.

6 Es war mir nicht möglich, die sieben Bände von KRI systematisch durchzuarbeiten; ramessidische Belege wurden aber in der Regel auch nach KRI zitiert.

2. Methodik

Die asiatischen Personennamen in ägyptischen Quellen (= Trägerüberlieferung) sind eine Nebenüberlieferung zu den Hauptüberlieferungen der PN in sprachlich mit ihnen kongruenten vorderorientalischen Quellen.[7] Ihre Bearbeitung sieht sich mit den folgenden Aufgaben und Problemen konfrontiert:[8]

1. Trennung der Nebenüberlieferung von der Trägerüberlieferung: die Aussonderung fremder PN aus dem ägyptischen Onomastikon ist in der Regel anhand der Schreibung (Gruppenschrift, fakultative Fremddeterminative 𓌙 oder 𓈉) und sprachlichen Form recht eindeutig zu vollziehen.[9] Probleme ergeben sich hier besonders bei folgenden Fällen (vgl. dazu die Ausführungen von Ward[10]):

(1) Kurznamen (und "Lallnamen") aus dem Ägyptischen werden gern in Gruppenschrift notiert (vgl. unten zu F17), so dass eine Identifizierung mit einem gewöhnlich problemlos beizubringenden Kurznamen nicht-ägyptischer Onomastika aufgrund der äusseren Gestalt des PN (lediglich ein oder zwei starke Konsonanten mit Endung bzw. silbenreduplizierende Lallnamen) ohne weiteres - aber fälschlich - möglich wäre. Dieselbe grundsätzliche Problematik genuiner bzw. fremder Kurzformen betont etwa für die Frage semitischer und nichtsemitischer PN in Ebla D.O.Edzard (PN aus nur zwei Silbenzeichen entziehen sich einer Deutung),[11] während E.Laroche zu den sog. "formations primaires" der Lallnamen bemerkt:[12]

> "Tous les noms de ce niveau onomastique ont ce trait commun d'être dénués de signification discursive et d'être indépendants vis-à-vis des schémas grammaticaux. (...) Les hypocoristiques appartiennent donc, selon la distinction saussurienne, non à la langue, mais à la parole; ils relèvent de la création continue, individuelle. D'où il résulte que l'analyse linguistique habituelle n'a aucune prise sur ces noms: par leur structure, ils échappent à la morphologie, par leur emploi et leur "non-sens" au lexique. Il n'est même plus question de les attribuer à une langue historique donnée; ils sont apatrides."

---

7 Bzw. zu anderen Nebenüberlieferungen, wie etwa amoritische PN nur als Nebenüberlieferung in akkadischen Texten überliefert sind (vgl. Huffmon 13ff.).

8 Zur Methodik bei der Isolierung einer onomastischen Nebenüberlieferung vgl. etwa zahlreiche Untersuchungen von R. Zadok über fremdsprachige PN in akkadischen Quellen: Arabians; Iraq 14(1976), 61-78; Iran 25 (1987), 1-26 u.a.

9 Für bisher fälschlich als "asiatisch" klassifizierte PN s. unten F 1 - F 31.

10 Ward, Foreign Personal Names, 290ff.

11 D.O.Edzard, Semitische und nichtsemitische Personennamen, 28.

12 E.Laroche, Les noms des Hittites, 240f.

Umgekehrt dürften viele fremde Kurznamen in ägyptischen Quellen uns durch den äusserlichen Zusammenfall mit ägyptischen Kurznamen nicht mehr erkennbar sein (vgl. die Bemerkung zu N 350), wobei man sogar eine Beliebtheit solcher Kurzformen im Hinblick auf eine bessere kulturelle Assimilation von Ausländern in Ägypten vermuten kann.

Im Rahmen der vorliegenden Arbeit wurde die Aufnahme solcher ambivalenter Kurznamen sehr restriktiv gehandhabt.[13]

(2) Fremdnamen können nicht gruppenschriftlich, sondern rein konsonantisch transkribiert sein, worin man eine traditionelle Notation in der Art des im Mittleren Reich üblichen Systems sehen kann.[14]

2. Trennung der vorderasiatischen von anderssprachigen Nebenüberlieferungen:

Die Trennung insbesondere semitischer Namen von PN des libyschen und nubischen Raumes, die z.T. mindestens einer Frühstufe des Libyschen bzw. Kuschitischen angehören dürften, stellt eine besondere Problematik dar. Nominalbildung und Verbalflexion dieser Sprachen sind dem Semitischen sehr ähnlich,[15] so dass eine morphologische Unterscheidung schwierig ist. Vgl. etwa die Beispiele:

eine Nubierin  (R I 163,9) ≠ *mqtlt zu Wzl. lqš (N 336)

ein Libyer  (R I 167,30) ≠ zu PN  (N 293)

ein Libyer  (R I 344,14) ≠ semit. kpr "Löwenjunges"[16]

Dabei ist deutlich, dass eine Anzahl von Namen der vorliegenden Sammlung auch für eine Deutung nach libyschem[17] oder kuschitischem - allerdings weitaus jüngerem - Material hin offen sein dürften, sofern über ihre Träger nichts Näheres bekannt ist. Möglicherweise muss unter den im ägyptischen Namensmaterial überlieferten fremden PN zusätzlich mit Namen aus nilosaharanischen Sprachen (etwa Nubisch)[18] gerechnet werden. In jedem Fall kann der in der vorliegenden

13 Als exemplarisch aufgenommene ambivalente PN s. etwa N 80, 438, 521 u.a.m.

14 Vgl. B.Sass, Studia Alphabetica, 8f.

15 Dazu s. Rössler, Verbalbau und Verbalflexion; ders., Der semitische Charakter; D.Cohen, Les langues, 16-27.209-211; Wolff, Berbersprachen; Sasse, Die kuschitischen Sprachen.

16 Sondern zu dem numid.PN kpr =sn : O. Rössler, Libyen von der Cyrenaica zur Mauretania Tripolitana, in: Die Sprachen im Römischen Reich der Kaiserzeit, hg. von G. Neumann/J. Untermann, Köln 1980, 267-284: S.271.

17 Zu libyschen und berberischen Personennamen s. O.Rössler, Die Sprache Numidiens; S.Chaker, Onomastique Berbère Ancienne.

18 Zu den unter diesem Oberbegriff zusammengefassten Sprachen s. Schadeberg, Nilosaharanisch (301ff.: Meroitisch, 304ff.: Nubisch).

Arbeit unternommene vorderasiatische (v.a. semitistische) "approach" aber die Wahrscheinlichkeit einer Deutung aus seinem Material heraus begründen. Kontextuell sind schliesslich im vorliegenden Material vermutlich PN aus Sprachen der "Seevölker" (aus dem Raum Adria/Balkan[19]) bzw. möglicherweise "kretische" (minoische) Namen[20] bezeugt.

<u>3. Die Diskussion der vorderasiatischen Nebenüberlieferung:</u> Die Erörterung der einzelnen Belege gliedert sich methodisch in zwei Schritte. Zum einen muss die Transkription des Namens der Nebenüberlieferung durch das Schriftsystem der ägyptischen Trägerüberlieferung analysiert werden (Schreibung, Determinierung), zum andern, nach der Etablierung der phonetisch möglichen Entsprechungen, die sprachliche Deutung der vorderasiatischen PN im Rahmen des dafür gewählten Vergleichsmaterials erfolgen. Da gewöhnlich die sprachliche oder geographische Herkunft eines konkreten Namens im voraus nicht feststeht, muss methodisch die Heranziehung aller relevanten Sprachen und insbesondere Onomastika des in Betracht kommenden Raumes gefordert werden. Die Hauptkritik des Verfassers an den von Helck vorgenommenen Anschlüssen richtet sich denn auch gegen seine ganz einseitige vergleichende Methode, die systematisch einzig die auch geographisch fernstehenden mehrheitlich hurritischen Onomastika von Nuzi und Alalach berücksichtigt und den ganzen semitischen Bereich, von ganz sporadisch verglichenen PN und Wurzeln abgesehen, weitgehend ausser acht lässt. Hinzu kommt, dass Helck den Vergleichsnamen kaum je selber auf seine Bedeutung hin hinterfragt und ihm meist eine rein äusserliche Ähnlichkeit des Namens mit dem Beleg der ägyptischen Quelle schon für eine sprachliche Zuordnung ausreicht.[21] Für die Einzelkritik seiner Ansätze verweise ich auf die Diskussion der Namen.

---

19 Vgl. G. A. Lehmann, Die mykenisch-frühgriechische Welt und der östliche Mittelmeerraum in der Zeit der "Seevölker"-Invasionen um 1200 v.Chr., Opladen 1985, 42-49.

20 BM 5647 mit angeblicher Nennung von Keftiu-Namen, die allerdings meist semitisch gut erklärbar oder ägyptisch (vgl. bei N 593; F 17) sind.

21 Zu Recht spricht deshalb etwa Edel (Hethitische Personennamen) davon, dass Helcks (hethitische) Namensgleichungen in Tat und Wahrheit Ungleichungen sind. Auch für Helcks Behandlung der Personennamen hat das Urteil Yeivins in seiner Rezension der "Beziehungen" Gültigkeit: "It should be used with extreme caution, after careful checking of the primary sources cited in it and submitting its conclusions and theories to a most searching analysis and evaluation. In no case should it be placed in the hands of a student without due warning and guidance." Das tut dem Verdienst Helcks, das Material als erster seit Burchardt wieder gesammelt und als Ausgangspunkt für weitere Untersuchungen zusammenfassend publiziert zu haben, keinen Abbruch.

Hier ist zu betonen, dass die vergleichende Onomastik von der historischen und Sprachgeographie des in Frage stehenden Raumes ausgehen muss. In jenen Gebieten Vorderasiens, die innerhalb des geographischen Horizontes Ägyptens lagen, wurden aber unbestritten zur Hauptsache semitische Sprachen gesprochen: in Palästina und Syrien die verschiedenen Teilsprachen des Nordwestsemitischen, in Westmesopotamien das Ostsemitische (Mittelassyrisch), in der syrisch-arabischen Wüste Frühformen des Südsemitischen (Frühnordarabisch). Erst in zweiter Linie folgen für Nordsyrien, Nordmesopotamien und Anatolien das Hurritische, Hethitische und weitere anatolische Sprachen.[22]

Aus dieser vorgegebenen sprachlichen Situation zur Zeit des Neuen Reichs ergeben sich die für eine Deutung vorderasiatischer PN in ägyptischen Quellen in erster Linie heranzuziehenden Namenskorpora und Sprachen. Die Deutung selber kann dabei nach folgenden Kriterien erfolgen, wobei onomastisch belegbaren Ansätzen der Vorzug vor rein lexikalischen gebührt:

Sprachlich:
- a) lexikalisch (Wurzeln bzw. Wörter, die einer bestimmten Sprache bzw. Sprachgruppe zugeordnet werden können)
- b) phonetisch (bestimmte Eigenheiten des Phonemsystems, die für Sprache bzw. Sprachgruppe typisch sind)
- c) morphologisch (besondere Verbal- oder Nominalformen, die für eine Sprache charakteristisch sind)
- d) typologisch (bestimmter für eine Sprache typischer Namensbau, etwa 1/2/3-gliedrig, Satzname/Einwortname usw.)

Nicht-sprachlich: durch den Kontext (Nennung der Herkunft des Namenträgers oder der sprachlich u.U. einfacher zu bestimmenden Namen der Eltern) oder das Vorkommen eines religionsgeschichtlich oder geographisch einzuordnenden Gottesnamens, wobei wieder sprachliche Argumente hinzutreten.

Im Rahmen der vorliegenden Untersuchung wurde das onomastische/lexikalische Material der folgenden Sprachen ausgewertet:

---

22 Vgl. zur historischen Sprachgeographie u.a. von Soden, Einführung, 11-19; Cohen, Les langues; Garr, Dialect Geography; Roschinski, Sprachen; Müller, Das Frühnordarabische; Voigt, Classification.

Hebräisch: M. NOTH, Die israelitischen Personennamen im Rahmen der gemeinsemitischen Namengebung, 1928.

J. FOWLER, Theophoric Personal Names in Ancient Hebrew. A Comparative Study, 1988.

R. ZADOK, The Pre-Hellenistic Israelite Anthroponymy and Prosopography, 1988.

HEBRÄISCHES UND ARAMÄISCHES LEXIKON ZUM ALTEN TESTAMENT, Bd.1-4, 1967-1990.

GESENIUS, Hebräisches und aramäisches Handwörterbuch über das Alte Testament, 18. Auflage, 1. Lieferung א - ג, 1987.

[Bei HAL, Ges.^{18}, Fowler, Zadok ist auch das epigraphische Material sowie die keilschriftliche Nebenüberlieferung aufgearbeitet. Fallweise gebe ich zusätzlich seither bekannt gewordene PN an; lexikalisch zitiere ich für das Biblisch-Aramäische noch KBL.]

Phönizisch F.L. BENZ, Personal Names in the Phoenician and Punic Inscriptions, 1972.

[Fallweise weitere phönizische PN; das fernerstehende neupunische Material nach K. Jongeling, Names in Neo-Punic Inscriptions, Diss. Groningen 1984, wurde dagegen nicht verwertet.]

Ugaritisch F. GRÖNDAHL, Die Personennamen der Texte aus Ugarit, 1967.

[Weitere ugaritische PN fallweise bzw. nach J. AISTLEITNER, Wörterbuch der ugaritischen Sprache, ^{3}1967.]

Amoritisch H.B. HUFFMON, Amorite Personal Names in the Mari Texts. A Structural and Lexical Study, 1965.

I.J. GELB, Computer-Aided Analysis of Amorite, 1980.

Akkadisch J.J. STAMM, Die akkadische Namengebung, 1939.

K. TALLQVIST, Assyrian Personal Names, 1914.

C. SAPORETTI, Onomastica medio-assira, 2 Bde, 1970.

H. FREYDANK/C. SAPORETTI, Nuove Attestazioni dell'onomastica medio-assira, 1979.

W. VON SODEN, Akkadisches Handwörterbuch, 3 Bde., 1958-1981.

[Innerhalb des überaus grossen akkadischen Namenmaterials war über Stamm hinaus eine Beschränkung auf das (mittel-)assyrische Onomastikon geboten, bei zusätzlich lexikalischen Anschlüssen.]

Aramäisch M. MARAQTEN, Die semitischen Personennamen in den alt- und reichsaramäischen Inschriften aus Vorderasien, 1988.

E. LIPIŃSKI, Studies in Aramaic Inscriptions and Onomastics, 1975.

H.M. SILVERMAN, Religious Values in the Jewish Proper Names at Elephantine, 1985.

W. KORNFELD, Onomastica Aramaica aus Ägypten, 1978.

Amarna R.S. HESS, Amarna Proper Names, Diss. 1984.

Eblaitisch M. KREBERNIK, Die Personennamen der Ebla-Texte. Eine Zwischenbilanz, 1988. [PN aus Ebla, in Lesung und Deutung oft noch umstritten, wurden ergänzend herangezogen; neben der Untersuchung KREBERNIKS verschiedene Einzeluntersuchungen.]

Mari M. BIROT, Archives Royales de Mari XVI/1, Répertoire analytique, 2. Noms Propres, 1979.

ARCHIVES ROYALES DE MARI, Vols. XXII-XVI, 1983-1988.

[Ohne Diskussion der PN; für amorit. PN s. Huffmon, Gelb.]

Früharabisch G. RYCKMANS, Les noms propres sud-sémitiques, 3 vols., 1934-35. [Zitate beziehen sich auf Vol. I.]

G.L. HARDING, An Index and Concordance of Pre-Islamic Arabian Names and Inscriptions, 1971.

A.F.L. BEESTON/M.A. GHUL/W.W. MÜLLER/J. RYCKMANS, Sabaic Dictionary (English-French-Arabic), 1982.

H. WEHR, Arabisches Wörterbuch für die Schriftsprache der Gegenwart, ^{5}1985.

[Aufgrund der Bedeutung, die die früharabische Anthroponomastik für die Erforschung semitischer PN erlangt hat, wurde das entsprechende Material intensiv v.a. auf der Grundlage von HARDING ausgewertet, ohne seine Deutungen immer zu übernehmen. Später publizierte Studien konnten nur ausnahmsweise berücksichtigt werden.]

Nabatäisch F. AL-KHRAYSHEH, Die Personennamen in den nabatäischen Inschriften des Corpus Inscriptionum Semiticarum, 1986.

Palmyra J. STARK, Personal Names in Palmyrene Inscriptions, 1971.

Hatra S. ABBADI, Die Personennamen der Inschriften aus Hatra, 1983.

Für den hurritisch-anatolischen Bereich wurden verwendet:

Hurritisch I.J. GELB/A.A. MacRAE, Nuzi Personal Names, 1943.

	E.E. CASSIN/J.J. GLASSNER, Anthroponymie et anthropologie de Nuzi, Vol.1: Les anthroponymes, 1977.
	E. LAROCHE, Glossaire de la langue hourrite, 1980.
Hethitisch	E. LAROCHE, Les noms des Hittites, 1966.
	ders., Les noms des Hittites: Supplément, in: Hethitica 4, 1981.
Alalach	D. WISEMAN, The Alalakh Tablets, 1953 (ergänzend).

Generell nicht in Betracht gezogen habe ich die Namensüberlieferung anderer anatolischer Sprachen bzw. des Altpersischen/Iranischen oder Elamischen.

3. Zum verwendeten Transkriptionssystem

Zur Transkription fremdsprachiger Namen und Wörter, die ägyptische Quellen in Gruppenschrift (syllabischer Schrift) notieren, existiert in der Ägyptologie kein System, das den in diesem Fall an eine Umschrift zu stellenden Ansprüchen gerecht würde. Als Extrempositionen stehen sich bei den vorliegenden Materialsammlungen das von Burchardt und Ranke angewandte System und dasjenige von Helck gegenüber. Während in ersterem fremde Wörter und Namen bis auf die starken Konsonanten reduziert werden, also etwa ꜣ, j, w oder charakteristische Notationsweisen der Gruppenschrift (wie , ) nicht oder nur ungenügend bezeichnet bleiben, strebt Helck in Anlehnung an das bei der Transkription der Keilschrift gebräuchliche System nach völliger Wiedergabe auch des Vokalismus. Beide Systeme implizieren dabei unterschiedliche Auffassungen von der Verlässkeit, mit der die Gruppenschrift die Aussprache nicht-ägyptischer Ausdrücke bezeichnete. Dass diese Absicht zumindest anfänglich dieser Ausprägung des hieroglyphischen Schriftsystems zugrunde lag und in ihr auch realisiert wurde, kann kaum bezweifelt werden,[23] während die Frage eines Verfalls dieser Schreibung im Laufe des Neuen Reichs weiterhin kontrovers beurteilt wird. Ohne auf diese Problematik hier im einzelnen einzutreten (s.unten S.360ff.), zeigt ein Vergleich der Helckschen Transkriptionen der PN mit den Originalbelegen neben häufigen Inkonsequenzen, dass oft ein recht willkürlicher Anschluss die Transkription des Originalbeleges bestimmt. So umschreibt Helck etwa den PN  in Widerspruch zu seinem eigenen System, das nur 'wa-la$_2$' zulässt, als 'w()-l$_2$', weil er darin den Nuzi-Namen Wullu erkennen möchte (H 359) oder

23 K.A. Kitchen, in: BiOr 26 (1969), 201f.; Schenkel, Syllabische Schreibung, 114ff.; Sass, Studia Alphabetica, 9.

den PN 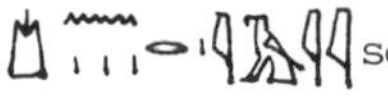 sogar als 'ʾar-rê-ja' (was m.E. ganz ausgeschlossen ist) allein aufgrund der Gleichsetzung mit dem Alalach-Namen Araja (H 355); oder er erklärt zu dem als pu-šī-ja umschriebenen Namen :"wohl verschrieben für pi'-šī-ja", weil er die Identität des Belegs mit dem hurritischen PN Pizzija ohne jegliche Abklärung weiterer Möglichkeiten für erwiesen hält (H 361). Es entsteht so oft der Eindruck, als bestimme nicht der Originalbeleg die Deutung, sondern umgekehrt eine - vorschnelle - Deutung den Originalbeleg. Die damit etwas deutlicher gewordene Problematik führt methodisch zu der Einsicht, dass allein die Transkription dessen, was die ägyptischen Zeugnisse in ihrer Schreibung bieten, einwandfrei ist. Eine vokalisierte Lesung kann allenfalls am Ende einer ausführlichen Diskussion stehen, nicht an ihrem Anfang - unabhängig von der Frage, ob die von Helck im Anschluss an Albright postulierten Lautwerte der Gruppen zu Recht angesetzt wurden oder nicht.[24]

Das in dieser Arbeit verwendete Transkriptionssystem beruht auf dem für das Ägyptische üblichen; die von Helck eingeführten Sonderzeichen 'š' und 's̱' entfallen also ohnehin. Für die Bedürfnisse einer Wiedergabe der Gruppenschrift habe ich es aber in doppelter Hinsicht modifiziert: zum einen soll es möglich sein, notierte "Gruppen" möglichst einheitlich und lesbar zu transkribieren, zum andern scheint es sinnvoll, auch die gesetzten Determinative anzugeben. Im einzelnen verfahre ich dabei wie folgt:

1. Ein-, Zwei- und Dreikonsonantenzeichen werden in der üblichen Weise umschrieben, voneinander aber je durch Bindestriche getrennt:
    k-^{3} , dagegen 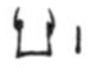 k^3;  ^{c}pr , dagegen  ^{c}-p-r usw.
    ist = j ,  = y.
   Für die Transkription der ägyptischen Konsonanten habe ich die traditionell üblichen Umschriftzeichen beibehalten und schreibe etwa t̲, d, d̲ usw. statt č, ṭ, č̣ - in vollem Bewusstsein ihrer nur wissenschaftsgeschichtlich erklärbaren, lautlich irreführenden Gestalt.[25]
2. Phonetische Komplemente zu Zweikonsonantenzeichen bzw. die verschiedenen Grapheme 'm'/'n' werden nicht besonders bezeichnet:

---

24 Hinzu kommt, dass Helck (im Gegensatz zu seiner Auflistung der Fremdwörter im Ägyptischen, 507-535) darauf verzichtet, die hieroglyphische Schreibung der Personennamen anzugeben, so dass der direkte Vergleich und die Beurteilung von Schreibung, Transkription und Deutung unmöglich sind.

25 Dazu Schenkel, Einführung, 25ff.; ders., in: CdE 63(1988), 5 -35, und O. Rössler, Das Ägyptische als semitische Sprache, in: F. Altheim/R. Stiehl, Christentum am Roten Meer, Bd.1, 1971, 263-326: 270ff.

, , = m , , = n , , , = b^3 usw.
Einzig im Falle der Zeichen und , wo die lautliche Qualität offenbar durch zusätzliches , (N 22), (N 51) präzisiert werden musste, wurde gegebenenfalls die Komplementierung transkribiert.

3. Mit Indizes werden die folgenden Grapheme unterschieden:

= j , = j_2 ; = jw , = jw_2 ; = jn , = jn_2

= w , = w_2

= b^3, = b^3_2, = b^3_3, = b^3_4, = b^3_5.

= mj, = mj_2

= nw, = nw_2

= ḥ , = $ḥ_2$

= s^3, = s^3_2

= t , = t_2 , = t_3 , = t_4

Singuläre oder sehr seltene Notationen wie oder (hier zur klaren Kennzeichnung als $ḥ_2$ bzw. t_3 differenziert), die unvollständige Schreibungen von und darstellen dürften, könnten auch wie letztere als ḥ: bzw. $t:_2$ transkribiert werden.

4. Die häufigen speziellen "Gruppen" der Gruppenschrift werden mit einem Doppelpunkt hinter (bzw.vor) dem betreffenden Konsonanten bezeichnet:
= j: , = ᶜ: , = n: , = ḥ: , = :r , = t: , $t:_2$.
Die verschiedenen Grapheme 'b^3' werden mit zusätzlichem als b^3: usw. bezeichnet.
Dadurch ist eine klare und eindeutige Notation von Gruppenschreibungen möglich, vgl. = j: , = j:-:r , = j:-n:-r usw.

5. Der gewöhnliche Ideogrammstrich wird nicht bezeichnet, da ihm keine phonematische Funktion zukommt und er bei unsorgfältiger Schreibung auch fehlen kann (etwa neben). Der bei den hieratischen Belegen gele-

gentlich auftretende, als Kürzel für  ,  ,  verwendete Strich  und der Füllpunkt • [26] werden in der hieroglyphischen Angabe des Belegs notiert, jedoch nicht in der Transkription (vgl. etwa N 249/Var., N 204).

6. Ideogrammschreibungen werden mit dem Ideogrammwort in Grossbuchstaben notiert; etwa 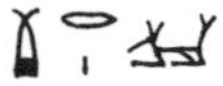 = ^{c}pr-B^{c}L.

7. Determinative werden nach dem Verfahren bei der Umschrift der Keilschrift mit dem hochgestellten Logogrammwert in Grossbuchstaben umschrieben (die folgenden von mir gewählten Logogrammwerte stimmen nicht in jedem Fall mit jenen bei Schenkel, Zur Transkription, 45-83, überein):

A 1  SJ   **A 2**  WNM   **A 21**  SR   **A 24**  ḤWJ   **A 28***  Q^{3}

D 3  ŠNJ   **D 4** , **D 6**  $^{c}N_{2}$ **D 40**  NḪT   **D 41**  RMN

D 50  DB^{c}WJ   **D 51**  ^{c}NT   **D 54**  JW   **D 55**  ^{c}N   **D 56**  RD

E 8,  **E 8***  JB   **E 20**  **E 21**  STḪ

F 21  SḎM   **F 27**  MSK^{3} **F 51**  ^{c}T

G 37  NḎS   **G 38** , **G 41**  ^{3}PD

H 8  SWḤT

I 12  NṮRT

K Fische generell RM

M 2  SM   **M 3**  ḪT   **M 6** , **M 7**  TR, RNPJ

N 5  R^{c} **M 25**  Ḫ^{3}ST

Q 7  NSR

---

26 S. J. Černy/S. Groll, A Late Egyptian Grammar, Rome 1975, p. 2f.

S 40 W^{3}ST

T 14 F [Fremd-Determinativ]

U 9 (u.ä.) SŠR

V 19 Ḫ^{3}R

W 22 DS

Y 1 MḎ^{3}T

Z 2,3 P [Plural] Z (nach 8) QD Z 9 SḎ

Aa 2 ḤS

Als Beispiele vgl. etwa:

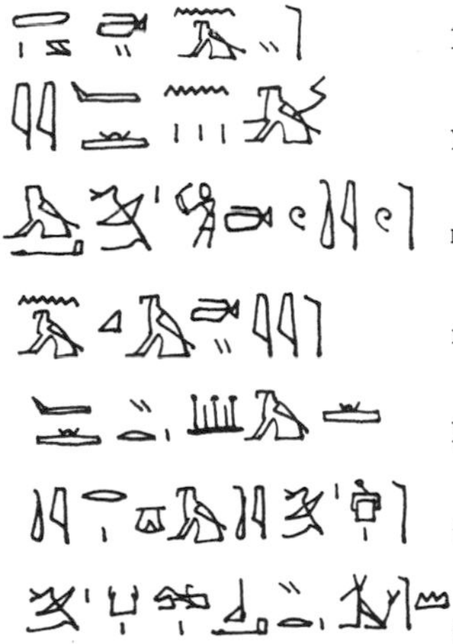

jw$_2$-d-j$_2$-n-^{3}-j$_2$ F

y-ḥ:-n:-m^3

m-ṯ^3-^{ḤWJ}-d-w$_2$-tj-w$_2$ F

n-^{3}-q-^{3}-d-j$_2$-y F

ḥ:-:r-š^3 MḎ3T

tj-r-g-^{3}-tj-ṯ^3-s^3 F

ṯ^3-k^3-rw-b-^{c}-:r STḪ.F.Ḫ3ST

Zur Transkription des Semitischen: י wird (wie in HAL) bei hebräischen Belegen und rekonstruierten Formen durch 'j' transkribiert; bei Zitaten aus anderen Onomastika und dem Arabischen wurde dort verwendetes 'y' beibehalten. ג wird 'g' umschrieben, bei arabischen Belegen (ج) 'ǧ' (so auch bei Zitaten aus Harding, wo 'j' notiert wird). Schliesslich transkribiere ich *š, *ś, *s statt s_1, s_2, s_3 (mit Ausnahme einiger entsprechender Belege aus Sab. Dict.).
Bei hethitischen Namen notiert die Keilschrift 'š' für hethitisch 's'.

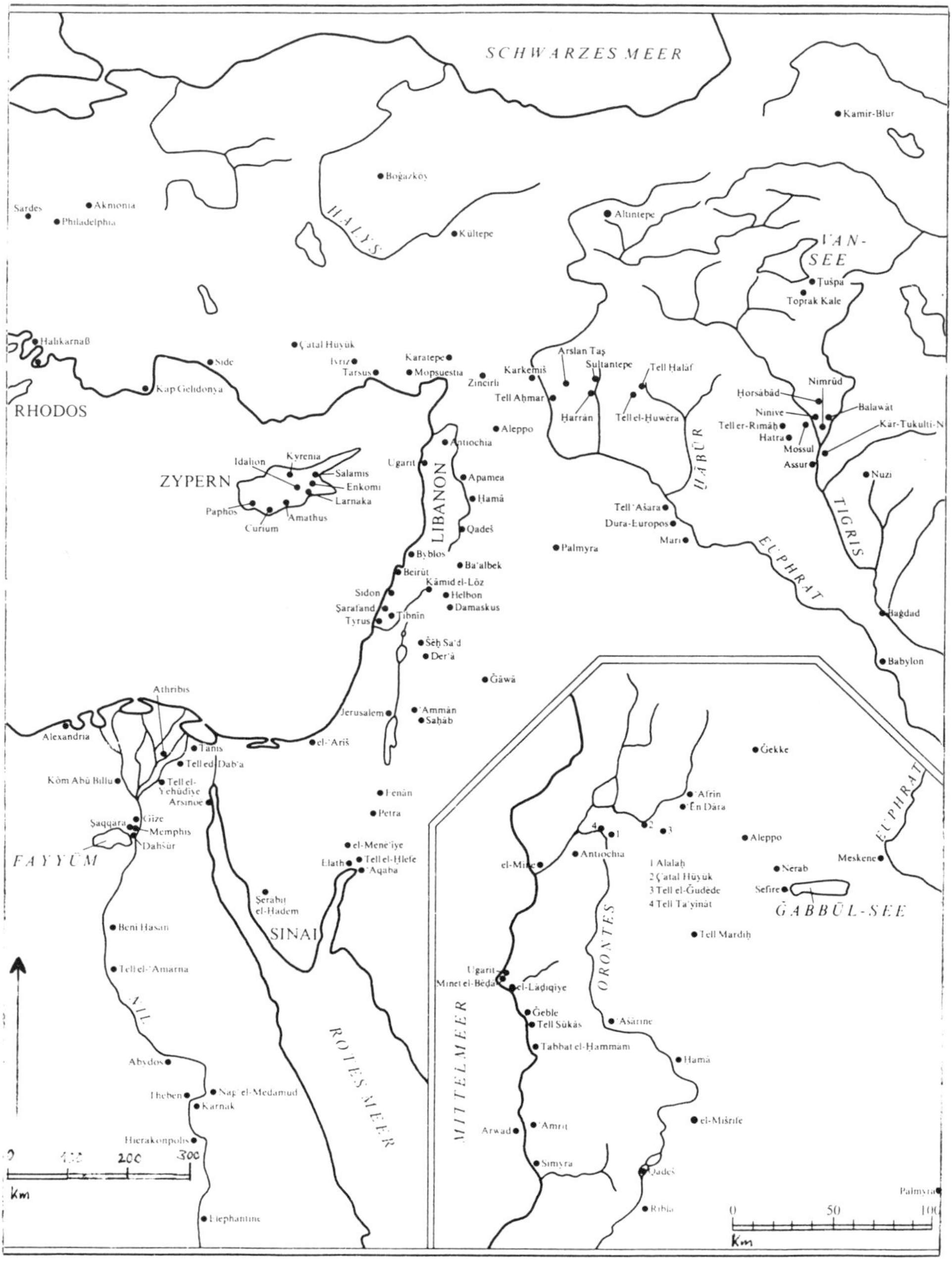

Übersichtskarte Ägypten - Sinai - Palästina - Syrien
Nordwestmesopotamien - Anatolien
(K. Galling (Hg.), Biblisches Reallexikon, ²1977, Karte 2)

B. KATALOG DER PERSONENNAMEN

Der Katalog bietet die Diskussion aller im Quellenkatalog nachgewiesenen Personennamen. Die Anordnung erfolgt alphabetisch nach dem Konsonantengerüst der Namen; massgebend ist dabei das für das Ägyptische verwendete Alphabet (^{3} [gewöhnlich nicht im Anlaut; ohne konsonantischen Wert bei der Transkription fremder Wörter], j, y, ^{c}, w, b, p, f [nicht im Wortanlaut], m, n, r, h, ḥ, ḫ, [ẖ kommt nicht vor], s, š, q, k, g, t, ṯ, d, ḏ). Der dem PN zugeteilten Nummer (N 1 bis N 680) folgen die hieroglyphische Namensform (gegebenenfalls Variantenschreibungen), die Umschrift nach dem oben festgelegten Transkriptionsverfahren und - sofern bekannt - Beruf oder Titel des Namensträgers, um eine soziale Einordnung innerhalb der ägyptischen Gesellschaft zu ermöglichen.
Daran schliesst sich die sprachliche Diskussion des Namens an (vgl. oben zur Methodik).

N 1  (m) jj-STḪ-r [= jj-B^{c}L]

Wächter des Schatzhauses, 18.Dynastie.

Obwohl die Gruppe  in der Gruppenschrift vorkommt (Wert ʾi nach Albright, VESO, 35) dürfte in diesem Fall ein hybrider Personenname aus ägypt. jj "kommen" und dem semit. GN B^{c}l vorliegen, also "Ba^{c}al kommt" zu übersetzen sein. Im Gegensatz zu einer Reihe von Namen, die das Seth-Tier ohne phonetische Ergänzung schreiben und damit wohl überwiegend den Gott Seth bezeichnen (s. Te Velde, Seth, p.136f.), ist hier durch die Komplementierung mit ⊂⊃ [=l] sicher Ba^{c}al gemeint, dessen Verehrung in Ägypten unter Amenophis III. einsetzt (s. Stadelmann, Gottheiten, 32).

N 2  (m) j-w^{3}-k^{3}-y

An der Schreibung fällt die Setzung eines  nach  (Lautung 'ku') auf. Die einzige mir bekannte Anschlussmöglichkeit in der semitischen Onomastik ist der safaitisch belegte PN wky "schweigsam" (Harding 649; anders Ryckmans 78), wozu der Name j-w^{3}-k^{3}-y ein Elativ (ʾaqtal-Form) *ʾawkay "sehr schweigsam" sein könnte. Möglicherweise ist angesichts der Schreibung und der Schwierigkeit eines semitischen Anschlusses die Annahme einer Herkunft des Namensträgers aus einem anderen Sprachgebiet (Nubien, Libyen?) vorzuziehen.

N 3  j-b^{JB}

Der PN jb (meist phonetisch j + b + (springendes) Böcklein (Gardiner E 8*) geschrieben) erfreut sich im Mittleren Reich grosser Beliebtheit (R I 19f.); im Neuen Reich ist er dagegen fast verschwunden. Für die 20.Dynastie, die Zeit unseres Beleges, liesse sich etwa R I 100,14  "das Böckchen" anführen. Daneben bedient sich der Ägypter seit dem MR derselben Zeichengruppe, um semit. ᾽ab(u) "Vater" zu schreiben, vgl.dafür etwa pBrooklyn vso. 64a, 85a. (s. Schneider, Namen, 275f.279). Wie die folgenden Personennamen zeigen, dürfte während des Neuen Reichs die gebräuchlichste Wiedergabe des semitischen Wortes die Schreibung mit anlautender Gruppe  = ᾽a (zu ihr zuletzt Roccati, Notazione vocalica, p.119f.) und folgendem b-Laut gewesen sein; daneben stehen aber die rein konsonantische Form  (N 6, 13, 14) und nach N 12 zweifellos weiterhin auch die Wortschreibung mit äg.jb "Böcklein". Eine Entscheidung zugunsten der ägyptischen oder semitischen Deutung ist im vorliegenden Fall nicht möglich.

N 4  (f) j:-b-w

Ev. Gemahlin des Betju, Mitte 18.Dynastie (s.Hodjash/Berlev, Reliefs, p.101).

Kurzform eines Satznamens mit semit.᾽abu "Vater"; s.zu N 3 und unten N 6.

N 5 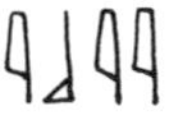 (f) j-b-y

Mutter des Soldaten R^{c}, 18.Dynastie.

Kurzform eines semit.Satznamens ᾽ab(i)ja "mein Vater (ist der Gott NN)". S. zu N 3 und dem folgenden.

N 6  (m) j:-b^{3}-y ^{F}

Ein Syrer der Louvre-Ostraka, Anfang 19.Dynastie.

Kurzform ʾabija "mein Vater (ist der Gott NN)". Entsprechende PN sind in der semitischen Onomastik sehr häufig, vgl.hebr.Fowler 151.354(ʾăbî), Zadok 136. 178 (ʾĂbî, ʾby usw.); amor.Huffmon 154 (A-bi-ya); phön.Benz 257; ugar.Gröndahl 86 (Abiya, Abaya); aram.Maraqten 112f.(ʾbʾ, ʾby); Silverman 128-130; Lipiński 191-193; Mari: Birot 45-49 (Ab-bi-ya, Abiya); akk. Stamm 53-56 (ʾabu in PN); Tallqvist 4-6; Ebla: Catagnoti 190-206; Hatra: Abbadi72f. (ʾbʾ, ʾby).

 , Var.  s.N 396 (Kurzform).

N 7 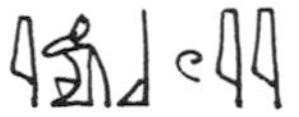 j:-b-w_2-y

S.N 3 und den vorhergehenden Eintrag; gekürzter Satzname mit hypokoristischer Endung -ja.

N 8  (f) j:-b^3-n-^{3}
Var. j:-b-n-^{3}

Mutter des Soldaten Ahmose, Anfang 18.Dynastie.

Zur Erklärung des Namens bieten sich vom Semitischen her i.W.zwei Möglichkeiten an. Im Anschluss an die vorangehenden Namen lässt sich der Name als ʾabi "Vater" (mit verbindendem -i-) mit dem Suffix der 1.Ps.Pl.auflösen (vgl.hebr. ʾābînû), wozu sachlich die Bemerkung J.J.Stamms (303) heranzuziehen ist: "Von den Geschwistern wird das Kind, welches den Vater ersetzt, Abuni "Unser Vater", n[eu]ass.Abunu genannt." Wird das -n dagegen als wurzelhaft betrachtet, ist der Name als ʾbn "Stein" (entweder als Profanname oder als Hypokoristikon eines theophoren Satznamens "(der Gott NN)ist ein Stein/Fels") zu verstehen, ein in der semitischen Onomastik hinreichend bezeugtes Element: vgl.phön.Benz 258 (dazu Xella, L'elemento ʾbn nell'onomastica fenicio-punica); ugar.Gröndahl 88; amor.Huffmon 155 u.Gelb CAA 214, Glossary p.13; vgl.Silverman 130 (ʾbn); Fowler 204 (amor.). Vgl. dazu auch noch Naveh, Nameless People, 122 und besonders den GN אֶבֶן יִשְׂרָאֵל ʾäbän jiśrāʾēl "Stein Israels" Gen. 49,24. Insgesamt betrachtet scheint dieser letztere Anschluss etwas wahrscheinlicher, wofür auch die Variantenschreibung spräche.
Eine andere Erklärung für den palmyr.PN ʾbnʾ bei Stark 64; vgl.noch Harding 18

(oft saf.ʾbyn); Khraysheh 25 (ʾbyn). S.noch Harding 16 ʾbn (saf., min., qat.).

N 9 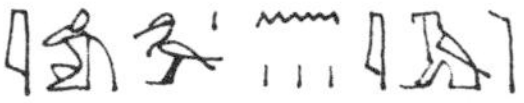 (m) j:-b^3-n:-j-^{3} F

Syrer auf den Louvre-Ostraka, Anfang 19.Dynastie.

Zur Erklärung s.den vorhergehenden Namen.

N 10  (f) j:-b-n-tj-t-j$_2$-n-^{3}

Zur Schreibung ist zu bemerken, dass Ranke im Gegensatz zu Bruyère nur -- hat, also j:-b-n-t-j$_2$-n-^{3} zu umschreiben wäre, und dass das ältere  statt des jüngeren  gesetzt ist. Trotz der Divergenz zwischen Ranke und Bruyère dürfte wohl אבנתן ʾabnatan "der Vater hat gegeben" vorliegen. Genau dieser Name ist etwa in Elephantine bezeugt (Silverman 158f.); für das Verb נתן ntn (in Satznamen mit verschiedenen anderen Gottesnamen als Subjekt) im Amor. Huffmon 244; hebr.Fowler 352, Zadok 24.95; Noth 170; dazu noch Maraqten 114. Zu dem Element ʾab(u) "Vater" in PN s. noch die Verweise bei N 6.
Anders möchte Ward (Personal Names, 295) den Namen verstehen, nämlich entweder als (a) Name des Typs Ibne-X, "(the god) X has created", oder (b) "perhaps Hurrian Abenatal, Abinadal" (mit Verweis auf Gelb, NPN 23; Gröndahl 218.221). Dazu ist anzumerken, dass bei (a) die Schreibung eines 'ibni' durch j:-b-n ( ist wahrscheinlich *ʾa, s. N 3 und unten S.363) ungewöhnlich wäre und das 2., theophore Element ungeklärt bleibt, während (b) die unübliche Vertretung von 'l' durch n-^{3} (statt n:-r, n:) aufweisen würde. Daher scheint der gegebene Deutungsvorschlag am plausibelsten.

N 11 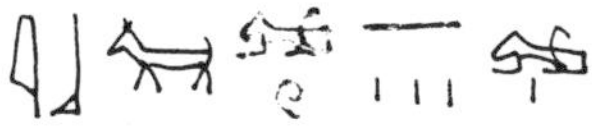 j-b^{JB}-rw-n:-rw

Wahrscheinlichste Erklärung scheint mir akk. ʾAb(u)-lulû "der Vater ist Fülle" zu lulû "Fülle" (AHw I, 562: babyl.), lalû "Fülle, Uppigkeit, volles/bestes Mannesalter" (Ahw I, 530). Als onomastisch ähnlicher Beleg ist etwa aus Ebla lu-la-il "Gott ist Fülle" (Krebernik 243) heranzuziehen. Der Name kann verschieden verstanden werden, etwa als Ersatzname wie Abu-bani "der Vater ist schön", Abu-šalim "der Vater ist unversehrt" (Stamm 294). Vielleicht ist auch an PN zu denken, die Gott als Kraft oder Wohltat des Namensträgers bezeichnen, etwa der Form ^{d}NN-dumqi, -emūqi, -idi (Stamm 212). Schliesslich möchte ich noch an PN erinnern, die eine Beziehung des Gottes zum Land ausdrücken wie ^{fd}Ai̯a-kuzub-mātim "Aja ist die Segensfülle des Landes" (s.Fowler 303). Neben dem Akkadischen und Eblaitischen (Krebernik 95) kennt auch die amoritische Onomastik das Element lalaʾum "Fülle" (s. unter N 323f.).

N 12 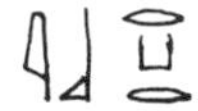 (f) j-b-r-k^{3}-r

Zweite (?) Frau des Oberzeichners des Amun, Pṯb^{c}r (N 258), Mitte 18.Dynastie.

Helck umschreibt den Namen als ʾab-l-kú-r. Vermutlich ist er mit dem folgenden identisch, erweitert um die optativische Partikel 'la'(sonst auch 'lu') "wahrlich". In der Sklavenliste des pBrooklyn 35.1446 aus dem ausgehenden Mittleren Reich findet sich vso.7a 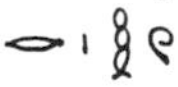 *lāḥwi "Möge (der Gott NN) leben lassen"(dazu Schneider, Namen, S.257; Lit.zu der Partikel in der semitischen Onomastik aaO Anm.16). Vgl.etwa noch אדנלרם ʾdnlrm (*ʾadān lū rām) "Adān/der Herr ist fürwahr erhaben" (Donner/Röllig Nr.203; Gibson, Syrian Semitic Inscriptions, 18; Maraqten 116f.); westsemit. šlmlḥy, ʾḫlḥy (Maraqten aaO); palm. ʾblᶜly "der Vater ist wahrhaft erhaben" (Stark 64); Hatra: šmšlṭb usw.; aus dem akk. Bereich etwa Šamši-lū-dāri "meine Sonne ist fürwahr ewig" (Stamm 159) oder PN wie Mar-la-rim, DINGIR-li-indar (aus Murāšû; Maraqten aaO); amor. *Ṣidqu-la-naši (Gelb CAA 365). Für Ebla s. noch Catagnoti 259f. Zur Bedeutung des nach 'la' stehenden Elementes s. die Diskussion des folgenden Namens.

N 13  j-b-k^{3}-r

Der vorliegende PN setzt mit dem Element ʾab "Vater" (zur Schreibung oben die Diskussion bei N 3) ein. Das zweite Namenselement weist nach der Schreibung mit  sicher u-Vokal auf (s. unten S.391); dazu ist äg. 'k' die mögliche Umschrift von semit. sowohl 'k' als auch 'g', ägypt.'r' von semit. 'r' oder 'l'. Am ehesten möchte ich dazu die aus Ebla bezeugten Personennamen a-bù-gú-ra (auch a-bù-^{d}gú-ra !) bzw. a-bù-^{d}KU-RA stellen (Krebernik 88.93; Catagnoti 194f. 196). Beide Namen geben der Forschung noch Probleme auf. Dass sie sicher voneinander zu trennen sind, haben Krebernik (aaO) und Catagnoti (196 Anm.36) betont. Abgesehen von der theophoren Deutung des Elementes 'gura' ist auch eine Lesung als 'gulu(m)'"cucciolo, giovane" (aaO) oder eine Auffassung als "greife

an!" (H.P.Müller nach Krebernik aaO; von hebr. גור gwr 'angreifen', Ges.^{18}, 208; HAL I, 177; akk.giāru 'herausfordern?' AHw I,287) nicht auszuschliessen. Für die PN N 12/ N 13 ergeben sich damit als mögliche Bedeutungen entweder "ein Vater ist (wahrlich) Gura/Kura" oder "Vater, greif (doch) an!".
Andere Anschlussmöglichkeiten, die dem Konsonantismus der Schreibung gerecht werden, aber nicht der Schreibung des u-Vokals, seien für N 13 noch genannt:
(a) arab.ʾabǧar "Dickbauch" (91 × saf., Harding 9; Ryckmans 48: Elativ; auch im Liḥyan.: Stiehl, Liḥyanische Inschriften, 19f.); als nab. PN (ʾbgrw) bei Khraysheh 24; ev. hebr. (Zadok 117; falls nicht eher ʾbgd zu lesen);
(b) akk. abkallu "Zaubermeister"(Stamm 226).

N 14  (m) j:-b-t-j_2

Herold (Hayes: steward), Ende 17./Anfang 18.Dynastie.

Helck vergleicht den Namen Abbite aus Alalach, ohne aber eine sprachliche Erklärung zu liefern. Im Akkadischen ist der PN Abitî belegt (Tallqvist 6), der jedoch nicht als "mein Wunsch" (Tallqvist 264, auch "decision") erklärt werden kann (da abu/itu zu amātu "Wort" gehört und die Wurzel אבה ʾbj im Akkadischen nicht belegt ist; AHw I, 89f., HAL I,3; vgl. Ges.^{18}, 4). Ein PN a-bí-tum ist aus Ebla überliefert (Catagnoti 203). Ansonsten wäre der frühnordarab. PN ʾbt zu vergleichen (2 × saf., ev. 1 × tham.), der von Harding (9, vgl. Ryckmans 40) zu arab. ʾābat "warm day" gestellt wird.

N 15  (f) j:-m-mj

Schwiegertochter des P$\underline{t}$b^{c}r (N 258), Oberzeichners des Amun, Mitte 18.Dynastie.

Helck transkribiert in Widerspruch zu seinem eigenen System ʾe-mi. Ebenso verfährt er bei N 16 (ʾe-mi); die richtige Umschrift hat er dagegen S.353 (unter I.1), wo auch der Grund für die falsche Transkription durch den Verweis "vgl.ummi-" deutlich wird. Ein Anschluss an das semit. Lexem für "Mutter" verlangt in der ersten Wortsilbe entweder den Vokal 'u' (akk. ummu) oder 'i'/'e' (hebr.ʾēm, suffigiertʾimm-). Er ist deshalb nur bei N 16/17/20/21 möglich, dagegen nicht bei N 15/18. Für diese Fälle ist nach einer anderen Lösung zu suchen. Zwei Ansätze scheinen mir erwägenswert:

(a) hebr. אָמָה ʾāmā "Magd" (akk.amtu, phön.ʾmt usw.; HAL 59, Ges.^{18}, 70f.), wobei dann aber mit einer geöffneten 2. Silbe auf -ā ohne gesprochenes Feminin-t gerechnet werden müsste. Vgl.onomastisch die PN nab.ʾmh/ʾmt ʾAma "Magd" (Khraysheh 38ff.), palm. ʾmtʾ (Stark 70); Fales, Women's Names,69. Tatsächlich sind die Namensträger N 15/18 Frauen.
(b) Kurzform zu einem mit arab. ʾāma "herrschen, Anführer sein" zusammengesetzten Namen, s.Harding 73 (ʾm [zu ʾāma "herrschen" oder auch ʾm "Mutter"] 18 × saf., 2× lih., 1× tham.) und hebr. אֲחִיאָם ʾăḥîʾām (Fowler 107.141.180. 334; ev. ist auch ʾmm "weit sein" heranzuziehen; anders Zadok 55).

N 16  (f) j-^{3}-m-j_2

Mutter des Pagen und Wedelträgers *j:-jn-rw-t-j_2 (N 36), 18.Dynastie.

Helck umschreibt verschieden (H 353 I.1: ʾá-mi; 362 XII.4: ʾe-mi). Zur Diskussion s. bei N 15.

N 17 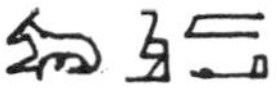 (f) jw-m

Die Schreibung zeigt in der ersten Silbe den Vokal 'u', so dass eine Deutung als akk. umm(u) "Mutter" möglich ist (vgl.zu N 15). Zu PN mit diesem Element s. Stamm 53f.209.302.312; amor. Umiya u.a.bei Gelb CAA 234f.; zu ʾm "Mutter" in anderen semit.Onomastika s.Benz 269; Gröndahl 99; Catagnoti 246f.251; Fowler 255.298. Der Name ist verschieden interpretierbar, sei es als Kurzform eines theophoren Satznamens "(die Göttin NN) ist (meine) Mutter", sei es als Ersatzname (das Kind ist Ersatz für die (bei der Geburt) gestorbene Mutter). Von den semitischen PN ägyptischer Quellen ist dazu unten N 68 aus der Biographie des Ahmose in Elkab zu vergleichen, wo für *ummi j-w-m-mj steht. S. N 209.

N 18 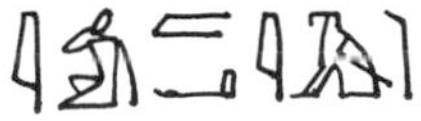 (f) j:-m-j-^{3} F

Frau des Torhüters R-m (N 322), Zeit Amenophis'III.

Zur Diskussion s.oben N 15.

N 19 (m) jw-m-b^3-y F

Syrer des Leipziger Ostrakons, Anfang 18.Dynastie.

Steindorff und nach ihm Burchardt deuteten den Namen als Nisbe zu ^{alu}am-bi^{ki}/ אֻמְב , "der (Bewohner) von Ambi". Die in diesem Fall recht sichere Andeutung des Vokalismus, insbesondere des 'u'-Vokals in der ersten Silbe, befürwortet jedoch den Vergleich mit dem hurritischen PN Umbija (Um-pi-ia, Um-bi-ia), wie ihn Helck vorschlägt. Der Name ist aus Nuzi belegt (36 Belege bei Gelb NPN 163 u.s.noch Cassin/Glassner 156), ohne dass seine Bedeutung geklärt wäre (Beiname einer Gottheit? S. Gelb NPN 271f.). Eine semitische Deutung müsste etwa eine Dissimilation aus ʾummija "meine Mutter" (oder hypokor. "Mutter (ist die Göttin NN)") ansetzen, so dass die hurritische Deutung den Vorzug verdient.

N 20  (m) jw$_2$-m-m

Gegen Hari, der Répertoire 23 (ʾIw-m^{c}m^c) auf 162 (mit der nach ihm vorzuziehenden Lesung Mr-m^{c}m^c) verweist, ist sicher jw-m-m (Helck: ʾi-m-m) zu lesen, da  zwar 'mr' ist, hieratisch aber regelmässig für  (jw) steht (Burchardt § 21). Zur Deutung des Namens, der mit dem Element ʾimm "Mutter" beginnen dürfte, s. die Diskussion bei N 15 u.N 17. Vgl.noch den PN Em-ma-a (zu ʾm "Mutter") bei Fales, Women's Names, 62.

N 21  (m) jw-m-n-^{3}-š-f-tj ^{F}

Sklave des Leipziger Ostrakons, 1. Hälfte 18. Dynastie.

Helck bietet keine Erklärung des Namens, umschreibt aber ʾi-m^e-n^e-ša-f-tá. Im Anschluss an den zuvor diskutierten Namen N 20 möchte ich den Namen in ʾimm "Mutter" als theophores Element und eine perfektische Verbalform zerlegen. Bei Annahme eines Grundstammes würden die Wurzelradikale n-š-p und  als Verbalendung der 3. Ps. Sg. Perf. Qal vorliegen (a), ansonsten wäre  als Präformativ eines Nif^{c}al aufzufassen (b).

(a) Erwägenswert ist ein Anschluss an die Wurzel hebr. נשף nšp "blasen" (HAL III, 689f.), akk. našāpu "weg-, durchblasen" (AHw II, 758). Eine Wurzel nšp ist onomastisch im amor. PN Našpatum (Gelb CAA 335 u.Glossary 27, ohne Erklärung) belegt; dazu führt Huffmon, ebenfalls ohne Deutung, den PN Ḫabdu-nišapa an

(244). Mit Blick auf das wurzelverwandte hebr. נְשָׁמָה n^{e}šāmā "Atem, Lebensodem, Gottesodem" (HAL) kann der Name versuchsweise als "Die Mutter [Epitheton einer Göttin] hat (Lebensatem) eingeblasen" übersetzt werden. Aus dem akkadischen Bereich können semantisch PN verglichen werden, die den angenehmen Windhauch (šāru) des Gottes ansprechen (Stamm 234f.).

(b) Aus dem Kontext - der Namensträger ist Sklave - scheint auch eine weitere Deutung möglich, nämlich als *ʾimm našbáta (nif^{c}al < *naf^{c}al; 3.Ps.fem. *-áta bei III i; Beyer, 57.63) "Die Mutter ist gefangen fortgeführt worden" zu שָׁבָה šbj qal "(kriegs-)gefangen fortführen", nif. "gefangen fortgeführt werden" (ug. šbj, akk. šabū; HAL IV 1286f.). Die Wurzel ist in PN bezeugt etwa in sab. sbj "Gefangener" (HAL aaO) und in hebr. שֹׁבָי šōbaj, šbj, FN šbjt (zu šōbā^{h} "captor"; Zadok 106; vgl. 60 unten). In unserem Fall wäre an einen situationsbezogenen PN wie N 374 (bei ägyptischer Erklärung: "erbeuteter Gefangener") zu denken. Dabei ist einzig die Vertretung von semit. 'b' durch ägypt. 'f' (vgl. N 243 für semit. 'b' durch ägypt. 'p') problematisch; ein Ausweg wäre die Annahme eines spirantischen 'b' (d.h. 'v'; *naš^{e}váta ?).

N 22  (m) j-n-jwn-n-^{3}
Var. j:-jwn-n-^{3}
Var. jwn-n-^{3}

Schiffszimmermann unter Thutmosis IV.

Helck gibt als Umschrift (der ersten Variante): ʾáʾal-na ("d.h. ʾá-ʾal-l$_{2}$a"), eine durch den offenbar recht willkürlichen Vergleich mit dem PN Allija aus Alalach begründete Lesung. Die korrekte Lesung wird durch die Variantenschreibungen allerdings genau bezeichnet. Die Kurzform der zweiten Variante ist in der oben als Hauptform gegebenen Schreibung und der ersten Variante durch verschiedene phonetische Komplemente ergänzt. Von Redundanz kann aber hier im Gegensatz zu vielen Fällen phonetischer Komplementierung in der ägyptischen Schrift nicht gesprochen werden. Vielmehr dürfte eine präzisere Bestimmung eines in der Gruppenschrift lautlich nicht ganz eindeutigen Zeichens ( ) vorliegen. Durch die Voranstellung der Konsonanten  u.  (Hauptschreibung) und der Gruppe j: (1.Variante) wird eine Lautung *ʾan(n)a angezeigt. Dazu lassen sich folgende onomastische Anschlüsse vorschlagen:

(a) Zadok deutet den epigraphisch bezeugten hebr.PN ʾnjhw (und den PN ʾ^{a}nî^{c}ām) auf der Grundlage der Wurzel ʾw/jn "be vigorous, wealthy" (p.30) und erklärt ebenso die PN ʾôn, ʾônām/n, ʾônî und ʾny als Ableitung von ʾôn "vigour" (144; Ges.[18], 24). Hierzu ist auch phön. ʾwn "power, wealth" (Benz 263; vgl. Schult, Studien, 18f.) zu stellen.

(b) Für den erstgenannten hebr. PN vermutet Fowler (146f.337) als weitere mögliche Verbalwurzel אנה ʾnh "to be opportune, meet, encounter opportunely" und übersetzt"Y[ahwe] has met" gedeutet, während ein Anschluss an ʾnh "trauern" - in einem theophoren PN - wenig plausibel scheine (Wurzeln ʾnw/j, Ges.[18], 79).

(b) Maraqten (133) zieht zur Erklärung des PN ʾnn der reichsaramäischen Inschriften hebr. אנה ʾnh [und ʾnn, Ges.[18], 82], syr.ʾan, arab.ʾanna "seufzen, trauern" heran; dazu zitiert er den PN ʾnn im Ägyptisch-Aramäischen, ʾny auf einem hebr. Siegel, den genannten PN ʾnyhw und spätere jüdische Namen (talmudisch ʾInnî, ʾInyāʾ, ʾInyānî).

(c) Als vergleichbare früharabische Personennamen verzeichnet Harding ʾn (2 × saf., p.78: 'to be gentle, at ease'), dazu ʾnn (1 × saf., p.80) u.ʾwn (1 × saf., p.87) sowie mit theophorem Element ʾnʾl (13 × saf., p.78); ʾny (49 × saf., 1 × sab., p.81: 'to draw near'). Vgl. hierzu noch palm. ʾnʾ (Stark 70); amor. ʾn (Huffmon 168: A-an-li-im, A-na-ba-lu, A-na-ra-a-bu).

N 23 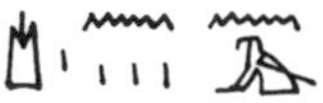 (f) jwn-n:-n-[3]

Vgl.die Diskussion bei N 22.

Die Namen N 24 - N 30 sind (bis auf die Endungen) gleich geschrieben und stellen dieselben Probleme, so dass im folgenden zuerst alle sieben Belege aufgelistet werden und dann die Diskussion erfolgt.

N 24  (f) jwn-n:-r

Bürgerin, Ende der 20.Dynastie.

N 25 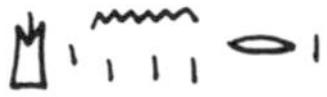 (f) jwn-n:-r

N 26  (m) jwn-n:-r

Seemann (jstj mnš), Zeit Ramses'II.

N 27  (f) jwn̓-[n:]-r

Tochter der Frau des Sklaven Ptḥ-ḫᶜw, Ende der 20.Dynastie.

N 28 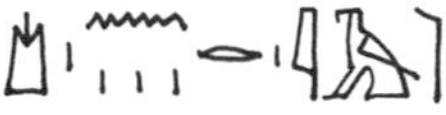 (f) jwn-n:-r-j-³ F

Frau des Priesters T³šrj, Ende der 20.Dynastie.

N 29 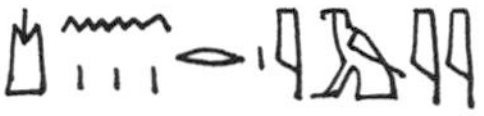 (m) jwn-n:-r-j-³-y

Kaufmann aus Mr-wr, Ende der 20.Dynastie.

N 30  (f) jwn-n:-r-y

Frau des Gravierers Ḫnsw-ms, Ende der 20.Dynastie.

Von diesen Namen, die mit Ausnahme von N 26 aus dem Ende der 20.Dynastie stammen, ist nur N 28 mit dem Fremd-Determinativ versehen. Die Gruppe  tritt noch in N 32, N 34 und N 35 auf. Für die konsonantische Lesung sind m.E. zwei Möglichkeiten zu berücksichtigen:
(a) jwn als unkomplementiertes Zeichen mit dem Wert 'ʾn' plus eigenständige Zeichengruppe n:-r mit dem Wert 'l', also als (jwn)-(n:-r) zu verdeutlichen;
(b) jwn als mit der Zeichengruppe n:-r komplementiertes Zeichen mit der Lesung 'ʾl'. Da die Konsonantenabfolge n-r das Phonem 'l' bezeichnet, kann etwa  jwn-r (mag.pHarris XII,4) für jw(n-r) ≙ ʾl stehen (Schneider, Beschwörung, S. 61 Nr.18). (b) wäre so als jw(n-n:-r) zu verdeutlichen.
Wie aus den Varianten des Namens N 22 hervorgeht (und vgl. H 565f., GSS 137f. sowie unten S.366)), ist die Qualität des Vokals von jwn in der Gruppenschrift ambivalent. Während in N 22 'a' vorliegt, zeigt N 39 sicher 'i'; auch 'u' ist belegt (vgl. die Schreibungen  (Urk.IV 690,16), 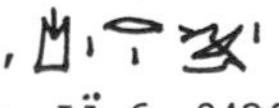 (Urk.IV 789,5) sowie 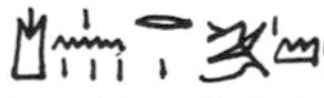(KRI I 34,Z.19) für den ON Ullaza, LÄ 6, 842f.).
Für die ohne das Fremd-Determinativ geschriebenen PN N 24,25,26,27,29 ist eine ägyptische Deutung nicht von vornherein auszuschliessen. Dafür möchte ich von der oben gegebenen Lesung (a) ausgehen. Die Endung  n:-r tritt in der äg. Onomastik u.a. in den sehr häufigen PN 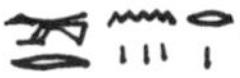 wr-n:-r (*wrl) und 

ḥ:-ḥ:-r (*ḥl) auf, bei denen es sich um Koseformen zu den GN Wrt "die Grosse" ≙ Hathor) und Ḥwt-ḥr (Hathor) handelt. Für Belege dazu und das sonstige Vorkommen der Endung n:-r möchte ich auf den Exkurs zu den k(³)-n:-r geschriebenen PN verweisen (auch zur möglichen Herkunft der Endung). Da die Endung offenbar bevorzugt an Götternamen tritt, wäre im vorliegenden Fall zu überlegen, ob nicht auch hier eine Koseform zu den Namen der Göttinnen Junit (von Armant) oder Juntet (von Dendera, später mit Hathor identifiziert) vorliegt; dazu vermerkt Ranke zu dem PN  jwnwjt (MR) "die Heliopolitanerin", ob nicht auch hier ein Beiname einer Göttin vorliege (II, 124). Alle drei zugrunde liegenden ON werden bekanntlich im Ägyptischen nahezu identisch mit dem Zeichen  und einer Endung geschrieben. Hinzuweisen bleibt noch auf die  u.ä.geschriebenen PN (R I 17. 22ff.), bei denen es sich offenbar um den ON und die bei ägyptischen Namen gebräuchliche Endung -y (Belege R II 143-151) handelt.

Eine semitische Deutung der Namen möchte ich auf die zweite mögliche Lesart ʾl und die im Namen Ini-Tešub deutliche Vokalqualität 'i' abstützen. Eine solche Deutung ist bei dem als fremd bezeichneten PN N 28 geboten und auch bei den übrigen Namen im Auge zu behalten. Am wahrscheinlichsten scheint mir eine Deutung als ʾIl(u)/ʾEl "Gott", d.h. als auf dieses theophore Element reduzierte Satznamen. Eine Kürzung eines theophoren Satznamens bis auf das theophore Element ist zwar in der semitischen Onomastik in der Regel ungebräuchlich, aber immerhin - und gerade im Fall des Elementes ʾIlu/ʾEl - bezeugt: vgl. hebr. ʾl, ʾlʾ, ʾēlā (Zadok 138); ug. ily/iliya (Gröndahl 96f.; 326: akk. iliya); amor. i-li-ia (Gelb CAA 217); mittelass. ilaja (Saporetti 241); ʾly in den reichsaramäischen Inschriften (Maraqten 126); Mari: iliya (Birot 123), ass. iliya (Tallqvist 95); dazu noch etwa Fales, Women's Names, p.58: I-la-a.

Diese bisher noch nicht bekannte Möglichkeit der Umschrift des GN wird nun durch einen von L. Kákosy publizierten magischen Papyrus in Budapest bestätigt, wo ʾIlum/ʾEl als 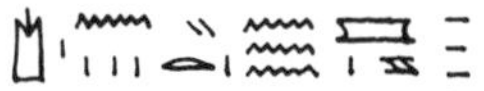 transkribiert wird (Fragmente, 150f.: Kol. B, Z.6). Zur Umschrift des GN vgl. sonst N 40ff.49f.212ff.477.

N 31  j:-n:-r-j-³

Dieser Name dürfte vermutlich mit 'ʾa' anlauten. Vielleicht gehört er zu der Wurzel ʾwl "vorne, stark sein" (HAL I, 21; verwandt ist יאל jʾl (< wʾl; HAL II, 365) "sich als erster erweisen, den Anfang machen"). Eine Deutung der dann hier zu postulierenden Kurzform als "(der Gott NN) ist stark" würde sich semantisch bestens in die semitische Onomastik einfügen; ebenso ein Profanname "der Starke". Diese Erklärung muss aber vorderhand hypothetisch bleiben (semantische Parallelen bei Fowler 288f.; Noth 224f.). Vgl. zum folgenden PN.

N 32  (m)) jwn?-n:-r-m

Im Anschluss an die oben für N 24 - N 30 gebotene Erörterung von jwn-n:-r dürfte der vorliegende Name am ehesten als 'ʾlm' (jw(n-n:-r)-m) aufzufassen sein. In diesem Fall möchte ich ihn an den alttestamentlich bezeugten Personennamen אוּלָם ʾûlām anschliessen , der als "erster, Anführer" zu erklären ist (Noth 231 mit Verweis auf arab. ʾāla "vorne sein", ʾawwal "erster" und hebr. ʾûlām "Vorhalle"; Zadok 141: HAL I, 21; Ges.[18], 24). Möglicherweise ist aber auch der früharab. PN ʾlm (Harding 70: 3× saf., 4× qat. und zahlreiche Komposita; er vergleicht eine Wurzel ʾlm "peace, concord") heranzuziehen.
Eine andere Auflösung der Schreibung als *ʾil(u)ma/ʾel(i)ma "Gott/El ist es" (s. N 87; akk. I-lu-ma "Er ist Gott", Stamm 129; vgl. ARM XXIV 270: Ilima-raḫê "Gott ist wahrlich ein Hirte") oder *ʾwn/ʾl-ram "Die 'Macht' (Epitheton)/'El ist erhaben" (zu dem theophoren Element ʾwn s. Benz 263 und N 22) scheint eher unwahrscheinlich.

N 33  (a) (m) jn-r-j_2-n-[3]

Erneut stellt sich das Problem, ob das nach jn stehende 'r' das Zweikonsonantenzeichen im Sinne einer Lesung *ʾl komplementiert oder ob *ʾn-r/l(i)-n(a) zu lesen ist. Im ersteren Fall wäre an PN wie Iluna oder Iluni (Birot 124; Tallqvist 98) zu denken und *ilina "Unser Gott (ist GN)" zu übersetzen (zu *-na s. Huffmon 235f.). Allenfalls könnte auch *ʾel-lina "Gott für uns!" angesetzt werden ('li' für 'la' s. Huffmon 224) und onomastisch amor.PN wie La-na-^{d}Dagan "Für uns (ist) Dagan", I-la-la-ka "Gott für dich" (Huffmon 223) verglichen werden. Wenig wahrscheinlich ist die Verkürzung eines Vollnamens wie Ili-natun oder Ili-naṣir (Birot 122).
Dagegen möchte Ward (Personal Names, 298f.) den vorliegenden Namen "in spite of the different spelling of the initial consonants" mit dem LW  = אַלּוֹן ʾallôn (akkad. allānu, ev. ugar. ʾaln, Ges.[18], 62) gleichsetzen, doch gehören die von ihm zitierten semit. Belege mit 'i' zu 'ʾilu' "Gott" (vgl.

(a) Fischer, 2. Hälfte der 19. Dynastie.

Stamm, 252f. zu PN Ilānum; Zadok 138 zu PN ʾēlôn). Zusätzlich ist die Notation  mit dieser Deutung nicht zu vereinbaren.
Für die zweite Lesung kann ich keine plausible Erklärung vorschlagen.

N 34  jwn-n:-r-š̌s

Helck umschreibt ʾ()l-l_2a-ja-š̌()s und gibt GSS 139 als hieroglyphischen Beleg 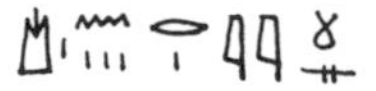 ; in Wirklichkeit steht aber kein 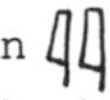 geschrieben. Zur Gruppe jwn-n:-r s.oben (N 24ff.); die Gruppe kann ich nicht anschliessen.

N 35 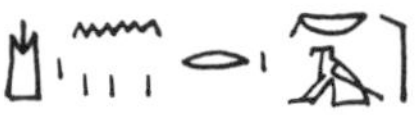 (a) (m) jwn-n:-r-k-^{3} F

Der Name ist eventuell als *ʾēlaka für ʾel-laka "Gott (ist) für dich (da)" zu erklären, vgl. den amor. PN I-la-la-ka (Huffmon 223) und N 33. Hinzuweisen ist aber noch auf den syrischen Ortsnamen 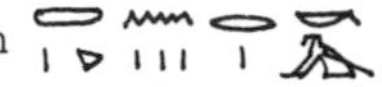 jw-n:-r-k-^{3} in der Ortsnamenliste zu dem Feldzug des 33. Jahres Thutmosis' III. (Urk. IV 792, 283 = Burchardt 79), zu dem der vorliegende PN als gleichlautend interpretiert werden kann (Helck 146 umschreibt ʾì-l_2-la-ka statt besser ì-la_2-ka; von Astour mit Lakka (Alalach-Tafeln), jetzt Eleka identifiziert).

N 36  (m)
j:-jwn-rw-t-j_2
jwn-j:-rw-t-j_2
jwn-rw-t-j_2

Page und Wedelträger, 18.Dynastie.

Helck transkribiert ʾá-ʾ()n-rú-ti für ʾaʾál-lú-ti. Die Notation der Varianten, zu der N 22 zu vergleichen ist, deutet auf eine Lesung *ʾaluti (vgl. bei der Diskussion von N 24ff. die Ausführungen zu Lesung (b)). Helck vergleicht den aus Nuzi bekannten PN Allu-teia (Gelb NPN 20; Cassin/Glassner führen noch Allai-Te (22) und Alite/Alitu (21) auf). Eine semit.Etymologie ergibt sich nur über den in den Inschriften aus Palmyra - also erst spät - bezeugten PN ʾlṭy "toothless" (Stark 68; arab. ʾalaṭṭ), der in einer Bilingue durch griechisch αλλατταιου umschrieben ist. Vgl. auch noch den PN ʾwlṭ bei Avanzini, Onomastica sudarabica, 103.
Ein Anschluss an Harding 73 ʾlyt (ʾUlayya, 1 sab.Beleg) oder Maraqten 132 ʾlty

(a) Sklave und Türhüter des Zweiten Propheten des Amun unter Ramses IX.

("meine Göttin (ist GN)" oder - mit Donner/Röllig II, 213 - "der zur Göttin/zu ʾlt Gehörige", vgl.amor.I-la-ti, Il-la-tum: andere Vokalisation!) scheint mir nicht empfehlenswert.

N 37 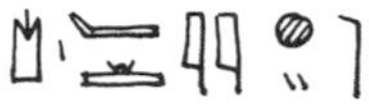 (m) jwn-ḥ:-y-ḫ-j_2 F

Im zweiten Teil des PN, , möchte ich das Verb חיה ḥjj "leben" und אָחִי ʾāḫî "mein Bruder" erkennen, dabei wäre das Aleph elidiert (vgl. N 262) oder statt nur geschrieben worden. Problematisch ist die Interpretation des mehrdeutigen (s. unten S.366) , das hier ohne Lesehilfen notiert ist und vielleicht als *ʾan verstanden werden darf (vgl. jwnw "Heliopolis", kopt. ⲱⲛ < *ʾĀn^e [*ʾIˇwánˇw; Schenkel, Einführung, 88], mittelbabyl. A-na, später neuassyr.^{alu} U-nu, hebr. אוֹן ʾôn). Folgende hypothetische Deutungsmöglichkeiten als Ersatzname (Stamm, Ersatznamen, 67f.: PN mit dem Element ʾāḫ "Bruder"; Stamm 278-306) sind denkbar:

(a) Mit אָנָּה ʾānnā "ach!" als *ʾānnā-ḥajā-ʾāḫī "Ach, lebte doch mein Bruder"! (vgl. akk. Aḫi-lūmur [Stamm 288] "Möge ich meinen Bruder (wieder) sehen").

(b) Mit אֲנִי ʾ^{a}nî "ich" als *ʾ^{a}nī-ḥaj-ʾāḫī "Ich bin lebendig, mein Bruder" mit Blick auf אֲנִיעָם ʾ^{a}nî^{c}ām "Ich bin der Onkel" (Stamm, Ersatznamen, 68).

(c) Mit אָן ʾān, אָנָה ʾānā "wo" als *ʾān(ā)-ḥaj-ʾāḫī "Wo ist der Lebendige, mein Bruder ?" - wozu Ersatznamen mit hebr. ʾaj, akk. ali "wo" [Stamm, Ersatznamen 64f. mit dem PN ayaḫ "Wo ist der Bruder? aus Alalach] vergleichbar sind.

N 38 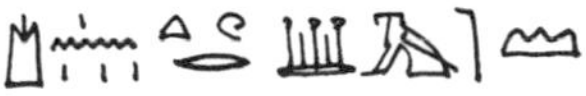 (m) jwn-n:-t-w_2-r-$\check{s}^3$ F.Ḫ3ST

Var.  jwn-n-t-w-r-$\check{s}^3$ F.Ḫ3ST

Stellvertreter des Harems von Gurob, 19.Dynastie.

Helck umschreibt fälschlich ś statt š. Falls wir mit ihm im Namensanfang hurr. eni "Gott" (Laroche, Glossaire, 80-82) vermuten, könnte danach ein Gottesname vermutet werden wie bei N 39 (Ini-Tešub), doch scheint mir zweifelhaft, ob etwa Tiršu (im PN IR-Tirši EA 228,3: Hess, 154; Maraqten 184; Benz 432) gemeint sein kann. Möglicherweise ist eine akk. Deutung als *Ilu-dūršu "Gott ist seine Mauer" (vgl. PN wie ^{d}Enlil-dūršu "Enlil ist seine Mauer (= Schutz)", Stamm 211) möglich, oder auch als Kurzform eines PN *Ana-dūriša-ēmid "An ihre Wand drückte ich mich": vgl. Ana-bābiša-ēmid "Ich drückte mich an ihr Tor", "d.h. an das Tor des Tempels, in welchem die betreffende Göttin verehrt wurde" (Stamm 199) oder Igāršu-ēmid "Ich drückte mich an seine (des Tempels) Wand" (aaO; Vertrauensnamen). In allen Fällen wäre Namensform und Schreibung problematisch (zum Wert von  s. unten S.366).

N 39  (m) jwn-n:-tj-b-s^{3}[sic!]///^{F}

Fürst von Karkemisch (hier: q-:r-q-^{3}-n:-m-š^{3} $^{F.\breve{H}3ST}$), Mitte der 19.Dynastie.

Hurritisch Ini-Tešub "Teschub ist Gott", s. Barnett/Černy, Ini-tešub, 94; Gardiner, AEO I 132*; Klengel, in: RlAss 5, 1980, S.104f. (mit diesem Beleg); der Beleg auch bei Laroche NH Nr.459.

Für die folgenden Namen N 40 - N 42 wird wiederum zuerst die Auflistung, dann die Diskussion geboten.

N 40  j:-:r ^{cN}

Var.  p^{3}-j:-:r ^{cN}

N 41  (m) j:-:r ^{cN}

Priester Ramses V.

N 42  (m) j:-:r-[^{c}-n] ^{cN}

Hirt unter Ramses V.

Vgl. noch die PN p^{3}-j-^{3}-n:-r $^{cN.N\breve{H}T}$ (N 212); p^{3}-j:-:r-[^{c}-n] ^{cN} (N 213) und t^{3}-j:-r ^{F} (N 477); dazu N j:-:r^{cN}-^{c}: (N 49), j-^{3}-:r^{cN}-^{c}: ^{F} (N 50).

Bei diesen Namen handelt es sich um Hypokoristika mit dem Element ˀEl. Für onomastische Belege s.oben (zu N 24ff.) und Birot 260f. Zu  = ˀe vgl. Edel (ONL 70).

Hier soll versucht werden, ein noch ungelöstes Problem der Schreibung des GN ˀEl zu klären: die Schreibung mit den umgekehrten Beinen . Burchardt bezeichnete den Grund für diese Schreibung als "dunkel"(s. § 175). Dass der

Schreiber an die Präposition אֶל ᵓäl "hin zu, nach" gedacht haben könnte, ist kaum mehr als eine Verlegenheitslösung der Forschung, denn warum dann die rückwärts, nicht die vorwärts gerichteten Beine? Görg (Untersuchungen, 64f.) bezeichnet die Determinierung als "wunderlich" und führt zu der Anknüpfung an die Präposition aus: "Die Präposition steht in der Tat von Haus aus bei allen Tätigkeiten und Vorgängen, die in die Richtung auf etwas zu geschehen (HAL 48f.), so dass auch ein "zurückgehen" insinuiert werden kann. Es ist schliesslich m.E. bemerkenswert, dass das Gottesdeterminativ anscheinend bewusst vermieden worden ist." Doch bemerkt Givéon zu Recht: "There is no obvious reason why the group  which could correspondend to a Semitic El אל should be written with legs reversed", und zu N 42 urteilt er: "the group ᶜn is simply a spelling out of the determinative as if it were a word sign: ᶜn, ᶜnn "to turn back" (...). The addition of ᶜn was an afterthought but it is not a solution to the riddle of the leg-sign" (Determinatives, p.17.19). Ähnlich äussert sich Helck (Beziehungen S.540; vgl.Fischer-Elfert, Streitschrift, 180). Auch Ward urteilt, dass die Ableitung von der Präposition אל "is far from satisfactory" (Personal Names, 295). Ausserhalb der erwähnten PN sind noch folgende Ortsnamen zu erwähnen:

 pAnast.I 21,8.

 pAnast.I 22,8.

 aaO.

 pAnast.I 27,5.

Meines Erachtens basiert nun weder das Determinativ  auf einer falschen Herleitung von der Präposition ᵓäl noch ist die Ausschreibung eines ᶜn in N 45 und N 221 bloss als "abusive writing" (Gardiner zu N 40ff.54 in seiner Edition des pWilbour) bzw. "afterthought" (Givéon) zu betrachten. Sondern: Die ägyptische Notation kombiniert beide Schreibweisen des GN Ilu/ᵓEl, wie sie in der Keilschrift - dem während des NR einzigen ausgebildeten Schriftsystem der semitischen Sprachen - üblich waren: phonetisch als 'Ilu/ᵓEl' bzw. mit dem Logogramm AN. Der damit sicher vertraute gebildete ägyptische Schreiber (die Belege stammen aus Papyri der königlichen Verwaltung bzw. Deir el-Medineh und da-

tieren in die 20. Dynastie) notierte "ʾēl.AN" und transkribierte den Wert AN des keilschriftlichen Logogramms durch ein - zuweilen voll ausgeschriebenes - gleichlautendes ägyptisches Wort, nämlich  *^{c}an "wiederum, noch einmal" (Wb I, 189; > kopt. ^{SB}ON , ^{AF}ⲁN ; vgl. Vycichl, Dictionnaire, 155).
In den angeführten Belegen hat  damit eine Art Determinativfunktion; die ^{c}n ausschreibenden Notationen könnten geradezu als Glossierung betrachtet werden. [Zur Determinierung von N 212 mit dem 'schlagenden Mann' s.dort.]

N 43 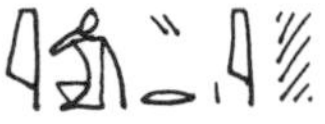 (m) j:-:r-[y]

Winzer aus Amarna.

Der wohl auf Doppelschilfblatt auslautende Name (vgl.  = R I,11,17; II 338; Černy, Parchemin, Z. 15/16: nach 20. Dyn.) wird von Helck als ʾá-r-ja transkribiert, obwohl er die Gruppe  bei N 40ff. immer 'ʾel' umschrieben hatte. Doch ist auch hier wohl *ʾēl(i)ja - Hypokoristikon eines mit ʾēl zusammengesetzten theophoren PN - zu lesen, s. oben zu N 24ff.40ff.

N 44  (m) j-^{3}-r-y

Wab-Priester des Thot, Amarnazeit.

Die Schreibung  = ʾe (Helck 540; vgl. N 212 und S.364) führt zu einer Lesung des Namens als *ʾElaja und eine Anknüpfung an N 40-43 (Element ʾēl "Gott"/ʾEl). Vgl. aber auch PN wie  (MR, NR) bei R I, 6, 28 (und s. den Vorbehalt bei N 46ff.: ägypt. jrj).

N 45  jw_2-:r-y

Zur Schreibung (hieratisch  für jw) s. N 20. Mit Helck als Hypokoristikon zu einem Satznamen mit ʾilu "Gott" aufzufassen (Belege s.bei N 24ff.).

Die folgenden drei Einträge N 46 - N 48 sind zusammen zu diskutieren:

N 46  (m) j:-r-j_2-y

N 47  (m) j:-r-j_2-y ^{F}

Syrer des Leipziger Ostrakons, Anfang 18. Dynastie.

N 48  (m) j:-r-y

Sohn (oder Enkel?) des Ḥr-m-wj^{3}, 18.Dynastie.

Die deutliche Schreibung mit  *ʾa schliesst eine Anknüpfung an semit. *ʾēl (die Steindorff und Burchardt in Bezug auf N 47 vorschlugen) wie in den obigen PN aus. Albright schlug als Vergleich den hurr. PN Arija (Gelb NPN 24f. mit 35 Belegen; Cassin/Glassner 26; Laroche NH Nr.120; Gröndahl 220; dieselbe Wurzel bei Hess 64; vgl. Tallqvist 29: Ar-ia-e, A-ri-ia: hier als iranisch qualifiziert!) vor (Vocalization 33: "a common Hurrian hypocoristion"). Es läge eine Kurzform zu einem Namen "(der Gott NN) hat gegeben" zu der hurritischen Verbalwurzel ar- "geben" (Laroche, Glossaire, 52; Gelb NPN 202) vor.
Generell ist bei allen konsonantisch 'jry' o.ä. notierten PN in Betracht zu ziehen, dass auch die gruppenschriftliche Notation eines ägyptischen Namens (etwa von jrj "machen"; vgl. bei Ranke) vorliegen könnte.
Für den identisch zu N 48 (mit vorangestelltem Femininartikel) geschriebenen PN N 479 hat Helck die Deutung "die Löwin" vorgeschlagen. Auch für die vorliegenden PN einen Anschluss an ʾărî/ʾarjē "Löwe" (HAL I 85) vorzunehmen (das Lexem dürfte in der Schreibung  im Magischen pHarris XII, 2.5 belegt sein, s. Schneider, Beschwörung, S. 57f.62), ist vom onomastischen Standpunkt aus eher abzulehnen, da ein entsprechender Wortname - im Gegensatz zu einer Reihe anderer Bezeichnungen des Löwen (vgl. Fowler 302; unten N 69, 260, 317) in der semitischen Anthroponomastik m. W. nicht belegt ist. Ob das Lexem in dem - in jedem Fall für N 46ff. heranzuziehenden - hebr. PN אֲרִיאֵל ʾarîʾēl auftritt, der dann als "Löwe Gottes" aufzufassen wäre, ist sehr fraglich. Fowler (113. 119f.159.337) und Zadok (31.60.136; 138 Anm. 19: "ʾĂra ist hardly Hurrian") erwägen als wahrscheinlichere Möglichkeiten für ihn und die weiteren hebr. PN ʾrjhw, ʾrjw, ʾarā und ʾrʾ die Wurzeln ארה ʾrj "pflücken, sammeln" (Ges.^{18}, 96) oder אור ʾwr "leuchten" (Ges.^{18}, 26), Zadok für die zwei letztgenannten auch ʾr ("perhaps 'cypress' in Eg. Aramaic"; einen Zusammenhang mit dem saf./tham. bezeugten PN ʾr(ʾ) lehnt er dagegen ab). Vgl. noch j:-rw bei N 52.

N 49  (m) j:-:r^{ʿN_c}:

Schreiber unter Ramses'V.

N 50 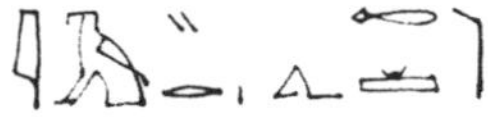 (m) j-^{3}-:r^{ʿN_c}: F

Arbeiter in Deir el-Medineh, ramessidisch.

Ward (Personal Names, 295) möchte in N 50 "a partial translation of the Ugaritic name ilrb, "Il is the Great one" (...), which would yield ʾIr-^{c3} in Egyptian" sehen, das heisst einen hybriden PN. Das ist m.E. äusserst unwahrscheinlich (nur bei einer in Ägypten eingegliederten Gottheit wie Ba^{c}l oder ^{c}Anat denkbar. Vgl. zu Rankes Deutung von N 175f.!). Der Namensbeginn ist wie ʾēl in N 40ff. notiert, doch wie wäre dann das folgende '^{c}' zu erklären? Vielleicht meinte der Schreiber den semit. GN aus einem ganz anders anzuschliessenden Namen nur herauszuhören; dann könnte an eine Anknüpfung an die frühharabischen PN ʾl^{c}, ʾl^{c}t, ʾl^{c}y (Harding 68f., in der gegebenen Reihenfolge 2 tham., 1 qat. Beleg; letzterer zu einer Wurzel ʾl^{c} "to be timorous" gestellt) zu denken sein.

N 51 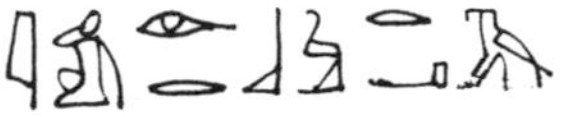 (f) j:-jr-r-b-w-r-^{c}-^{3}

Frau des syrischen Söldners Trwr^{c} (N 506), Amarnazeit.

Helck umschreibt den Namen (358 VIII.13) konsonantisch irr-bw-r^{c}.  jr hat in der Gruppenschrift den Lautwert *ʾar, wie aus anderen Belegen deutlich hervorgeht (s. unten S.366) und hier durch die Komplementierung mit  bestätigt wird.

Eine Erklärung des Namens ist schwierig. Folgender Ansatz erwies sich als am plausibelsten: Der in Hos 10,14 genannte Ortsname בֵּית אַרְבֵאל bēt ʾarbēl < בֵּית אַרְבְּאֵל bēt ʾarbʾēl "Haus von/des ʾArbʾēl" (Ges.^{18}, 145; im Ostjordanland ?) enthält selber einen zweigliedrigen Namen mit dem theophoren Element 'ʾEl'. Im ersten Element liegt ein Nomen (qatl) zu der Wurzel hebr. ארב ʾrb "lauern, im Hinterhalt liegen" vor (arab. ʾariba "schlau sein" und ʾāraba "zu überlisten suchen", jüd.-aram. ʾrb "auflauern", Ges.^{18}, 93f.) vor, vgl. hebr. אֶרֶב ʾäräb "Versteck, Schlupfwinkel", אֹרֶב ʾōräb "Hinterhalt, Falle" und den ON אֲרָב ʾ^{a}rab Jos 15,52 (Ges.^{18}, 94). Analog dürfte auch

N 51 *ʾarb und (statt des GN ʾEl) das theophore Element r^{c} "Gefährte" enthalten, so dass er als *ʾarb-ri^{c}ē "Versteck (=Schutz) ist (mein) Gefährte, Freund" erklärt werden kann. Die Wurzel ʾrb ist onomastisch belegt in nabat. ʾrybh (Khraysheh 43: zu ʾarib "klug, intelligent") und frühарabisch ʾrb (Harding 35); rē^{c}a "Freund, Gefährte" in pun. (Benz 409f.), ugar. (Gröndahl 178) und ev. hebr. (ʾ^{a}ḥîra^{c}, Zadok 48) PN. Vgl. N 506 (auch zur Schreibung bezügl. R^{c} ~ *Ri^{c}a).

N 52  (m) j:-rw-m-r-k-^{3} K3.F

Syrer des Leipziger Ostrakons, Anfang 18. Dynastie.

Burchardt möchte den Namen entweder als * אוּרִימֶלֶךְ ʾûrîmäläk oder * אֱלִימֶלֶךְ ʾ^{ä}lîmäläk (d.h. "der König ist mein Licht" bzw. "Mein Gott ist König"; für mlk kann auch an den GN Milku gedacht werden) deuten. Helck umschreibt ʾá-rú-ma-l^{e}-k⟨a⟩ und übersetzt "Der Löwe ist König (?)". Vom onomastischen Gesichtspunkt aus ist sicher die umgekehrte Übersetzung "ein Löwe ist der König" korrekter. Keine dieser Erklärungen ist unbedenklich. Die Vorschläge Burchardts, die entweder ein 'u'('o') oder 'i'('e') als ersten Vokal voraussetzen, scheitern an der klaren Notation des 'a' (*ʾaru-/*ʾalu-); Helcks Ansatz setzt eine nicht belegte Wortform *ʾaru "Löwe" voraus (und vgl. bei N 46ff.).
Für den vorliegenden PN ist auf den bei Laroche NH Nr. 123 genannten Namen Ari-Melku und den eblait. PN Ar-ra-Ma-lik (Archi, Personal Names, 249) hinzuweisen. Vielleicht führt aber auch akk. Ali-mālik "Wo ist der Berater?" (Stamm 85, ein Ersatzname) weiter (AHw I 35f.: ali/alu "wo"; erst spätbabyl. alu in Personennamen). Ein *Ilu-milku "Gott ist König" (vgl. ug. ʾ$_{i}$lmlk, Gröndahl 369; EA I-li-mil-ku, hebr. ʾ^{ä}lîmäläk, qat. ʾlmlk, Ges.^{18}, 64) würde - in der Nachfolge Burchardts - die Annahme einer fehlerhaften Schreibung verlangen.

N 53  (f) j:-r-n:-n-^{3}

Gattin des Streitwagenfahrers Nn-w^{3}f unter Thutmosis III.

Helck vergleicht aus Nuzi und Alalach die PN Arinduri, Alliniri oder Allija; nach letzterem erwägt er sogar eine Änderung der Schreibung in ʾá-l$_{2}$-la! Doch führt auch hier eine plausiblere Vergleichsbasis zu wahrscheinlicheren Erklärungsansätzen. Dass der PN durchaus keine Fehlschreibung r-n: statt n:-r enthalten muss, zeigt der nahezu identisch geschriebene ON  (Burchardt 102) = heth. ON Arinna (Laroche NH 268). An Personennamen sind insbesondere die hebr. PN אַרְנָן ʾarnān, אֲרָן ʾarān und אֹרֶן ʾōrän heranzuziehen (dagegen ist אָרְנָן ʾårnān Nebenform zu אֲרַוְנָה ʾarawnā, Ges.[18], 101), die verschieden interpretiert wurden:

(a): J.J. Stamm deutete ʾårnān als "kleiner Lorbeer" (Zum Ursprung des Namens der Ammoniter, 7) (doch vgl. HAL I 87, das für das Lexem אֹרֶן ʾōrän "Lorbeer" auf jüd.-aram. ʿrʾ, arab. ġār verweist: dann nicht wie oben transkribierbar!). Der PN ʾōrän heisst "Lorbeer" (Ges.[18], 101). Zu Pflanzennamen s. Noth 230f., Gröndahl 29f., Stamm 255f.

(b): Nach syr. ʾarnā erklärte Noth 230 den Namen ʾarnān als "Steinbock", eine auch von Zadok ins Auge gefasste Möglichkeit (75: *ʾarn "wild goat" + -ān). Von HAL I 87 wird dieser Ansatz ebenfalls erwogen, während Ges.[18], 101 die Etymologie als unsicher betrachtet (beide erwähnen den neubabyl. PN Aranu).

(c): Als Alternative vermutet Zadok für ʾarnān eine ʾaqtal-Bildung zu einer Wurzel rnn "rush, roar" und vergleicht dazu den Flussnamen ʾArnôn. Für den PN ʾōrän nimmt er eine Bedeutung "fir; cedar" (so Noth 230f.) oder "laurel" an.

(d): Vgl. allenfalls noch den hurr. PN Arenni (Cassin/Glassner 26; aren = "may he give" (Hess 64)).

(e): Nebenbei möchte ich noch anmerken, dass der Name des Jebusiters אֲרַוְנָה ʾarawnā, der zu hurr. (?) Ariwana (Laroche NH Nr.129) gestellt wird (Ges.[18], 97), mit Blick auf den palm. PN ʾrwnʾ = syr. ʾarwānāʾ "Kalb" (Stark 73) u. U. auch semitisch erklärt werden könnte.

N 54  (m) j:-rw-r-j_2-y [F]

Oberwinzer, 37.Jahr Amenophis'III.

Zu dem Element j:-rw (falls hier vorliegend) s. bei N 52. In der zweiten Hälfte des Namens könnte dann eventuell die Wurzel lʾj "stark, mächtig sein" vorliegen (Belege bei N 166). Bei einer semit. Deutung wäre auch eine Ableitung von der Wurzel ʾll "schwach sein" (s. bei N 56) denkbar. Schwierig mit der Notation zu vereinbaren sind die hurr. PN Arillia (wo sich der Ägypter wohl um eine Differenzierung von 'r' und 'l' in der Schreibung bemüht hätte), Allilua (Cassin/Glassner 27f. bzw. 22). Es ist aber möglich, dass der PN gar nicht aus dem vorderasiatischen Raum stammt: in pBerlin 9784,30 (R I 43,12) erscheint ein 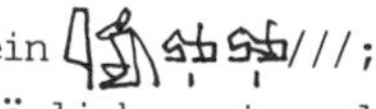 ///; in pBerlin 9785,18 ein  j:-rw-r, der ḥrj-md̲[3]jw ist, möglicherweise also "Nubier".

N 55  (m) j:-r-j_2-r-m R[ᶜ]

Für die Diskussion s. N 89.

N 56  (m) j:-r-r-n-[3] F

Winzer, Zeit Ramses' II.

Für eine Deutung dürfte am ehesten die Wurzel * אלל ʾll "schwach sein" (HAL I 54; Ges.[18]) in Frage kommen, obwohl PN, die die Schwäche oder körperliche Fehler des Namensträgers ausdrücken, nicht allzu häufig sind. Immerhin ist auf Noth 227; Stamm 267 zu verweisen (s. ANG 266: Bildungen auf -ānu bezeichnen Körperfehler; die Endung ist aber auch als Diminutiv oder Nominalbildungselement bezeugt). Die Wurzel ʾll dürfte onomastisch in dem PN ʾll (Harding 70 mit 1 tham., 7 saf. Belegen) belegt sein. Vgl. auch noch den Namen eines Prinzen von Karkemisch, Arara (Laroche NH Nr.115).

N 57  (m) j-w-r-ḫ-j_2-y

Var.  j-w_2-r-ḫ-j_2-y

Königlicher Vermögensverwalter unter Ramses'II.

Der Name dürfte vermutlich mit dem häufigen hurritischen Kurznamen Urḫija (Gelb NPN 166 zählt 62 Einträge, Cassin/Glassner 159f. 80 Belege) "(Der Gott NN) ist treu" (urḫi: Laroche, Glossaire 285) zu identifizieren sein (Albright, Vocalization 35; Ruffle/Kitchen, Urḫiya, p.74; Helck z.St.). Eine semitische Etymologie (hebr. PN ארח ʾaraḥ "Wildochse", Noth 230; früharab. ʾrḫ (1× liḥ., 1 × saf; Harding 36 zu arab. ʾrḫ "to chronicle; historian") könnte sich auf einen Hinweis Zadoks (70) zu dem genannten hebr. PN stützen: "ʾĀraḥ is thought to be related to Ug. arḫ, Akk. arḫu 'cow', but LXX render its earliest occurrence (1 Chr 7,39) as Ορεχ (to *ʾurḫ > ʾōraḥ 'way', cp. ʾōrēaḥ 'traveller')."

N 58  (m) j:-:r-s[3] F.Ḫ3ST

Felderbesitzer in Nubien, Zeit Ramses VI.

N 59  (m) j:-jr-sw F (Erichsen; Ranke: 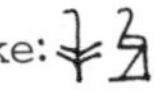)

[Angeblich syrischer Usurpator Ende der 19. Dynastie, dessen geschichtliche Existenz nicht sicher ist. Abgesehen davon, ob die Gestalt fiktiv ist, wurde auch der im Grossen Papyrus Harris gegebene Name angezweifelt. Goedicke, "Irsu the Kharu", p.6 zählte j:-jr nicht zum Namen, da  in der Gruppenschrift nicht vorkomme, was aber falsch ist - s. unten S. 366. Für ihn bleibt somit nur ein "Kharu  " übrig. Kruchten, Comment on écrit, 51ff. interpretiert die ganze Zeichenfolge als ägyptisch, so dass der Text gar keinen PN aufweisen würde. Nur mit Vorbehalt wurde daher der PN N 59 als solcher hier aufgenommen.]

Vgl. noch die Namen N 215 - N 222 und ev. N 481.

Traditionell werden die genannten Namen zu dem Namen Zyperns, Alašia, gestellt (Burchardt II 86; Helck zu N 223 und N 225); daher ist angesichts des Fehlens einer Nisbe-Endung zumindest die Setzung des ägyptischen Artikels ("der/die von Alašia") zu erwarten. Der ON ist in Ugarit als alṯy belegt (Wiedergabe mit äg.s-Laut). Eine Durchmusterung der semitischen Onomastika ergibt aber noch weitere Anschlussmöglichkeiten, die im vorliegenden Fall denkbar sind:

(a): amorit.ʾ?lś Gelb CAA 14 (Verb; jaʾalaś, ʾalaśum), 234: A-la-si-e-el; ob hierzu der PN ʾà-la-su aus Ebla (Archi, Personal Names, 244)?

(b): früharab.ʾrš (Harding 37; Ryckmans 47; Stiehl, Neue liḥyanische Inschriften, 34) "Mann" (arab.š < urspr.ś).

(c): Vgl. noch das Element *ʾarśī bei Catagnoti 249 (PN ʾarśī-aḫa "ich habe einen Bruder erhalten".

N 60 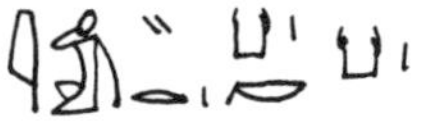 j:-:r-k3-k-k3

Helck deutet das mehrfach geschriebene 'k' als Fehlschreibung und vergleicht die Wurzel ארך ʾrk "lang sein". Dazu ist aber die Bemerkung Stamms (267) zu berücksichtigen: "Das Gegenteil [zu PN kurrum u.ä. "klein"], arku "gross", fehlt merkwürdigerweise in der Namengebung." So weit ich sehe, gilt das nicht nur für die akkadische, sondern allgemein die semitische Onomastik. Mit Blick auf N 278, wo mlk "König" m-:r-k3-k notiert ist, dürfte hier eine Deutung verlangt sein, die nur  'k' als redundant ansieht und zwei der drei geschriebenen 'k' erklären kann. Möglicherweise liegt ein Elativ (ʾaqtal) *ʾarkak mit der Bedeutung "sehr zart, sehr sanft" zu der Wurzel hebr. רכך rkk "zart, gelinde sein" (HAL IV 1153), arab. rakka "schwach, dünn, dürftig sein" (Wehr 493) vor. Die Wurzel ist onomastisch belegt in den phön. PN ṣdjrk "(die Gottheit) Ṣd ist zärtlich, sanft" (Benz 177.326.398; HAL aaO) und ev. rkk (Benz 326). Für vergleichbare PN verweise ich auf Noth 226f. (jrwḥ/jrḥm, jdwn, ḥtt - die von Zadok allerdings anders erklärt werden), Stamm 249.267, unten N 434.

N 61 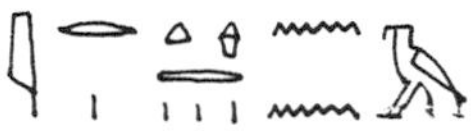 (m) j-r-t:$_2$-n-n^3

Vater des Bnj^3 (N 170), Zeit Thutmosis' III.

Von der Anknüpfung an den angeblichen Nuzi-Namen Ari-Tenni (Gustavs, Subaräische Namen, 55; Helck 367: "rein hurritisch") ist Abstand zu nehmen, da die Schreibung fehlerhaft ist ('te' falsch statt 'še': Gelb NPN 30). Folgende Anschlussmöglichkeiten scheinen dagegen plausibel:

(a): Falls ein hurr. PN vorliegt, dann ev. der PN artanu aus Ugarit (Gröndahl 220: zu ar- "geben" [Laroche, Glossaire 52]; vgl. noch aaO 423: ur-tanu/tenu.

(b): Eine semitische Herleitung ist problemlos möglich etwa als *ʾardān "bucklig" zu den hebr. PN אָרְדְּ ʾard, אַרְדּוֹן ʾardôn (Noth 227: "Buckel, bucklig" HAL I 82: "höckerig" (mit Verweis auf keilschriftliches Urdānu); während Zadok 75 und Ges.^{18}, 96 die Etymologie als unsicher bezeichnen).

(c): Ein von Huffmon (228) ungeklärt belassener amorit. PN latnija (*latn-) und der mit 3 saf. Belegen bezeugte frühnordarab. PN ltn (Harding 510: "arab. latin, sweet") sind u.U. auch vergleichbar, wobei eine ʾaqtal-Bildung *ʾaltan angesetzt werden müsste.

(d): Vgl. noch den aus Mari bekannten PN Iltani (ARM XXII/ 2, 578; ohne Erklärung) und lexikalisch arab. laduna "weich, biegsam, geschmeidig sein", ladn "weich, sanft" (Wehr 1149).

N 62 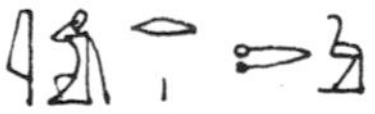 (m) j:-r-ṯ-w

Königlicher Schreiber und Aufseher über die Pferde, NR.

N 63 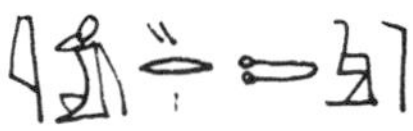 (m) j:-:r-ṯ-w F

Schreiber des Gottesbuches, 19. Dynastie.

N 64  (m) j:-r-ṯ-w_2 ^{F}

Schiffszimmermann unter Thutmosis III. (H 356: Thutmosis IV.).

N 65 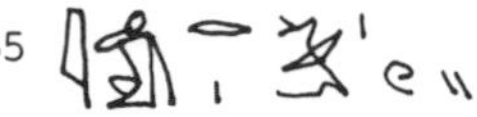 (m) j:-r-ṯ^{3}-w_2-j_2

Siegler unter Amenophis II.

Die von Helck zu allen vier Belegen gegebene Deutung "Der aus Arzawa" möchte ich aus verschiedenen Gründen in Frage stellen. Einmal lassen es die rein geographischen Verhältnisse als sehr zweifelhaft erscheinen, ob überhaupt mit aus Arzawa im Süden Kleinasiens stammenden Ausländern in Ägypten gerechnet werden darf (hier dürften die unten zu N 325 in bezug auf Lulluwa gemachten Feststellungen ebenso gültig sein). Wie bei den oben unter N 58 zitierten PN wäre der ägyptische Artikel oder eine Nisbebildung zu erwarten, sollte die vorgeschlagene Deutung Helcks tatsächlich richtig sein. Dies ist höchstens bei dem letzten Beleg N 65 der Fall. Entscheidend für die Skepsis gegenüber der Anknüpfung an den Landesnamen Arzawa (zu äg. Belegen s. Edel, ONL 82f.; ders., Namen und Wörter, S.94) ist aber der Ausweis zweier in den Amarnabriefen belegter PN. Einmal ist in EA 53.54.191.192.197 der Fürst Arzawiya von Ruḫizzi genannt, zum andern in EA 62 und 289 ein Arzaya als Mann von Ṣumur/Ṣimyra. Beide Personen tragen also Namen, die mit den hier zur Diskussion stehenden nahezu identisch sind (besonders N 65; N 62-64 nur, falls auch w/w_2 jeweils konsonantisch aufgefasst wird), stammen aber aus dem nordpalästinisch-syrischen Raum, nicht aus Arzawa. Hess erwähnt in seiner Studie über die Personennamen der Amarna-Briefe den geographischen Namen Arzawa denn auch nicht als möglichen Anschluss, sondern vergleicht neben Etymologien aus dem Indoarischen/Sanskrit (arjavya/ārjavīya "straight, honest" bzw. ariḥ-jáyati "conquering enemies", beide Möglichkeiten scheinen mir in diesem Fall eher abwegig) westsem. ארז ʾrz "Zeder" (69f.). Dazu lässt sich noch der ugar. PN ʾrz "Zeder" und der im Thamudischen belegte Name ʾrz (Harding 36) stellen (vgl.Parallelen Noth 230f.). An anderen Anschlussmöglichkeiten vgl. immerhin noch ʾrzʾ "Unglück, schwerer Verlust" (11× saf., Harding 36; Wehr 466: ʾarzāʾ zu der Wurzel razaʾa), ʾrḏ (aaO mit 1 hadram. Beleg, zu arab. ʾaraḏa "to dawdle" gestellt), ʾrz "fest sein" (HAL I

83; Ges.^{18}, 97: arab. ʾaraza); ev. PN ʾrs/ʾls (falls *s) bei Harding 36.66. Falls in N 62-64 ṯ nicht für semit. z/ḏ/s, sondern semitischen Dental stehen sollte (innerägyptisch ṯ > t; s. unten S.397f), vgl. N 61 unter (b).

N 66  (f) j:-ḥ:-tj

Landarbeiterin auf dem Grundstück eines Schreibers Sethnacht unter Ramses V.

Ranke erwähnt als Anschlussmöglichkeit I,418,24 p^{3}iḥt (?) "Die iḥt-Pflanze" (Wb I, 39) (vgl. I,190,17: nbw-m-ijḥ "'Gold' ist die ijḥ-Pflanze"). Das scheint für den vorliegenden FN unwahrscheinlich, den ich eher nach hebr. אחת ʾaḥat (ʾaḥátt < *ʾaḥádt, Beyer 49) als "die eine, einzige" zu אֶחָד ʾäḥād "eins, einer" (semitisch ʾḥd und wḥd, arab. ʾaḥad und waḥid; Ges.^{18}, 33f.) erklären möchte, wozu die frühnordarab. PN ʾḥd (Harding 25 mit 6 saf., 1 liḥ. Beleg) und hʾḥd (aaO 605: 1 × saf.) zu stellen sind, dazu die PN wḥd (9 × saf., 1 × tham.: Harding 635) und hwḥd (2 × saf: aaO 628). An anderen Anschlüssen vgl. noch die PN ʾḥ (4 × saf.), ʾḥt (3 × saf., 1 × tham.: Harding 24), ʾḥḥ (Harding 25: 1 × saf.), ʾḥḥt (aaO, 1 × tham.) sowie ʾḥyd (2 × saf.; von Harding, 29, zu arab. ʾaḥada "to hold aloof, put aside" gestellt).

N 67  (m) j-s-:r F

Eine Übersetzung "Assyrer" (vgl.den mit äg.Artikel versehenen PN N 224 und den von Helck ebenfalls als "der Assyrer" übersetzte Name *P^{3}-js-r (H 366 XIII.37) der allerdings in P^{3}-k^{3}-r (N 672) zu verbessern ist) scheint ohne äg.Artikel bzw. Nisbenendung wenig wahrscheinlich. Vgl. aber doch ug. ʾṯr, aṯry (Gröndahl 103). Ein im Ägyptischen mit derselben Konsonantenfolge j-s-r umschriebener ON aus Palästina ist pAnastasi I 23,6 bezeugt (s. Aḥituv,Toponyms [73]; N 437). An onomastischen Anschlüssen ist erwägenswert:

(a): Spiegelbergs Anknüpfung (Geschäftsjournal S.159 Anm.XXX) an אָסִיר ʾāsîr "Gefangener" (vgl.Gröndahl 102) ist wegen der Wiedergabe des Sibilanten problematisch, die in der belegten Schreibung des FW  (Albright, VESO 34.64; H 508.20) korrekt durch ägypt. ṯ erfolgt. Vgl. immerhin den hebr. PN ʾassîr, der etwa von Zadok (113f.) als "Gefangener" (Nebenform zu ʾāsîr: Ges.^{18}, 83) gedeutet wird; und ev. aus Mari Asīrum (ARM XXIV 261).

(b): Als wahrscheinlichere Erklärung möchte ich den früharab. PN ʾṯr (Harding

20: 1× saf.; ʾṯrt 1× qat.) heranziehen, zu dem Harding "ar.ʾâthir, story-teller" vergleicht, der aber doch viel eher zu arab. ʾaṯir "bevorzugt, in Gunst stehend, Lieblings(kind)" (Wehr 6) gehören dürfte. Vgl. mit semit. ṯ auch noch hebr. אֶשֶׁל ʾēšäl, arab. ʾaṯl, asa. ʾṯl (ägypt. jsr) "Tamariske" (Ges.[18], 108).
(c): Ein weiterer plausibler Anschluss ist möglich über die hebr. PN אֲשַׂרְאֵל ʾaśarʾēl (Var. + -ā), אַשְׂרִיאֵל ʾaśrīʾēl und יְשַׂרְאֵלָה jeśarʾēlā, die Fowler mit Bezug auf arab. ʾašira (*ʾśr) "to fill with joy" (337) als "El has filled with joy" bzw. "El is rejoicing joy/Rejoicing joy of El" interpretiert (96.132; ungeklärt gelassen bei Zadok 29).[(a)]

N 68  (f) j-s-t:-r-j-w-m-mj

Sklavin aus der Kriegsbeute für den Soldaten Ahmose, Anfang 18.Dynastie.

Der Name ist seit langem bekannt und als akk. Ištar-ummi "I. ist meine Mutter" gedeutet. Vgl. Saporetti I, 269; Freydank/Saporetti 68; Gelb NPN 74; Stamm 209 und ARM XXII/2 580. Zu 'ummi' "Mutter" s. N 17.

N 69  (m) js-t-w ^{P}-t: ^{F} (js-w-t ^{P}-t:^{F}?)

Haremsvorsteher in Memphis unter Eje.

Wie die beiden Transkriptionen zeigen, ist die Lesung des Namens nicht ganz eindeutig. Helck gibt als Umschrift ʾás(?)-tú-tá (≙ 1.Transkription). In diesem Fall möchte ich ein Gentilizium zu der Stadt ʾAšdôd, אַשְׁדּוֹדִי *ʾAšdôdî "der von ʾAšdôd" vermuten. In ägyptischer Umschrift ist nur eine verderbte Schreibung  (Aḥituv, Toponyms, 69; AEO I, 191*) belegt, während die Keilschrift den ON Asdudu/dimmu, das Gentilizium Asdudaia transkribiert (HAL I 90). Im zweiten Fall ist möglicherweise der nabat. PN ʾšwdw (Khraysheh 44: ʾAswadu "schwarz", auch ʾšwdt "Schwärze") zu vergleichen (aber: urspr.'š'?). Die unregelmässige Transkription des Sibilanten wäre auch bei einem Anschluss an arab. ʾasad "Löwe" (Wehr 24; Fowler 302: amor. ʾsd) zu erklären, wobei Gelb CAA 13 ʾaśdum (mit ś!) anführt. Onomastische Belege wären hier: Khraysheh 44; Stark 73; amor. Huffmon 169. Vgl.noch das Gelb CAA 14 angeführte Verb ʾ?śd (jaʾśud, ʾaśudum, Belege 239f.) und die saf. PN šd/šdd (über 60 Belege) zu einer Wurzel šdd (*śdd) "to tie tightly, make firm" (Harding 343; Ryckmans 206

(a) Nachtrag: einen weiteren Anschluss vermittelt der zu arab. ʾṯl "stark werden", ʾaṯīl "von vornehmer Herkunft" (Ryckmans 47) gestellte Hatra-Name ʾtlw (Abbadi 84).

"raffermir"), zu der ein Elativ *ʾaśdad gebildet werden könnte.

N 70  (m) jw$_2$-š^3

Schreiber unter Thutmosis III.

Helck vergleicht den Alalach-Namen iš-ša. Ein ähnlich lautendes, ungeklärtes Wort begegnet im magischen pHarris V,3  (ʾi-ša: H 532; B 147). Ein semitischer Anschluss des Namens ist auf folgende Arten möglich:
(a): אִישׁ ʾîš "Mann" als Kurzform einer genitivischen Verbindung mit einem GN als nomen rectum (zu diesem Namenstyp Fowler 115-125), "Mann (des Gottes NN)". Vgl. hebr. אֶשְׁבַּעַל ʾäšbaᶜal "Mann des Baᶜal" (Noth 138f., Fowler 57f., Zadok 60; ev. auch ʾšjh(w); Zadok zitiert mittelbabyl. < westsemit. Iš-Dagan), wozu ev. auch der PN ʾšʾ aus den Samaria-Ostraka zu stellen ist (Noth aaO; Fowler 160); ugar. išbᶜl, iši-baᶜal, Gröndahl 102; phön. ʾšʾ, Benz 277f.; in den reichsaram. Inschriften ʾšbᶜl, Maraqten 134 (mit semantischen Parallelen). Die erwähnten Kurzformen ʾšʾ sind ev. auch zu (b) zu stellen.
(b): Zu der Wurzel ʾwš "geben, schenken, gewähren" werden in der Literatur folgende PN gerechnet: aus den reichsaram. Inschriften ʾyš, ʾšy (Maraqten 125.135 mit Verweis auf ug. ušn, arab. ʾaus, hebr. ʾîšaj (Noth 236)); früharab. ʾys (Harding 88); palm. ʾyšʾ "reward" (Stark 67); nabat. ʾwšw "Geschenk" (ʾAusu), ʾyšw "Ersatz" (ʾIyāsu, Khraysheh 29.31); hierher wohl auch aus Hatra ʾšʾ (Abbadi 82 mit anderer, weniger wahrscheinlicher Erklärung). Zu dieser Wurzel ʾwš "geben" vergleichen Fowler (160.335) und Zadok (136) hebr. ʾšʾ.
(c): Andere Anschlüsse erwähnen noch Silverman für äg.-aram. ʾwš ("strong, manly"; 131f.) und Harding (40f.) für früharab. ʾs (Wurzel *ʾšš "gründen, fest sein": Murtonen II, 28f.). Das Element yēš/ʾîš "the being/presence (of), there is" (Zadok 52.139) geht dagegen auf eine Grundform *ʾit (Ges.^{18}, 104) zurück. Insgesamt dürfte - auch mit Blick auf die Vokalisation - (a) vorzuziehen sein.

N 71  (m) j:-š^3-b
Var.  j:-š^3-s-j

Die Verianten des Namens (Beiname eines Nfr-ḥr) sind nicht miteinander in Einklang zu bringen, weshalb ich auf eine Erklärung verzichten möchte. Ob etwa *ʾāš-ʾāb (zu der Wurzel ʾwš, s. N 70(b)) "der Vater [als Gottesbeiname] hat geschenkt" zu lesen ist (mit Elision des Aleph wie bei N 37, vgl. N 262).

N 72  jw$_2$-š^3-ḥ:-r-w$_2$ F

Dieser Name aus der Liste angeblich kretischer Namen (BM 5647) dürfte mit Sicherheit semitisch sein, wie einige weitere desselben Dokuments. Zur Problematik verweise ich auf die im Quellenkatalog verzeichnete Literatur, v.a. Vercoutter, L'Egypte, p.50, dagegen Helck, Beziehungen Ägyptens und Vorderasiens zur Agäis, 101f. Seine aaO vorgebrachten Vorschläge, als PN völlig ungesichert und aus der uns noch praktisch unbekannten Sprache der Linear-A-Schrift geschöpft, sind allerdings methodisch unzulässig. Ebenso skeptisch stehe ich der von Astour, Onomastica, 249 vorgelegten Erklärung als hybrider PN *ʾiši-ḫara "Man of Ḫar = Horus" gegenüber, wobei Horus hier als "adopted by the Canaanites" zu betrachten sei. Der ägyptische Gottesname erscheint zwar in semit. PN, aber viel später (Benz 317); ob tatsächlich schon in Ugarit (Gröndahl 136) scheint mir sehr zweifelhaft). Auch Dahoods Deutung (vgl. ZAH 3/2, 1990, 228) als "(the God) Ḥûr has donated" (mit anderem Anfangsglied, s. N 70(b)) möchte ich mit derselben Begründung ablehnen.

Als genaue Parallelen zu dem vorliegenden Namen lassen sich aus dem Alten Testament אַשְׁחוּר ʾašḥûr, aus den Samaria-Ostraka ʾšḥr (Kornfeld, Anthroponomatik, 41) und aus dem Frühabischen ʾsḥrn (Harding 41: 1× sab.) anführen. Der von U. Cassuto (in Or 16(1947), 472) für den hebr. PN vorgeschlagene Anschluss an den Namen der babylonischen Göttin Išḫara ist vermutlich für den hebr. Beleg, sicher aber für den vorliegenden PN abzulehnen; das Ägyptische transkribiert den GN in der ägyptischen Fassung des hethitisch-ägyptischen Vertrages  (B 141).

Die erste der von Kornfeld (aaO) zur Auswahl gestellten Deutungen erklärt den hebr. PN als "der Dunkle" zu der Wurzel שחר šḥr I "schwarz werden" (HAL IV 1358f.). Sie scheint mir auch deshalb am wahrscheinlichsten, weil eine ʾaqtal-Bildung vorläge, die im Semitischen besonders im Arabischen ausgebildet ist und (neben der Elativ-Bildung) spezifisch für Farbbezeichnungen gebraucht wird (Brockelmann, Grundriss, I, 372f.). Semantisch vergleichbar ist etwa ʾsḥm "schwarz" (10 saf. Belege, Harding 42). Diese Deutung ist bei HAL I 91 genannt, während Ges.[18], 107 die Etymologie des PN als umstritten bezeichnet. Die anderen von Kornfeld vorgebrachten Anschlussmöglichkeiten legen (a) שחר šḥr II "sich zuwenden, etwas suchen" (HAL IV 1359) ("[GN] hat sich zugewendet", auch

Zadok 118) bzw. (b) den GN שחר šaḥar "Morgendämmerung" (HAL IV 1360; Zadok 54.81f.181) zugrunde. Deutung (a) scheint für N 72 wegen des Sibilanten unmöglich (HAL aaO verweist auf akk. saḫāru, altsüdarab. śāḥir, arab. ṯaḥar), während bei (b) das prosthetische Aleph als Resultat der Verkürzung eines Satznamens gesehen werden müsste. Anzuführen ist hier der in den Ächtungstexten bezeugte PN  = k-šḥr-ʾbj "Wie die Morgenröte ist mein Vater" (R. Dussaud, in: Syria 21, 173). Onomastische Belege zu diesen letzteren Anschlüssen bei Fowler 82.362, Zadok 23.28.54.81f. (Noth 169); Benz 414f.; Gröndahl 192; Stark 113; ARM XXII/2, 579.

Nach allem möchte ich den vorliegenden Namen als *ʾišḥar "schwarz" deuten und auf die Variante ʾiqtil zur ʾaqtal-Form (Brockelmann, Grundriss, 371ff. unter (b)) bzw. ʾiqtal (Zadok 118) verweisen; zu den ʾaqtal-Bildungen allgemein noch auf Gröndahl 74f.; Huffmon 147f.; Schult, Studien 136-138; Moscati, Comparative Grammar, 80.

Vgl. allenfalls noch den saf. belegten PN ʾsḥl (Harding 311; 1 Beleg), jedoch nicht arab. saḥir "zauberhaft, bezaubernd" (Wehr 556; urspr. ט : HAL III 708).

N 73  (m) j:-q-^{3}-y ^{F}

Ein Syrer des Leipziger Ostrakons, Anfang 18.Dynastie.

N 74  (m) j:-q-^{3}-y ^{F}

Ein Syrer der Louvre-Ostraka, Anfang 19.Dynastie.

Albright (Vocalization 34) und Helck sehen in dem Namen ein Hypokoristikon mit hurr. ag- "apporter" (Laroche 36; Gelb NPN 14f.mit 76 Belegen der Kurzform Akija/Agija). Allerdings ist anzumerken, dass dieses Element sonst ägyptisch als  j:-k-j_2 (N 79; vgl. F 6) umschrieben wird. Für eine semitische Deutung kommen mehrere Möglichkeiten in Betracht. Der hebr.PN אגא ʾāgēʾ wird von Zadok (100) zu talmud. ʾgh "thorn(-bush)" gestellt, ebenso von Ges.^{18} 11 und HAL I 10 ("Kameldorn"), wobei letztere noch auf arab. ʾAǧā und altnordarab. ʾgʾ als onomastische Anschlüsse mit unsicherer Etymologie hinweisen. Im einzelnen wären anzuführen ʾǧ (Harding 22: 7 saf., 1 tham.Beleg, zu einer Wurzel "to blaze, flame" - s. unten - gestellt), ʾǧʾ (aaO: 5 × saf.,2 × tham.; Ryckmans 40 vergleicht die Wurzeln ʾǧʾ "forcer, contraindre" u. ʾǧǧ "ardeur") und ʾǧt (aaO, 1 saf.Beleg, arab. ʾaǧǧa "ardour") heranzuziehen. Die Wurzel akk. agāgu "ergrimmen, zürnen", arab. ʾaǧǧa "brennen" wird von Ges.^{18}, 11 auch als möglicher Ansatz zur Erklärung des amalekitischen PN אֲגָג / אֲגַג ʾagāg/ʾagag zur Diskussion gestellt. Zadok schliesslich erwähnt für den genannten hebr. PN fragend noch samar. ʾgj als Aquivalent von bibl.-hebr. nqb (102; s. zu N 272). Archi, Personal Names, 245 und Laroche NH Nr.10 verzeichnen einen PN Agga. Weniger wahrscheinlicher ist Stamm 256 Agûa, Agûia "mein Diadem". Immerhin wird deutlich, dass der Name ohne weiteres semitisch sein kann, auch wenn eine genauere Festlegung unmöglich ist.

N 75 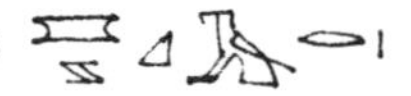 jw$_2$-q-^{3}-r

Hierzu ist N 235 zu vergleichen (Pn-j:-q-^{3}-:r-j-^{3}). Vgl.den hebr.PN אָגוּר ʾāgûr "gemietet; Lohnarbeiter"(Noth 231), ebenso Harding 22 (ʾgr mit 3 saf., 1 min. Beleg; entweder = ʾaǧīr "hired man" oder ʾaǧr "recompense"), Stamm 270 (Agru "Mietling, Lohnarbeiter"; vgl.Tallqvist 25). Zadok lässt für den zitierten hebr. PN und den epigraphisch bezeugten Namen ʾgwr Ableitungen von der Wurzel ʾgr entweder in der Bedeutung "sammeln, ernten" (hebr.)(ebenso Kornfeld 38 für den äg.-aram. PN ʾgrj) oder derjenigen "mieten" (so Silverman 130 zu ʾgrj) gelten, wobei er als in keilschriftlicher Nebenüberlieferung bezeugte aramäische Parallelen noch A-gi-ri und Ag-gi-ri-ia anführt. Dieser Anschluss passt in der Vokalisation eher zu N 228 als hier zu N 75 (vgl. allerdings Zadok 90, der ʾgrj als qitl-Form klassifiziert). Für N 228 nicht auszuschliessen ist auch die Verkürzung eines akk. Satznamens wie Aqar-aplu, Aqar-Nabû u.ä. oder Aqāl-ana-Marduk (Stamm 296.121.195; Tallqvist 25). Für N 75 vgl. vielleicht noch hebr. ʾēgāl "Tropfen" (Ges.^{18}, 12; hebr. PN ṭāpat "Tropfen", Noth 226).

N 76 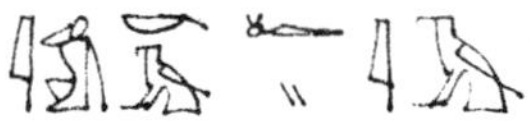 (m) j:-k-^{3}-f-j$_2$-j-^{3}

Ein Weber; nach Ranke 18., nach Spiegelberg (und nach ihm LÄ 4,722) 21. Dyn.

Als Wurzel zur Erklärung des PN bietet sich אכף ʾkp "drücken, drängen", auch "satteln" (etwa jüd.-aram. Paᶜel wie arab. ʾakkafa, ʾākafa; Ges.^{18}, 55) an, wozu hebr. אֶכֶף *ʾäkäp, suff. ʾakpî "mein Drängen" (Hi 33,7), mittelhebr. ʾukkāp, jüd.-aram. und syr. ʾukkāpā, arab. (aram. LW) ʾukāf, ʾikāf "(Pack-)Sattel", jüd.-aram. ʾakpā "Gewicht, Last", syr. ʾukkāpā, ʾukpānā "Rücksichtslosigkeit, Drängen" gehören (Ges.^{18}, 56), v.a. aber der saf. PN ʾkf (Harding 62 mit 10 Belegen: "Arab. ʾikâf, pack saddle?") und ev. der dreimal sab. belegte PN ʾkyf (von Harding 63 anders - zu arab. ʾakkafa "to amuse, enjoy" gedeutet). Der vorliegende Name könnte daher als "meine Last, mein Drängen" gedeutet werden (etwa als Ausspruch der Mutter, wozu ich Parallelen bei Stamm 162-164 wie z.B. ^{f}Biltī-marṣat "Meine Last ist drückend" vergleichen möchte).

N 77  jw_2-k-^{3}-$\check{s}^3$-w_2 WNM.F

Als Determinativ ist statt [Hieroglyphe] ev.auch 'a very abnormal [Hieroglyphe] ' (Peet) möglich. Zur Diskussion dieses aus den Kreter-Namen von BM 5647 stammenden PN s.Astour, Onomastika, 249f. (mit der alten Anknüpfung W.M.Müllers, Asien und Europa, 389 Anm.1, an אכיש ʾĀkîš, I-ka-ú-su und Ἀγχους ; ebenso - mit unserem Beleg - Ges.^{18}, 53; HAL I 44). Eine plausible semitische Deutung kann ich nicht anbieten. Die Determinierung orientiert sich - falls nicht an der Etymologie des Namens - vielleicht an dem - wenn auch gewöhnlich mit [Hieroglyphe] determinierten - äg. $\check{s}^3$ "bestimmen" (Wb 4, 402).
Mit vermutlich anderer Vokalisation vgl. aber noch hurritisch Ikišeia (Cassin/ Glassner 65) und aus Mari Akšaya (ARM XXII/2 562).

N 78  j:-k-^{3}-$\check{s}^3$-tj F

PN auf derselben Liste wie N 77 (s. dort).

N 79  j:-k-j_2-tj-s-b-w_2 ʿN

Kapitän in der 20. Dynastie.

Hurritischer Satzname Aki-Tešub "Tešub bringt, führt herbei" (Hess 48: "Teššub guides"). Belege bei Hess aaO; Cassin/Glassner 19; Gröndahl 215. Die Schreibung ist aus Gründen der Schriftanordnung vermutlich aus *-s-w_2-b umgestellt, doch vgl. auch keilschriftliche Notationen des GN Tešub als te-s-ba (etwa Laroche NH Nr.1288). Es besteht kein Grund, an eine Setzung der rückwärts gewendeten Beine wegen äg. śbh^3 "zurücktreiben" statt semit. ṯwb "umkehren" zu denken, wie Helck vorschlägt.

N 80  (f) j:-tj-^{3} (j:-tj-j-^{3} ?)

Dieser PN ist als ambivalent ägyptisch oder fremdsprachig erklärbarer Beleg (s. S. 3f.) hier exemplarisch aufgenommen. Vergleichbare ägypt. Namen führt Ranke (I 49ff.) auf. An v.a. semitischen Anschlussmöglichkeiten ist denkbar:
(a): Hypokoristikon eines mit אתה ʾtw/j "kommen" zusammengesetzten PN, vgl. hebr. אֱלִיאָתָה ʾälîʾātā und ev.ʾtʾb, dazu Fowler 102.147; Zadok 25.
(b): Kurzform eines mit ʾad "Vater" gebildeten Namens, s. Gröndahl 88f. (auch PN ady); Huffmon 156 (Adi-AN u.a.); Krebernik 71 (a-ti zu ʾadu"Vater"); Benz 259f. (PN ʾdʾ, ʾdy); Maraqten 115 (ʾdy); Lipiński 101 (ʾdʾ, ʾAdda(y)).
(c): Kurzform eines akkadischen, mit atta "du" gebildeten PN, etwa Aḫua-atta "Du bist mein Bruder!", Atta-šu "Du bist es!" oder Atta-ilumma "Du bist der Gott!" (Stamm ANG 78.129f.). Vgl. Zadok 55 (ʾälîʾātā = "You are my god"?).
(d): Als weitere vergleichbare Namen sind zu nennen: aus Mari die FN Atti und Attuʾe (Birot 70; auch Atti-Addu); Attiia und Attu (ARM XXIII 601); aus den aramäischen Inschriften der FN אטי ʾṭj (Gibson, Syrian Semitic Inscriptions, 138 Anm.3); aus den frühnordarabischen Inschriften ʾd (Harding 31; 28 saf., 1 tham. Beleg: zu arab.ʾadd "Stärke; stark").
(e) Aus Nuzi sind belegt der FN Atte, Attiia (das Element attai in Attai-Waḫri dürfte attai "Vater" sein, Laroche, Glossaire 63; waḫri "gut, heil"aaO 292f.), aber auch At-ili (ad-AN, s.oben (b)) und Attilammu (zu (c)?)(Cassin/Glassner 37).

Die folgenden PN N 81 - N 84 gehören zusammen:

N 81 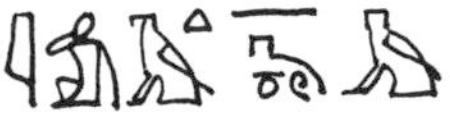 (m) j:-t^3-nw$_2$-m

Oberwächter des Wagens des Herrn der beiden Länder, 18.-19.Dynastie.

N 82 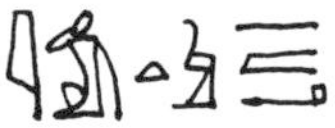 (m) j:-t-w-n-m

Bürgermeister des Fajûm, Ramessidenzeit.

N 83 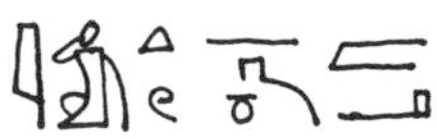 (m) j:-t-w$_2$-nw$_2$-m

N 84  (m) j:-t-w$_2$-nw$_2$-m

Gottesvater des Sobek von Šdt (Krokodilopolis), 18.Dynastie.

Bei N 81 umschreibt Helck fälschlich 'tu' statt 'ta'. Den Namen möchte ich als ʾadānum (N 81)/ʾadunum "Herr (ist der Gott NN)" deuten; vgl.die entsprechende amorit. Form bei Huffmon 159; Gelb CAA 215. Alle vier Namen gehen auf -m aus, was entweder als Mimation der Nominativendung (Huffmon 95) oder als hypokoristische Endung bei Kürzung eines Vollnamens (Huffmon 132f.) zu betrachten ist. Das Element ʾadōn "Herr" ist in der semitischen Onomastik recht häufig: neben dem genannten Verweis auf das amoritische Material s. Fowler 53.334; Benz 260f Gröndahl 89f.; Tallqvist 47; Hess 47; Kornfeld 38; Maraqten 116f.; Stark 65. Zur Problematik der Mimation s. etwa noch W. Diem, Gedanken zur Frage der Mimation und Nunation in den semitischen Sprachen, in: ZDMG 125(1975), 239-258.

N 85 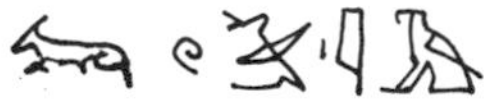 (m) jw-ṯ^3-j-^{3}

Vater eines Hirten, Zeit Ramses'XI.

Helck hat falsch ^{c}u (ʿAyin!) statt ʾu. Eventuell ist der Neh 3,25 belegte PN אוזי ʾûzaj zu vergleichen, den Noth 185 als Kurzform eines mit אזן ʾzn "hören" gebildeten PN erklären möchte (vgl.aber noch Harding 39: ʾz "fullness" (?), 2 saf. Belege). Daneben wird etwa von HAL I, 20 und Ges.[18], 23 der alt-pers. PN Uzya verglichen. Zadok vermutet eine von dem Ansatz Noths verschiedene Etymologie: "ʾÛzay is perhaps based on *ʾūz. Cp. Ug. uz, MHeb. ʾwwz, JAram. ʾwwzʾ and Syr. wāzā 'goose' (< 'noisy'?)."

N 86  (m) j:-ṯ-w$_2$-ṯ-w$_2$

Zeuge in einem Leihvertrag über Sklavinnen aus Gurob mit Sohn Jw-f-^{c}nḫ; 27. Jahr Amenophis' III.

Zu diesem PN dürfte der aus Ebla (Krebernik 120) und Mari (ARM XXII/2 561; ARM XXIII 598) belegte Name Adudu zu vergleichen sein, wobei ägypt. ṯ (= t) hier Wiedergabe des Dentals wäre. Einen PN Adudu erwähnt Laroche, NH 244 (neben Bildungen wie Atata, Adada) als 'Type VI' der 'formations primaires' (bases dissyllabiques à seconde syllabe redoublée). Weniger in Betracht kommen die früharab. PN ʾdd (Harding 32 mit Verweis auf ʾd, vokalisiert ʾUdad, mit 30 saf.

und 3 tham. Belegen) und ʾṭwd (1 × sab.; Harding 54 zu arab. ʾaṭwada "to journey, wander in") bzw. akk. Adīdum "Geliebter" (Stamm 248).

N 87 * 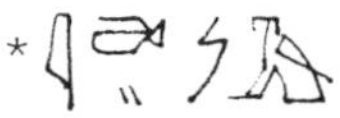 j-d-j_2-m^3

Die hieroglyphische Konjektur der von Spiegelberg gegebenen Lesung  stützt sich auf Gardiner, Taxation, 57 und Helcks Umschrift ʾa-di-má. Der Name dürfte als nordwestsemit. ʾadi-ma "Es ist mein Vater!" mit ʾad "Vater" als Gottesepitheton (Belege bei N 80 (b)) und der enklitischen emphatischen Parti--kel -ma (Variante -mi; dazu Huffmon 228 mit weiterer Lit.) zu erklären sein. Vgl. etwa amor. Ḫabdu-ma-^{d}Dagan, Zimri-AN-ma, Ba-la-mi "Es ist der Herr!" (und weitere Belege, Huffmon aaO); aus den Amarnabriefen Addumi "Es ist Adad!", Ba^{c}lumme "Es ist Ba^{c}lu", Baštumme "Es ist 'Würde'!" (Hess 46.85.87, wobei die Amarna-Briefe 'me-e' für 'ma' schreiben). Dieser problemlosen Erklärung ist der Vorzug zu geben gegenüber schwierigeren Anknüpfungen (vgl.Harding 32 [109 saf. Belege ʾdm]; Huffmon 158f. [GN ʾdm/Admu]; Archi, Personal Names, 246 [Adamu]; ON jdm bei Aḥituv, Toponyms [53f.]). Vgl. dazu auch noch den Profannamen akk. Aḫumma "Ein Bruder ist's!" bei Stamm 130.

N 88 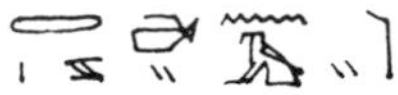 jw_2-d-j_2-n-^{3}-j_2 F

Neben  hält Peet auch die Lesungen  bzw.  für möglich.
Zu diesem Namen der Keftiu-Liste (BM 5647) konstatierte Astour, Onomastika, 250f.: "a purely Akkadian name, a hypocoristic of any theophorous name of the type ^{d}X-iddina or Iddin-^{d}X". Dieser Deutung kann man mit Blick auf die Stamm 136f. für den Typus Iddin-^{d}NN "(der Gott NN) hat gegeben" zitierten Belege und die Hypokoristika bei Tallqvist 93f. (Iddina, Iddinā, Iddinaia), Cassin/ Glassner 73 (Iddinu, = Gelb NPN 67), in Alalach (Iddina, Wiseman 137) und Mari (Iddinum: ARM XXII/2, 575; XXIV, 268f.) zustimmen. Vielleicht kann die Notation mit n-^{3}-j_2 als Umschrift von 'Iddinaia' aufgefasst werden. Allerdings wäre statt einer Imperfektform von nadānu "geben" auch eine solche von dânu/ diānu "richten, Recht verschaffen" denkbar; vgl. Idin-GN, Ili-idinnam aus Mari (ARM XXII/2, 576; XXV, 251f.; XXIV, 269) und mit Objektsuffix der 1. Ps. Sg. Idīnanni-ili, Idīnanni-Šamaš "Gott/Šamaš hat mir Recht verschafft" (Stamm 191; sachlich vgl. dazu Stamm, Namen rechtlichen Inhalts, I, 160-168).

N 89 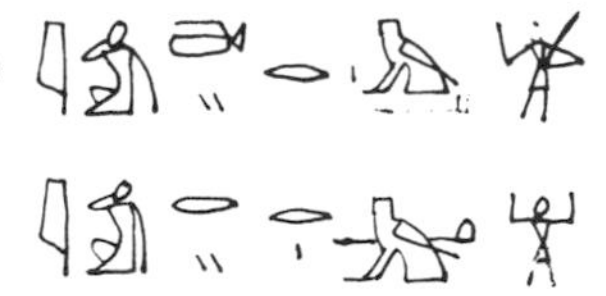 (m) j:-d-j_2-r-m *Q3J.F

(Devéria, Goedicke, Givéon)

j:-r-j_2-r-m Q3J.F

(Breasted, Ranke, Kitchen)

Haremsinspektor, angeklagt im Haremsprozess unter Ramses III.

Die Versuche einer Deutung dieses Namens sind geprägt von der Diskussion um seine korrekte Lesung. Zuletzt hat Kitchen den PN in KRI V 362, Z.6 mit 'r' und dem Determinativ des 'Mannes mit erhobenen Händen' (Gardiner E 28) wiedergegeben und beide umstrittenen Lesungen mit dem Vermerk 'so' versehen. In der letzten Diskussion der Stelle hat demgegenüber Goedicke (Harem Conspiracy, 88 Anm.z, die Schreibung auf pl. XI) an der zuerst von Devéria (Erstveröffentlichung des Papyrus) gebotenen Lesung mit 'd' und einem Determinativ festgehalten. Ebenso äussert sich Givéon und beschreibt das Determinativ genau als "a man with one hand pointing, the other holding a stick over his shoulder" (Determinatives, 16). Da im zweiten Teil des Namens vermutlich die Wurzel רום rwm "hoch, erhaben sein" vorliegt, wäre der 'Mann mit erhobenen Händen' dem 'Mann mit Stock' vorzuziehen, doch müsste dies eine Überprüfung am Original verifizieren. Für die Deutung wesentlicher ist die Lesung 'd' oder 'r' für das auf j:- folgende Zeichen. Dabei ist auf den unveröffentlichten PN j:-r-j_2-r-m R^c (R II 343 = Philadelphia D.A.N.1602; oben N 55) hinzuweisen, falls sich dessen Schreibung bewahrheiten sollte.
Den Namen haben Burchardt und Ranke als אלרם ʾēlram "Gott/El ist erhaben" aufgefasst. Während der Ansatz der Wurzel rwm (onomastische Belege s.unten bei N 133; vgl.noch N 167 und N 320ff.) mit der Schreibung in Einklang steht, wäre für den ersten Teil ein Schreibfehler j:-r statt j:-:r anzusetzen - eine Annahme, die methodisch nur die allerletzte Möglichkeit darstellen sollte.
Helcks Deutung als "Der 'Löwe' ist hoch" übernimmt die Lesung mit 'r'; die Erklarung ist von der Schreibung und dem lexikalischen Anschluss her korrekt, während mit Blick auf die Verwendung des Elementes ʾari "Löwe" in der semitischen Onomastik die oben zu N 43 gemachten Vorbehalte zu berücksichtigen sind. Die von Givéon (Determinatives, 16f.) vorgeschlagene Anknüpfung an אדיר ʾaddîr "wide, great, noble" (das Wort dürfte in hieroglyphischer Schreibung in mag. pHarris XII,1 als vorkommen, s.dazu Schneider, Beschwörung, 55) und das Toponym Adoraim (Scheschonk-Liste; pAnastasi I 22,5) scheint mir nicht

ausreichend begründet. Den ON vergleicht Givéon offenbar deshalb, um das -m zu erklären; aber der Namensträger wird sicher nicht Adoraim geheissen haben. In diesem Fall aber wäre das -m wenigstens durch eine Form wie *ʾaddīr-ma "ein Mächtiger ist es!" o.ä.zu begründen (vgl.immerhin zum Vorkommen von ʾdr in der semitischen Anthroponomastik Gröndahl 90; Benz 261f.; Krebernik 71; Archi, Personal Names, 246; zu der Partikel -ma s. N 87). Mit Blick auf den aus Ugarit belegten PN ʾadram (Gröndahl 89) möchte ich den Namen als *ʾadi-ram "mein Vater ist hoch" (zu ʾad s. N 80 (b)) erklären.

N 90 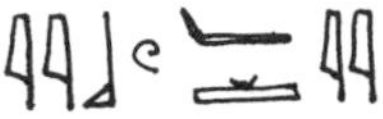 (m) y-b-w$_2$-ḥ:-y

Die Gruppe  steht auch im Auslaut (-b; Burchardt § 42). Zwei Deutungen als semit. Imperfekt Qal (Kurzform eines Satznamens) möchte ich zur Diskussion stellen:

(a): Zu der onomastisch belegten Wurzel בחר bḫr "wählen": *jabḫar "(der Gott NN) hat erwählt", vgl. die PN hebr. jibḫar (Fowler 167f.219), in aram. In-Inschriften ybḫrʾl (Maraqten 168f.), frühararab. ybḫrʾl (Harding 656; 64: ʾlbḫr) amorit. yabḫar-^{d}IM (Huffmon 175; Fowler 201), vgl. noch Lipiński 112. Im vorliegenden Fall müsste allerdings eine Kürzung *jabḫaj für jabḫar postuliert werden, die ich nur für perfektische Verbalformen (qattaj-Form: etwa zakkaj f. zakar, Fowler 158; anders Zadok 113) belegen kann. Dieser Ansatz entspricht dem zweiten jüngst von Ward (Personal Names, 299) gegebenen Deutungsvorschlag (amorit. Hypokoristikon *Yabḫiya zu einem PN wie Yabḫar-^{d}IM). Dagegen beruht der von Ward aaO als erste Möglichkeit gegebene Anschluss an Amarna yapaḫi, babyl. yapaḫum, "with a shift of p to b in Egyptian", auf einem Missverständnis: die keilschriftlichen Schreibungen geben nordwestsemit. jp^{c} "leuchten" wieder (Huffmon 212f.).

(b): Ein (rein lexikalischer) Anschluss an arab. bāḥa "bekannt, offenkundig werden; enthüllen, aufdecken" (Wehr 121; Cohen, Dictionnaire, fasc.2, 51: BWḤ) so dass ein Name *jabūḥ "(der Gott NN) ist offenbar/ hat enthüllt" (mit der hypokoristischen Endung -j) vorläge.

N 91  (m) y-w-p^{3}

Königlicher Vermögensverwalter unter Ramses'II. (Vater: N 57).

N 92  (m) y-p-w

Obersandalenmacher des Herrn der beiden Länder, 18.Dynastie (Schwiegervater bzw. Grossvater von N 299f.).

N 93  (m) y-p-^{c}

N 94  (m) y-w-p^{3}-^{c}: F

Var.  y-w_2-p^{3}-^{c}: F

Vater des hohen Beamten N 173; Zeit Ramses' II.

Von den genannten Namen ist der letzte mit Sicherheit fremd (Determinativ) und zu semit. יפע jp^{c} "leuchten" (nordwestsem.; südarab."erhaben sein") zu stellen, vgl. etwa Yapa^{c}-^{d}IM, Yapa^{c}u, Hess 274-276, vergleichbare PN hebr. Noth 204f. mit Anm.5, Fowler 168 (japi^{c}a als Kausativ: "may he cause to shine forth"), Zadok 108 (qatil-Form); ugar. Gröndahl 144f.; amor. Huffmon 212f., Gelb CAA 273f.; frühnordarab. Harding 679f. (13 saf. Belege yf^{c}), Ryckmans 111f.232; in den reichsaram.Inschriften yp^{c}hd (Maraqten 172). Aufgrund der Notation y-w/w_2- dürfte ein Imperf. hif. *jōpa^{c} "(der Gott NN) hat/möge leuchten lassen" vorliegen. Zu derselben Wurzel gehört wohl auch der nicht "syllabisch" geschriebene Name N 93. Mehrere weitere in ägyptischen Quellen belegte Namen weisen die Konsonanten y-p auf, wobei allenfalls bei N 91 und N 92 kontextuell eine vorderasiatische Herkunft vermutet werden kann. Die übrigen Belege, bei denen dies nicht sicher ist, führe ich im folgenden nur als Zusatzbelege (1-6) auf (Nachweise im Quellenkatalog):

Zus. 1  (m) y-p^{3}

Zus. 2  (m) y-w-p^{3}

Grosser Fürst (ḥ^{3}tj-^{c} wr) der 'leuchtenden Stadt' (njwt ^{3}ḫt), Vorsteher der Priester der Götter , der Herren des Meeres (zu diesen ungewöhnlichen Titeln s. Hodjash/Berlev aaO [s.Quellenkatalog]).

Zus.3  (m) y-w_2-p^{3}

Hirt unter Sethos I.

Zus.4  (m) $y\text{-}w_2\text{-}p^3$

Kapitän unter Sethos I.

Zus.5 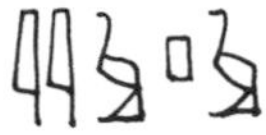 (m) y-w-p-w

Mann auf der Stele des Stallmeisters Merire, 19.Dynastie.

Zus.6 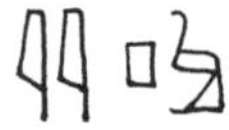 (m) y-p-w

Königlicher Schreiber, Vorsteher des Schatzhauses, späte 18./frühe 19.Dyn.

Helck zählt als fremde PN N 91, 94, Zus. 3, Zus 4. Zu N 91.92 und Zus. 1-6 ist der R II 268, 25 aufgeführte PN 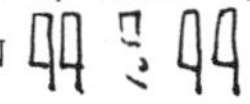 (äg. Kose- bzw. Lallname?) zu vergleichen. Als weitere semitische Anschlussmöglichkeit für die ohne ᶜAjin geschriebenen Namen bietet sich die Wurzel יפה jpj "schön sein" an, vgl.den hebr. PN jpjhw (Zadok 52; Fowler 76 mit semantischen Parallelen p.281) und aus Ugarit ypy (Gröndahl 311).

N 95  (m) $y\text{-}w_2\text{-}m\text{-}{:}r^F$

Der Name erklärt sich als Kurzform zu einem Satznamen mit einem Qal Imperfekt jō›mar (das Aleph quiesziert) zu der Wurzel אמר ʾmr (nordwestsem.'sprechen', arab. 'befehlen' gegen akk. und äth. 'sehen'; Ges.[18], 75): "(der Gott NN) hat gesprochen". Bei der Wiedergabe des Imperfekts durch die Vergangenheit stütze ich mich auf die Feststellungen Stamms zum Gebrauch des Imperfekts in Personennamen (Ersatznamen, 62f.; Ein Problem der altsemitischen Namengebung, 86ff.). Für die Bedeutung der mit ʾmr "sprechen" gebildeten PN ist auf die Vorstellung von der Schöpfung durch das göttliche Wort zu verweisen (vgl.besonders L.Dürr, Die Wertung des göttlichen Wortes im Alten Testament und im Antiken Orient, Leipzig 1938 (MVAeG 42/1), § 4: Das Wort Gottes in Eigennamen, S.78-91). Für Belege der Wurzel ʾmr in PN verweise ich auf hebr. Noth 173, Fowler 93f. (auch zur Schöpfung durch das Wort).285.337, Zadok 23.29; amor.Huffmon 168, Gelb CAA 14.235 (auch PN jaʾmur!), ARM XXIV 285; ugar. Gröndahl 99; Amarna-Briefe: Hess

58. Die saf. PN ʾmr (101 Belege bei Harding 75: "chef") und ʾmrʾl (20 Belege) gehören dagegen vielleicht eher zu ʾimruʾ "Mann" (s. unten zu N 210).

N 96 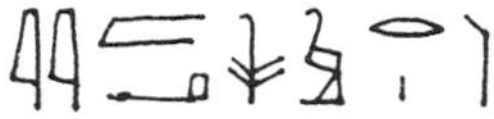 (m) y-m-sw-r F

Wegen des Sibilanten ist ein Anschluss an hebr. משל mšl II "herrschen" (HAL II 612) (mit ursprünglichem Schin) auszuschliessen (vgl. Benz 355 für einen onomastischen Beleg im Phön. und den PN ʾlmšl auf einem ammonit. Siegel aus der 2. Hälfte des 7. Jh.s bei Abbadi, in: ZDPV 101, 1985, 28), dagegen hebr. משל mšl I "gleich machen", akk. mašālu "ähnlich,gleich sein" (aram. mtl, (früh)arab. mṯl, daher ursprüngliches 'ṯ') heranzuziehen. Semit. 'ṯ' wird im Ägyptischen mit einem s-Laut wiedergegeben (Burchardt § 107.2; Helck 537). Aus der semitischen Anthroponomastik ist zu vergleichen ev. ugar. Addu-mišlu (Gröndahl 161 mit Fowler 188; nur ev. zu mšl II) und der mit 19 saf. Belegen vertretene früharab.PN mṯl "Abbild" (Harding 527: Miṯāl, Ryckmans 134); zur Wurzel mšl I noch HAL II 611). Die zugrundeliegende Vorstellung ist sicher die eines Ersatznamens: das neugeborene Kind ist "Abbild" (Ersatz) eines verstorbenen Familienangehörigen. Den obigen Namen verstehe ist deshalb entweder als Profanname *jamṯul "Er (der Neugeborene) ist (einem gestorbenen Verwandten) gleich" oder als Kurzform eines theophoren Namens "(der Gott NN) hat (das Kind einem Verstorbenen) gleich gemacht". Zur Bedeutung lassen sich akk.PN wie etwa Erība-^{d}Sin "Sin hat mir ersetzt", ^{d}Marduk-aḫa-erība "Marduk hat mir den Bruder ersetzt" oder ^{d}Šamaš-upaḫḫir "Šamaš hat (die Familie wieder) zusammengebracht" (Stamm 289f.) vergleichen; aus dem Hebräischen PN wie ʾäljāšîb "Gott hat (den Verstorbenen) zurückkehren lassen", šälämjāh(u) "Jahwe hat ersetzt", m^{e}šullām "Der Ersetzte" (s. Stamm, Ersatznamen, 71.73.75) u.a.m.

Die Namen N 97 - N 99 gehören zusammen:

N 97  (m) y-n:-ḥm ḤWJ.F

Syrer des Leipziger Ostrakons, Anfang 18.Dynastie.

N 98  (m) y-n-ḥm ḤWJ.F

Syrer des Leipziger Ostrakons (wie N 109).

N 99  (m) y-n:-ḥm

Der PN (zu den seit Anfang unseres Jahrhunderts bekannten N 109/N 110 ist neu N 111 - ohne Determinative - zu vergleichen) ist als Janḥam "(Der Gott NN) hat getröstet" (so schon Steindorff, Burchardt, danach Helck) zu erklären. Belege zu der Wurzel נחם nḥm "trösten" im Nordwestsemitischen: hebr.Fowler 107.351, Zadok 31.81.114.125; phön. Benz 359f.; ugar. Gröndahl 165 (auch Ynḥm); Huffmon 237-239 (Gelb 328 nur 'Menḥimum'); Amarnabriefe Hess 272f. (Yanḫamu); Alalach Wiseman 136b (Yanḫamu); reichsaram. Inschriften Maraqten 179.186. Das Determinativ des 'schlagenden Mannes' bezieht sich nicht auf die semitische Bedeutung, sondern äg. nḥm "angreifen" (Givéon, Determinatives, 18). Aus der Zweiten Zwischenzeit ist ein von derselben Wurzel gebildeter PN  *naḥmān überliefert (s. Givéon, A Personal Name with the Plant Determinativ). Für die Partizipialform מְנַחֵם m^enaḥēm "Tröster" vgl.auch den Beleg 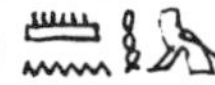 aus dem MR (pBrooklyn 35.1446 vso. 11a, dazu Schneider, Namen, 261f. mit Anm.37f.).

N 100  (m) y-n:-s^3 F
(a) Var.  y-n-j_2-s^3 F

Ob bei der Variantenschreibung tatsächlich *ni angedeutet werden soll oder lediglich ein Schreibfehler (zwei statt drei Striche unter das 'n' gesetzt) vorliegt, ist aufgrund der Mehrzahl der 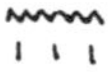 n: umschreibenden Belege im Sinne der letzteren Annahme zu entscheiden. Ich möchte ein nordwestsem. Imperf. Qal *janśa' zu der Wurzel נשׂא nś' "(er)heben" (HAL III 683-686; akk. našû, ugar. nš', arab. naša'a), die besonders in den amorit. PN als *nś' "raise, lift up (oneself)" vertreten ist, vgl. die Namen Yassi-^{d}Dagan, Yasi-ḫamu, Yasi-^{d}IM, Yasi-AN, Yasi-raḫ, wobei im Gegensatz zu unseren Belegen das 'n' an den Sibilanten assimiliert ist. Perfektformen dürften in PN aus Palmyra (nš' 'N.N. has lifted up', ns': Stark 99f.) belegt sein; vgl. auch nsy im Phönizischen (Benz 361f.). Insbesondere ist der von Görg (in: MDAIK 37, 1981, 69-71) entsprechend gedeutete Name  eines Hyksosprinzen aus der 2. Zwischenzeit hier anzuführen (als D-Stamm *Yanaśśi; mit Anführung des vorliegenden Belegs). Schliesslich dürfte wohl ein umstrittener PN aus der Literatur des MR zu der genannten Wurzel zu stellen sein: derjenige des syrischen Fürsten, der Sinuhe bei sich aufnimmt: 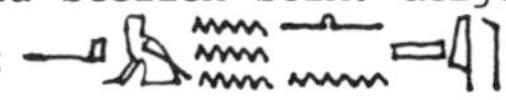 ᶜ-m-mw-nn-š-j F. Ich möchte mich dabei der von J. Osing (in: FS Edel, S.305 Anm. 23) vorgeschlagenen Erklärung als

(a) Truchsess und Domänenvorsteher Ramses' XI.

*ᶜAmmu-nanši "ᶜAmmu ist erhaben" mit dem Stativ des N-Stammes von akk. našû anschliessen, die das Richtige treffen dürfte.

N 101  (m) y-n:-ḏ³-b-w

Wab-Priester des Königs Ahmose in Abydos, Anfang 19. Dynastie.

Zu Helcks Transkription ja-n-s̱á-bu ist anzumerken, dass - mit Burchardt § 42 - 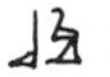 bzw.  auslautendes -b darstellen können. Seinem Anschluss an die Wurzel נצב nṣb hif. "hinstellen, aufstellen, aufrichten" (HAL III 674f.) stimme ich zu. Der Name ist demzufolge als Kurzform eines Satznamens mit dem Imperf. hif. *janṣib "(der Gott NN) hat aufgerichtet" zu erklären.
Belege: amor. Komposita wie Yanṣib-Dagan und Yaṣṣib-Dagan (mit Assimilation); Kurzformen Yanṣibum u. Yaṣibum (Huffmon 241, Gelb CAA 335, Birot 221f.); ugar. Yaṣ(ṣ)ubu, yṣb (Gröndahl 169); die Wurzel auch bei Fales, Women's Names, p.60; ARM XXIV 276; Harding 590 (nṣbl zu Naṣb). Semantische Parallelen bei Fowler 98f.358f.

N 102  (m) y-r-tj

Ein "Kocher des Leinens" (ps jnsj), Neues Reich.

Die Deutung des Namens ist schwierig. Zu vergleichen sind ev. folgende Namen:
(a) *jrt: Ob heranzuziehen saf. yr (Harding 665: "ar.yarr evil, hard"; 3 Belege) und yrt (Harding 666 vergleicht yr und arab. yarra "fire"; 1 Beleg)?
(b): *jrd: der hebr. PN יֶרֶד järäd, dessen Etymologie umstritten ist. Gegen Noths Deutung als arab. ward "Rose" wandte sich Kopf (in: VT 8(1958), 179) mit einem Anschluss an arab. ward "tapfer". Zu frühnordarab. PN wrd, die auch HAL II 416 (neben akk. (w)ardu) zitiert, s.N 157. Dagegen leitet Zadok den hebr. PN von der Wurzel wrd > jrd "go down, descend" ab und postuliert eine Herkunft des Namens aus einem Toponym, während er die bisherigen Deutungen ablehnt: "North-west Sem. W/Y-R-D means neither 'be brave, valiant' nor 'be humble' (Akk. wardum 'slave')" (76). Als alternative Etymologie zieht er eine Imperfektform zu der Wurzel rdj "rule, dominate" in Betracht. Vgl. aber noch yrd bei Harding 666 (1x saf., zu PN rd aaO 274 vergleicht er arab. radda "to reply, send back"; auch PN ʾlrd).

(c) *jld: Für eine Deutung als יַלְדִי "mein Knabe" zu יֶלֶד jäläd (HAL II 394) vgl. semantische Parallelen bei Noth 221.
Unter Umständen ist für den in Frage stehenden Namen auch eine Nisbe zu dem in der Thutmosis-Liste aus Galiläa überlieferten ON  (Aḥituv, Toponyms [201]) vorstellbar. Ein lih. ON yr bzw. yrt bei Stiehl, Liḥ.Inschriften, 36.

N 103 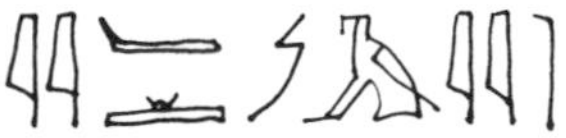 (m) y-ḥ:-m^3-y F

Stallmeister unter Ramses V.

Helck vergleicht die Wurzel יחם jḥm "brünstig sein" (HAL II 389), die in diesem Zusammenhang aber natürlich eine völlig sinnlose Anknüpfung darstellt. Den richtigen Anschluss vermittelt der 1 Chr 7,2 belegte PN יַחְמַי jaḥmaj, dessen Lautung mit der hier hieroglyphisch erkennbaren genau übereinstimmt. Schon Noth (196f. u. Anm.7) hatte ihn richtig als "(der Gott NN) möge behüten" gedeutet (Fowler 160 mit südarab. yaḥmiʾil, ḥamayil; Zadok 131). Die zugrunde liegende Wurzel חמי ḥmj "beschützen" (Sab. Dict. 69; Zadok aaO gibt neben "protect" als - im Aramäischen belegte - Bedeutung "see") ist v.a. in den frühSarabischen Personennamen sehr häufig. Den Namen ḥmy "defender, protector" belegt Harding 203f. (ḥâmî) 51mal für das Safaitische (dazu 1× liḥ., 2× tham.) und 18mal für das Altsüdarabische (darunter 11 min. Belege). Das Imperfekt yḥm ist v.a. im Kompositum yḥmʾl "Gott beschützt" zahlreich: 16 saf., 2 hadr., 13 min., 4 qat., 6 sab. Belege (Harding 662); aber auch die Kurzform yḥm tritt auf (Harding aaO mit je einem saf./tham. Beleg). An PN aus Palmyra vgl. ḥmʾ, ḥmy (Stark 89). Die hebr. PN ḥammûʾēl, ḥmy^{c}dn und ḥmyʾhl sowie die phöniz. PN ḥmʾ, ḥmy und ḥmb^{c}l gehören vermutlich nicht hierher (Fowler 138.160.186.345, zu den epigraphischen Namen 68: zu ḥām "Schwiegervater" als Gottesepitheton; ebenso Zadok 46.54.181; vgl. bei ihm 47 für ḥ^{a}mîṭal [gegen Stamm, Frauennamen, 126]).

Die beiden folgenden PN gehören zusammen:

N 104 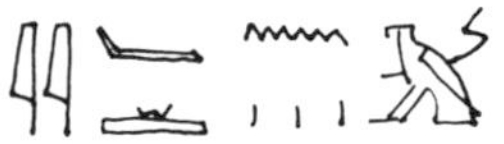 y-ḥ:-n:-m^3

N 105 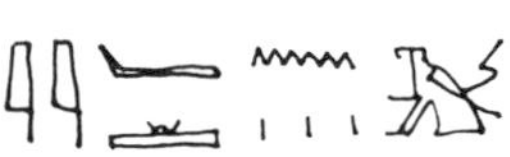 (m) y-ḥ:-n:-m^3

Zeichner, 19.Dynastie.

Bei der Umschrift der zwei Namen zeigt Helck eine merkwürdige Inkonsequenz. Bei N 104 transkribiert er ja-ḥà-n-má und fügt eine hebr. Umschrift יְחַנֵּם an, ohne diese aber an eine Wurzel anzuschliessen. Im Fall des identisch geschriebenen PN N 105 notiert er hingegen j^{e}-ḥà-l$_{2}$-má und übersetzt "Es kräftigt...". Für eine Erklärung möchte ich die folgenden Ansätze in Betracht ziehen:

(a): Eine Wurzel *ḥnm existiert in den semitischen Sprachen nicht. Um so häufiger ist eine Wurzel חנן ḥnn "gnädig sein" belegt, die in dem hebräischen PN חֲנַמְאֵל ḥ^{a}namʾēl (Jer 32,7ff.12; gewöhnlich ḥ^{a}nanʾēl) offenbar eine Dissimilation von n-n in n-m zeigt (Noth 187 mit Anm. 2; Zadok 30). Eine solche Dissimilation müsste auch im vorliegenden Fall postuliert werden. Belege für ḥnn "gnädig sein" in PN: hebr. Fowler 82.345, Zadok 25.30.95.98.134[yḥny].147; phön. Benz 313-315; amor.Huffmon 200, Gelb CAA 250f.; ugar. Gröndahl 135f.; äg.-aram. Silverman 147f.; reichsaram. Inschr. Maraqten 166f.; eblait. Catagnoti 258; nabat. Khraysheh 88; früharab. Harding 205; palm. Stark 89.

(b): Die Heranziehung der Wurzel חלם ḥlm "kräftig werden; träumen; hif. erstarken lassen" (HAL I 307f.) verlangt eine Wiedergabe des 'l' durch 𓈖 n: (s. unten S. 379). Onomastische Belege sind durchaus häufig, wenn mir auch kein Beispiel eines Imperfekts Hif^{c}il(*jaḥlim) bekannt ist, wie es hier anzunehmen wäre. Am häufigsten lässt sich eine Partizipialform mit m-Präfix in PN belegen, die allerdings unterschiedlich interpretiert wird: palm. mḥlmw (Stark 94: "dreamy"); ägypt.-aram. mḥlm (Kornfeld 57: "der Erträumte" oder "der Geduldige", dagegen Silverman 146: "(God) has made strong"); vgl.noch nab. mḥlmw (Khraysheh 105) und den äusserst häufigen safait. PN mḥlm (85 Belege, Harding 531, zu aaO 198 ḥalîm "gentle, patient"). Zu der Wurzel zu stellen sind auch der phön. Name ḥlm (bei Benz 310 ungeklärt gelassen), hebr. חֵלֶם ḥēläm "strength" (Zadok 89 mit dem genannten phön. Beleg) und vermutlich der amorit. Stammesname ʾAḫlamu (Huffmon 195f., Gelb 20.240). Einer Deutung de Namen N 104 als "(der Gott NN) hat (wieder) erstarken lassen" ist mit Blick auf semantische Parallelen (Fowler 291 und Stamm 177f.) und die Problematik einer bei (a) vorauszusetzenden Dissimilation der Vorzug zu geben.

N 106 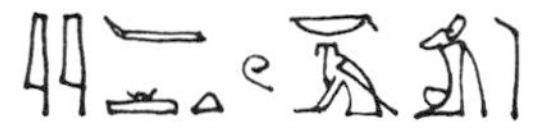 (m) y-ḥ:-t-w$_{2}$-k-^{3} K3.F

Syrer des Leipziger Ostrakons, Anfang 18.Dynastie.

Vor der Diskussion des Namens ist die hier (nach Steindorff) gegebene Zeichenfolge  gegenüber der bei Ranke aufgenommenen  zu betonen. Danach steht das 't' neben der Schriftrolle (unter dem ) und ist vor (nicht wie bei Ranke nach) dem 'w' zu lesen. Bei Helck ist der entsprechende Eintrag völlig mit dem von N 108 (in der vorliegenden Zählung) durcheinandergebracht: die Umschrift des PN N 106 sucht man in seiner Liste vergeblich, dafür ist der N 108 entsprechende Name doppelt aufgenommen (361 XI.11 u.12) und auch noch unterschiedlich transkribiert; unter der "Dublette" XI.11 findet sich dabei die Erklärung des bei Helck verloren gegangenen Namens N 106!
Immerhin ist der dort genannte Anschluss an die Wurzel חתך ḥtk "schneiden" (Impf. Qal) der im Semitischen einzig mögliche. Allerdings ist die Anknüpfung in der Weise zu präzisieren, dass ḥtk auch "entscheiden" bedeutet (HAL I 349, wo arab. hataka "zerreissen" mit 'h' - Wehr 1338 - verglichen wird), wie ähnlich hebr. גזר gzr "schneiden; entscheiden" (Murtonen II 140; Ges.^{18}, 210f.). Dieses Verb ist onomastisch m.W. zwar nicht belegt, doch lässt sich auf semantische Parallelen (Fowler 310) verweisen. Der PN wäre dann als "(der Gott NN) hat entschieden, bestimmt" zu erklären.

N 107  y-s^3-j-^{3}

In erster Linie ist auf N 100 zu verweisen, wozu der vorliegende Name eine Form mit assimiliertem 'n' darstellen könnte. Möglicherweise kann auch ein Perfekt *jaṯa^c "(der Gott NN) hat geholfen" angesetzt werden, wobei allerdings das nicht geschriebene ^{c}Ajin problematisch wäre; zur Transkription von semit. 'ṯ' durch ägypt. 's' s. N 96 und S.385. Belege für jṯ^c "helfen" in PN: Fowler 78.97.150.348; Benz 327; Gröndahl 147; Huffmon 215f.; Gelb CAA 276f.; Birot 233f.; Silverman 151f.; Maraqten 173; Khraysheh 97; Harding 658 (häufig).

N 108 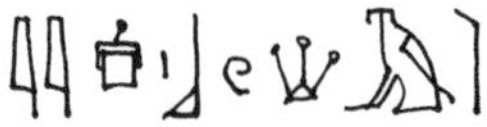 (m) y-s^3-b-w$_2$-ḥ^3 F

Syrer des Leipziger Ostrakons, Anfang 18.Dynastie.
Helck hat den Namen fälschlich doppelt aufgenommen (s.zu N 106), einmal in der Umschrift ja-ś ⟨á⟩ -bu-ḥ ⟨á⟩, dann mit der Transkription ja-śa-ba-ḥ()! Helcks Bemerkung, der Name dürfe nicht von שבח "besänftigen" abgeleitet werden, ist in der Sache richtig, in der Argumentation falsch, wie Schult (Studien 127f.) herausgestellt hat: nicht ein angebliches arab. š̌bḥ (Helck), sondern

arab. sbḫ verunmöglicht den Anschluss. Aber auch die Herleitung von שבח šbḥ "loben" (HAL IV 1290f.) - wie Helck vorschlägt - ist phonetisch nicht weniger schwierig. Denn sowohl der ugar. PN ašbḥ "der sehr Ruhmvolle" (ʾaqtal-Form, Gröndahl 191) als auch arab. sabaḥa II "preisen, verherrlichen, rühmen" (Wehr 545) zeigen, dass urspr. Schin vorliegt, das in der ägyptischen Transkription als 'š' wiedergegeben werden müsste. Zu den bisher genannten Wurzeln werden in der Literatur der in 1 Chr 4,17 bezeugte PN יִשְׁבַּח jišbaḥ (Noth 211; Zadok 129; auch zu unserem als *Jasabaḥu wiedergegebenen PN zitiert bei Albright, VESO, 39; umgekehrt wird N 108 von HAL II 425 zu dem hebr. PN angeführt, der aber gegen Zadok nicht zu *šbḥ, sondern *šbḫ gestellt wird), der zitierte ugaritische Beleg und der aus Palmyra bekannte Name šbḥy (Stark 113) gestellt. Eine phonetisch korrekte Anschlussmöglichkeit könnte nach allem nur eine śbḥ oder ṯbḥ lautende Wurzel sein. Dazu liesse sich der 2x saf.und einmal sabäisch bezeugte PN šbḥ (ursprüngliches ś) anführen, den ich mit Vorbehalt an arab. šabaḥ "Person, Gestalt" (Wehr 628) anschliessen möchte. Dagegen vergleicht Ryckmans zu dem PN šbḥnr eine Wurzel šbḥ "fendre, se tenir debout" und übersetzt - mit Fragezeichen - "Nâr se présente" (250). Eine letzte Möglichkeit eröffnet schliesslich das im Geᶜez bezeugte Verb śabḥa "be fat, grow fat", zu dem Leslau die Möglichkeit einer Anknüpfung an nachbiblisches šāḇaḥ "grow in value" und syr. šᵉḇaḥ "improve, rise in value" erwägt (s. Levy, Neuhebräisches und chaldäisches Wörterbuch, Bd.4, 494 "sich ausbreiten, sich vergrössern, vermehren"). Möglicherweise ist N 108 als Imperfektname (Hypokoristikon eines Satznamens) von einer der letztgenannten Wurzeln aufzufassen.

N 109  (m) y-k-s^3-m-w_2 ḪT

Kapitän eines Transportbootes, 19./20. Dynastie.

Ägypt. 'k' steht für semit. 'k' oder 'q' (Burchardt § 123; Helck 536f.). An PN möchte ich aus dem Frühnordarabischen gšm und gšmʾl (Harding 162 mit weiteren PN von dieser Wurzel) bzw. gṯm (Harding 153) heranziehen. Zu ersterer Wurzel vgl. Ryckmans 290; ob arab. ǧašima "auf sich nehmen, erleiden" (Wehr 185f.) vorliegt? Zu gṯm s. Ryckmans 64; ob an arab. ǧaṯama "sich niederlassen" (Wehr 165) anzuschliessen? Dagegen dürften hebr. gšmj (Zadok 89 mit dem neuassyr. < phön. ON Gi-si-mì-ia), nab. gšmw (Khraysheh 57f.) und aram. gšm (Gibson, Syrian Semitic Inscriptions, 123) ursprüngliches Schin aufweisen. Vgl. noch das ägypt. (Lehn-?)Wort  gsm "ein Gewässer, das Wellen schlägt" (Wb 5, 206), demot. gsm "Sturm, Zorn", kopt. ϭⲟⲥⲙ, ϫⲟⲥⲉⲙ "tempête, obscurité" (s. Vycichl, Dictionnaire, 348, mit Rösslers Anschluss an גֶּשֶׁם "Regen") und allenfalls arab. ksm (1× min./sab.; arab. kasûm "active, agile", Harding 500) sowie den PN gyšm bei Avanzini, Onomastica sudarabica, 104. Das Determinativ "Holz" ist wohl nach ägypt.  sm^{c} "ein Schiffsgerät, Stange zum Stossen des Schiffes" (Wb IV 130) gesetzt - gerade passend also zum Beruf des Namensträgers! Daher liegt eher *jagśam "[GN] nahm/nimmt auf sich" vor.

N 110  (m) y-g-^{3}-r-k^{3}-s^{3} F

Ein Syrer der Louvre-Ostraka, Anfang 19.Dynastie.

Helck trennt  von  und vergleicht zu ersterem aus Nuzi den PN Ikkari, aus Alalach Jaqaru. Auch ohne eine Aufteilung des Belegs in zwei PN sind die zwei dafür in Betracht gefassten Hälften als die zwei Teile eines Satznamens aufzufassen, der mit einer imperfektischen oder - bei Ij - perfektischen Verbalform beginnt. Folgende Möglichkeiten kommen in Betracht:
(a) ġāra/ġjr, hebr. עיר III "schützen" (zuerst erkannt von Rössler, Ghain im Ugaritischen, S.165.169, s.Stamm, Ersatznamen, S.74, ders., Ein ugaritisch-hebräisches Verbum, 202; HAL III 776; vgl. nġr in derselben Bedeutung bei Aistleitner, Wb. des Ugaritischen, 1811) mit dem hebr.PN יָעִיר jā^{c}îr (Stamm aaO und HAL II, 401). Zadok vergleicht ebenfalls die Wurzel ^{c}-W/Y-R < Ġ-W/Y-R "rouse oneself, awake; guard", interpretiert den hebr. PN jedoch als aktives Partizip "rousing, waking", 102.134). Zur Wiedergabe von Ghain durch ägypt.'g' s. Burchardt § 127(2).
(b) glj "offen sein, offenbaren; auswandern" (Ges.^{18}, 221ff.) mit den hebr. PN יָגְלִי jåglî (Grundstamm) und hglnjh (Hif^{c}il) (Zadok 34.131; Fowler 110.130).
(c) jgr "fürchten" (auch hebr.) in den phön.PN jʾgrjst[r]t und jgrʾšm[n] (Benz 321; Fowler 198), wobei u.U. allerdings auch grh "to incite, provoke" (Fowler 271 Anm. 28) vorliegen könnte.
In allen Fällen (a) bis (c) ist in der zweiten Namenshälfte ein GN zu erwarten wofür ich nur akkad. kuseʾu, hebr. כֶּסֶה käsä(h), phön. ksʾ, ugar. ksa "Vollmond" (als eigenständige Gottheit oder Epitheton des Mondgottes; Benz 334) vorschlagen kann. Für die Wiedergabe eines Samek durch ägypt. s^{3} (statt $\underline{t}$) wäre auf Helck 537 zu verweisen.

N 111 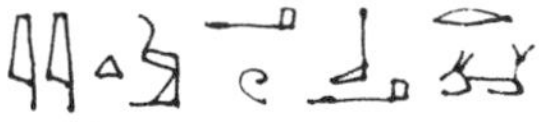 (m) y-t-w_2-^{c}-w_2-b-^{c}-r STH

Var. 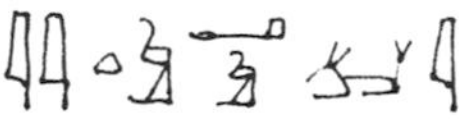 y-t-w-^{c}-w-B^{c}L-j

Der Name ist als pass.Part.Qal von ידע jd^{c} "kennen" mit abhängigem Genitiv (der GN) zu erklären: "Bekannter des Ba^{c}al", wobei die Variantenschreibung mit dem 𓇌 möglicherweise das Genitiv-'i' ausdrückt. Der Namenstypus ist in der semitischen Anthroponomastik gut belegt. Im Hebräischen stehen nebeneinander die PN יְדִיעֲאֵל j^{e}dî^{c}ă$^{\prime}$ēl "Bekannter Gottes" und die Kurzform יַדּוּעַ jaddû^{c}a, epigraphisch jdw^{c} (Fowler 101f.118.168, Zadok 114; vgl. Noth 181, wonach jd^{c}, von der Gottheit ausgesagt, die Konnotation "sich kümmern um, sich jemandes annehmen" aufweist). Im Amorit. ist ev. Ia-di-A-bu (Gelb CAA 212) anzuführen. In den reichsaramäischen Inschriften findet sich ydw^{c} "bekannt" und yd^{c}l "Bekannter des ʾl" (Maraqten 169); in Hatra ydy^{c}w (Abbadi 114); in Palmyra ydy^{c}bl "Known by Bel" (Stark 90). Zum Verb jd^{c} in PN s. noch hebr. Zadok 24.96; amor. Huffmon 209, Gelb CAA 271f.; eblait. Catagnoti 266; ugar. Gröndahl 142f.; phön. Benz 321f. (auch yd^{c}mlk "Bekannter des Mlk" oder "Mlk hat erkannt/sich gekümmert"?); aram. Maraqten 169, Lipiński 105f., Kornfeld, Anthroponomatik 43; frühararab. Harding 663f. (auch yd^{c}ʾl usw.); palm.Stark 98. Im vorliegenden Material s. unten noch N 486. Vgl. noch dasselbe Lexem in Pap. Anastasi I 17,8 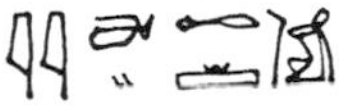 y-d-j_2-^{c}: F.WNM "klug".

N 112 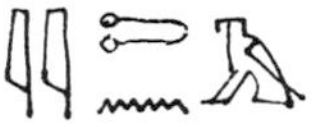 (m) y-ṯ-n-^{3}

Ein jmj-r n šd, Neues Reich ? (Quelle nicht verifizierbar).

Folgende Deutungsmöglichkeiten kommen in Frage:

(a) Ein perfektischer Name *jatan "(der Gott NN) hat gegeben" zu der im Ugar. und Phön. verwendeten Wurzel jtn "geben" mit entsprechenden Parallelen bei Gröndahl 147 (Fowler 185) und Benz 328 (Fowler 196).

(b) Ein imperfektischer Name *jattin < jantin "(der Gott NN) gibt/hat gegeben/möge geben" mit Assimilation von 'n' an 't', wozu amor. PN yantin/yattin-GN bei Huffmon 244 zu vergleichen sind (Wurzel *ntn).

(c) Ein imperfektischer Name *jādīn "(der Gott NN) hat Recht geschafft"; vgl. die PN amorit. Yadinum (Huffmon 182), hebr. epigraphisch jdnjhw (Zadok 39; Fowler 107; Kornfeld, Anthroponomatik, 43 mit einem zusätzlichen Deutungsvorschlag als "Yhw stärke/stärkte" [*dnn ? S. (e)]) und ʾldn (Fowler aaO). Zu PN

mit der Wurzel djn s. Stamm, Namen rechtlichen Inhalts, 160-168.
(c) Ein Anschluss an die nicht sicher erklärten amor. PN Yatnu (Huffmon 216f.), Elephantine Ytnʾ und hebr. יַתְנִיאֵל jatnîʾēl. Zadok erwägt eine Anknüpfung des letztgenannten PN entweder an ntn "geben" (39) oder an W/Y-T-N, arab. watana "to be perpetual, neverfailing" (53 mit Anm. 13; so auch Fowler 88.134, wo sie auch einen - schon von Noth 248 neben jtn erwogenen - Anschluss an tnh "hire" für denkbar hält), wozu er als weitere Belege amorit. Ia-at-ni-îl und neuassyr. < westsemit. It-ni-îl, Ia-at-na-a-ra-aḫ und Ia-tá-nu-um sowie neu/spätbabyl. Il-iá-ta-a-nu (< aram.?) anführt.
(e) Den hebr. PN יָדוֹן jādôn möchte Zadok (134) von der Wurzel dnn "persist, severe"(?) (palm., arab. in Kausativstamm) ableiten.
(f) Dass blosses ṯ in einem NR-Beleg Wiedergabe eines Sibilanten (z, ḏ, s) sein kann, ist eher unwahrscheinlich (s. unten S.397f.). In diesem Fall wäre an einen Imperfektnamen zu אזן *ʾḏn "hören" zu denken und mit Zadok (133) hebr. jzn, amor. Ia-zu-nu-um und ugar. Ia-ʾ-za-na zu vergleichen (Kontraktion desʾ).

N 113  (m) ᶜ:-w³-r F

Syrer des Leipziger Ostrakons, Anfang 18.Dynastie.

Helck transkribiert ᶜá-wa-ra und bemerkt: "ob trotz des ᶜAjjin mit Al.T.149,33 Awara zu vgl.?" Steindorff verglich dazu hebr. עִוֵּר ᶜiwwēr "blind", als PN ev. im Früharabischen (Harding 448: ᶜwr "to be one-eyed") belegt und semantisch nicht ganz ohne Parallelen, vgl. עַשְׁוָת ᶜaš(ś)wāt "blind" (Noth 228; anders Zadok 110) und akk. Tiqqû "Ein mit einem Augenleiden Behafteter" (Stamm 265). Wenn ich dennoch eine andere Deutung vorschlagen möchte, so deshalb, weil Bezeichnungen des Namensträgers nach Körperfehlern die Ausnahme darstellen und für ᶜiwwēr "blind" vermutlich eine andere Schreibung zu erwarten wäre. Als Anschlussmöglichkeiten schlage ich vor:
(a) *ᶜawar "(Esels-)Hengst", wozu vielleicht doch auch die genannten früharab. PN ᶜwr (7 x saf., 1 x sab.) [anders ᶜwrt, 1 x sab., Harding 448 ?] mit der Konnotation "Anführer" (ZAW 62, 201f., HAL III 777f.) sowie die hebr. PN עִיר , עִירִי , עִירָה , ᶜyrʾ "Eselsfüllen" (Noth 230, HAL aaO, Zadok 145) gehören. Das Wort lautet hebr. עַיִר ᶜajir, Pl. עֲיָרִים ᶜajārîm, wofür Jes 30,6 noch das ältere עֲוָרִים ᶜawārîm erhalten ist (Ketib).
(b) *ᶜawîl "Knabe, Bube" (HAL III 753: עֲוִיל, zu עול ᶜwl II; mittelhebräisch

^{c}ûlā "Mädchen", jüd.-aram./syr. $^{c}aw^{e}$lā "Säugling", arab. ^{c}ajjil "Kleinkind"), s. N 138 und für Parallelen Noth 221. Die früharab. PN ^{c}wl (^{c}wlt, ^{c}wlth, ^{c}wln, m^{c}wlm) stellt Harding (449) zu arab. ^{c}aul "sustinence". Vgl. noch Benz 374 (^{c}wl^{ʾ}) und Zadok 145. S. N 137f.

N 114  (m) ^{c}:-b-w_2-n-r ^{F}

Schiffskapitän, Ramessidenzeit.

Bei der Annahme einer Umschrift  = 'l' (s. S.380) ergibt sich eine mögliche Deutung von der Konsonantenfolge ^{c}-b-l aus.
Den ugar. PN ^{c}bl übersetzt Gröndahl (106) mit "dick" und verweist auf das Altsüdarabische (Ryckmans 156) sowie im AT den Bergnamen עֵיבָל ^{c}ēbāl, den Stammesnamen עוֹבָל ^{c}ôbal und den PN עֵיבָל ^{c}ēbāl. Ein PN ^{c}bl ist auch im Safait. (mit 3 Belegen, Harding 403), Altsüdarab. (^{c}blm mit -m, Avanzini, Onomastica sudarabica, 111) und Phön. (Benz 372) belegt. Zugrunde liegt *^{c}abl "dick" (HAL III 772; arab. ^{c}abl "voll, dick, üppig" [Wehr 810]).
Semantisch vergleichbar sind die PN palm. ^{c}bnʾ (Stark 103), Hatra ^{c}bnʾ, ^{c}bny (Abbadi 144f.) "dick, fett" (arab. ^{c}aban), akkad. kabrum, kubburum "dick" (Stamm 267) und verschiedene hebr. Eigennamen (Noth 226).

N 115  ^{c}:-b^{3}-t:$_{2}$

Der Name ist ev. zu den folgenden Belegen N 116 - N 126 als Schreibung des Elementes ^{c}bd *^{c}abd(i) "Knecht (des GN)" zu stellen, vgl. dort (zu den Belegen) und die Vokalisation ^{c}Abīd (Khraysheh 137: ^{c}byd; Abbadi 147f.: ^{c}Ābid).
Ansonsten wäre noch auf die früharabischen Namen ^{c}bt (Harding 396: 6 saf., 1 sab. Beleg), ^{c}bṭ *^{c}ābiṭ "liar" (Harding 403 mit 55 saf.Belegen; ob Etymologie korrekt?), nabat. ^{c}bṭt, ^{c}bṭh (Khraysheh 133) und ^{c}bt (Khraysheh 135) hinzuweisen.

N 116 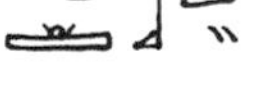 (m) ^{c}:-b-d-j_2

Kurzform *^{c}abdi "Diener (des Gottes NN)". Belege s. bei N 118.

N 117 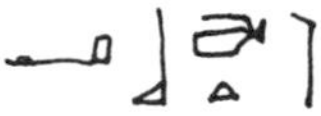 (f) ^{c}-b-d-t ^{F}

Der Name ist sicher als ^{c}bdt "Dienerin (des Gottes NN)" zu erklären. Zu Belegen für das Element ^{c}bd in der semitischen Onomastik s.zu N 118ff., für die hier belegte femin. Kurzform etwa amorit. Ḫabdati (= *^{C}Abdati) in ARM XXIV 266 und für die vorliegende (rein konsonantische) Schreibung und Parallelen noch Schneider, Namen, 260.

Die folgenden Namen N 118 - N 126 gehören durch ihr erstes Element zusammen. Da für die GN (zweites Element) zusätzlich Belege zu zitieren sind, scheint es mir sinnvoller, die Belege einzeln aufzuführen. Das Element ^{c}pr wird unter dem ersten Beleg (N 118) diskutiert.

N 118 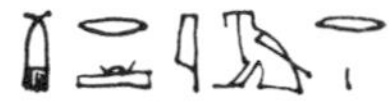 (m) ^{c}pr-j-^{3}-r

Var.(?) 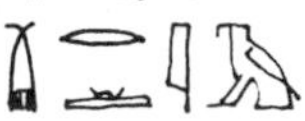 ^{c}pr-j-^{3}

Wesir der Amarnazeit.

Das Problem der mit dem Element ^{c}pr geschriebenen fremden PN habe ich bei der Besprechung des MR-Namens ^{c}pr-Ršpw pBrooklyn 35.1446 vso.9a ausführlich und mit einer Skizzierung der Forschungslage erörtert und kann hier darauf verweisen (Schneider, Namen, 258-261), ohne die dort angestellten Überlegungen im einzelnen zu wiederholen. In einer Reaktion darauf (brieflich am 12.8.88) stimmt auch Fecht einer Zuordnung zu semit. ^{c}abd(u) "Knecht, Diener" zu, und auch Schenkel hat sie anerkannt (Einleitung, 36). Eine generelle Entsprechung von ägypt. r_2 und semit. d möchte Rössler (brieflich am 13.11.88) in Korrektur seiner früher geäusserten Auffassung nun aber nicht mehr annehmen. Die Wahl des Dreikonsonantenzeichens ^{c}pr liege im Fehlen eines Zeichens für ^{c}b/p^{d}/t und dem analogen Verhalten von r_2 und t als drittem Radikal (in schwächster Position) begründet; zu vergleichen seien hier:

1a) swr_2 > ⲥⲱ, ⲥⲟⲩ mit 1b) mwt > ⲙⲟⲩ und 2a) ḫpr_2> ϣⲱⲡⲉ mit 2b) śḫt > ⲥⲱϩⲉ und r_2ḫt > ⲣⲱϩⲉ.

Auch von onomastischer Seite lässt sich die Zuordnung weiter erhärten. Der Häufigkeit der ^{c}pr-Namen in ägyptischen Quellen des MR und NR entspricht das zahlreiche Vorkommen des Elementes ^{c}bd in der semitischen Namengebung, für das auf folgende Onomastika verwiesen werden kann: hebr. Noth 137f., Fowler 116. 353, Zadok 59f.83 (mit eblait. und ammon. Belegen und keilschriftl. Umschreibungen westsemit. PN), Murtonen I, 296f.; phön. Benz 369-372; amor. Huffmon

189; Gelb CAA 257f.; ugar. Gröndahl 104-106; kanaan./aram. Donner/Röllig 50.55; aram. Lipiński 100f., Gibson, Syrian Semitic Inscriptions, 147; äg.-aram. Silverman 161f.; reichsaram. Inschriften: Maraqten 191-195; palm. Stark 102f.; Hatra: Abbadi 135-144; Mari: Birot 93-96; früharab. Harding 396-402; nabat. Khraysheh 125-134; Amarnabriefe: Hess 39f.usw.(vgl. Silverman, Servant (ᶜebed) Names).

Vor allem aber ist auf den Ortsnamen  in pAnastasi VIII,1,7 (Bakir, Epistolography pl.28 = KRI III 500, Z.7) hinzuweisen, der mit dem vorliegenden PN fast völlig übereinstimmt (erwähnt bei Albright VESO 34; ders./ Lambdin, New Material, 117). Die entsprechende Passage des Briefes zitiere ich nach der Übersetzung Gardiners (Mes-Inscription, 16f.): "I have heard that the sailor ³ny son of [p-j_2-j-³-y] of Aper-êl, of "The great image of Rameses, Sun of Princes", has died, together with his children" (vgl. noch Helck, Materialien, 195). Der Name des Vaters wurde nach KRI ergänzt.[a)] Der Ortsname ist in unserem Zusammenhang insofern bedeutsam, als das Element ᶜbd auch in Ortsnamen belegt ist. Einen ON ᶜbd'l kann ich zwar nicht belegen, aber aus dem AT etwa עבדון ᶜabdôn (Jos 21,30; 1 Chr 6,74; Var. Jos 19,28) - Chirbet ᶜAbde, 19 km nordöstlich von Akko.[b)] Ähnlich ist im Sabäischen ein ON ᶜbdn (Harding 401) bezeugt. Entsprechende Ortsnamen sind wohl aus Vollnamen "Haus des ᶜbd-GN" entstanden. Vgl. den ON Bīt-Abdija (R. Zadok, Geographical Names According to New- and Late-Babylonian Texts [Répertoire géographique des textes cunéiformes V, BTAVO B 7.8], Wiesbaden 1985, 78) und im Akkadischen (mit ardu "Diener" statt ᶜbd) die ON Bīt-Arad-Ea "Haus des 'Dieners des Ea [PN]'", Bīt-Arad-Bīt-Kiš, Ālu-ša-Arad-aḫḫēšu, Bīt-Ardija (Kh. Nashef, Die Orts- und Gewässernamen der mittelbabylonischen und mittelassyrischen Zeit [Répertoire géographique

---

a) Der PN  wird von Albright, VESO 34, und Edel, ONL 68,3 zu bi-i-ia und bi-e-ia (EA 292 und 294) gestellt. Doch vgl. die PN p-j_2-j-³-y/p-j_2-y/ p-j_2-j-³ etwa CG 47213, 42182; Statuen CG 553, 619; Roeder II, 87.197.273. 524; Stele CG 097; Alnwick Castle 1958; dazu die sehr häufigen gruppenschriftlichen Notationen des Elementes jpt (zu PN Imn-m-jpt u.ä.) als j:-p-j_2/w_2-y u.ä., etwa Ostraka CG 25011, 25032; Roeder II, 298.399; Stelen CG 34053, 34054, 34057, 34079, 34085, 34108; BM 367; Marciniak, Inscriptions hiératiques, No. 49,2; CG 46554, 47675, 47704, 47837, 47889; Ny Carlsberg Glyptothek Rec. 56; Hildesheim Inv. Nr. 375; Serapeum-Stelen Nr. 4-6 usw. Der Name wurde daher nicht als Fremdname aufgenommen.

b) Mit Blick auf Schreibungen von 'Bet-šᵉ'ān' als "Bet-šᵉ'ēl" oder 'Dagan' als "Dagēl" (s. bei N 42 und zur Erklärung N 126) könnte auch hier eine fälschliche Umdeutung eines *ᶜAbdān zu "ᶜAbd'ēl" hypothetisch angenommen werden. Dazu fehlen jedoch jegliche Hinweise (topographische Identifikation, abweichende, als "Normalschreibungen" deutbare Notationen usw.).

des textes cunéiformes V, BTAVO B 7.5], Wiesbaden 1982; Zadok, aaO; Register). Direkte Entsprechungen zu dem ON ^{c}Abd-ʾEl sind etwa akkad. Arad-bēlti, Arad-Silakku (Nashef aaO, 34f.). Auch der Blick auf die Toponymie bietet somit Argumente für eine Identifizierung des Elementes  mit semit. ^{c}bd.
[Nicht hierhin gehört der Ortsname 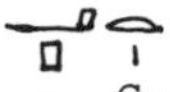 (Urk.IV 783, 53 u.54), der wohl mit Noth (ZDPV 51,50) und Helck (131) als ^{c}ōpäl "Anschwellung" (als Bezeichnung eines Hügels) zu deuten ist.]
Der Name N 118 ist als "Diener des ʾEl" zu erklären.

N 119  (m) ^{c}pr-b-^{c}-r STḪ.F

Syrer des Leipziger Ostrakons, Anfang 18.Dynastie. Da nach seinem Namen der Vermerk 'p^{3}-šrj' "der Jüngere" folgt, lässt sich ein weiterer Träger dieses Namens, vermutlich sein Vater, postulieren.

"Diener des Ba^{c}al". Für den Gottesnamen (bzw.das Epitheton) Ba^{c}al in PN s.Fowler 54-63.338; Zadok 180; Murtonen I 289; Donner/Röllig 46; Benz 288-290; Gröndahl 114-117; Huffmon 174f.; Silverman 137f.; Birot 73f.; Maraqten 48f. 224; Stark 76f.

N 120 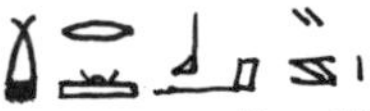 (m) ^{c}pr-b-^{c}-:r
(Gardiner:  für 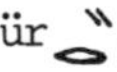 wie pLeyden 348 vso,7,1)

Kaufmann in der 20. Dynastie.

"Diener des Ba^{c}al". Vgl.zu N 119.

N 121  (m) ^{c}pr-B^{c}L

"Diener des Ba^{c}al". Vgl.zu N 119.

N 122  (m) ^{c}pr H3ST-b-n///

Oberwinzer, Ramessidenzeit.

Die Aufschrift der Krugetikette ist im zweiten Teil zerstört. Es ist fraglich, ob der Eintrag als PN zu den ^{c}pr-Namen zu stellen ist. Wenn ja, könnte er ev. zu ^{c}pr-b-n[:-r] = ^{c}Abd-Bēl "Diener des Bēl" ergänzt werden; zur Form Bēl statt B^{c}l im Westsemitischen s. Maraqten 48f. (aram. und phön.). Ansonsten - dafür spricht das hinter ^{c}pr notierte Fremdland-Determinativ - ist zu verstehen: "der ^{c}Apiru Bn///"; damit läge hier ein neuer Beleg zum Problem der ^{c}Apiru vor.

N 123  (m) ^{c}pr-r-š̌-?-p-w_2

Oberwinzer Tutanchamuns.

"Diener des Reschef". Zum GN Rešep in PN s.Benz 411f.; Gröndahl 181f.; Huffmon 263; Birot 266f.; Gelb CAA 347. Vgl. zu N 334f.

N 124 Umschrift nach Helck: ^{c}()pr-r-š̌-pu

N 125 Umschrift nach Helck (wie N 124).

N 126 (a)  (m) ^{c}pr-d-g-^{3}-:r F

"Diener des Dagan". Für Belege des GN Dagan in semit. PN s.Huffmon 180f.; Gelb CAA 292-294; Gröndahl 123; Birot 260 (auch ^{c}Abdu-Dagan); Maraqten 50.151.
Zur Schreibung 'l' statt 'n' s. Fischer-Elfert, Streitschrift, S.179f.; Görg, Untersuchungen, 56-69 (im ON Beth-Schean; vgl.Aḥituv, Toponyms [78f.]). Auf die hier vorliegende Uminterpretation des GN möchte ich von der bei N 42 ausgeführten Wiedergabe des Logogramms AN her nochmals eingehen. Eine ähnliche Umdeutung scheint bei dem dort zitierten ON bajt-š̌^{e}ʾān, geschrieben wie *bajt-š̌^{e}ʾēl, aufzutreten. Ich möchte vermuten, dass der ägyptische Schreiber (ob als Fehler oder "spielerisch") hier *bajt-š̌^{e}-AN annahm und dieses dann zu *bajt-š̌^{e}-ʾēl umsetzte. Ebenso könnte bei dem GN Dagan vermutet werden, der Schreiber habe 'dagan' als *dag-AN aufgefasst und dies als 'dag(ʾ)ēl' notiert.
NB: Die von Fischer-Elfert (aaO) geäusserten Zweifel in Bezug auf den ON dgnʾl - bei einem nomen regens 'Dagan' sei ein rectum ('El'=)'Gott' überflüssig- entbehren jeder Grundlage, da mit Sicherheit ein Satzname "Dagan ist (mein) Gott" vorliegt, vgl.die amorit.PN ^{d}Dagan-El, Eli-^{d}Dagan, Ili-^{d}Dagan (Huffmon 181)!

N 127  (m) ^{c}:-m^{3}-j F

(a) Vater eines Briefträgers Swtḫ-msw unter Merenptah.

Var.  ^{c}:-m^{3}-j-w$_{2}$ MEK3

Hirt unter Ramses V.

Ranke übersetzt den Namen als ägypt."der Löwe (d.h.der König) ist gross". Zwar wäre ein solcher Name mit der ägyptischen Namenkunde und dem Königsdogma, das den König gern als Löwen bezeichnet (s. LÄ 3, 1086), zu vereinbaren, doch spricht die Gruppe ^{c}: und v.a. das Fremd-Determinativ für einen nichtägyptischen PN, aus dem erst sekundär ägypt. m^{3}j "Löwe" (Variantenschreibung) herausgehört wurde. Für das kopt. als ⲙⲟⲩⲓ erhaltene Wort lässt sich als neuägypt. Aussprache *má^{3}īy rekonstruieren (Vycichl, Dictionnaire, 109). Zur Deutung des PN möchte ich die folgenden Ansätze hervorheben:

(a) Hypokoristikon eines mit dem theophoren Element ^{c}Amm(u) "Onkel väterlicherseits" (Konnotation: Schutzherr, Patron) gebildeten Satznamens. Belege dafür s. hebr. Noth 76-79, Zadok 180, Fowler 280.355; amor. Huffmon 196-198, Gelb CAA 92-95; ugar. Gröndahl 109 (auch Kurzform ^{c}my); phön.Benz 379 (auch Kurzform ^{c}mʾ); Mari: Birot 99-101; aram. Lipiński 102; Maraqten 57.199 (^{c}mw "Oheim"); Amarna-Briefe: Hess 55-57. Ob aus Ebla a-mi, am-mi, a-ma (Catagnoti 224f.) hierhin gehören? Für die Schreibung im MR (mit Nominativendung -u) s. pBrooklyn 35.1446 vso.51 (Schneider, Namen, 272 mit Anm.24: Ächtungstexte; aus der Zweiten Zwischenzeit noch B 258; vgl. oben Zusatz bei N 100).

(b) Aus den frühararabischen und nabatäischen Inschriften sind zu vergleichen: der mit 122 saf. Belegen sehr häufige PN ^{c}m (Harding 434: ar. ^{c}amam "entire, perfect"), hierzu wohl auch der 24 x saf. bezeugte Name ^{c}mm (Harding 441). Selten ist ein PN ^{c}my (Harding 442: "blind"? Je ein lih./saf./min.Beleg). In den nabatäischen Inschriften begegnen die Namen ^{c}mʾw (von Khraysheh 143 zu dem arab. PN ^{c}Amā gestellt) und ^{c}mmw (Khraysheh 144: ^{c}Amamu "Umfassender", zu den saf. Namen ^{c}m u. ^{c}mm gehörig).

N 128  ^{c}3-m-mwt

Falls dieser Name fremd ist, stellt sich die Frage, ob  nach dem Namen der Göttin Mut (griech. Μουθ, d.h. mit '-t') oder nach mwt "Mutter" (kopt. ⲙⲁⲁⲩ, d.h. ohne -t) aufzulösen ist. Für letzteren Fall verweise ich auf N 127. Die bei ersterem Ansatz ursprünglich ins Auge gefasste Deutung als עַמּוּד ^{c}ammûd "Stütze, Pfeiler, Säule" (HAL III 795) - zu onomastischen Belegen s. Fowler

108, Zadok 27, Noth 160 (hebr.), ugar. Gröndahl 108; akkad. Stamm 211.305 Anm. 3; früharab. Harding 435 (^{c}Amûd); zu semantischen Parallelen s. Noth 157-160, Fowler 251f.286f. und (mit smk "Stütze") Maraqten 202, Silverman 160f.; zu der Wurzel ^{c}md dürfte das FW

in pAnastasi IV 16,8 (Teil des Streitwagens; H 509 Nr. 33) gehören - scheitert wohl an der Vokalisation ('ū' noch nicht in der 18. Dynastie; vgl. Schenkel, Einführung 88f.). Möglicherweise ist daher der PN als *^{c}Amm-Mawt "(der Gott) Mawt ist mein Onkel" zu verstehen. Zu *^{c}amm s. N 127 (a); Môt < *Mawt: Zadok 54. Vgl. allenfalls auch noch die früharab. PN ^{c}mt und ^{c}mmt (Harding 434f.). Die Deutung ist sehr unsicher.

N 129  (m) ^{c}3-m-mj-ṯ-w

Var.  ^{c}3-mj-ṯ-w

Wesir unter Hatschepsut.

Sethe (Kurznamen, S.92) vermutete in dem Namen eine Kurzform des von dem Wesir getragenen ägyptischen Namens, J^{c}ḥms, ebenso Davies/Gardiner, The Tomb of Amenemhet, 1915, 32. Darauf weist aber nicht mehr als die bei beiden PN vorhandenen Konsonanten ^{c} und m. Der Ausfall des ḥ, v.a.aber der zu postulierende Wechsel von ägypt. s zu ṯ verunmöglichen m.E. eine solche Gleichung. Der Name dürfte aller Wahrscheinlichkeit nach semitisch sein und eine Kurzform zu einem mit der Wurzel עמס ^{c}ms"tragen" gebildeten theophoren Satznamen sein. Aus der hebräischen Onomastik sind neben dem Namen des Propheten ^{c}Āmôs der Satzname ^{c}amasjāh "Jahwe hat getragen", die Hypokoristika ^{c}maśaj, ^{c}maśā' und ^{c}maššaj (mit Veränderung des Zischlauts) sowie aus der hebräischen Epigraphik ^{c}ms' (Fowler 111.165.356; den epigraphischen Beleg umschreibt sie auf p.356 mit 's', p.165 dagegen mit 'ś'). Mit Noth (178f.) dürfte die Vorstellung "schützend auf seine Arme nehmen" zugrundeliegen. Auch in phönizischen PN ist das Verb in Satznamen oder als Kurzform (^{c}ms) belegt (Benz 379f., zu den hebr. und phön. PN vgl. Schult, Studien, 108f.). Im Ugaritischen begegnen wir dem Namen ^{c}ms, wobei Gröndahl (109) auch auf den assyrisch (Tallqvist 22) überlieferten PN Amsi verweist. Ein imperfektischer theophorer Satzname findet sich in amor.Ya-aḫ-mu-us-AN (*ja^{c}mus-'ēl) "Gott trägt/hat getragen" (Huffmon 198). Zu denselben Schlussfolgerungen gelangt Ward, Personal Names, 296 (mit Hinweis auf unsere Belege N 129 und N 487f.) für den unten als F 8 klassifizierten PN. Dagegen ist bei der Auffassung von ṯ-w in den genannten Belegen als Wiedergabe eines Dentals auf die onomastischen Belege der Wurzel ^{c}md (s. bei N 128) zu verweisen. Vgl. noch den Namen der Frau dieses Wesirs (N 488).

N 130  ^{c}n $^{c}N_2$-r-k-^{3}-j-^{3}

Vater eines Stallmeisters, Ende 20. Dynastie.

Die Schreibung des Namensanfangs wie ägypt.  ^{c}n "schön" (Wb I,190). Helck umschreibt diese Zeichenfolge (entgegen seinem System) als '^{c}en', also mit dem Vokal des st.cs. von semit. ^{c}ajin "Auge". Die Deutung des Namens ist schwierig. Vermutlich dürfte ebensowenig semit. ^{c}ajin "Auge" (in PN mit folgendem GN phön. Benz 377, Fowler 197; aram. Fowler 226; ^{c}ênān "having big eyes", Zadok 145).[(a)] wie ägypt. ^{c}n "schön" (als Anfangselement ägypt. PN s. R I 61) in der ersten Zeichengruppe vorliegen. Mit Blick auf einen PN wie amor. Ila-laka "Gott für dich" (Huffmon 223; s. bei N 35) könnte nach dem Determinativ $^{c}N_2$ 'laka' vermutet werden, im Namensanfang ein theophores Element. Dafür käme der GN ^{c}An(u) in Betracht oder ev. eine Ableitung der Wurzel עון ^{c}wn "helfen" (HAL III 756: ^{c}wn I; Sab. Dict. 23: *^{c}wn II/^{c}nw "aid, help, protect, deliver". Der PN könnte dann als "^{c}An(u)/'Hilfe/Schutz' zu dir!" übersetzt werden. Weniger wahrscheinlich ist die Annahme eines Imperativnamens mit dem GN ^{c}An und לֵךְ lēk "geh!", auch "los, voran!" (zu הלך hlk) (vgl. bei N 486) oder einer Verkürzung eines akkad. Satznamens wie * Anu-alik-idīja "^{c}Anu, geh mir zur Seite!" (vgl. Idāja-alki, Nabû-alik-idīia, Šamaš-ālik-idīja: Stamm 171 und Saporetti I, 234; Stamm 213; Freydank/Saporetti 117) oder *Ina-Ani-allak (vgl. Ina-ilīja-allak "mit(?) meinem Gott will ich gehen", Saporetti I, 254). Keine der genannten Möglichkeiten kann ganz befriedigen, doch sehe ich gegenwärtig keine bessere Lösung.

N 131  (m) ^{c}-n-tj-m-n-ḫ-w ^{NḪT}

Var. 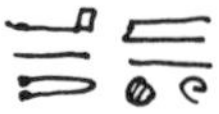 ^{c}-n-ṯ-m-n-ḫ-w_2

Ägyptischer PN mit dem Namen der syrisch-palästinensischen Göttin ^{c}Anat (zur Verehrung der ^{c}Anat in Ägypten s. Stadelmann, Gottheiten, 91-96; vgl. N 132). Den vorliegenden Beleg übersetzt Ranke (I 69,15) als "A. ist Beschützerin(?)" (Wb II 304).

N 132  (m) ^{c}-n-tj ^{NṮRT}-mn-tj

(a) Dazu noch aus Hatra ^{c}yny (Abbadi 150f.).

Vater eines Schreibers Jmn-m-ḥ^{3}t, Zeit Amenophis'II./Thutmosis'IV.

Dieser Beleg in einem Besucher-Graffito aus Abusir ist v.a. in religionsgeschichtlicher Hinsicht bedeutsam, weil wir darin den frühesten Beleg für das Auftreten der ^{c}Anat in Ägypten besitzen (noch bei Stadelmann (s. N 131) erst seit der 19.Dyn.).
Die Erklärung Megallys als PN, der aus zwei Götternamen bestehe - ^{c}Anat und Month -, kann ich nicht annehmen, da die Schreibung m.E. deutlich einen Namen ^{c}nt-mntj "^{c}Anat ist beständig" (mit ägypt. Pseudopartizip von mn "bleiben") anzeigt. Mit Blick auf den frühen Zeitpunkt des Belegs - war damals die Verehrung der ^{c}Anat in Ägypten schon so geläufig, dass ein hybrider PN wie der vorliegende gebildet werden konnte? - möchte ich nicht ganz ausschliessen, dass vielleicht doch ein rein semit. Personenname vorliegt. Dafür käme die Wurzel מנה mnj (HAL II 567: ugar. mnj, arab. mnj/w) "zählen, zuteilen" in Frage, die etwa ugar. (addu-minu u.a., Gröndahl 159) und aram. (mnn "(GN) hat mir zugeteilt", mnny, keilschriftlich Mananu: Maraqten 180) in der Anthroponomastik belegt ist. N 132 wäre dann als *^{c}Anat-manáta (-áta: Beyer 63) "^{c}Anat hat zugeteilt" zu erklären.

N 133  (f) ^{c}-n-tj-r-m

Der Name ist als nordwestsem.*^{c}Anat-rámā "^{c}Anat ist hoch, erhaben" zu deuten.
Belege für ^{c}Anat in semit. PN: Noth 122f.; Fowler 64-67; Zadok 180; Benz 382; Gröndahl 111; Huffmon 200f.; Hess 59; Maraqten 57; Silverman 166f.; Birot 262.
Belege der Wurzel rwm in PN: Noth 145f.; Fowler 80.113f.360; Zadok 24f.; Benz Benz 408f.; Gröndahl 182f.; Huffmon 261f., Gelb CAA 344f., Maraqten 116f.148. 173; Hess 151; Stark 112; edomit. *Ram'il (ZAH 3/1, 126).

N 134 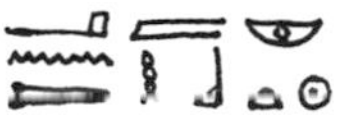 (f) ^{c}-n-t̠-m-ḥ-b$^{HB.R^{c}}$

Schwester des Bildhauers D̠ḥwtj-nḫt auf der Hauronstele Kairo JDE 72275.

Ägyptischer PN mit dem Namen der Göttin ^{c}Anat: "^{c}Anat ist im Fest".

N 135  (f) ^{c}-n-tj-ḫ^{c} $^{M\underline{D}3T}$-tj

Ägyptischer PN mit dem GN ^{c}Anat: "^{c}Anat ist erschienen" (Pseudopartizip v. ḫ^{a}).

N 136 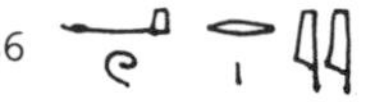 ^{c}-w$_{2}$-r-y

Nekropolenarbeiter, ramessidisch.
Zur Diskussion s. N 113(b) und N 138; ev. "(Mein) Knabe, Junge".[a]

N 137  ^{c}:-r-f-j$_{2}$

Eine Bürgerin unter Ramses IX.
Helck vergleicht den hebr.PN עָרְפָּה ^{c}ărpā (Ruth 1,4), der aber auf *ġrp zurückgeht (s. unten N 427). Für ^{c}-r/l-p bietet das frühharabische Namensmaterial Anschlussmöglichkeiten. Harding (431) nennt 7 saf. Belege für den PN ^{c}lf (dazu Ableitungen und Komposita wie ʾl^{c}lf), den er als ^{c}ilf "great eater" erklärt (arab. ^{c}alafa "(Vieh) füttern", Wehr 866). Möglicherweise ist eher der PN ^{c}rf (Harding 415 mit 2 saf. Belegen, dazu ^{c}rfn) heranzuziehen, den ich zu arab. ^{c}arf "Duft, Wohlgeruch" (Wehr 831; vgl. aber auch ^{c}arafa "kennen(lernen), wissen", ^{c}urf "Wohltätigkeit, Güte; Brauch, Gewohnheit", Wehr 830f.) stellen möchte (vgl. noch eine - ungeklärte - Wurzel ^{c}rf Sab. Dict. 19 und Leslau, Dictionary, 69f.: ^{c}rf I "rest, find rest, be at ease etc."; während die hebr. Wurzeln ^{c}rp I/II keinen Sinn ergeben.

N 138 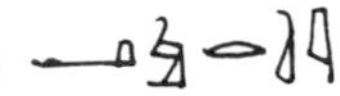 (f) ^{c}-w-r-tj

Mutter des Truchsessen Pn-t^{3}-wrt, Zeit des Merenptah.

Am einfachsten scheint mir eine Deutung des Namens als *^{c}ūlat(i) "(mein) Mädchen" (hebr. עוּלָה "Mädchen", HAL III 753; s. N 113.136; Parallelen Noth 221). Eine andere mögliche Anknüpfung könnte *^{c}Ulat "Hoheit, Erhabenheit" bieten. So haben wir etwa nabat. ^{c}ly, ^{c}lt (Khraysheh 141f. mit der Deutung als Fu^{c}al-Form zu der Wurzel ^{c}alā "hoch sein" in der Bedeutung von "Hoheit, Erhabenheit"). Zu derselben Wurzel gehören frühnordarab. ^{c}lt (8 × saf., 3 × tham.; Harding 430); palm. ^{c}lʾ, ^{c}lyy (^{c}Ulaiy als Fu^{c}ail-Bildung); Hatra ^{c}lt, ^{c}ltʾ (Abbadi 151f.). Vgl. ev. auch noch den saf. PN ^{c}rṭ (Jamme, Safaitic Inscriptions, 60: ^{c}Āriṭ; arab. ^{c}araṭa "to attack someone's reputation").

N 139 [Dieser Beleg wurde umklassifiziert; s. F 10]

(a) Zusätzlich zu den Belegen aaO s.Zadok 145:phön. ^{c}wlʾ (Benz 374), jüd.-aram. ^{c}wlʾ (= lat. Aulus). Der hebr. PN עֻלָּה ^{c}ullā wird von Zadok (151) dagegen zu der Wurzel ^{c}-l-l "act severely" gestellt (die LXX umschreibt Ωλα).

N 140 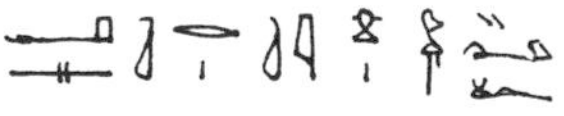 (m) ^{c}-s-tj-r-tj-ḥr-wnm-f

Ein Sohn Ramses' II.

Ägyptischer PN mit semit. GN "Astarte ist zu seiner Rechten".

N 141 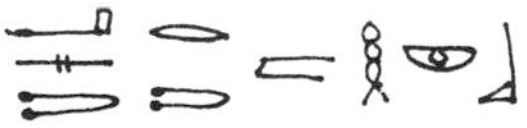 ^{c}-s-ṯ-r-ṯ-m-hb HB

Ägyptischer PN mit semit. GN "Astarte ist im Fest".

N 142  (m) ^{c}-k-b-r

Türhüter unter Ramses II.

Der rein konsonantisch geschriebene Name ist seit langem (Burchardt) als עַכְבָּר ^{c}akbār "Springmaus" erkannt; ein Tiername, der in der semit. Onomastik gut bezeugt ist: Noth 230; Schult, Studien, 105 (mit unserem Beleg); Zadok 153 (auch keilschriftl. Transkriptionen entsprechender westsemit. Namen); Donner/Röllig 51; Benz 377; Tallqvist 13; Maraqten 198 (mit Nennung unseres Belegs); Kornfeld, 66; Silverman 165; AHw I, 28; Harding 428; Saporetti I 79; Fales, Women's Names, 61; ammonit.: Abbadi, in ZDPV 95(1979), 36-38; Gröndahl 424.(a)

N 143  (m) ^{c}3-g-m F

Hethiter der Kadeschschlacht, 5.Jahr Ramses'II.

Angesichts des ^{c}Ajin scheint es mir sehr fraglich, ob hier ein hethitischer PN vorliegen kann (Laroche NH 10: 'Agga' ist kaum zu vergleichen). Ich möchte annehmen, dass wir es hier mit einem Soldaten aus dem den Hethitern untergebenen nordsyrischen Raum zu tun haben. Eine lexikalische Anknüpfung könnte dabei die Wurzel עגם ^{c}gm hebr."Mitgefühl haben"(vgl. semantisch N 97ff.), mittelhebr./jüd.-aram. "betrübt sein", akk. agāmu "zornig sein" (HAL III 742) bieten. Der Name wäre dann als Hypokoristikon "(der Gott NN) hat Mitgefühl gezeigt" zu verstehen. Onomastisch wäre an PN wie hebr. עֹג , עוֹג ^{c}ōg (Schult, Studien 104), ugar. ^{c}gy, ^{c}gw, ^{c}gwn zu denken, die Schult zu arab. ^{c}āǧa stellt und als "der Krumme" o.ä. erklären möchte, wobei das 'm' als Endung oder Er-

(a) Dazu nennt Zadok aaO als amorit. Beleg Ḫa-ak-ba-ru-um.

weiterung verstanden werden müsste (die in Palmyra [Stark 104] und Hatra [Abbadi 146] bezeugten PN ^{c}gʾ werden von beiden Bearbeitern als gekürzte Form eines PN ^{c}gylw "Kälbchen" aufgefasst).

N 144 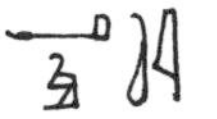 (f) ^{c}-w-tj

Mutter eines Nekropolenhandwerkers Nb-nḫt in Deir el-Medineh unter Ramses'II.

Den Namen möchte ich mit den hebr. PN עוּתַי ^{c}ûtaj, עַתַּי ^{c}attaj und עֲתָיָה $^{c a}$tājāh vergleichen. Noth (191) und Fowler (76.151.158.356) leiten sie von der Wurzel arab. ^{c}atā "sich als über das Mass, überragend erweisen", "to be proud, exalted" ab. Dabei ist ^{c}ûtaj Kurzform zu der Vollform $^{c a}$tājāh "Y[ahwe] is proud, exalted" (Fowler 151). Hierher gehören vermutlich auch der phön. PN ^{c}tʾ (Benz 388), frühnordarab. ^{c}ty (Harding 406 mit 8 saf., 1 tham. Beleg: als "^{c}atiy, rebellious" erklärt, s. Wehr 811 und vgl. aaO ^{c}utīy "Anmassung, Hochmut") und die palm. PN ^{c}tʾ, ^{c}tw u. ^{c}ty (Stark 107: oder zu GN ^{c}tʾ zu stellen?). Andere Etymologien gibt Harding für die vergleichbaren früharab PN: ^{c}t (404, arab. ^{c}atta "to importune, tease", 3 × saf., 2 × tham.), und ^{c}wt (447: "to be plague-stricken"). Immerhin sind die Einwände Zadoks (32 Anm. 53) bedenkenswert, nach dem die genannten alttestamentlichen PN ^{c}ûtaj/$^{c a}$tājāh aramäisch sind und mit dem nabat. PN ^{c}wty an die Wurzel *ġwṯ (hebr. ^{c}wš, aram. ^{c}wt) "zu Hilfe kommen" anzuschliessen sind (142; der PN ^{c}attaj wird von ihm mit ^{c}Atta < *^{c}Anta (= GN ^{c}Anat) verbunden [146]). Beide Anschlüsse erwähnt HAL III 760. Schliesslich ist auch eine Entsprechung ägypt. 't' : semit. 'd' (s. S.392) als Möglichkeit in Rechnung zu stellen. Dazu vgl. die Wurzeln ^{c}dd "count, reckon" (Zadok 106 mit PN ^{c}iddô), ^{c}dj "ornament, deck oneself" (Fowler 75.109.171 Anm. 18.353, Zadok 25f.30.51 ["or 'pass on, advance' (Aram.) or 'go along, by'"] mit den PN ʾēl^{c}ādā, ʾl^{c}dh, ʾj^{c}dh, $^{c a}$dîʾēl, $^{c a}$dājāh, j^{e}hô^{c}addā; dazu HAL III 746f. mit den PN ^{c}ādā, ^{c}iddô, min./tham. ^{c}dt, saf. ^{c}dʾ) und ^{c}wd "retire, return to" (Sab. Dict. 22, wozu Harding 447 den 3 × saf., je einmal tham./min. bezeugten PN ^{c}wd anführt, und HAL III 751 [^{c}āda IV "wiederherstellen"] mit 752 dem PN ^{c}ôdēd).

N 145  (m) ^{c}-w_2-t-j_2-r-y

Ein Ausländer in pTurin 1895 + 2006 vso. 2,13; ramessidisch.

Für eine Deutung müssen verschiedene nicht sicher erklärte PN herangezogen werden. Dazu sind von den aus dem MR überlieferten semit. PN  (Jüngere Ächtungstexte, E 10) und vermutlich  (pBrooklyn 35.1446 vso. 88a) anzuführen (dazu Schneider, Namen, 277f.). In Betracht kommende Wurzeln sind wie dort auch hier ^{c}-t/ṯ/d-r/l, im einzelnen:

(a) ^{c}tr: die Wurzel ^{c}tr in amor. PN, ev. zu akkad. eṭēru "retten" (Nebenform zu ^{c}ḏr? HAL III 766f., Gelb CAA 259f.), beispielsweise Dagan-atri, Atri-AN "Dagan /Gott ist meine Rettung" (Huffmon 207). Vgl. aber auch den bei Harding 404 verzeichneten PN ^{c}tr (4 saf. Belege).

(b) ^{c}tl: eine Wurzel ^{c}tl findet sich in den hebr. PN עֲתַלְיָה(וּ) ^{c}ataljāh(û) und עַתְלָי ^{c}atlaj, in dem amor. Namen Ḫa-ta-li-el (Huffmon 205), in dem phön. PN ^{c}tl' (Benz 388) und dem 5 × saf., 1 × tham. belegten ^{c}tl (Harding 405). Die Deutung der hebr. PN durch Noth ("etēlu = gross sein, etellu = gross, hoch, erhaben...; also: Jahwe hat seine Erhabenheit bekundet", 191) ist so nicht mehr vertretbar (Stamm 131; v.a. Fowler 136.162: allenfalls existiert nur akk. eṭēlu mit 'ṭ'!). Zadok deutet sie nach akk. etellum "Herrscher" als "Yhw is prince" (52 mit Anm. 17 und dem Verweis auf den GN ^{c}Attil aus Palmyra; HAL III 855), während Fowler aaO eine Wurzel *^{c}tl mit unbekannter Bedeutung postuliert.

(c) ^{c}ṭr: eine Wurzel ^{c}ṭr "krönen" (HAL III 770 mit phön. dass., arab. "umgeben, bekränzen"); dazu der FN עֲטָרָה ^{c}aṭārā "Krone, Kranz, Diadem" (Noth 223; Zadok 97; Stamm, Frauennamen, 124).

(d) ^{c}dr: Gröndahl (107) verweist für den ugar. PN ^{c}dr auf ^{c}dr "Herde" bzw. ^{c}ḏr "helfen" (protosemit. ḏ > ugar. d). Vgl. auch noch den 1 × saf., 2 × min. bezeugten PN ^{c}dr (Harding 409).

(e) ^{c}dl: Der hebr. Name עַדְלָי ^{c}adlaj wird entweder zu arab. ^{c}adala "gerecht sein/handeln" (Hypokoristikon "(Jahwe) ist gerecht") gestellt (Zadok 80, Fowler 162) oder als "Gartenkresse" (mittelhebr./jüd.-aram. ^{c}adal: Zadok aaO; zuerst Noth 231; skeptisch Fowler aaO und Stark 104) gedeutet. Ein PN ^{c}dl, der nach arab. ^{c}ādil (Ryckmans 157) als "just, fair" zu erklären ist, begegnet in Palmyra (Stark aaO) und im Früharabischen (6 × saf., 1 × tham., 1 × sab., Harding 410). Beide Anschlüsse erwähnt Gröndahl für den ugar. PN ^{c}dl.

Ob im vorliegenden Fall wegen ᶜ und \\ eine qutīl-Form (Zadok 112) bzw. (mit \\ zu 𓂋 = :r) eine qut(t)Vl-Form (Zadok 104f.112.116) angesetzt werden kann?

Die Namen N 146 - N 149 gehören zusammen:

N 146  (m) ^{c}-$\underline{d}^{3}$-:r

Bauer unter Ramses XI.

N 147  (m) ^{c}-w_{2}-$\underline{d}^{3}$-:r ^{ḤWJ}

Die Briefpassage lautet: ḥn^{c} P^{3}-h^{3}-rw ^{c}-w_{2}-$\underline{d}^{3}$-:r, was Wente als "with P. <u>and</u> ^{c}." übersetzt. Auch eine Deutung als "und der Syrer ^{c}." scheint mir möglich.

N 148 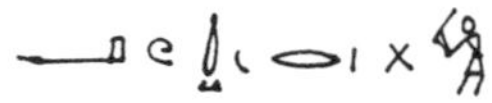 (m) ^{c}-w_{2}-$\underline{d}^{3}$-r $^{\text{\underline{SD}.ḤWJ}}$

Arbeiter in Theben-West, Ende der 20.Dynastie (ev.identisch mit N 147).

N 149 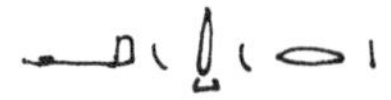 (m) ^{c}-$\underline{d}^{3}$-r (ob = N 147,148?)

Helck vergleicht עָצֵל ^{c}āṣēl "der Faule" (HAL III 821f.). Dass demgegenüber sicher die Wurzel עזר *^{c}$\underline{d}$r "helfen" (HAL III 766f.) vorliegt, kann klar gezeigt werden. Zum einen sind gegen die Helcksche Deutung die schon oben verschiedentlich angebrachten Vorbehalte bei Namen, die negative Eigenschaften des Namensträgers ausdrücken, zu wiederholen (vgl.besonders noch Stamm, Der Name Nabal, S.208f.); onomastische Belege der Wurzel ^{c}ṣl fehlen. Besonders störend wäre in diesem Fall aber, dass gerade das eine intensive Tätigkeit bezeichnende Deutezeichen des 'schlagenden Mannes' (N 147f.) einen Ausdruck für "faul" determinieren würde. Zum andern aber ist der Ausdruck P^{3}-^{c}$\underline{d}$r "der Helfer" - mit identisch geschriebenem ^{c}$\underline{d}$r - seit der 19. Dyn. und v.a. nach dem NR bis in die griechisch-römische Zeit ein Beiname des Amun. Zur Diskussion verweise ich auf die Untersuchung von Vernus (Amon P^{3}-^{c}$\underline{d}$r; mit allen äg.Belegen der Wurzel). Es ist merkwürdig, dass Helck diese Deutung ganz selbstverständlich unter den Fremdworten (510 Nr.50) aufführt (sie also kennt), bei den obigen Namen aber jeglichen Verweis darauf - zugunsten einer viel unwahrscheinlicheren Deutung - vermissen lässt. Da der Ausdruck ^{c}$\underline{d}$r in Ägypten als Lehnwort recht geläufig gewesen sein muss, kann bei N 146ff. nicht unbedingt mit Kurzformen zu semitischen Namen gerechnet werden. Aus der semitischen Onomastik lassen sich aber immerhin Belege aus folgenden Onomastika anführen: zum berühmtesten Träger des Namens, Aziru von Amurru, s.Hess 77-79; hebr.Noth 154.175, Fowler 106.133.164. 355; Zadok 23.28; amor. Huffmon 193, Gelb CAA 91; aram. (^{c}dr): Maraqten 155.

172.196.209; Lipiński 17; Kornfeld 66; Abbadi 147; frühnordarab. Harding 412 ($^{c}\underline{d}r$ mit 85 saf. Belegen, 2× tham., dazu 1× min.; Komposita).

N 150  (m) w^{3}-n:-r F

Brauer unter Ramses IX.

Helck umschreibt w()-l_2, obwohl nach seinem System dem Zeichen der Lautwert 'wa' zukommt. Grund dafür ist sein Vergleich mit dem aus Nuzi (Gelb NPN 174, Cassin/Glassner 168) belegten PN Wullu. Ein solches Vorgehen ist methodisch zu beanstanden (s. zur Methodik). Aus der semitischen Onomastik möchte ich dem folgenden Anschluss den Vorzug geben:
(a) zu arab. waliya "nahe sein", waliy "nahe, Helfer, Beistand, Freund", walaʾ "Freundschaft, Wohlwollen, Hilfe, Treue" (Wehr 1437f.). Dazu sind u.a.folgende früh(nord)arabische PN belegt: wl (Harding 649, "ar.waly, near?"; 2× saf., 1× sab.), wll (aaO, je einmal saf./tham.), wly (aaO 650, 4 saf.) u.a.(wlyt, wlyw wlʾly usw.?). In den Inschriften von Palmyra ist derselbe Name wly "close friend" (Stark 85) bezeugt. Vgl.noch die folgenden Möglichkeiten:
(b) eine Wurzel wʾl "retten" liegt in dem häufigsten PN der nabat.Inschriften, wʾlw "Geretteter" (Khraysheh 64f.), vor; ein PN, dem wir auch in dem früharab. Namen wʾl (Harding 632: 5 lih., 19 saf., 9 tham., 1 min. Beleg; dazu feminine Formen), dem FN wylt "die Zufluchtsuchende" aus Hatra (Abbadi 101f.) und dem PN wʾlm bei Avanzini, Onomastica sudarabica, 109 begegnen.
(c) Vgl. noch die Wurzel hebr. יאל II jʾl < *wʾl"sich als erster erweisen, den Anfang machen" (HAL II 365) und aus den hethitischen Quellen den PN Walaya (Laroche NH 1470).

Die folgenden beiden Namen gehören zusammen:

N 151  (m) wn-w_2-$\underline{t}^{3}$-w^{3} $\underline{H}3R$

Stallmeister unter Ramses V.

N 152  wn-w_2-$\underline{t}^{3}$-w^{3}-tj $\underline{H}3R$

Helck vergleicht den Alalach-Namen Wanza (Wiseman, 207, 10). Das in der

Schreibung notierte Determinativ steht etwa auch in N 645, wo der Schreiber nur eventuell כֹּר kōr (Hohlmass für Trockenes) heraushörte. Im Ägyptischen ist  (Gardiner V 19) ideographisch für  "Sack" (als Masseinheit) gebräuchlich, aber als Deutezeichen auch nach einer Reihe anderer Wörter (s. die Beispiele bei Gardiner, Grammar, p.524). Was der Name selber bedeutet, ist mir nicht bekannt. Semitisch kann ich ihn nicht anschliessen. Eine mögliche Erklärung wenigstens des Determinatives möchte ich noch erwähnen: es mag sein, dass der Schreiber aus ihm die Wurzel arab. wazana "wiegen, abwiegen", wazn "Gewicht", wazna "Gewicht, Silber- oder Goldtalent" (Wehr 1395), eblait. wazanum "Gewicht" (R.R. Stieglitz, in: Eblaitica I, Winona Lake 1987, 43) heraushörte - mit anderer Konsonantenfolge w-z-n gegenüber w-n-z der Namen. Diese Wurzel kann ich auch onomastisch belegen durch den saf. PN wznt (Jamme, Safaitic Inscriptions, 64f.: *Waznat, arab. wazana "to be heavy").

N 153  w^3-r-m-w_2

Stallmeister unter Ramses V.

Helck vergleicht den aus Alalach überlieferten PN Waramu. Mit Leahy (The Name P^3-wrm) ist für so und ähnlich geschriebene Namen vermutlich eine libysche Herkunft anzunehmen. Immerhin möchte ich noch die hebr.PN ירם u.ירמי jrm(j) heranziehen, die Noth zu arab. warima "geschwollen sein", wārim "geschwollen" stellt und als "aufgeschwollen, dick" deuten möchte. Vgl.dazu den 4 × safait. bezeugten PN wrm (Harding 640, Wârim). Diese Deutung wird als Möglichkeit auch HAL II 419 (mit PN j^erimôt, j^erāmôt, j^erēmaj) erwogen (anders Zadok 61.134). Von der Schreibung her kommt auch heth. Walmu (Laroche NH 1484) in Frage. Gegen Gasse, Données nouvelles, 84 ist der PN wr-m-r in pLouvre AF 6346 Fragm. D,8 (pl.37) aus der Zeit Ramses' XI. kaum mit dem vorliegenden Namen zu identifizieren (s. S. 2 Anm. 5).

N 154 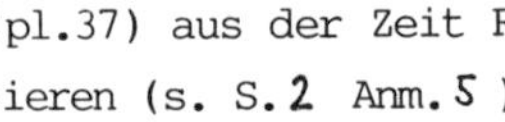 (m) w^3-r-n^3 F

Angeklagter in der Haremsverschwörung unter Ramses III.

Ein PN wrn ist im Früh8arabischen (2× saf., 1× sab.; Harding 641 vergleicht arab. warrana "to equal") belegt. Helck vergleicht aus Nuzi Warani (Gelb NPN

171: "Warani (?)") und den Alalach-PN Waran (Wiseman, Alalach Tablets, 131,2). Vgl. aus den hethitischen PN noch Walanni (Laroche NH 1472) und Walina (1478). Hier (oder bei *wrl, N 155) ist allein aufgrund des Fremd-Determinativs möglicherweise der PN 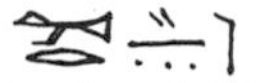 einer Sängerin des Amun aus der 2. Hälfte der 18. Dynastie (Denkstein des Goldschmiedes Nfrḥtp in Stuttgart: Spiegelberg-Pörtner Grabsteine I, Nr. 29, 16 mit Tf.) zu vergleichen. Allerdings ist mit Blick auf die Schreibung des häufigen ägypt. FN wr-n:-r auch als wr-n: (J. Bourrian, in: Pyramid Studies and Other Essays, FS Edwards, 1989, 113) vermutlich die ägyptische Ableitung vorzuziehen.

N 155  (m) w^3-r-r

Bauer unter Ramses'V.

Vgl. den je mit einem Beleg vertretenen saf. und tham. PN wll (Harding 649, s. zu N 150) und ev. wrl (Harding 640: ar.waral "monitor lizard", Wehr 1392), obwohl sich der Ägypter in letzterem Fall wohl um eine Unterscheidung der Liquidae in der Umschrift (etwa als r-n:-r) bemüht hätte. Der von Helck aus Alalach angeführte PN Walala ist auch bei Laroche (NH 1471) verzeichnet.

N 156  (m) w^3-:r-k-^{3}-tj-:r F

Stellung und Funktion der Person sind nur aus dem Kontext der Erzählung des Wenamun zu erschliessen. E. Blumenthal sieht in Wrktr "einen Lokaldynasten an der phönizischen Küste, der (...) für seine Handelsflotte syrische Schiffe gechartert hatte" (Reiseerzählungen, 50), für Helck ist er "der Leiter eines Handelshauses in Ägypten" (H 356).

Die jüngste Deutung von M.Green (m-k-m-r and w-r-k-t-r) möchte gegen alle bisherigen Deutungen eine Interpretation des Namens als Ortsname, nicht Personenname befürworten (dazu unten). Von den verschiedenen Erklärungsversuchen möchte ich mit der Deutung Albrights einsetzen (die frühere Erklärung Ermans als *brktʾl dürfte rein phonetisch wegen der Wiedergabe von 'b' durch 'w' im Anlaut nicht möglich sein; Burchardt umschreibt - allerdings ohne Anschluss - ורכתאל). In einem (mir nur durch die Zusammenfassung in der Annual Egyptological Bibliography, daher ohne seine Belege bekannten) Aufsatz (The Eastern Mediterranean About 1060 B.C., in: Studies Presented to David Moore Robinson, St.Louis/Miss. 1951, 223-231) schloss er eine ägyptische oder semitische Etymologie des Namens aus und wollte in ihm einen "Seevölker-Namen" *Warka-dara aus Südwestanatolien sehen. Ohne Kenntnis der Albrightschen onomastischen Belege muss ich auf eine eingehendere Stellungnahme verzichten und die Deutung als Möglichkeit gelten lassen, obwohl mir aufgrund der Stellung des Namensträgers im Wenamun und dergeographischen Gegebenheiten eine südwestanatolische Herkunft zweifelhaft scheint. Der nach Albright nächste Ansatz zu einer Erklärung des PN wurde von Helck vorgebracht, wonach er als wa-r-ka-t^{e}-l "Hinter El" zu verstehen wäre, ein im Akkadischen tatsächlich gut bezeugter Namenstyp. Allerdings müsste wohl (nach dem von Helck benutzten System) wa-r-ka-tí-l (für *warkat⟨ˀ⟩il) oder wa-r-ka-t-ʾ()l transkribiert werden, um die Deutung nicht durch zusätzliche Probleme zu belasten, denn weder ist ein hybrider PN aus akk. warkatu und nordwestsemit. ʾēl noch ein Schwa in der Tonsilbe denkbar. Auch bei dieser akkad. Erklärung wäre das fehlende Genitiv-i der Genitivverbindung *warkat-ʾili zu erklären. Der Haupteinwand, den ich gegen diese Deutung vorbringe, ist sprachgeschichtlicher Art: im Akkadischen (und nur hier sind PN dieser Art belegt) ist zur Zeit unseres Belegs, um 1075 v.Chr., mit Sicherheit das anlautende 'w' von 'warkatu' längst nicht mehr vorhanden, da seit 1500 v.Chr. im Mittelbabylonischen anlautendes wa- > a-, im Mittelassyrischen anlautendes wa- > u- wird. Vgl. die Belege für die entsprechenden Namen arkat-ili (Stamm 236) bzw. urkat-ili (Saporetti I, 509). Dagegen taugen die Einwände von Green (der die Helcksche Übersetzung aufgreift, aber einen ON "Hinterland des ʾEl" postuliert; es müsste allerdings eine Vorstufe zu ug./hebr.jrkt (*wrkt) zugrunde gelegt werden) nicht als Argumente zuungunsten der von Helck vorgeschlagenen Erklärung.[a]

Als eigenen Vorschlag möchte ich eine Deutung des Namens als frühnordarabisch *wrʾkt̲r (*warāʾkat̲ir) "zahlreicher Nachwuchs" in die Diskussion einbringen. Der Name wrʾ (Harding 638: arab. warāʾ "grandson"; Ryckmans 81: "postérité") ist bei Harding mit 4 saf.Belegen (638), dazu 5 × 'wr' (84) vertreten. Ryckmans 81 erwähnt als weiteren tham. PN (mit Artikel) hwrʾ. Ein zusätzlicher saf. Beleg findet sich bei F.L.Winnett/G.L.Harding, Inscriptions from Fifty Safaitic Cairns, 144 (Nr.680). Für kt̲r "viel, zahlreich, häufig" (Wehr 1088) führt Har-

a) Offenbar hat Green (m-k-m-r and w-r-k-t-r, 117) die sprachliche Konstruk-

ding (495) 2 saf. Belege an, für fem. kṯrt 25 saf. Belege (vgl. Ryckmans 117.) Bei dieser Anknüpfung muss die Wiedergabe von arab. 'ṯ' durch ägypt. 't' anstatt 's', wie sonst üblich) erklärt werden. Ich möchte vorschlagen, dass der Schreiber des Wenamun den PN aus einer akkadischen Quelle (Brief, Handelsvertrag?) bezog. Für das Akkadische hat Zadok die Transkription von arab. 'ṯ' durch 't' wahrscheinlich gemacht (Arabians in Mesopotamia, p.45: ia-ta-a-te zu jṯ^{c} (p.45), ḫa-ba-tu zu ḫbṯ (p. 70), ba-ḫa-tu zu ba^{c}aṯa (p.71f.) und besonders - vgl. aber noch Gelb NPN 81.224, Gelb CAA 308, Saporetti 277: katiri - ka-ti-ri für kaṯir, aaO). Eine akkadische Umschrift *katir würde ägyptisch korrekt mit 't' transkribiert. Vgl. dazu auch Brockelmann, Grundriss, I 131f., wonach der Übergang þ > t "dialektisch schon früh, namentlich viell. im Nordwestarabischen an der aram. Grenze" eingetreten sein mag. Die zweite Schwierigkeit bei dem gegebenen Vorschlag ist die Umschrift eines *rāʾ durch das gewöhnlich einen Silbenschluss anzeigende  :r (*-r) (Unkorrektheit, Vorlage?). Trotz dieser Schwierigkeiten scheint mir der Deutungsvorschlag erwägenswert.

N 157 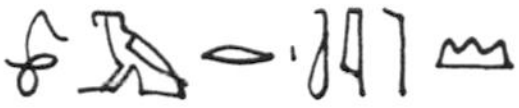 (m) w^{3}-r-tj F.Ḫ3ST

Fürst der Seevölker an der phönizischen Küste (Blumenthal, Reiseerzählungen, 49).

---

tion und Bedeutung von Namen wie arkat-ili nicht verstanden.
Einleitend bemerkt er, die Wiedergabe "Hinter El" sei allein deswegen fragwürdig, weil w-r-k-t ein Nomen sein müsse, präpositionelle und adverbielle Derivate der Wurzel aber kein abschliessendes 't' besässen! Doch ist die präpositionelle Übersetzung mit "hinter" ja nur adäquate Wiedergabe des status constructus 'warkat-' von 'warkatu' "Rückseite", der allerdings präpositionelle Bedeutung aufweist ("Rückseite von" = "hinter"). Die weiteren Äusserungen Greens erstaunen noch mehr:

"Ich habe jedoch kein einziges Beispiel eines semitischen Personennamens finden können, der mit dem Wort für 'Hinterteil' zusammengesetzt ist (eine Feststellung, die angesichts der intimen anatomischen Bezüge, die das Wort - besonders im Akkadischen - besitzt, niemanden erstaunen sollte). Es ist jedoch möglich, einen Namen Warkat-El von (CAD 1, Part II, 281b) arkītu 'Zukunft' abzuleiten. Eine solche Etymologie erlaubt es dem syrischen Händler, weiter in der Ägyptologie zu leben, wenn auch unter einem anderen Namen: statt 'Hinter Gott' heisst er jetzt 'die Zukunft des Gottes', eine Ableitung eines Namens wie árkát-ili-damqa 'die Zukunft des Gottes ist günstig'."

Diese Etymologie ist falsch: das genannte Beispiel für einen Satznamen mit arkītu "Zukunft" schreibt deutlich arkatu "Rückseite, hinter" (so auch bei Stamm 236: "Hinter Gott zu sein ist gut"). Die Annahme einer Aussage über die Zukunft eines Gottes scheint mir sowohl theologisch als auch mit Blick auf die Ausrichtung von PN auf den Namensträger bedenklich.

Vermutlich ein "Seevölker"-Name. Falls der Name dennoch semitisch sein sollte (vgl. N 203f.), vgl. die folgenden Anschlüsse (und N 102):
(a) *wrd: Harding 640 mit 51 saf. Belegen (auch Komposita wie wrd'l), entweder zu arab. ward "tapfer" (Kopf, in: VT 8(1958), 179; vgl. oben zu N 102) oder zu arab. ward "Rose" (pers. Lehnwort, s. A.Asbaghi, Persische Lehnwörter im Arabischen, Wiesbaden 1988, S.271). Zu letzterem - das für N 157 natürlich nicht in Betracht kommt - werden in der Literatur gestellt: nab.wrdw (Khraysheh 70: wardu "Rosen" oder warrad" Wasserschöpfer"?), palm. wrdn "Rose" (Stark 85), Hatra wrdn (Abbadi 102).
(b) *wld "Kind", dazu Harding 649: wld (Walîd; 6 × saf., 1 × min.).

N 158  b-w_2-^{c}: SJ.F

Zu  s. bei N 459. Der Name ist Bestandteil eines ON "Weinberg des(?) B.", wobei Helck nicht ausschliessen möchte, dass vielleicht der pWilbour A 62,41 genannte "Weinberg der Ba^{c}alat" gemeint ist. Falls dies nicht der Fall sein sollte, könnten die nachfolgenden PN verglichen werden: ugar. b^{c}yn (Gröndahl 114), palm. b^{c}' (Stark 77); Bar-Kochba-Brief בעיה b^{c}jh, בעיו b^{c}jw (Schult Studien, 33; mit u.a. als weiterem Beleg EA buḫe/ḫi-ia). Die Wurzel hebr. בעה b^{c}h I (III j) "fragen, suchen" geht auf *bġj zurück (HAL I 135f.; ugar. und arab. bġj). Da das Ugaritische 'ġ' notiert, ist der von Gröndahl (114) für den ugar. PN vorgeschlagene Anschluss an diese Wurzel ebenso zu streichen wie dieselbe Anknüpfung bei Fales, Women's Names, 65 für den Frauennamen ba-a-a (dagegen erwägt Zadok diese Etymologie für neuassyrisches ba-ḫe-e mit korrektem 'ḫ' [98]). Für die weiteren zitierten PN dagegen ist der Ansatz möglich (Stark "Asked for"; vgl. hebr. šā'ûl "Asked (of the deity)", Fowler 169; aram. š'l "der Erbetene, Erflehte", Maraqten 214f. Zu dieser semantischen Parallele š'l in PN s. Zadok 33.97, Timm, in: ZAH 2(1989), 188ff.), jedoch nicht für den vorliegenden PN N 158, wo ^{c}Ajin notiert ist.
Eine mögliche Anknüpfungsmöglichkeit stellt der im Frühharabischen 3 × bezeugte PN b^c dar (Harding 109: 2 × saf., 1 × tham.), der von Harding zu der arab.Wurzel bā^{c}a "to take long steps" gestellt wird. Vgl. auch noch targum. bw^c/b^{c}j "to rejoice" (Fales aaO).

N 159  (m) b-^{c}-:r-w-t-:r-m-g-w_2 F

Fürst von Tyrus; die ägyptische Quelle datiert in das 3.Jahr des Merenptah.

Die Schreibung lässt nur die oben transkribierte Konsonantenfolge zu (gegen Helck 231, der -tu-r lesen möchte; Pritchard erwägt in ANET 258 eine noch weniger mögliche Abtrennung 'Baalat-remeg'). Trotz der besonderen Stellung des Namensträgers scheint sich die Forschung mit der Feststellung Burchardts, "der zweite Teil des Namens ist unheilbar verderbt", zufrieden gegeben zu haben. Ein Erklärungsversuch ist mir jedenfalls nicht bekannt, obwohl eine plausible Deutung möglich ist. Der Beginn des Namens mit dem GN Ba^{c}al ist unbestritten. Es folgt die in der semit. Onomastik gut belegte Wurzel יתר jtr, *wtr "herausragend, einzigartig sein": Fowler 73f.187f.293.349, Zadok 24 (PN ʾăbjātār u.a.); amorit. Huffmon 217f.; ARM XXII/2 604; Gröndahl 147f.; Catagnoti 197.267 (ʾabu-watar "eccellente è il padre"); Harding 633f. (über 60 frühnord-/altsüdarabische Belege; dazu Komposita wie ʾlwtr oder wtrʾl). Bis hierher lässt sich der Name als "Ba^{c}al ist herausragend" übersetzen. Das verbleibende Element wäre bis vor kurzem rätselhaft geblieben. Jüngst hat aber I.Kottsieper eine semit. Wurzel mgg "Krieg führen, kämpfen" nachweisen können, die vermutlich auch der ägypt. Kriegerbezeichnung (Wb 2,164) zugrunde liegt (Kottsieper, mgg, 130). Dadurch erklärt sich etwa ein hebr. PN, den Fowler (117) noch ungeklärt lassen musste: ʾlmg "Gott hat gekämpft". Den vorliegenden Namen des Fürsten von Tyrus möchte ich daher als *Ba^{c}l-watar-magg "Ba^{c}l ist hervorragend/einzigartig an Kampf (im Kämpfen)" deuten. Der Name ist zwar für die nordwestsemit. Onomastik (im Gegensatz zur akkadischen) ungewöhnlich lang (dreigliedrig), als Name des Fürsten, vielleicht nach akkadischem Vorbild, aber gut denkbar. Zur Schreibung des Verbums II gem. mgg vgl. noch die Schreibung von dqq "zermalmen" im mag. pHarris XII,2: (s. Schneider, Beschwörung, 57). Vgl. noch unten N 288 (ev. dieselbe Wurzel).

N 160

B^{c}l-m-n-^{c}-m F

Ranke liest zu Unrecht Sth̯-m-n^{c}m wie bei N 164 Sth̯-n^{c}m. Da in beiden Namen das zweite Element semitisch ist und das Fremd-Determinativ notiert ist, liegt sicher auch der semit. Gottesname Ba^{c}al, nicht seine ägypt. Entsprechung vor. N 164 ist davon als *Ba^{c}l-na^{c}am "angenehm, gütig sein" (Qal Perfekt) zu erklären. Die Wurzel n^{c}m ist sehr häufig in PN belegt: hebr. Noth 166, Fowler 81. 351, Zadok 81; phön. Benz 362; ugar. Gröndahl 163; eblait. Catagnoti 260; aram.

Maraqten 92.187f.; palm. Stark 99f.; nab. Khraysheh 121; früharab. Harding 593. Für die in N 160 vorliegende Form ist entweder eine substantivische Ableitung mit m-Präfix "Güte, Gnade" anzunehmen (vgl. hebr. man^{c}ammîm "Leckerbissen", phön. mn^{c}m [DISO 159], arab. manā^{c}im "Gnadengaben; Genüsse, Annehmlichkeiten", Wehr 1292) oder eine Partizipialform des Hif^{c}il/Pi^{c}el: "B.ist einer, der Angenehmes macht, Güte zuteil werden lässt" (vgl. arab. min^{c}ām, mun^{c}im "Wohltäter" [Wehr 1292f] und den 2 × lih., 41 × saf. und 1 × min. belegten PN mn^{c}m, Harding 569). Belege für den GN B^{c}l in PN s. bei N 119.

N 161  (m) b-^{c}-r $^{(STH)}$-mn-tj-w_2

Auf den Gottesnamen Ba^{c}al-Month (die als Kriegsgötter in Ägypten eine Verbindung eingehen) reduzierter Satzname. Vgl. N 162.

N 162  (m) b-^{c}-r-j_2 ^{SJ}-mn-ṯ-w

S. N 161; "Ba^{c}al-Month".

N 163  (m) b-^{c}-:r-m-h-^{3}-:r ^{F}
(a)

Satzname "Ba^{c}al ist ein Krieger" mit dem GN Ba^{c}al und dem Element mhr, das in Personennamen folgender Onomastika belegt ist: hebr. מְהָרַי mahraj (Zadok 81), kanaan.Donner/Röllig I 64,2 (מהרבעל mhrb^{c}l); ugar.Gröndahl 156 (ilmhr); amor. Huffmon 229f.; phön. Benz 340f.; Amarna-Briefe: Hess 83f. (Ba^{c}lu-mehr); proto-phön. mhrn auf einer Pfeilspitze des 11. Jh.s v.Chr. (ZAH 3/2, 1990,234); vgl. die Zusammenstellung (die ägyptisch überlieferten Belege eingeschlossen) bei Schult, Studien, 88f. (der eine Übersetzung "Gott eilt (zu Hilfe)" vorzieht; früharab. Harding 571 (mhr und Komposita wie mhrʾl, ʾbʾmhr). Die Diskussion über die Bedeutung des Wortes 'mhr' soll hier nicht aufgerollt werden; ich verweise auf die Erörterung bei Schulman, Mhr and Mškb; Fischer-Elfert, Streitschrift, 244-246 und 161(d).
In der vorliegenden Sammlung vgl.mit demselben Element die Namen N 281 - N 284.

N 164  B^{c}l-n-^{c}-m ^{F}

"Ba^{c}al ist gnädig, angenehm". Für die Diskussion und Belege s. N 160.

(a) Truchsess unter Ramses III.

N 165  b-^{c}-^{c}:-r-r

Die Notation ist mit der doppelten Notation des ^{c}Ajin und des 'r' (mit einmal über das Zeichen gesetztem Ideogrammstrich!) merkwürdig, vielleicht fehlerhaft. Vermutlich liegt ein auf den GN "Ba^{c}l" reduzierter Satzname vor, wozu ich auf die hebr. PN בעל ba^{c}al, b^{c}l, b^{c}l^ʾ, amor. Ba-lum, Be-e-lum, ugar. b^{c}l, neuassyr. < phön. Ba-a/al-lu, mittelbabylon. < westsemit. Ba-ḫal-la (Zadok 81) verweisen kann.

N 166  (m) b-^{c}-:r-r-y ^{F}

Sohn des d̲^{3}-p-w$_2$-:r ^{F} (N 566) aus Gaza, Briefträger unter Merenptah.

Die Schreibung mit einem nach  zweiten  stellt vermutlich keine komplementäre Notierung des Lautes dar, die zu einer Auffassung des Namens als Hypokoristikon *Ba^{c}laja führen müsste, sondern den Beginn des zweiten Namensgliedes 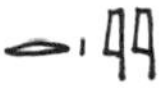 r-y. In diesem Fall möchte ich einen Anschluss an die Wurzel l^{ʾ}j "mächtig sein, stark sein" vornehmen. Im Phönizischen ist l^{ʾ}y "Mächtiger" ein Epitheton des Ba^{c}al (Benz 336f.; vgl. aaO den PN ^{c}bd-l^{ʾ}y), und ebenso möchte Zadok den hebr. PN אַחְלַי ^{ʾ}aḥlaj als "L(^{ʾ})y is (my) brother" erklären (51, anders Fowler 167). Im Hebräischen begegnet die Wurzel in dem FN לֵאָה lē^{ʾ}ā (Schult, Studien, 83-85 mit ausserhebr. Belegen; Zadok 71 mit ^{f}La-e-ia-a aus Ugarit [Gröndahl 154], Amarna Le-e-ia (EA 162,70), amor. La-i-ia, La-i-tum, La-i-ia-tum und La-i-IA(yu)(-um) als Kurzformen), in anderen Onomastika: akkad. Namen des Typs 'GN-le^{ʾ}i' "GN ist stark" bei Saporetti II 134, Stamm 224, dazu Ilu-li^ʾ "Gott ist mächtig" (Tallqvist 98), I-le-i-li "able is my god" (Fales, Women's Names, 65) u.a.m.; eblait. Krebernik 47, Catagnoti 260, amor. Huffmon 224f., Gelb CAA 23.312; Mari Dagan-la^{ʾ}i, Šarrum-la^{ʾ}i und Kurzformen lā^{ʾ}um, la^{ʾ}iyum (ARM XXII/2 568.595, ARM XXIV 273, ARM XXV 253.256); aram. Maraqten 126.172). Für N 166 ergibt sich damit als wahrscheinlichste Deutung *Ba^{c}l-laj "Ba^{c}l ist mächtig".

N 167  b-^{c}-r-j$_2$-rw-m-w

Belege für den GN B^{c}l s.bei N 119, für die Wurzel רום rwm in PN s.N 133. Die im vorliegenden Namen deutliche Lautung *rum(u) möchte ich im Sinne einer Partizipialform (althebr. *rōm, s. Beyer, 62) deuten: "B. ist einer, der erhaben ist". Bei dieser Übersetzung verstehen wir \\ j_2 als Ḥiriq compaginis, während eine Auffassung als Possessivsuffix der 1. Ps. Sg. (zu beidem etwa Zadok 45) zu einer Deutung des ersten Elementes als Appellativum und des Gesamtnamens als "Mein Herr ist erhaben" führen würde.

N 168 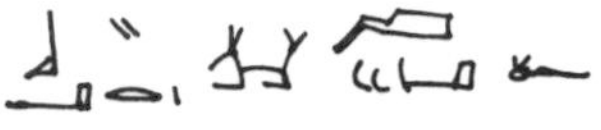 (m) b-^{c}-:r^{STH}- ḥr -ḫpš^{NḪT}-f

Ägyptischer PN "Ba^{c}al ist in seiner Kraft" (Helck liest statt ḫpš-f - so bei Ranke - 'wnm-f', doch vgl. Entsprechungen wie Stḫ-(ḥr)-ḫpš-f und keilschriftlich Šuta-ḫapšap [Edel, Beiträge, 102]). Helck sieht in dem Namensträger einen Ausländer, was aber angesichts der Popularität des Gottes Ba^{c}al in der Ramessidenzeit auch unter der einheimischen ägyptischen Bevölkerung fraglich ist. Vgl. den ähnlichen PN R^{c}mss-

-ḥr-wnm-f (Allard Pierson Museum; Seipel, Ägypten (Katalog Linz), Nr. 446, S.273), wo entweder 'Stḫ' oder 'B^{c}l' gelesen werden kann.

N 169  b^{3}-w^{3}-y

Zur Schreibung des ersten Zeichens merkt Gardiner an: "here like , but probably for . Ein Anschluss des Namens ist schwierig. Vgl.immerhin: früharab. by (Harding 125 mit 3 saf.Belegen, *Buwaiy?, a.byy, 126), bʾ (Harding 89: "to return, bring back", je einmal saf./tham./qatab.), bʾw (Harding 91: "to stride along", 1 tham.Beleg, vgl.Ryckmans 47: "se glorifier"), nabat. bʾw (Buwaiʾ, Khraysheh 46), phön. byy (Benz 286) und lexikalisch sab. bwʾ "trespass over (a limit)".

Die folgenden Belege N 170 - N 172 sind gemeinsam zu diskutieren:

N 170  (m) b-n-j-^{3}

Bauleiter unter Thutmosis III., mit zweitem Namen P^{3}-ḥq^{3}-mn, Sohn von N 64.

N 171  (m) b-n-j-^{3}

Vater des Oberdomänenvorstehers Dw^{3}-r-nḫḫ, 18.Dyn.(vor Amenophis II.).

N 172  (m) b-n-j-^{3}

Alle drei Namen stammen aus der Mitte der 18.Dynastie (der letzte aus der Zeit der Hatschepsut). Helck umschreibt den Namen als b^{e}-nê und übersetzt "Sohn des ...", deutet ihn also als Kurzform einer Genitivverbindung mit *bin "Sohn". Zur Schreibung dieses Elements vgl. die meisten der nächsten Einträge (bis N 188) und in einem Textzusammenhang mag.pHarris XII,2 (s.Schneider, Beschwörung S.58 Nr.9). Nach dem Ausweis der von mir durchgesehenen Onomastika liegt aber eine andere Erklärung noch näher: als Kurzform eines mit der Wurzel בני bnj "bauen, erschaffen" gebildeten theophoren Satznamens, "(der Gott NN) hat erschaffen". Entsprechende PN lassen sich im Hebr., Phön., Ugar., Eblait., Amor., Aram., Akkad., Früharab., in Palmyra, Hatra und der Korrespondenz von Amarna belegen; als 'bn' "Sohn" zu interpretierende dagegen nur im Phön., Amor., Ugar. und Frühnordarab. Weitere PN gehören ev. zu bjn "unterscheiden".

(a) בני bnj "erschaffen": Noth 172f., Fowler 92.156ff.237.338 (a.Kurzformen bānî, bunnî), Zadok 25; Benz 288; Gröndahl 119; Catagnoti 252; Huffmon 176f. (*bun- "creation" + GN; hierzu die PN mit būnu/bunnu (akk."Aussehen") ARM XXII /2 568, XXIV 264); Maraqten 114, Kornfeld 44, Silverman 136f.; Stamm 139f.(und s.Register); Harding 118 (bnʾ "builder" [Profanname?] mit 3 saf., 1 qat. Beleg; hierzu ev. auch PN bny); Stark 77; Abbadi 127; Hess 267. Hierher gehören wohl auch (mit bānû "Erzeuger" [ist Gott NN]) die PN ARM XXII/2 566, XXIV 263.

(b) בן bn "Sohn": Zadok 59.138; Benz 287f.; Huffmon 175f. (dazu ARM XXII/2 567f. [auch binûm], XXIV 263); Gröndahl 118f.; Harding 118 (bn "Sohn" mit 11 saf. Bezeugungen; dazu Jamme, Safaitic Inscriptions, 76).

(c) bjn "unterscheiden": Huffmon möchte in amor. PN auch die Wurzel בין bjn "unterscheiden" erkennen (176f.: Yabinum; ders. PN getragen im AT von zwei Königen von Hazor). Ebenso schliesst Zadok die hebr. PN ʾaḥban (dagegen Fowler 143), bûnā (mit Verweis auf neu/spätbabyl. bu-na-a und palm. bwnʾ und bny) sowie mbn und m^{e}bunnaj ("understanding, skilled", + aj) an(24. 124.142).

(d) Vgl. noch die akk. PN mit bani "schön" bei Stamm 294ff. (etwa Abu-bani), wozu im vorliegenden Fall eine Kurzform vorliegen müsste.

N 173 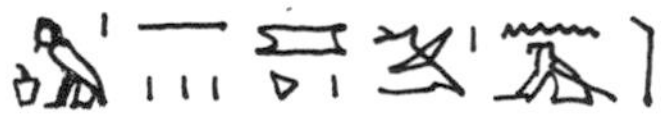 (m) b^{3}_{3}:-n:-jw$_{2}$-t̲^{3}-n-^{3} F

Erster Herold, Wedelträger zur Rechten des Königs usw. unter Ramses II./Merenptah, mit zweitem Namen R^{c}mssw-m-pr-R^{c}, aus Ṣiribašani (wie EA Brief 201,4; s.

Hess 584).

Mit dem Namen dieses hohen Beamten der 19. Dynastie hat sich R.Givéon in einem seiner Aufsätze kurz befasst (Documents from Bashan, p.201). Er erklärt den PN als "Son of Iden", wobei er den tham.Namen bʾḏn (*bnʾḏn) vergleicht und sich für das Verständnis des Elementes 'Iden' auf die Ausführungen Ryckmans (p.41) stützt. Danach bedeutet das Wort soviel wie "autorisation, pouvoir"und soll im vorliegenden Fall eine Personifikation der Macht, also ein theophores Element, darstellen. Im Sabäischen hat ʾḏn die Bedeutungen "ear, hearing; faculties; obedience; goodwill; power; strength; authority; (person under) tutelage" (Sab. Dict. 2). Denominiert ist hebr. אזן *ʾḏn "(hin)hören" (HAL I 27), arab.ʾaḏina "hören", aber auch "gestatten, erlauben" (Wehr 16). Ein Nomen ʾiḏn "Erlaubnis, Ermächtigung" (Wehr aaO) ist auch ugar. (ʾidn "Erlaubnis", s. Aistleitner, Wb. des Ugarit., S.8 Nr.88; Ges^{18} I, S.30) belegt, existierte also mit Sicherheit schon zur Zeit unseres Namens. Es könnte daher u.U. ein theophores Element "Macht, Stärke" vorliegen.
Görg hat dagegen (Ein asiatisch-ägyptischer Inspektor in Timna, 178) den vorliegenden PN mit Blick auf hebr. אָזְנִי ʾåznî "Ozniter" als Gentilizium verstanden, "womit vielleicht ein Indiz zur Bestimmung der ethnischen Herkunft des späteren Inspektors gegeben wäre". Dazu wäre noch anzumerken, dass ʾʾḏnn/ʾḏnt als Stammesname auch im Südarabischen begegnet (Avanzini, Onomastica sudarabica, 114). Ohne Festlegung des 2. Namensteils auf einen Stammesnamen kann aber in jw$_2$-$\underline{t}^3$-n-^{3} auch einfach ein eigener PN gesehen werden, wozu sich Belege aus dem Hebräischen (ʾåznî, Satznamen wie ʾ^{a}zanjāhû usw., Fowler 335 (Belege), Zadok 39.133), v.a. dem Safaitischen (über 100 Belege der PN ʾḏn, ʾḏnt, ʾḏnn: ob = ʾuḏain als Fu^{c}ail zu ʾuḏun "Ohr"? Harding 34; vgl.Wehr 17: ʾuḏaina"Ohrchen"), dem Ägyptisch-Aramäischen (Silverman 132), aus Hatra (ʾzn, Abbadi 76) und Palmyra (Stark 65) anbieten. Der zur Diskussion stehende PN wäre dann - mit Blick auf den Vater Y-w-p^3-^{c}: ^{F} (N 94) als "Sohn (= Nachfahre) des ʾḏn" zu deuten. Vielleicht ist bei Berücksichtigung von südarab. ʾḏn "Gehorsam" auch eine Interpretation als "Sohn des Gehorsams = Gehorsamer" nicht ganz auszuschliessen.

N 174  (m) b^3-n:-y

Zur Diskussion s. N 170-172 (v.a. (b), dazu Bînum, ARM XXVI/1 (AEM I/1) 594).

Die beiden folgenden Namen gehören zusammen:

N 175  (m) $b^{3}{}_{3}$:-n:-$^{c}{}_{3}$

Haremsschreiber in Memphis unter Ramses II.

N 176  (m) b-n-$^{c}{}_{3}$ MD3T

Schiffszimmermann unter Thutmosis III.

Zu diesen beiden Namen ist möglicherweise noch der PN  (Mogensen, Inscriptions hiéroglyphiques, p.55) hinzuzufügen. Eine einzige Deutung des Namens ist mir bekannt: Ranke übersetzt mit Vorbehalt "ein grosser Sohn". Dieser Ansatz muss indes als mehr als unwahrscheinlich betrachtet werden, weil er eine Verständniseinheit aus einem ägyptischen und einem semitischen, dem gewöhnlichen Ägypter sicher unverständlichen Ausdruck postuliert. Soweit ich sehe, ist das semit. בן *bin "Sohn" nie in den ägyptischen Wortschatz eingedrungen, was die Voraussetzung von Rankes Deutung sein müsste. Eine semit. Erklärung des PN aber kann sich auf den im AT (1 Chr 8,37; 9,43) bezeugten Namen בִּנְעָא bin^{c}ā berufen, der eine Kürzung eines Vollnamens darstellt, von dessen zweitem Element der erste Konsonant erhalten bleibt. Nach Noth (S.40) lässt sich dies vor allem bei PN mit kurzem ersten Element (wie dem vorliegenden *bin) beobachten. Für das zweite Element gibt Noth (239) keinen Vorschlag, doch dürfte zweifellos ein Gottesname, vermutlich der Name der ^{c}Anat (oder des ^{c}An, Benz 380), vorliegen (s. N 177 - N 180). Zu einer entsprechenden Deutung als "Sohn des ^{c}An" gelangt Zadok über einen anderen Argumentationsweg, indem er bin^{c}ā als Metathese von Ba^{c}nā (< *Bĕn ^{c}Anā mit dem theophoren Element ^{c}An + -ā) auffasst. Auch N 175f. dürften damit gekürzte Genitivverbindungen "Sohn des ^{c}An/ der ^{c}Anat" sein.
Weniger wahrscheinlich ist (über 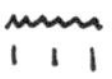 = 'l', s. S.378) ein Anschluss an den hebr. PN בֶּלַע bäla^{c}, der nach Zadok (76) ev. "swallowing, devouring" bedeutet (falls kein ursprünglicher GN vorliegt).

Die Einträge N 177-180 belegen denselben Namen:

N 177  (m) $b^{3}{}_{4}$-n-^{c}-n-tj

Schreiber in der 19.Dynastie.

N 178 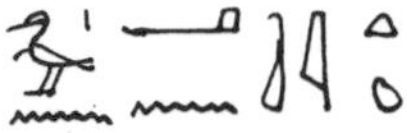 (m) b^{3}-n-^{c}-n-tj-t SWḤT

Oberbriefträger unter Ramses'IX.

N 179  (m) b^{3}-n:-^{c}-n-tj NṮRT.F

Schiffskapitän unter Ramses'II., Schwiegervater des Königssohnes S^{3}-Mntw.

N 180 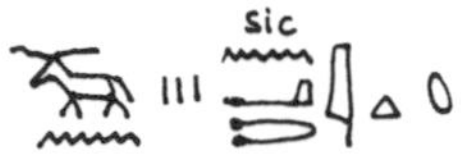 (m) b$^{3}_{2}$-n:-n-^{c}-ṯ-j-t SWḤT

Chefarzt des Pr-^{c}nḫ unter Ramses III.

Nordwestsemit. "Sohn der ^{c}Anat". Zu Belegen für den GN ^{c}Anat in PN s. N 133; für das Element *bin "Sohn" s. N 172(b). Der kanaan. PN bn ^{c}nt erscheint epigraphisch (um 1100 v.Chr.), s. F.M. Cross, in: BASOR 238(1980), 7f., Zadok 59 (und 61 Anm.4 die Belege DUMU-an-ta-m[a], amor. Bu-nu-a-na-ti und neuassyr. < aram. Bur-a-na-te).

N 181  b-n-n:-ḏ^{3}-b^{3}-r WNM

Zur Diskussion s. Astour, Onomastica, 250; Ward, Loan-Words, 425f., der einen semit. PN *bin-zabul ansetzt. Das Wort זבל zbl "Herrscher, Fürst" ist als Gottesbeiname in Ugarit und im Phönizischen belegt (s. Benz 304; HAL I 252 zu hebr. זְבֻל z^{e}būl I; Fowler 197: "prince"). Onomastische Belege sind hebr. זְבֻל z^{e}būl und z^{e}bûlûn (HAL 251f.; Zadok erklärt diese PN dagegen mit Verweis auf amor. za-bu-lum und lat. < pun. Zabulius[a] als "elevation; lofty abode"; s. noch Noth 159); phön. Benz 304 (mit unserem Beleg); amor. Huffmon 186, Gelb CAA 370 (auch Zabilum u.ä.), ARM XXIV 287 (Zābilum). Aus den PN der Ächtungstexte ist

Tb^{3}nw (Sethe e 6) hierher zu stellen. Der PN dürfte also als "Sohn des Zabil [='Herrscher', Epitheton]" wiederzugeben sein.

N 182  (m) b-n-n:-tj

Vater eines Mühlenleiters Imn-m-ḥ^{3}t unter Amenophis II.
Falls keine Fehlschreibung für bn-^{c}nt vorliegt, kann ich nur die PN bnnt (Har-

---

(a) Sowie in griech. Umschrift Ζαβυλλος.

ding 121 mit 1 tham. Beleg; 'Bunânat') und bnn (Maraqten 72, unsichere Lesung; die Konsonanten b-n-n auch in Bananum, ARM XXII/2 566, und Bannum, ARM XXVI/1 (AEM I/1) 594) zum Vergleich heranziehen. Vielleicht ist die Schreibung als perf. Verbalform *banáta (-áta: Beyer 63) zu einem femininen Subjekt - einer Göttin - von der oben behandelten Wurzel bnj "erschaffen" zu interpretieren. Der Name liesse dann eine Erklärung als "(die Göttin NN) hat erschaffen" zu (s.oben N 172(a)).

N 183  (m) b-^{3}-n:-q-^{3} F

Ein hethitischer Streitwagenfahrer in der Kadeschschlacht, 5.Jahr Ramses'II.

Eine Deutung des Namens gibt es meines Wissens nicht. Aus dem hethitischen Namensmaterial möchte ich den PN Panaga (Laroche NH Nr.926) vergleichen. Hier wie bei allen weiteren hethitischen Namen sind die phonetischen Eigenarten der Ausgangssprache und ihre Auswirkungen auf die Transkription zu beachten; insbesondere, dass Tenues und Mediae(stimmloses p/t/k gegenüber stimmhaftem b/d/g) im Hethitischen nicht unterschieden werden und daher die für die Wiedergabe semitischer Wörter feststehenden Entsprechungen - in diesem Falle 𓃀 : ב und 𓊪 : פ - keine Gültigkeit besitzen.
Falls für die Person trotzdem eine Herkunft aus dem semit. Gebiet anzunehmen ist wie oben für N 143, könnten (über 𓈖 = 'l') allenfalls die PN hebr. בִּלְגָּה bilgā, בִּלְגַּי bilgaj (LXX Βαλγα(ς), Βελγα), saf. blǧʾ, tham. ʾblǧ, Hatra blgw, arab. Balǧ (Zadok 194, Noth 223; Harding 115; Abbadi 87: zu blǧ "leuchten, fröhlich sein") einen Anschluss bieten.

N 184 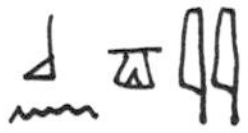 (m) b-n-g-y

Haushaltvorsteher der "špst aus Naharina" (vermutl. = k-j$_{2}$-j-^{3}, N 438).

N 185  b-n-g-y (oder: b-g-n-y ?)

Helck vergleicht mit dem vorliegenden Namen einen angeblich aus Nuzi überlieferten PN 'Bingaja', den ich jedoch nicht verifizieren konnte (weder bei Gelb NPN noch Cassin/Glassner verzeichnet). Eine Anschlussmöglichkeit bieten der aram. PN ברגאיה brgʾjh Bar-Gaʾyā "Sohn der 'Erhabenheit'" (Donner/Röllig

222 A 1.2.7.13, dazu Fowler 225; Maraqten 73.143; Lipiński 28) und der neu-/ spätbabylon. PN Mār-ga-a (Maraqten aaO), wobei man an Stelle von aram. bar, babyl. māru "Sohn" kanaan. *bin ansetzen könnte. Der zweite Bestandteil des Namens ist ein Nomen zur Wurzel גאה gʾj "hoch sein" (HAL I 161), das auch der hebr. PN גְּאוּאֵל g^{e}ʾûʾēl "Majesty of El" (Fowler 120.122.220; Zadok 46) enthält. Zadok zitiert 49 Anm.1 neu/spätbabyl. < aram. Ga-a-ʾ-du-ru "G. is (my) wall, fortress" und das verwandte theophore Element ga-um eblaitischer PN wie I-ti-ga-um, $Iš_{11}$-ga-um (weitere Belege für die Wurzel gʾj aaO und p.25).
Eine andere nominale Ableitung gaʾôn "Hoheit; Stolz" (HAL aaO) ist als phön. PN (Benz 294, "pride") und vermutlich in dem keilschriftlich überlieferten Ga-ʾ-ú-ni (Maraqten aaO) vertreten.
Falls (mit eher unwahrscheinlichem für 'l') *blg vorliegen sollte, s.N 183.

N 186 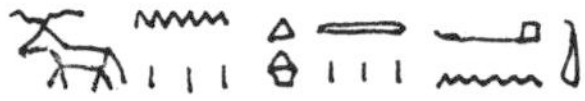 (f) $b^{3}{}_{2}$-n:-t:$_{2}$-^{c}-n-tj

Prinzessin Bnt-^{c}nt (I) unter Ramses II.

N 187 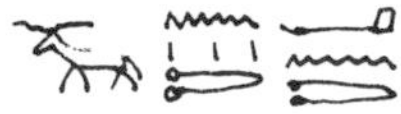 (f) b^{3}-n:-t̲-^{c}-n-t̲

Prinzessin Bnt-^{c}nt (II) unter Merenptah.

Der Name bildet die feminine Entsprechung "Tochter der ^{c}Anat" zu den PN N 177-N 180. Zu *bint "Tochter" (in diesen Belegen, N 188 und N 585 immer ohne Assimilation des 'n' an das 't'!) in PN s. noch Gröndahl 119.

N 188  (f) b-n-tj-š-m-š R^{c}

Nordwestsemit. *bint-šamš "Tochter des Šamš". Der Name des Sonnengottes ist traditionell nach Art der Ächtungstexte ( in E 37.43.60) geschrieben; korrekt ist das Determinativ der Sonnenscheibe gesetzt worden.
Nachweise von PN mit dem Gottesnamen Šam(a)š: phön. Benz 422; amor. Huffmon 250f., Gelb CAA 357-359(sms); akk. Stamm 359 (Reg.); aram. Maraqten 63.220f.; Silverman 183f.; Mari: Birot 178; früharab. Harding 358 (šms); nab. Khraysheh 179; in Hatra: Abbadi 171; in Palmyra: Stark 115; Das Ugar.hat 'špš': Gröndahl 195. Im AT kommt das Wort nur in profaner Bedeutung in der Namengebung vor: Noth 223 (und Stamm, Zum Ursprung des Namens der Ammoniter, 7; während Zadok

in Šimšôn ein Hypokoristikon eines theophoren PN mit *šamš sieht, 77).

Die folgenden Belege N 189 - N 193 sind gemeinsam zu diskutieren:

N 189 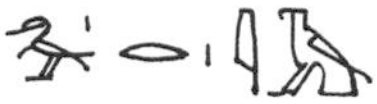 (m) b^{3}-r-j-^{3}

N 190 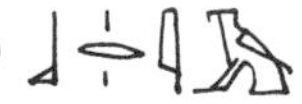 (f) b-r-j-^{3}

N 191  (f) b^{3}:-r-y

Sängerin des Amun, Frau des Altarschreibers R^{c}, Ramessidenzeit.

N 192 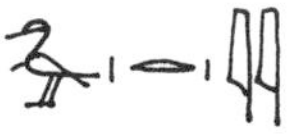 (m) b^{3}-r-y

Hirt unter Ramses V.

N 193  (f) b^{3}-r-y ^{F}

S. noch unten N 493 (mit Rankes Erklärung als ägypt. "die Blinde"). N 193 ist durch das Fremddeterminativ als nichtägyptisch gekennzeichnet.

In erster Linie kommen als Möglichkeiten einer semit. Anknüpfung onomastische Belege mit (a) aram. בר br "Sohn", (b) nordwestsem. ברא brʾ "erschaffen" und (c) ברר brr "frei, rein, unschuldig sein" (nordwestsem., südsem., vgl.akk. bâru "klar, heiter sein") in Frage. Folgende Belege sind mir bekannt:

<u>(a) בר *bir "Sohn"(aram.)</u>: für die Vokalisation *bir (a.bar, bur) Lipiński 63. Aram. Belege: Maraqten 143-146; Donner/Röllig 3, S.53 (Reg.); Gibson, Syrian Semitic Inscriptions, 170; Stark 78f.; Abbadi 86f.

<u>(b) ברא brʾ "erschaffen" (HAL I 146f.)</u>: hebr.Noth 171, Fowler 92.339, Zadok 30; Murtonen I, 231 (b^{e}rāʾjāh "Jahwe hat erschaffen"); ugar.Gröndahl 120 (bri) nab. Khraysheh 32f. (ʾlbryw al-Barīyu "Der Erschaffene" - oder zu (c) zu stellen?).

<u>(c) ברר brr "rein sein"</u>: eine Wurzelvariante brʾ bei Ryckmans (p.55). Frühnordarabisch sehr häufig belegt ist brʾ (Harding 99: 45 x saf., 3 x tham.belegt); nab.bryʾw "Unschuldiger"(Khraysheh 49; hierher auch der aaO zitierte PN brʾw?) Vgl. hebr. בַּר bar "lauter" zu brr (HAL I 146.155f.); Sab.Dict. 31: br "faithfulness, loyalty" zu brr III.

(d) Weitere Anschlüsse: vgl.den von Gröndahl (298) zu vedisch +priyá gestellten PN biriya, dazu aus Nuzi Biriia (Cassin/Glassner 109, Gelb NPN 114). Zu dem altind. Anschluss, den ich für nicht notwendig halte, s.Gelb NPN 245, Hess 96f. Aus dem Frühatabischen erwähne ich noch die PN br, bry, bl, bly (Harding 99.103.115.117), aus dem Phönizischen blʾ (Benz 287), lexikalisch noch sab. brw I "child, son, offspring", bry "healthy, health", bll "abundance" (Sab. Dict. 28.32). Helck erwähnt zu N 189 den Nuzi-Namen Piru, zu N 192 dagegen den Alalach-Namen Pilaja. Beide Vergleiche sind nicht naheliegend.
Von den genannten Möglichkeiten (a) bis (c) entfällt (a) für die FN N 190f.193.

N 194  (m) b^{3}-s^{3}-y F

Der folgende Vermerk 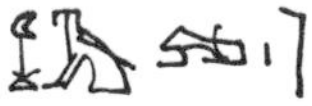 (bei Ward, Personal Names, 297, vorangestellt!) ist möglicherweise Angabe der Herkunft ("Syrer").

Eine Erhellung des Namens ist nicht ganz einfach. Der an und für sich ähnlich lautende hebr.PN בֵּסַי bēsaj und der epigraphisch auf einem Siegel belegte bsy werden nicht nur von Noth (152), sondern auch in der Studie Fowlers (156) als mögliche Kurzformen des Namens בְּסוֹדְיָה b^{e}sôdjāh "in the secret (council) of Y[ahwe]" verstanden. Maraqten führt aus den reichsaramäischen Inschriften als ungeklärt einen Namen bsy an. Parallelen dazu sind ägypt.-aram. bsʾ (Silverman 137) und bss (Kornfeld 44), palm. bsʾ (Stark 77), neuass. bi-i-sa-a (Maraqten aaO). Während Silverman die Annahme einer Kurzform von b^{e}sôdjāh bevorzugt (mit Hinweis auf R I 98,18ff. aber auch eine ägyptische Herkunft des Namens nicht ausschliesst), ziehen Stark (aaO) und Kornfeld (aaO, mit Hinweis auf Tallqvist 53a und die griech. Umschrift βάσσος) einen Anschluss an das Wort bsʾ "Katze" vor. Dazu ist der mit 20 Belegen bezeugte saf. PN 'bs' anzuführen, den Harding (105) nach arab. biss "Katze" oder bās "Macht, Mut" deuten will (vgl.zu dem ersten Anschluss den PN bst, zu dem zweiten das Kompositum bsʾl). Es mag sein, dass auch der aaO aufgelistete, noch häufigere saf. PN bsʾ (55 Belege) zu dem vorliegenden Namen zu vergleichen ist (Harding vergleicht eine Wurzel bsʾ "to be sociable,friendly"). Generell ist hier die Frage nach der Qualität des Sibilanten zu stellen (ursprüngliches Samek?). Dagegen knüpft Zadok den Elephantine-Namen bss an eine Wurzel *bss "tread, stamp, pile up" an (104). Falls wir den Anschluss von N 194 an diese Namen bejahen, ist für die Wiedergabe des Samek durch ägypt. s-Laut (statt ṯ) die entsprechende Feststellung Helcks (537)

zu berücksichtigen (s. unten S.385ff.).
Wenn wir die gewöhnliche Transkription ägypt. 's' ≙ semit. 'ś' oder 'ṯ' jedoch auch hier fordern, steht nur die von Gelb (CAA 17) notierte Wurzel bśj "to be, to exist" (bei Huffmon 177 noch "unexplained") mit PN wie Ia-ba-si-^{d}da-gan (*jabaśśi-Dagan) als Anschluss zur Verfügung. Diesen PN (nach Huffmon) und die bei Tallqvist (53) gegebenen PN Basi/Basiya führt Ward (Personal Names, 297) zur Erklärung des vorliegenden Namens an.

Die Namen N 195 und N 196 erfordern eine gemeinsame Erörterung:

N 195  (m) b^3-k-^{3}

N 196  (f) b^3-k-^{3}-j-^{3}

Die Schreibung stimmt im wesentlichen mit derjenigen des FW  (Helck 512(72), 559: "Balsamstrauch"), des Baka-Strauches, überein. Die Pflanzenbezeichnung ist von der Wurzel בכה bkj "weinen" abgeleitet, denn der angeschnittene Strauch sondert eine weisse Milch ab (HAL I 124). Beide PN können nun auch zu dieser Wurzel gehören. So benennt der akk. Name Bakûa das Kind als "(Gegenstand meines) Weinens" (Stamm 243; vgl. Fowler 306f. für Namen, die "laments and pleas" ausdrücken). Auch der saf. PN bky dürfte nach Harding (115 mit 3 Belegen) zu dieser Wurzel gehören. Aus der hebr. Epigraphik sind die PN bkʾ und bky belegt, die Zadok mit Verweis auf neuass. < westsemit. ba-ka-a-ìl und neu-/spätbabyl. ba-(a-)ku-ú-a, bi-ik-ku-a ebenso zu bkj "weep, cry" stellt. Maraqten dagegen deutet diese PN als "bei dir, durch dich" bzw. "bei dir/durch dich, El/Gott (ist Hilfe)", ebenso den aram. PN bkʾl. Vgl. noch den phön. PN bkʾ bei Benz 287 und früharab. bk bei Harding 114 (6× saf., 2× tham., "to be rough, tear").

N 197  (m) b^3-k-^{3}-j-^{3}

Vater des königlichen Vermögensverwalters Rw-rw (N 343) unter Sethos I.(s.noch Helck, Verwaltung 488).

Helck vergleicht (bei 355 III.13) den in Nuzi bezeugten PN Pukkija, doch ist mit Kitchen seine Lesung 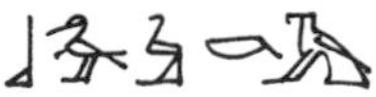 zu streichen. Vgl. zu N 195f.

N 198  (m) b^3-k-r

N 199  (f) b^3-k-j$_2$-r-^{3}-tj
oder: b^3-k-:r-^{3}-tj

Frau des Nb-nḥḥ auf Stele CG 597, 19. Dyn.

Sehr auffällig ist die Schreibung des [Hieroglyphe] nach dem [Hieroglyphe] (mit Ideogrammstrich!), die - soweit ich sehe - nur noch in N 366 (ohne Ideogrammstrich) belegt ist. In diesen PN liegen Ableitungen von der Wurzel בכר bkr "erste Früchte tragen; als Erstgeborenen behandeln" (HAL I 125, Ges.[18] 149), "to bear early fruits; to bear, or acknowledge as, a first-born child" (Murtonen II, 40) vor. Nomina davon bedeuten entweder "Erstgeborener", (fem.) "Erstgeborene" oder "junger Kamelhengst", (fem.) "junge Kamelstute". Vor einer formalen Festlegung gebe ich die einzelnen onomastischen/lexikalischen Belege:

(a) *bakīr, hebr. בָּכִיר bākîr "der Erstgeborene", fem. בְּכִירָה b^{e}kîrā (-at) "die Erstgeborene, Ältere" (HAL aaO). Frauennamen möchte Schult (Studien, 30f.) jedoch nicht als "Erstgeborene", sondern lieber als "Frühgeborene" interpretieren, "denn Mädchen wird man nicht als "erstgeboren" im genealogischen Sinne empfunden haben". PN Mari Bakirum (ARM XXIV 262).

(b) *bukr, hebr. בְּכֹר b^{e}kōr "erstgeboren" (HAL, Ges. aaO). PN hebr. בֹּכְרוּ bōk^{e}rû (Zadok 93: qutl). Dagegen hat Beyer (49) *bakúr.

(c) *bakr (arab.), hebr. בֶּכֶר bäkär (HAL I 125; Ges.[18] 150) "junger Kamelhengst, männliches Kamelfüllen" (sab. bkr, Sab. Dict. 28). Hierzu gehören die meisten zu der Wurzel bkr zu stellenden PN: hebr. בֶּכֶר bäkär (HAL/Ges.[18] aaO; Zadok 78), palm. bkrw (Stark 76), nab. bkrw (Khraysheh 48), früharab. bkr (Harding 114: Bakr; 13 x saf., 8 x tham., 1 x min.). Hierzu wohl auch Mari Bakrum (ARM XXIV 262).

(d) *bikr "erstgeboren" ist arabisch (Ges.[18] aaO; sab. bkr "firstborn, senior member of clan", Sab. Dict. 28). Hebr. בֵּכֶר *bēkär statt *bäkär (Ges.[18] aaO) könnte urspr. *bikr sein. Vgl. hebr. בִּכְרָה bikrā "junge Kamelstute" (HAL 126). Doch werden PN und Gentilizium בִּכְרִי bikrî wie das Gentilizium בַּכְרִי bakrî auf *bakr zurückgeführt (Ges.[18] aaO). Vgl. noch בִּכּוּרָה bikkûrā "Frühfeige" < althebr. *bakúra (vgl. Beyer 49).

(d) Formen auf -t: Zusätzlich zu (d) (bikrat, bikkûrat) und (a) (bakīrat) kenne ich noch amor. Bi-ku-ur-tum (Zadok 107), akk. ^{f}bakratum "Jungtier" (Stamm 253), bakuratum (Schult, Studien, 30f.). S. noch Schaffer, Tiernamen als Frauennamen, 296.- Der hebr. Männername בְּכוֹרַת b^{e}kôrat ist nach Zadok (aaO) "based on the forerunner of b^ekôr 'first born'" und formal q^etôl< qatāl (Noth 222: "Erstgeburt").

Die formale Interpretation und Einordnung der vorliegenden PN ist schwieriger: N 198 kann 'bikr' sein (b^3 ≙ 'bi'), ist aber aufgrund der onomastischen Belege vielleicht eher als 'bakr' (b^3 ≙ 'ba') aufzufassen. Bei N 199 ist in Rechnung zu stellen, dass die Notation von '^{3}' hinter 'r' möglicherweise 'ra' verdeutlicht. Falls  = k-j_2 ('ki') ist, muss b^3 ≠ 'bi' und = 'ba' sein, dann wäre *bakīrat "Erstgeborene" möglich. Kann k-j_2 als '-k' (vgl. Edel, ONL 67, für  als Anzeiger von Vokallosigkeit) verstanden werden, sind sowohl 'bakrat' als auch 'bikrat' denkbar. Wird dagegen  zu  gerechnet als auslautendes r mit beliebigem vorangehenden Vokal, müssten auch Ableitungen wie 'bikurt' und 'bakurat' in Erwägung gezogen werden.

N 200  (f) b^3kt-^{c}-n-tj-t [?]

Ägyptischer FN mit dem GN ^{c}Anat: "Dienerin der ^{c}Anat" (Lesung des GN nach vorliegender Publikation nicht klar erkennbar).

N 201  (m) b^3-tj

N 202 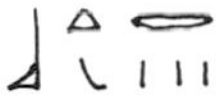 (f) b-t:$_2$ (Lesung Ranke)
(Pierret: $b^3_{(3?)}$-)

Eine Deutung des MN N 201 wird sich auf das sowohl im Akkadischen als auch Nordwestsemitischen in PN belegte Element *bajt "Haus" (akk. bītu; Ges.^{18} 143) abstützen müssen. Mit N 201f. vergleichbare Kurznamen überliefert das Ägypt.-Aram.: bt und bty. Zu letzterem gibt Silverman (139) die beiden Interpretationsmöglichkeiten: (a) "'House of [Yah]', i.e. 'worshipper of Yah'", und (b) "[My] house is [Yah]". Unmittelbar vergleichbar sind die ugarit. PN bîtaya, bîte(y)a und bêti-ili(m) (Gröndahl 118); der Name Beti-AN "Haus des El" aus den Amarnabriefen (Hess 92; zum späteren GN bjtʾl s. Maraqten 47f.) und akkad. Namen wie Bītum-šēmi "das 'Haus' hört", Bītum-māgir "das'Haus' willfährt", Ṣilli-bītum "Mein Schutz ist das 'Haus'" (Stamm 91). Dagegen ist der im AT bezeugte Name einer ägypt. Königstochter, bitjā, den Fowler (115) als vermutlich "Worshipper of Y[ahwe]" erklären möchte, wohl doch ägyptisch (= äg. bjtjt "Königin", Ges.^{18} 187).

Weniger wahrscheinliche Anschlüsse sind: ugar.bdy, badi (< *bajadi)"durch (die Hand von) GN" (auch Maraqten 136f., Benz 283-286); früharab.PN bt (Harding 91; 7 x saf., 9 x tham., "to decide, testify"), bd (Harding 96; 6 x saf., 1 x tham., arab. badd "desire, power"), bṭ (Harding 108; 8 x saf., "ar.baṭṭa 'duck'?"). Für den Frauennamen N 202 könnte eher an *bitt (< *bint) "Tochter (des GN)" gedacht werden (vgl. N 186ff.).

N 203  (m) b^3-tj-s^3-w_2 WNM (Černy)
b^3-s^3-w_2 WNM (López)

Die Determinierung mit WNM erfolgte wegen äg.  s^3j "satt werden" (Wb 4, 14f.; eher als nach  s^{33} "weise, verständig sein", das nach Wb 4,16 nur bis zur 18. Dyn. belegt ist). Für die Lesung López sind die bei N 194 vorgelegten Anknüpfungsmöglichkeiten zu berücksichtigen. Bei einer Lesung Černy kann ich nur auf arab. baṭaša "niederschlagen, heftig angreifen, packen" (Wehr 95; *bṭś) verweisen, wozu jedoch auf die semantischen Parallelen bei Fowler 310 (Adverse attributes of the deity) hinzuweisen ist.

Die beiden folgenden Namen dürften zusammengehören:

N 204  (m) b^3-d-j_2-r F.Ḫ3ST
(b^3-d-:r ?)

Fürst von "Djr, einer Stadt der Tjeker"; Ende der 20. Dynastie.

N 205 Nach Helck: bí-di-r (m)

Vater eines Mry.

Hayes Äusserung zu N 205 (Scepter of Egypt II, 343): "whose name suggests that he was of the seafaring Tjeker people", beruht auf der Angabe des Wenamun zur Stellung v.N204. Diese Gleichsetzung ist aber unzulässig: auch unter der Voraussetzung, dass N 204 tatsächlich ein "Seevölker-Name" ist, kann dies für den PN N 205 allein aufgrund einer äusseren Ähnlichkeit nicht von vornherein angenommen werden. Folgende semit. Möglichkeiten bieten sich an:
(a) als Profanname "Händler": ugar.bidalaya (Gröndahl 118, ug.bidalu; arab. badala "austauschen"), dazu vermutlich die früharab. PN bdl und bdly (Harding

98: 5 bzw. 1 saf. Beleg). Das Lexem erscheint möglicherweise in dem von Shisha-Halevy bearbeiteten nordwestsemit. Text in hieratischer Transkription als , wobei die Deutung des Bearbeiters m.E. nicht möglich ist (s. bei N 582).

(b) zu dem früharab. PN bdr (badr, Harding 97 mit 23 saf., je 1 tham./min. Beleg; auch Jamme, Safaitic Inscriptions, 74) "Vollmond" (Ryckmans 49; Wehr 70). Ob hierhin der eblait. PN IL-ba-da-ar (Archi, Personal Names, 249) und der aus Mari bezeugte Name ba-da-ra-an (ARM XXIII 601) gehören? Ein lih. ON bdr bei Stiehl, Neue liḥyanische Inschriften, 18.31f.

(c) Vgl. lexikalisch noch arab. baṭal "tapfer, heldenmütig; Held" (Wehr 70) sowie den PN btl (Bātil) bei Jamme, Safaitic Inscriptions, 80.

Vorbemerkung zu den Einträgen N 206 - N 263: mit wenigen Ausnahmen beginnen alle diese Namen mit dem Zweikonsonantenzeichen p^3. Dabei ist, wie ähnlich bei den mit t^3- beginnenden PN, in jedem Fall die Entscheidung zwischen dem ägyptischen maskulinen Artikel und einer Wurzelhaftigkeit des 'p' (= 1. Radikal) zu treffen. Dabei ist zu beachten, dass mit Ausnahme derjenigen PN, die ON enthalten und als "der von ON" zu interpretieren sind, der ägypt. Artikel und der fremde Name nie eine Verständniseinheit bilden. Ein Name wie P^3-ra-wa-ší (nach der Helckschen Umschrift, N 234) wird also in keinem Fall für den Ägypter "der Läufer" bedeutet haben, wie es Helck annehmen möchte, sondern einzig "der Ra-wa-ší". Dem ägyptischen Artikel kommt dabei nur die Funktion eines Indikators zu, welchem Geschlecht der Namensträger angehört; zusätzlich ägyptisiert er Fremdnamen soweit, dass sie in einen sprachlich rein ägyptischen Kontext eingepasst werden können. Eindeutig ergibt sich dies aus Namen, wo auf den maskulinen Artikel ein feminines Wort (N 209: "Mutter"), eine Verbalform (N 247, 252) oder (mit fem. Artikel) gar ein ganzer Satzname (N 481?) folgt.

Die Einträge N 206 u. N 207 sind zusammenzunehmen:

N 206  (m) p^3-j:-y-n

Vater (?) des Schatzhausvorstehers Ḏḥwtj-nfr, Neues Reich.

N 207  (m) p^3-j:-y-n:-n-^{3}

Var.  Var. p^3-j:-y-n-n-^{3}

Sohn der T^{3}-b^{3}kt ("die Dienerin"), Angehöriger(?) des Vorstehers der Bildhauer Ḏḥwtj-msw, frühe 18.Dynastie.

Vermutlich ist die Schreibung mit 'n' (n:-n, n-n) in diesem Fall als Wiedergabe eines 'l' zu deuten und der Name zu N 208 zu stellen. Vgl.aber noch die ungeklärten PN ʾynʾ (Benz 266) und ʾywn (Stark 4).

N 208  (m) p^{3}-j:-y-r

Ranke und Helck geben den Namen als "der Hirsch" (Ranke Anm.6: oder 'der Widder'?) wieder. Die beiden Lexeme sind hebr. אַיִל I ʾajil "Widder" (ugar. ʾ$_{i}$l; HAL I 38f.), אַיָּל ʾajjāl "Damhirsch" (akk. ajjalu, ugar. ʾ$_{a}$jl, arab. ʾajjil/ʾijjal/ʾujjal; asa. ʾyl [Sab. Dict. 10], HAL I 39). Eines von beiden dürfte Wenamun 2,68  vorliegen (H 507(1)).
Belege für die onomastische Verwendung von ʾajjāl sind: ugar. ʾyl, ayln ("Hirsch, Reh"; Gröndahl 94), amor. Ayalum, Ayala, Ayalan ("deer"; Huffmon 161, Gelb CAA 209, Birot 71), frühnordarab. ʾyl (Harding 89 mit 10 saf. Belegen: "ar. ʾaiyal 'stag?, mountain goat'"), auch hebr. יָלוֹן jālôn (< ʾajjālôn; Zadok 113, mit EA und neuassyr. < westsemit. Ia-lu-na).
Nicht auszuschliessen ist eine Anknüpfung an die Wurzel ʾyl/ʾwl "erster, stark sein, helfen", wie sie Maraqten für den PN rmnʾyly "Rmn ist mein Helfer" mit Verweis auf keilschriftlich überlieferte PN (^{d}Kura-aliʾ, ^{d}Siʾ-a-ali) vorschlägt. Das Nomen *ʾajl "Hilfe" (hebr. אֱיָל ʾäjāl "Kraft" [aram. LW; Ges.^{18}, 47; HAL I 39; syr. ʾijāla "Hilfe"]) erkennt Zadok (47) in dem neu/spätbabylon. < westsemit. PN Aḫ-ʾ-a-il "My brother is (my) help". Vgl. die Bemerkungen zur Determinierung von N 212.

N 209  (m) p^{3}-j-^{3}-m-y-^{3}-j WNM

Das Determinativ 'Mann mit Hand am Mund' dürfte wegen des Anklangs an äg. m^{3}ṯ "erdenken, ersinnen" (kopt.^{S} ⲙⲉⲉⲩⲉ, ^{B} ⲙⲉⲩⲓ, Wb 2,34) gesetzt worden sein. Von dem eigentlichen Namen möchte ich 'p^{3}' als Artikel (mit der in der Vorbemerkung zu N 206 angesprochenen Funktion) abtrennen und den PN als Hypokoristikon eines mit ʾēm "Mutter" gebildeten Satznamens auffassen. In Bezug auf Schreibung und Belege verweise ich auf die Diskussion von N 15 und 17, zu der Maraqten 133, Stark 68f., Saporetti II 167 und Freydank/Saporetti 135 als weitere onomastische Belege zu ergänzen sind. Vgl.auch noch den mit 2 saf. und 1 min. Bezeugung vertretenen PN ʾmy bei Harding 78 (er stellt ihn zu einer Wurzel mʾj "to be diligent").

N 210  (m) p^3-j:-m-r-w-j_2

Var.

Vater des Waffenträgers Mrj-R^c unter Thutmosis III. (Frau: N 449).

Helck interpretiert den vorliegenden PN als "der Amorriter". Für das Vorkommen des geographisch-ethnischen Namens Amurru in PN könnte man dabei immerhin auf die amor.Namen La-a-mu-ri-im und A-mu-ri-tum (FN) und die entsprechende Vermutung Huffmons (168) verweisen, die allerdings auch andere Anschlüsse (aaO) zulässt. An der Art und Weise, wie N 210 notiert ist, stört bei einer Erklärung als "Amoriter" insbesondere die auslautende Gruppe (Helck:'-wi'), an deren Stelle eher eine gewöhnliche ägyptische Nisbenendung zu erwarten wäre. Die ägyptischen Schreibungen des Toponyms enden entweder auf -r oder mit ausgeschriebener Nominativendung auf -ru; das Nominativ-'u' würde aber einer an den Stamm tretenden Nisbeendung weichen:  "Amurru" (nach Gardiner AEO 186*ff.). Vielleicht ist der Name daher eher mit arab. ʾimruʾ "Mann" (vgl. sab. mrʾ, Sab. Dict. 87) zu verbinden, dass sehr häufig in frühnordarabischen und nabatäischen PN begegnet: Harding (75) verzeichnet über 100 saf. Belege für ʾmr (dazu 20 saf. Komposita ʾmrʾl "Mann Gottes"), Khraysheh (39) etwa ʾmrw "Mann" oder ʾmrʾl *ʾImruʾil "Mann des ʾIl". Ausgehend von der Wurzel arab. maraʾa (mariʾa, maruʾa) "bekömmlich, gesund männlich sein" und der Ableitung muruʾa, muruwa "männliches Charakterideal, Tugend, Tapferkeit" (Wehr 1197) könnte auch an eine ʾaqtal-Bildung *ʾamraʾ oder *ʾamraw "sehr tapfer" gedacht werden.

N 211  (m) p^3-j:-m-rw-d

Var. p^3-j:-m-r-d

Stellvertreter im Lebensmittelmagazin, 18. Dynastie.

Als aufgrund der Konsonantenfolge unmittelbar vergleichbar bietet sich der im Safaitischen belegte PN ʾmrd (4 Belege) an. Hardings Erklärung (ʾamrad "beardless, hairless") ist abzulehnen, da der saf. Beleg 'd' hat, die verglichene Wurzel jedoch 'ṭ' (mrṭ, HAL II 600; dazu der ugar. PN mrṭn "kahl", Gröndahl 161). Einen korrekten Anschluss, der auch für den vorliegenden Namen N 211 anzunehmen ist, vermitteln die PN hebr. מֶרֶד märäd (von Noth 250 zu arab.marada "beharrlich sein" gestellt; HAL II 597: "audax",[a] mit Verweis auf den folgenden palm. Beleg), palm. mrd "Rebell" (Stark 97, Wurzel mrd "sich auflehnen, empören, HAL aaO) und allenfalls nabat. mrdw (von Khraysheh (114) als pass. Part. murādu zu arab. ʾarāda "wünschen, wollen" gestellt). N 211 dürfte daher als *ʾamrad "(sehr) kühn, verwegen" (o.ä.) zu interpretieren sein, d.h. als ʾaqtal (entweder zum Ausdruck einer hervorstechenden Eigenschaft oder des Elativs).

N 212  (m) p^3-j-^{3}-n:-r ʿN.ḪWJ

Kurzname mit ʾēl "Gott" (und davorgesetztem ägypt.Artikel). Die Schreibung des Gottesnamens mit dem Determinativ der rückwärts gewendeten Beine habe ich oben (bei N 40ff.) als Wiedergabe von *ʾēl-AN zu erklären versucht.
Besondere Beachtung verdient das Deutezeichen des 'schlagenden Mannes' (Gardiner A 24), das ägyptisch etwa nḫt "stark sein" und ähnliche Ausdrücke, die die Anwendung von Kraft implizieren, determiniert. Es sieht damit so aus, als habe auch der ägyptische Schreiber des Jahres 1075 v.Chr. die sem.Wurzel אול ʾjl "stark sein" zu dem Gottesnamen ʾEl assoziiert und damit genau die in der modernen Wissenschaft gängigste Etymologie der Gottesbezeichnung (HAL I 47). [Vgl. auch noch den PN Paʾila ARM XXIV 276.]

N 213  (m) p^3-j:-:r-[^{c}n] ʿN

Domänenvorsteher unter Ramses V.

N 214  (m) p^3-j:-:r ʿN

Zu diesen PN s. die Diskussion bei N 40 - N 42.

Zu den folgenden PN N 215 - N 221 s. die Diskussion bei N 58f.:

N 215  (m) p^3-j:-:r-s^3

(a) Ebenso Zadok 73.

Winzer unter Echnaton.

N 216  (m) p^3-j:-:r-s^3 F

Oberwinzer unter Ramses II.

N 217  (m) p^3-j:-r-s^3 F

N 218  (m) p^3-j:-:r-s^3 F

Schiffskapitän (ḥrj-mnš) unter Siptah/Tausret.

N 219  (m) p^3-j:-r-s^3

Stallmeister, Bruder des Jmn-ḥtp/Ḥ:-y von BM 166, 36./37.Jahr Ramses'II.

N 220  (m) p^3-j:-r-s^3 F

N 221  (m) p^3-j:-:r-sw F

Die für N 221 gegebene Schreibung folgt der Lesung Gardiners. Ranke führt noch die zu streichende Form  (so auch Burchardt).

N 222  (m) p^3-j:-r-s^3

N 223  (m) p^3-j:-h-^{3}-r-y

Stallmeister in der 18.(-19.?) Dynastie.

Ranke fasst den Namen als "der vom Zelte" auf, stellt ihn also zu hebr. אֹהֶל ʾōhäl "Zelt" (arab.ʾahl "Familie"), das im Ägyptischen als Fremdwort 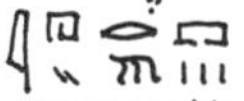 (H 508(11)) belegt ist. Diese Anknüpfung möchte ich befürworten, den Namen mit Blick auf die in der Vorbemerkung zu N 206 gemachten Feststellungen zur Verwendung des Artikels aber anders interpretieren. Der Artikel dürfte dabei nur sekundär dem PN vorangestellt worden sein, während der eigentliche Name *ʾahlaja (mit hypokoristischer Endung -ja) "(mein) Zelt (ist der Gott NN)" lautete. Aus der hebräischen Anthroponomastik lassen sich die Namen ʾåhålîʾāb "the (divine) father is a tent (i.e.protection)" (Fowler), die Kurzform ʾōhäl und der epigraphisch belegte Name ḥmyʾhl "the (divine) uncle is a tent (i.e.protection)" (Fowler; umgekehrt Zadok: "ʾhl ['tent'] is my father in law") vergleichen (Fowler 68.80f.162.334; Zadok 54.94, ev. noch hierzu ʾwhl; Noth 158). Im Phönizischen begegnen mit dem Element ʾhl die PN ʾhlb^{c}l, ʾhlmlk und grʾhl, die analog zu verstehen sind. Das Lexem ist auch in der frühnordarab. Onomastik bezeugt (Harding 82 mit 20 Belegen; Ryckmans 255: "ʾhl, famille"). Schliesslich kennt auch das Amoritische Personennamen mit dem Element ʾhl "Zelt" (Gelb CAA 205). Semantisch stehen PN mit dlt "Tür", hr "Berg", ṣwr "Fels", šwr "Mauer", amor. madar "Wohnung" (Fowler 81) und ev. die akkad. mit bītu "Haus" gebildeten Namen (Stamm 91; s. N 201f.) der Verwendung von ʾhl am nächsten.

N 224 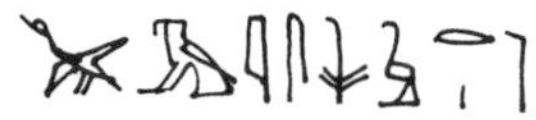 (m) p^3-j-s-sw-r F

Handwerker, Neues Reich.

Möglicherweise ist der Name als "der von Aššur" zu erklären (mit Helck). Hieroglyphische Schreibungen des Toponyms "Aššur" sind etwa 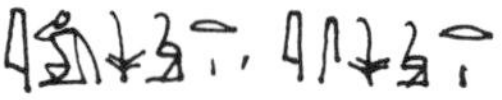 (B 140; Albright, Vocalization, p.34). Vgl.aber noch oben zu N 67.

N 225  (m) p^3-y-s^3 F

Streitwagenfahrer der Hethiter in der Kadeschschlacht.

Der von Helck verglichene PN Piyaššili ist m.E. nicht zu vergleichen, sondern der bei Laroche NH Nr.979 nachgewiesene Name Piya, Nominativ: Piyaš, wobei die hethitische Nominativendung -s (keilschriftl. 'š') regelmässig ägyptisch durch  transkribiert wird (vgl. N 508, N 509, N 531). Nach Laroche NH 318f. ist der Name mit Sicherheit nicht zu der Wurzel heth. piya- "geben" zu stellen.

N 226  (m) p^3-y-t-^{3}-m-y

Nach Abtrennung des ägyptischen Artikels ergeben sich i.W. zwei Anschlussmöglichkeiten, je nachdem, ob das anlautende 'y' Radikal ist oder nicht:
<u>(a)</u> zu hebr. יָתוֹם jātôm "vaterloses Kind, Waise" (HAL II 430; arab. yatīm).

Dazu gehören die folgenden PN: יִתְמָה (Noth 231; ein Moabiter); ägypt.-aram. ytwm, ytwmh (FN), ytmʾ (Kornfeld 51, Silverman 205, Zadok 104); assyr.< westsemit. Ia-ta-ma (Tallqvist 92.288); amor. Ia-ta-mu (Gelb CAA 279); aus der hebr. Epigraphik jtm (Zadok aaO, Fowler 156); palm. ytmʾ; frühnordarab. ytm (13 × saf., 1× tham.; Harding 657).

(b) Silverman 185) und Fowler (156.364) erwägen für ihre Belege auch ein Imperfekt der Wurzel תמם tmm hif. "vollenden" (HAL IV 1613ff.), so dass N 226 die Kurzform eines Satznamens "Möge (der Gott NN) vollenden" oder, in perfekischer Bedeutung, "(der Gott NN) hat vollendet" sein könnte. Das auslautende -y der Schreibung würde dann die gebräuchliche hypokoristische Endung -ja (s. Huffmon 134f., Benz 233 u.a.) darstellen. Ob hierzu der PN Yitmu-Nasi (ARM XXII/2 604) aus Mari zu stellen ist?

N 227  (m) pn-j:-b-j$_2$-y

Leiter einer Mühle, 19. Jahr Amenophis'II.

Die Namen N 227, N 228 und N 231 zeigen das ägyptische Demonstrativpronomen pn "jener" anstelle des Artikels p^3.
N 227 entspricht dem PN N 6 (s. dort zur Diskussion).

N 228  (m) pn-j:-q-^{3}-:r-j-^{3}

Zur Diskussion s. oben N 75.

N 229  (m) p-j$_2$-n-^{3}-rw-t:$_2$ F

Astour erklärt diesen Namen der Kreter-Liste (BM 5647) als Pî-^{d}Nāru "Order of the divine River" und verweist für die letzte Gruppe t:$_2$ pauschal auf das in verschiedenen Onomastika auftretende Suffix -ti. Was dieses -ti gerade an einem Gottesnamen zu suchen hat und wie es sprachlich zu erklären ist, lässt er offen. Da ein an GN tretendes Suffix -ti aber im Akkadischen nicht existiert, ist Astours Ansatz abzulehnen. Allenfalls ist eine Nisbe zu dem Ortsnamen Pīnaratum (AHw II 748, CAD 11/1, 374) denkbar, während Helcks Heranziehung eines nicht einmal als PN identifizierten pi-ru-ti der Linear-A-Quellen (Beziehungen Ägyptens und Vorderasiens zur Ägäis, 101; vgl. oben zu N 72) methodisch unzulässig ist. Eine tatsächlich kretische Herkunft des Namens kann aber nicht ausgeschlossen werden.

N 230 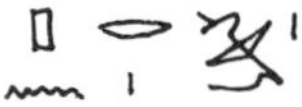 pn-r-t̲^{3}

S. bei N 341.

N 231 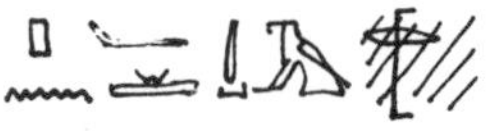 (m) pn-ḥ:-d̲^{3}-r-///

Truchsess unter Merenptah, mit äg.Namen R^c-mss-hrw.

Helcks Ergänzung des Namens zu Pn-ḥà-s̲ú-r (der u-Vokal ist nicht geschrieben!) und Übersetzung "Der aus Hazor" ist wegen der Zerstörung des Namens nicht zu bestätigen. Zu Anschlüssen *ḥ̈dr/*ḥ̈ṣr s. bei N 369.

N 232  (m) p^3-r-y

Dieser Name ist wie etwa N 80 exemplarisch aufgenommen (u.U. ägyptisch?). Semitisch eröffnen sich (falls 'p' = I) eine ganze Anzahl plausibler Anschlüsse:
(a) פָּר par "Jungstier" (HAL III 904f.); dazu vielleicht ugar. PN pr, prt (Gröndahl 173f.).
(b) פֶּרֶא pärä' "Wildesel"(HAL III 905): hebr. pir'ām (?)(HAL aaO); nab. pr'n (Fara'ān, Khraysheh 153); ugar.pru (Gröndahl 174); früharab. fr' (Harding 464: 25 saf., 1 sab.Beleg).
(c) פרי prj "fruchtbar sein", פְּרִי p^{e}rî "Frucht" (HAL III 907.910f): hierher statt zu (a) ev. ugar. pr (Gröndahl 173f.).
(d) Vgl. noch die früharab. PN fr (Harding 464) und fry (467: fariy "wonder") und die Wurzel *prr "crash, shatter" bei Zadok 152 (PN prpr).
(e) hebr. PN פֻּרָה pūrā, nach Noth 255 zu arab. furrun "ansehnlich", in der neueren Forschung als Spitzname pûrā "Keltertrog, Kufe" (HAL III 870), "wine press" (Zadok 142) verstanden.
(f) פלא pl' "ungewöhnlich, wunderbar sein" (HAL III 875ff.): hebr. p^{e}lājāh (Fowler 76.87), pallû' "wonderful" (Fowler 152); hierzu epigraphisch pl'jhw (Lawton, Israelite Personal Names, 344); ev. amor. yaplu-^{d}Dagan, Huffmon 254; in den reichsaram. Inschriften: plyh "Wunder des yh" (Maraqten 203; ev.zu (g)). Zu dieser Wurzel (nach ihm *plj) stellt Zadok (30) den amor. PN Pa-la-^{d}Adad.

(g) פלל pll "Gericht halten" (HAL III 881f.; Zadok 25: "decide, intervene, interpose"(?)): hebr. p^{e}laljāh, ʾ^{ä}lîpāl, pālāl (Fowler 107.111f.141.161; Zadok 25.30.95); ägypt-aram. pllyh, plwlyh, plwl (Kornfeld 68f.; Silverman 170); phön. plʾsr (Benz 390; oder zu (f)?); ugar. pl, ply, pll (Gröndahl 172). Zadok deutet auch den bei (f) zitierten PN plyh mit Verweis auf die spätbabylon. Umschrift Pi-li-ia-a-ma als "Yhw's decision/intervention" (60).
Zu diesen PN s. Stamm, Namen rechtlichen Inhalts II, 179-190 (Namen mit Palal).
(h) Aus dem Früharabischen vgl. noch die PN fl, flʾ, flw (Harding 470; mit Anschlüssen) und aus Palmyra pylʾ "Elephant, ivory" (aram. pîlāʾ; Stark 108).

N 233  (m) p^{3}-r-w-j$_{2}$

Diener des Schatzhauses des Amun mit ägyptischem Namen Jmn-ḥtp und N 233 als wohl ursprünglichem Namen (ḏd(w) n-f "P."); 18.Dynastie.

Mit Blick auf die Gruppe 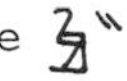 ist zusätzlich zu den Anschlüssen von N 232 auf nab. prwn (Farwān) zu arab. farwa "Vermögen, Reichtum" (Khraysheh 153f.) und den arab. PN Farwa (Harding zu frʾ, s. N 232 (b)) hinzuweisen.
Nicht zu vergleichen dürften Laroche NH Nr. 922 Palluwa, Nr. 1417 Pirwa sein.

N 234  p^{3}-r-w^{3}-ṯ^{3} RD.JW

Hirt unter Ramses V.

Die Determinierung deutet mit einiger Sicherheit auf die Wurzel רוץ rwṣ "laufen" (hebr.; akk. rāṣu "zu Hilfe eilen", HAL IV 1126f.: Wurzel *rẓ, rẓẓ?). Die Deutung Helcks als "der Läufer" ist aber nicht nur wegen des Einbezugs des äg. Artikels (s. die Vorbemerkung zu N 206) unwahrscheinlich, sondern auch wegen der onomastisch gesehen ungewöhnlichen Bedeutung. In Wirklichkeit dürfte ein Hypokoristikon zu einem Satznamen "(der Gott NN) ist zu Hilfe geeilt/hat geholfen" oder "(der Gott NN) ist (meine) Hilfe" vorliegen, vor welches in Ägypten der Artikel gesetzt wurde. Folgende PN mit dieser Wurzel kann ich anführen: eblait. rūṣ-ī "ND è il mio aiuto" (Catagnoti 261f.), akk. Ilī-erīṣa "Mein Gott hat mir geholfen", Rīṣī-ilum "der Gott ist meine Hilfe" (Stamm ANG 191.212), ugar. rîṣānu, rṣn (Gröndahl 179). Bei einem Anschluss an die PN palm. rwṣy, ryṣw "meadow" (arab. rauḍ, Stark 112), safait. rwḍ, ryḍ (Harding 291f.) müsste eine falsche Notierung des Determinativs angenommen werden. In jedem Fall ist zu betonen, dass die Transkription von sem. 'ṣ/ḍ/ẓ' durch ägypt. 't̲' zu der üblichen Wiedergabe durch ägypt. 'd̲' in Widerspruch steht (dazu N 230.341 und unten S. 398).

N 235  (m) p^{3}-:r-s^{3} F

Arbeiter, 1. Hälfte 20. Dynastie.

Das silbenschliessende zeigt, dass in diesem Fall das anlautende 'p' zur Wurzel gehört, die in diesem Fall als $*p^{r}/_{1}$ś oder $*p^{r}/_{1}$t̲ anzusetzen ist. Dafür kann ich allerdings nur die frühnordarab. PN frt̲ (Harding 465: "ar. farat̲a 'to strike', 7 saf. Belege) und frš (*frś, Harding aaO, 1 tham. Beleg) ins Feld führen. Falls mit Helck (537) angenommen werden kann, das ägypt. auch Samek repräsentieren kann, kommen als mögliche weitere Anknüpfungen פלס pls "(Weg) ebnen; beobachten" und פרס prs "trennen, entscheiden" (HAL III 912) in Frage. Für Belege der Wurzel 'pls' s. unten zu N 237ff., 'prs' ist in den ugar. PN prs, prsn, pursanu bezeugt (Gröndahl 174f.) sowie in aram. Se-e-pa-ra$^{?}$-si "Se is my portion" (Fowler 224.280). Den Anschluss *pls befürwortet für den vorliegenden PN Ward (Personal Names, 297). Vgl. noch sab. $FRS^{2/3}$ und FLS^{3} "put to flight" (Sab. Dict. 44.46).

N 236 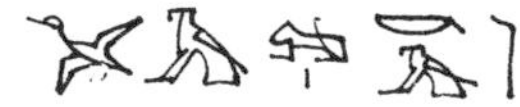 (m) p^{3}-rw-k-^{3} F

Schatzhausschreiber, Truchsess, Angeklagter im Haremsprozess Ramses'III.

Helck übersetzt den Namen als "der Lyker", und auch nach W.Röllig (Art.Lukku, in: RlAss Bd.7, Lief.3/4, 1988, 161-163) "stellt [der vorliegende PN] unter Beweis, dass Angehörige der L[ukki] zur Zeit des NR auch in Ägypten ansässig wurden" (§ 1 d). Zur Diskussion der Problematik verweise ich auf F18 f. und allgemein auf die zu N 62ff. gemachten Vorbehalte. A. Gasse hat in dem zerstörten PN .... 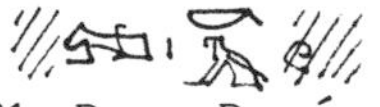 //rw-k-^{3}-w_{2}/// in pBerlin 23253 rto. I,21 (redigiert in der 21. Dyn.; Données nouvelles, 122) denselben PN wie N 236 erkennen wollen ("peut-être Pa-lu-ka, nom qui trahit une origine du sud-ouest de l'Anatolie", 203f. und 110 n. 57), was angesichts der Zerstörung des Namens aber völlig hypothetisch bleiben muss.

An PN zu Wurzeln *prk/plk sind an dieser Stelle die saf. Namen frk (Harding 466 mit 8 Belegen: "ar. faraka "to rub" [s. Wehr 960], farik "ripe")und flk (471: 1 × saf.; "ar.falaky 'astrologer'?"; s. *flk bei Wehr 981) und der akk. PN palkim (zu palku "weit, verständig"? AHw II, 816) zu nennen. Über ägypt.'k' für semit. 'g' wäre allerdings grundsätzlich auch ein Anschluss an arab. faraǧ "Leidlosigkeit, Freude", furǧa "glücklicher Zustand" (Wehr 950) denkbar.

Die folgenden PN N 237-239 erfordern eine gemeinsame Erörterung:

N 237 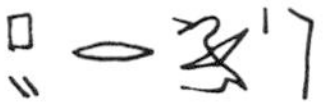 (m) p-j_2-r-$\underline{t}^3$ F

Gesandter Mitannis am ägyptischen Hof, Amarnazeit.

N 238  (m) p-j_2-r-$\underline{t}^3$ F

Syrer der Louvre-Ostraka, Anfang 19. Dynastie.

N 239  (m) p-j_2-r-$\underline{t}^3$-y PTR.F

Weiterer Syrer der Louvre-Ostraka, Anfang 19. Dynastie.

Zu diesen Belegen muss man ev.auch den aus der 25./26.Dyn. überlieferten Namen (in: RdE 35(1984), 134; Lesung nicht ganz gesichert) stellen. Die Diskussion möchte ich mit dem Mitanni-Gesandten N 237 beginnen. Albright (VESO 43) erklärte den Namen als "probably Hurrian", der "apparently shows a typical Hurrian vacillation between a [in der ägypt. Version Pì-ra-ṯi nach Albright] and e [in der keilschriftl. Form Pir$^{e}/_{i}$zzi] in accented (?) position". Helck vergleicht neben diesem Pirizzi aus Nuzi den PN Pirzu (dabei transkribiert er N 238 fälschlich 'pi-r^{e}-šî-m': ein 'm' steht nicht da!). Die von Kühne (Die Chronologie der internationalen Korrespondenz von El-Amarna, 1973, 41 Anm.200) vorgeschlagene Deutung "der zum 'Herrn' Gehörige" wurde von Moran (Les lettres d'El-Amarna, 1987, 584) übernommen: "Celui qui appartient au Seigneur". Sie findet sich auch bei Hess, 209. Dabei wird eine Gleichung piri = hurr. ewri "Herr" vollzogen, woran sich das hurrit. Suffix -zzi anschliessen soll. Für die ägyptische Notation müsste dann etwa *eb^{i}rizzi angesetzt werden (Laroche, Glossaire, 85-87: ewri; keilschriftlich 'ebri' oder 'ibri', ugaritisch 'ewr' transkribiert; vgl. das Zitat von Speiser bei N 503).

Für die Namen N 238f. möchte ich - worauf das Determinativ von N 239 weist - eine semitische Erklärung bevorzugen, zu der auch die Notation problemloser passt (s. gleich). Einen semit. Anschluss schlug Posener für N 238f. mit פְּרָזִי p^{e}rāzî "auf dem offenen Land lebend", P^{e}rizzi "Pheresiter" (HAL IV s.v.) vor. Die Determinierung von N 239 durch und der onomastische Befund befürworten jedoch die Wurzel פלס pls "schauen, beobachten; Bahn machen, ebnen" (Gröndahl 172f.), "to watch, level" (Benz 391; s. HAL IV 882f. zu pls I "bahnen", II beobachten"; in PN ist eine Trennung der Wurzeln problematisch). Dazu lassen sich die nachfolgenden PN vergleichen: aus dem Amoritischen Pulsi-^{d}IM, Pulsan, Pulsiraḫ, Pilsiya, Pilsu usw. (Huffmon 255, Gelb CAA 339), dazu Pulsi-Akka, -Adda (ARM XXV 255; vgl. XXIV 277) und Pilsi-Addu (ARM XXII/2 589), dem Ugaritischen pilsu, pilsiya/uya, plsb^{c}l (Gröndahl 172f.), dem Phönizischen pls und b^{c}lpls (Benz 391; zu Namen mit dieser Wurzel vgl. noch Fowler 190.196.209.287. 305).

Hier ist das auf einem Ostrakon verwendete Fremdwort  (Helck 512(78)) anzufügen, das etwa "Loch" bedeutet (akk. palāšu "durchbohren", pls I; Determinativ wegen pls II "schauen", akk. naplusu "blicken": Ward, Loan-Words, 418f.).

N 240  (m) p^{3}-r-ṯ-j-^{3} F

Während das ägyptische Zweikonsonantenzeichen ṯ^{3} eindeutig auf die Wiedergabe der semitischen Sibilanten z, ḏ und s festgelegt ist (Edel, ONL 83), gibt ṯ, bedingt durch den innerägyptischen Zusammenfall von 't' und 'ṯ', in der Regel einen semit. Dental wieder (s. unten S.397). Ein Anschluss von N 240 an *pls wie bei N 238/239 ist daher wenig wahrscheinlich. Eher liegt eine Ableitung von der Wurzel פלט plṭ "entkommen, pi. retten (HAL III 879f.) vor. Dazu möchte ich vergleichen: die hebr. PN palṭîʾēl, p^{e}laṭjāh(û), ʾ^{ä}lîpäläṭ, päläṭ, pilṭaj, palṭî, plṭjhw, ʾlplṭ, die als "(the deity) has delivered/is de-

liverance" zu erklären sind (Fowler 79.97.152.162f.357; Zadok 28.47.97 mit den neuass./spätbab. Schreibungen pal(a)-ṭi-ia, pal-liṭ-ia-u und pa-la-ṭa-a-[a]; Noth 156). Ein epigraphischer Zusatzbeleg ist hier etwa plṭh (S. Timm, Anmerkungen). Aus dem Phönizischen vgl. plṭb^{c}l mit dem nominalen Element *palṭ "deliverance" (Benz 391; dazu Fowler 191.289; keilschriftlich ist etwa Pa-li-ṭu, Pal-ṭi-i (Benz aaO) überliefert). Schliesslich begegnet das Verb auch in PN des Ugar. (Gröndahl 173; auch nur die Kurzform plṭ), Aram.-ägypt. (Kornfeld 68f.) und Reichsaram. (Maraqten 204); vgl. DINGIR-palṭi bei Fales, Women's Names, 67. Auch die v.a. im Safaitischen sehr häufigen PN flṭ (56 × saf.; Harding 471: "ar. falaṭ, surprise, unexpected event", aber auch Komposita wie flṭʾl) und flṭt (72 × saf.) dürften hierher zu stellen sein (vgl. noch sab. flṭ "assign (land to s.o.)", Sab. Dict. s.v. flṭ).
Der Name N 240 kann damit als "Befreiung/Rettung (ist der Gott NN)" verstanden werden.
Andere onomastische Anschlüsse: hebr. פָּלֵט pälät (von Noth 255 und HAL III 884 zu arab. fulat^{un} "schnell (vom Pferd)" gestellt; nach Zadok (74) liegt dagegen eine Variante zu päläṭ vor); saf. frt (2 ×, Harding 464), saf. frd (3 ×, Harding 465: "ar. farîd, incomparable"), saf. fld (1 ×; Harding 470); ARM XXIV 276: partum.

N 241  (m) p^{3}-:r-d-^{3}-j-^{3}///

'p^{3}' gehört nach Ausweis der Schreibung  (silbenschliessend) zur ersten Silbe, ist also nicht als Artikel zu betrachten. Der Name dürfte wie N 240 zu verstehen sein, wobei semit. 'ṭ' hier durch ägypt. 'd' umschrieben ist (s. unten S.399) Ich möchte nicht ausschliessen, dass in j-^{3}- am Namensende (vor der Zerstörung) der Anfang des GN ʾEl noch erhalten ist (*j-^{3}-:r); ansonsten liegt eine Kurzform zu einem Satznamen in der Art der bei N 240 genannten vor.

N 242 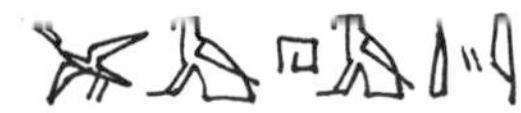 (m) p^{3}-h-^{3}-tj-j_{2}-j

Ein angesiedelter Fremder, Zeit Ramses'XI.

Wird 'p^{3}' als wurzelhaft betrachtet, kommen die nachfolgenden Anknüpfungen in Frage: der mit 3 saf. Belegen vertretene PN fht, den Harding (472) mit arab. fahha "weakness, error" verbindet, bzw.der 3 × saf., 1 × lih. (dazu 1 × fhdt) und

1x min. bezeugte Name fhd "Gepard" (fahd; Ryckmans 177; Wehr 984). Zu letzterem Anschluss vergleiche aber noch sab. mfhd "protection?" zu einer Wurzel fhd (Sab. Dict. 43).
Bei Abtrennung des 'p³' als Artikel sind die Anschlussmöglichkeiten nicht zahlreicher: (a) eine Kurzform zu einem mit der Wurzel *hdj (HAL I 229) "führen" gebildeten Satznamen wie der aus Palmyra stammende PN hdʾ (Stark 84) oder ein Profanname wie der safait. PN hdy (14 Belege, Ryckmans 72; Harding 611: "ar. hâdiy, guide"; sab. hdy, Sab. Dict. 55). Hierzu ist vermutlich als Imperfektname hebr. jahdaj zu stellen (Fowler 160.341, Zadok 131, Noth 196).
(b) ein Anschluss an die selten belegten saf. PN ht (2 Belege) oder hty (1 Beleg, Harding 607) oder auch hd (10x saf., Harding 610: "ar. hadd, generous"; arab. hadija "Gabe, Geschenk", Wehr 1345). Vgl. in jedem Fall N 347f.

N 243  (m) p³-ḥ:-r-p-w₂

Ein Širdanu unter Ramses V.

Der Name ist, von dem fehlenden Determinativ abgesehen, genau so geschrieben wie das Fremdwort 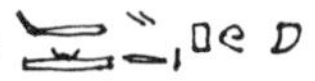 (B 686, H 518(172)), hebr. חֶרֶב ḥäräb "Schwert". Es ist daher denkbar, dass ein ägyptischer Beiname "das Schwert" (so die Deutung Helcks) vorliegt. Wegens des ḥ-Lautes ist eine Erklärung nach *ḫalpu "Ersatz(mann), Nachfolger" (ugar. ḫlp, ḫlpu, Gröndahl 139; westsem. ḫlp, Fales Women's Names, 71; aram. ḥlpw, Maraqten 165; phön. ḥlp, Benz 311; palm. ḥlpʾ, Stark 88f.; nab. ḥlpw, Khraysheh 84; saf. ḫlf, Harding 227 mit 35 Belegen) nicht möglich. Ich möchte aber noch auf folgende PN mit korrektem ḥ-Laut hinweisen: hebr. חָרֵף ḥārēp, ḥrp "scharf, frisch" (Noth 228, Wurzel ḥrp II, HAL I 341f.; Zadok 101: Wurzelbedeutung "to be keen, acute, sharp, pointed, severe"), ʾälîḥōräp (mit *ḥurp) "(My) god is (my) sharpness, keenness" (aaO 48; Fowlers Anknüpfung an ḥōräp "Herbst" (77) ist wenig plausibel); frühnordarab. ḥrf (Harding 184 mit 1 saf. Beleg, "ar.ḥarîf, comrade") und ḥlf (198 mit 2 safait. und 1 tham. Bezeugung, "ar.ḥalîf, ally, sworn friend"). S. noch N 597.

N 244  (m) p³-ḥ:-k-f-j₂

Ein Diener (sḏm-ʿš) in der 20.Dynastie.

Der einzige vergleichbare PN, der mir gegenwärtig bekannt ist, stammt aus dem Safaitischen, wo er nur einmal belegt ist: ḥkft (Harding 196). Die zugrunde liegende Wurzel ist unbekannt. Mit grösstem Vorbehalt erwähne ich noch den alttestamentlich tradierten Namen חֲקוּפָה ḥ^{a}qûpā, der von Noth zu arab. ḥaqafa "sich krümmen" gestellt und als "gekrümmt" übersetzt wird (227; ebenso HAL I 333); er würde eine Entsprechung semit. q : ägypt. k voraussetzen, die "absolut nicht zu belegen" ist (Burchardt § 123).

N 245  (m) p^{3}-ḫ^{3}-j$_{2}$ JW.F

Genannt auf Krugaufschrift aus 30. Jahr Amenophis' III. (identisch mit N 246?)

N 246  (m) p^{3}-ḫ^{3} F

Vorsteher der Arbeiten, Vater des ^{3}ny, Amarnazeit.

Das Deutezeichen dürfte wegen ägypt. ḫ^{3c} "werfen, legen, (ver-)lassen" gesetzt sein, das seit der 18.Dynastie auch mit Δ determiniert wird (Wb 3, 227f.). Eine Deutung der PN kann ich nicht vorschlagen. Falls p^{3} nicht ägypt. Artikel ist, sondern Radikal, vgl. ev. den hebr. PN אֲפִיחַ $^{\supset a}$pî^{a}ḥ, der von Zadok zu der Wurzel *pw/jḫ "breathe, blow" gestellt wird (117f.), von Noth (227 Anm.11) dagegen über einen Anschluss an arab. $^{\supset}$afaḫa "auf den Vorderkopf schlagen", ja$^{\supset}$fūḫ^{un} "Vorderkopf" als "mit grossem Vorderkopf" interpretiert wurde, bzw. lexikalisch noch arab. faḫḫ "Falle, Schlinge" und faḫfaḫa "prahlerisch sein, prahlen" (Wehr 946f.).

N 247  (m) p^{3}-s^{3}-p-w$_{2}$-tj

Ein Weber unter Ramses IX.

Helck übersetzt "der Richter", stellt den PN also zu der Wurzel hebr. שפט špṭ < *ṯpṭ "richten". Lexikalisch möchte ich dieselbe Wurzel heranziehen, während ich Helck wiederum in Bezug auf die Namensaussage nicht zustimmen kann. Auch hier haben die Vorbemerkung zu N 206 und die oben geäusserte Auffassung des in Helcks Ausdeutung vergleichbaren PN N 234 ihre Gültigkeit. Ebenso wie dort liegt auch hier die Kurzform eines theophoren Satznamens vor, der als "(der Gott NN) hat gerichtet" zu erklären ist. Vgl. HAL IV 1497 zu der Wurzel, mit der in den nachstehenden Onomastika PN gebildet werden: hebr. š^{e}paṭjāh(û),

ʾälîšāpāṭ, j(^{e}h)ôšāpāṭ, šāpāṭ, špṭjhw (Fowler 107f. 161.363, Zadok 23.68); phön. u.a. die Kzf. špṭ (Benz 423f.); ugar. u.a. die Kzf. šipṭu (Gröndahl 199f.); amor. Huffmon 268, Gelb CAA 363; nab. špṭʾ (Khraysheh 125). Vgl.zu den ausserhebr.PN noch Fowler 187.192.199.295; sachlich mit allen Belegen Stamm, Namen rechtlichen inhalts, 168-177.
Formal könnte die Form als qattūl-Hypokoristikon erklärt werden (eine zur Kürzung eines Satznamens belegte Bildung), wobei auf die bei Zadok 114f. zusammengestellten Belege verwiesen werden kann.
Vgl. sonst noch sab. S^{2}FT "promise" (Sab. Dict. 131).

N 248  (m) p^{3}-s^{3}-r-y NDS

Var. 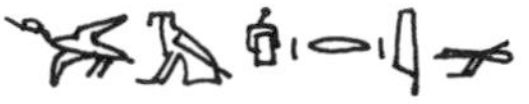 p^{3}-s^{3}-r-j NDS

Zur Diskussion s. unten die Einträge N 391ff.

N 249  (m) p^{3}-s^{3}-g F

Var.  p^{3}-s^{3}-g-^{3}-j F

Oberst, 20.Dynastie.

Je nach Beurteilung des 'p^{3}' (Artikel oder Radikal) ergeben sich folgende semitische Anschlussmöglichkeiten:
(a) 'p^{3}' ist Artikel: hebr. שַׂגִּיא śaggîʾ "erhaben" (Wurzel שׂגא, HAL IV 1216), von Gott ausgesagt (Hi 36,26; 37,23): "(Gott NN) ist erhaben". Die Wurzel ist bereits in PN aus Ebla belegt (Literaturverweise bei HAL aaO). Andere Möglichkeiten sind: frühnordarab. PN šǧʾ (*śgʾ), Harding 340 mit 7 saf. Belegen. Dazu nennt Ryckmans die Wurzeln šǧǧ "blesser" und šǧj "triste" (*śgg, śgj; 205). Nab. ist šgy (Khraysheh 171: šaǧā "Traurigkeit, Besorgnis"), palm. šgʾ (Stark 113 mit anderer Etymologie) belegt. Nur ev. sind auch die PN saf. šgᶜ (20 Belege bei Harding 341) und palm. šgᶜw (Stark 113: arab. šiǧāᶜ "mutig, tapfer") vergleichbar.
(b) 'p^{3}' ist Radikal: lexikalisch: פסק psq "to determine, fix, separate, interrupt, cease" (Murtonen II 330): "(Gott NN) hat bestimmt". Onomastisch: früharab. fšǧ (*fśġ, "to attack") und fšq (*fśq, unbekannte Wurzel), je 1 saf. Beleg. Vgl. auch noch das Toponym פִּסְגָּה pisgā (Gebirgsname), mit dem Yeivin (BiOr 23, 1966, 126 Anm.) den ON p^{3}-s^{3}-g^{3} in pWilbour B 8,25 identiziert und

das wohl zu der Wurzel פסג psg "teilen, trennen" (HAL III 892) gehört.

N 250  (m) p^3-$\check{s}^3$-k-^{3}-n:-r

Zu diesem Namen möchte ich den einmal minäisch belegten PN sǧlt (*šglt) vergleichen, den Harding (311) als "ar. saǧl "gift, bountiful man" deutet, und den vorliegenden PN als *šagl "Geschenk" deuten. Mit Mimation erscheint dieser Name schon im Mittleren Reich auf dem Sinai (J. Černy, The Inscriptions of Sinai, II, 266):  š-k-^{3}-m = *šaglum (Hinweis O. Rössler).
Nicht vergleichbar sind der in Palmyra auch als PN (Stark 50.113) belegte GN šgl (< šēgal/*šāgal < ša ekalli, "Königsfrau", s. Lipiński 99 mit Anm. 4 und dem ersten Beleg als PN bei dem assyr. Eponymen für das Jahr 763 v.Chr.) bzw. der ugar. PN ilmškl "El ist Einsicht" (Gröndahl 192; ugar. š für *ś).

N 251  (m) [p^3-]k^3-n^3-f-j_2

Der Name ist semit.als Kurzform eines theophoren Satznamens *kanapi "(der Gott NN) ist mein Flügel (=Fittich, Schutz)" zu erklären. Grundwort ist כָּנָף kānāp "Flügel" (HAL II 462f, Murtonen II 188f). An Personennamen aus der semitischen Anthroponomastik kann ich auf ugar. kunap-ili verweisen, den Gröndahl fragend als "Flügel Gottes" wiedergibt, der aber doch als "ein Flügel ist mein Gott"zu übersetzen sein dürfte. Das Lexem ist darüber hinaus v.a. in der früharab. Namenkunde häufig belegt, der PN knf (arab. kanîf "shelter, shield") mit 1 min. und 2 sab. Belegen, besonders aber der PN hknf ('h' ist Artikel), der 23× saf. bezeugt ist (Harding 505.620; vgl. noch den saf. PN mknf bei Jamme, Safaitic Inscriptions, 87). Zum semantischen Rahmen vgl. Fowler 190.312.

N 252  (m) p^3-k-^{3}-n-^{3}-n-j_2-y

Diener des Amuntempels unter Ramses XI.
In diesem Beleg dürfte derselbe PN wie in hebr. כְּנָנִי k^enānî vorliegen, einer Kurzform zu einem theophoren Satznamen wie כְּנַנְיָה(וּ) k^enanjāh(û) "Y[ahwe] is firm" (Fowler 76.88.111.164.349, Zadok 97, HAL II 461) mit der Wurzel כנן knn "to be firm, substantial". Dem hebr. Kurznamen entspricht der im Äg.-Aram. überlieferte PN Name knny, den Kornfeld (56) als "[Jahwe] stärkt" interpretiert. Das Verbum knn (HAL II 461) ist eine Nebenform (II gem.) zu der hohlen Wurzel (II w) כון kwn "fest sein" (HAL II 442ff.). Zu der Basiswurzel gehören

eine sehr grosse Zahl von Namen aus dem Amor. (Huffmon 221f., Gelb CAA 302-304: kwn, vgl.306: knn; dazu Fowler 198.289), Phön. (Benz 332; dazu Fowler 191.301), Ugar. (Gröndahl 153; dazu Fowler 182.289), Aram. (Maraqten 175, Fowler 221.290) Akkad. (Stamm 356 (Reg.); dazu Fowler 261.307f.) und den Amarna-Briefen (Hess 167: Kuniya). Den hebr. PN kwnnjh(w) erklärt Zadok (31) als Ableitung von *kwn. Aus dem FrühＡrabischen sind folgende Namen (vermutlich anders anzuschliessen?) zu vergleichen: kn (über 110 saf. Belege, Harding zieht arab. kinn "refuge, veil" heran), knn, kny, knt (selten, mit anderen Anschlüssen: Harding 505f.). Vgl. zusätzlich noch Catagnoti 259 und unten N 443.

N 253 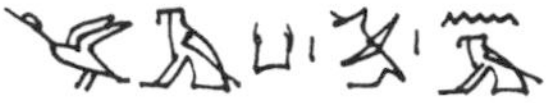 (m) p^3-k^3-$\underline{t}^3$-n-^{3}

Sohn eines P^3-$\breve{h}^3$-rw ("der Syrer"), auch genannt Nḥj, 2.Jahr Ramses' VI.

Der Name ist wie das ägypt. LW für "Streitwagenfahrer", 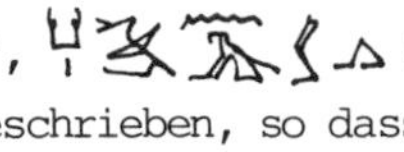 (Wb 5, 148; s.Helck, in: LÄ 6, Sp.86, seit der 18.Dynastie) geschrieben, so dass hier - gerade mit Blick auf den von derselben Person noch getragenen Namen Nḥj - an eine Berufsbezeichnung "der Streitwagenfahrer" gedacht werden kann, die zu einem Beinamen geworden wäre (vgl. semantisch Noth 231 u.a.). Ward (Personal Names, 292) bemerkt (mit Verweis auf den 21.-Dyn.-Beleg 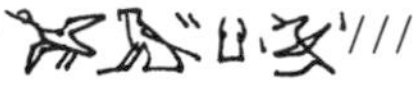/// "der Wagenlenker"(?) [R I 120,11]), dass "appearance in personal names does not indicate persons of foreign origin". Doch ist das Wort auch in anderen Fällen als PN bezeugt: in dem PN kuzuna "(horse)groom" aus den Amarnabriefen (Hess 169), kṯwn auf einem Hyksos-Skarabäus, kisuna aus Tell Ta^{c}annak (Hess aaO) und kizu in den Alalakh Tablets (Wiseman, Alalakh Tablets, 158: "squire", "groom") In dem vorliegenden Fall verdient vielleicht die Annahme einer ursprünglichen Berufsbezeichnung den Vorzug.

N 254  (m) p^3-t-w_2-y

Rekrutenschreiber in der 19. Dynastie.
Folgende zwei Möglichkeiten - ich möchte (a) bevorzugen - bieten sich innerhalb der semitischen Anthroponomastik an:

(a) Eine Kurzform - mit der hypokoristischen Endung -ja - zu einem "genitive compound name" wie hebr. פְּתוּאֵל p^etūʾēl "Jüngling des El", zu hebr. פְּתִי pätî (HAL III 929), arab. fātiy (Ryckmans 181) "Jugend; Jüngling" (Fowler 116.123. 125.358). Aus dem phön. Onomastikon ist ptʾ zu vergleichen (Benz 396), aus

Palmyra pty (Stark 109: "youthful"), aus dem Früharabischen fty (Harding 462 mit 1 lih., 8 saf., 1 sab. Beleg). Mit Blick auf die letzteren Einwort-Namen wäre auch eine Deutung als gewöhnlicher Profanname "junger Mann" denkbar.
(b) Kurzform zu einem mit der Wurzel פדה pdj "loskaufen, auslösen" (HAL III 862f.) gebildeten Satznamen "(der Gott NN) hat losgekauft, ausgelöst". Hebräisch ist diese Wurzel in den Namen p^{e}dāhʾēl, p^{e}dājāh(û), p^{e}dāhṣûr, jipd^{e}jāh, epigraphisch pdjhw belegt (Fowler 54.106.357, Noth 180; Zadok 96 noch mit pdh, pdʾ und keilschriftlicher Wiedergabe p.30); dazu phön. bei Benz 389; aram. bei Lipiński 129-131 (auch Kzf. pa-di-ya usw.), Maraqten 202f., Kornfeld 68, Silverman 169; amor.bei Huffmon 256; ugar.bei Gröndahl 171; nab. bei Khraysheh 151 (pdyw: Fādiyu "Erlöser"); westsem. noch Fales, Women's Names, 60 (Kzf. Pa-da-a); safait. fdy (37 Belege, Harding 464).
(c) Vgl. noch den PN pṭj (Masada Ostrakon 435; Naveh, Nameless People, 115). Eine Anknüpfung an aus Nuzi belegte PN wie Patu, Putta, Pattiia (Cassin/Glassner 107) ist nicht geboten.

N 255 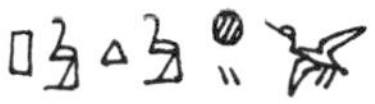 (f) p-w-t-w-ḫ-j$_2$-p^3

Hethitische Königin, Gemahlin Hattušilis'III.

Der Name ist keilschriftlich als Putuḫepa, ugar. als pdġb überliefert (Laroche NH Nr.1063). Dabei fällt auf, dass das Ägyptische im Falle der Giluḫepa (unten N 455) das Ghajin korrekt durch 'g' wiedergibt, wie auch bei den hethitischen Namen N 508 und N 509, während hier 'ḫ' notiert ist. Dazu fragt Helck (GSS 137), "ob dies mit dem Unterschied hurritisch(-mitannisch) und hethitisch zusammenhängt". Der Grund für diese Inkonsequenz dürfte darin liegen, dass es sich bei der Quelle des vorliegenden Namens um den hethitisch-ägyptischen Friedensvertrag handelt. In der keilschriftlichen (hethitischen) Version stand dabei natürlich die dort einzig mögliche Transkription des Ghajin durch 'ḫ', die ohne Berücksichtigung der tatsächlichen Aussprache mechanisch in den ägyptischen Text übernommen wurde (s. unten S.385).

N 256  (m) p-t-ṯ^3-r-y F

Oberwinzer (?), ramessidisch.

Die Absicht der gegebenen Notation des Namens ist nicht ganz eindeutig. Ich möchte vermuten, dass die anlautende Zeichenfolge p-t der gruppenschriftlich belegten Wortschreibung  für *pe (Helck 566; kopt. ΠЄ) an die Seite zu stellen ist, die Wurzel des Namens also $p^{z}/_{s}{}^{r}/_{l}$ sein dürfte. Der Name könnte dann zu den PN palm. pzl (Stark 108 vergleicht eine Wurzel pzl "turn") und saf. fzl (1 Beleg, Harding 467) zu stellen sein. Vgl. noch den akk.Namen puzru "Geborgenheit" (Stamm 212.276) zu der Wurzel pazāru, die in abgeleiteten Stämmen (D, St, SD) "bergen" bedeutet (AHw 852.885), und die entsprechenden Vollnamen Puzur-GN (ARM XXII/2 590; XXIV 277: auch Puzurum; XXV 255).

Die Namen N 257 - N 259 gehören zusammen:

N 257  (m) p-w_2-$\underline{t}^3$-y F

Syrer des Leipziger Ostrakons, Anfang 18.Dynastie.

N 258  (m) p-$\underline{t}$-b-^{c}-r

Oberzeichner des Amun, etwa Zeit Thutmosis'III.

N 259  (m) p-$\underline{t}^3$-b-^{c}-r (Kitchen)
p-$\underline{t}^3$-b-r-^{c} (Davies)

Diener (s$\underline{d}$m-^{c}š) unter Ramses III.

Helck vermerkt zu seiner Umschrift pu-šì-ja von N 257: "wohl verschrieben für pi!-ši-ja". Diese Konjektur basiert auf seiner Identifizierung mit dem hurr.PN Pizzija, die er als selbstverständlich anzunehmen scheint. Methodisch sollte die Verbesserung einer Schreibung nur als letzte Möglichkeit in Betracht gezogen werden. Für den vorliegenden Fall ist sie abzulehnen. Die von Helck auch für N 258 vorgeschlagene Deutung nach dem hurr. Element pis(u)- "sich freuen" (Laroche, Glossaire 202) möchte ich ebenfalls nicht befürworten, da sie einen hybriden hurr.-semit. Namen postuliert. Für M.Thirion ist N 258 asiatisch, in der Nachfolge Rankes (p^3-dj-b^cr "Der, den Baal gegeben hat") umschreibt sie aber p^3-di-b^cr. Namen des Typus P^3-dj-GN sind zwar im ägyptischen Namenskorpus häufig und können - aber erst spät - auch P-t-GN geschrieben werden. Doch ist

neben dieser chronologischen Diskrepanz bei einer Zusammenstellung von N 258 mit N 259 auf die bei letzterem vorliegende Notation '$\underline{t}^3$' hinzuweisen.
Für eine semit. Erklärung der Namen möchte ich den hebr. PN אֱלִיפַז ʾălîpaz heranziehen. Wahrscheinlicher als ein Anschluss an פָּז paz "gediegenes Gold" und eine Übersetzung als "El is fine gold" (Fowler 140) ist eine zuerst von Moritz (ZAW 44,84) vorgeschlagene Anknüpfung an arab. fāza "Erfolg haben, den Sieg erringen", fauz "Erfolg, Sieg" (Wehr 986), die eine Deutung als "El is victorious" ermöglicht (Fowler aaO und 357). Eine ähnliche Wurzel פזז pzz begegnet Gen 49,24 und 2 Sam 6,16 in der Bedeutung "to be agile" (Murtonen II 323; zu arab. fazza "aufspringen, erschreckt sein", Wehr 961, HAL III 870). Auch ein Anschluss an arab.fa$\underline{dd}$ "einzigartig, einmalig sein" (Wehr 949) könnte erwogen werden. Diese semit. Etymologie der genannten Namen wird schliesslich noch durch einen Fremdnamen der Hyksos-Zeit sehr schön bestätigt: 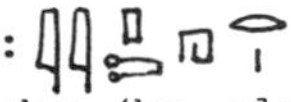 (R II 268, 27). Dabei möchte ich in 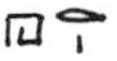 den Gottesnamen Haddu sehen (hr_2 als MR-Schreibung; dazu Rössler, Umschreibungssystem, 221), vor dem deutlich ein Imperfekt zu einer Verbalwurzel *pwz/pzz notiert ist. Dieser Name ist also analog dem PN j^cqb-hr_2 "Haddu ist nahe/beschützt" gebildet und dürfte als "Haddu ist siegreich" o.ä. zu erklären sein. Die Namen N 258 und N 259 möchte ich daher als theophore Satznamen "Ba^{c}al ist siegreich" verstehen, N 257 als entsprechende Kurzform. Damit dürfte auch die Notierung des ℮ *u erklärt sein (fwz mit II w)[a] Da N 258 eine rein konsonantische Notation aufweist, ist die Transkription von semit. 'z' durch einfaches '$\underline{t}$' (statt) in N 258 möglich (alternativ zu *pdj, s. N 254 (b)).

N 260  (m) p^3-$\underline{t}$-w_2-p-w_2-r

Bauer unter Ramses V.

Ranke und Helck übersetzen den Namen als "der Schreiber". Zum Einbezug des Artikels ist das zu N 234 und N 247 Gesagte zu wiederholen. Das Wort סֹפֵר sōpēr "Schreiber" ist (auch vokalisch genau!)  in pAnast. I 17,7 belegt. Onomastisch sind mir vor dem PN spr "Schreiber" der Inschriften aus Palmyra (Stark 102: "occurs in the Talmud, in Syriac, at Dura") keine Bezeugungen bekannt (vgl. allenfalls die hebr. PN mspr, mispärät, mispār, die nach Zadok (122) "denote 'number, tale' > 'muster, census' or - as in Sirach - 'Schriftgelehrsamkeit'"). Semantisch vergleichbar, aber ebenfalls äusserst

(a) Es könnte auch *pauzi "(mein) Sieg" angesetzt werden.

spät (2./3.Jh.n.Chr.!), ist der in Hatra belegte Name ṭpsrʾ "Schreiber" (aus akk. ṭ/tupšarru, spätaram. tap̄sārā, Abbadi 114). Mit Zadok ist auch šiṭraj (zu šṭr "write", 79) hier anzuführen. Das zeitliche Auftreten solcher Namen kann vielleicht mit der zunehmenden Schriftlichkeit in der damaligen Zeit in Beziehung gesetzt werden. Jedenfalls scheint es sehr unwahrscheinlich, dass die Person des Namens N 260, uns als einfacher Bauer des ausgehenden 12.Jh.s v.Chr bekannt, den Namen "Schreiber" getragen haben soll. Vgl. dagegen:

(a) Arab. zufr "Löwe, tapferer Mann", dazu der früharab. PN zfrm (Harding 299 mit 1 hadr., 1 qat. Beleg und dem genannten Anschluss). Vgl. N 565.

(b) Mit $\underline{t}$-w_2 für Dental und 'p' für 'b'(N 313) zu hebr. דֹּבֶר dōbär (*dubr), arab. dubr, dubur (Wehr 376) "Hinterteil, Hinterer" (d.h. letztgeborener Sohn).

N 261  (m) p^3-$\underline{t}^3$-r F

Bei Abtrennung des 'p^3' als Artikel ist auf die Diskussion bei N 540ff.zu verweisen, andernfalls ('p' als Radikal) auf die Anschlüsse bei N 256.

N 262  (m) p^3-$\underline{t}^3$-r-^{c}:-ḫ-j_2 RM

Stallmeister unter Ramses V.

Zwei Erklärungsmöglichkeiten möchte ich zur Diskussion stellen:

(a) סלעאחי sl^c⟨ʾ⟩ḫi, theophorer Satzname "Mein Bruder ist ein Fels", zu סֶלַע säla^c "Fels" (HAL III 715f.). Vgl. ugar. sil^{c}ānu u.a. (Gröndahl 185), semantisch etwa hebr. PN mit ṣwr "Fels" (Fowler 54.221.251.358), v.a. אחצר ʾḥṣr "Der Bruder ist Fels". Zur Nichtschreibung des Aleph von ʾḫj s.unter (b).

(b) זרעאחי zr^c⟨ʾ⟩ḫi, "Nachkommenschaft meines Bruders", wobei אָח ʾāḫ "Bruder" vermutlich ein Gottesbeiname ist, zu זֶרַע zära^c "Same, Nachkommenschaft" (HAL I 270f., *$\underline{d}$r^c, auch zr^c?). Vgl. aus den reichsaram. Inschriften den PN zr^{c}l "Nachkommenschaft des El" (Maraqten 161, dazu Fowler 226). Zu der Schreibung Zr^{c}l für *Zir^c-ʾEl bemerkt Lipiński (122): "the glottal stop of the divine name ʾEl is assimilated to the voiced pharyngal ^{c}ayin, just as in Yd^{c}l." Ähnlich dürfte die hieroglyphische Schreibung zu erklären sein. Vgl. noch westsemit. Zir-na-eme (Fales, Women's Names, 65), den assyr. PN Zēr-Ištar "Seed of Ištar" (Tallqvist 248) und das Vorkommen der Wurzel in amorit. Namen (Huffmon 188; Fowler 199).

N 263  (m) p^3-$\underline{t}^3$-r-b-w_2

Helck erklärt den Namen als "der aus Zulaba". Die einzige ägyptische Nennung dieses Ortes in der Städteliste Thutmosis'III. vom 7. Pylon des Karnaktempels, Nr.130 (Urk.IV 788) schreibt dagegen  $\underline{d}^{3}$-r-b $^{\breve{H}3ST}$, was Helck (140) als $\underline{s}^{é}$-la-b transkribiert. Ob dieser ON tatsächlich auch in dem zur Diskussion stehenden PN vorliegt (mit $\underline{t}^{3}$ statt $\underline{d}^{3}$ für 'z-'), kann immerhin bezweifelt werden (ohne Artikel in N 550: ein Širdanu). Von der Schreibung her wesentlich näher steht dem PN das Fremdwort  $\underline{t}^{3}$-r-b-w ^{DS} (B 1163; H 525(289) ohne Ableitung, 20. Dyn.), das ein Gefäss bezeichnet und zusätzlich zu unserem PN nur das entsprechende Determinativ zeigt. Ein PN "der Krug" ist semantisch nicht ohne Parallele (vgl. etwa PN wie "Flasche", "grosser Krug", "bauchiger Krug" usw. bei Noth 226 und den Namen kdgdl "large jar", Naveh, Nameless People, 122) und etwa als Spitzname zu verstehen. Da das Grundwort in Ägypten bekannt war, muss es sich nicht um einen fremden Namen im engeren Sinn des Wortes handeln (eine Ableitung ist unbekannt; ob zu vergleichen akkad. zarbābu "Bierkrug" [AHw III, 1515] ?).
Gelb stellt den amorit. PN Zilipum zu einer postulierten Wurzel *zlb (Zadok 92 Anm. 5; doch eher zu *zlp oder *$\underline{d}$lp).
Ward übersetzt den vorliegenden Namen dagegen als "lion-cub", "so that P^{3} $\underline{t}$rb is not foreign at all" (Personal Names,291f.). Im ersten Teil des Namens sieht er also ägypt. $\underline{t}^{3}$ "Vogeljunges, Tierjunges" (Wb 5,339), im zweiten die weder im Wb noch in der Fremdwörterliste bei Helck (Beziehungen Ägyptens zu Vorderasien, 507ff.) verzeichnete, in pSallier IV, 18/3 als , in pChester-Beatty II,2,6 als 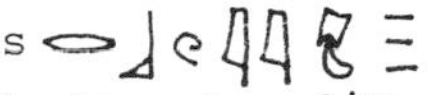 (Pl.) belegte Bezeichnung (C. de Wit, Le rôle et le sens du Lion dans l'Egypte Ancienne, 1951, 454). Dieser Ansatz ist ebenfalls erwägenswert.[1] S. noch N 550.

N 264 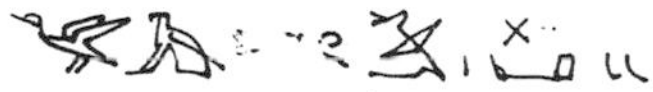 (m) p^{3}-$\underline{t}$-w_{2}-$\underline{t}^{3}$ $^{S\underline{D}.N\breve{H}T}$

Bauer unter Ramses V.
Der Schreiber determinierte den Namen mit  (zerbrochen, auflösen u.ä.) und  (Gewaltanwendung), so dass er an die Wurzel akk. pasāsu "tilgen, auslöschen", hebr. פסס pss "to separate, dissolve" (Murtonen II 328; HAL III 895) gedacht haben wird. Die Vorstellung, dass die Gottheit gegen Menschen Gewalt anwendet, ist innerhalb der semitischen Anthroponomastik in grösserem Umfang nur im Akkadischen verbreitet (Fowler 310f.). Vgl. etwa den Ersatzname Išlulilum "der Gott hat geraubt" (Stamm ANG 291), an den ein PN "(der Gott NN) hat getilgt" etwa anzuschliessen wäre. Es dürfte aber einfacher sein, 'p^{3}' als

1 Er stammt von G. Fecht (R II 331,20 Anm.1).

Artikel abzutrennen und den Namen zu N 265 und N 557f. zu stellen; die Deutezeichen wären dann durch die Assoziation einer falschen Wurzel bedingt.

N 265 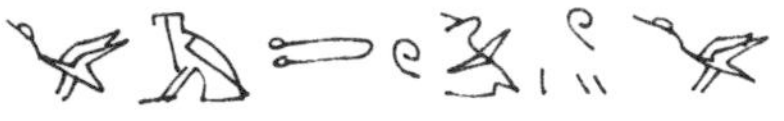 (m) p^3-$\underline{t}$-w_2-$\underline{t}^3$-w_2-j_2 3PD

Stallmeister unter Ramses V.

S. die Diskussion der Namen N 557 und N 558 (und vgl. N 264).

N 266  (m) p^3-$\underline{d}^3$-j-^{3} HS

Winzer unter Ramses II.

Der Name ist zu der Wurzel פצח *pṣj "öffnen" (hebr.), "spalten" (arab.; II: "befreien"), "retten" (aram.) zu stellen (HAL III 898). PN zu dieser Wurzel sind etwa in den Inschriften von Palmyra belegt: pṣʾ, pṣyʾ, pṣyʾl. Stark (109) möchte den letztgenannten PN als "God has opened (the womb)" mit Verweis auf die hebr. Parallele pᵉtaḥjāh erklären (vgl. Fowler 267.286). Da er von der aram. Bezeugung der Wurzel ausgeht, müsste vielleicht eher "Gott hat gerettet, befreit" übersetzt werden. Diese Bedeutung zieht auch Khraysheh (gegenüber derjenigen "trennen") für die nabatäischen Belege vor: pṣy, pṣyw, pṣʾl "Il hat errettet".[153] Schliesslich sind aus dem Früharabischen hierher die PN fṣ (2× saf., 1× tham.) und fṣy (1× lih., 8× saf., 6× tham.; auch Komposita wie fṣʾl, Harding 468, Ryckmans 180) zu nehmen. Der PN N 266 ist daher am ehesten nach dem Aramäischen als "(der Gott NN) hat gerettet" zu verstehen. Vgl. als semantische Parallele N 342 (b), N 240f., eventuell N 374 (falls semitisch) und N 280.
Die Determinierung dürfte mit Blick auf das in medizinischen Texten belegte  "krankhafter Zustand der Augen" (Wb 5,517; vgl. aaO 519, "in unklarem Zusammenhang", 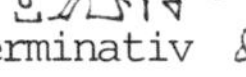) oder vielleicht auch  "Unheil, Böses" mit möglichem Determinativ (Wb 5,518) erfolgt sein.

N 267  (m) m-^{c}:-b^3_5-:r ^{F} (Peet)

 m-^{c}:-p-w_2-:r ^{F} (Kitchen)

Die Schreibung (Lesung Peet) lässt kaum einen anderen Anschluss zu als den eines Partizips hif^{c}il מַעֲבִיר ma^{ca}bîr zu der Wurzel עבר ^{c}br hif. "(Schuld) vorbeigehen lassen, übersehen, wegnehmen" (HAL III 735ff.). Weshalb Helck m^{e}-^{c}a-bí-l mit auslautendem 'l' umschreiben kann, ohne eine Deutung vorzulegen, ist mir unverständlich. Der Name dürfte als "einer, der (Schuld) vorbeigehen lässt/wegnimmt (ist der Gott NN)" zu deuten sein, wozu die semantischen Parallelen bei Fowler 291 heranzuziehen sind. Zu derselben Wurzel gehören der 1 x hadramautisch bezeugte PN m^{c}brm und die von Harding (552) dazu genannten arab. Namen Mu^{c}abbir (Wehr 809: "Interpreter") und Mu^{c}bir. Die Lesung Kitchens unterscheidet sich deutlich von derjenigen Peets; neben der Schreibung 'p' (die u.U. auch für semit. 'b' stehen kann, s. Burchardt § 50) ist offenbar ein 'u'-Vokal notiert.

N 268  (f) m-n-nw-w^{3}-j

Eine Prinzessin Thutmosis'III.

Helck vergleicht den aus Nuzi überlieferten PN Minenaja und den Namen des folgenden Eintrags (N 269), beides aufgrund der vorliegenden Schreibung mit  unwahrscheinlich. Für einen semit. Anschluss an eine Wurzel *mnw möchte ich die folgenden Belege zitieren:
Den früharab. (3x min.) bezeugten PN mnwt, den Harding (570) als "ar. munuwa, thing desired, wish?" erklären möchte. Die entsprechende Wurzel ist arab. manā ("auf die Probe stellen", II "den Wunsch erwecken", V "begehren, wünschen", Wehr 1228) mit dem Nomen munya "Wunsch, Begehren; Gegenstand des Verlangens" (aaO). Ev. hierzu gehören die amorit. PN manawum, manuwum, manuwatum, manutum und der FN manawa (= Birot 149), die Gelb an die beiden Wurzeln mnw "to count" (s. N 269) bzw. "to love" anschliessen möchte (CAA 25.323; vgl.Huffmon 231), sowie der von Zadok als M^{e}nî (< M^{e}naj < *Manaj < *Manaw) angesetzte GN ("a fortune deity like Gd"), der in dem PN Na-ar-me-na-a vorliegen soll (181).

Die folgenden Einträge N 269 und N 270 gehören zusammen:

N 269  (f) m-n:-n-^{3}

Gattin des Vorstehers der nördlichen Festungen, Ḫ^{c}-m-w^{3}st, unter Amenophis III.

und Sängerin der Bastet.

N 270 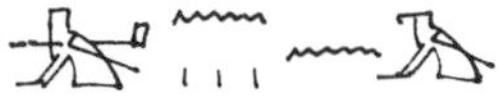 m-n:-n-[3]

Diese PN möchte ich als möglicherweise fremd von dem vermutlich ägyptischen 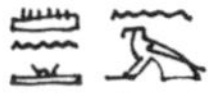 (etwa Besitzer des Grabes TT 69) trennen. Zu ihrer Erklärung vgl.:
(a) den früharab. (8 × saf., 1 × tham.) belegten PN mn, nach Harding (567) zu arab. mann "favor, graciousness" zu stellen, während Ryckmans das von Harding entsprechend interpretierte Kompositum mnʾl als "don de ʾIl" deutet (235). Zu arab. manna "gütig, wohlwollend sein; Gnade erweisen" s. Wehr 1225f. und vgl. sab. mn "benefit" (Sab. Dict. 86 zu *mnn).
(b) PN mit der Wurzel מנה *mnj "zählen, zuteilen, bestimmen", etwa ʾlmny (keilschriftlich: Il-manāni) "El hat mich gezählt/mir zugeteilt" (mit dem Suffix der 1.Ps.Sg.; nach Lipiński "El has counted me (among the living or among his protégés)", ebenso Siʾ-manāni, Našuḫ-manāni, Šēr-manāni, ʾḥymn, die Kurzformen mnn (Manān) und mny. Die Belege und Diskussion bieten Maraqten 120f.128f.180; Lipiński 118f.139; Fowler 221f. Die Wurzel ist ebenso in der ugar. Onomastik belegt (Gröndahl 159) und in dem früharab. PN mny mit 20 saf. 2 tham.Belegen (Harding 570 mit der Wurzelbedeutung "to reward"). Vgl. N 132.
(c) Den hebr. PN ʾaḥîman/mān stellt Fowler fragend zu einer Wurzel mnn "to be bounteous" (140.241.350). Dagegen zieht Zadok zur Erklärung eine Wurzel *mw/jn "supply with provisions" (jüd.-aram., mit Verweis auf arab. māna "feed, nourish, akk. mānu, den PN phön. ʾḥmn, ugar. Iḥmn, mittel- bzw. neubabyl. < westsemit. Ištar-, Bali-māni, 24) heran.
(d) An weiteren PN sind möglicherweise heranzuziehen: amor. Manniya (den Huffmon an die Fragepartikel manna "wer" anschliessen will [231f.], der aber doch zu einer der genannten Anknüpfungsmöglichkeiten gehören wird), aus Ugarit manina (Gröndahl 425; vgl. 283f.: mnn, mininu, = Laroche NH Nr. 746f. Manina, Manninni?); aus Mari Mananna (Birot 148), fMenna (ARM XXV 253); aus Nuzi Mannae, Manniia, Mennaia, Minenna, Minaia (Cassin/Glassner 91-94).
Grössere Klarheit lässt sich m.E. kaum gewinnen, weder, was allgemein die Herkunft noch was die Bedeutung der Namen N 269f. angeht. Einige der genannten Anschlussmöglichkeiten dürften Lallnamen sein und damit nicht weiter etymologisierbar (s. Laroche NH 239ff.: formations primaires, mit den PN Mana, Manana und Menani usw.).

N 271 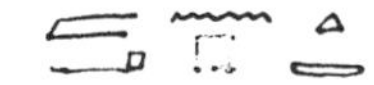 (f) m-n-h-t:$_{3}$

Prinzessin Thutmosis' III.

Helck führt zur Erklärung "נוח 'lieblich sein'" an, obwohl semit. 'ḫ' niemals mit ägypt. 'h' umschrieben wird! Auch die von ihm mitgeteilte Bedeutung der Wurzel ist falsch; נוח bedeutet "sich niederlassen, ruhen" (HAL III 641f.). Der FN dürfte aber mit Blick auf das von Harding zitierte arab. "manhāa, prudent, wise" (570 zu dem sab. ON mnhtm, der aber vielleicht mit aaO mnhytm eher zu sab. mnhyt "irrigation basin(?)" [Sab. Dict. 94] gehört; vgl. 601: PN nht, nhtm) als "die Kluge, Verständige" (arab. nuhan, nuhya "Klugheit, Verstand", Wehr 1323) zu erklären sein.

N 272  (m) m-n:-g-^{3}-b-w$_{2}$-tj F.Ḫ3ST

Kapitän in der Erzählung des Wenamun, Ende 20.Dynastie.

Dieser Name kann ganz besonderes Interesse beanspruchen, weil in ihm offenbar dasselbe Grundwort vorliegt wie in dem späteren Namen Μακκαβαῖος. Die Wurzel ist hebr. נקב nqb "(durch)bohren; festsetzen; auszeichnen" (HAL III 678f., ThWAT 5, 589ff.). Abgeleitet ist das Nomen מַקֶּבֶת maqqäbät< *manqäbät, das einerseits die "Brunnenöffnung", andererseits den "Hammer" (vgl. arab. minqab "Instrument zum Löchermachen", Wehr 1303) bezeichnet (HAL II 591 /ThWAT 4,1112f.). Als Beiname des Anführers des Makkabäeraufstandes, Judas (1 Makk 2,4.3,1) wird der Name *maqqābā/Μακκαβαῖος in der Forschung meist als "Hammer" verstanden (BHH II, 1130 s.v.Makkabäus; R.Marcus, The Name Makkabaios, Jew.Soc.Studies 5, 1953, 205ff.), obwohl auch diese Ausdeutung nicht sicher ist (ThWAT 4,1112f.). Die Wurzel nqb ist darüber hinaus onomastisch belegt in dem nab. PN nqybw (arab. naqīb) "Auserwählter" (Khraysheh 122), palm.nqbʾ "leader, chief" (Stark 100) und früharab. nqb (1 x sab., Harding 597). Im Ugar.sind der Ortsname ^{uru}naqabi und der PN naqub-adi (Gröndahl 168; als "Auserwählter des'Vaters'"zu verstehen?) bezeugt. Inwieweit auch für den Beinamen Μακκαβαῖος die Bedeutung "auszeichnen" (vgl. besonders arab. manāqib "Tugenden, hervorragende Eigenschaften, Ruhmestaten", Wehr 1303) zu berücksichtigen ist, soll hier dahingestellt bleiben. E. Blumenthal hat den vorliegenden PN als "Hammer" verstanden (Reiseerzählungen, 49) und damit den Vergleich mit 'Makkabaios' gezogen.

Die Schreibung unseres PN N 272 mit 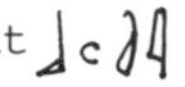 b-w_2-tj ist mit  ^{c}3-q-^{3}-r-b-w_2-t̲-j (Edel, Ortsnamenlisten, 86; Helck 261.547) "Skorpionen(ort)" (fem.Pl.) zu vergleichen. Ich möchte am ehesten eine Nisbe *manqabōti zu einem Ortsnamen *manqabōt "Brunnen(ort)" annehmen. Analog sind als Nisbebildungen zu einem ON באר b'r "Brunnen" die PN hebr. b^e'ērā, b^e'ērî (Schult 26, Zadok 90) äg.-aram. b'ry (Silverman 135), in EA Bieri (*b'rj; Hess 93) belegt. Anstelle der Ausgangsbedeutung "Brunnen" vgl. ev. aber auch arab. manqaba "Bergpfad, Pass" (Wehr 1303).

N 273  m-n:-t̲-w_2-ḥ:-tj

alte Lesung: 

Eine Bürgerin (^{c}nḫt nt njwt), Zeit Ramses' III.

Ward (Personal Names, 299) bemerkt, dass "the name is certainly not Egyptian, though I can find no parallel", und nach der Angabe dreier ganz hypothetischer Ansätze, "none of these is particularly inviting". In der Tat bietet der Name dem Bearbeiter im Rahmen einer semitischen Deutung ganz erhebliche Schwierigkeiten. Wurzeln nzḥ, nsḥ (von Helck verglichen, doch liegt nach HAL III 663 *nsḫ vor; vgl. aber nsḥ Harding 586), ndḥ ("fern sein"/"herausreissen"/"verstossen") können herangezogen werden, sind aber nicht sehr befriedigend (etwa ein *mundaḥat "die Fortgetriebene, Verstossene" wäre als fem. Part. hof. zu der letztgenannten Wurzel wohl denkbar, aber mit dieser Bedeutung als PN eher anzuzweifeln). Ich möchte drei (allerdings nur lexikalisch aus dem Arabischen bezogene) Diskussionsvorschläge einbringen:

(a) *multāḥat "(von der Sonne) gebräunt", fem. Part. pass. zu arab. laḥā I bräunen (Sonne)" (Wehr 1172f.; 1173: multāḥ "gebräunt, sonnenverbrannt"). Vgl. semantische Parallelen bei Noth 225.

(b) *manṭūḥat "(mit dem Kopf) gestossen", fem. Part. pass. zu naṭaḥa I "stossen (mit Kopf/Hörnern)" (Wehr 1283).

(c) *multaḥad "Zuflucht" (Wb. der Klass. Arab. Sprache, II, 1, 290).

N 274  (m) mr[y ^{WNM}]-b-^{c}-:r

Ägypt. PN mit semit. GN "geliebt von Ba^{c}al".

N 275  (m) $m\text{-}r\text{-}n\text{-}^{3}$

Zu diesem Namen ist der epigraphisch bezeugte hebr.PN mrnjw zu vergleichen, den Fowler entweder als "Y[ahwe] has blessed/streng.thened me" (Wurzel mrr, Suffix '-ni' der 1. Ps. Sg.) oder als aram. "Y[ahwe] is our lord" (aram. mārēʾ "Herr") deuten will (74.130). Es könnte auch die Diminutivbildung *marʾān "kleiner Herr" vorliegen, die in den palm. PN mrnʾ, mrwnʾ (Stark 97: "'Lord', dimin.") und als Gottesname (Maraqten 53; Abbadi 60-62.126) belegt ist. Schliesslich begegnet ein PN mrn im Ugaritischen, den Gröndahl (159) zu mr "myrrhe" oder akk. mūru "kleines Kind" stellen möchte. Vgl.ferner die Anschlüsse zu N 277.

N 276 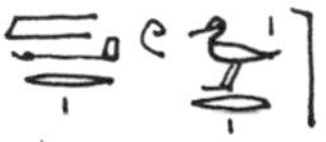 (m) $m\text{-}w_2\text{-}r\text{-}s^3_2\text{-}r^F$

Var.  $m\text{-}r\text{-}s^3_2\text{-}r^F$

Hethiterkönig Muršili II.

Rankes Schreibung 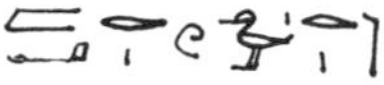 ist mit Kitchen II 226 Z.12 ("e : belongs to !") zu korrigieren. Der Name mit den keilschriftlichen Belegen bei Laroche NH Nr.823 (mit dem ägypt. Beleg), NH Suppl. p.27. Besonders ist noch auf die Determinierung des PN in der Variantenschreibung mit  hinzuweisen.

N 277 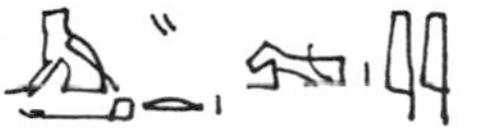 (a) (m) m-:r-rw-y

Helck vergleicht den aus Alalach überlieferten PN Malluwae, doch notiert der Beleg 'j', nicht 'w'. Ich schlage folgende semit. Anschlüsse vor:
(a) *mrr: Kurzform eines Namens mit semit. מרר mrr "bitter sein, stark sein, segnen". Zu dieser Wurzel gehört der hebr. PN מְרָרִי m^{e}rārî (Noth 225 mit Anm. 9, Zadok 97, HAL II 604), dem die frühArab. Profannamen mrr und mrrt (arab. marīra "Stärke", Harding 540) an die Seite zu stellen sind (auch der aaO aufgeführte PN mr mit über 40 saf. Belegen?). Umstritten ist in der hebr. Onomastik der PN מְרָיָה m^{e}rājāh, den Fowler zu *mrr stellt und als "Y[ahwe] has strengthened (or blessed, or commended)" (74.104.136.184.350) interpretiert, während Zadok (30) ihn von *mrj "withstand" herleitet (der 130 diskutierte PN jimrā gehört zu mrʾ, mrj oder mrr). *mrr liegt zusätzlich vor in den epigraphisch belegten hebr. PN mrnjw und mrb^{c}l (Fowler aaO, Kornfeld 44), im Ugar.

(a) Ein Fremder im 14. Jahr Ramses' XI.

(Gröndahl 159), Amor. (Huffmon 233, Gelb CAA 324, Birot 154 [mit weiteren vergleichbaren PN wie Mararum, Merrum), Phön. (Benz 354f.: jmrr, mrr, mrrb^{c}l). Bei einem Anschluss an *mrr wäre der PN als "(der Gott NN) hat gestärkt" zu verstehen. Vgl. allenfalls aber auch die genannten Wurzeln *mrj, mrʾ "be a lord" (Zadok 97 mit dem PN m^{e}rājôt; Maraqten 181f.: mrʾ "Herr"; saf. mrʾ mit 133 Belegen, Harding 578; N 210, 275).

(b) *mll: Zadok führt den hebr. PN מִלֲּלַי mil^{a}laj unter Verweis auf die amor. PN Malalum und Malilum sowie ugar. mll (Gröndahl 158f.) auf die Wurzel *mll "speak, utter" zurück (149; ebenso den PN mallôti [147]).Er erwägt allerdings einen weiteren möglichen Anschluss an *mlʾ "fill, be full" (über eine Vorform *mallaj, mit Vergleich von palm. mlʾ/y und in griech. Transkription Μαλλαιος, Μαλλεος und Μιλλαιος [113]). Eine Imperfektbildung zu dieser Wurzel stellt das hebr. Hypokoristikon jimlāʾ "(der Gott NN) hat erfüllt/möge erfüllen"(Noth 246; Zadok 130 mit amor./palm. Beleg; Fowler 168 [mit m.E. unwahrscheinlicher Auffassung als "May he (the child) fulfill (the wishes of his parents)"]) dar. Zu derselben Wurzel gehört der 7 × saf. bezeugte PN mlʾ (Harding 562).

Die folgenden Namen N 278 und N 279 gehören zusammen:

N 278  m-:r-k^{3}-k

N 279  (m) m-:r-k-^{3}-y [F]

Winzer unter Ramses II.

Zu der Doppelschreibung des 'k' in N 278 vgl. oben N 60. Beide PN (Kurzformen von Satznamen) enthalten das Wort מלך mlk, nordwestsem. "König", akk. malku "Fürst", māliku "Berater", arab. "Besitzer", das in der semitischen Onomastik sehr häufig belegt ist: hebr. Noth 118f., Fowler 50-53.350, Zadok 54.65f.88. 114 (auch Kzf. wie mäläk, mallûk(î), m^{e}lîkû, mlkj), phön. Benz 344f., ugarit. Gröndahl 157f. (auch Kzf. mlky, mlkyy); amor. Huffmon 230f., Gelb CAA 321-323, Birot 264 (auch Kzf. Malikum, Malika, Milkaya); aram.Silverman 154f., Maraqten 178f. (auch Kzf. mlkw), Lipiński 139; akk. Stamm 215f.223.226.285; palm.Stark 95 (auch Kzf. mlk, mlkʾ, mlky); nab. Khraysheh 108; frühnordarab. Harding 564 (rund 140 v.a. saf. Belege 'mlk'); Hatra: Abbadi 122f.

N 280 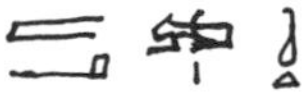 (f) m-rw-tj-t

Prinzessin Thutmosis' III.

Vgl. die Anschlüsse bei N 275 und N 277. Helck möchte die Wurzel מרה "widerspenstig sein" (Zadok gibt als Bedeutung "be contentious, refractory, rebellious" [130] bzw. "withstand" [30]) heranziehen, so Noth 250 zu dem hebr. PN m^{e}rājôt. Möglicherweise ist ein Anschluss an aram. mrt' "Herrin" (bzw. früharab. mr't "woman, lady", Sab. Dict. 87) zu erwägen, s. die entsprechenden PN bei Stark 97 und Khraysheh 115. Doch verträgt sich mit einem solchen *martā' die Schreibung mit schlecht. Vorzuziehen ist eine Kurzform zu einem mit מלט mlṭ "retten" gebildeten Satznamen wie hebr. m^{e}laṭjāh "Jahwe hat gerettet" (Fowler 97; Zadok 28; in PN ist Qal auch dort belegt, wo gewöhnlich nur abgeleitete Stammformen begegnen) oder ein pass.Part.Qal *malūṭā "die Gerettete". Allerdings ist dagegen einzuwenden, dass *mlṭ sekundär aus *plṭ entstanden ist (HAL II 558 zu mlṭ I; mlṭ II und III kommen nicht in Betracht). Damit bleibt die Deutung des Namens unsicher.

Die Einträge N 281 - N 284 gehören zusammen:

N 281  (m) m-h-^{3}-:r-y-t
Var. m-h-^{3}-:r-j-t

Širdanu, Standartenträger unter Ramses V.

N 282  (m) m-h-^{3}-:r ^{HWJ}

N 283  (m) m-h-^{3}-:r-y-B^{c}L

Stallmeister unter Ramses V.

N 284  (m) m-h-^{3}-:r ^{F}-b-^{c}-[r]$^{B^{c}L.F}$

Diener vom Haus der Gottesanbeterin des Amun unter Ramses IX.

Gegen Gardiner und Ranke, mit Helck, ist das Sethtier in N 283 nicht bloss Determinativ, sondern Ideogramm für den GN B^{c}l. In N 284 ist die doppelte Notierung des Fremd-Determinativs  bemerkenswert. Für die Diskussion und Belege verweise ich auf N 163.

N 285  (f) m-ḫ^{3} D̲B^{c}WJ-tj

Lopez erwägt eine Konjektur des  in ein , um den äg.Namen  zu erhalten (R I 164, 11). Nicht ganz ausschliessen möchte ich aber eine Wortschreibung mit ägypt. mḫ^{3}, während in Wirklichkeit ein fremder Name vorliegt. Dazu ist der folgende, ähnlich geschriebene FN zu vergleichen, der als ausländisch gekennzeichnet ist (). Vielleicht ist an die Wurzel מחח *mḫḫ, akkad. muḫḫu "Hirn", phön. "fett sein" zu denken und "die Dicke" zu übersetzen, wozu Noth 226 semantische Parallelen anführt. Aus der frühnordarab.Onomastik möchte ich dazu die PN mḫ (2× saf.) und mḫt (1× tham.) zitieren, die Ryckmans (125) als "rempli de moëlle, gras" übersetzt (Harding 532:"ar. mukhkh, brain, etc"). Zu vergleichen sind möglicherweise auch die hebr. PN מחת maḥat und mḥt, falls sie mit Zadok zu *ḫtt "shatter, dismay, break, terrify (the ennemies)" oder *ḫtj "snatch up (the enemy)" zu stellen sind [121] und nicht eher mit Noth (225), Kornfeld (57), Silverman (154) wie äg.-aram. mḥt als "hart, stark" (arab. maḥt (aaO); vgl. phön. PN ymḥt) zu verstehen. S. den nächsten Eintrag.

N 286  (f) m-ḫ^{3}-j-^{3} F

Eine Bürgerin (^{c}nḫt n njwt) unter Ramses III. Identisch mit N 285?

Einen möglichen Anschluss bietet die bei N 285 genannte Wurzel מחח *mḫḫ. Der vorliegende Name - ebenfalls ein Frauenname - könnte als *maḫḫā "die Dicke" (mit nicht gesprochenem Feminin-t) erklärt werden. Zu derartigen Namen s.neben den oben erwähnten Parallelen bei Noth noch Stamm 249 und ders., Frauennamen, 120. Es könnte aber auch eine Kurzform zu einem Namen wie ammi-maḫ "mein 'Onkel' möge segnen" mit der ugar.indeklinablen Interjektion maḫ "er/sie möge segnen" (Gröndahl 156) vorliegen.

N 287  (m) m-k-^{3}-m-rw F.Ḫ3ST

Ob wirklich ein Fürst der Seevölker (Blumenthal, Reiseerzählungen, 49), nicht allgemein einer Hafenstadt der phönizischen Küste?

Green (m-k-m-r and w-r-k-t-r, p.115) hat zuletzt in diesem Namen ein Toponym, nämlich den heutigen Gebel Makmal im Libanon sehen wollen. Da der Name aber in der Erzählung (neben N 157) nach dem Fürsten von Dor und vor dem Fürsten von Byblos erscheint, dürfte doch ein weiterer Name eines Fürsten vorliegen.
Die hieroglyphische Schreibung lässt an ein Partizip eines Kausativstammes (hif., pi.) oder eine Nominalbildung mit m-Präfix denken. Da äg. 'k' auch für semit. 'g', ägypt. 'r' auch für semit. 'l' stehen kann, kommen grundsätzlich die Wurzeln (a) kmr, (b) kml, (c) gmr und (d) gml in Frage, die ich in dieser Reihenfolge systematisch diskutieren möchte.
(a) כמר kmr: zwei verschiedene Wurzeln, kmr I und kmr II (HAL 459) sind zu unterscheiden; beide sind in Fremdwörtern im Ägypt. bezeugt. Die Wurzel kmr I weist eine Grundbedeutung "heiss, brennend sein" auf, im nif. "erregt werden". Eine Spezifizierung der Grundbedeutung erfolgt in der Richtung "(Oliven, Datteln) zum Reifen bringen" (arab. kimr "gereifte Datteln", akk. kimru "zur Dörrung aufgeschichtete Datteln"). An der Bedeutung "erregen" hängt dagegen der Ausdruck כֹּמֶר komär "Priester" (eig. "der Erregte, Heisse"), der im Ägyptischen als Fremdwort  im Sinne von (der Erregte =)"Tänzer" (Helck 523(250); B 982; Albright, VESO 60) belegt ist. Hierher dürften auch die Toponyme (Liste Thutmosis' III., Nr.261 = Urk.IV,792) u. 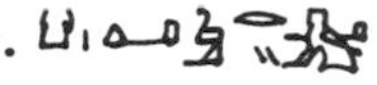 (Liste aus dem Totentempel Amenophis'III., B_N Rückseite 7 = Edel ONL 18) zu stellen sein, die aber kaum zu כֹּמֶר komär "Priester" an sich gehören dürften (so Aḥituv, Toponyms, p.[128]), sondern m.E. nach der Grundbedeutung der Wurzel kmr I als "heisser Ort" o.ä. erklärt werden müssen.
Das Wort kmr "Priester" ist zusätzlich onomastisch belegt: ugar. kmry, kmrn (Gröndahl 150); amor. kumri (Gelb CAA 306); im Assyr. kamaru, kumri (Tallqvist 118.290); in Ebla kum-ar (Archi, Personal Names, 250); im Aram. kmrʾlh "Priester des Gottes" (Maraqten 174); palm. kmrʾ (Stark 92).
Die Wurzel כמר kmr II bedeutet (pi.) "das Netz auswerfen", abgeleitete Nomina sind מִכְמָר mikmār, מִכְמֶרֶת mikmärät "Stellnetz, Fischernetz", im Ägyptischen als Fremdwort belegt in der Lehre des Amenemope 7,6 (zuerst Spiegelberg, OLZ 27(1924), Sp.185; zuletzt I.Grumach, Untersuchungen zur Lebenslehre des Amenope, 1970, 50): (Helck 515(127)).
Vgl.noch den 2× saf. belegten PN kmr (Harding 505, zu arab. kamara "to cover") syr. kmr pa. "to turn back, turn about, go round, put back, replace" (Drower/

Macuch, Mandaic Dictionary, 218).

(b) כמל kml: eine Wurzel kml ist (neben akk.kamālu "grollen, zürnen", AHw I 430) im Arabischen in kamala "ganz, vollkommen, fertig, vollendet sein" (Wehr 1120, sab. (kaus.) hkml "complete a work, be successful", Sab. Dict. 78), belegt, wozu der frühnordarab. PN kml (Harding 505; 8 × saf., 1 × tham.; auch Imperfekt ykml) und der nabat. Name kmwlt (Khraysheh 100) zu stellen sind.

(c) גמר gmr: die Wurzel gmr "vollenden" (HAL I 190, hebr.nur im Grundstamm, akk. gamāru "zu Ende bringen" sowohl im Grund- als auch im Doppelungsstamm, s. AHw I, 276-278) ist in der nordwestsemit. Anthroponomastik sehr gut bezeugt. Theophore Satznamen und Kurzformen dazu sind in folgenden Onomastika belegt: hebr. Noth 175, Fowler 93.162.340, Zadok 28.74.92, Lawton, Israelite Personal Names, 336; ugarit. Gröndahl 128; phön. Benz 297; amor. Huffmon 180, Gelb CAA 19.300, ARM XXV 258; aram. Silverman 140, Kornfeld 46. Zu dem 32 × safaitisch belegten PN ǧmr (Ǧimar, Harding 167) zieht Ryckmans eine Wurzel gmr "détonner" zur Erklärung heran (61).

(d) גמל gml: die Wurzel gml "vergelten, Gnade erweisen" (HAL I 189, sowohl hebr. als auch akk. nur im Grundstamm (und N-Stamm, AHw I 275f)) ist ebenfalls in der semitischen Namengebung breit vertreten, und zwar in folgenden Namenskorpora: hebr. Noth 182, Fowler 93.340, Lawton, Israelite Personal Names 336, Zadok 28.98 (mit der Bedeutung "deal fully, adequately with, deal out to, wean, ripen"), ugarit. Gröndahl 128; amor. Gelb CAA 299f.; aram. Kornfeld 46; akkad. Stamm 356 (Reg., s.v.gamālu, gāmil/gammil); Stark 82 (s.v.gmlyʾ). Eine Wurzel gml liegt auch vor in arab. ǧamīl "schön, anmutig, hübsch", muǧāmala "Höflichkeit, Freundlichkeit" (Wehr 202; vgl. noch 201: ǧamala "zusammenfassen") und den dazu gehörenden PN früharab. ǧml (ǧamîl, Harding 167 mit 51 saf., je 1 tham./qat. Beleg), palm. gmlt (Stark 82); s. Ryckmans 61.

Von diesen Anschlüssen wäre für N 287 etwa möglich mkml (Part.) "der Erfolgreiche" (b) oder Nomina mit Präfix 'ma-' (Beyer 52, Brockelmann, GVG I 376ff.) zu den unter (b)-(d) zitierten Wurzeln (ev. auch (a)).

N 288  (m) m-g-^{3}-j-^{3} NDS

Das Determinativ 'schlechter Vogel' dürfte aufgrund der Assoziierung von ägypt.  "Krokodil, Sohn des Seth" (Wb II, 164) gesetzt worden sein.

Folgende Deutungen kommen in Betracht:

(a) Kurzform eines theophoren Satznamens mit der bei N 159 angeführten Wurzel

מגג mgg "Krieg führen, kämpfen". Ob dazu der hebr. PN ʾlmg als "Gott hat gekämpft (s. bei N 159; unerklärt bei Fowler 117) gestellt werden kann und der aus Ebla belegte PN Ílum-magú (auch Migi-Il, Mi-ga-ì? [Archi, Personal Names, 246.247.249.251]) ? Zu der Wurzel *mgg s. Kottsieper, mgg.

(b) Ein PN mǧ ist im Saf.(1 ×) bezeugt (Harding 528, er vergleicht arab. maǧǧa "ausspeien" (Wehr 1187).

(c) Der saf. PN mġy = Maġay wird von Jamme, Safaitic Inscriptions, p. 90, zu arab. maġā(i) (*mġj) "to pronounce a word" gestellt.

(d) Vgl. allenfalls noch Megiyum (ARM XXIV 274).

N 289  (m) m-g-^{3}-y-r NDS

Diesen Namen möchte ich als frühnordarabisch ansehen und mit dem häufig belegten PN mġyr identifizieren. Zugrunde liegende Wurzel ist *ġjr, im IV. Stamm in der Bedeutung "einen Raubüberfall machen" (Abbadi 123f.), wobei dafür auch der II. Stamm belegt ist (sab. *ġwr II "conduct a raid, razzia; Sab. Dict. 54). Entsprechend hat Abbadi (aaO) beide Vokalisationen 'muġayyir' (Part.akt. im II. Stamm; hierher gehört wohl Ryckmans Lesung 'muġayr' [174]) und 'muġīr' (Part. akt. im IV. Stamm). Belege sind: 61 × saf. (Harding 559 mit Verweis auf den 44 × bezeugten PN ġyr [460], Lesung 'Mughîra'), dazu mġyr bei Jamme, Safaitic Inscriptions, 62 (aber 'miġyār' vokalisiert), palm. mʿyrʾ (Stark 96: "ar.muġir "Raider" - was natürlich nicht 'Reiter' bedeutet, wie Khraysheh 111 missversteht), nabat. mʿyrw (Khraysheh 110f.) und Hatra mʿyrw (Abbadi aaO). Für die Bevorzugung einer Lesung nach dem II. Stamm (muġayyir) spricht die griechische Transkription als Μογεαιρου (Wuthnow, Menschennamen, 77; Abbadi aaO) . Die bei N 289 vorliegende Schreibung kann als Wiedergabe dieser Partizipialbildung, etwa mit der Bedeutung "Räuber, Wegelagerer", verstanden werden. Zur Schreibung vgl. noch  *mġrt "Höhle" (H 515(130), Burchardt § 127 (2), mit denselben Konsonanten und Umschrift des 'ġ' durch äg. 'g'). Zu der Bedeutung des Namens würde auch das Deutezeichen 'schlechter Vogel' passen (falls nicht eine Fehlassoziation von phön. mgr "zerstören" [Benz 339f.] oder hebr. māgôr "Grauen, Schrecken" vorliegt).[a]

Theoretisch denkbar, aber angesichts der onomastischen Belegsituation als Erklärung unwahrscheinlich ist muġair "rötlich" (Brockelmann, GVG I 352f.) zu arab. maġar, muġra "rötliche, braunrote Farbe" (Wehr 1214).

(a) Vgl. auch noch als Part. des III. Stamms muġāyir "entgegengesetzt, widersprechend" (Wehr 935).

N 290 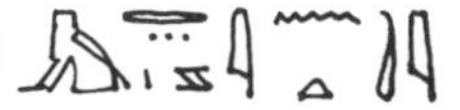 (m) m-t:-j-n-t-tj

Stallmeister unter Ramses V.

Helck transkribiert m^{e}-tà-ʾ-n-t-tá. Ich möchte den Namen zu מַתָּן mattān "Gabe, Geschenk", מַתָּנָה mattānā (*mtnt) "Geschenk, Gabe" (HAL II 618f.) stellen. Onomastisch ist das Lexem gut belegt, hebr. in mattanjāh "Geschenk Jahwes", epigraphisch mtnjh(w) (ein neuer Beleg bei Timm, Anmerkungen, 188ff.) und den Hypokoristika mattān, mtn, matnaj sowie (mit dem fem. Nomen und Assimilation des 'n' an die Femininendung) in mattattā und mattitjāh (Fowler 116.162.164f. 352; Zadok 60.120.123 Anm.18 mit spätbabyl.< aram. mattani/attu-, mattattu-GN, mttʾl u.a. und der griech. Umschrift Μαθθαναθ (Wuthnow, Menschennamen, 153). Ägypt.-aram. sind die PN mtn und mtt belegt (Kornfeld 60), aus Palmyra mtnʾ, mtnw, mtny (Stark 98), im Nabatäischen mtnw (Khraysheh 116f.). Phönizisch begegnen der PN mtn "Geschenk" und Komposita mit Gottesnamen (Benz 356f.). Benz verweist auf die keilschriftlichen Umschreibungen Mi-ti-in-ti und Me-ti-in-ti (Tallqvist 138, Zadok aaO [< kanaan.; Kge v. Ašdod und Aškalon] mit me/i-, da zu *jtn, nicht *ntn; vgl. oben N 112 (a) und (b)), zu denen die Notation von N 290 praktisch identisch ist. Das  nach  dürfte kaum konsonantisch zu interpretieren sein (Aleph), sondern eher vokalischen Wert haben (Andeutung eines 'i', s. unten S.363).
Ein anderer Anschluss kann sich allenfalls an dem mit 29 saf. Belegen vertretenen PN mtn orientieren, den Harding (527) als "ar.matîn, firm, strong" deutet (arab. matn, matīn "fest, stark", Wehr 1184), und ein Nomen *mtnt "Kraft" ansetzen (arab. matāna "Festigkeit, Kraft, Stärke", Wehr aaO). Doch ist die obige Deutung als "Geschenk/Gabe (des Gottes NN)" vorzuziehen.

• m-$\underline{t}^{3}$ → N 295.

N 291  (m) m-w-$\underline{t}$-n:-r F

Var. 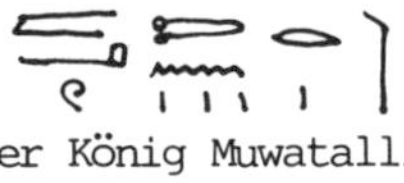

Hethitischer König Muwatalli, Sohn Muršilis II.

Die keilschriftlichen Belege (mit Erwähnung der ägypt. Bezeugung) bei Laroche NH Nr.837 und NH Supplément, p.28. Wird die Form 'Muwatalli' zugrunde gelegt, muss bei der vorliegenden Schreibung ‹w-Zeichen› als 'konsonantisch w' verstanden werden. Ich möchte aber darauf hinweisen, dass auch die Form 'Mutalli' existiert,

s. Laroche NH 123, Nr.837, und unten S.367.

N 292  (m) mj-ṯ-r-š^{3}-m-^{c} $^{\underline{SDM}}$

Im zweiten Teil des Namens liegt mit Sicherheit - korrekt determiniert - semit שמע šm^{c} "hören" vor (Burchardt erwägt eine Ergänzung hinter, doch ist es vielleicht erlaubt, hier in m-^{c} aufzulösen). In dem ersten Element vermutete Burchardt (Fremdworte 544; ders., Ein arisch-ostsemitischer Name) "mit allem Vorbehalt" den persischen Gott Mithra (zuerst Spiegelberg, Eigennamen, 52). Diese Deutung wurde von Ranke und auch Givéon (A God Who Hears, 38) übernommen; sie ist aber m.E. sehr zweifelhaft. Neben der generellen Vorsicht gegenüber hybriden PN (hier pers./semit.) ist dabei v.a. der chronologische Gesichtspunkt ausschlaggebend. Die früheste Nennung des GN findet sich zwar schon 1380 als Gott des Mitanni-Reiches (Gott des Vertrages, indoiran. mitra = "Vertrag") in dem Vertrag zwischen Šuppiluliuma von Hatti und Mattiwaza von Mitanni (M. Mayrhofer, Die Indoarier, 15.38; zu unserem PN vgl. 49.52.53.57). Doch kritisiert Lipiński an der Annahme einer Lesung des GN Mithra in einem Papyrus noch des 7. Jh.s v. Chr. (sechs Jahrhunderte nach dem vorliegenden, in die 19. Dyn. datierenden PN): "le rééditeur du papyrus ne se rend visiblement pas compte de l'anachronisme flagrant d'une telle interprétation dans un papyrus qu'il faut dater du VIIe ou du début du VIe siècle av.n.è." (Etudes d'onomastique,6). Möglicherweise ist später in aram. Dokumenten Ägyptens mit Mithras-haltigen Namen zu rechnen (vgl. ein Beispiel bei Zadok, Iranian Names, p.42). Für das 13. Jh. v. Chr. jedoch einen noch dazu hybriden PN mit diesem GN anzusetzen, scheint mir kaum möglich. Für unseren PN bedeutet dies, dass ein anderes theophores Element vorliegen muss. Ein solches lässt sich finden: In amor. PN ist ein GN Matar bezeugt etwa in Ili-matar (Huffmon 98.218; ARM XXII/2 577, XXIII 600, XXIV 265, vgl. auch das theophore Element madar "Zuflucht" [Huffmon 183; Gelb CAA 26.327f.; ARM XXII/2 584: Madarum]), aber auch im Phönizischen (Benz 357f.; vgl. noch ägypt.-aram. mtrʾ und spätbabyl. mit-ra-a ev. als GN Mithra oder aram. Appellativ, Zadok 176). Gelb möchte darin *maṭar "Regen" erkennen, Huffmon vermutet eine Ableitung von jtr "überragend sein". Alles in allem möchte ich also einer Interpretation des Namens als *Matar/Madar-šama^{c} "Matar/Madar hat erhört" den Vorzug geben.

● m-ṯ^{3} ^{HWJ}-d-w_2-tj-w_2 → N 296.

N 293  (m) mj ^{SJ}-d-^{3}-d-^{3}-m ^{F}

Der Anfang dieses Namens der Kreter-Liste wurde verschieden gelesen: von Vercoutter (L'Egypte, p.45) als Mi-da-da-me, von Helck (Beziehungen Ägyptens und Vorderasiens zur Agäis, S.101) als ᶜi(?)-da-da-m, von Astour (Onomastika 253) überhaupt nicht: ?-da-da-ma. Helcks Lesung möchte ich zugunsten derjenigen von Vercoutter ablehnen, da [illegible], nicht [illegible] notiert ist (woher nimmt Helck den 'i'-Vokal?). Die Determinierung der ersten Silbe mit [illegible] SJ kann ich nur vermutungsweise mit der Partikel  my "doch!" (Wb 2,36) begründen; richtig wäre also [illegible] (oder ist 'm' "wer?" assoziiert?). Falls der Name nicht kretisch ist, dürfte *Mudādum "Geliebter" o.ä.vorliegen, das amor.Gelb CAA 268 (Mudādu, Mudādum), hebr. Noth 223, Zadok 121 (מֵידָד mêdād), ugar. Gröndahl 32.76.156, Fowler 184f. (mdd), aram. Maraqten 177 (mwdd, er verweist auf die neuassyr. Umschrift mu-da-da) belegt ist (vgl. noch mwdd "Freund", DISO 144, HAL II 545, und sab. mwd '"friend" of ruler', Sab. Dict. 155f.), zu der Wurzel *wdd). Weniger plausibel ist ein Anschluss an מדד mdd "messen"(Gröndahl 156; Huffmon 229).

N 294  (m) m-ḏ^{3}-r-j-^{3}

Diener (sḏm-ᶜš) unter Ramses II./Merenptah.

Kołodko verweist auf einen ähnlich klingenden Namen bei Burchardt, Fremdworte, Nr.551; dort ist aber eine Berufsbezeichnung jrj-mḏ^{3}rjw gemeint. Eine Ortsbezeichnung  begegnet in pWilbour B 3,22 (Helck 515(314) befürwortet eine Erklärung als mᵉṣûrā 'Einschliessung', eher aber māṣôr "Befestigung, feste Stadt" (HAL II 589). N 294 dürfte entweder Part.hif. zu נצל hif. "herausreissen, retten" sein, also die Kurzform *maṣṣīl eines Satznamens "ein Retter (ist der Gott NN)", oder eine Nominalbildung wie *מַצָּרָה maṣṣārā "Wache" (KBL 558)zu der Wurzel נצר qal "bewachen, behüten", somit die Kurzform eines Satznamens "Behütung, Schutz (ist der Gott NN)". Onomastische Belege dieser Wurzeln sind unter N 315 zu finden. Im Anschluss an den genannten ON des pWilbour B ist allerdings auch eine Erklärung als "eine Festung (ist der Gott NN)" nicht auszuschliessen; ein PN mit מצר mṣr "Festung" ist tatsächlich aramäisch als ᶜtrmṣrwn "Athar is our fortress" (Fowler 226; vgl. semantische Parallelen 226f.312) bezeugt. Wegen des Vokalismus dürfte ein Anschluss an miṣrî "Ägypter" (HAL II 591) eher auszuschliessen sein, immerhin ist dieses Gentilizium als PN gut bezeugt: ugar. miṣriya, muṣriya, mṣry (Grön-

dahl 161); phön. mṣry (Benz 352); aram. mṣry (Maraqten 181), muṣuray (Lipiński 113); nabat. mṣry(Khraysheh 112), moab. Königsname mṣry (: neuassyr. Muṣuri, Zadok 89 mit dem als "border, region" gedeuteten hebr. PN mṣr).
Vgl. schliesslich noch die frühnordarab. PN mḏr (Harding 550: 12× saf., 1× tham.) und mṣly (Harding 549; je 1 saf./tham.Beleg), sab. ʾmṣr (zu *mṣr) "baggage camel (?)" (Sab. Dict. 88) und aus Mari Mezirum (ARM XXIV 275).

N 295  (gehört hinter N 290) (m) m-$\underline{t}^3$

Oberwinzer (ḥrj-k^{3}mw) aus Amarna.

Ein möglicherweise vergleichbarer PN מִזָּה mizzā ist im AT bezeugt, aber ungedeutet (die Erklärung von Moritz, in: ZAW 44 (1926), 87 ist kaum annehmbar). Onomastisch können der phön. PN msʾ (Benz 350; hierzu der tham. PN msʾ ? Vgl. noch den 5× saf., 3× tham. bezeugten PN ms [Harding 543] - mit urspr. ט?) oder der mit 18 saf. und 1 min. Beleg vertretene PN mḏy (Harding 536: "ar.maḏā, to let a horse graze?") herangezogen werden. Zu dem eingangs genannten hebr. PN möchte ich noch hebr. מָזֶה māzä "entkräftet" (HAL II, 535; zu arab.mazza "saugen, schlürfen", Wehr 1202) und v.a. arab. maziya "Vorteil, Vorzug, Vortrefflichkeit, Tugend" (Wehr 1203) als mögliche lexikalische Anschlüsse einbringen. Vgl. aber noch unten F 8.

N 296  m-$\underline{t}^3$ $\dot{H}$WJ-d-w_2-tj-w_2 (gehört hinter N 292)

Briefträger im 3. Jahr des Merenptah (Sohn von N 418).

Die Determinierung von  m-$\underline{t}^3$ mit dem 'schlagenden Mann' dürfte auf der Assoziation von ägypt.  (zu der Bedeutung s. Wb II, 173) beruhen. Die gesamte Schreibung hingegen möchte ich zu den Nomina מוֹסָד môsād, מוֹסָדָה môsādā bzw. מוּסָדָה mûsādā (*msdt) und מַסַּד massad "Grundlage, Grundmauer" (HAL II 527f.) als Ableitungen von der Wurzel יסד jsd (*wsd) "gründen" (HAL II 398f.) stellen. Mit Blick auf N 272 und eine formale Erklärung der vorliegenden Schreibung (nach Helcks System müsste *ma-si-du-tú gelesen werden) kann vielleicht eine Nisbe zu einem ON *musdōt (Pl.) "Gründungen" angenommen werden. Aufgrund der Notation weniger wahrscheinlich ist ein Hypokoristikon eines theophoren Satznamens "eine

Grundmauer/ein Fundament (ist der Gott NN)" (wozu die semantischen Parallelen bei Fowler 251.286f. und Stamm 211 zu vergleichen sind - Gott als dūru, šwr "Mauer", mḥsh, ᶜwn "Zuflucht", birtu, mṣr "Festung", ᶜmd, smk "Stütze" usw., vgl. N 129). Zu *wsd in ugar. und phön. PN s. Gröndahl 146; Benz 323.

N 297  (m) n-^{3}-j$_{2}$-y-n-^{3}-k-^{3}

Helck umschreibt ní-ja-na-ka. Eine befriedigende Deutung kann ich gegenwärtig nicht vorschlagen.

N 298  (m) n-^{3}-^{c}:-r-n-j-n-^{3}
(j für WNM ?)

Helck übersetzt erstaunlicherweise "der von Nahrina". Das Toponym 'Naharina' wird aber äg.  (etwa KRI II,3) geschrieben, so dass diese Deutung unter keinen Umständen in Frage kommt, denn eine Wiedergabe von semit.'h' durch ägyptisches ᶜAjin ist ausgeschlossen. Zu der Schreibung ist eventuell die Bemerkung Burchardts zu berücksichtigen, nach der  hier für  steht; damit läge eine Assoziation von ägypt.  "Name" vor, das seit der 18. Dyn. mit  determiniert werden kann (Wb 2,425). Den PN möchte ich als נַעֲרָן naᶜarān "kleiner Knabe, Jüngling" zu נַעַר naᶜar "Knabe, Jüngling" (HAL III 668, mit der Diminutiv/Koseendung -ān [Stamm, Zum Ursprung des Namens der Ammoniter; vgl. Zadok 159f.]) und den hebr. PN naᶜaraj, (FN) naᶜarā (Noth 221, Zadok 81) stellen. Dazu gehören auch die ugar. PN nᶜr und nᶜril "Jüngling Gottes". Vgl. auch den nab. PN nᶜrt (Khraysheh 593) und die mit nur 3 Belegen vertretenen früarab. PN nᶜr und nᶜrt (Harding 593 mit anderem Anschluss). Als FW im Ägypt. begegnet 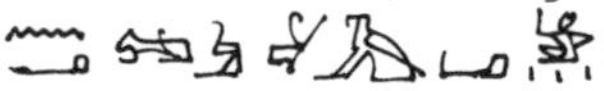 als Truppenbezeichnung (H 516 (136)).

N 299  (f) n-^{3}-b-w$_{2}$-j-^{3}

N 300  (f) n-^{3}-b-w$_{2}$-j-^{3}

Bei diesen Frauen auf der Stele CG 34097 des Japu handelt es sich um die Frau seines Sohnes und ihre Tochter.

Onomastisch ergeben sich die folgenden Anschlussmöglichkeiten:

(a) ein auf den Gottesnamen Nabû reduzierter Satzname. Der Gott Nabû ist in PN folgender Onomastika belegt: akk.Saporetti I 340f., II 193; Freydank-Saporetti 90; Stamm 343-345 (Reg.) verzeichnet etwa 160 PN mit Nabû als erstem Element; aram.Lipiński 119.129 Anm.5; Silverman 156; Maraqten 54.174.184f.; palm. Stark 98; Hatra: Abbadi 127f. Dagegen ist einzuwenden, dass theophore Satznamen selten auf den Gottesnamen statt auf das Prädikat reduziert werden.
(b) eine Kurzform eines mit der Wurzel akk.nabû "rufen, nennen" (amor.nbʾ) gebildeten Namens. Belege für das Amoritische bei Huffmon 236, Gelb CAA 26.331f. und Birot 159 (auch Na-bi-um, Na-ba-um), für das Akkadische Stamm 258 (etwa Nabi-ilīšu "Benannter seines Gottes", Nabi-^{d}Enlil "Benannter des Enlil" und allgemein 141f.; Saporetti II 138f. Eventuell sind auch zwei PN des Phönizischen bzw.Ugaritischen hierhin zu stellen (Benz 358; Gröndahl 164). Nicht ganz klar ist, wie die FN N 299/300 bei diesem Anschluss formal zu deuten wären.
(c) vgl. schliesslich noch die hebr. PN nûbaj (nêbaj) und nbj zu *nwb "gedeihen", jüd.-aram. nôbā "Frucht" (falls nicht Gentilizium zu nōb: Zadok 142 mit ev. nicht hierhin gehörendem neu/spätbabyl. Na-ba-a-a; HAL III 640.657 mit palm. nbj) und nby (1 × saf., Harding 580).

N 301  (m) n-^{3}-n-^{3}-y P.F

Oberster der Haremswache, Angeklagter im Haremsprozess unter Ramses III.

Helck vergleicht den den Alalach-Namen Nanija. Zu dem Element 'nani-' stellt Laroche fest (Glossaire, p.178): "élément onomastique à Nuzi...sur les sites de R[as]S[hamra], Bog[azköy], Alalah, les noms propres en Nan(i) ont des homophones sémitiques ou anatoliens; rien n'assure a priori leur caractère hourrite". Auf das Vorkommen des Elementes 'nana' in verschiedenen altorientalischen Sprachen verweist auch Lipiński 87f.112f., dazu vgl. die Ausführungen Laroches zu den "formations primaires" (NH 240: nana; Nr.854f.861f.). Der PN N 301 kann also sprachlich nicht genauer bestimmt werden. Für das Semitische möchte ich besonders auf den Namen der ursprünglich babylonischen, dann v.a. von den Aramäern übernommenen Göttin Nanāja (Maraqten 55) hinweisen, der als Bestandteil von Satznamen, aber auch allein als Personenname vorkommt: Stamm 345 (Reg., Nanâ); Gröndahl 167; Maraqten 187; Lipiński aaO; Khraysheh 121; Stark 99; Abbadi 163. Die Pluralstriche sind wegen des ägypt Possessivartikels n^{3}y "meine" (vor Nomen im Pl.) gesetzt, vgl. N 297.305.

N 302  (m) $n\text{-}j_2{}^{RMN}\text{-}{}^3\text{-}n\text{:-}y$

Der Name beginnt mit der Wortschreibung von ägypt. nj "abweisen, zurückweisen" (Wb 2,201; gewöhnlich  : Gardiner, Grammar, 455 unter D 41). Das folgende  erklärt sich vielleicht durch die Schreibung von nj als 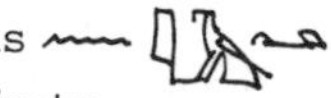 wodurch im vorliegenden Fall $n\text{-}j_2\text{-}{}^{3\ RMN}\text{-}n\text{-}y$ umschrieben werden müsste.
Falls der PN als fremd zu betrachten ist, möchte ich eine semit. Deutung als *ninja zu נִין nîn, suff. 1.Ps.Sg. נִינִי nînî "Nachkomme, Sprössling" (Wurzel נין njn; HAL III 657f.) in Betracht ziehen, und zwar entweder als Profanname "mein Spross" (vgl. PN phön. nn "offspring", Benz 361, ugar. nny; Parallelen bei Noth 221, Stamm 242) oder als Kurzform einer Genitivverbindung "Spross (des Gottes NN)" (vergleichbar den PN mit bn "Sohn", zr^c "Same" + GN) mit hypokoristischer Endung -ja.
Einen palm. PN nyny, nynyʾ mit einer Erklärung als Pflanzenname "Bishop's weed (ammi copticum)" (aram. nînyāʾ) belegt Stark 99, einen Namen nyn auch Harding 605 (3 saf. Belege). Vgl. schliesslich auch noch den hebr. PN נוּן nûn "Fisch" (Noth 230, Zadok 142) und Nunu, Nunna, Nunija, Nuna bei Tallqvist 177. Vgl. noch N 301.303.

N 303  (f) $n\text{-}{}^3\text{-}n\text{-}{}^3\text{-}n\text{-}{}^3$ (James, KRI)
alte Lesung:  $n\text{-}{}^3\text{-}n\text{-}{}^3\text{-}k\text{-}{}^3$ (Ranke)

Angehörige der Familie des Schatzhausschreibers P^3y unter Ramses II.

Ein nicht weiter etymologisierbarer Lallname. Vgl. N 301.- Ob die Schreibung ev. *nanna wiedergibt?

N 304  $nw\text{-}rw^{\ RMW}$

Falls dieser Name semitisch sein sollte, dürfte sicher die Wurzel נור nwr "leuchten" (KBL 604), nûr "Licht" (akk. nūru) vorliegen, die in der Anthroponomastik sehr gut bezeugt ist. Vgl.hebr. Fowler 81.157.160.351, Zadok 47.102; aram. Lipiński 135f., Maraqten 188.277 (Reg.); Kornfeld 63; Silverman 157f.; akk. Stamm 358 (Reg.s.v. nūru); Saporetti II 145; amor.Huffmon 243f.; Gelb CAA 331; Birot 166; ARM XXII/2 589, XXIV 276, XXV 254 (Nūr-ili, -Addu, Šamaš usw.)

ugar. Gröndahl 165f.; palm.Stark 99; frühnordarab.nwr (Harding 603: 2 × tham., 1 × saf.) und nr (Harding 585: 44 × saf.,3 × tham., s. Ryckmans 138: "lumière"). Die Determinierung mit Fischdeterminativ könnte nach ägypt. n^{c}r "Wels" erfolgt sein (Hinweis E. Hornung), wobei auf späte Schreibungen wie 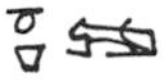 (Wb 2,209) hingewiesen werden kann. S. den folgenden PN.

N 305  (m) n-^{3} ^{P}-r-j$_{2}$-y

Die Pluralstriche stehen aufgrund des ägyptischen Pluralartikels 'n^{3}'. Der PN dürfte an N 304 als *nērija "mein Licht" (Profanname) oder "Licht (ist der Gott NN)" (mit hypokoristischem Suffix -ja) anzuknüpfen sein; vgl. die hebr. PN נֵר nēr und אַבְנֵר ʾabnēr (Noth 167, Zadok 47.102).

N 306  (m) n-h-r-j$_{2}$-n-^{3} ^{F}-j$_{2}$

Oberwinzer unter Amenophis III.

Im Gegensatz zu Helcks Deutung von N 298 dürfte hier seine Deutung als "Der aus Nahrina" zutreffen (Grundwort נָהָר nāhār "Strom, Fluss", HAL III 639). Eine Ableitung des Namens in der vorliegenden Form von aram. נהר nhr (hebr. nhr II) "leuchten" (HAL aaO) (PN aram. qwsnhr "qws leuchtet" [Maraqten 209]; palm. nhrʾ "Day, Light" [Stark 99]; aus Hatra: nw/yhrʾ "Licht" (Abbadi 129); früharab.nhr (Harding 601 mit 22 saf., 1 tham.und 3 qat.Belegen; Ryckmans 137: "jour, clair") ist wohl auszuschliessen.

N 307  nḥ-s-:r-y ^{F}

Helck wollte den Namen als möglicherweise den eines Nubiers klassifizieren. Eine semit. Erklärung des Namens ist nicht einfach. Am ehesten dürfte eine Ableitung *naqtal (N-Stamm? Zadok 126f.) zu der Wurzel *ḥśr "collect, gather" (arab. ḥašara [Wehr 259], akkad. ašāru, Zadok 118) vorliegen. An PN gehören (ausser dem schwierigen Beleg bei Zadok aaO) hierzu vermutlich die PN ḥšr, ʾḥšrn, mḥšr bei Harding 190 ("ar. ḥashr slender, insect, etc."). Allenfalls könnte auch eine entsprechende Ableitung zu *ḥṯl (PN ḥṯl, mḥṯl bei Harding 176 "ar. ḥathl, dregs, ḥathîl, inflated"; s. Wehr 228) angesetzt werden.

Eine Deutung mit dem umstrittenen diminutiven -al (etwa ḥ^{a}mî/ûṭal "Eidechslein" zu ḥōmäṭ "Eidechse" nach Stamm, Frauennamen 126) zu nāḥāš "Schlange" (PN nāḥāš; naḥšôn "Schlänglein" , Noth 230, Stamm, Zum Ursprung des Namens der Ammoniter, 7, Zadok 81.96) scheitert an dem Sibilanten (urspr. *š, s. HAL III 652).

NB: Die in med. p.Berlin 3038,4,6 erwähnte Medizin  (Deines/ Grapow, Wb. der ägypt. Drogennamen, 1959, 311; Helck 516(142) ohne Ableitung) dürfte zu hebr. נְחֹשֶׁת n^{e}ḥōšät (HAL aaO), EA-Glosse nuḫuštu, arab. nuḥās (Wehr 1252) "Kupfer" zu stellen sein.

N 308  (m) n-^{3}-sw-y F

Zu diesem Namen der Kreter-Liste verglich Astour (Onomastika 249) die aus Nuzi überlieferten PN Našui, Našwi (Cassin/Glassner 99) und aus Alalach Našeia, Našata (Wiseman, Alalakh Tablets, 143); vgl. dazu den ungedeuteten PN nṯt (nešeti) (Gröndahl 56.306). Ob tatsächlich diese Namen heranzuziehen sind (zu hurr. neššе "prosperité?", Laroche, Glossaire, 181?), ist nicht sicher. Semit. käme eventuell eine Bildung mit נשׂא nś' (s.oben zu N 113), arab. nš' (*nś') "sich erheben; entstehen; wachsen" (Ryckmans 144; Harding 587f. mit PN; Wehr 1271f.: naša'a mit den zitierten Bedeutungen; naš', nāši'a "Jugend", nāši' "heranwachsend", naš'a "Wachstum"). Vgl. zu letzterem und unserem Beleg auch den PN nš'y bei Avanzini, Onomastica sudarabica, 113.

N 309  n-^{3}-s^{3} F

Vgl. die Diskussion bei N 310 (Belege Berlandini).

N 310  (f) n-^{3}-s^{3}-c3-r SSR

Der vorliegende Name stellt eine Anzahl schwieriger Probleme. Spiegelberg äusserte sich zu ihm wie folgt (Ägypt. Sammlung...Haag, 7f): "Bemerkenswert ist der Name der...Ne-šaur, in welchem zweifellos der Pluralartikel und das semitische Lehnwort שְׂעֹרָה : ܣܥܪܬܐ : شعير "Gerste" steckt. Für eine noch ausstehende Untersuchung über die ägypt. Transkription derr semitischen Zischist dieses Beispiel mit der Gleichung  = שׂ : ܣ : ش von einer gewissen Bedeutung." Die dem Wort שְׂעֹרָה ś^{e}ʿōrā "Gerste" (die haarige, grannige Kör-

nerfrucht) zugrunde liegende Wurzel *$ś^{c}r$ "haarig sein" (HAL IV 1252) hat urspr. Śin, wie etwa arab. $š^{c}r$ (in dieser Bedeutung, davon abgeleitet $ša^{c}r$ "Haar", $ša^{c}īr$ "Gerste", Wehr 658) mit dem üblichen südsemit. Wandel ś > š zeigt. Alle ägyptischen Lehnwörter zu dieser Wurzel umschreiben daher auch korrekt mit ägyptischem s-Laut:  "Dickicht" (B 765; H 519(187); Albright VESO 38),  "Wolle" (B 767; H 519(188) und kopt. ⲥⲟⲣⲧ "Wolle", dazu Voigt, in: GM 107(1989), 87-95) und das Toponym $Śē^{c}īr$ "Waldbezirk" 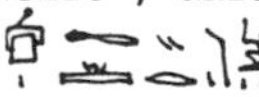 (Aḥituv, Toponyms p.[169]). Zu dieser Schwierigkeit kommt noch hinzu, dass Ranke einen PN 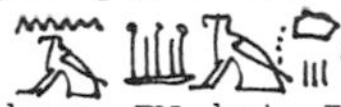 als "das Korn" übersetzt (II, 186). Mit unserem Namen vergleichbare PN hat J. Berlandini zusammengestellt. Dabei fällt aber auf, das der hier zur Diskussion stehende Beleg als einziger ein 'r' schreibt. Die von ihr angeführten Schreibungen sind (Varia Memphitica, 258):
(1) , (2)(a) 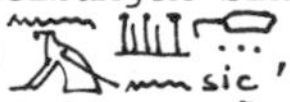, (b) , (c) 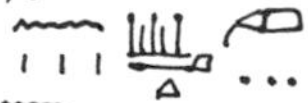
(d) 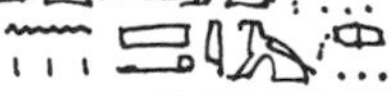, (e) 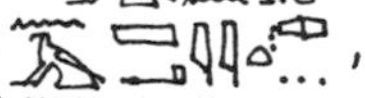, (3)  (4) ,
(5) unser Beleg N 310, (6) 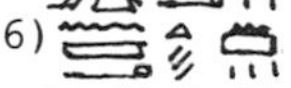.
Dabei bezeichnet Frau Berlandini diesen FN als charakteristisch für die Zeit von Sethos I. bis Ramses II., gibt aber darüber hinaus keinen Kommentar zu den unterschiedlichen Schreibungen oder zur Bedeutung. Zu den genannten PN ist auch N 309 hinzuzufügen, der mit  als fremd gekennzeichnet ist.
Zusammenhang und Deutung dieser PN sind mir unklar. Wenn wir den PN 310, der als einziger die Konsonantenfolge '$nš^{c}r$' zeigt, losgelöst von den anderen Belegen betrachten, sind noch zwei mögliche Anknüpfungspunkte zu erwähnen. Möglicherweise ist der durch zwei saf. Belege bezeugte PN $nš^{c}r$ zu vergleichen, wo allerdings der Sibilant wohl *ś ist (Harding 589 gibt "root unknown"). Vielleicht gehört er zu der in dem Namen $š^{c}r$ (350f. mit 37 saf., 1 hadr., 1 qat., 2 sab. Belegen) und $š^{c}rʾl$ (aaO, 1 x saf.) vorliegenden Verbalwurzel, in der ich am ehesten arab. $ša^{c}ara$ "erkennen, wissen, verstehen" (Wehr 657), altsüdarab. $š^{c}r$, hebr. $ś^{c}r$ III (HAL IV 1252) erkennen möchte (d.h. *$ś^{c}r$).
Ein Anschluss für N 310 mit *š ergibt sich dagegen über die hebr. PN שְׁעַרְיָה $š^{e}ʿarjāh$, $š^{c}rjhw$ "Y[ahwe] has reckoned" (Fowler 98.363; Zadok 24) bzw. "gewürdigt hat Jahwe" (HAL IV 1495), die mit der Wurzel hebr. שׁער $š^{c}r$ I "berechnen", arab. $sa^{c}ara$ (HAL IV 1490) gebildet sind, die ihrerseits denominiert ist von hebr. שַׁעַר $ša^{c}ar$ "Mass (Getreide)", arab. $si^{c}r$ "Preis, Taxe" (HAL aaO und 1494; zu der Wurzel gehört ev.  "Verheissung, Versprechen", Wb 4, 422.1; H 520 (216)). Diese Bedeutung "Getreidemass" könnte auch - statt phonetisch nicht korrektem Anschluss an $ś^{e}ʿōrā$ "Getreide" - den Grund für die

Determinierung von N 310 darstellen. Ob formal ein Nif^{c}al vorliegt?
Diese Hinweise können nur einen Versuch zur Deutung der Problematik geben, die auch die von Berlandini zitierten Belege (ohne 'r', z.T. ohne '^{c}') erklären sollte.

N 311 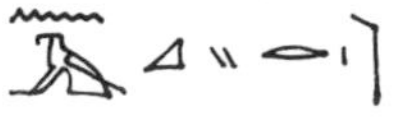 (m) n-^{3}-q-j_{2}-r ^{F}

Syrer des Leipziger Ostrakons, Anfang 18.Dynastie.

Der PN dürfte eine qātil-Bildung sein. Die folgenden Deutungen kommen in Frage
(a) ugar. nāgir "Zimmermann" mit dem PN nāgirānu (Gröndahl 165); arab. naǧǧār (Wehr 1248), dazu wohl der saf. PN nǧr (Harding 581; 2 Belege; 5 × sab. nǧrn). Vgl. noch akkad. nangāru (≙ nagāru) Stamm 270 (nicht eigentlicher PN).
(b) arab. nāqil "Träger, Überbringer" (Wehr 1311), belegt in dem nab. PN nqlw (Khraysheh 123) und dem safait. PN nql (7 × belegt, Harding 598: "carrier"; sab. nql "quarry stone; excavate; communicate, inform", Sab. Dict. 97). Im Ugaritischen begegnen die PN niqalā und nqly (Gröndahl 168, wo aus Alalach niqala und niqalu - Wiseman, Alalakh Tablets 143 - zitiert werden).
(c) Vgl. zusätzlich noch die frühArab. PN nǧl (Harding 582: "naǧl, offspring"; Ryckmans 135: "grands yeux bien fendus") und nqr (Harding 597: "Nuqar"; gehört wohl zu nqr "malicious person, backbiter" [Sab. Dict. 97], naqir "ärgerlich, beleidigt" oder naqqār "Schnitzer, Graveur" [Wehr 1304]) sowie arab. naġil "uneheliches Kind, Bastard" (Wehr 1293), doch sind (a) und (b) vorzuziehen.

N 312  (m) n-^{3}-q-^{3}-d-j_{2}-y ^{F}

Sklave aus , dem Namen beigeschrieben der Vermerk: rn-f ḫ^{3}rw; der Vater s. N 399, die Mutter s. N 431; Ende der 19. Dynastie.

Der Name lässt sich lexikalisch und onomastisch gut anschliessen. Da ägyptisch 'q' sowohl für semit.'q' als auch 'g' (und 'ġ') stehen kann (Burchardt § 117), ergeben sich im einzelnen folgende Möglichkeiten:
(a) Wurzel 'ngd': aus den reichsaram.Inschriften der PN ngd, den Maraqten als qatīl-Form der Wurzel נגד ngd "ziehen, führen" (arab. naǧada "retten") deutet - vgl. hebr. נָגִיד nāgîd "Vorsteher, Anführer" (HAL III 630; Wurzel *ngd aaO 629). Aus der Onomastik führt er talmud. Naggādā', ngdy, pun. ngd, saf.

nǧd (Harding 581 mit 3 Belegen; Ryckmans gibt als Interpretation [135] "qui s'élève, brave, intrépide") und die griechischen Transkriptionen Ναγδας und Νεγιδ an. Der PN kann dann als *nagadija "(GN) hat geführt" verstanden werden.
(b) Wurzel 'nqd': unter diese Wurzel fallen verschiedene Anschlüsse.
(1) akkad. nāqidu (> nagada) "Hirt" (ug. nqd, hebr. נֹקֵד nōqēd "Schafzüchter", arab. naqqād, HAL III 679); als PN nāqidu "Hirt" (Saporetti I 347; II 142; Stamm 270); dabei könnte im vorliegenden Fall auch eine Kurzform eines theophoren Satznamens "mein Hirt (ist der Gott NN)" angesetzt werden.
(2) der hebr. PN נְקוֹדָא nᵉqôdā wird HAL III 680 mit Noth (225) zu hebr. נָקֹד nāqōd "gesprenkelt" bzw. zu akk. niqudu/niquddu "Sumpfhuhn" (als PN Stamm 371) gestellt. Beide Wörter gehören wohl etymologisch zusammen (gesprenkeltes Gefieder des Sumpfhuhns). Den hebr. PN vergleicht Khraysheh (122f.) zu dem nab. Namen nqydw. Er weist auch auf den 2 x saf., 1 x sab. belegten PN nqd (Harding 597) hin, der von Ryckmans an eine Wurzel nqd "jeter un regard furtif, payer" angeschlossen wird.
Die Anknüpfungen (a) und (b)(1) verdienen m.E. den Vorzug vor (b)(2).

N 313  (f) n-tj-b$^{3}_{5}$-r-tj-^{3} (tj-j-^{3})

Frau des ersten Wagenlenkers und königlichen Gesandten H̤h̤, Sängerin des Amun, Zeit Ramses' II.

In diesem und dem folgenden Namen möchte ich die anlautende Konsonantenfolge n-t als Wiedergabe eines stimmhaften 'd' ansehen, wie - allerdings wesentlich später - der persische Königsname Darius ägyptisch auch  oder  (Beckerath, Handbuch, 278) geschrieben wird und im Koptischen Ⲛ zur Bezeichnung der stimmhaften Aussprache vor griechischen Wörter auftritt etwa ⲚⲄⲀⲢ: γάρ, ⲚⲆⲈ: δέ, ⲤⲨⲚⲌⲨⲄⲞⲤ : σύνζυγος (Till, Koptische Grammatik, § 38). Aufgrund des Fehlens der stimmhaften Media 'd' im Ägyptischen und der notgedrungenen Umschreibung des Daleth durch den "nächstverwandten Laut ohne Stimme △ und  (= △)" (Czermak, Laute, § 141) stellte dies den Versuch einer schriftlichen Präzisierung des Phonems dar.[a] Ich erwäge die Anschlüsse
(a) *dbrt "Biene": hebr. PN דְּבוֹרָה dᵉbôrā (*dbrt) "Biene" (Noth 230; auch phön. PN dbr "Biene", Benz 300). Zu dem hebr. PN vermerkt Zadok (107), dass die ursprüngliche Nominalform nicht bekannt ist.
(b) Zu der Wurzel *dbr "hinten sein", arab. dabara (HAL I 201): hierzu der PN

(a) Vgl. ev. schon die Notation des ON Dur-Kurigalzu mit m-d- in den Ortsnamenlisten des Totentempels Amenophis' III. (s. Görg, Zentrum der Kassiten).

דְבִיר d^ebîr (aaO)? Vgl. auch hebr. dbr pi. "Nachkommenschaft haben", arab. dābir "Nachkommenschaft". Dagegen stellt Zadok den hebr. PN דִּבְרִי dibrî zu einer Wurzel *dbr "lead, put to fight" (79). Hierhin oder zu (a) gehört der PN dbr bei Harding 233f.

(c) *dblt "Feigenkuchen": hebr. דְּבֵלָה d^ebēlā, cs. d^ebälät (ugar. dblt; sab. dbl "ball of dates", Sab. Dict. 35). Dazu der hebr. PN diblajim (Zadok 89 HAL 200); für semantische Parallelen s. Noth 223, Stamm 247.257.

Die zwei nab. PN dbylt und dblʾ mit unsicherer Deutung (arab. dubaila "Unglück", oder zu d̲bl "welken"? Khraysheh 58f.) sind - je nach Deutung - eventuell ebenfalls zu vergleichen.

N 314  (m) n-t:-w^3-n-r-n
oder: n-jw-w^3-n-r-ḥ ?

Ein 'ẖrd n k^3p', Neues Reich.

Eine Lesung 't:' statt 'jw' ist vielleicht vorzuziehen, da das Zeichen ⊂⊃ sehr schmal geschrieben ist (vgl.Wb 5,212). In diesem Fall möchte ich auch hier die Lautung *d für die Gruppe n-t: vermuten (s.bei N 313). Der Name ist in der Publikation von Speleers mit dem Frauendeterminativ versehen, doch geht aus der Beischrift ẖrd n k^3p k^3ms d̲d(w) n-f eindeutig hervor, dass es sich um eine männliche Person mit dem Zweitnamen K^3ms handeln muss.

Den PN möchte ich an den sab. PN dwln (Harding 245, 1× sab., "ar.daul, change, mutation") anschliessen und als *daulān "Wechsel" interpretieren (mit Suffix '-ān', vgl. Zadok 159f.: ev. auch adjektivisch oder diminutiv).

N 315  n-^{3}-d̲^{3}-:r NSR

Die Determinierung dürfte auf äg.  d̲^{3}r "kochen" (Wb 5,526) beruhen, während äg.  nsr "brennen; Feuer, Flamme" (Wb 2,335) aus phonetischen Gründen kaum in Frage kommen dürfte. Für eine Deutung bieten sich an:

(a) Wurzel nṣr < *nẓr: bei diesem Anschluss ist der PN als *naẓar "(der Gott NN) hat behütet" zu נצר *nẓr "beschützen, behüten" (HAL III 678) zu stellen, das in folgenden semit. Namenskorpora belegt ist: aram. nṣry (Maraqten 188), amor. Gelb CAA 335f.; ARM XXII/2 578, XXIV 276.279f., XXV 252 (PN Nāṣirum und Ilī-, Sin-, Šamaš-, Ilūšu-nāṣir: vgl. Stamm 91.216.219); akk. Stamm 358 (Reg.

s.v. naṣāru), Freydank/Saporetti 172; neuass. naṣrā, moab. nṣrʾl, spätaram. nṣrmlk (Maraqten aaO); nẓr, nẓrʾl im Safaitischen (Harding 592). Maraqten möchte auch die PN nṣr(w) des Nabatäischen sowie der Inschriften aus Palmyra und Hatra hier anfügen, während die Bearbeiter der entsprechenden Onomastika (Khraysheh, Stark, Abbadi) einen Anschluss an die Wurzel *nṣr (b) bevorzugen.[a]
(b) Wurzel *nṣr: zu der arab.Wurzel nṣr "helfen, siegen" (Ryckmans 143) gehört der oft belegte frühar abische PN nṣr (Harding 590; 50× saf., dazu 2× tham., 1× sab.; auch Komposita wie nṣrʾl usw.) sowie nab. nṣrw, nṣrʾlhy "Sieg Gottes" (Khraysheh 122), palm. nṣr, nṣry, nṣrlt "Help from Allat" (Stark 100) und aus Hatra nṣrw (Abbadi 130). Sollte diese Wurzel vorliegen, müsste man den PN N 315 entweder als *naṣar "(der Gott NN) half/ist siegreich" oder als Profan- (etwa "siegreich" oder "Helfer") verstehen.[b]
(c) Weiteres: ein Anschluss an die Wurzel נצל nṣl "entreissen, retten" (KBL 630) und den PN hṣljhw "Y[ahwe] has delivered" (Fowler 97.352) scheint weniger wahrscheinlich, da diese Bedeutung durch den Kausativstamm(hif^{c}il) ausgedrückt wird. Allenfalls kann auf die Beobachtung verwiesen werden, dass in hebr.PN in bestimmten Fällen der Grundstamm auch für die Bedeutungen abgeleiteter Stämme verwendet wird (dazu mit Beispielen Fowler 86f.). Doch haben Hif. auch die Belege ammon. hṣlʾl (Zadok 31.114) sowie noch äg.-aram. hṣwl (Kornfeld 48; Silverman 110.157: ein qattûl-Hypokoristikon). Onomastisch ist schliesslich noch der im Safaitischen 8× bezeugte PN nzl (Harding 586) sowie der Name nṣl(t) (Harding 591; "ar. naṣl, head"; je einmal saf./sab.belegt) zu erwähnen. Auch eine Deutung nach der Wurzel *nḏr, arab. naḍa/i/ura "blühend, frisch, schön sein" (Wehr 1282), hebr. נצר nṣr II (HAL III 678 mit Verweis auf den altsüdarab. PN nẓrn "schön") und den Ableitungen arab. naḍir "blühend, frisch, glänzend", hebr. נֵצֶר nēṣär (< *niḍr) "Spross, Schössling" ist i.G. möglich.

N 316 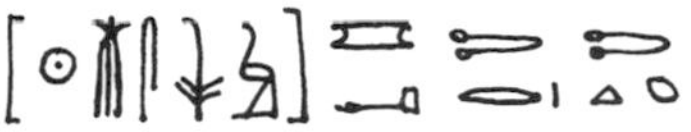 (m) [R^{c}-ms-sw]-mr-^{c}-ṯ-r-ṯ-t SWḤT

Ein Sohn Ramses' II.

Ägyptischer PN mit semit. GN (defektiv ohne 's' geschrieben): "[Ramses], geliebt von Astarte". Die Ergänzung [R^{c}-ms-sw] nach Stadelmann, Gottheiten, 105.

N 317 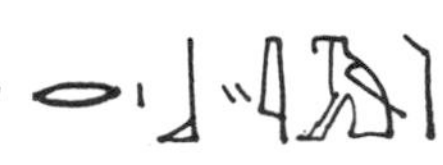 (m) r-b-j_2-j-^{3} F

(a) Zusätzliche Belege: Jamme, Safaitic Inscriptions, 95; Stiehl, Lih. Inschriften, 23.
(b) Dazu ein weiterer Beleg bei Jamme aaO 78.

Ein Syrer des Leipziger Ostrakons, Anfang 18.Dynastie.

Helck transkribiert 'ra-bê' und vergleicht aus Alalach den PN Rabaja. Wie auch sonst reflektiert er diesen Anschluss nicht (er dürfte unten zu (a) gehören). Die beiden Anschlussmöglichkeiten ergeben sich aus der Ambivalenz von ägypt. ⲟ, das sowohl für semit. 'r' als auch 'l' stehen kann.

(a) Wurzel רבב rbb/ רבה rbj "gross, zahlreich sein" (HAL IV 1092-99: entweder dürfte die Kzf. eines theophoren Satznamens wie Rabi-AN "Gott ist gross" (Hess 214) oder ein Profanname rb "Grosser, Anführer, Herr" vorliegen. Vgl.die Belege folgender Onomastika: hebr. Fowler 77.137.148, Zadok 39.52; ugar. Gröndahl 179 (rabbānu, rabbūnu zu rabbi "Grosser, Führer"); amor.Huffmon 260, Gelb CAA 345; Mari: noch Rabûm (ARM XXII/2 591), Šamaš-rabi (ARM XXV 256); akkad. Stamm 359 (Reg. s.v. rabû); phön. Benz 303 (hrb "the chief"); aram. Kornfeld 71 (rbʾ als Berufsname "Oberst, Anführer"); palm. Stark 111 (rbʾ, rbʾl "Great is god"); nab. Khraysheh 163 (rbʾl); frühnordarab. Harding 263 (rb "master, lord", 65 × saf., 1 × lih.; Komposita; rbb, 2 × tham., 1 × sab.); Hatra: Abbadi 161 (rby: "mein Herr (ist Gott NN)").

Weniger wahrscheinlich scheint ein Anschluss an die Wurzel ריב *rjb "einen Rechtsstreit führen"(HAL IV 1141f.; dazu Stamm, Namen rechtlichen Inhalts II., 190-198) mit etwa dem hebr. PN rîbaj (Zadok 141 mit amor. Ri-i-bu-um und einer weiteren Anschlussmöglichkeit an jüd.-aram. rjb "young boy") bzw. der früharab. PN rbʾ (Harding 263 zu *rbʾ "to guard", 8 Belege).

(b) לָבִיא lābīʾ "Löwe" (HAL II 491): zur Schreibung als FW in Ägypten oben N 263. Belege dafür sind mir aus folgenden Namenskorpora bekannt: akkad. lābu, labʾu (Saporetti I 133, Freydank/Saporetti 77); EA-Briefe: Labʾāyu (Hess 170f.) amor. in theophoren Satznamen: Sumu-laba, Šadum-labua (Huffmon 225), Ḫammu-laba (ARM XXV 251), aber auch (Hypokoristikon oder Profanname) Laba (aaO 253); ugar. ebenfalls in Satznamen: laba-abi, ᶜmlbi/u, šmlbu, ᶜbdlbit (Gröndahl 154; vgl. ᶜbdlbʾt bei Zadok 60); nab. lbʾ (labuʾ, Khraysheh 102f.); früharab. lbʾ ("Löwe", Harding 508, 19 × saf., 1 × qat.), lbʾt ("Löwin", 29 × saf., 3 × tham., 2 × qat.). Vgl. zu den letztgenannten Belegen Schaffer, Tiernamen als Frauennamen, 301. Hierhin gehört auch der Laroche NH Nr.689 verzeichnete PN Labʾu und La-a-bu-u bei Fales, Women's Names, p.63. Weniger wahrscheinlich scheint ein Anschluss an den PN lb (Harding 508: "ar. labb, courteous, affectionate", 3 saf. Belege).

N 318  (m) r-b^3-sw-n:-n-^{3} F (Ramesseum)

Var.  r-b^3-sw-r^P [sic] (Abu Simbel)

Hethitischer Truppenkommandant (ḥrj-pḏt) von .

Helck transkribiert ra-bí-śu-l$_2$-la$_2$ bzw. ra-bí-śú-l. Da mit 'r' beginnende Namen hethitisch nicht existieren und auch die Zahl der PN mit anlautendem 'l' sehr gering ist (s. Laroche NH), dürfte der Name eher semitisch sein und darin N 143 vergleichbar. Möglicherweise liegt ein Satzname mit einem der Anschlüsse von N 317 als erstem Element vor. Der zweite Bestandteil (nach dieser Abtrennung) ist mir unklar; vgl. ev. die Anschlüsse unten bei N 390.

N 319  (m) r-p^3-y

Stallmeister unter Ramses V.

Mit einiger Sicherheit können wir in diesem Namen die Kurzform eines mit der Wurzel רפא rpʾ "heilen" (HAL IV 1186-1188) gebildeten theophoren Satznamens "(der Gott NN) hat geheilt" sehen. Die Wurzel ist in der Onomastik weit verbreitet. Hebräisch sind die Satznamen רְפָאֵל r^{e}pāʾēl, רְפָיָה r^{e}pājāh "El/Jahwe hat geheilt", dazu die Kurzformen רָפָא rāpāʾ, רָפוּא rāpûʾ, rpʾ belegt (Noth 179.212, Fowler 105.152.161.360f., Zadok 30.91.96 mit neuassyr.< westsemit. Ra-pa-a und Amor. Ra-pu-ú-um). Phönizisch begegnet die Kurzform rpʾ (Benz 410f.), im Ugaritischen u.a. rpiy (Gröndahl 180). Vgl. weiter: amor. Huffmon 263f., Gelb CAA 346f., Birot 154f. und ARM XXV 255 (Rapi), EA-Briefe: Hess 134; aram. Maraqten 213 (rpʾ "Heiler"), Kornfeld 71 (rpy "(n.d.) hat geheilt"), Silverman 177 (Kzf. rpʾ); palm. Stark 112 (auch Kzf. rpʾ); früharab. rfʾ (7 × saf., 2 × tham., 1 × sab.) und rfʾy (2 × tham. + Komposita; hier mit der Bedeutung "to mend, appease", Harding 283); Hatra: Abbadi 164-166 (Kurzform rpʾ und Satznamen). Als Satzname aus den Ächtungstexten vgl.  (Posener E 5) ≙ * ʾbj-rpj.

Bei den folgenden Zusatzbelegen ist die Zugehörigkeit zu *rpʾ fraglich:

Zus.1 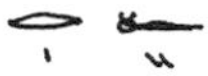 (m) r-f-j$_2$

Schreiber unter Ramses II. (auch der im Quellenkatalog unter (b) genannte

Beleg wurde hierzu gerechnet; diese Zuordnung ist allerdings nicht sicher.

Zus.2  (f) $r\text{-}j_2\text{-}f\text{-}j_2$

Frau (Angehörige?) auf der Kairener Stele des Schreibers R-f(-j_2).

Zus.3  (m) rw-f-j_2

Winzer in Amarna.

Zus.4  (f) t^3-r-f-j_2

N 320 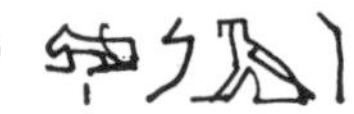 (m) $rw\text{-}m^3$ F

Vater des im Haremsprozess Ramses'III. verurteilten Schatzhausvorstehers P^3jrj.

Da der Name mit dem Fremd-Determinativ gekennzeichnet ist, dürfte er zu der Wurzel רום rwm "hoch, erhaben sein" gehören; Belege s.unter N 133. Zur Form s. bei N 167 und vgl. die PN altsüdarab. rwm und (in griech. Transkription) Ρουμος bei Zadok 142; dazu eine Kurzform rmj [102]).
Personennamen *rm ohne Fremddeterminativ begegnen recht häufig in ägyptischen Quellen, wobei nicht anzunehmen ist, dass es sich in allen Fällen um Kurznamen mit dieser semitischen Wurzel handelt, wie es Ranke (II 127 mit Anm.8: mit weiterer Kürzung zu  !) vermutete. Annehmen lässt sich das nur bei den nächsten beiden Einträgen, auch hier nur mit Vorbehalt:

N 321  (m) r-m

Vater eines Nb-nfr, Zeit Ramses' V. Der folgende Vermerk : stellt vielleicht aber einen neuen Eintrag dar und gehört nicht zu N 321.

N 322  (m) r-m

Die Stele ist von dem verkrüppelten Türhüter R-m der "syrischen Astarte" geweiht. Dass auch die Person selber aus Syrien stammt und der Name semitisch ist, dürfte daher wahrscheinlich sein.

Folgende weitere Belege des Namens 'r-m' sind mir bekannt, wobei entweder oder für 'm' steht: Statue Berlin 2085; Grab Theben TT 1 (2 verschiedene Personen); Ostraka CG 25504 rto. I,9; 25517,γ,18; vso. 13,22; 25519 vso. 14; 25788,3; Krugetikette, City of Akhenaten, III, fig.66 = Hari, Répertoire, 228; Stelen Mariette, Monuments, Nr.1050; 1059; 1122; 1132; pGurob Fragment A 2,6 = Burchardt Nr.618; Uschebtis CG 47666; CG 47900; CG 47902; Stele BM 146; Statuen CG 42185; 42186; 42188; 42189; Stelen CG 34057; 34082; 34134. Besonders hervorzuheben sind (Stele CG 34075) und (Stele CG 34126)

N 323  (m) r-n:-r

Ein Rekrutenschreiber unter Thutmosis'III.

N 324  (m) r-n:-r

Ein 'ẖrd n k^{3}p'.

Als Personennamen mit der Endung n:-r (*1) führt Ranke (II 160f.) nur wr-n:-r, ḥ:-n:-r und sw-n:-r als vermutliche Ableitungen von Gottesbezeichnungen an (zu k(^{3})-n:-r s. N 608ff., zu sw-n:-r den entsprechenden Abschnitt im Anhang an den Namenskatalog; zu jwn-n:-r oben N 24ff.). Analog könnte hier der ägyptische GN R^c mit der Diminutiv/Koseendung -l postuliert werden. Dem steht entgegen, dass nur 2 Belege existieren im Gegensatz zu den bei Ranke aufgeführten PN. Eine semitische Deutung ist m.E. vorzuziehen, wofür ich die folgenden Anschlüsse vorschlagen möchte:

(a) akk. lalû, ugar. llʾ "Zicklein" (AHw I 529f.; Aistleitner, Wb.d.Ug., 171): die Onomastik belegt akk. lalûm "Böcklein" (Stamm 253, Saporetti I 303f., II 134 "capretto"; Feydank/Saporetti 79); amor. ev. lalaʾûm (Birot 143; von Gelb CAA 24 zu (b) gestellt); ugar. laliʾu, llit "junges Tier, Lamm" (Gröndahl 145; Aistleitner, Wb.d.Ug., 171: PN llwn).

(b) akk.lalû "Fülle, Üppigkeit" (AHw I 530), amor.lalaʾum "fullness", "desire" (Gelb CAA 24): amor. Gelb CAA 24.312; eblait.lu-lu, lu-la "Fülle" (zu lulû mit derselben Bedeutung, s.oben N 112; Krebernik 95); dazu wohl lulum bei Gelb aaO.

(c) Weiteres: einen Namen Lalla verzeichnet Laroche NH Nr.680; arab. laʾlaʾ "Glitzern, Leuchten, Licht, vollkommene Freude", laʾlaʾa "Schein, Glanz, Glitzern" (Wehr 1137). Vgl. die Ausführungen zu N 325, N 326ff., N 329.

N 325  (m) rw-n:-r-j_2-y

Bote des Königs (wḥmw njswt) unter Ramses II.

Helck umschreibt lú-l_2-li-ja (warum so umständlich statt lú-lí-ja, da n:-r-j_2 doch zusammengehört?) und deutet den Namen als "der Lulläer". Diese Erklärung kann nicht ganz ausgeschlossen werden; dennoch sind starke Vorbehalte angebracht. Helck selber führt zu dem zugrundeliegenden Toponym aus (280): "Die Landschaft Lulluwa (...) im Gebiet der jetzigen Dreiländerecke Iran, Iraq und Türkei wird bereits bei Thutmosis III. in den stereotypen Listen erwähnt, erscheint aber sonst nicht, da es anscheinend kaum mit Ägypten in Verbindung gestanden hat." Hieroglyphisch wird das Toponym etwa geschrieben (Topographische Liste Sethos'I., Totentempel in Qurna, Nordsphinx, KRI I, 34). In onomastischer Hinsicht muss man dazu festhalten, dass PN, die *lulu oder ähnlich lauten (auch etwa lullāju bei Saporetti I 303f. mit akkad. Anschluss), in den verschiedensten Namenskorpora belegt und verschieden zu erklären sind. H.Klengel steht mit Recht einem generellen Anschluss solcher Namen an den Landesnamen Lulluwa negativ gegenüber: "Bei den zahlreichen PN L/Nullu (u.Var.), die aus Mesop. (Assur, Nuzi, Susa), Anatolien (Bogazköy, Kültepe) und Syrien (Alalaḫ, Ug., Qatna) überliefert sind, ist der ethnische Bezug nicht jeweils zu sichern, sie können - insbesondere im Falle der aussermesopot.Belege - kaum als Hinweise auf Kontakte zu Bewohnern von L. dienen" (Art. Lullu(bum), in: Rl Ass 7, 164-168: 168). Als Beispiele können etwa Laroche NH Nr.706f., Gröndahl 282; Cassin/Glassner 90, besonders aber der elamit.PN Lulu (Zadok, Elamite Hypocoristica, 96) dienen. Andererseits könnte für den vorliegenden PN, falls kein Lallname vorliegen sollte, auch ein Anschluss an akkad. lulû "Fülle" (s. 323f. und N 11; eblait. Krebernik 95.243) oder die frühарabischen PN lwly (1×ṣaf., 1× tham.) und lly (2×saf.,1× min., Harding 520.522) erwogen werden, die Harding zu arab. luʾluʾ "Perlen" (Wehr 1137) stellt. Eine Deutung als Gentilizium zu Lulluwa ist damit mit ähnlicher Vorsicht aufzunehmen wie die Deutung "der von Arzawa" (oben N 62ff.) oder "der Lyker" (N 236; F 14.15).

Die folgenden Einträge N 326 bis N 32 gehören zusammen:

N 326 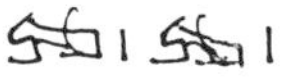 rw-rw

N 327 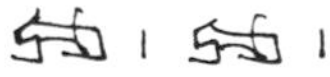 (m) rw-rw

Königlicher Vermögensverwalter unter Sethos I.(sein Vater s.N 208).

N 328  (m) rw-[zp 2] (=rw-rw)

w^{c}b-Priester(u.a.) J^{c}ḥms mit Beiname R.; Rangtitel jrj-p^{c}t ḥ^{3}tj-^{c}, frühe 18.D.

Helck vergleicht zu N 326 und N 327 den in Alalach bezeugten PN Lullu. Zur Diskussion s. oben zu N 325, doch vgl. den Vorbehalt bei N 329f.

N 329 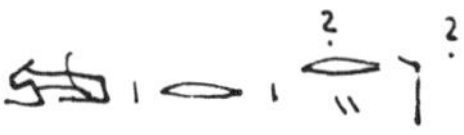 (m) rw-r-r$^{?}$-j$_{2}$ F?

Oberwinzer, Jahr 12 des Haremhab.

Vgl. die Diskussion bei N 325 sowie N 323f.

N 330  (m) rw-r-t-j$_{2}$

šn^{c}-Arbeiter des Amuntempels, Ende 20. Dyn.

Der Name ist nicht sicher fremd, vgl. die PN  (2 Belege) bei R I XXV (Nachtrag zu R I 225,13) und zusätzlich PN mit der Konsonantenfolge r-t (Belege bei F 13) oder r-r (etwa Hilton Price II, 24 [4195]). Für mögliche semitische Ansätze vgl. N 323ff. (und ev. N 593; N 338, N 340), doch ist eine Deutung schwierig.

N 331 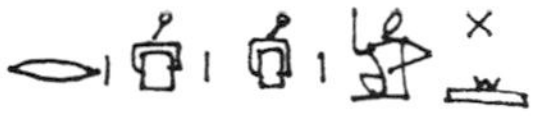 (m) r-s^{3}-s^{3} ŠJ.SḎ.MḎ3T

Bauer unter Ramses V.

N 332  (m) r-s^{3}-s^{3} ŠJ.SḎ.MḎ3T

Diener unter Ramses V.

Helck transkribiert ra-śá-śá, gibt aber keine Erklärung des Namens. Zuerst ist

eine Klärung der Determinierung nötig. Das normale Determinativ für 'männliche Person' (Gardiner A 1) dürfte als Assoziation zur Lautung von s^3 gesetzt sein; vgl. kopt. ⲥⲁ (ägypt.) "Mann". Das Deutezeichen der 'gekreuzten Stäbe' (Gardiner Z 9; für Bedeutungen wie "teilen", "zählen", "zerbrechen", "zerstören") dürfte zu der Gruppe s^3-s^3 gehören und wegen äg. "angreifen" (Wb 4,25) notiert worden sein. Möglicherweise determiniert es aber auch die bei der Deutung des Namens vermutlich heranzuziehende Wurzel רסס rss (aram.; *rśś) "besprengen; zerschlagen" (HAL IV 1165), von der רְסִיס rāsîs I "Tropfen", aber auch רְסִיס rāsîs II "Bruchstück, Trümmer" abgeleitet sind (mit Murtonen II 404, während nach HAL aaO zwei verschiedene Wurzeln vorliegen). Im Arabischen lautet die Wurzel rašša "verspritzen, versprühen, begiessen", dazu rašša "leichter Sprühregen" (Wehr 472; ob auch ugar. rš "zerstören" hierher gehört? Aistleitner, Wb. d. Ug., Nr.2545). Personennamen zu dieser Wurzel sind im Frühnordarabischen und den Inschriften von Palmyra belegt: rš mit 1 saf. und 2 tham. Belegen (Harding 278; zu arab. rašša "to sprinkle") und ršy (Stark 112: "rain"). Den vorliegenden Namen kann man bei einem Anschluss an diese Wurzel in zweifacher Hinsicht interpretieren: entweder im Sinne des palm. PN als Profanname "Sprühregen" oder (wegen der doppelten Notierung des wahrscheinlicher) als Kurzform eines theophoren Satznamens *raśaś (Perf. qal) "(der Gott NN) hat besprengt, besprüht = gereinigt, geläutert". In diesem letzteren Sinn hat Fowler die hebr. PN mit den Wurzeln נזה *nzj hif. "to sprinkle = purify" (100.137.351, ebenso Zadok 40) und טבל ṭbl "to dip = purify" (109.346) einleuchtend gedeutet.
Für semantische Parallelen einer Deutung als "Regen" s. Stark 105 (^{c}yt$^>$ "rain" und weitere vergleichbare PN).

N 333  (a) (m) r-j_2-s^3

Var.  r-s^3

In diesem Namen dürfte, wie auch Zivie vermutete, das Wort ראש *r$^>$š "Kopf, Haupt" vorliegen. Zu der Form dieses Primärnomens vgl. HAL IV 1086ff.: traditionell wird *ra$^>$šu > rāšu > [hebr.] rōš angesetzt, alternativ *ru$^>$šu > rō$^>$eš, wobei auf EA 264,18 ru-šu-nu und in ägypt. Transkription (Albright, VESO 35) hingewiesen werden kann. In Ugarit haben wir mit 'i'-Vokal die Nominalform *riš (pl. rašm, rašt/rišt), wozu der PN righn (Gröndahl 178; vgl. hebr. rîšôn) gehört. Zadok erwähnt in diesem Zusammenhang als weiteren

(a) Offizier unter Thutmosis IV. (?) mit Mutter Tentiabet "l'Orientale" (Zivie, Découverte, 48f.).

onomastischen Beleg neu/spätbabyl.< aram. Re/Ri-šá-an-na (die Existenz des hebr. PN rôš "head, chief" [< rāš < raʾš, Zadok aaO und 83] in verderbtem Text Gen 46,21 ist unsicher, s. Zadok 200 sub 40., Noth 256). Weitere hier relevante PN sind aus Mari die Kurzform Rišiya neben Vollnamen wie Riš-Šamaš, Riš-Erra oder Sin-riš (Birot 175; ARM XXII/2 591.593, XXV 255), aus den Amarna-Briefen ^{c}Abdi-Riša "Diener des Riša" (Hess 152 nimmt rʾš als 'head = official' und übersetzt "servant of an official", was ich für unwahrscheinlich halte) und ev. phön. ršʾ (Benz 411).
Diese Erklärung verdient den Vorzug vor der Annahme einer Kurzform zu einem mit akkad. rêšu, râšu "jubeln" gebildeten Namen wie Rēš-ugāru (Stamm 79; vgl. 185f.) oder Šamaš-riši-îli (AHw II 989; zu den Möglichkeiten der Verkürzung akkadischer PN s. Stamm 111-117) oder anderen Anschlüssen (früharab. PN ls bei Harding 515; altsüdarab. rsw "offer, dedicate", rsy "gift, offering": J.C. Biella, A Dictionary of Old South Arabic: Sabaean Dialect, 1982, 496f.).
Nicht bewiesen, aber angesichts der Untervertretung kompletter semitischer Satznamen in ägyptischen Quellen doch vermutet werden kann, dass viele Vollnamen in Ägypten selber zum einfacheren Gebrauch gekürzt wurden bzw. die schon vorhandenen Kurzformen anstelle der Vollnamen in Gebrauch waren und daher überliefert wurden.

N 334  (m) r-š-p-w ^{F}

Stallmeister unter Ramses V.

N 335 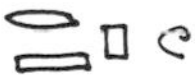 (m) r-š-p-w

Hausvorsteher und königlicher Schreiber unter Ramses II.

In diesen PN liegt der GN Reschef vor. Zu dem Gott s. Stadelmann, Gottheiten, 47-76. Da seine Verehrung im ramessidischen Ägypten verbreitet war, muss es sich hier nicht um Ausländer aus Syrien-Palästina handeln.
Für Belege des GN Ršp in semitischen Onomastika s.: phön. Benz 411f.; ugar. Gröndahl 181f. (auch Kzf. ršpy, Rišpaya); amor. Huffmon 263, Gelb CAA 347, Birot 266; ev. hebr. רֶשֶׁף räšäp (Zadok 69.181; gestrichen bei Noth 257).

N 336  (f) r-^{3}-q-^{3}-š^{3} (Kitchen)

alte Lesung:  r-w-q-^{3}-s^{3} (Mariette)

Schwester des Pn-t^{3}-wrt (Truchsess), Sängerin des Amun.

Sowohl die alte Lesung 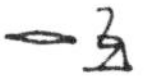 als auch die neue  müssen als ungewöhnlich betrachtet werden (normal  bzw. ). Helck umschreibt lu-qa-š; weshalb er ohne jede Deutung ein anlautendes 'l' postulieren kann, bleibt dabei ebenso unklar wie die Umschrift 'š' statt - nach Helck 558 - 'ša'.
Den Namen möchte ich als *laqāš (lūqāš) "(der Gott NN) hat fürwahr geschenkt" erklären. Zu der Partikel *la/lū "fürwahr, wahrlich" s. oben zu N 12 und vgl. noch akkad. Wunschnamen wie Lū-šalim, Lū-dāri, Lū-balaṭ (Stamm 154.159). Dagegen sind PN wie Lāʾēl "belonging to ʾEl", lnry (*lanērī) "of nry", mittelbab. < westsemit. La-an-ti und neu/spätbabyl.< aram. La-^{d}Nergal "Of Anat/Nergal" als 'l' "of, belonging to" + GN zu verstehen (Zadok 61, Fowler 128). Zu PN mit la-/li- s. noch ARM XXII/2 583f., XXIV 273.
Das Verb *qjš ist in der akkad. Anthroponomastik gut bezeugt, ist aber auch in den hebr. PN qîš(î) und qûšājāhû "Y[ahwe] has presented or bestowed" (Fowler 152.359, Zadok 60.140f.) und im Amoritischen (Huffmon 259; Gelb CAA 341, qjś) belegt. Aus Mari vgl. PN Qiš-/Qiši-/Qišti-GN und Kurzformen Qīšatum, Qīšat (ARM XXII/2 590f., XXIV 277; XXV 255).
Andere Anknüpfungen sind schwieriger; vgl. allenfalls die frühnordarab. PN lqs und lqys (Harding 519f., zu arab. laqasa, hebr. לקש lqš "spät sein) sowie rǧs (Harding 271 zu arab. raǧis "foul, filthy" gestellt).

N 337  (m) r-q-ḏ-b-w-tj

Schwertträger, Ramessidenzeit.

Die auch von Helck übernommene Deutung des PN durch Drioton (zitiert bei Habachi [s. Quellenkatalog]) aufgrund der Lesung r-ḏ-q-b-w-tj als רֹצֵעַ־קֵבוֹת *rōṣēʿa-qēbôt, was als "der den Leib öffnet" übersetzt und als passender Beiname eines Schwertträgers aufgefasst wird, möchte ich in Frage stellen. Inzwischen ist sie unglücklicherweise auch in HAL IV 1198 (zu *rṣʿ) aufgenommen worden. Zwar liesse sich für die hier postulierte Verwendung von קֵבָה qēbā "Labmagen, Fettmagen; Bauch" (HAL III 992) Num 25,8 anführen, wo ein Israelit und eine Midianiterin "durch den Bauch" erstochen werden. Dagegen spricht v.a.,

dass a) die Notation schlecht zu einem aktiven Part. qal *rāṣiᶜ (> rōṣēᵃᶜ) zu passen scheint, da nach Ausweis der folgenden Gruppen b-w und tj von einer nur konsonantischen Schreibung nicht gesprochen werden kann, und b) die fehlende Transkription des ᶜAjin kaum zu erklären ist.
Die Interpretation, die im folgenden vorgebracht werden soll, geht von der Konsonantenfolge r-q-d̲-b-w-tj aus und deutet sie als Umschrift von *la ġaḍbōtī "für meine Schmerzen, meine Wut". Hebr. עַצֶּבֶת ᶜaṣṣäbät "Schmerz", im Plural mit Suffix der 1. Ps. Sg. עַצְּבוֹתַי ᶜaṣbôtî (*ġaḍbôtî), gehört zu einer Wurzel *ġḍb (arab. ġaḍiba "zornig, böse, ärgerlich sein", ġaḍba "Wutanfall, Zornausbruch, Zorn" [Wehr 918]; s. HAL III 818, Kottsieper, Die Bedeutung der Wz. ᶜṣb, 214ff.). Diese Wurzel ist nun in der Tat auch onomastisch belegt. Möglicherweise ist der hebr. PN Jaᶜbēṣ, den die LXX Ιαγβης, Γαβης transkribiert, hierher zu stellen (mit Metathese), "and this would agree with the Biblical homiletic explanation of the name" (Zadok 131; 1 Chr 4,9: wᵉʾimmô qārᵉʾā šᵉmô jaᶜbēṣ lēmōr kî jaladtî bᵉᶜōṣäb "seine Mutter aber nannte ihn 'Jaᶜbēṣ', indem sie sagte: denn ich habe ihn mit Schmerz geboren"). Darüber hinaus führt Harding einen saf. Beleg des PN ġḍbt (456; "rage") und 3 sab. Belege des PN ġḍbm an (aaO; derselbe Name ġḍbm auch bei Avanzini, Onomastica sudarabica, 112). Zur Wiedergabe des Ghajin durch ägypt. 'q' s. Burchardt § 117(3).
Bei einer solchen Interpretation des vorliegenden Namens (die sich mit der Notation gut vereinbaren lässt; zur Schreibung der fem. Pluralendung s. N 272 !) wären semantische Parallelen u.a. in den "Klagenamen" bei Stamm 162ff. gegeben (etwa Šumruṣāku "Ich bin leidend", Libbi-simmu "Mein Herz ist eine Wunde" oder Biltī-marṣat "Meine Last ist drückend").

N 338  (m) r-t:$_2$ F

Obergoldschmied am Anfang der 18.Dynastie.

Vgl. die Belege von PN *rt - aber ohne Fremd-Determinativ - unter N F 17. Eine semitische Deutung kann sich auf die folgenden Personennamen abstützen: den im Ägyptisch-Aramäischen bezeugten PN rtwny stellt Silverman zu einer Wurzel *rtw/rtj "pity", die aramäisch und nordarabisch - in dem saf. PN rtʾl - belegt sei. Für das frühnordarab. Namenselement 'rt' s.Harding 268 (mit anderem Anschluss: Wurzel *rtt "to stammer" oder "ratt, chief"). Ein ähnlicher PN rtʾ aus Palmyra

wird von Stark als "lungs" (syr. rāṭāʾ, 112) übersetzt. Vgl. noch rwt (vgl. FN rût, Zadok 137) und ryṭ (je 1× saf., Harding 290.292). Wohin gehören die eblait. PN rí-ti, ri-TUM (Krebernik 279)? Einen ugarit. Namen rt belegt schliesslich noch Aistleitner, Wb. d. Ug., 297. Mit semit. 'd' kann der hebr. PN raddaj herangezogen werden, den Zadok entweder von *rdj "rule, dominate" oder *rdd "subdue" ableiten will (113.147), oder allenfalls auch altsüdarab. rdʾ "help, assistance" (Sab. Dict. 114f.). [(a)]
Bei einer Interpretation des als 'l' möchte ich einen Anschluss an לוט lwṭ (HAL II 497), akkad. lâṭu (AHw I 540; auch arab.) mit der Grundbedeutung "bedecken, verbergen" (hierzu oder zu לֹט lōṭ "die harzreiche Rinde von Mastix [s. N 340] die alttestamentlichen PN lôṭ, lôṭān?) erwägen und die Kurzform *laṭ eines theophoren Satznamens "(der Gott NN) hat verborgen (d.h. beschützt)" (semantische Parallelen Fowler 287–290) ansetzen. Vgl. ev. auch noch hebr. לְטָאָה l^eṭāʾā "Gecko" (HAL II 501).

N 339  (m?) $r^?$-t-^{3}-b^3

Eine semit. Deutung des Namens ist nach folgenden Anschlüssen möglich:
(a) Nach der Wurzel *rṭb "nass, feucht sein" (HAL IV 1140: hebr., akkad., aram., arab., äth.), zu der der 1× hadramautisch bezeugte PN rṭbm gehört, den Harding (280) als arab. raṭb "fresh, tender" erklärt. Denkbar ist jedoch (mit b^3 für 'bi') auch eine Nisbe zu einem von dieser Wurzel abgeleiteten Ortsnamen, analog dem modernen Tell er-Raṭabe.
(b) Nach dem 1× safaitisch, 1× sabäisch belegten PN rtb, den Harding als arab. rātib "firm, steady" deutet (268).
(c) Möglich scheint aber auch die Annahme eines Hypokoristikons *la-ṭab "Möge (der Gott NN) gütig sein". Zu der optativischen Partikel 'la' in PN s. bei N 12, N 336; zu der Wurzel *ṭwb in PN bei N 491.

N 340 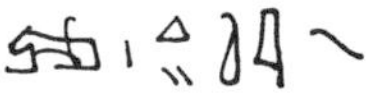 (m) rw-t-j_2-tj

Weber des Amuntempels unter Ramses IX.

Zu der Gruppe  vermerkt Kitchen: " just possible" (dann s. den in derselben Quelle genannten N 330, auch Angestellter des Amuntempels unter Ramses IX.). Weder die bei N 334 genannten Anschlüsse noch hebr. לֹט lōṭ "die harz-

(a) Dazu vgl. die PN rd und rdʾyt bei Jamme, Safaitic Inscriptions, 76.93.

reiche Rinde von Mastix" (PN der Bedeutung "Mastixbalsam" bei Noth 223.227) scheinen als Anschluss plausibel. Vgl. sonst noch akkad. ruʾtītu/ruttītu "gelber Schwefel" (AHw II 997); littūtu "langes, erfolgreiches Leben" (AHw I 557). Ob eine der genannten oder eine andere Bedeutung vorliegt, ist ganz unsicher.

N 341  r-$\underline{t}^{3}$ PTR
Var.  r-$\underline{t}^{3}$ PTR-tj

Ob dieser Teil eines ON des pWilbour wirklich einen PN darstellt, ist besonders aufgrund der Variante mit Endung -tj fraglich. Zu der Hauptschreibung ist ein weiterer Beleg N 230; zur Determinierung vgl. N 239.
Helck vergleicht die Wurzel רצה *rḍj, die er mit "wohlgefällig betrachten" wiedergibt, um das Determinativ erklären zu können, die aber korrekt "Gefallen haben an, günstig gesinnt sein" (HAL IV 1194f.) bedeutet. Die Problematik der Wiedergabe semit. 'ḍ' durch  erwähnt er bei der zweiten Aufnahme des Namens, diesmal als Fremdwort (517(154)); dazu s. N 239 und unten S.399.
An PN mit der genannten Wurzel sind mir der hebr. Profanname רִצְיָא riṣjā "wohlgefällig, angenehm" (Noth 229), amor.Raṣa-^{d}Dagan "Dagan ist wohlgefällig" (Huffmon 265 mit aram. Hd-rqy), altaram. rqy (Maraqten 155.212f.), palm. r^{c}ʾ (Stark 112), äg.-aram. r^{c}ʾ (HAL IV 1197f. mit keilschriftlicher Transkription Ra-ḫi-ia; anders Zadok 84 für R^{c}yʾ) bekannt (für Anschlüsse an *rwṣ, *rwḍ s. bei N 234).
Mit Blick auf die Variantenschreibung ist der aus Ebla bekannte PN ra-zi-tum (Krebernik 277) zu beachten. Daneben sind vielleicht weitere lexikalische Anknüpfungsmöglichkeiten denkbar (etwa arab. laḏḏa "Freude, Entzücken, Vergnügen, Wonne, Genuss" [Wehr 1149]).

N 342 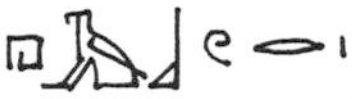 (f) h-^{3}-b-w_{2}-r
andere Lesung:  h ^{3} $\underline{d}^{3}$ r

Mutter einer Bürgerin unter Ramses XI.

Die mittlere Gruppe ist entweder  oder  zu lesen. Je nach Lesung sind die folgenden Erklärungsansätze zu berücksichtigen:
(1) Ein PN hbl ist im Safaitischen (3×) und Thamudischen (1×) belegt (Harding 607). Ryckmans vergleicht arab. habal "âgé" und den GN Hubal (71). Ein Name

hblʾ ist auch aus Hatra bekannt, von Abbadi als "der die Mütter der Feinde ihrer Söhne beraubt" gedeutet (alternativ wird ein Anschluss zu einer Wurzel hbl "dumm sein", dem alttestamentlichen PN häbäl oder dem GN Hubal für möglich gehalten). Der Name häbäl (Abel), zu dem HAL I 227 noch syr. habbala, arab. ʾabal "Kamel" vergleichen wi ˋ, stellt jedoch nach C. Westermann (Genesis 1-11, BK I/1, 1974, 398) eine künstliche Bildung dar. Unter Umständen kann die Notation auch als Hypokoristikon eines theophoren Satznamens mit dem Hif. der Wurzel brr "rein sein" (s. N 193(c)) interpretiert werden, die im Grundstamm in dem vermutlich ammon. PN ʾlybr (Fowler 109.339) vorliegt. Onomastisch m.W. nicht belegt ist dagegen ugar. hbr "sich verbergen vor, verehren" (HAL I 227).

(b) Angesichts dieser nicht ganz befriedigenden Anschlüsse ist vielleicht die zweite Lesart vorzuziehen. Der PN dürfte dann als *haṣṣal "(der Gott NN) hat gerettet" zu der Wurzel נצל nṣl hif. "retten" (s. N 294, N 315) zu erklären sein. Onomastisch sind dazu die PN hebr. hṣljhw "Y[ahwe] has delivered" (Fowler 97.352) und die Kurzform äg.-aram. hṣwl (Kornfeld 48; Silverman 110.157) sowie ammon. hṣlʾl belegt (Zadok 31.114 mit allen drei Belegen).

N 343 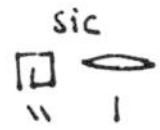 (f) h-j_2-r

Falls der Name semitisch zu erklären ist, kommen onomastisch in erster Linie die frühnordarab. PN hr (Harding 612: 23 × saf., 2 × tham.; arab. PN Hirr) und hrr (Harding 613: 33 × saf., 1 × tham.) in Betracht. Zugrunde liegt (so auch Ryckmans 75) arab. hirr "Kater, Katze", hirra "Katze" (Wehr 1346). Dagegen verlangt eine Deutung des Namens als kanaan. הר har "Berg", d.h.als Kurzform eines theophoren Satznamens wie hebr. hrjhw "Ein Berg ist Jahwe" (Fowler 73.342) oder phön. hrb^{c}l "Ein Berg ist Ba^{c}al" (Benz 303), eine Auffassung der Schreibung als h-:r. Belegt ist eine solche Kurzform offenbar im Phönizischen (hr, Benz aaO). Vgl. auch noch jhrʾl bei Ryckmans 232: "'Il persévère".

N 344  (m) h-^{3}-r-n-^{3}-y P

Soldat unter Ramses V.

Die Pluralstriche stehen wiederum aufgrund der Assoziation des ägypt. pluralischen Possessivartikels der 1.Ps.Sg., n^{3}y "meine". Im Früharabischen ist 'hrn' als Personenname (1× min., 9× qat.), aber auch Ortsname (über 15 v.a. min. und sab. Belege, Harding 614; Ryckmans 2,51; HAL I 246) und Gottesname (A.Avanzini Glossaire des Inscriptions de l'Arabie du Sud, 2, 1980, 295) belegt; zu letzterem vgl. auch den ON Bēt - Hārān (Num 32,36) in Gad. Dieser Anschluss wird auch in HAL (aaO) für den alttestamentlichen PN הָרָן hārān befürwortet.

Die Namen N 345/N 346 sind gemeinsam zu erörtern:

N 345  (f) h-^{3}-rw-r

Mutter einer Bürgerin unter Ramses XI.

N 346  (f) h-^{3}-rw-[zp 2] (= h-^{3}-rw-rw)

Bürgerin unter Ramses XI. (vgl. N 345).

Helck vermutet ein passives Partizip Qal von הלל hll "rühmen". Dazu ist zu bemerken, dass nach HAL I 238 drei Wurzeln *hll zu unterscheiden sind: hll I (hif.) "leuchten lassen", II (ugar. hll; pi.) "rühmen, preisen" und III (qal) "verblendet sein". Von den hebr. PN mit hll (von Zadok 40.60.115 zu hll II, von Noth 169.184.205 zu hll I gestellt; s. die Diskussion bei Fowler 126f.136) ist v.a. הִלֵּל hillēl hier zu erwähnen. Mit der Wurzel hll "leuchten" hängt arab. hilāl "Neumond"(Wehr 1353) zusammen, ein Anschluss, den Harding für den früharab.PN hll (4× saf., 9× qat.; auch hllt mit 2 qat. Bezeugungen; Harding 622) erwägt (Wehr 1353; vgl. aaO noch halal "Furcht, Schrecken"). Möglicherweise sind die vorliegenden PN tatsächlich zu einer Wurzel hll zu stellen; die genaue grammatikalische Deutung und der Sinn sind aber nicht klar.

N 347  h-^{3}-d-j$_{2}$

N 348  (m) h-^{3}-d-j$_{2}$-y
Fischer unter Ramses XI.

Vgl. ägypt. PN mit h^{3}d "angreifen" (R I 304). Semit. möchte ich die PN zu *hdj "führen, leiten" stellen. Für Angaben zu dieser Wurzel und sämtliche onomastischen Belege verweise ich auf N 242 (dort auch weitere Anschlussmöglichkeiten, etwa arab. hadiya "Gabe, Geschenk").

N 349 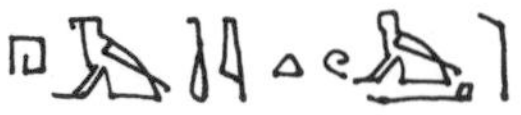 (m) h-^{3}-tj-t-w_2-m ^{F}

Eine semit. Interpretation des Namens ist schwierig. Vielleicht ist der im Sabäischen einmal belegte PN hddm (Harding 611) neben unseren Beleg zu stellen. Andernfalls ist eine Auflösung der Notation in ein theophores Element und ein Prädikat zu erwägen. Dabei könnte in 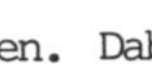 etwa תֹּם tōm "Vollkommenheit" (HAL IV 1605f.) gesehen werden und mit Blick auf N 242 und N 364 *hdj-tm "'Vollkommenheit' ist mein Führer" angesetzt werden; oder aber es liegt in  der GN Haddu vor (Ächtungstexte Posener E 16.21 auch 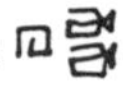 mit -j geschrieben) und damit ein PN *hdd-tm "Haddu ist Vollkommenheit". Beides ist unsicher.

 s. oben N 342 (2. Lesung).

N 350  (m) ḥ:-y-j-^{3} ^{F}

Ein Syrer des Leipziger Ostrakons, Anfang 18.Dynastie.

Steindorff hatte zu diesem Namen auf den von verschiedenen Personen getragenen PN Ḫaja in den El-Amarna-Briefen hingewiesen. Dabei ist neben der Behandlung des PN bei Hess (126f.) auf die Analyse Hachmanns (Verwaltung 32f. mit Anm.55-61) hinzuweisen. Danach ist - trotz der Bemerkung von Hess, dass "there is insufficient evidence to demonstrate the existence of more than one name bearer behind the occurences of this PN" (127) - zwischen mehreren Namensträgern zu differenzieren. Dagegen lag Helck auch in diesem Fall nur der Nuzi-Name Ḫuja vor, der ihn zu einer Interpretation der Umschrift ḥà-jê als ḥ^{é}-jê nötigte. Zweifellos liegt in N 350 aber die Ableitung *ḥajj "lebendig" (HAL I 295f. mit ugar. ḥj [Gröndahl 137: ḥayy], EA-Glosse ḫaia [245,6], arab. ḥajj) zu der Wurzel חיה *ḥjj "leben" vor und damit die Kurzform eines theophoren Satznamens "(der Gott NN) ist lebendig". Belege dieser Wurzel bzw. Form finden sich in allen nordwestsemitischen Onomastika und dem Früh“arabischen: hebr. Fowler 68. 103f.127.146.147.155.344, Zadok 38 (u.a. epigraphisch ʾbyḥy, yhwḥy); phön.Benz 308f.; ugar.Gröndahl 137, u.a.ḫaya-il, ḥyil; amor.Huffmon 191f., Gelb CAA 248, Birot 105f. (Namen mit Ḫaya-); eblait. Catagnoti 265; äg.-aram. Kornfeld 37; früharab. ḥyy und viele Komposita (Harding 212; dazu noch ḥy bei Jamme, Saf.

Inscript. 97); nab. Khraysheh 80 (ḥyʾl ohne Deutung, aber sicher hierher zu stellen!); palm. Stark 88; Hatra: Abbadi 109. Aus den semit. PN in ägyptischen Quellen des Mittleren Reiches gehört hierher  (pBrooklyn 35.1446 vso.80; dazu Schneider, Namen, 279) und 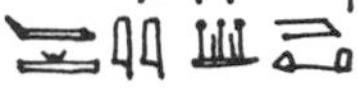 "Der 'Lebendige' hat erhört" (Bologna KS 1926; R I 233.26 als 'NR' datiert, jedoch 12. Dynastie gemäss Bresciani, Stele egiziane, Nr.4, p.26.
Zusätzlich ist anzunehmen, dass die häufigen ägyptischen Belege des PN  ḥ:-y, der innerägyptisch Kzf. des Satznamens Jmn-ḥtp ist und mit dem die EA-Namen identifiziert werden (Hess aaO), in einigen Fällen in Wahrheit Wiedergaben einer solchen semit. Kurzform *ḥajj darstellen.

Für PN ḥ:-b^{3}-y s. N 365 (2. Lesung).

N 351  (f) ḥ:-b-w-n:-r-ḏ^{3}-n-ṯ

Var.  ḥ:-b-w-n:-r-ḏ^{3}-ṯ

Var.  ḥ:-b-w-n:-ḏ^{3}-n-ṯ

Var.  ḥ:-m-ḏ^{3}-r-tj

Var. 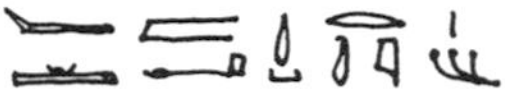 ḥ:-m-ḏ^{3}-r-tj SM

Var.  ḥ:-b^{3}-:r-ḏ^{3}-tj

Var.  ḥ:-m-s-r-tj (: Fehler)

Mutter der Königin Isis unter Ramses III.

Zur Deutung als Pflanzenname s.Černy, Queen Ese; Givéon, Determinatives, p.16. Das Wort ist akk.ḫabaṣillatu "Rohrtrieb"(AHw I,303), hebr. חבצלת ḥabaṣṣälät "Affadill (Lilienart)", syr. ḥamṣalaita "Herbstzeitlose" (HAL I 275). Die Schreibungen variieren sehr stark, wobei meist der Reibelaut (ṣ) und die Liquida (l) vertauscht sind.

N 352  (m) ḥ:-b$^{3}_{5}$-rw

Balsamierer unter Ramses V.

Am ehesten möchte ich eine Erklärung als חָבֵר ḥābēr "Genosse, Gefährte" (HAL I 277, ugar. ḥbr) befürworten, während Helcks Anknüpfung an den Nuzi-Namen ḫapira doch unwahrscheinlich scheint und erst selber sprachlich geklärt sein müsste. An onomastischen Belegen kann ich anführen: hebr. חֶבֶר ḥäbär, חֶבְרוֹן ḥäbrôn (Noth 222; Zadok 67: "probably related to Am. ḫibrum 'clan, tribe'"), palm. ḥbry "friend, associate" (Stark 87; zur Bedeutung s. auch Lipiński 24f.) und nab. ḥbwrʾ (Khraysheh 75). Für die beiden letzten PN und die früharab. Namen ḥbrm, ḥbrn (Harding 173) wird aber auch ein Anschluss an arab. ḥabara "erfreuen", ḥabira "froh sein" (Wehr 224) erwogen (aaO; vgl. Ryckmans 87: "ḥabir, beau, gracieux"), der auch für den vorliegenden Namen N 352 denkbar ist.
Von den mit einer Wurzel 'ḥbl' gebildeten PN ist weniger der ugar. PN nḥbl (Gröndahl 134: zu 'ḥbl' "binden" [hebr. ḥbl I, HAL I 274] mit n-Präfix; vgl. den je einmal saf./tham. bezeugten PN ḥbl, Harding 174: "rope, treaty, snare") zu vergleichen als vielmehr der Name aram. ḥblkn, keilschriftlich Ḫabilkīnu, den Lipiński und Stamm gerade gegensätzlich interpretieren. Während Stamm das Element 'ḫabil' als euphemistischen Gebrauch des Verbums ḫabālu "schädigen" (= hebr. ḥbl III mit 'ḫ', HAL aaO) im Sinne von "töten" auslegt und "der Echte ist tot" übersetzt, bevorzugt Lipiński eine Ableitung von der Wurzel חבל ḥbl "schwanger sein" (HAL aaO: ḥbl IV, mit 'ḥ') und erklärt den PN als "the legitimate is born" bzw. die Namen Ḫabililu, Ilumḫabil als "the god had made pregnant" (110f.). Zu einem solchen Satznamen (falls *ḥbl) könnte der vorliegende PN ḥ:-b$^{3}{}_{5}$-rw eine Kurzform darstellen. Eine Anknüpfung an die genannten Wurzeln *ḥbr dürfte aber unproblematischer sein.

N 353  (m) ḥ:-m-s^{3} HWJ

Oberhandwerker, Vater des Schiffszimmermanns jwn-n-^{3} (N 22) unter Thutmosis IV.

Helck transkribiert hier (356 V.10) ḫà-ma-š⟨á⟩, während er einige Zeilen vorher noch ḥ(à)-m(^{e})-s(á) umschrieb (356 V.1). Dazu bemerkt er: "vielleicht 'חֲמִשׁ' "Quintus" oder eher, wegen des Determinativs des "schlagendes Mannes" zu vgl. חמשׁ 'zum Kampf rüsten'". Auch Givéon (Determinatives, p.16) verweist auf eine Wurzel חמשׁ "to be armed, to be ready for battle". Beide genannten An-

schlüsse, die ev. zusammengehören (חמשׁ "in Kampfgruppen anordnen" ist nach HAL I 317f. von חָמֵשׁ "fünf" denominiert: das aus fünf Teilen bestehende bzw. in Fünfzigschaften geordnete Heer; dagegen unterscheidet Sab. Dict. 61 *ḫms[1] I "five" und *ḫms[1] II "main army force"), müssen aber verworfen werden, da *ḫ vorliegt.
Als Anknüpfungsmöglichkeit kommt, soweit ich sehe, nur der früharab. PN ḥms "tapfer, heldenhaft" in Betracht (Harding 201: 1× lih./sab., 3× saf.; Ryckmans 95), der zu der arab. Wurzel ḥamisa "eifrig, begeistert, tapfer, heldenhaft sein", ḥamās "Begeisterung, Eifer, Kampfgeist", ḥamāsa auch "Heldenmut, Tapferkeit" (Wehr 293) gehört; dies allerdings nur, sofern *š, nicht Samek vorliegt. Letzteres wäre der Fall bei der HAL I 316 für hebr. חמס "Gewalt üben" gegebenen entsprechenden Anknüpfung ("ar. ḥamisa, im Kampf und Glauben fest sein"), wo aber noch arab. ḥamaša "erzürnen" erwähnt wird. Zu der Determinierung vergleiche auch akkad. ḫamāšu "zerstampfen". Vgl. noch N 354.

N 354 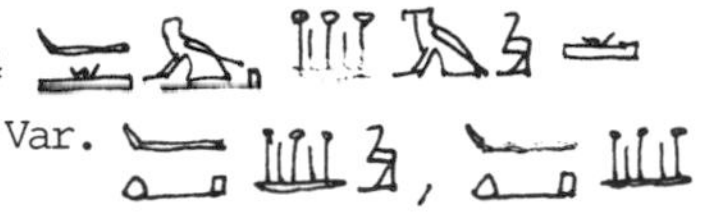 (m) ḥ:-m-š^{3}-w MD3T
Var. ḥ:-mj-š^{3}(-w)

Der Name ist der Beiname eines Jᶜḥms (Vernus, Noms Propres juxtaposés, p.198), der nach Davies/Gardiner "would appear to be a shortening or pet name". Ein ägyptischer Name, der keilschriftlich als Ḫamašši oder Ḫamašša wiedergegeben wird, begegnet in der Amarna-Korrespondenz. Hess (118f.) widerspricht sich aber in seiner Erklärung als "Ḥy is born", indem er einerseits ḥy als "divine utterance", andererseits als Kurzform des PN Jmn-ḥtp deutet. Auch wenn für den PN Jᶜḥms eine keilschriftliche Umschrift *Ḫamašši o.ä. anzusetzen sein sollte (vgl. Ḥr-msj/Ḫaramašši, Ptḥ-msj/Taḫmašši, Vycichl 121), wäre das Vorkommen einer entsprechenden Form im Ägyptischen selber doch merkwürdig. Vgl. zu N 353.

N 355 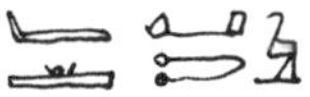 (m) ḥ:-m-ṯ-w

Schreiber, erste Hälfte der 18. Dynastie.

N 356 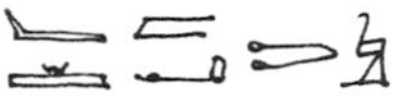 (f) ḥ:-m-ṯ-w

Frau des Jpw-nfr, 18. Dynastie.

Falls der PN semitisch sein sollte, vgl. die Anschlüsse (a)-(c) mit ṯ-w ≙ Dental und (d)-(e) mit ṯ-w ≙ 'z'/'s' (dazu unten S.397):

(a) die Wurzel hebr. חמד ḥmd "begehren" (HAL I 312), חֶמֶד ḥämäd "Anmut, Schönheit", arab. ḥamd "Lob, Preis" (dazu Sab. Dict. 68; ugar. ḥmd) ist in den PN ḥämdān im AT (HAL I 313), ḥmdʾ aus Arad (Zadok 76.98 mit neu/spätbabyl. < westsemit. Ḫa-am-da bzw. Ḫa-ma-da-ʾ), ḥmydw "lobenswert, gutartig" im Nabatäischen (Khraysheh 85) und sab. ʾḥmd, ḥmd, ḥmdm, yḥmd, yhḥmd (Avanzini, Onomastica sudarabica, 103.105.110f.) belegt.

(b) חֹמֶט ḥōmäṭ "Eidechse" (HAL I s.v.), dazu der Name aram. ḥmṭṭ "Eidechse" (Maraqten 165f., keilschriftlich Ḫam-ṭu-ṭu) und nur ev. der PN hebr. ḥ^{a}mûṭal, ḥ^{a}mîṭal "kleine Eidechse" (Stamm, Frauennamen, 126), der vielleicht anders aufzulösen ist (Zadok 47, HAL I 313).

(c) vgl. noch den hebr. PN חַמַּת ḥammat (Zadok 147: "may denote 'hot spring'") und den 5 × saf. bezeugten Namen ḥmt (Harding 199: "ar.ḥamit, violent anger").

(d) An arab. *ḥmz "to be sturdy" schliesst Harding den 1 × tham. belegten PN ḥmz und den 1 × lih./tham. bezeugten Namen ḥmzt/n an (201).

(e) Zu arab. ḥamisa "tapfer sein", den abgeleiteten Nomina und dem PN ḥms verweise ich auf N 353 (hier heranzuziehen, wenn *s vorliegt).

Die folgenden Namen N 357 - N 359 erörtere ich gemeinsam:

N 357  (f) ḥ:-r-j_2-j-^{3}

N 358  (m) ḥ:-r-j_2-j-^{3}

N 359 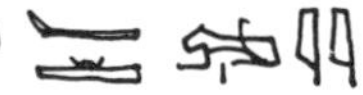 ḥ:-rw-y

Diese PN stehen exemplarisch für ähnliche wie 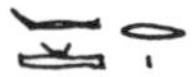 (Hannover 16; BM 366 = R I 253,17; dazu R I XXVII: ḥ:-r-y, ḥ^3-r-y), die u.U. auch als gruppenschriftliche Notationen ägyptischer PN mit *ḥr(j) (vgl. aaO 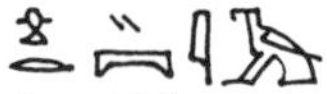 usw.) angesehen werden könnten. Semitisch kommen die folgenden Anschlüsse in Betracht:

(a) Zu der Wurzel חלה ḥlj, arab. ḥaluwa, ḥaliya "süss, angenehm sein" (HAL I 304, Wehr 291) mit den Ableitungen hebr. ḥ^{a}lî, ḥäljā, arab. ḥaly, ḥilya "Schmuck(stück), Zierat" (HAL I 305, Wehr aaO) gehören die PN hebr. חֶלְאָה ḥälʾā als FN (Noth 223; Stamm, Frauennamen, 124; mit semantischen Parallelen, Zadok 78: "alternatively derives from Ḥ-L-Y "be sweet, plesant" - doch gehören

die genannten Nomina wohl ohnehin zu dieser Wurzel!), palm. ḥlyʾ (Stark 88), der 2× saf. belegte Namen ḥlw (Harding 199: "pleasant, amiable"; Ryckmans 92: "douceur") sowie als Imperfekt- bzw. maqtal/maqtil-Bildungen jaḥl^{e}ʾēl (Fowler 126; anders Zadok 42), maḥlā, maḥ^{a}lat, maḥlî (Zadok 121.124; anders Noth 249).
(b) Hebr. ḥajil [HAL I 298], arab. ḥail "Stärke, Kraft" [Wehr 309] ist in den hebr. PN ʾăbîḥajil, jhwḥyl, jhwḥl (Fowler 77.344, Zadok 47) belegt; von Ryckmans 92 werden einige der unter (a) genannten frühharab. PN hierzu gestellt.
(c) die Wurzel *ḥrr "frei(geboren) sein" (HAL I 343; hebr. ḥōr, arab. ḥurr "frei (geboren)") ist ebenfalls onomastisch bezeugt: ugarit. ḥrr, ḥry (Gröndahl 136); nab. ḥrw (Khraysheh 90: ḥurru "edel, freigeboren"; dazu auch ḥry, S.91?); palm. ḥrʾ "Noble, free born" (Stark 90); frühharab. ḥr (Harding 181 mit 29 saf., 8 tham., 1 min. Beleg, "free, generous", vgl. Ryckmans 99).
(d) Andere Anschlüsse: die hebr. PN חור ḥûr, ḥûrî, ḥûraj sowie die äg.-aram. Namen ḥwr, ḥwry (Noth 221 zu akkad. ḫūru "Sohn"; Zadok 142 mit nabat. ḥwrw und neu/spätbabyl. < westsemit. Ḫu-ra-a zu *ḥwr "weiss sein/werden"; vgl. Silverman 145f.), die frühnordarab. PN ḥrʾ (Harding 182 zu "arab. ḥaraʾ, heat"), ḥrt (aaO "ar. ḥurra, modest; ḥarit, man of bad character"; 35 × saf., 1 × lih., 1 × tham.) ḥry (186: "ar. ḥariy, suitable, worthy", 3 tham. Belege), ḥl und ḥlʾ (19 × saf. bzw. 1 × saf./ tham.; Harding 197) sowie phön. ḥl (Benz 309).
Etwas ganz anderes dürfte in dem von Helck verglichenen Nuzi-Namen Ḫaluja vorliegen, vermutlich die Kurzform eines mit ḫālu (*ḫl!) "Oheim" gebildeten Satznamens "(der Gott NN) ist mein Oheim" (zu ḫal: Huffmon 194f., Catagnoti 230ff.).

N 360  ḥ:-r-f-j$_2$

S. die Diskussion bei N 243.

N 361  (m) h-w$_2$-rw-n-^{3}

Mühlenleiter unter Amenophis II.

Helck umschreibt falsch ḥà-rú-na, obwohl  geschrieben ist. In dem PN liegt vielleicht der Names des Gottes Ḥauron vor (so zuletzt auch J.van Dijk, The Canaanite God Hauron, 66). Zu ihm s. Stadelmann, Gottheiten, 76-88 und den genannten Aufsatz van Dijks. In semitischen PN ist der GN im Amoritischen (Huffmon 192: Ḫa-aw-ra-an-a-bi), Phönizischen (Benz 309: ʿbdḥwrn) und Reichsaramäischen (Maraqten 51.194.204) bezeugt. In den jüngeren Ächtungstexten (Posener E 17.59) finden wir  (oder  statt ) *Ḥawrān-ʾabum "Ḥawrān ist (mein) Vater".

Vgl. sonst immerhin noch den PN ḥrn "widerspenstig, störrisch, widerstrebend" (Harding 186; 6 × saf., 1× min.; arab. ḥarūn Wehr 250), den hebr. PN חָרָן ḥārān, den Zadok (97) als Ableitung von der Wurzel ḥw/jr "see" deutet, sowie den frühnordarab. PN ḥlwn (1 × lih, 1 × saf.), den Harding von "ar. ḥulû, pleasant, amiable" ableitet bzw. als "ar. ḥulwân, gift, present" interpretiert.

N 362  (m) ḥ:-:r-š3 MD3T

H.-W. Fischer-Elfert erwog in seiner Studie über die satirische Streitschrift des Papyrus Anastasi I eine Anknüpfung an die hebr. PN חֶרֶשׁ ḥäräš und חַרְשָׁא ḥaršā, die Noth (228) als "stumm" (im Sinne von "schweigsam"? Wurzel ḥrš II, HAL 343f) übersetzt. Für dieselbe Erklärung entschied sich Stark für die palm. Namen ḥršʾ und ḥršw. Sie trifft ev. auch für nab. ḥršw (ʾḥršw, ʾlʾḥršw; Khraysheh 92 und 30.32) zu. Sie ist aber für den vorliegenden Namen unmöglich, weil ursprüngliches 'ḫ' vorliegt. Dies hat auch Zadok bewogen, die genannten hebr. Namen anders anzuschliessen, da die Umschrift von ḥäräš in der LXX als Αρες auf *ḥrš weist, und zwar an ugar. ḥrš "Handwerker" (hebr. חָרָשׁ ḥārāš < *ḥarraš HAL I 344). Nicht korrekt ist die Übersetzung des auf *ḥāriṯ + -an zurückgeführten amor. PN Ḫarišan - "since the regular correspondent for cuneiform (Amorite) š ist *ṯ" - bei Huffmon 205 als "artificer, worker". Nach Ausweis des Ugaritischen liegen zwei verschiedene Wurzeln vor: *ḥrš "mit Sorgfalt herstellen", dazu ḥrš "kunstfertig; Handwerker" (auch PN: Aistleitner, Wb. d. Ug. 976), und *ḥrṯ "pflügen; Besteller des Ackers" (aaO 978; Sab. Dict. 71). Entsprechend ist auch die Subsummierung der Bedeutungen "pflügen" und "verarbeiten" in HAL I 343 unter חרשׁ I auf zwei Wurzeln aufzuteilen. Der zitierte amor. PN wäre dann wie die nab. Namen ḥrtt und ḥrytw (Khraysheh 91.93 mit den arab. Vokalisationen Ḥariṯa, Ḥuraiṯu [Fuʿail]) und die früharab. PN ḥrṯ, ḥrṯt (Harding 182f.) als "Pflüger" zu interpretieren. Dagegen liegt in phön. bnḥrš ḥrš "craftsman" vor (Benz 318).

Ein weiterer möglicher Anschluss (falls *ḥrš) ist das arab. ḥarasa "bewachen" (Wehr 244), das onomastisch häufig im Frühnordarabischen belegt ist (Harding 184 verzeichnet 2 lih., 22 saf. und 6 tham. Belege [s. Ryckmans 99]; dazu ev. doch auch der genannte nab. PN ḥršw, s. Khraysheh 92).

Phonetisch korrekt sind schliesslich auch hebr. חרשׁ ḥrš III (ug. ḥrš im Gt-Stamm) mit חָרָשׁ ḥäräš "Zauberer" (syr. ḥarrāšā, äth. ḥarāsī/sāwī; HAL I 344) sowie - mit ägypt. für 'l' - ḥls "mutig" (Harding 198: "ar.ḥalis, courageous"; falls *š) und hebr. חלשׁ ḥlš I "enkräftet sein" (HAL I 311).

N 363 (m) $ḫ_2$-r-tj

N 364 (m) ḫ:-r-tj

Stallmeister unter Ramses V.

Ein identisch geschriebener PN mit vorangestelltem Artikel ist N 512. Helck transkribiert ḫà-ra-tá und vergleicht den aus Nuzi überlieferten PN Ḫalutta. Neben den bei N 357ff. aufgeführten Wurzeln, von denen hier eine Ableitung (fem. Nomen) möglich wäre, möchte ich noch folgende Möglichkeiten erwähnen:
(a) Nisbe zu dem Ortsnamen חֶרֶת ḥärät in Juda (1 Sam 22,5), der jedoch aram. sein kann und dann zu *ḥrṯ "pflügen" zu stellen wäre (s. N 362; HAL I 343); doch vgl. noch den in den safaitischen Inschriften belegten ON ḥrt (Ḥarrat: Jamme, Safaitic Inscriptions , 91).
(b) zu dem früharab. PN ḥlt (Harding 197).
(c) zu der in dem phön. PN ḥrṯmn belegten Wurzel *ḥrṯ (so Benz 317; ob altsüdarab. ḥrṯ "bear, carry arms(?)" [Sab. Dict. 71] zu vergleichen ist?).
(d) Nisbe חֲרֹדִי ḥ^{a}rōdî (2 Sam 23,25; 1 Chr 11,27) zu dem ON חֲרֹד ḥ^{a}rōd (= ^{c}En Ǧālūd), nach HAL I 337 zu arab. ḥārada "wenig regnen". Diesen ON und die Wüstenstation חֲרָדָה ḥ^{a}rādā (Num 33,24) erwähnt Edel (ONL 22) mit derselben arab. Etymologie für den ON 12 der Liste B_N ḫ^3-r-ṯ-j_2-tj, der jedoch 'ḫ' notiert. Vgl. ḥrd, Sab. Dict. 70: "land reserved by a deity?".

N 365 (m) ḫ:-s^3_2-y
oder: ḫ:-b^3-y ?

Gärtner, ramessidisch.

Eine Deutung mit der Lesung s^3 stösst auf Schwierigkeiten. Ich kann dafür einzig die saf. PN ḥš (Harding 189: "ar.ḥushsh, orchard, garden"; 11 x saf.) und ḥšš (190; 8 x saf.) anführen. Vielleicht meint die Schreibung des Vogelzeichens eher ein b^3, wozu ich auch noch die Emendation der Schreibung von N 169 durch Gardiner vergleichen möchte. Der PN kann dann zu *ḥbb "lieben, gern haben" (hebr. חבב HAL I 273; arab. ḥabba, Wehr 222; auch aram.) mit reicher onomastischer Bezeugung gestellt werden.

<u>Onomastische Belege:</u> Gröndahl erklärt den ugar. PN ilḥbn als "Gott/El hat mich liebgewonnen" (134) und stellt auch die hebr. Namen ḥōbāb und ḥubbā zu dieser Wurzel (erwogen von HAL I 273, Zadok 151, anders Noth 178). Die meisten Belege liefert das Früharabische: ḥb (13× saf., 2× tham., auch Komposita wie ḥbʾl; "ḥibb, love, beloved": Harding 172), ḥbb (1× lih, 57× saf, 3× tham., 13× sab.; Ryckmans 86: Ḥabib "ami"), ḥby (3× saf., Harding 175), dazu die ʾaqtal-Bildungen ʾḥb und ʾḥbh, Komposita ḥbbʾl u.a.m. (dazu noch ḥbb, ḥbbm bei Avanzini, Onomastica sudarabica, 112). Die nabatäischen Inschriften haben ergänzend die PN ḥbʾlhy, ḥbw, ḥbybw und ḥbyw. In Palmyra begegnen ḥbʾ, ḥbbt, ḥbwb, ḥby, ḥbybʾ, ḥbyby (Stark 87); in Hatra ḥbʾ und ḥbyb (Abbadi 107f.). Auch der bei Benz (307) noch ungeklärt belassene phön. PN ḥb dürfte hierzu gehören.
Auszuschliessen ist dagegen die Wurzel *ḫbʾ "sich verstecken, geborgen sein", hif. "verstecken" (arab. ḫabaʾa; HAL I 273), zu der Noth (178), Fowler (105. 154.159.343) und Zadok (30.135) die hebr. PN ḥᵃbājāh und ʾäljaḥbāʾ (ersterer mit Qal statt Hifᶜil) stellen und von der ev. auch die genannten PN ḥōbāb und ḥubbā (Zadok 151, HAL I 273 - falls nicht zu obigem Anschluss) abzuleiten sind.

N 366 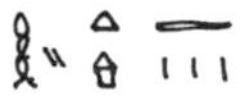 (m) ḥ-j_2-t:$_2$
alte Lesung: 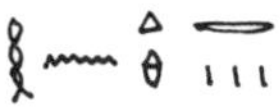 ḥ-n-t:$_2$

Sohn des Offiziers Riša (N 333) und Schiffsbesitzer unter Sethos I.

Eine befriedigende Deutung des Namens kann ich gegenwärtig nicht vorschlagen. Vgl. immerhin:
<u>(a)</u> Die früharab. PN ḥt (Harding 192 zu arab. ḥatta "to put or set down", eher arab. ḥatt "antique and noble" [Zadok 67; s. bei N 368(b)]) bzw. ḥd (Harding 178 mit über 40, v.a. saf. Belegen; zu arab. ḥadda "to be sharp, keen") oder ḥṭ, ḥṭy (Harding 176).
<u>(b)</u> aram. yḥwt "(Gott NN) schützt" (Maraqten 171 zu arab. ḥāta, *ḥwt);
<u>(c)</u> früharab. ḥyt (Harding 210 zu ḥyy "leben" oder arab. ḥîya "Schlange" gestellt; 1× lih., 15× saf., 2× tham., 3× qat.), nab. ḥyt "Schlange" (haiya, Khraysheh 82f.).
<u>(d)</u> Zu den PN hebr. ḥᵃtat, palm. ḥtʾ bzw. hebr. ḥᵃṭîṭā sowie PN ḥtd, ḥdd (ev. auch hier heranzuziehen) s. die Diskussion von N 368.

N 367  (f) ḥ^3-tj-b^3 F.Ḫ3ST

Fürstin von Zypern in der Erzählung des Wenamun, Ende 20. Dynastie.

In der meines Wissens letzten Diskussion des Namens zog Astour (Onomastika 247f.) die beiden hebr. Wurzeln חטב I "Holz hauen/sammeln" und חטב II "bunt (sein)" (HAL I 294) heran. Da er die ursprüngliche Qualität des ח der Wurzel ḥṭb II als noch ungeklärt annahm (vgl. aber schon den arab. Anschluss bei KBL 290; vor Astours Aufsatz!), konnte er aus rein phonetischen Gründen keiner der beiden Wurzeln den Vorzug geben. Wenn er sich für eine fu^{c}al-Form von ḥṭb II in der Bedeutung "variegated, multicolored" entschied, dann nur deshalb, weil nach seinen Worten ein solcher Name einer prunkvoll gekleideten Fürstin besser anstehe als ein Name "Holzsammlerin"! Eine solche Argumentation wird den Gesetzen der Namengebung nicht gerecht. Zudem lässt sich zeigen, dass nur die Wurzel ḥṭb I vorliegen kann: arab. ḫaṭiba "buntgestreift sein" (HAL aaO) müsste mit ägypt. 'ḫ' transkribiert werden.
Meines Wissens ist auch nur ḥṭb I "Holz hauen/sammeln" onomastisch belegt: in Ugarit ḥṭb "Holzhauer, -sammler" (Gröndahl 137), im Safaitischen ḥṭb (Harding 192) und besonders im Nabatäischen der Frauenname ḥṭbt "Brennholzsammlerin" (Ḥāṭiba, Khraysheh 80). Entsprechend ist der vorliegende FN zu verstehen.

N 368 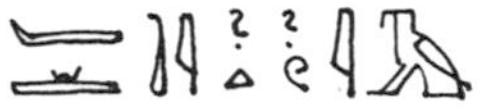 (m) ḥ:-tj-t$^?$-w$_2$$^?$-j-^{3}

Schreiber im 67. Jahr Ramses' II.

Zu diesem Namen sind vorerst zwei alttestamentliche Namen zu vergleichen:
(a) חֲטִיטָא ḥ^{a}ṭîṭā, von HAL I 294 in der Nachfolge Noths (243) zu einer Wurzel חטט (mittelheb., jüd.-aram., mand.) "graben, bohren" gestellt und als "mit durchbohrtem Fuss" erklärt; dazu wird ein Anschluss an arab. ʾaḥaṭṭu "geschmeidig" bzw. Tigre ḥeṭüṭ "Fest" als möglich erachtet. In Übereinstimmung mit der erstgenannten Interpretation erkennt Zadok in dem PN ein aram. Part. pass. (108; s. 173: qatīl).
(b) חֲתַת ḥ^{a}tat, von HAL I 351 nach arab. ḥatat "Körperschwäche", ḥatīt "von schlechter Qualität" (so schon Noth 227, der fälschlich 'ḫ' notiert) und dem von Stark entsprechend gedeuteten palm. PN ḥty (ḥtʾ, Stark 90) erklärt.
Zadok dagegen zieht einer Erklärung als "terror" (*ḫtt) einen Anschluss an

den 9 × saf. und 1 × hadr. belegten PN ḥt (Harding 175: "ar. ḥatt, fleet") bzw. den lih. PN ᶜbdḥt vor mit einer Interpretation als "arab. ḥatt, 'antique and noble'" (67).

(c) Neben N 366 vgl. noch den saf. PN ḥtd (3 Belege; Harding 175: "ar. ḥatid, of noble origin"), den 11 x saf., 6 x tham. bezeugten Namen ḥdd (ev. "ar. ḥâdid, sharp, keen" nach Harding 179).

N 369  (f) ḥ:-ḏ^3-r

Gattin des Prinzenerziehers Snj-msw unter Thutmosis III.

Helcks Erklärung "(Die aus) Hazor" kann ich nicht annehmen. Wie er selber mit der Klammerung anzeigt, würde die Person einen Ortsnamen als PN tragen, und zwar weder als Nisbenbildung noch mit vorangestelltem Artikel t^3 "die von". Das scheint mir sehr unwahrscheinlich. Dagegen führt die Heranziehung der hebr. PN חֶצְרוֹ / חֶצְרַי ḥäṣrô/aj und חֶצְרוֹן ḥäṣrôn weiter, die Noth (243) fragend zu arab. haḍara "sesshaft werden" stellte. Ein PN ḥḍr ist im Frühарabischen belegt (Harding 191 mit je 1 saf. und min., je 2 qat. und sab. Belegen; "ar. ḥâḍîr, ready, sedentary Arab etc."; auch ḥḍrn usw.). Die Wurzel ist ḥaḍara "zugegen sein, II bereiten, V sesshaft werden", ḥaḍari "fest ansässig", ḥaḍir "gegenwärtig, fertig" (Wehr 265f.). Vgl. allerdings auch noch sab. ḥḍr "celebrate a feast, hold a festival for (a deity), perform a pilgrimage" (Sab.Dict. 66), wonach zumindest die sab. Belege auch als Festnamen verstanden werden könnten.

Zadok (101) leitet die hebr. PN von חָצֵר ḥāṣēr "enclosure, court, settled abode, (semi-nomadic) settlement" ab (zu *ḥṣr). Zu den hebr. Wurzeln חצר s. HAL I 331; zu den genannten PN aaO 332).

Vgl. noch den 1 × tham. bezeugten PN ḥṣr (Harding 190: "ar. ḥaṣûr, avaricious") und den lih. PN ḥzl bei Stiehl, Lihyanische Inschriften, 12f.

N 370  (m) ḥ^3-w$_2$-b^3-tj ^{F}

Ein Syrer des Leipziger Ostrakons, Anfang 18.Dynastie.

Sowohl Burchardt als auch Helck gaben einen Erklärungsversuch. Burchard verwies auf den hebr. PN חֻבָּה ḥubbā (hier nur vergleichbar, falls zu *ḫbʾ statt *ḥbb zu stellen; s. bei N 365). Einen sehr erwägenswerten Anschluss führt Helck mit dem Verweis auf den Alalach-Namen Ḫubita an. Dabei dürfte das hurritische

Wort für "Kalb" - ḫubidi - vorliegen (Laroche, Glossaire 108f.), für dessen onomastische Belege Laroche neben den Alalakh Tablets (Wiseman, 135) auf Ḫubita, Ḫubite in Nuzi (Gelb NPN 63) sowie die Belege Ḫubitam und AMAR-ti (mit dem keilschriftlichen Logogramm AMAR = Kalb) in hethitischen Quellen hinweist. Anzufügen wären noch die Belege bei Cassin/Glassner 60 (Ḫupita).
Daneben sind aber auch verschiedene semitische Anschlussmöglichkeiten in Betracht zu ziehen. In den safaitischen Inschriften sind die PN ḫwbt (Harding 230 mit nur einem Beleg; "ar. khauba, destitution"; Ryckmans 101: "faim") und ḫbt (Harding 213 mit 3 Belegen; "ar. khabît, contemptible, vile", so auch Ryckmans 100) belegt. Vgl. auch noch die Wurzel ḫbt, arab. ḫabt "Erdmulde" (HAL I 278), sab. ḫbṭ "beat, defeat enemy" (Sab. Dict. s.v.), im Akkadischen das Element 'ḫabit' in den Namen Ḫabit-Sin u. Irra-ḫabit (s. Stamm 318) sowie ev. ḫabbātu I "Räuber" (ug. ḫbt), II "Wanderarbeiter", ḫubtu I "Raub" (AHw I 304. 351).

N 371 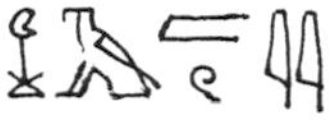 ḫ^{3}-m-w$_{2}$-y

Derselbe Name begegnet noch auf BM 372. Angesichts der ägyptischen PN mit  (R I 269, 13ff.) ist nicht sicher, ob überhaupt ein fremder PN vorliegt. Vgl. immerhin die frühnordarab. Belege ḫmy (1× tham.) und ḫmmt (je ein saf./tham. Beleg; auch ein imperfektischer Satzname yḫmʾl ist belegt; Harding 229; vgl. Ryckmans 104, der einen m.E. unwahrscheinlichen Anschluss an die arab. Wurzel ḫamma "verfault, übel riechen" [Wehr 363] vorschlägt). Vgl. noch akkad. ḫamāmu, arab. ḫwm "sammeln, vereinigen" (AHw I 315) oder arab. ḫym II "sein Zelt aufschlagen, sich niederlassen, verweilen" (Wehr 373) sowie ev. Ge^{c}ez ḫamaya/ḫammaya "chain, tie, bind, shackle" (Leslau 262f.) und akkad. ḫammāʾu "Rebell" (AHw I 317) (falls *ḫ). Onomastisch ist noch hinzuweisen auf Ḫammeja (Freydank/Saporetti 57; Gelb NPN 213a), Ḫamie, Ḫami-Tešup (Cassin/Glassner 50)

N 372  (m) ḫ^{3}-m-ṯ^{3}-r-j$_{2}$-m^{3} F

Ein hethitischer Krieger in der Kadeschschlacht, Jahr 5 Ramses'II.

Für die Diskussion und die Deutung als heth. Ḫimmu-zalma verweise ich auf die Ausführungen Edels (Hethitische Personennamen, 66-70), der in einem Nachtrag (Namen und Wörter, 92) als Bedeutung des Namens "(der Berggott?) Ḫimmu ist

Schutz" bestimmen konnte.

N 373  (m) ḫ-j_2-n-^{3}-y F

Ein Syrer der Louvre-Ostraka, Anfang 19. Dynastie.

Helck möchte den aus Nuzi überlieferten PN Ḫinnija heranziehen, der aber wie etwa der aus Mari belegte Name Ḫinija (Birot 108) zu der Wurzel חנן ḥnn "gnä-dig sein" (HAL I 321) mit 'ḥ', nicht 'ḫ' gehören wird (vgl. etwa Huffmon 200; Benz 315-317 u.a.).
Dagegen kommen die früharab. PN ḫny, ḫnʾl, ḫnʿm (in dieser Reihenfolge 1× saf./3× saf./1× sab., Harding 230: arab. ḫny "to destroy") als Möglichkeiten einer Anknüpfung in Frage (vgl. akk. ḫanû II [arab. ḫanā, ḫaniya] AHw I 321; Wehr 368: arab. ḫanā, ḫaniya "schändliche Reden führen"; hierzu sab. ḫny [Sab. Dict. 61]?); vgl. auch arab. ḫāna, ḫiyāna "treulos, verräterisch sein" (*ḫjn).
<u>Zusatzbemerkung:</u> Eine besondere Problematik bezüglich ihrer Interpretation stellen auch die  ḥ:-n-^{3}-y geschriebenen PN ägyptischer NR-Quellen dar (etwa Florenz Inv.Nr. 2592 = Bosticco, Stele egiziane, 36ff.; Louvre C 87; LD III 278,70). Sie könnten bei einer semit. Interpretation Hypokoristika von Satznamen mit dem eben genannten *ḥnn darstellen, zumal diese in der semitischen Anthroponomastik sehr häufige Wurzel im vorliegenden Material merkwürdigerweise nicht belegt ist (s. zu N 104f.). Da aber ägyptische PN mit *ḥn- sehr häufig begegnen (s. Ranke) und m.W. keiner der PN ḥ:-n^3-y als Fremdname kenntlich ist (, kontextuell), musste von einer Aufnahme in die vorliegende Sammlung als besonderer Eintrag abgesehen werden.

N 374 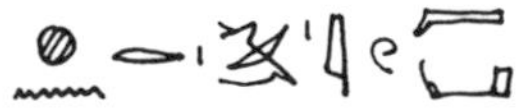 (m) ḫ-n-r-ṯ^3-j-w_2 ʿNT.NḪT
alte Lesung: 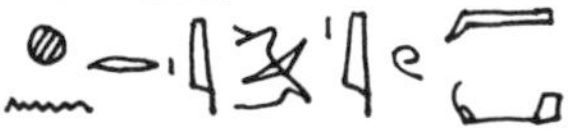 ḫ-n-r-j-ṯ^3-j-w_2 ʿNT.NḪT

Ein angesiedelter Fremder unter Ramses IX.

Helck umschreibt (nach Peets Lesung, die Kitchen korrigiert) ḫa-n-ra-ʾ-ší-ʾu, betrachtet also den Namen als fremd. Eine semitische Erklärung ist u.U. möglich, muss aber einerseits  als 'l' auffassen (wie N 114.314.383.513; s. unten S.379) und - problematischer -  am Wortende als Wiedergabe von semit. 'ṣ' (wie in N 234.399, ev. N 341; s. unten S. 398). In diesem Fall wäre eine

Deutung als *ḫalaṣ "(der Gott NN) hat errettet" zu der Wurzel חלץ *ḫlṣ "retten" möglich. Onomastische Belege dazu sind: hebr. חֶלֶץ ḥäläṣ "rescue, deliverance", ḥlṣ, ḥlṣjhw (Fowler 94; Zadok 28.115 mit neuassyr. < westsemit. Ḫal-li-ṣi, amor. Ḫa-li-ṣum, syr. [Dura Europos] ḥlṣʾ, nabat. ḥlyṣw) und pun. jḥlṣb^{c}l "Ba^{c}al(hat)errettet" (HAL aaO) sowie saf. ḫlṣ (Jamme, Saf. Inscr., 62)[a].
Der Name kann aber auch ägyptisch erklärt werden und wäre dann in Liste F einzuordnen. Darauf weisen etwa die bei einer semitischen Herleitung vorhandenen Schwierigkeiten in der Notation. N 374 - von einem angesiedelten Fremden getragen - möchte ich dann als Beiname ḫnrj ṯ^{3}jw "erbeuteter Gefangener" interpretieren (zu den Wurzeln ḫnr "einsperren" [Wb 3,295f.; "Gefangener"] und ṯ^{3}j "nehmen; fortnehmen", auch speziell "Gefangene erbeuten" [Wb 5, 346f.]).

N 375  (m) ḫ-j$_2$-r-p^3-s^3$_2$-r F

Briefschreiber des hethit. Königs in der Kadeschschlacht, 5. Jahr Ramses' II.

Edel erklärt den Namen überzeugend als Ḫarapš-ili (*Ḫarpašili) "(Mann) aus Harapš" (Hethitische Personennamen, 60-63). Der Name ist als solcher belegt bei Laroche NH 297, der ägypt. Beleg dort als Nr.298. Zusätzliche Bezeugungen und der Verweis auf die Deutung Edels in NH Supplément p.13. Bei dieser Erklärung kann als ḫ-:r interpretiert werden.

N 376  (m) h^3-rw F-d-j$_2$-y

Vater eines Wab-Priesters unter Ramses XI.

Statt ist nach Peet auch eine Lesung möglich. Helck vergleicht aus Nuzi den PN Ḫaluti. Die Determinierung des Anfangs mit dem Fremd-Determinativ erfolgte aufgrund der identischen Schreibung von ḫ^{3}rw "Syrien". Die Variantenlesung mit statt liesse sich problemlos an die PN pWilbour A 4 6,36f.: , R I 427,13: "Syrer" anschliessen (s.die Auflistung entsprechender Namen im Anhang zum Namenskatalog). Bei einer Beibehaltung der Gruppe sind semitische Anschlüsse möglich:
(a) Wurzel *ḫld "ewig bleiben, dauern": diese Wurzel (Wehr 354f: ḫalada; ḫālid "ewig dauernd, unvergänglich") begegnet in folgenden PN: hebr. חֶלֶד ḥeläd und

(a) Dazu pun. ḥlṣ und Komposita bei Benz 311.

חֶלְדַּי ḥäldaj (HAL I 303: hebr. ḥäläd, arab. ḫuld "Dauer, Ewigkeit"; doch können beide PN auch zu (b) gehören: Zadok 93 mit neu/spätbabyl. < westsemit. Ḫu-ul-da-ʾ; HAL aaO; Noth 230); früharab. ḫld (42 × saf., dazu 1 × tham./sab., 3 × min., Harding 225f.; Ryckmans 103 "perpétuel") und ḫldy (aaO, 1 saf.Beleg); palm. ḥldʾ "lasting" (Stark 88; oder ev. zu (b)?); vermutlich auch äg.-aram. ḥldy (Kornfeld 46). Ein saf. Imperfektname yḫld bei Jamme, Saf. Inscr., 58.
(b) hebr. ḥōläd, arab. ḫuld "Maulwurf": s.HAL I 303; Wehr 354. Onomastisch gut bezeugt: vgl. bei (a) und zusätzlich hebr. חֻלְדָּה ḥuldā (Noth 230, Zadok 93: "weasel", HAL aaO [gibt arab. ḫald/ḫuld]), phön. ḥld, ḥldl "mole" (Benz 310); nabat. ḥldw (Khraysheh 83); s. dazu Schaffer, Tiernamen als Frauennamen, 297. Da der Name vorwiegend ein Frauenname gewesen zu sein scheint (ausser ev. bei den unter (a) genannten hebr. PN) und vermutlich 'u'-Vokal (*ḫuld) verlangt, dürfte er für N 376 weniger in Betracht kommen.
(c) Weitere Anschlüsse: *ḫrd "zittern, ängstlich, scheu sein" (hebr./phön./arab.) oder "wachen, bewachen" (akkad., AHw I 322: ḫarādu IV) in ugar. PN (Gröndahl 139). der saf. PN ḫlyṭ bei Jamme, Saf. Inscr., 59 (zu arab. ḫilāṭ "large crowd, throng, mob" gestellt).

N 377  ḫ^{3}-s^{3}-sw-j$_{2}$ NDS

Falls dieser Name semitisch ist, möchte ich ihn an arab. ḫašāš (*ḫašāš) "kriechendes Getier, Insekten" (Wehr 335: ḫišāš) anschliessen, wozu auch das gesetzte Determinativ ('klein, gering, schlecht') einleuchten würde. Das Wort ist als PN in den lihyanitischen, nabatäischen und palmyrenischen Inschriften bezeugt: ḫšš mit 2 lih. Belegen bei Harding 221 ("ar.khashâsh, insects, small birds?", Ryckmans 107), ḥšš bei Stark 90 (wobei er arab.ḫašaš "creeping things of the earth' oder auch arab. ḫass "lettuce" heranziehen möchte) sowie ḥššw und ḥšwšw bei Khraysheh 93f. (mit denselben Anschlüssen wie Stark). Vgl. möglicherweise noch ḫs^{1}s^{1} "harm, injure s.o." im Sabäischen (Sab. Dict. 62).

N 378 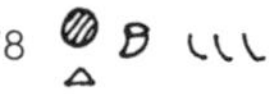 ḫ-t:$_{4}$

Helck deutet den Namen als "die Hethiterin". Da aber auch hier weder Artikel noch Nisbeendung notiert sind, scheinen andere Anschlüsse plausibler:
(a) Der 1 × tham. belegte PN ḫt (Harding 215: arab. ḫatta, "to humble,abase") und der 1× saf.bezeugte Namen ḫtt (aaO; "ar.khatît, vile, base").
(b) Die Wurzel *ḫtt (HAL I 351) "schreckerfüllt sein".

(c) Die Wurzel *ḫṭʾ "verfehlen, schuldig sein" (HAL I 292); vgl. hierzu den PN Ḫaṭāʾu (Saporetti II 123); zu der Wurzel in akkad. PN Stamm 164.
(d) Aus dem akkadischen Namensmaterial vgl. Ḫata, Ḫataja (Saporetti I 225), Ḫatīʾu (Freydank/Saporetti 57).
(e) Der saf. PN ḫtʾ (Ḫātiʾ) bei Jamme, Safaitic Inscriptions, 69, zu arab. ḫataʾ "to prevent someone from coming near something" gestellt.

N 379 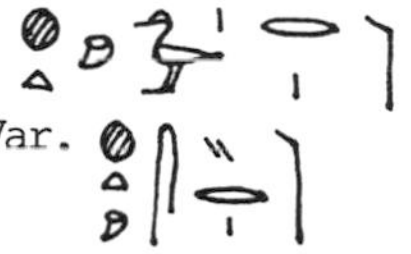 (m) ḫ-t:$_4$-s$^3_2$-r ^{F}

Var. ḫ-t:$_4$-s-:r ^{F}

Hethiterkönig Hattušili III.

Die keilschriftlichen Belege (mit Angabe der hieroglyphischen Bezeugung) bei Laroche NH Nr.361f. und NH Supplément p.14.

N 380 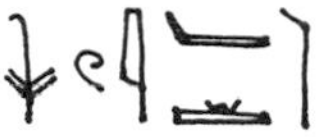 (m) sw-j-ḥ: ^{F}

Ein Syrer des Leipziger Ostrakons, Anfang 18. Dynastie.

Der Name ist schwierig zu erklären. Insbesondere die Funktion des [hieroglyph] ist nicht eindeutig (konsonantischer Wert oder Vokalandeutung?). Für eine Erklärung vgl. die folgenden Punkte:
1. Die hebr. PN שׁוּחָה šûḥā und שׁוּחַ šû^{a}ḥ könnten nur in Betracht kommen, falls hebr. š< *ṯ vorliegt. Zadok erklärt šûḥā mit Verweis auf amor. šuḫatum^{ki} als PN der Bedeutung 'pit', der aus einem Toponym hervorgegangen sei (143). HAL IV 1336 leitet sowohl šûḥā (Verbindung mit dem ON j:-š^3-ḥ:-tj der Thutmosislisten im Negeb = H 243 [93]) als auch šû^{a}ḥ (Anschluss an assyr. Suḫu) von ON ab. Beide Belege entfallen aus phonetischen Gründen, was auch für die Wurzeln šwḥ "flow, spread" oder "cause to grow" bzw. šḥḥ "to bow, be bowed down, crouch" mit dem hebr. PN J^{e}šôḥājāh (Zadok 39f., Fowler 143) gilt.
2. Lexikalisch ist ein Anschluss an arab. šūḥ "Tanne" oder auch šūḥā "Gabelweihe, roter Milan" (Wehr 682; ursprüngliches *ś) aufgrund der Notation 'sw' plausibel, wobei [hieroglyph] als Wiedergabe eines Pataḥ Furtivum analog zu den bei 1. genannten PN angesehen werden kann: *śū^{a}ḥ. Vgl. - allerdings mediae j - noch hebr. שִׂיחַ śî^{a}ḥ I, ugar. šḥt und arab. šīḥ (mit *ś) "Strauch" bzw. hebr. שִׂיחַ śî^{a}ḥ II "Lob, Klage, Kummer" (HAL IV 1231; vgl. Sab. Dict. 136: s^{2}yḥ "comple-

tion").

3. Wenig wahrscheinlich scheinen Anschlüsse an den saf. (3×) und tham. (1×) belegten PN šḥ, den Harding (341: "to be niggardly, covetous") und Ryckmans (207: "avare") zu arab. šaḥḥa (*śḥḥ) "knickerig, geizig sein; gierig sein" (Wehr 635) stellen, bzw. an den PN סוּחַ sû^{a}ḥ mit unklarer Etymologie (Zadok 143; mit Samek).

N 381 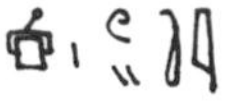 (f) s^3-w-j$_2$-tj

Gattin des Arbeiters P^{3}ym, Ende 19. Dynastie.

Mit Blick auf ägypt.  "ihm gehörig, ihm gehört" als jüngere Form von swt (Wb 4,13) übersetzt Ranke diesen Namen als "ihr gehörig" (allerdings weist Wb keine Form mit Endung tj nach). Möglicherweise liegt aber ein semit. PN vor: Ein Anschluss an den hebr. PN שָׁוְא šāw^{e}ʾ und arab. sawiya "gleich sein" (Wehr 617; Noth 222 mit Anm.6; Zadok 143, aaO 132 und HAL II 425 auch zu den Namen jišwā/jišwî) scheitert auch hier an dem Sibilanten (*š). Dagegen ist ein Anschluss an die frühnordarab. PN šwy (1×lih., 2× saf.), šy (2×saf.) und šyʾ (1× saf.) möglich. Harding (363) vergleicht dazu die Wurzel arab. šāʾa "wollen, wünschen" (Wehr 686), zu dem erstgenannten PN auch noch arab. šawā "braten, grillen" (Wehr aaO), was aber weniger plausibel sein dürfte. Ob in dem vorliegenden FN, der die semitische Femininendung -t aufzuweisen scheint, eine Bedeutung wie "die Erwünschte" oder "mein Wunsch" vorliegt?

Vgl. schliesslich noch die Wurzel *ṯwy "rule, govern" bei Silverman 180, Zadok 132 (ugar., südwestsemit.; Ryckmans 215).

N 382 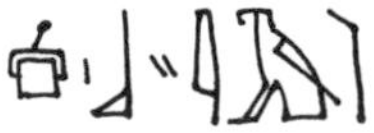 (m) s^3-b-j$_2$-j-^{3} F

Ein Syrer des Leipziger Ostrakons, Anfang 18. Dynastie.

Der Name lässt zwei ähnlich plausible Deutungen zu, von denen die hier zuerst vorzubringende ursprüngliches *ś, die zweite ursprüngliches *ṯ aufweist.

(a) arab. šabb (*śabb) "Jüngling, junger Mann": dieses Nomen (Wehr 627f.) ist gut als PN belegt: früharab. šb (Harding 337: 13× saf., 2× tham.) und šby (340 13 saf.Belege); nab.šby (Khraysheh 169; šabbī "mein Junge"); palm.šbʾ und šby "Young man, girl" (Stark 113); Hatra: šbw "junger Mann" (Abbadi 166). Hierher gehört möglicherweise auch der äg.-aram. PN šby (Kornfeld 72; ders., Anthroponomastik 47: "Jüngling"; griech. Umschrift Σαβεις).

(b) semit. Wurzel *ṯwb "zurückkehren": bei einer Anknüpfung an diese Wurzel (HAL IV 1326-1331) ist der vorliegende PN als Kurzform *ṯab eines theophoren Satznamens mit perfektischem Prädikat (Qal) "(der Gott NN) ist zurückgekehrt" zu verstehen. Vgl. dazu besonders den epigraphisch bezeugten hebr. PN šbʾl "El has returned" (Fowler 95; anders Zadok 42f. als Imperativ). Weitere hebr. PN mit dieser Wurzel bei Fowler 95f.362. Belege anderer Onomastika: amor. Huffmon 266, Gelb CAA 361f. (Sa-ba-um, Ša-bi-DINGIR, Ša-a-bi-e u.a.); ugar. Gröndahl 200; äg.-aram. (wenn nicht zu (a)) Silverman 179, Kornfeld 72; Amarna-Briefe: šābī-AN (Hess 227); südarab. ṯwb, ṯwbʾl u.a. Komposita (Harding 149). Vgl. dasselbe Element in N 383!

(c) Weiteres: frühnordarab. PN ṯb , ṯbw, ṯby (Hardingf 142f., mit Etymologien).

N 383  (m) s-b ^{cN}-b-n-r ^{STH}

Var.  s-b ^{cN}-b-n-r-j_2?///

Da beide Schreibungen b-l notieren, nicht b-^{c}-l, kann u.U. statt eines Schreibfehlers auch der Gottesname Bēl gemeint sein, s. N 122.513. Für die Verwendung von Bēl in nordwestsemit. PN s. Maraqten 48f. (aram. und phön.), von B^{c}l s. N 119. Der vorliegende Name ist dann als *ṯbbl "Bēl ist zurückgekehrt" zu verstehen (Belege der Wurzel *ṯwb bei N 382(b)). Zur Determinierung dieses Namens: Givéon, Determinatives, p.15.

N 384  (m) s^3-p^3-rw-rw ^{F}

Hethiterkönig Šuppiluliuma.

Die keilschriftlichen und der ägypt. Beleg dieses Namens bei Laroche NH 1185, der zu der Bedeutung ausführt: "Le nom de Suppiluliuma est, dans sa form, un ethnique; par son sens, "originaire de Source-pure", il a le caractère d'un théophore" (p.283). S. noch NH Supplément p.40 und zur Schreibung Hall, Transkription, 220. Die ugar. Umschreibung ist ṯpllm (Laroche aaO).

N 385  (m) s^3_2-p^3-$\underline{t}^3$-r ^{F}

Var. 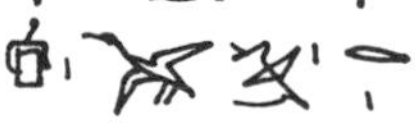 s^3-p^3-$\underline{t}^3$-r

"Bruder des Feindes von Hatti" (des hethitischen Königs) bei Kadesch, 5. Jahr Ramses' II.

Helck führt den heth.PN Sippaziti (Laroche NH Nr.1156, NH Supplément p.39) an, der als Gentilizium "Mann von Sippa" mit dem ON Sippa und dem luwischen 'ziti' "Mann (von)" zu erklären ist (Laroche NH 273.324f.382). Helck möchte in der Schreibung śì-pá-ší-l statt 'Sippazitis' den Beweis für eine 'recht unrichtige Registrierung' hethitischer Namen in Ägypten sehen, bei der auch "Verwechslungen des Namensausganges" auftreten würden (208). Dieser Vermutung hat Edel etwa bei seiner Interpretation des Namens  (N 375) = Harapš-ili widersprochen: nicht die ägyptische Transkription, sondern vielmehr die Helcksche Gleichsetzung der Umschrift mit dem heth. PN Ḫalpazitis ist als falsch zu betrachten. Auch im vorliegenden Fall dürfte das heth. Zugehörigkeitssuffix 'ili' "der von" (Laroche 250f.) vorliegen, womit aber in dem davor stehenden Element nicht mehr der ON Sippa erkannt werden kann. Ich möchte daher für den PN provisorisch (heth.) "der von $s^3p^3\underline{t}^3$" vermuten.

N 386  (m) sw-m^3-^{c}-n-j$_2$ F

Syrer der Louvre-Ostraka, Anfang 19. Dynastie.
Namen mit der Konsonantenfolge *šm^{c}n sind in hebr. שִׁמְעוֹן šim^{c}ôn (Noth 185, Fowler 167, Zadok 76 mit spätbabyl. Šá-ma-aḫ-ú-nu, amor. Sa-am-ḫa-nu-um, ugar. šm^{c}n und Sa-am-ú-nu, dem Toponymen Ša-am-ḫu-na [EA], dem amorit. Stammesnamen in keilschriftlicher Wiedergabe Sá-am-ʾ-ú-na sowie arab. Sam^{c}ān/sab. šm^{c}n; HAL IV 1457 mit u.a. noch äg.-aram. šm^{c}wn), ugar. šm^{c}n (Gröndahl 110), Hatra šm^{c}nw (Abbadi 169) und palm. šm^{c}wn (Stark 115 als "jewish name") belegt, zusätzlich in den ON Šam^{c}ūna (etwa Ächtungstexte E 55  u.a., s. Aḫituv p.[182f.]) und sab. sm^{c}n (Harding 329). In der Mehrzahl werden sie als Ableitungen von der Wurzel שׁמע šm^c "hören" verstanden (HAL aaO erwähnt noch arab. sim^c "Hyänenhund"). In unserem Fall scheint dies aber wegen des vermutlichen 'u'-Vokals (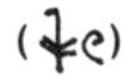) ausgeschlossen. Nun hat Gröndahl für den ugar. PN auch eine Deutung als "Name des ^{c}An" vorgeschlagen, in dem ersten Element also *šumu "Name" erkannt (Belege s. bei N 417(b)). Eine solche Erklärung passt nun auch für den zur Diskussion stehenden PN problemlos. Zu erklären bleibt einzig die Transkription des Schin durch ägypt. 's', da שׁמע šm^c "hören" sonst regelmässig durch 'š' umschrieben wird. Die einzige Möglichkeit, die ich sehe, ist die Annahme eines amoritischen Namens *Sum-^{c}Ani, da innerhalb des amor. Laut-

systems 's' statt 'š' steht (Huffmon 14). Belege für amor. šūmu "Name" in PN s. Huffmon 247-249, Gelb CAA 351-355, ARM XXII/593 (Var. samu); für den GN ᶜAnu Huffmon 199. Vgl. noch die amor. Variantenformen Sa-ma-nu-um und Su-ma-an sowie Su-ma-ni (Zadok 139).

N 387  (m) sm-:r-m-jw$_2$

Winzer in Amarna (6. und 16. Jahr Echnatons).

[Hieroglyphe] hier für [Hieroglyphe] (Gardiner F 37), das auch anstelle des korrekten [Hieroglyphe] (M 21) notiert wird. Helck umschreibt śam-(a)r-m-ỉ und fügt bei: "vgl. šumi...", wozu jedoch weder die für N 387 gegebene Vokalisation noch der Sibilant noch [Hieroglyphe], das dann im Anlaut des 2. Elementes stünde, im Wortanlaut jedoch erst seit der 20./21. Dyn. verwendet wird (Burchardt § 79), passen. Für hieratisch [Hieroglyphe] 'jw$_2$' s. oben zu N 20. Die folgenden Ansätze sind möglich:

(a) Wurzel *ṯmr "fruchtbar sein": zu dieser Wurzel s.Shehadeh, Sibilants, 236. 240f. (auch zu der wechselnden keilschriftlichen Wiedergabe mit š/ṯ), arabisch ṯamara "Früchte tragen, Frucht bringen" (Wehr 157; sab. ṯmr: Sab.Dict. 150f.). In folgenden Onomastika begegnet die Wurzel: amor. Huffmon 267 (Ḫammi-ištamar, iqtatal-Bildung, p.81; bei Gelb CAA 363 allerdings als *śmr aufgefasst; vgl. Krebernik 64f.); ugar. Gröndahl 199 (šamrānu, ammi-ištamru, ṯmrn, il-ṯtmr, ᶜm-ṯtmr); Amarna-Briefe: ᶜAmmištamru (Hess 56); früharab.Harding 148 (ṯmr: 3× saf., 1× min.; vgl. besonders ṯmrm: 1× sab.); Avanzini, Onomastica sudarabica, 110 (yṯmr).

(b) Wurzel *śml "umfassen": arab.šamila/šamala "enthalten, umfassen"(Wehr 675) mit hebr. שִׂמְלָה śimlā "Hülle, Umwurf" (HAL IV 1247) und den PN שַׂמְלָה śamlā und שַׂמְלַי śamlaj (HAL aaO). Hierzu ev. auch der ugar. PN šml (Gröndahl 195), dagegen nicht phön. šml (Benz 420). Einen PN Sa-mu-la-tum zu einer Wurzel *śml verzeichnet schliesslich noch Gelb CAA 357. Zu der vermutlichen Wurzelvariante *ślm mit den hebr. PN śalmā, śalmôn und śalmaj s. HAL IV 1241, Zadok 75.

(c) Weiteres: Amoritisch existiert eine Variante *śmr zu der Wurzel *ḏmr (CAA 32.357: śamarum, śamirum, śimrum "protection"; zu *ḏmr s. bei N 566). Einen weiteren Anschluss ermöglichen u.U. die früharab. PN šmr (*śmr; 1× lih., 6× saf., 1× qat., 31× sab.) und šmrm (mit -m; 1× qat., 5× sab.; Harding 357), die mit dem nab. PN šmrw (Šamiru) als "Ernsthafter" (Khraysheh 178) interpretiert werden. Vgl.auch im Südarabischen den PN śmr (1× hadr., 1× sab.; Harding 306). Lexikalisch vgl. noch arab. šamar, šamra "Fenchel" (Wehr 674).

N 388  (m) s^3-m-j_2-t-w_2-s^3

Hethitischer Streitwagenfahrer in der Kadeschschlacht, 5. Jahr Ramses' II.

Helck erwägt einen Anschluss an den heth. PN Šumalazitis (Laroche NH Nr.1171: Summalaziti, Nominativ + -s). Dabei ist aber offenkundig, dass sich -zitis und t-w_2-s^3 überhaupt nicht entsprechen können. Der einzige allenfalls vergleichbare Name der hethitischen Quellen ist Laroche NH Nr.1174 und NH Supplément p. 40 Šummittaras, Šumittaras (vgl.Su-mi-ta-ru, Alalakh Tablets 128,9 = Wiseman p.147), den Laroche selber als nichthethitisch klassifiziert, oder Simitilis (Laroche NH 1151); dabei müsste allerdings eine Metathese von t-r/t-l in r-t/l-t angenommen werden (und warum stünde  geschrieben?). Als weiteren ungeklärten heth. PN auf 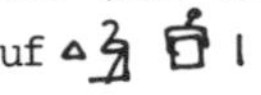 s. N 471. Ob ein nicht-hethitischer PN mit der heth. Nominativendung -s (keilschriftlich š) vorliegt (Beispiele sind Laroche p.11, 27 Nr.33, 30 Nr.56, 36 Nr.105, 50 Nr.218, 168 Nr.1199, 169 Nr 1202)?

N 389  (m) s-m-d-t-tj ^{F}

Helck vergleicht zu diesem Namen der Keftiu-Liste aus den Linear-A-Quellen das als PN nicht gesicherte śa-ma (Beziehungen Ägyptens und Vorderasiens zur Agäis 102), ein Vergleich, der nicht einmal äusserlich möglich scheint (vgl. zu N 72). Wahrscheinlicher ist die von Astour (Onomastika 253) vorgebrachte Anknüpfung an arab. ṯamada "to be, or to grow, fat" (aaO; hierher stellt er auch den bei Gröndahl 421 ungeklärt gelassenen PN tṯmd). Früharabisch ist der PN ṯmd (2× saf./tham., 1× min., 3× sab., auch Komposita wie ṯmdʾl) und der ON ṯmdt (1× sab., Harding 148; ohne Anschluss bei Ryckmans 377). Der hebr. PN šämäd (nach Zadok 74 zu arab. ṯamd "a water pool which dries up in the summer") ist zu streichen (korrekt 'šämär', Zadok aaO, HAL IV 1437).
Zusätzlich verweise ich noch auf den nab. PN šmtw (Šāmitu) "Schadenfroher, Boshafter" (Khraysheh 180, derselbe Name šmt im Früharabischen bei Harding 356: Wurzel arab. šamita, *śmt, Wehr 673; Sab. Dict. 133: s^2mt "malice").

N 390  (m) s^3-n:-r andere Lesart: 

Königlicher Schreiber unter Ramses III.

Der Name gehört eventuell zu den  sw-n:-:r geschriebenen Namen (s. die Belege im Anhang zum Namenskatalog); er ist möglicherweise nicht fremd, sondern ägyptisch. Mit beiden Namen ist die als Fremdwort belegte Pflanzenbezeichnung , Var. 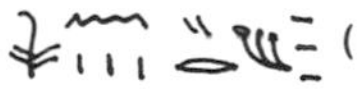 (B 784; H 533) zu vergleichen.
[Ob dazu demot. sl (*sal oder *sol), kopt. ⲥⲟⲗ "Docht" (Vycichl, Dictionnaire 187) gestellt werden kann, wobei auf die Bedeutung von hebr. פִּשְׁתָּה pištā (1) "Flachs, Leinen", (2) "Docht aus Flachs" verwiesen werden könnte? Westendorf (Handwörterbuch, 183) denkt für ⲥⲟⲗ an arab. šwl "anzünden".]
Ranke gibt zwei mögliche Interpretationen des Namens : als Koseform zu einem Gottesnamen, etwa dem des Seth (II 161) oder als "die śl-Pflanze(?)" (II 181); zu der ersten Möglichkeit s. unten zu den k-n:-r geschrieben PN.
Hier stellt sich die Frage, ob der vorliegende PN eventuell auch semitisch gedeutet werden kann. Als Anschlussmöglichkeiten bieten sich an:
(a) mit der von Helck (537) angenommenen Wiedergabe von semit. 'sa' (Samek) durch ägypt. s^3 vgl. die ugar. PN salla, sll, sly, slyy, slyn, slu, die von Gröndahl (185) zu einer Wurzel sll/sly "Weg aufschütten, Bahn machen" (hebr. סלל HAL III 715) bzw. "herausziehen" (arab.) gestellt werden; hierzu ev.der 12× belegte saf. PN sl (Harding 324: "ar. sall, toothless, theft"; Ryckmans 149: "extraire") und der im Lih./Saf./Hadr. je einmal bezeugte PN sll (Harding 325).
(b) die hebr. PN סַלּוּא sallûʾ und סָלוּא sālûʾ schliesst Noth (174f.) an eine arab. Wurzel salaʾa "Geld schnell zurückzahlen, wiedererstatten" an, worin ihm Silverman (160: "pay back (promptly), repay"> "replace") für die äg.-aram. PN slwʾ, slwʾh und slwh folgt. Kornfeld (64; mit dem zusätzlichen Namen ʾbsly) kritisiert daran, dass arab. slʾ nicht "rückerstatten" bedeute; er übersetzt "(n.d.) hat geklärt/gereinigt" (aaO griech. Umschreibungen als Σάλονιος u.ä.). Doch findet sich die Deutung als "substituted" bzw. "der/die Wiedererstattete" auch bei Zadok 110, HAL III 714 (altsüdarab. ślʾ "bezahlen") und Stamm, Hebräische Frauennamen, 130. Hier dürfte doch wohl auch der von Huffmon (246) noch als ungeklärt zu einer Wurzel *slʾ gestellte amor. PN Yasli-AN als imperfektischer theophorer Satzname anzuschliessen sein.
(c) eine Wurzel śll "to take booty" (akkad. šalālu) bei Gelb CAA 32.351.

(d) der 5 × saf., 2 × tham. belegte PN šl (Harding 355 mit arab. šalla, "to wither; shull, active, lively" [šalla "gelähmt werden", šawil "flink, behende sein", vgl. šāla "sich erheben, erhaben sein", Wehr 671.685]).
(e) der akkad. PN sulâʾa, sulâʾā (häufig; Stamm 251).
Zu einer Wurzel *šlj dagegen dürften die bei Khraysheh 174f., Abbadi 167, Stark 114, Donner/Röllig I 242, Harding 327, Silverman 181, Kornfeld 73, Noth 229 angeführten PN šly/w gehören, die damit hier nicht heranzuziehen sind.

Die Namen N 391 - N 395 sind gemeinsam zu diskutieren:

N 391 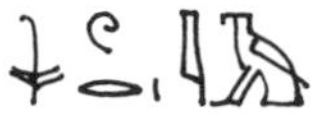 (m) sw-r-j-^{3}

N 392 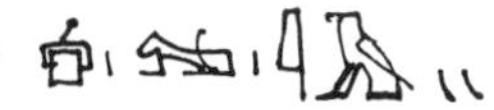 (m) s^3-rw-j-^{3}

Stallmeister unter Ramses V.

N 393  (m) s^3-r-y

Schreiber, Ende 20.Dynastie.

N 394  (m) s^3-:r-y

N 395 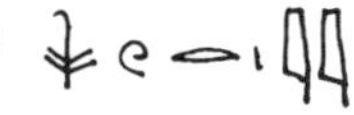 (m) sw-r-y

Zu diesen Namen vergleiche noch 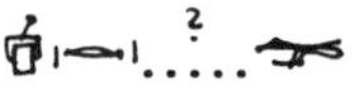 s^3-r-///-$^{\underline{NDS}}$ (Ostr.CG 25575, Z.37, Ende 20./Anfang 21.Dynastie), N 397.398; R I 316,23f. (liegen z.T. ägypt. Namen vor? N 394 aus Deir el-Medineh ist bei Ward, Personal Names, nicht aufgenommen). Für alle Anschlüsse mit semit. 'l' s. bei N 390. Die Anschlüsse mit 'r' werden nach den Sibilanten getrennt:
(1) mit *ś:
(a) hebr. *śrj "to persist, exert oneself, persevere" (Fowler 361) mit den PN $ś^e$rājāh(û), śrjhw, jiśrāʾēl (aaO 108). Zadok gibt als Bedeutung "resist, exert oneself; judge" und zusätzlich zu den bei Fowler erwähnten PN śrmlk (30; dazu ev. śrʾl (?), 180), führt jiśrāʾēl aber gesondert auf (40) zu śrj (śrʾ) "cut, judge (?)". Nach HAL ist das den PN zugrunde liegende *śrj Nebenform zu śrr I "herrschen, regieren" (denominiert von שׂר śar) und ist äg.-aram. śrjh als

"Jahwe hat sich als Herrscher erwiesen" aufzufassen (IV 1262.1264.1269f.). Umgekehrt setzt Silverman *śrr "strive" > "rule"; "prince, king" an; Kornfeld übersetzt śrjh als "Jahwe ist König" (46). Zu jiśrāʾēl s. noch HAL II 422 (mit ugar. jśr^{3}l; altsüdarab. jšrʾl [Zadok 40 vergleicht eblait. Iš-ra-il] und u.a. arab. šarija [*śrj] "strahlen").

(b) früharab. PN šwr (1× tham., auch Komposita ʾbšwr, ʾlšwr, Harding 362; Ryckmans 207: šwr "beauté"), šr (5× saf., 1× tham., Harding 344), šry (4 saf., Harding 347), šrʾ (1× saf., Harding 344: zu arab. šrʾ "purchase, sale"). Vgl. noch arab. šarra "schlecht, schlimm, böse sein" (Wehr 641); šūrā "Beratung, Rat" (Wehr 682).

(2) mit *ṯ:

(a) der je 1× saf./tham. bezeugte PN ṯr (Harding 144: "ar.tharr, abundant"; Wehr 151: ṯarr "wasserreich").

(b) der früharab. PN ṯwr mit 5 saf. und 2 sab. Bezeugungen (Harding 150), vgl. arab. ṯāra "sich regen", ṯaura "Erregung"; ṯaur "Stier, Bulle" (Wehr 160f.).

(c) der ugar. PN ṯrry zu ṯrr "klein sein" (Gröndahl 200).

(3) mit *s: sofern ursprüngliches Samek vorliegt und dieses durch 𓋴 wiedergegeben werden kann (Helck 537), kommen für N 392.393.394 und ev. N 397.398 die folgenden früharab. Anschlüsse in Betracht:

(a) der mit 165 saf. Belegen (dazu 1× tham.) sehr häufige PN sr, den Harding (314f.) entweder zu arab. sarra "freuen, erfreuen" oder sirr "Geheimnis" (Wehr 562) stellen möchte.

(b) der 3× belegte saf. PN srʾ (Harding 315), ob zu arab. sarrāʾ "Glück, Wohlergehen" (Wehr 563)?

(c) der safaitisch (64 Belege, Harding 317) und in Palmyra (Stark 102) überlieferte PN sry, der als arab. sarīy "vornehm, angesehen" (Wehr 568) erklärt wird; zu derselben Wurzel *srw gehört auch der PN srw (Harding 316; je 1 saf./sab. Beleg; "to be generous, manly");

(d) der wiederum ausgesprochen zahlreich (138× saf.) belegte PN swr (Harding 335), den Ryckmans (148) als "insolent, querelleur" deutet.

N 396 (m) s^{3}-r-b-j$_{2}$-y-ḫ-j$_{2}$-n-^{3}

Var. s^{3}-r-b$^{3}_{4}$-y-ḫ-j$_{2}$-n-^{3}

Beiname: j:-b$^{3}_{2/4}$-y

Erster Prophet des Amun von Prw-nfr, Prophet des Ba^{c}al, Prophet der Astarte, Nachamarnazeit?

Eine plausible Deutung des Namens existiert meines Wissens nicht. Aus sprachlichen und inhaltlichen Gründen sind die Erklärungsversuche von Stadelmann und Helck zu verwerfen.
Stadelmann (Gottheiten, 34 Anm.2) deutet den Namen als (1) "der Herr hat mich geprüft" bzw. (2) "Fürst der Festung". (1) *śarbaḥan kann aber nicht Vorlage des Namens gewesen sein, da בחן *bḥn *ḥ, nicht *ḫ aufweist (Ges.^{18} 136) und neben der zweimaligen Notation von 𓏭 j_2 besonders auch 𓇌 y (das mit einem Qal Perfekt unvereinbar ist) nicht unberücksichtigt bleiben darf. (2) *śarbaḫan mit einer Bedeutung "Fürst der Festung" wäre nicht nur semantisch ohne Parallele und müsste gegebenenfalls als Satzname "(Mein) Fürst ist (meine) Festung" aufgefasst werden, sondern muss wiederum 𓏭 und 𓇌 übergehen. Zudem ist hebr. בַּחַן baḥan selber Lehnwort aus ägypt. 𓃀𓐍𓈖𓉐 (Wb I 471; Ges.^{18} 137) und sein Auftreten in einem semit. PN um 1300 kaum wahrscheinlich.
Abwegig ist das von Helck aus verschiedenen hurritischen Elementen zusammengestückelte 'šalip-ew(?)-ḫina' (was soll das hurritisch bedeuten?).
M.E. lässt sich der Name einwandfrei aus dem Akkadischen erklären, nämlich als *Šarbiʾ-ʾaḫḫin "(Gott NN,) mach die beiden Brüder gross!" mit dem assyr. Imperativ des Š-Stamms von rabû "gross machen" und dem Dual von ʾaḫu "Bruder". Die bei der vorgeschlagenen Deutung vorliegende Wortstellung Imperativ-Objekt (gewöhnlich umgekehrt) ist durchaus belegt, s. von Soden, Grundriss, § 130 e (in PN Voranstellung des Verbs bei besonderer Betonung) und vgl. etwa den Namen ^{d}Aššur-daʾʾin-apla "Aššur, stärke den Erben" (Stamm ANG 156). Semantisch vgl. die PN ^{d}Bēl-aḫḫē-ušabši "Bēl hat Brüder da sein lassen, Nabû/Aššur-aḫḫē-balliṭ /bulliṭ "Nabû/Aššur, mach die Brüder gesund", Ili-aḫḫē-iddinam "Mein Gott hat mir Brüder gegeben" oder ^{d}Bēl-aḫḫē-uṣur "Bel, schütze die Brüder" (Stamm 44.145.154.158).
Die ägypt. Umschreibung 'Sarbiyaḫin' mit 'y' statt 'Sarbiʾʾaḫ(ḫ)in' mit '-ʾʾ-' dürfte lautlich recht nahe liegen. Problematisch ist dagegen bei dieser Interpretation, dass das 'š' des Š-Stammes durch ägyptischen s-Laut transkribiert wird. Möglicherweise ist eine falsche Umsetzung einer keilschriftlichen Vorlage anzunehmen, da im Akkadischen auch *ś und *ṯ, die mit ägyptischem s-Laut umschrieben werden, als 'š' erscheinen. Im Neuassyrischen, damit aber um einiges später als der vorliegende Beleg, ist dann 'š' als 's' gesprochen worden

(Brockelmann, GVG I 136; bei Albright VESO 34 schon für die 18.-Dyn.-Umschrift des Namens "Aššur" veranschlagt, wo das Ugaritische aber ʾṯr hat). Eine Parallele zu der vorliegenden Transkription stellt u.U. das Toponym  = šārôn (Ebene Šārôn; Edel ONL 13f.) dar, falls es eine Ableitung "Flachland" von der Wurzel *jšr "gerade sein" darstellt (HAL IV 1525 (Ableitung (a); II 428) und nicht als "Feuchtland" zu hebr. שרה šrh mit *ṯ (HAL IV 1525 (Ableitung (b); aaO 1524) zu stellen ist. Zur Umschreibung von keilschriftlich 'š' durch ägypt. 's' s. noch Burchardt § 107).
Für die Erklärung des Beinamens *ʾabija bieten sich m.E. zwei Möglichkeiten an, wobei ich Stadelmann in seiner Interpretation, es handle sich hier um einen Priestertitel "Vater", nicht folgen kann. Entweder liegt ein Kurzname des Vollnamens vor (*-biʾʾa- >ʾabija) oder der erste Bestandteil des ursprünglich dreigliedrigen assyrischen Satznamens, der dann *ʾAbīja-šarbiʾ-ʾaḫḫin "Mein Vater, mach die beiden Brüder gross" gelautet hätte.

N 397 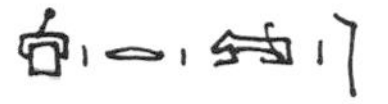 (m) s^{3}-r-rw ^{F}

Hirt unter Ramses V.

Für Anschlüsse s. N 390 - N 395.

N 398  (m) sw-r-r

Königlicher Schreiber, Wedelträger zur Rechten des Königs unter Amenophis III.

Der ägyptische Name des Beamten ist Jmn-m-ḥ^{3}t, Sw-r-r der Beiname. Zur Diskussion s. die zu N 390 - N 395 genannten Anschlussmöglichkeiten. Beachte auch PN wie  sw-r-w$_{2}$-r-w$_{2}$ ^{MD3T}-ḏḥwtj (Personenliste pBerlin 12342 Z.2). Ein Nomen šurarum bei Gelb CAA 33.

N 399  (m) s^{3}-rw-r-ṯ^{3} ^{F}

Vater des Sklaven  (N 312) aus , Mutter qd-j$_{2}$^{F} (N 431), Ende 19. Dynastie.

Den Namen möchte ich als akkad. šarru-rēṣī "Der König ist meine Hilfe" erklären. Zu der Umschreibung von semit. 'ṣ' durch ägypt. 'ṯ' im Auslaut s. oben zu N 240; zu der Wiedergabe von keilschriftlichem 'š' durch ägypt. 's' Burchardt § 107 und N 396. Für PN des Typus GN-rēṣī "(der Gott NN) ist meine Hilfe" s. AHw II 972; vgl. Rīṣī-ilum "Der Gott ist meine Hilfe" und Šarru-rūṣūa "Der König ist meine Hilfe" (Stamm ANG 118.212), aus Mari etwa Dagan-rēṣūšu "Dagan ist sein Hilfe" (ARM XXII/2 569). Möglicherweise liegt statt rwṣ "helfen" (s.N 234) auch *rḍj "wohlgefällig sein" (vgl.amor. Raṣa-Dagan "Dagan ist zufrieden, günstig gesinnt", Huffmon 265; Gelb CAA 30) vor, vgl. N 341.

N 400  (m) s^3-rw-s^3

Ein Priester (ḥm nṯr) des Amun, frühe 19. Dynastie.

N 401  (m) s^3-r-sw ^{F}

Stallmeister unter Ramses V.

Helck zitiert zu N 401 aus Nuzi den PN Šariššе (Gelb NPN 125, Cassin/ Glassner 119), aus Alalach Šariššu (richtig: Ša-ri-šu [202,21] = Wiseman, 146). Diese Namen sind ev. als akkad. "Sein König (ist der Gott NN)" zu deuten, vgl.den PN Šarišše im Mittelassyrischen (Freydank/Saporetti 122) und aaO 178 (mit dem Sumerogramm LUGAL für akk.šarru) Ili-LUGAL-šu. Möglich ist aber auch Šarrussu < *šarrutšu "sein Königtum" wie in den aus Mari bezeugten PN Ṭābat-šarrussu (ARM XXII/2 598; XXV 257) oder Liter/Lîter-šarrusu (ARM XXV 253; XXVI 556). Im vorliegenden Fall kann aber auch hebr. שָׁלֹשׁ šālōš "drei" (*ṯlṯ, HAL IV 1429) vorliegen, wozu ev. die hebr.PN שֵׁלֶשׁ šēläš und שִׁלְשָׁה šilšā (nach HAL aaO, Zadok 77; anders Noth 228f. mit Anm.1) in der Bedeutung "drittes Kind" gehören. Vgl. dazu den - jedoch singulären - akkad. PN Išalliš-ilum "Gott wird (noch) einen dritten (Sohn) schenken" (Stamm 161).
[Nicht in Betracht kommt *šrš "Wurzel, Nachkomme" (zu PN Gröndahl 196, Maraqten 221, Zadok 69) aufgrund des Sibilanten.]

Die beiden folgenden Namen sind gemeinsam zu diskutieren:

N 402  (m) s^3-r-t-j_2

Trompeter unter Ramses IX.

N 403  (m) s^3-r-tj

Schreiber unter Ramses XI.

Bei N 402 ist nach Peet eine Lesung  statt  ebenso möglich. Helck möchte aus Nuzi den PN Šarteja (Gelb NPN 125; Cassin/Glassner 119) vergleichen, der vermutlich mit hurr. šarri "König" (Lehnwort aus dem Akkadischen, Laroche, Glossaire, p.217) und tea "nombreux" (Glossaire, p.260) gebildet ist. M.E. ist es unwahrscheinlich,dass das keilschriftlich te-a, te-e-a, ti-e-a, te-e-ya geschriebene zweite Element im Ägyptischen mit blossem t-j_2 wiedergegeben worden wäre (der Anschluss ist dagegen bei N 404 denkbar!).
Im vorliegenden Fall kann man u.U. Ableitungen der bei N 390 - 395 vorgebrachten Anschlüsse vermuten. Vgl. zusätzlich:
(a) den je 1× saf./tham. bezeugten PN šrt, der entweder zu sr (bei N 395 (1) (b)) oder zu arab. širra (*śrt) "ardour, anger" (Harding 344) zu stellen ist.
(b) den hebr.PN סֶרֶד säräd (ugar. (bn-)srd [Gröndahl 186]), davon abgeleitet das Gentilizium סַרְדִּי sardî. Zadok verbindet den PN mit akkad. serdu "olive tree"; allenfalls könn/e auch syr. srad "be frightened" herangezogen werden. (74). Dagegen verweist HAL III 726 auf akkad. sāridu "Packmeister (für Esel)".
(c) den hebr. PN סֵלֶד / סֶלֶד sēläd/säläd, den Zadok (74) mit Hinweis auf den amor. PN Sa-al-di-ia als qatl-Bildung zu mittelhebr. sld "bound backward, withdraw, shrink back" einordnet.
(d) Vgl. auch noch das arab. šarṭ "Bedingung", šaraṭ "Zeichen" (Wehr 646) und den aus Hatra bezeugten PN šrṭʾ (Abbadi 172f., mit anderer Herleitung).
(e) Möglicherweise ist auch eine Kurzform *šarrati "(die Göttin NN) ist meine Königin" zu erwägen; vgl. die akkad. Namen Šarrat-erēša, Šarrat-Ištar und Šarrat-tašimātim (Stamm ANG 185.223.276).
N.B.: Der Name Suratu des Fürsten von Akko in den Amarnabriefen kann zu den ab N 391 verglichenen Wurzeln herangezogen werden. Die geläufige Deutung aus dem Indo-Arischen/Sanskrit als sú-ráthaḥ "one who owns a (good) chariot" (Hess 223f. mit der bisherigen Diskussion; Helck 480; Gröndahl 411) scheint mir dagegen eher unwahrscheinlich.

N 404  (m) s^3-rw-t-j_2-y

Ein Fischer/Vogelfänger unter Ramses II.

Zur Diskussion s. bei N 403 (und vgl. sw-r-ṯ-j ^{RNPT}, R I 317,20).

N 405  (m) s^3-sw-:r-y

Holzholer, 27. Jahr Ramses' III. (auf demselben Dokument N 394).

Helck vergleicht aus Nuzi den Frauennamen Šašuri. Ungeklärt sind die PN sab. sšrn, sšrwm, šśrm (Harding 317, je ein Beleg), phön. ssr (Benz 368f.) und reichsaram. ssrʾl (Maraqten 190; nach Ausweis dieses letzteren mit semit. ʾl "Gott" zusammengesetzten Namens muss ein semit.Anschluss ssr bestanden haben). Aus dem AT ist noch der PN sîsrāʾ zu nennen, den schon Noth (64) als fremd einstufte und der HAL III 710 mit luwisch zi-za-ru-wa (ob zu Recht?) verbunden wird.

N 406  (m) s^3-q-^{3}-b-w_2

Den Namen deute ich als Kurzform eines perfektischen theophoren Satznamens *śagab "(der Gott NN) ist erhaben/stärkt/schützt" zu der Wurzel שׂגב śgb hebr. qal "[zu]hoch, fest sein [für]", nif. "hoch, erhaben sein", pi. "hoch, unzugänglich machen = schützen", hif. "sich als erhaben erweisen"(HAL IV 1217) aram. "stark machen". Für den hebr. PN שְׂגוּב ś^{e}gûb und den epigraphisch bezeugten, vermutlich ammonitischen, Namen ʾlśgb s.Noth 190, Fowler 80.223.361, Zadok 82.108 mit aram. śgbj, ś^{e}gîb und neuassyr.< aram. Sa-gi-bu; HAL IV 1218 mit (in assyr. Überlieferung) Sagib-ilu und Sagab (Tallqvist 189f.).[a] Ausführlich behandelt die aram. Belege Lipiński (106-108); neben Hypokoristika wie Sagab theophore Vollnamen wie Hadad-sagab "Hadad prevailed", Nabû-sagab, Si-e-sagab und Našḫu-sagab. Dazu sind aus den reichsaramäischen Inschriften die PN šgb "Schützer" und [ʾl]šgb "ʾl ist (mein) Schutz/hat geschützt" (Maraqten 132.216) hinzuzufügen. Zu der Form śagib "chief, ruler" s. Lipiński aaO.

Die nächsten beiden Einträge sind zusammenzustellen:

N 407  (m) s^3-k-^{3}-j-^{3}

(a) Dazu amor. Sa-ag-bi-^{d}IM (Huffmon 245).

Tischschreiber des Palastes unter Sethos I.

N 408  (m) s^3-k-^{3}-j-^{3}

Oberwinzer (ḥrj-b^{c}ḥ) unter Semenchkare in Amarna.

Zur Problematik einer sprachlichen Zuordnung s. N 580 und F 14.-
Die folgenden semitischen Anschlüsse (vorzugsweise (a)) möchte ich heranziehen
(a) eine Wurzel שׂכה *śkj ist aramäisch in der Bedeutung "to look out, pay attention" belegt (vgl. HAL IV 1236). Lipiński bemerkt zu ihrer Verwendung in PN, dass "onomastic use of the verb śky...is duly attested in the Old Aramaic Period" (Lipiński 71; bei ihm auch die ausführlichste Diskussion von Verb/PN, 71-76). Er führt die folgenden Namen an: śkʾl "El has looked out", śky "foreseer, watchkeeper", śkybl "(My) watchkeeper is Bel", śkyh, śkyy, śk^{c}tʾ, in keilschriftlicher Form etwa Hadad-sa-ka-a, Si-e-sa-ka-a, Sa-ka-el (aaO). Zu diesen Belegen dürfte der im AT belegte PN שָׂכְיָה śākjāh gehören (Fowler 88. 139.224.284.361, Zadok 30 mit epigraphisch śkyʾ). Onomastisch bezeugt ist das Verb zusätzlich im äg.-aram. Onomastikon mit den PN śkʾl und śkwy (Kornfeld 63f., Silverman 177), in den reichsaram. Inschriften in den Namen škʾl und škwy (Maraqten 217f.), in Palmyra durch die Belege šky, škybl, škyy und skyy (Stark 101.114). Für den hebr. PN erwog Noth 178 eine Deutung nach der Wurzel śwk "umzäunen" als "Umzäunt, umhegt hat Jahwe", was auch HAL IV 1236f. in Erwägung gezogen wird. Zu dieser Wurzel stellt Zadok (143) fragend den PN śwk.
(b) Für Anschlüsse mit semit. 'g' (wofür ägypt. 'k' auch stehen kann) s. N 249 (a) (und N 410). Vgl. schliesslich noch den früharab. PN šk (*śk), den Harding (353) als "ar. shakk, doubt, mistrust" deuten möchte.

N 409 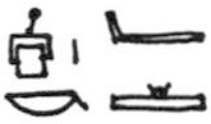 (m) s^3-k-h:

"Günstling des Königs in Memphis" (jmj-jb n bjk m jnbw-ḥḏ).

Die Bedeutung des Namens ist unklar. Allenfalls sind die reichsaram. PN škwḥ und škḥ (Maraqten 217f.) zu vergleichen, die als qatūl-Formen zu aram. שׁכח škḥ "finden" (KBL 1130; hebr. "vergessen") gehören (keilschriftlich Ša-ku-ú-ḫu); nabatäisch ist der Name škwḥw, vermutlich zu der gleichen Wurzel, belegt (Khraysheh 173). Dabei stellt sich jedoch das Problem des von N 409 verschiedenen Sibilanten. Eine weitere Anschlussmöglichkeit ist möglicherweise mit dem safaitischen PN sǧḥ (Harding 311; 1 Beleg) gegeben (ursprüngliches *s oder *š ?).

N 410  (m) s-g-^{3}-y

Für die Diskussion dieses auf derselben Namensliste wie N 339 stehenden PN s. oben N 249.

N 411  (m) s^{3}-tj-r-n-^{3}

König Šuttarna II. von Mitanni.

Zu der Aufnahme der verschiedenen Deutungen des Namens aus dem Indoarischen/ Sanskrit in der Forschung bemerkt Hess: "virtually unanimous criticism of all suggestions (...) has led to the view that Sut(t)arna reflects a language which is not Hurrian and may be Indo-Aryan, but whose origin has not yet been identified" (243).

N 412 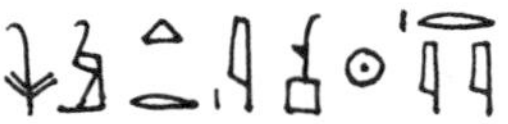 (f) sw-tr-j$^{TR.R^{c}}$-r-y

Mutter des Königs Siptah.

N 413 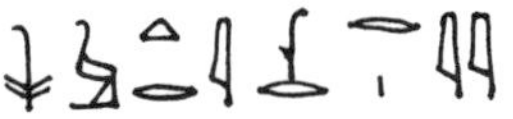 (f) sw-tr-j^{TR}-r-y

Die von Drenkhahn (Elephantine-Stele, S.11 Anm.70) mitgeteilte Deutung Helcks (auch LÄ 2, 309 Anm.25; LÄ 3, 466) liest den Namen als su-tai-lja und erklärt in als "Setzling, Pflänzchen" (hebr. šātîl, mittelhebr. und jüd.-aram. šätäl "Setzling", š^{e}tîlā "Steckling", vgl. akkad. šitlu(m) "Spross", syr. šetlā "Pflanzung", šētēltā "Pflanze", mand. šitla "Pflanze, Kind", arab.šatla "Setzling": HAL IV 1539 mit Verweisen; Wehr 633; Wurzel štl "einpflanzen", HAL IV 1540). Er setzt also offensichtlich eine Fu^{c}ail-Bildung an, um das notierte 'u' der ersten Silbe zu erklären. Dieser Ansatz wirft folgende Probleme auf: (1) der Sibilant des Anschlusses ist *š, das ägyptisch nicht mit s-Laut transkribiert werden kann; (2) kann die Wortschreibung 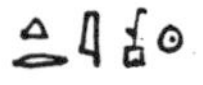 tr ("Zeit", Wb 5, 313ff.) tatsächlich 'tai' ausdrücken ? Kopt. ⲦⲎ führt für das Urkoptische auf

einen Vokal 'ū' (ū > ē zwischen der Zeit Ramses'II. und der Assyrerzeit, Schenkel, Einführung, 90). Möglicherweise ist daher für N 412f. eine hypothetische Lautung *su-tū-r-ja anzunehmen. Vgl. für diesen Fall folgende Möglichkeiten:
1. Eine Ableitung *sutūr "Verborgenheit, Schutz" (qutūl: Brockelmann, GVG I 359) zu der Wurzel str statt des üblichen *sitr bliebe hypothetisch und wäre auch wegen der Wiedergabe des Sibilanten (Samek) problematisch.
2. Vielleicht ist daher eine Deutung nach akkad. sudūru "Schmuck" (AHw II 1053: alt/jungbabyl.; ugar. šudururu) oder šutūru "ein Prachtgewand" (AHw III 1294) zu erwägen, wozu Noth 223, Stamm 256 semantische Parallelen anführen.

N 414 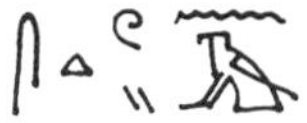 (m) $s\text{-}t\text{-}w_2\text{-}j_2\text{-}n\text{-}^3$

Winzer im 7. Regierungsjahr der Hatschepsut.

Diesen Beleg führt Helck zweimal als Beleg für die Lautung *śat der Gruppe [Hieroglyphen] an (556.567), hält aber auch für möglich, das hier "das Pronomen [Hieroglyphen] als Wort benutzt ist". In diesem Fall wäre das [Hieroglyphe] in der Deutung nicht zu berücksichtigen, wie ähnlich bei den Wortschreibungen [Hieroglyphen] für *pe oder [Hieroglyphen] für *ḥi (H 566; N 256). Der von Helck als Anschluss zitierte Alalach-Name 'Šatuwina' lautet in Wahrheit (Wiseman, Alalakh Tablets, 146) Ša-tu-wa-na, und der von ihm zum Vergleich aus pMayer A 3, 10 herangezogene Name "š-ta-wa" ist, wie bei N 522 auszuführen sein wird, in dieser Form inexistent und richtig $t\text{:-}tj\text{-}j_2\text{-}w^3$ zu lesen. Für den vorliegenden Namen vgl. eventuell die bei N 381 vorgebrachten Anschlüsse und zusätzlich den im Safaitischen mit 3 Belegen bezeugten PN šwn (Harding 363: "ar. šāʼna "to remove difficulties").[a]

N 415  (m) $s^3\text{-}d\text{-}j_2\text{-}{}^c\text{-}m\text{-}j_2\text{-}j$
oder: $s^3\text{-}d\text{-}j_2\text{-}m\text{-}j_2\text{-}j$

Die Schreibung eröffnet die beiden in der Transkription bezeichneten Möglichkeiten der Lesung: (a) [Hieroglyphe] als eigener Konsonant '^{c}', (b) [Hieroglyphe] statt korrekterem [Hieroglyphe] oder als phonetisches Komplement zu der vorhergehenden Gruppe wegen äg. dj "geben" (korrekt [Hieroglyphen]). Helck vergleicht aus Alalach den Namen Šadimara, aus Ugarit den PN Sudumu. Ein solcher Vergleich kann grundsätzlich aber nur dann von Wert sein, wenn die herangezogenen Namen selber auf ihre Bedeutung hin hinterfragt werden. Der PN Šadimara kommt m.E. nur dann in Betracht, wenn

---

(a) Vgl. auch noch arab. saṭwa "Angriff; Einfluss; Macht" (Wehr 571) mit dem PN sṭt (Harding 317; falls *š).

er zu dem unten bei (a) angesprochenen Element šadī "mein Berg" gestellt werden kann; der ugar. Name Sudumu ist dagegen ungeklärt (Gröndahl 184), doch ist der doppelte 'u'-Vokal mit der vorliegenden Schreibung nicht in Einklang zu bringen. Für eine Deutung möchte ich die folgenden Möglichkeiten erwägen:

(a) —ꝺ mit konsonantischem Wert: bei dieser Lesung ist der Name vermutlich als *Šadī-^{c}Ammī "Mein 'Onkel'/^{c}Ammu ist mein Berg" zu erklären. Unmittelbar würde diesem Namen der im Ägyptisch-Aramäischen bezeugte PN šd^{c}m "Berg/Hort ist ^{c}m" (Kornfeld 72) entsprechen. Dem Wort šadû "Berg" liegt ein *ṯd zugrunde (so ugar., s. Huffmon 267 und Shehadeh, Sibilants, p.242). Für Namen des Typus šadī-GN verweise ich auf: akk.Stamm 82.211.226.228; amor.Huffmon 267, Gelb CAA 362f., Birot 189f., ARM XXII/2 569.594, XXIII 597 (abi-šadī), ARM XXV 250.256 (Šadu-šarri); phön. Benz 414. Für PN mit dem Element ^{c}m s. bei N 127.

(b) —ꝺ ohne konsonantischen Wert: verschiedene Anschlüsse sind möglich. Vgl. den früharab.PN sdm (Harding 314: "ar.sadim, regretful, grieving; or see swd?" Der PN swd ist (v.a. saf.) 80× bezeugt, Harding 334. Ursprüngliches Samek?) und den ON šdm (Harding 343 mit 1 sab.Beleg, zu arab. šadda "fest, hart, stark sein", Wehr 638f.). Ein PN sṭm, sṭmʾ ist in Palmyra bezeugt (von Stark 101 zu aram./syr. s^{e}ṭam "close, seal" (im Sinne von "beschützen") gestellt). Schliesslich ist ev. noch der hebr. ON שִׂדִּים śiddîm (HAL IV 1221: Etymologie unklar) heranzuziehen. Dem Anschluss an (a) gebührt möglicherweise der Vorzug.

N 416 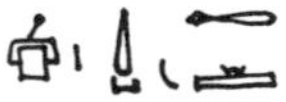 (m) s^{3}-$\underline{d}^{3}$-^{c}:

Var.  Var. s^{3}-$\underline{d}^{3}$-^{c}: MSK3

Die einzigen mir bekannten onomastischen Anschlussmöglichkeiten bieten Personennamen des Früharabischen:

(a) der je einmal saf. und tham. belegte PN šḍ^{c}, dazu 1× qat. šḍ^{c}t (Harding 349; "root unknown");

(b) der 1× saf. bezeugte Name šz^{c} (Harding 348; auch hier unbekannte Wurzel). Ranke verzeichnet noch das Fremd-Determinativ; soweit ich sehe, erscheint aber nur das Determinativ für Säugetiere (Gardiner F 27). Der Grund dafür ist mir unklar; ob der Schreiber etwa arab. šaṣara "junge Gazelle" (Wehr 654) assoziiert hat?

N 417  (m) $\check{s}^{3}$-m-y F

Oberwinzer (ḥrj k^3mw), ramessidisch.

Der Name entspricht recht genau dem hebr.PN שמי šammaj, bei dem es sich um eine Kurzform eines mit שמע $\check{s}m^c$ "hören" (HAL IV 1452-1455) gebildeten Satznamens handeln kann (Fowler 158; dagegen nimmt Zadok (148) einen gekürzten PN oder eine Ableitung von šmʾ "erhaben sein" (s. (c)) an; nach HAL IV 1441f. ist der Vollname nicht mehr bestimmbar). Das ^{c}Ajin kann u.U. bei einer Kürzung unberücksichtigt bleiben (vgl.auch die Kurzform šammā̆ ≙ $\check{s}im^c\bar{a}$, Fowler 165, Zadok 76.147). Für den vorliegenden Namen kommt möglicherweise auch eine Kurzform zu einem PN mit שֵׁם šēm "Name" (HAL IV 1432-1435: akkad. šumu, amor. samu/sumu, ugar. šum) in Betracht. Belege für beide Anschlüsse sind in allen semitischen Onomastika sehr häufig.

(a) שמע $\check{s}m^c$ "hören": hebr. Noth 185, Fowler 90.152.158.164f.169.363, Zadok 76.96f.114.147 (auch $\check{s}\bar{a}ma^c$, $\check{s}m^c$, $\check{s}m^cy$ usw.), phön. Benz 419.421; ugar. Gröndahl 194 (auch $\check{s}m^cy$); amor. Huffmon 249f., Gelb CAA 356f. ($\acute{s}m^c$); akkad. Stamm 166f.360 (Reg. s.v. šemû); eblait. Krebernik 64, Catagnoti 266; aram. Maraqten 220 ($\check{s}m^cy$), Kornfeld 74, Silverman 183; palm. Stark 115 (u.a. Kzf. šmy); früharab. Harding 328 (sm^c, $sm^cʾl$).

(b) שם šm "Name, Nachkomme": hebr. Fowler 119.124.273 Anm.71.362 ($\check{s}^em\hat{u}ʾ\bar{e}l$, šmʾb; dagegen stellt sie den PN šmjh - weil sie eine Deutung "Name/Nachkomme Jahwes" für bedenklich hält? - zu $\check{s}m^c$ oder šmr, 167), Zadok 46.138 (auch šm), phön. Benz 419; ugar. Gröndahl 193f.; amor. Huffmon 247-249 (auch Kzf. Samiya, Sumiya), Gelb CAA 351-355; akk.Stamm 40f.360 (Reg. s.v.šumu); eblait.Krebernik 106, Catagnoti 239-246; Amarna-Briefe: Hess 237-239; aram. Kornfeld 74; palm. Stark 115.

(c) Weiteres: die früharab.PN smy (Sumaiy) und smw (+ Komposita wie smʾl usw.) zu arab.samā "to be high, elevated" (Harding 331), dazu aram. ʾdšmy (Maraqten 117: " ʾd ist erhaben"; ev. hebr. šammaj (Zadok 147); vgl. noch Gröndahl 194f. (šmy "Himmel").

N 418  (m) $\check{s}^3$-m-b-^{c}-:r-w_2 F
oder: $\check{s}^3$-m-^{c}-b-^{c}-:r-w_2 F

Vater des Briefträger m-$\underline{t}^3$ ḤWJ-d-w_2-tj-w_2 (N 296), 3.Jahr des Merenptah.

Helck übersetzt den Namen als "Baal hat erhört", Ward dagegen als "Name des

Baal" (Loan-Words, p.424f.). Möglicherweise darf als m + ^{c} aufgelöst werden (vgl. N 292). Aufgrund der Schreibung (eher 'a'-Vokal als 'u') und besonders der ausgeschriebenen Nominativ-Endung des Gottesnamens ist eine Deutung als *Šama^{c}-Ba^{c}alu "Ba^{c}al hat erhört" vorziehen. Für den Anschluss Ward kann ich als Vergleichsbeleg den PN šmb^{c}l "Name (im Sinne von Spross) des B^{c}l" aus einem Graffito in Abydos nennen (Kornfeld, Neues über die phönikischen und aramäischen Graffiti, 194f.).

N 419  (m) š^{3}-m-r-y

Var.  š^{3}-m-r-j-w

Var. 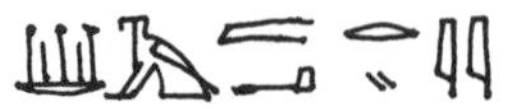 š^{3}-m-r-j_2-y

Oberopferträger, frühe 19. Dynastie. Möglicherweise ist dieser Namensträger mit dem folgenden von N 420 identisch, s.dazu die Bemerkung im Quellenkatalog.

Der Name dürfte - so auch Helck - als *Šamarja "(der Gott NN) hat behütet", d.h. Kurzform eines mit dem Verb šmr "behüten" (HAL IV 1461-1464) gebildeten perfektischen theophoren Satznamens (mit der hypokoristischen Endung -ja/ija) zu deuten sein. PN zu dieser Wurzel kann ich aus folgenden Namenskorpora belegen: hebr. Noth 177, Fowler 104.162f.164.363, Zadok 29.69.74 (auch die Kzf. šämär, šimrî, šmr, šmry); amor. Huffmon 251f., Gelb CAA 32.357 (śmr); früharab. Harding 328 (smr mit 1 lih., 1 tham., 18 saf.Belegen, smrʾl usw.); ev. phön.Benz 422; aram. Maraqten 222.

N 420 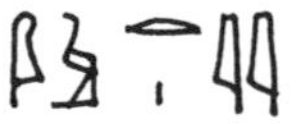 (m) šw-r-y

Besitzer des thebanischen Grabes TT 13; Opferträger des Amun. S.zu N 419.

Den Namen möchte ich als *Šûr(a)ja "eine Mauer (ist der Gott NN)" erklären. Das Nomen šûr "Mauer" ist aramäisch (HAL IV 1348) und dementsprechend in der aramäischen Onomastik gut belegt: vgl. etwa äg.-aram. Kornfeld 68.73, Silverman 180f. (auch die Kurzform šwry); reichsaram.Maraqten 118.185; in Palmyra Stark 77.98.108. Für die Verwendung in aram. PN mit weiteren Belegen s. Fowler 216.287. Das Nomen bzw. nach Fowler 362 die Wurzel *šwr "to behold, regard" ist auch in den hebr. PN ʾ^{a}bîšûr und ʾ^{a}ḥîšār (Noth 157, Fowler 79.98.142) belegt, wobei Zadok nur ʾ^{a}bîšûr "My (divine) father is (my) wall" entsprechend versteht (47; so auch HAL I 6 mit altsüdarab. ʾbšwr, Ryckmans 2,23), ʾ^{a}ḥîšār dagegen zu einer Wurzel šw/jr "go, pass along" stellt (wie - falls nicht zu šrr "be firm" - šāraj, 25.148). Das Neuassyrische transkribiert 'suri' (Atar-suri, Tallqvist 47).

N 421 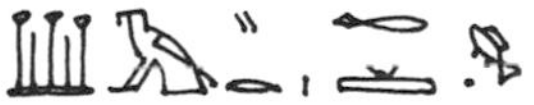 š^{3}-:r-^{c}: RM

Eine Erklärung des Namens ist schwierig. Vielleicht sind allenfalls die arab. Wurzeln saru^{c}a "schnell, rasch sein" (sur^{c}a "Schnelligkeit", sarī^{c} "schnell, rasch, behende", Wehr 566) oder sali^{c}a "Risse bekommen, rissig werden" (sal^{c} "Spalt, Riss", Wehr 588) zu vergleichen. Erstere Wurzel zitiert Zadok (122) zur Erklärung des von einem PN *mišrā^{c} abzuleitenden Gentiliziums mišrā^{c}î (die fälschlich zitierten PN šr^{c} u.ä. sind im Sinne des Verweises auf Harding 316 - sr^{c} u.ä. - zu korrigieren), gibt aber als alternative Anschlussmöglichkeit jüd.-aram. šr^{c} "slope, slip down, glide". Auch die Determinierung mit einem Fischzeichen ist mir unklar (ob vielleicht wegen ägypt.  šn^{c} "Art Fisch", Wb 4, 507; Gamer-Wallert, Fische, S.44?).

N 422  (f) s^{3}-r-j_{2}-tj

Tochter des Rindervorstehers des Amun Minmes, frühe 18. Dynastie.

Eine Deutung des Namens ist problematisch. Vgl. an möglichen Anschlüssen:
(a) den akkad. FN Šalittu (Bezeichnung einer körperlichen Eigenschaft, Stamm 265; auch Šaltu).
Die folgenden Anschlüsse sind möglich, falls *š vorliegt (sonst zu N 390-395):
(b) arab. saliṭ "heftig, scharf; zungenfertig; Olivenöl" (Wehr 587f.; vgl. Ge^{c}ez saliṭ "sesame oil", Leslau, Dictionary, 501);
(c) arab. sarra "(er)freuen"; sirr "Geheimnis", sirri "geheim", sirrīya "geheimer Charakter" (Wehr 562f.) mit den frühnordarab. PN sr (Harding 314f. mit 1 tham. und 165 saf. Belegen), srt (aaO; ev. auch "ar. surra, navel, best part of; 2 x saf.) und sry (Harding 317; 64 saf.Belege).
(d) arab. sarrāʾ "Glück, Wohlergehen" (Wehr 563).
(e) die früharab. PN slt und sly (Harding 324.327). Zu den zuletzt genannten

PN vgl. noch die ungeklärten Namen šlʾ, šly, šylt (Khraysheh 172.174f.), šlʾ (Stark 114) und šly (Abbadi 167).

N 423  (m) š^3-ḫ^3-r

Im Gegensatz zu den Anschlüssen bei N 72 muss hier 'ḫ' vorliegen. Dazu dürfte insbesondere der mit 108 saf.und 2 tham.Belegen sehr häufig bezeugte frühnord-arab. PN sḫr zu vergleichen sein, den Harding (312) zu arab. saḫira "spotten, sich lustig machen" (Wehr 558) stellt. Ob dieser Anschluss angesichts eines theophoren Satznamens wie sḫrʾl richtig ist, bleibe dahingestellt; vgl. dazu auch noch den häufigen PN ʾsḫr (Harding 42 zu einem Verb "to make submissive"; 45 × saf., 1 × qat.). Weniger wahrscheinlich dürfte eine Anknüpfung an den ugar. GN šḫr (Gröndahl 192) sein. Ein weiterer früharab. Anschluss ergiebt sich dagegen, falls  im vorliegenden Fall semitisches 'l' wiedergeben sollte: ein PN sḫl ist 4 × saf., 1 × qat.belegt (Harding 312); vielleicht kann man ihn zu arab. saḫla "Lamm" stellen (Wehr 558; alle genannten arab. Anschlüssse nur, falls *š zugrunde liegt).

N 424  (m) š^3-sw-n-^{3}

Oberwinzer (ḥrj k^{3}mw) in Amarna.

Der Name ist unklar. Ägypt. š^{3}sw "die Schasu-Beduinen" liegt wohl nicht vor.

N 425  (m) q-^{3}-w-j_2

Wab-Priester, um 1400.

Falls keine ägyptische Erklärung etwa als q^3-wj "wie hoch!" vorzuziehen ist, möchte ich den Namen an die Wurzel קוה *qwj hebr. "warten, hoffen" (HAL III 1011), arab. qawiya "stark, mächtig sein", qawīy "stark, kräftig, mächtig" (Wehr 1072f.) anschliessen. Ein PN zu dieser Wurzel dürfte ev. als 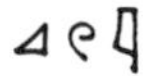 ///// q-w_2-j/////schon unter den Fremdnamen des pBrooklyn 35.1446 vso. (Nr.19) begegnen (dazu Schneider, Namen, 266f.). Weitere Belege sind die äg.-aram. PN qwlʾ und qwljh (Kornfeld 70, Silverman 173); im Akkadischen Namen mit quʾʾû "harren auf" (s. Stamm 195), hebr. noch die Ableitung tiqwā "Hoffnung" (Zadok 127). Im Sabäischen ist ein Beleg des Namens qwj (qawīj) "stark" bezeugt (Harding 491).

An anderen Anschlüssen können noch die saf. PN ǧw (Harding 170) und ġw, ġwyt, ġy (aaO 459f.) verglichen werden.

N 426 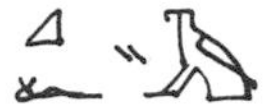 (m) q-f-j_2-^{3} (q-j_2-f-^{3}/q-^{3}-f-j_2?)

Beiname des Goldarbeiters und Porträtbildhauers Nfr-rnpt unter Thutmosis III.

Gegen Helcks Lesung "q-fi-' (? lies eher qi-fa)" und Interpretation als "der Träge" zu *qpʾ sind verschiedene Einwände vorzubringen: 1. Formal müsste eine Übersetzung wie diejenige Helcks eine qatīl-Bildung ansetzen, die nicht klare Schreibung also als *qafī(ʾ) verstanden werden. 2. Auch bei einer korrekten Ableitung wäre eine Bedeutung "träge" in der Anthroponomastik zwar nicht ohne Parallele, aber doch recht problematisch (vgl. die Bemerkungen zu Helcks Interpretation von N 148). Nun ist aber die Ableitung, die Helck vorschlägt, unwahrscheinlich: die Wurzel קפא qpʾ heisst "gerinnen, starr werden" (HAL III 1043). Das satirische Bild von Zeph 1,12 (ûpāqadtî ^{c}al haʾ^{a}nāšîm haqqōp^{e}ʾîm ^{c}al šimrêhäm "ich werde die Männer heimsuchen, die auf ihren Hefen gerinnen/dick werden" [dazu K. Seybold, Satirische Prophetie, Stuttgart 1985 (SBS 120), 32f.]) erlaubt nicht die Annahme einer Verwendung der Wurzel in bezug auf Personen ausserhalb dieser literarischen Metapher.- Plausiblere Anschlüsse sind:
(a) die frühnordarab. PN ǧf (3 × saf.), ǧff (1 × tham.) und ǧfft (22 × saf.), die Ryckmans 63 zu arab. ǧaff "trocken" (Wehr 187) stellt.
(b) mit den starken Konsonanten 'q' und 'p' vgl.: den saf. PN qft (Harding 485 mit 1 Beleg; als "ar. qaffa, small, light man" erklärt; auch ʾqf, yqf usw.), der von Khraysheh (161) zu dem nab. Namen qypw (gedeutet als "qaiyāfu 'Spurenleser'", arab. PN Qāʾif) zitiert wird. Stark dagegen erklärt die palm. PN qwpʾ und qwpyn als "Affe" (hebr. qôp, HAL III 1018, ein auch in das Ägyptische eingedrungene Lehnwort: 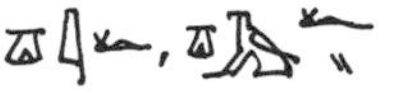 Wb 5,158; auch als PN). Wiederum anders interpretiert Abbadi die Hatra-Namen qwpʾ und qpʾ, nämlich als "Nacken" (arab. qafāʾ "Nacken, Hinterkopf", Wehr 1048).
(c) vgl.lexikalisch noch aram. גף gap "Flügel", ugar.gappu "Seite" (KBL 1062), akk. gappu "Flügel" (AHw I 281); zur Bedeutung vgl. N 251. (a)

N 427 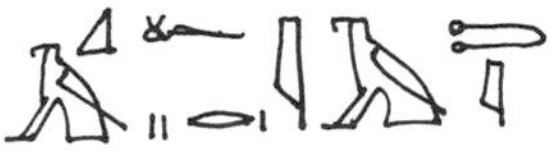 (f) q-^{3}-f-j_2-r-j-^{3}-ṯ-j

Mutter des Wesirs Nfr-rnpt unter Ramses II.

(a) Vgl. auch noch akkad. qīpu "glaubwürdig; Beauftragter" (AHw II 922).

Helck zieht als möglichen Anschluss גָּפְרִית gåprît "Schwefel" (KBL 192) in Erwägung. Das scheint onomastisch eher unwahrscheinlich und ist auch als PN meines Wissens nicht belegt, wurde aber etwa von Bresciani übernommen und weiterinterpretiert (Lo straniero, 255f.): "un nome semitico che forse significa 'colei che ha i capelli biondi'" (!).

(a) Ein wohl vorzuziehender Anschluss ergibt sich bei Annahme der (regulären) Wiedergabe von semit. 'ġ' durch ägypt. 'q' (Burchardt § 117). Dann ist der Name als *ġfrt (weibliches) "Steinbock/Gazellenjunges" zu deuten (arab. ġufr "das Junge des Steinbocks", hebr. ^{c}ōpär "Junges (von Gazelle, Reh usw)", öteb. ġyfir "4-5 Tage alte Gazelle": HAL III 816; ugar. ġpr, Aistleitner, Wb. d. Ug. Nr.2161). Entsprechende PN belegt das Früharabische mit ġfr (11 × saf.) und ġfrt (2 × qat., Harding 457; dazu 1 × ġfr'l, 4 × ġfrm) und das Hebräische mit עֵפֶר ^{c}ēpär (*ġpr) und עָפְרָה ^{c}åprā (*ġprt) (Noth 230: "Hirsch-, Reh-, Gazellenjunges", so auch Ryckmans 176 [oder zu ġafir "velu"]; Zadok 93: "gazelle"; HAL aaO: da ^{c}åprā MN, ist -ā Endung mit vokativischer oder [≙ akkad. -atu] hypokoristischer Bedeutung).

(b) Neben diesem Ansatz bietet die früharabische Onomastik weitere Anschlussmöglichkeiten: den PN ǧfrt (2 × saf., dazu 2 × saf. ǧfr) bzw. qflt (14 × saf., dazu 7 × saf. qfl; Harding 485); möglicherweise auch - ohne feminine Entsprechung - qfr (1 × saf.; aaO). Lexikalisch vgl.zu den erwähnten PN noch: arab. ġafara "verzeihen; II bewachen", ġafir "zahlreich, reichlich", ġifāra "Kopftuch" (Wehr 920), ugar. ġprt "Kleidungsstück" (Aistleitner aaO); arab. qafala "heimkehren", qaffal "Schlosser" (vgl. so Ryckmans 193), qāfila "Karawane" (Wehr 1047); arab. qafara "den Fussspuren jds folgen, IV leer, einsam, entvölkert sein" (so Harding 485 zu qfr).

Formale Deutung: Vergleichbar ist die Problematik bei N 199. Bei  stellt sich die Alternative j$_2$-r oder :r. Die unter (a) aufgeführten PN sind qutl-Bildungen, entsprechend müsste der vorliegende FN als *ġuprat verstanden werden. Bei (b) könnte auch eine mit der Notation besser zu korrelierende Bildung (etwa *ġafirat) angenommen werden.

N 428  (m) q-^{3}-:r-q-^{3}

Falls keine Verkürzung von *glgl (s.unten N 466) oder *qlql (vgl.entsprechende PN bei Harding 486, Silverman 174, Kornfeld 70) vorliegt, kann ich nur folgende Anschlüsse zur Diskussion stellen:

(a) Wurzel *grg: der 1× belegte lih. PN ǧrǧ (Harding 158; zu der Wurzel arab. ǧrǧ "to turn, totter").
(b) Wurzel *qrq: eine Wurzel qrq ist im Ugaritischen belegt (Aistleitner, Wb. d.Ug., Nr.2458), im Arabischen (qaraqa "glucken (Henne)", Wehr 1019, jedoch nach Brockelmann, GVG I 260, aus *qrqr verkürzt) und im Altaramäischen (qrq "to flee", s. Greenfield, Early Aramaic Lexicon, p.152).

N 429 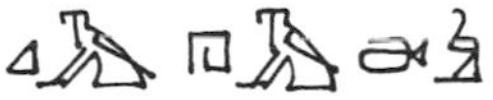 (f) q-^{3}-h-^{3}-d-w

Zu diesem Namen vgl. den mit nur einem sab. Beleg bezeugten PN qhd (Harding 490), den Ryckmans als "espèce de moutons"(188) erklärt, und den ebenfalls nur einmal - safaitisch - belegten PN ǧhdt (Harding 169), der vielleicht nach arab. ǧahada "sich bemühen, sich anstrengen", ǧahd "Mühsal, Anstrengung" (Wehr 209) oder arab. ʾaǧhada "appear" (nach Leslau, Dictionary, 185f. s.v. gahada) gedeutet werden muss. Wenig wahrscheinlich ist ein Anschluss nach mand. ghṭ "to erase, rub over, wipe off (?)" (Drower/Macuch, Mand. Dict. 81).

N 430  (m) q-^{3}-q-^{3}

Fürst von  (Aḥituv, Toponyms [100f.]: Geba^{c}-Shemen = Tell el-^{c}Amr ?), von Amenophis II. gefangengenommen.

Zur Diskussion s. bei N 474. Die von Badawi in der Erstveröffentlichung der Stele gegebene Umschrift 'Gargur' (mit  = 'r'!) ist unzulässig, da im Neuen Reich  gewöhnlich nicht mehr für semit. 'r' stehen kann (vgl. zu N 453).

Unter den folgenden Einträgen mit dem Element *qd sind angesichts vieler ähnlich geschriebener sicher ägyptischer PN (R I 337; Condon, Account Papyri, 76) nur die durch  ausdrücklich als fremd bezeichneten aufgenommen.

N 431 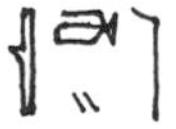 (f) qd-j$_{2}$ ^{F}

Mutter des Sklaven N^{3}q^{3}djy (N 312), Frau des s^{3}rwrṯ^{3} (N 399).

Helck umschreibt unverständlicherweise qad-ta (woher das 'ta'?). Bei der Veröffentlichung des Papyrus sprach sich Wolf dafür aus, dass die Frau nach ihrer

Heimat Qode in Nordsyrien/Kilikien heisse. Diese Landschaft wird zwar  (etwa im "Poème" der Kadeschschlacht, KRI II 18, Z.7-9; AEO I, 134*-136*.183*) geschrieben, doch wäre im vorliegenden Fall der vorangestellte Femininartikel oder eine feminine Nisbe zu erwarten. Dass die Frau ein Toponym als solches als PN trug, ist kaum wahrscheinlich. Ich möchte eher einen semitischen Namen ansetzen, umso mehr, als auch ihr Mann und ihr Sohn gut semitische PN tragen. Die folgenden zwei Möglichkeiten scheinen mir erwägenswert:
(a) *gadd "Glück" (HAL I 169): hebr. גַּדִּיאֵל gaddî'ēl, gdjhw, Kurzformen גַּדִּי gaddî, גָּד gād, gdj (Noth 126f., Fowler 67.81.157.340, Zadok 53.55.147.180 mit amor. Ga-da, eblait. Ga-du-um, neuassyr.< westsemit. Ga-da-a/'); phön. auch Kzf. gd', gdy (Benz 294f.); ugar. gadya, gdy (Gröndahl 126f.); äg.-aram. Silverman 139; reichsaram. Maraqten 49(zur Gottheit).112f.148; palm. auch gd' und gdy' (Stark 81); nab.gdw, gdṯb (Khraysheh 52f.); Hatra: gd', gdy (Abbadi 94f.) frühnordarab. ǧd (31× saf.,2× tham., Harding 154), ǧdy (24× saf.,Harding 156).
(b) *gadj "Zicklein" (HAL I 171): mehrere der bei (a) genannten Kurzformen könnten auch hierher gehören. Erwogen wird dies bei Gröndahl (auch HAL für den ugar. PN Gadya), Stark, Abbadi; dazu kommt nab. gdyw "Gadyu, junger Bock" (Khraysheh 53; arab.ǧady "Zicklein", Wehr 170). Vermutlich sind auch die angeführten frühnordarab.PN mindestens z.T. in diesem Sinne zu interpretieren.

N 432 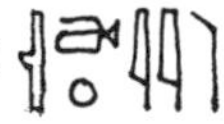 (m) gd^{QD}-y F

Winzer unter Ramses II.

Zur Erklärung des Namens s. die Diskussion bei N 431.

N 433  (m) gd^{QD}-n-^{3} F

Vater des Kaufmanns Ḥ:-y im Haushalt des Festungsschreibers Mrj unter Sethos I.

Zur Erklärung dieses Namens kommen wieder die bei N 431 genannten Anschlüsse in Frage, wobei das  dasselbe Problem aufgibt, vor das sich Gröndahl bei der Erörterung des ugar. PN gdn gestellt sah (126): entweder liegt ein Suffix -ān (Diminutiv) oder das Personalpronomen -na "unser" vor. Vgl.in diesem Sinne auch den früharab. PN ǧdn (7× saf., 2× min.), der nach Harding (155) zu ǧd gehört, und den zu gd "fortune" gestellten PN Qu-da-nu bei Fales, Women's Names,

67. An anderen Anschlussmöglichkeiten vgl.noch ġdn (aaO 452) und qṭn (aaO 484) mit je einem saf. Beleg.

N 434 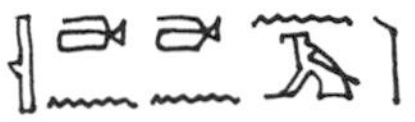 (m) qd-n-d-n-n-[3 F]

Truchsess im Haremsprozess Ramses' III.

Helck vermerkt zu dem Namen: "unklar, aus welcher Sprache genommen". Er gibt als Transkription 'qad-n(a)$^{dn(a)}$-na', womit er, wenn ich ihn richtig verstehe, wohl andeuten will, die zweite Gruppe 'd-n' sei nur zur Verdeutlichung der zuvor notierten Gruppe  gesetzt worden. Ohne eine Deutung des Namens ist das natürlich eine ganz willkürliche Annahme. Ich möchte die Schreibung so zu erklären versuchen, wie sie uns vorliegt. Dann ist vermutlich die Annahme einer qataltal-Bildung (Brockelmann, GVG I 367f.: als Adjektiv im Arabischen häufig in intensiver Bedeutung) am plausibelsten. Als Deutung des PN möchte ich eine Lesung *ġadandan "sehr matt, sehr weich" zu arab. ġadan "Schlaffheit, Mattigkeit, Weichheit" (Wehr 907), das als PN 1 × im Safaitischen belegt ist (Harding 452: ġdn), vorschlagen (zu der Transkription des 'ġ' durch ägypt. 'q' s. Burchardt § 117). Ich möchte aber auch noch auf den sab. ON qṭntn (zu der Wurzel qaṭana "wohnen, ansässig sein" [Wehr 1044](?) hinweisen.
Vgl. noch die unter N 433 genannten PN ġdn und qṭn sowie den 6 × sab. belegten PN ġddn (Harding 155).

N 435  (m) q-[3]-d̲[3]-r [3PD]

Var. 

Diener; Zeit Ramses' XI.

Helck hat den Namen doppelt aufgenommen: einmal als "Diener" H 359 IX. 29 mit der Umschrift qa-s̲é-r⟨a⟩ und der Erklärung als קָצֵר qāṣēr "der Kurze" (Zadok 102: Elephantine-PN qṣrj "short" oder [jüd.-aram.] "fuller, washer"), dann mit der Transkription qa-s̲á-r, aber ohne Deutung, H 366 XIII.58. Dank des Determinativs kann in diesem Fall schlüssig ein anderer Anschluss bewiesen werden. In Wahrheit gibt die ägyptische Umschrift nicht die Konsonantenfolge 'q-ṣ-r' wieder, sondern die - ebenso korrekte! - Folge 'g-z-l'. Der Name ist nämlich eindeutig als hebr. גּוֹזָל gôzāl "junger Vogel" (Gen.15,9: Turteltaube; Dt 32,

11: junger Adler), arab.ǧauzal "junge Taube" (Wehr 218) zu erklären (HAL I 175; Ges.[18] 205; syr. (mit Metathese) zūgallā "junge Taube"). Das Wort ist als PN in Ugarit belegt: gzl (Gröndahl 130; oder guzalû "Thronträger", AHw I 300?). Vgl.noch den 1× saf./1× tham. belegten PN ǧzl (Harding 161) und den eblait. PN gú-zu-lu$_x$ (Archi, Personal Names, 245), die ev. anders anzuschliessen sind.[a)]

N 436  (m) q-^{3}-d̲r-^{c}: F

Syrer der Louvre-Ostraka, Anfang 19. Dynastie.

Helck transkribiert den Namen als qa-s̲()r-^{c}á und vergleicht neben dem folgenden PN des pAnastasi I den aus Nuzi überlieferten Namen Qazuli. Die Lautung der Gruppe  ist unsicher (vgl. H 126 (Nr.115); 567). Falls *d̲r (mit gesprochenem) zu lesen ist, sind neben N 435 noch folgende Anschlüsse möglich: aram.qṣr "bind, gather" (Silverman 175); die früharab.PN qṣr (3× saf., Harding 483; Ryckmans 193: "être court"), qṣl (1× saf., aaO), ǧṣr (1× saf., Harding 162), ǧzl (1× saf./tham., Harding 161), ġzr (Harding 454:"ar.ghazr,abundance") ġzl (aaO, 1× qat., "ar. ghazâl, gazelle"), ġzlt (3 saf.). Dabei ist aber das folgende ^{c}Ajin nicht erklärbar. Zweifelhaft ist, ob daher  als Wiedergabe von *d̲i verstanden werden kann (dagegen spricht etwa, dass das bei N 146-149 angeführte ^{c}d̲r "Helfer" noch in ptolemäischer Zeit als  notiert wird: Vernus, Amon P^3-^{c}d̲r, 464 (4.-6.))? Eventuell wäre dann der hebr. Frauenname קְצִיעָה q^{e}ṣî^{c}ā "Kassia, Zimtblüten" (Noth 231; Stamm, Frauennamen, 124; HAL III 1048 ; als nur literarischer Name einer Tochter Hiobs [Hi 42,14] bei Zadok nicht aufgenommen) zu vergleichen.

N 437  (m) q-^{3}-d̲^{3}-:r-d-j$_2$-y F

Fürst (p^3-wr) von 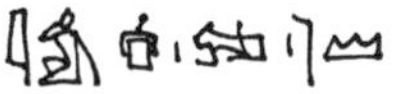 (nur hier belegt; Aḥituv, Toponyms, p.[73]) in pAnastasi I 23,6.

Dieser Name begegnet in der satirischen Streitschrift des pAnastasi I, dessen Abfassung in die ersten Regierungsjahre Ramses'II. fällt. In dem Abschnitt werden lebhaft die Abenteuer des ägyptischen 'Maher' bei der Durchquerung einer Schlucht im Raume Syrien/Palästina beschrieben. Die Aufzählung der Schwierigkeiten und Gefahren, mit denen er sich dabei konfrontiert sieht, gipfelt am

(a) Vgl. dazu Stamm 255 Anm.5: "Guzulu kaum Vogelname".

Ende (23,6) in der Pointe: "Dein Name ist wie der des Q-^{3}-$\underline{d}^3$-:r-d-j_2-y, des Fürsten von J:-s^3-rw, als ihn der Bär in der Balsamstaude fand". Der Schlüssel zum Verständnis der Pointe liegt also in dem PN, der von Posener (Mésaventures, 192f.) als קָצְרָה יָדִי qāṣ^{e}rā-jādî "meine Hand ist zu kurz" gedeutet wurde (dazu sei angemerkt, dass , einen Silbenschluss anzeigt, also allenfalls nur *qāṣēr-jād "kurz an Hand = mit kurzer Hand" (Nominalapposition) möglich ist). Als "literarischer", ganz an die Situation gebundener Name sei er im Sinne der Wehrlosigkeit des Fürsten - und analog des 'Maher' - zu verstehen. Diese Deutung wurde als plausibel auch von Fischer-Elfert (Streitschrift, 199) übernommen. Auch er erwähnt aber das Hauptargument gegen eine solche Deutung nicht: dass nämlich die Schreibung 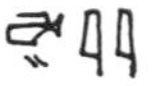 d-j_2-y in * 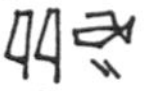 y-d-j_2 umgestellt werden müsste! Die Erklärung, die ich hier vorschlagen möchte, belässt die gegebene Notation des Namens und sieht in dem ersten Element das Wort hebr.gôzāl "Jungvogel" (s.N 435). Das Element  möchte ich dann versuchsweise an das ugar. d$\overset{i}{\text{ʾ}}$i "Raubvogel" (Aistleitner, Wb. d. Ug.,73), hebr. דָּאָה dāʾā "unreiner Raubvogel, Gabelweihe" (HAL I 199 mit ugar. d^3j und dem altsüdarab. PN dʾjn) bzw. das vermutlich damit zu verbindende דַּיָּה dajjā "unreiner Raubvogel in Ruinen und Wüstungen" (HAL I 211) anschliessen und den ganzen Namen etwa als "Raubvogeljunges" wiedergeben. Die Pointe des Textes ist dann so zu verstehen: "Dein Name ist wie der des Q./"Raubvogeljungen", als ihn/es der Bär in der Balsamstaude fand". Das Schicksal des Maher wird danach mit dem eines etwa noch im Nest liegenden Jungvogels verglichen. Wie das noch nicht zum Raubvogel ausgewachsene, hilflos einem Angriff ausgesetzte Tier wird auch der 'Maher' angesichts der auf ihn lauernden Gefahren vom tapferen Soldaten zu einem Wehrlosen. Ob hinter dieser Episode des palästinensischen Fürsten eine tatsächliche Begebenheit steht, die im Volksmund umlief (so die gängige Meinung), muss dahingestellt bleiben.

N 438  (f) k-j_2-j-^{3}

Nebenfrau Echnatons mit den Titeln "Ehefrau und Grosse Geliebte des Königs beider Ägypten", "Vornehme (špst) aus Naharina".

Seit Echnatons Nebenfrau Kj_2j^3 von der Ägyptologie wiederentdeckt wurde, haben sich verschiedene Forscher auch zu ihrem Namen geäussert. Zuerst hat Harris (Kiya, 26f. Anm.9) den Namen in Anlehnung an 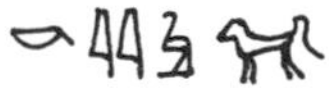 kyw und 

k^{3}yt (Wb 5,110) als "Äffchen" erklärt und darin eine besondere "solar reference" gesehen (vgl.N 426(b) für den äg.PN gfj "Affe"). Auch L.Manniche, nach der Kj$_{2}$j^{3} eine Mitanni-Prinzessin und vielleicht mit Taduḫepa identisch war, interpretiert den Namen in dieser Weise (Wife of Bata, 37 Anm. 20). Dagegen sprach sich Helck für eine Erklärung des Namens als hurritische Kurzform aus (Kijê, 159f.); den aaO versprochenen Beweis für diese Annahme bleibt er dann aber im weiteren Verlauf seines Aufsatzes schuldig. Es dürfte damit angebracht sein, hier einige Aspekte der Problematik aufzuzeigen.

Die traditionelle Wiedergabe des Namens ist Kija oder Kije. Auch Helck liest in dem zitierten Aufsatz 'Kijê', obwohl er damit in Widerspruch zu seinem eigenen System gerät, nach dem nur ein Name *  so transkribiert werden kann (Helck 545). Tatsächlich ist ein schwacher Konsonant 'j' nicht vorhanden. Als vermutliche Lautung möchte ich *kiʾe oder *kiʾa (vgl. unten S.364 zu ) ansetzen. Namen dieser Bildungsart (anlautender starker Konsonant mit schwachkonsonantiger/vokalischer Endung) sind in den meisten altorientalischen Onomastika belegt, wobei es sich überwiegend um Kurzformen oder sog. "Lallnamen" handelt. Ist die Herkunftssprache bekannt, ist bei den Kurzformen eine Deutung gegebenenfalls möglich, während sonst der Name nicht weiter etymologisiert werden kann. Ich verweise dazu auf die Feststellung Laroches (oben S.3).

Auch bei einer Ablehnung des genannten ägyptischen Anschlusses ist eine fremdsprachliche Herkunft des Namens nicht zu sichern. Als ähnliche ägyptische FN kann nämlich etwa auf  (R I 341,17),  (Wreszinski, Inschriften 129), 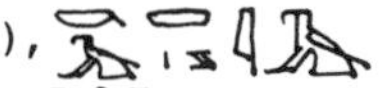 (Tochter des P^{3}-Jtn-nḫt; Condon, Account Papyri, 62 Z.19) oder 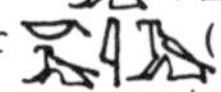(Frau auf Stele Hildesheim Inv.-Nr.375 = Seipel, Ägypten, Katalog Linz, Nr.440/S.269) verwiesen werden.

Im hurritischen Onomastikon begegnen Namen wie Kaia (Cassin/ Glassner 75) oder Kiia (aaO 81; ein Element kiia/keia begegnet auch als hypokoristisches Suffix bzw. als Kurzform des Dat./Lok.keldiya von keldi "Gesundheit", s.Gelb NPN 224; Laroche, Glossaire, 141f.; vgl. noch Gröndahl 235). Gröndahl (277) verzeichnet zusätzlich ein anatolisches Element kiya, Tallqvist einen assyrisch überlieferten Namen ki-e-a-a (114), Birot (137) den elam. PN kayaya, Khraysheh den Namen kyw (99) usw. Diese Aufzählung ähnlicher Personennamen oder Namenselemente aus verschiedenen Onomastika soll die Problematik einer Ableitung des Namens Kj$_{2}$j^{3} verdeutlichen. Eine Herleitung aus dem Hurritischen scheint mir nicht ausgeschlossen, obwohl die Annahme eines ägyptischen Kurznamens im Anschluss an die zitierten Frauennamen vielleicht zu bevorzugen ist. Jedenfalls entfällt der Name als mögliches Indiz für die Herkunft der Nebenfrau Echnatons.

N 439  (m) k-^{3}-j-^{3}-rw

Zur Lesung der Gruppe k-^{3}-j-^{3} s. unten S. 390. Falls mit Helck 'kê' anzusetzen ist, könnte die Kurzform eines PN mit gēr "Schutzbürger (des GN)" vorliegen (s. N 446 (a)). Ansonsten schlage ich die folgenden zwei Anschlüsse vor:
(a) Wurzel *kʾl: vgl.die aus Mari belegten Namen Kaʾala-El, Kaʾalalum, Kaʾali-Addu, Kaʾali-iluma, Kaʾali-Dagan, Kaʾaliya (Birot 134, ARM XXIV 272, XXV 252); vgl. Gelb CAA 301 (kʾl).
(b) Wurzel *gʾl "loskaufen, auslösen" (HAL I 162): hebr. gʾljhw, gʾlhw, jigʾāl (Noth 200, Fowler 106.168.339, Zadok 29.129), amor. Ga-i-la-lum u.a. (Huffmon 179, Gelb CAA 298f.); reichsaram. ygʾl (Maraqten 169). Auch saf. ǧʾl (Harding 151, 2 Belege)? N 439 wäre dann als *gaʾal "(GN) hat ausgelöst" zu verstehen.

N 440 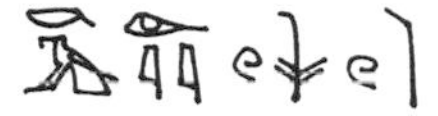 (m) k-^{3}-jr-y-w_2-sw F

Stallmeister, belegt im 18. Jahr Ramses' XI.

Ranke deutet den Namen als ägypt."ein k^{3}jry-Tier ist er" (R II 322, 11 Anm.4).  ist als Bezeichnung eines Tieres (Affe?) belegt (Wb 5,116; vgl.noch Vycichl, Dictionnaire, p.341). Gegen diese Erklärung spricht das Fremd-Determinativ. Den Namen vermag ich in der vorliegenden Form semitisch nicht befriedigend zu erklären.

N 441  (m) k^{3}-m-y-ṯ^{3}

"Grosser der Thr" in der Kadeschschlacht, Jahr 5 Ramses' II.

Mit Helck möchte ich den hethitischen PN Kummayaziti (Laroche NH 621; Gröndahl 278 zu luwisch 'kummi' "rein") heranziehen, ihn aber nicht direkt mit dem vorliegenden PN gleichsetzen. Helck tut dies und erklärt die ägypt.Schreibung als Ergebnis eines "Silbenverlusts" (208). Das dürfte aber hier nicht der Fall sein. Vielmehr weist das hethitische Onomastikon neben der Ableitung von PN durch suffigiertes -ziti ("Mann von") an Götternamen, Toponymen oder Wörtern (Laroche NH 324f.) auch ein Suffix -zzi auf (NH 333). Ein Suffix -zzi in der

Bedeutung "pertaining to, appropriate to" erscheint auch im Hurritischen, hier v.a.in Personennamen (Speiser, Introduction, § 160). In dieser Sammlung begegnet es in N 509 (heth. Tarḫunta-zzi-š). Den vorliegenden Namen möchte ich daher als *Kummayazzi auffassen.

N 442 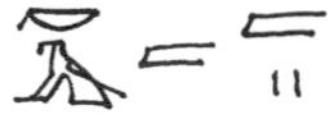 (f) k-^{3}-m-m-j$_2$

Angehörige (?) des königlichen Dieners Kes in der 2. Hälfte der 18.Dynastie.

Durch die mögliche Vertretung von semit. sowohl 'k' als auch 'g' durch ägypt. 'k' ergeben sich folgende Anschlüsse:
(a) Mit 'k': die früharab. PN km (Harding 504 mit 2 lih., 9 saf. und 3 tham. Belegen; vgl. arab. kamm "Menge", kamma "bedecken, verbergen", Wehr 1118; aus Mari Kammaya (ARM XXII/2 581); weniger plausibel palm. kwmy (Stark 92: "ar. kaum, heap, pile, hill?"). Der PN km auch bei Jamme, Saf. Inscr., 83.
(b) Mit 'g': die früharab. PN ǧmm Harding 168; 7× saf., 1× tham., 1× sab.), ǧm (Harding 166; 3 × saf., 1× hadr.; arab. ǧamm "reichlich, viel, zahlreich", [Wehr 195]; dazu arab. ǧamam "Ausruhen, Erholung" (aaO)), phön. gm (Benz 296 ohne Erklärung, doch vgl. das folgende), ugar. gmm (Gröndahl 128: entweder phön. gm "Gesamtheit, Majestät" oder arab. ǧamm "zahlreich sein, Überfluss haben").

N 443  (m) k-j$_2$-nw$_2^{\mathrm{PTR}}$
Standartenträger, Neues Reich.
Die Determinierung 'sehen' assoziiert wohl lediglich ägypt.  nw "sehen" (Wb 2,218). Für Belege der Wurzel kwn/knn "stark, fest sein" s.N 252. Der vorliegende Name dürfte aber ein 'i' in der ersten Silbe aufweisen. Dazu ist v.a. der mit 111 saf.Belegen sehr häufige Name kn *kinn "refuge, veil"(Harding 505; Wehr 1121f.: kanna "verbergen", kann, kinn "Ort, wo man geborgen ist; Schutz, Zuflucht") zu vergleichen. Da ägypt. 'k' aber auch für semit. 'g' eintreten kann (Burchardt § 123), sind weiter folgende Namen zu der Wurzel gnn "schützen" (גנן HAL I 191) zu berücksichtigen: phön. gnn, ʾsrgn (Benz 297); reichsaram. gnʾ "(GN) hat geschützt", gnt "Garten" oder "Schutz" (Maraqten 175); saf. ǧn (26 Belege; auch ǧnʾl; Harding 168: Ǧinn; zu arab. ǧanna "bedekken, verbergen, verhüllen" (=schützen), Wehr 203); ev. aus Mari Ganan, Ganni (Birot 92). Während Gröndahl die ugar. PN gn, gny anders deutet (zu ugarit.

gn, hebr. גַּן gan, aram. ginna/gintā "Garten" [129]), interpretiert Zadok (149) den hebr. Namen ginn^{e}tôn/j mit Verweis auf entsprechende amor. und ugar. Bildungen als Ableitung von gnn "protect".

<u>**Namen der Schreibung k-n:-r, K-^{3}-n:-r, k^3-n:-r:**</u> s. unten N 608 - N 634.

<u>**Namen der Schreibung k-^{3}-r, k^3-r, k^3-r-y usw.**</u> : s. unten N 635 - N 680.

N 444 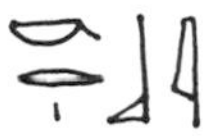 (m) k-r-b-j

Königlicher Altarschreiber des Herrn der beiden Länder (<u>d</u>d n-f 'K.'), 18. Dyn.

Der PN kann als Tiername *kalb "Hund" (hebr. כֶּלֶב käläb, HAL II 453) aufgefasst werden, aber auch als Ableitung dazu wie der hebr. Name כָּלֵב kālēb "hundswütig, toll" (Noth 230 mit Anm.5: arab. kalibun). Letzteren übersetzt Zadok entsprechend als "raging with canine madness" und führt als weitere Belege palm. ʾklb (Stark 67; arab. ʾaklab "enraged") und den präsargonischen König Ga-lí-bu-um = kalibum (Gelb) zu altakkad. kalbum "Hund" an (101f.). Aber auch die früharab. PN klb (16 × saf., 1 × lih., 2 × tham., 3 × hadr., 5 × qat. und 3 × sab.) und klbt (10 × saf., 2 × min., 2 × qat., 3 × sab.; wenn nicht zu klb, dann zu arab. kulba "distress, dearth"?) bei Harding 502f. dürften hierhin gehören sowie in EA kalbāya (Hess 159).

N 445  (m) k^3-:r-b-w_2

Helck umschreibt kú-r-bu und lehnt die Deutung Rankes als klb "der Hund" (II 322, 30 Anm.4) zu Recht ab (da *kalb vorliegt). Sein eigener Anschluss an den Nuzi-Namen Kurpa-zaḫ ist aber m.E. noch weniger wahrscheinlich. Dagegen stellt ein Anschluss an die semit.Wurzel akkad. karābu "beten, weihen, segnen" (AHw I 445f.), altsüdarab. krb II (krbt "blessing, favour", Sab. Dict. 79; die bei AHw aaO und Gröndahl 151 für das Altsüdarab. mitgeteilte Bedeutung "opfern" lässt sich offenbar nicht bestätigen: vgl. noch J.C.Biella, Dictionary, 251: krb I "dedicate (?)" und Sab. Dict. 78: krb I "carry out instructions (?); unite a bride") weder sprachliche noch onomastische Probleme. Akkadisch könnte etwa eine Kurzform zu einem PN wie Kurub-^{d}Šamaš "Segne Samas!", analog Kurub-Aššur, Kurub-Ištar, Ilam(AN)-kurub "Segne den Gott" (Stamm 204) oder Kurub-

uppultī "Segne meinen Spätling!" (aaO 158), Kurbanni-^{d}Marduk "Segne mich, o Marduk!" (aaO 180), aus Mari Kurba-Dagan (ARM XXV 253) vorliegen, vgl. auch kurbu "Segen" (AHw I 510, jungbab.). Dieselbe Wurzel begegnet in den ugar. PN krb, kiribānu, kiribuya (Gröndahl 151), vermutlich auch Karibaya, Kiribān aus Mari (ARM XXII/2 581, XXV 253), v.a. aber in der früharabischen Onomastik: krb (Harding 497; 1× min., je 2×saf./qat./sab.) und sehr viele Komposita wie etwa krbʾl (76× altsüdarab., davon 71× sab.; Ryckmans 116 verweist auf eine Bedeutung "nahe sein").
Vgl. auch noch den heth. PN kurabu (Laroche NH Nr.642) und lexikalisch arab. kurba "Betrübnis, Kummer, Not" (Wehr 1093).

N 446  (Var. ) (m) k^{3}-:r-b-^{c}-:r STḪ(.ḤWJ)

Syrischer Sklave unter Ramses XI.

Dieser Personenname wird in KBL 176 zu dem alttestamentlichen ON גּוּר-בַּעַל gûr-ba^{c}al (2 Chr 26,7) verglichen, nicht mehr dagegen in HAL I 177f., jedoch in Ges.[18], 208. Drei Deutungsmöglichkeiten sind i.W. möglich:
(a) als *gr-b^{c}l "Schutzbürger des Ba^{c}al" wie der phön. PN grb^{c}l "Client of B." (Benz 298f.), vgl. den hebr. PN grjhw und die Kurzform gērā, grʾ, gry (Fowler 115f.157.340; Fowler 60.138), ugar. gir-gišu usw. (Gröndahl 129); aram. grṣpn (Maraqten 150) (Wurzel *gwr, HAL I 177). Über diese Deutung, die mit k^{3} (u-Vokal) in Widerspruch steht, war der vorliegende PN für Albright (VESO 14) eines der Argumente für einen Verfall der Gruppenschrift Ende des NR (doch s. (b)).
(b) als *gwr-b^{c}l "Jungtier des Ba^{c}al" mit hebr. גּוּר gûr, גּוֹר gôr "Jungtier" (arab., akkad. "Raubtierjunges", HAL I 177), wobei der PN gwrʾ "Young lion", gwry "My young lion" in Palmyra bezeugt ist (Stark 81). Entsprechend möchte ich den Mari-Namen Gurum-Addu (ARM XXIV 265) als "Junges des Addu" verstehen. Weiteres s. unten bei N 520.
(c) ev. zu der oben bei N 13 angeführten Wurzel גור gwr "angreifen" ("Ba^{c}al hat angegriffen" oder "greife an, Ba^{c}al!" ?).

N 447  (m) k-^{3}-:r-p-w$_{2}$-s^{3} F

Haremsinspektor, angeklagt im Haremsprozess Ramses' III.

Helck transkribiert den Sibilanten fälschlich als š (⟹) statt ś. Mit [hieroglyph] umschreibt der Ägypter regelmässig die hethitische Nominativendung -s (vgl. N 225, N 388, N 471, N 508, N 509, N 531), so dass eine hethitische Erklärung eventuell auch hier erwägenswert bleibt. Aufgrund der von Laroche publizierten Namen kann ich den vorliegenden PN aber nicht anschliessen (vgl. allenfalls den PN Kà-ru-pu-a, Laroche 88 Nr.532). Eine semitische Deutung ist allenfalls über den mit 16 Belegen bezeugten saf. PN krfs (Harding 498 zu arab. karfasa "to limp along"; Brockelmann, GVG I 271: karfasa "das Kamel am Fuss fesseln"); oder arab. karafs "Sellerie", Wehr 1096?) möglich, sofern ursprüngliches Samek vorliegt. E.A.W. Budge, An Egyptian Hieroglyphic Dictionary, II, 1920, 790a, zog hebr. כַּרְפַּס karpas "feines Leinen" (HAL II 475f. : Sanskrit karpāsā "Baumwollstaude", pers. kirpās; nur Est 1,6) heran, doch dass im 12. Jh.v.Chr. im semitischen Sprachraum schon mit diesem Wort zu rechnen wäre, halte ich für praktisch ausgeschlossen.

N 448  (f) $k-^3-r-j_2-f-j_2$

Frau des Vorstehers der nördlichen Festungen S^3tjmn, 18. Dynastie.

Helck verzeichnet als Fremdwort den Ortsnamen 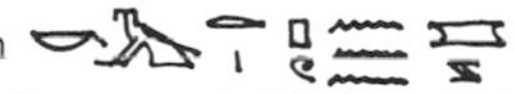 in pWilbour B 10,7 und deutet ihn als "Stromschnelle" zu der Wurzel גרף grp "fortschwemmen" (523(257)). Dieselbe Wurzel (hebr. HAL I 194, arab. ǧarafa "wegfegen, -spülen, mit sich fortreissen",ǧārif "reissend, mitreissend, stürmisch") zieht auch Gröndahl zur Erklärung des ugar. PN grp heran, wobei sie noch auf altsüdarab. ǧarf "pâturage abondant" (Ryckmans 63) und den aram. PN ʾlgrpw verweist. In der frühnordarab. Anthroponomastik ist ein Name ǧrf, von Harding allerdings als "arab. ǧurâf, glutton" gedeutet (159), mit 1 tham. und 8 saf. Belegen bezeugt. An weiteren Anschlussmöglichkeiten bieten sich noch an: die PN ǧlf (Harding 165; je einmal saf./tham., zu arab. ǧilf "roh, grob", ǧalāfa "Rohheit", Wehr 193) und ǧlfʾ (1× saf.) sowie klf (Harding 503 mit einer saf. Bezeugung, als "arab. kalf, reddish brown" erklärt zu kalifa "braunrot werden, mit Sommersprossen bedeckt sein", doch vgl. noch kalaf "Zuneigung, Liebe", kalif "heftig verliebt", Wehr 1115).
Formal ist die Annahme einer qatil-Bildung aufgrund der fehlenden Femininendung problematisch, so dass ev. qatl/qatal + Suffix der 1.Ps.Sg. vorliegt.

N 449  (f) k-^{3}-rw-n-^{3}

Mutter des königlichen Waffenträgers Mrj-R^{c} unter Thutmosis III. (Vater: N 210).

Der Name ist bei Schult, Studien, 81f. mit hebr. כְּרָן k^{e}rān (HAL II 475), ugar. ka(r)rānu, bin-karūna und krny, amor. ku-rā-nu(-um), nab. krnw, altbab. ka-ra-na-tum (karanatum auch ARM XXII/2 581, XXV 253 als FN) zusammengestellt und mit diesen nach akkad. karānu "Wein, Weinrebe, Weintrauben", karānû "(rot-) weinfarbig" und karānatum "kleiner Wein" (auch als Farbe eines Steines) gedeutet. Ob dies nicht nur für die Namen mit Vokalismus a-a, sondern auch für diejenigen mit a-u und u-a zutrifft, ist m.E. zweifelhaft. In jedem Fall ist die Erwägung Gröndahls mit zu berücksichtigen, dass die ugarit. Namen ka(r)rānu und karūnu auch als "kleiner Widder" zu כַּר kar "Widder" (HAL II 472) mit der Diminutivendung -ānu/-ūnu verstanden werden können (150f.). Für den vorliegenden FN kommt dies nicht in Betracht. Zu dem Mari-Namen kurānu (Birot 141) ist der entsprechende PN aus Nuzi (Cassin/ Glassner 87) zu vergleichen. Ein FN Kuranna begegnet schliesslich auch im hethitischen Onomastikon (Laroche NH Nr. 640; heth.kuranna "Vorfeld", luwisch kuranni, s.Gröndahl 278).
Andere, weniger wahrscheinliche, Anschlussmöglichkeiten stellen phön.grn (Benz 299; aber als Kzf. gr + GN gedeutet), saf. ǧrn (Harding 160 mit 2 Belegen, "ar. ǧurn, trough, mortar") und früharab. kln (mit je einem saf., min. und sab. Beleg, Harding 504) dar.

N 450  (f) k^{3}-:r-ḥ:

Grossmutter des Wagenlenkers Jmn-ḥtp, genannt Ḥ:-y; der Grossvater ist Gottesvater des Re (jt-nṯr n P^{3}r^{c}); 37. Jahr Ramses'II.

Die Notation ist als k^{3}-:r-ḥ:, nicht k^{3}-j$_{2}$-r-ḥ: aufzufassen (vgl. unten N 518). Ein Fremdwort 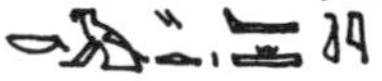 (1) Hausgerät, Mass o.ä. für Feigen (Det. ), (2) Blumengebinde (Det. 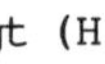) ist im Neuägyptischen belegt (H 533; Wb 5,135). Ein ungeklärtes Element krḥ begegnet im phön. und palm. Namenskorpus (Benz 335; Stark 92). Als Anschlüsse mit 'u'-Vokal in der ersten Silbe ( ='ku') kommen der 3× saf.bezeugte PN ǧrḥ (Harding 158; mit Ryckmans 63 = ǧurḥ "Wunde, Verletzung", Wurzel ǧaraḥa, Wehr 174f., Sab. Dict. 50), der Name ǧlḥ (Harding 164, 'ǧulaḥ', 2 × lih., 22× saf., 1× min. bezeugt, dazu 6× saf. ǧlḥn; von

Ryckmans 60 zu ǧaliḥa "kahl sein/werden", ǧulḥ "kahlköpfig, kahl", Wehr 190; HAL I 185; vgl. die semantischen Parallelen bei N 588) und schliesslich der ein einziges Mal im Safaitischen bezeugte PN klḥ (Harding 503; wohl zu kalaḥa "finster blicken", Wehr 1114) in Frage. Vgl. noch lexikalisch hebr. כֶּלַח kälaḥ "Reife, Vollkraft" (HAL II 455).

N 451  (m) k-^{3}-r-s^{3}-tj
Var. 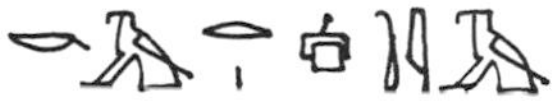 k-^{3}-r-s^{3}-tj-^{3}

Diener des Schatzhauses, 18. Dynastie.

Der Name ist nicht sicher zu erklären. Vgl. die folgenden Anschlüsse:
(a) Mit 'k': Amor. Wurzel krś bei Gelb CAA 307 (PN karšān, Kurašanum, Kuršanum, Kursanu, kursani; auch Birot 136); Abbadi 117f. mit dem Hatra-PN krsʾ "Bauch" zu hebr. kārēś, arab. kirš "Bauch" (HAL II 476, Wehr 1095), hebr. krśn "with a big belly" (epigraphisch aus dem 7. Jh.; Zadok 74); PN krs (1× saf./sab., 2× qat.; Harding 498: "ar. kirs, foundation, origin"; ט ? Vgl. noch arab. karaṯa "bedrücken, betrüben", kariṯ "bedrückt, bekümmert" (Wehr 1094) und aus dem hethitischen Onomastikon Kulsata (keilschriftlich Kulšata, Laroche 97 Nr.616).
(b) Mit 'g': die PN ǧrš (1× saf./tham./sab.; Harding 158), nab. gršw/ʾlgršw (Khraysheh 33.57; Wurzel ǧaraša "zerreiben, zerquetschen", Wehr 176? Vgl. Benz 199: grs, grš) sowie - falls Samek und durch 's^{3}' transkribierbar - ǧrs (5× saf., 1× min., Harding 158; Ryckmans 63: "murmure") und ǧls (18× saf., 1× tham., Harding 165; Ryckmans 61: "s'asseoir"; hierzu ev. der nab. PN glsy, s. Khraysheh 55).
Das Neuägyptische kennt die Fremdwörter 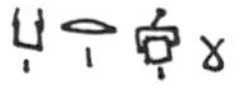,  "Sack, Bündel" (Wb 5, 135) und  "springen (von Ziegen)" (Wb 5,136, zu *glṯ: HAL I 187) (H 523(258f.)).

N 452 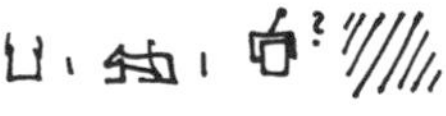 k^{3}-rw-s^{3}?///

Vgl. die unter N 451 genannten Anschlussmöglichkeiten.

N 453 a)  (m) k^{3}-r-k-n-ṯ^{3}
b)  k^{3}-r-k-n[:?]///
c)  k^{3}-rw-k-^{3}-ṯ^{3} F

Kurigalzu I. von Babylon (s. RlAss 6, 369f.). Der kassitische Name erscheint in den Ortsnamenlisten des Totentempels Amenophis' III. im ON Dur-Kurigalzu (D_N li.10 und D_N li.2 = a), b)) sowie auf einem 1981 in Armenien gefundenen Siegel  (=c), das den Zusatz 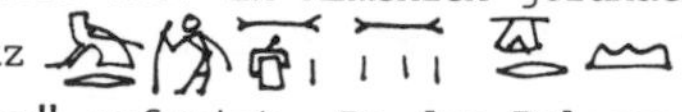 [a] mr n s^3-n:-g-r H3ST "Herrscher von Babylonien" aufweist. Zu den Belegen s. Görg, Amenophis III. und das Zentrum der Kassiten; ders., Zu einem Siegel mit dem Namen Kurigalzus (mit Diskussion der Schreibungen). Dass das 'l' bei Beleg (c) "archaisierend" (wie im MR) durch  wiedergegeben sei, scheint mir jedoch i.G. nicht möglich. Ich möchte eher an eine Ungenauigkeit oder eine Form *Kurigazzu < Kurigalzu denken.

N 454  (f) k^3-r-k^3-r

Sängerin des Ptah von Aškalon (in Megiddo) unter Ramses III.

Der vorliegende Name dürfte *kurkur, *kulkul, *gurgur oder *gulgul gelautet haben. Dazu möchte ich die folgenden Möglichkeiten anführen (vgl. aber noch R I 347, 21f.: k-r-k-r aus der 5. Dyn. bzw. k^3-r-[sp 2] = *k^3-r-k^3-r aus dem unpubl. pGurob Fragment A, Rs.2,2 , der hier ev. aufzunehmen wäre):
<u>(a) mit 'k'</u>: akk.kurkurru als Vogelbezeichnung, AHw I 511; ev.noch der tham.PN krkr und der qat. PN krkrn (Harding 499, je 1 Beleg, zu arab.karkara "kollern, knurren", Wehr 1096?). Bei einer Deutung nach hebr. כַּלְכֹּל kalkōl "klein und dick" (Noth 226 nach arab. kulkulun) wäre die Femininendung zu erwarten, doch erwägt Zadok (153), der den amor. PN Ku-ul-ku-lum anführt, eine Ableitung von der Wurzel kll (ebenso für epigraphisch klkl; Vollname klkljhw: 31; Silverman 153 [Elephantine]). Nicht in Betracht kommen der akkad. PN karkaraʾu "Aus Karkara" (Stamm 268) bzw. arab. kalkal "Brust", kalkala "Schwiele"(Wehr 1116). Ein Anschluss ist aber auch möglich über die heth. PN Kulkulia (Laroche NH 97 Nr.614), Kurkura/ia (100 Nr.646) und Kurukuru (101 Nr.650).
<u>(b) mit 'g'</u>: akkad. gulgullu, hebr. גֻּלְגֹּלֶת gulgōlät "Schädel" (Ges.[18] 215; AHw I 297), arab. ǧulǧulu "Schelle, Klingel"; dazu die PN ugar. glgl (Gröndahl 127; oder galgal "Rad"?), äg.-aram. glgl und glgwl (Kornfeld 45f., oder "Augapfel; (Berufstitel), "Rad, Steinkreis"? Noth hat "Klingel, Schelle"; vgl. noch Silverman 140; ev. auch den 1 × qat. belegten PN ǧlǧln (Harding 164; Ryckmans 61 mit anderen Deutungen). Zu erwähnen bleibt noch akkad. gurgurru (Pflanzenbezeichnung), arab. ǧurǧur "reife Olive", mand. gurgur "Kohl" (HAL I 193f.,

---

(a) Ob statt des 'mr' nicht eher 'wr' vorliegt?

Ges.[18] 228 s.v. גרגר *).

N 455 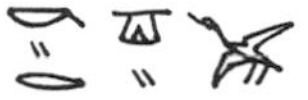 (f) k-j_2-r-g-j_2-p^3

Prinzessin Giluḫipa von Mitanni, Tochter des Königs Šuttarna.

Zu der Transkription verweise ich auf die Feststellung Edels (Hethitische Personennamen, 64 mit Anm. 10): der Name der Göttin Ḫipa/Ḫepa weist anlautend ein stimmhaftes Ghajin auf (wie ugar. pdġb für keilschriftliches Putuḫepa zeigt, vgl. Gröndahl 231f.), das in der Keilschrift nur durch 'ḫ', ägyptisch aber korrekt durch 'g' wiedergegeben werden kann (Burchardt § 127). Das erste Element dürfte zu dem hurr. Stamm kelu- gehören, für den möglicherweise eine Bedeutung "aller bien, être en bon état" anzusetzen ist (Laroche, Glossaire, 142f.).

N 456 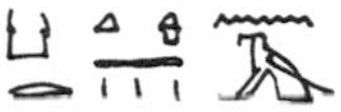 (m) k^3-r-t:$_2$-n-^{3}

Obergoldarbeiter, Ramessidenzeit.

Mit Vorbehalt möchte ich den aus Nuzi überlieferten PN Kurruttani (Cassin/Glassner 88) vergleichen, der aber nicht hurritisch sein muss.

__Namen *krt:__ PN mit der Konsonantenfolge k-r-t wurden unten bei N 642.667 aufgenommen, doch ist es möglich, dass sie davon zu trennen und als Ableitungen von Wurzeln *k/g-r/l-Dental/j zu betrachten sind.(besonders die MN).

Die folgenden zwei Namen gehören zusammen:

N 457  (m) k^3-ḥ:

N 458  (f) k^3-ḥ:-tj

Angehörige (?) des sḏm-ᶜš Ḥrj, Amarnazeit.

Die Umstände dieser beiden Namen sind bemerkenswert: beide Personen, ein Mann und eine Frau, sind auf derselben Stele belegt und tragen offenbar von derselben Wurzel gebildete Namen; der Mann den Männernamen, die Frau den entsprechenden Frauennamen mit der Femininendung -t.  zeigt den Vokal 'u' an. Ich

möchte daher den beiden vorliegenden Belegen die frühharabischen PN kḥ (1× saf.) und kḥt (1× tham.) zur Seite stellen, denen Harding die Erklärung "ar.kuḥḥ, of pure descent" beifügt (495), und sie in diesem Sinn als "von reiner Abkunft" übersetzen (vgl. Brockelmann I 122: kuḥḥ als (sekundäre) altarabische Parallelform zu quḥḥ "von reiner Rasse"). Vielleicht kann man annehmen, dass die beiden Personen Geschwister waren, die bei der Geburt sich entsprechende Namen erhielten, sofern sich die gegebene Interpretation bestätigt.
Vgl. auch noch den PN ǧḥ (2× saf., 2× tham.; Harding 153) sowie hebr. כֹּחַ kō^{a}ḥ I "Kraft, Stärke" (HAL I 446f.; II: "Eidechsenart").

N 459  (m) k-^{3} WNM-s^{3}-j-^{3} F
a: "à lire sans doute [Hieroglyphe]" (Posener, Liste, p.193) [für [Hieroglyphe]]

Syrer der Louvre-Ostraka, Anfang 19. Dynastie.

Den Namen, in dem [Hieroglyphe] (richtig: [Hieroglyphe]) die Gruppe [Hieroglyphe] phonetisch determiniert (ägypt. k^{3}j "denken" - s. unten S.390), möchte Ranke als "der Kassit" deuten (vgl. N 464). Vgl. aber die vermutliche Wiedergabe von "Kassitin" in pLansing 8,7 als [Hieroglyphen] t^{3}-k^{3}-s^{3} F mit fem. Artikel (Gardiner LEM 107 Z.2) und generell die Vorbehalte bei N 62ff.67.236.325 und F 14f. Helck transkribiert den Namen S.361 XI.30 als 'ka-śê'und vergleicht aus Nuzi den PN Kaše, aus Alalach Kušaja (in Widerspruch zu seinem System, das für k-^{3} nur 'ka' erlaubt und für ein 'ku' k^{3} schreiben müsste). Nur zwei Zeilen weiter hat er denselben Namen ein zweites Mal verzettelt (XI.32), diesmal umschreibt er 'kú-śá'(!) und vergleicht den Nuzi-Namen Kušše! Da der Name mit dem Fremd-Determinativ versehen ist, dürfte er von den recht häufigen ägyptischen Kurznamen k^{3}-s^{3} und k-s^{3} - Belege s. oben unter F 17 - zu trennen sein. Eine sichere Erklärung des PN kann ich nicht geben, möchte aber auf einige mögliche Anschlüsse hinweisen: (a) zu der Wurzel כסה *ksj (HAL II 464) "bedecken, verbergen, verborgen hal- (ugar. ksj; arab. kasā, Wehr 1104), möglicherweise als Kurzform eines theophoren Satznamens "(der Gott NN) hat verborgen, bedeckt (=geschützt)", wozu die semantischen Parallelen bei Fowler 287 zu vergleichen sind. Eine Kurzform zu einem derartigen Satznamen liegt vermutlich in dem ugar.PN ksyn (Gröndahl 152) und dem phön.PN ksy (Benz 334) vor. Die Wurzel dürfte auch im amor.Onomastikon vertreten sein (Huffmon 222; Gelb CAA 23). Für N 459 wäre ס : [Hieroglyphe] zu verlangen. (b) Von den frühharabischen PN können ev. herangezogen werden: ks (je 1× saf./

tham., Harding 499: zu arab. kassa "to have small teeth"), ksʾ (Harding 500: Wurzel ksʾ "to track, pursue") [urspr. ט?]; ǧšš (aaO 161; "ar. ǧaššá, to grind, smash", Wehr 185); dazu lexikalisch: arab. kaṯṯa "dick, dicht sein (bes.Haar)" (Wehr 1088); kušša "Haarlocke" (Wehr 1104), kasā "schlau, klug, fein, hübsch, fesch sein" (Wehr 1132; doch vermutlich urspr. *š, s. Murtonen II 196).

N 460  (f) k^3-s^3-n-^{3}

Mutter des königlichen Schreibers des Opfertisches, Wpw^{3}wt-ms, Neues Reich.

Zur Deutung des Namens kann ich nur die aus Mari bekannten Namen Kusan (Birot 141 mit 4 Belegen) und Gusan (93) vorbringen; dazu lexikalisch arab. kušna mit *ś "Erve, Linsenwicke" (Wehr 1107; vgl. die Pflanzennamen bei Noth 230f.). Wegen des Sibilanten nicht in Betracht kommen der PN gwsn aus Hatra (Abbadi 95 zu arab. ǧasā "fest, hart werden" (Zadok 145 gibt *gwš!; PN gêšān!) und der tham. PN ǧsn (Ryckmans 62 mit demselben Anschluss wie Abbadi), dagegen der mit 5 saf. Belegen vertretene PN ǧšn, den Harding (162) an arab. ǧašša "zermahlen" (s. N 459(b)) anschliesst. Aus dem Akkadischen verweise ich noch auf gusānu, kusānu "ein Ledersack" (AHw I 299).

N 461 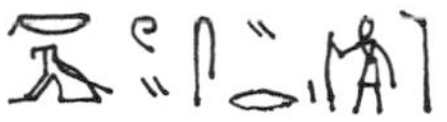 (m) k-^{3}-w$_2$-j$_2$-s-:r $^{SR.F}$
oder: k-^{3}-w$_2$-t-s-:r $^{SR.F}$

Schreiber in Memphis unter Ramses II.

Zu der Schreibung von [Hieroglyphe] bemerkt Gardiner: "more like [Hieroglyphe] than [Hieroglyphe]". Das Determinativ [Hieroglyphe] (Gardiner A 21) ist wegen seiner ideographischen Verwendung für ägypt. sr "Beamter" als phonet. Determinierung der Gruppe s-:r gesetzt worden. Helck umschreibt ka-wi-ś-()r, gibt aber keine Erklärung. Bei einer derartigen Lesung ist eine semitische Deutung, soweit ich sehe, kaum möglich. Ich möchte daher über die Lesart [Hieroglyphe] die ägypt. Umschreibung als 'kōsar' mit vokalischem [Hieroglyphe] verstehen und den Namen als Wiedergabe eines semit. *kōṯar auffassen. Darin könnte man etwa den Namen des ugaritischen Handwerkergottes Kōṯar (ugar. kṯr, Aistleitner, Wb. d. Ug. Nr.1418; keilschriftlich vgl. den PN kušarabi "K. ist mein Vater", aaO) als Hypokoristikon eines mit dem GN gebildeten Satznamens sehen, eine Notation, die jetzt durch die Schreibung des GN in dem von Kákosy publizierten Budapester magischen Papyrus als  bestätigt wird (Fragmente; Kol. B_1 Z.8). Doch auch eine Erklärung nach der (auch dem GN zugrunde liegenden?) Wurzel *kṯr, akkad.kašāru "Erfolg haben", hebr. כשר kšr "taugen" (HAL II 479), ugar. kṯr "sich in guter Kraft befindend, tauglich" (Aistleitner aaO Nr.1417), etwa in der Art von hebr. כּוֹשָׁרָה kôšārā "Gedeihen" (HAL I 446). Zu GN bzw.Verbalwurzel s. die PN ugar. Gröndahl 152, amor. Gelb CAA 23.307, phön. Benz 336, Stamm 179 mit Anm. 2, Fowler 249.260.285.309 (mit semantischen Parallelen).

N 462  (m) k^3-s^3-sw F

Ob der Name zu akkad. kašāšu II "massig werden" (AHw I 462, Adjektiv kaššu), arab. kaṯṯa "dick sein" (Wehr 1088), kaṯaṯ "Dicke, Dichte" zu stellen ist? Vgl. noch den mittelbabyl. PN kasusu "Falke" (AHw I 454) und arab. kaššaš "Taubenzüchter" (Wehr 1104), doch ist für die erste Silbe durch  ein 'u' angezeigt.

N 463  (m) k-w-s^3-s-r
(Brunner-Traut/Brunner)

alte Lesung:  (Spiegelberg-Pörtner)

Stellvertreter des Verwalters im Gut der Teje, mittlere 18. Dynastie.

Zu diesem Namen kann ich keine befriedigende Erklärung geben. Da die Frau des Namensträgers t^3-nḥsjt "die Nubierin" heisst, stammt möglicherweise auch er selber aus Nubien. Auffällig ist die Schreibung 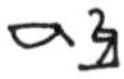 statt . Vgl. allenfalls noch N 110 (2. Element), N 399 (1. Element), N 459(a), N 463.

N 464  k-^{3}-$š^3$

Helck deutet diesen Bestandteil eines Ortsnamens als vermutlich nubischen PN. Sollte tatsächlich ein Personenname vorliegen, sind aus dem semitischen Bereich folgende Namen zu vergleichen: akkad. Kaššâ (Stamm 272), kaššīʾu/kaššu (Saporetti 226; Freydank/Saporetti 71), ugar. $kaš^{i}/_{u}$ (Gröndahl 301: vielleicht akk. kaššu "Kassit", EA ^{kur}kaši); hebr. kûšî/kšy "Ethiopian" "black(skinned)" (Zadok 156); früharab. ks, ksʾ bei N 459(b) (falls ursprüngliches *š vorliegt).

Vgl. hier den PN  auf der Stele Dyroff-Pörtner, München, Nr.24 [Ant.15] des Nḫt.

N 465  (m) k^{3}-š^{3}-w$_{2}$

Der Name dürfte etwa *kušu gelautet haben. Ob die in Nuzi bezeugten Namen Kušši, Kuššiia, Kušše, Kušuia zu vergleichen sind (Gelb NPN 92f.; Cassin/Glassner 88)? Vgl. noch bei N 464.

N 466  (m) k-^{3}-š-j$_{2}$-š^{3}

Standartenträger, 18. Dynastie.

Vgl. die vorhergehenden Einträge N 464f.(oder eher qatil zu Wurzel *kšš/*gšš?)

N 467  (m) k-^{3}-tj-w^{3}

Brauer unter Ramses XI.

Helck transkribiert ka-ta-wa (richtig wäre ka-tá-wa) und vergleicht aus Nuzi den PN Kataja. Morphologisch müsste damit eine alternierende Endung wa/ja angesetzt werden, was aber sehr problematisch scheint (vgl. Laroche NH 245f.313; im Hurritischen wohl ganz unmöglich).
Aus dem semit. Bereich vgl. vielleicht arab. ǧadwa "Gabe, Geschenk; Nutzen, Vorteil" (Wehr 170) mit den PN tham. ǧdw (1 × tham., auch ǧdwʾl; zu der Wurzel ǧadā 5 weitere Belege; Ryckmans 58) und in Hatra gdwt (Abbadi 94). Einen heth. Namen Kaduwa verzeichnet Laroche NH Nr.556.

N 468  (m) k-^{3}-t-w$_{2}$-tj-y

Eine Bürgerin (^{c}nḫt nt njwt), Ramessidenzeit.

Für eine Deutung des FN sind die folgenden Möglichkeiten zu erwägen:
(a) Der Name Katuta aus Nuzi (Cassin/Glassner 78), aus dem hethitischen Onomastikon Gatida und Gadudu (Laroche 90f. Nr.550.555), ev. Kutata (101 Nr.656), wobei Laroche PN der Form Kadudu, Kututu zu den "formations primaires", Type

VI: "bases dissyllabiques à seconde syllabe redoublée" zählt (244).

(b) Semitisch ist eine Deutung von einer Wurzel II gem. möglich. Besonders ist גדד gdd mit der Grundbedeutung "abschneiden, zuteilen" (Ges.[18], 198) heranzuziehen, wovon hebr. Ableitungen גַּד *gadd "Glück" (s. N 431(a)), גְּדוּד g^{e}dûd$_1$ "Wall, Mauer; (Acker-)Scholle" und גְּדוּד$_2$ "(Krieger-)Schar, (Räuber-)Bande" (phön. ʾgdd "(Räuber-)Bande, äth. gedud "Räuber, Plünderer", Ges.[18], 198f.), גְּדוּדָה g^{e}dûdā "Schnittwunde" (aaO) sind. Am ehesten möchte ich die Kurzform eines nominalen ("Eine Mauer (ist der Gott NN)", semantische Parallelen bei Fowler 286f.312) oder verbalen (qattūl-Hypokoristikon [Zadok 114f.] zu Vollname "(der Gott NN) hat zugeteilt") Satznamens ansetzen. Vgl. besonders den von Harding als Ǧudaid vokalisierten, 4 × saf. bezeugten PN ǧdd (154).

(c) Weitere Anschlüsse ergeben sich möglicherweise über die früharab. PN ktt (11 × saf.; Harding 495: "ar. katît, mean, stingy"), kddh (17 × saf.; Harding 496 vokalisiert "Kadâda") und kdt (4 × sab., Harding aaO).

N 469  (m) k-^{3}-$\underline{t}^{3}$-y

Vater des Kaufmanns Ḫnsw-wḏ^{3} vom Tempel des Ptah unter Ramses IX.

Helck stellt zu diesem PN den Nuzi-Namen Kazi. Eine Deutung innerhalb des Semitischen ist aber ohne weiteres möglich:

(a) Als Hypokoristikon eines Satznamens mit der Wurzel ksj "verbergen" (N 459) entsprechend den PN phön. ksy (Benz 334) und ugar. ksyn (Gröndahl 152).

(b) Zu *gzz "scheren" (hebr. HAL I 179, Ges.[18], 210; akkad. gazāzu [AHw I 284] arab. ǧazza "abschneiden", Wehr 180f.) gehören der amor. PN Gazizānu (Gelb CAA 19: gzz 'scheren?') und der hebr. PN גָּזֵז gāzēz "sheared" (Zadok 101), "zur Zeit der Schafschur geboren" (HAL aaO; vgl. aber noch akkad. gāzizu "Scherer", AHw aaO). Hierhin möchte ich auch den von Harding 'ǧazz' vokalisierten saf. PN ǧz rechnen (160; 1 Beleg). Vgl. aber dazu noch sab. gzz "assign property rights to s.o." (Sab. Dict. 53).

(c) zu *gwz vermutlich akkad. gūzu "Geborgenheit" (AHw I 300: spätbabylonisch, in PN) mit etwa ^{d}Bēl-gūzu, Guziia (Stamm 231.370); Mari: guzi (Birot 93), aram. gwzy (Maraqten 149: keilschriftlich Guziia, zu westsem. gwz "hindurchgehen"? Sab. Dict. 51: gwz "go, pass, pass through").

(d) zu *gzʾ bzw. *gzj (hebr. גזה gzj Nebenform zu gzz mit der Grundbedeutung "teilen, abtrennen"; Ges.[18], 209 verweist auf arab. ǧazzaʾa "teilen, zerteilen", altsüdarab. gzy "entscheiden"; vgl. arab. ǧazaʾa "zufrieden sein" [Wehr 180f.], sab. gzy "receive official commendation (?)" [Sab. Dict. 53]) gehören nab. gzyt (Guzaiʾa, Khraysheh 54), früharab. ǧzʾ, ǧzʾt, ǧzyn, ǧzyt (Harding 160f.; in dieser Reihenfolge je 1 min./lih./sab./tham. Beleg). Vgl. noch das Noth 230 zitierte mittelh. gz, jüd.-aram. gzʾ "Raubvogel; Wespe".

N 470  (m) k^3-$\underline{t}^3$-s^3-y

Kaufmann im Boot des Kaufmanns Nsj-Sbk aus Mr-wr unter Ramses IX.

Dass in diesem Wort zwei unterschiedliche Sibilanten unmittelbar hintereinander vorliegen, scheint mir phonetisch unwahrscheinlich. Der einzige Zischlaut, den sowohl  (nach Helck bei folgendem 'i'-Vokal) als auch  (nach Helck bei folgendem 'a'-Vokal) repräsentieren können, ist Samek. Daher könnte hier eine Ableitung von der Wurzel כסס kss mit der Grundbedeutung "rechnend zerteilen" (hebr. "anrechnen auf", mand. "kauen; Stücke brechen", mittelhebr./jüd.-aram. "kauen; zählen", arab. "zermalmen", akkad. "kauen; wägen"; HAL II 466) vorliegen. Der Name dürfte dann Kurzform eines Satznamens sein, in semantischer Hinsicht vergleichbar mit PN zu ḫlq "Anteil", $š^c$r, mnj "rechnen, zählen", ḥṣj, amor. btl "teilen, trennen" (Fowler 280.284.292).

N 471  (m) g-r-b^3-t-w-s^3 Ramesseum
Var.  q-^{3}-r-b^3- w -s^3 Abu Simbel

Schildträger des hethitischen Königs in der Kadeschschlacht, 5.Jahr Ramses II.

Dieser Name ist ungedeutet. In  dürfte - wie bei N 225, N 388, ev. N 447, N 508, N 509, N 531 - die hethitische Nominativendung -s (keilschriftlich 'š') vorliegen. Eine hethitische Anschlussmöglichkeit ist mir nicht bekannt. Vgl. zu der Möglichkeit eines semitischen Anschlusses noch bei N 388 (der ebenfalls auf t-w-s^3 ausgeht).

N 472  (m) g-^{3}-r-m

Die Notation des Namens erlaubt zwei Interpretationsmöglichkeiten:
(a) als Kurzform eines mit der Wurzel *grm "entscheiden" gebildeten Satznamens

*garam "(der Gott NN) hat entschieden" bzw. *garm "Entscheidung (des Gottes NN)". Zu der im Syrischen belegten Bedeutung "entscheiden" (bzw. "festsetzen", mittelhebr. "(ab)schneiden, verursachen", arab. ǧarama "schneiden", Ges.^{18}, 229) s. Abbadi 96f. (auch frühnordarab.), Stark 82. Belege von PN zu dieser Wurzel sind sehr zahlreich: reichsaram. grmʾlhy "Entscheidung Gottes", grmn (Maraqten 150); frühnordarab. ǧrm (69 x saf., 3 x lih., 1 x tham., dazu 1 x sab., 3 x min.), ǧrmʾl (190 saf. Belege! Harding 159); nabat. grmʾ, grmw, grmʾlb^{c}ly "Entscheidung des Ba^{c}al", grmʾlhy, grmb^{c}ly, grmlb^{c}ly, grmlhy, grymw (Khraysheh 55-57); palm. grmy "N.N. has decided", šmšgrm "Š. has decided" (Stark 82.115); Hatra grmʾlt, grmlt (Abbadi 96f.). Zu dem hebr. Gentilizium גַּרְמִי garmî zu einer Grundform *garm vergleichen zwar HAL I 195 und Ges.^{18} 229 die angeführten früharab. PN (griech. Γάρμος), bevorzugen aber eine Ableitung von hebr. gäräm "Knochen; Wesen, Selbst", wie auch Zadok dieser Anknüpfung den Vorzug gibt vor einem Anschluss an das Verb grm "cause, determine", da גרם "is recorded only in Middle Hebrew and Aramaic where it produces names" (74).
(b) Mit der regulären Wiedergabe von semit. Ghain durch ägypt. 'g' kann der PN jedoch auch als *ġalm "junger Mann" verstanden werden. HAL III 790 gibt zu hebr. עֶלֶם ^{c}äläm (< *ġalm) "junger Mann" ugar. ġlm und arab. ġulām (dazu ġlm "boy, young man", Sab. Dict. 53). Onomastisch sind aus Ugarit ġlm, ġlmn, amor. der FN Ḫalima "Mädchen" (Huffmon 195), hebr. der MN עַלֶּמֶת ^{c}alämät (Zadok 67: "originally a G[eographical]N[ame]"; Layton, The Hebrew Name ^{c}Alämät) bezeugt.

N 473  (m) g-w-r-rw

Gärtner des Gottesopfers des Amun, Vater des Besitzers von TT 161, Nḫt, unter Amenophis III.(?).

Eine grosse Anzahl von Anschlüssen ist vergleichbar:
(a) mit 'g-r-r': die frühnordarab. PN ǧrr (4 X saf., Harding 158) und ǧr (157: 'Ǧurr', 29 X saf); nab. grrh (Garīra; MN Garir, Khraysheh 55 (ob zu arab. ǧarra "schleppen, ziehen", ǧarrāra 'Art des Skorpions' [Wehr 172f.]?); aus Mari Gurrum, Gurruru (Birot 93).
(b) mit 'g-l-l': der hebr. PN גָּלָל gālāl, von Noth 230 nach syr. ǧallā als "Schildkröte" interpretiert. Zu ihm vergleicht Ges.^{18} 219 die keilschriftlichen Umschreibungen von aram. PN Galūlu, Galalan/Galalanu und altnordarab. ǧll

(gegen Noth), während Zadok an hebr. גלל "rollen, wälzen" denkt (96: "twisted, contorted"). Weiter vgl. den frühnordarab. PN ǧll (1 × lih., 7 × saf., 4 × tham., "ar. ǧalâl, majesty", Harding 165; arab. ǧalal "wichtig, bedeutsam", ǧalīl "grossartig, herrlich"; ǧulla "grosse Tat", Wehr 189); aus Mari Gulalān (Birot 93); aus dem hethit. Onomastikon Galulu, (Laroche NH Nr.492); palm. glʾ (Stark 82: "great, outstanding", oder "ǧull, rose"); vgl. ugar. glln (Gröndahl 127f.). Vgl. noch Garala (Laroche NH Nr.519).

(c) Mit q-r-r/q-l-l: PN qrr, qrrt bei Harding 479 (je 1 × saf.; vgl. arab. qarr "kühl", qarār "Sesshaftigkeit, Festigkeit, Ruhe", qarir "beglückt, erfreut", qurra "Brunnenkresse", Wehr 1011f.), ugar. qrrn (Gröndahl 177 zu qrr "kühl"); zu qll/qwl vgl. bei Kornfeld, Anthroponomatik, 46; Fowler 119.148.188.200.204 (auch ausserhebr.),

(d) Mit ġ-r-r/ġ-l-l: Harding 457 mit ġll (2 × saf., 1 × sab.; ġalīl "malice"; vgl. ġalla "Gewinn", ġulla/ġalil "brennender Durst; heisses Verlangen" [Wehr 922]; Ryckmans I 175: arab. ġalla "introduire une chose dans une autre, avoir soif, tromper"); lexikalisch arab.ġurra "Blesse; Bestes; Schönstes" (Wehr 908).

N 474  (f) g-^{3}-g-^{3}

Frau des Magazinvorstehers der "reinen Stätte" (ḥrj-šnᶜ n t^{3}-wᶜbt), Ḥr-m-wj^{3}, in der 18. Dynastie.

Ein vergleichbarer Name ist q-^{3}-q-^{3} N 430. Gröndahl deutet die ugar.PN gg, ggy und gagaya nach der babylonischen Gottheit Gaga bzw. nach ugar.gg, hebr. גג gāg "Dach" (HAL I 169). Mit Tallqvist, der den PN Gagu anführt (79), könnte allerdings auch an das neuassyr.gāgu "Halskette" (AHw I 273; semantische Parallelen etwa bei Noth 223, Stamm 256) gedacht werden (Tallqvist 277). Aus dem assyr. Onomastikon ist mir zusätzlich noch der PN Gaggija (Saporetti 218) bekannt, aus dem amor.Nameskorpus die PN Gagum, Gagatum, Gaganum, Gagiia, Guganum (Gelb CAA 298). Gerade mit Blick auf den in Alalach bezeugten PN gaga (193,6 = Wiseman, Alalakh Tablets, p.134) und die Ausführungen Laroches zu den "formations primaires" (NH 240; vgl.oben das Zitat bei N 451) kann man aber auch den Namen als Lallnamen auffassen, dessen sprachliche Deutung dann unmöglich wäre. Zadok vermutet dies für den aus der Mitte des 8. Jh.s epigraphisch belegten PN ggj (137; sonst ev. Vorläufer des PN gôg [zu diesem letzteren aaO 144; HAL I 174]). Dazu ist das Vorkommen eines Lallnamens Gaga (und ähnlicher Bildungen) auch im

Elamischen hervorzuheben (s. Zadok, Elamite Hypocoristica, 95).

<u>**Vorbemerkung zu den Einträgen N 475 - N 528:**</u> bei diesen in vielen Fällen mit 't^3' anlautenden Namen stellt sich die Frage, ob der ägyptische Femininartikel oder ein Radikal (bzw. ein Präfix) 't' vorliegt. In ersterem Fall gelten auch hier die in der Vorbemerkung zu N 206ff. gegebenen Interpretationshinweise.

N 475  (f) t^3-j:-n-^{3}-k-j_2

Grossmutter mütterlicherseits des Vorstehers der Schatzhausschreiber Nb-Jmn, Zeit Thutmosis' III./Amenophis II.

Der vorliegende Frauenname gibt - nach Abtrennung des femininen Artikels - die Konsonantenfolge ʾ-n-k/g wider, zu der ich folgende Anschlüsse vorschlage:
<u>(a) semit. ʾnk "ich":</u> hebr. אָנֹכִי ʾānōkî, akkad. anāku, ugar. $ʾ_a$nk, EA anuki, kanaan./phön. ʾnk und ʾnki (Ges.^{18} 82); ein Element, das aber m.W. nur in akkadischen Satznamen wie Anāku-ilumma (Stamm 130; auch ARM XXIV 261) begegnet.
<u>(b) ʾnk "Zinn"/"Blei":</u> Lehnwort im Semitischen; hebr. אֲנָךְ ʾ^{a}nāk, akkad. anāku/annāku, arab. ʾānuk, syr. ʾānka (Ges.^{18} 81). An Metallbezeichnungen als PN kann ich auf בֶּצֶר bäṣär (*bṣr) "Golderz" (Noth 223; Zadok 70; Ges.^{18} 167f.), חָרוּץ ḥārûṣ "Gold" (Noth 223; anders Zadok 110) und akkad. Ḫurāṣānum "Aus Gold" (Stamm 249), בַּרְזִלַּי barzillaj "eisern" (Noth 223, Ges.^{18} 174, anders Zadok 59) verweisen.[a] Ein kanaan. PN ʾnk "Zinn/Blei" ist ev. KAI 24,1 (nach ZAH 3/2, 1990, 226) auch belegt, so dass Anschluss (b) zu bevorzugen ist.

N 476  (f) t-^{3}-^{3}?-g-m (s.Diskussion)
ob *t^3-⟨j⟩^{3}-g-m ?

Tochter der g-^{3}-g-^{3} (N 474).

Die Schreibung des Namens ist problematisch. Sowohl bei einer Zeichenfolge t-^{3}-^{3}-g-m als auch bei einer Lesung ^{3}-t-^{3}-g-^{3}-m steht ägypt.  im Silbenanlaut, was in der Gruppenschrift nicht vorkommt. Die bei Burchardt (§ 11) angeführten Ausnahmen stellen offenbar unkorrekte Schreibungen dar (vgl. H 145 zu dem ON  [Thutmosis-Liste, Nr.236]). Falls dies auch für den vorliegenden FN angenommen werden kann, möchte ich hier *⟨j⟩-^{3}-g-m ansetzen (t^3 femininer Artikel) und folgende Anschlüsse vorschlagen:

(a) Sowie נְחֻשְׁתָּא n^{e}ḥuštā "ehern", "copper, bronze" (Noth aaO, Zadok 105).

(a) Der ugar. PN ʾgmy stellt eine Nisbe zu dem Ortsnamen agm = ^{uru}agimu dar, der zu hebr. אֲגַם ʾ^{a}gam, akkad. agammu, arab. ʾağama "Schilftümpel, Sumpf" (HAL I 10; Wehr 9) oder arab. ʾuğum "fester Platz" (Ges.^{18}, 12) gehört. Ob der ugar. ON in ägypt. Umschrift als  (Thutmosis-Liste, Nr. 315) vorliegt, ist unsicher (Helck 147). Der vorliegende PN N 476 müsste bei diesem Anschluss als "die von ʾgm" gedeutet werden.

(b) Ein vielleicht vorzuziehender Anschluss ergibt sich aus der früharab. Onomastik. Zu der Wurzel akkad. agāmu "wütend sein", arab. ʾağama "heiss sein", jüd.-aram. ʾgm "betrübt sein" (hebr. * אֹגֶם ʾāgēm "Kummer"; Ges.^{18}, 12; HAL I 10; Ryckmans 40) ist der je einmal saf./qat. bezeugte PN ʾğm zu stellen (Harding 23). Hier anzuschliessen sind vielleicht auch die nab.PN ʾgm, ʾgmh (fem.) und ʾlʾgmw (Khraysheh 26f.32; er erwägt auch eine ʾAf^{c}al-Bildung ʾAğamm "fleischig" von der Wurzel ğmm, vgl. Wehr 195).

N 477  (f) t-^{3}-j:-:r ^{F}

Bei Abtrennung des Femininartikels dürfte ʾēl "Gott" vorliegen. Der Name ist aber - nach dem in der Vorbemerkung zu N 206ff. Ausgeführten - sicher nicht als "Die Gottes" zu verstehen, wie ihn Helck auffassen möchte. In dem Gottesnamen dürfte vielmehr die Kurzform eines theophoren Satznamens vorliegen, wozu Belege in der Diskussion von N 24-30 aufgeführt sind (und vgl. N 40-45).
Das 't' kann aber - weniger wahrscheinlich - auch als Radikal interpretiert werden, wozu onomastisch immerhin der 3 × saf.bezeugte PN tʾl verglichen werden kann (Harding 127: zu arab. taʾla "to practice magic"). Lexikalisch kommt dazu noch arab. taʾara "betrachten", hebr. תֹּאַר tōʾar "(gute, schöne) Erscheinung, Gestalt" in Betracht (HAL IV 1545).

Die folgenden Namen N 478 - N 480 gehören zusammen:

N 478  (f) t-^{3}-j:-r-j_2

N 479  (f) t-^{3}-j:-r-y

Tochter des Prinzenerziehers Snj-ms unter Thutmosis III.

N 480  (f) ⟨t?⟩-^{3}-jr-y

Den Namen N 479 übersetzt Helck als "die Löwin". Burchardt deutet den PN N 479 als imperfektische Bildung תארי zu einer Wurzel ארי . Zu der Problematik einer Deutung verweise ich auf die Erörterung der Namen N 46 - N 48. Vgl. noch die Ausführungen bei N 477 ('t' als Radikal; scheint jedoch wenig plausibel).

N 481 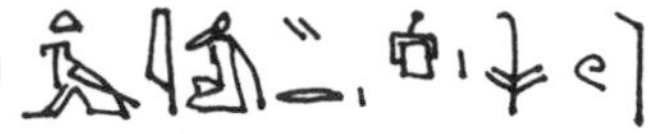 (f) t-^{3}-j:-:r-s^{3}-sw ^{F}

Zu der wechselnden Umschrift der Gruppe  durch Helck - gewöhnlich als ʾel, aber auch als ʾar - vgl. N 43. Den Namen möchte ich versuchsweise (nach Abtrennung des Artikels) als אֵלשׂשׂ *ʾēlśāś "Gott/El hat sich gefreut" zu der Wurzel hebr. שׂושׂ/שׂישׂ śwś/śjś "sich freuen" (HAL IV 1225) deuten. Zwar kann ich das Verb św/jś selbst sonst onomastisch nicht belegen, doch ist die Vorstellung von der Freude Gottes in PN gut bezeugt (Verben śmḥ, ḥdj, ʾśr, rêšu, ṣaḫu, ṣḥq; Noth 210, Silverman 177f., Benz 420, Maraqten 162, Fowler 96. 257.309, Stamm, Der Name Isaak, 11ff.).
Bei Annahme einer Lesung 'ʾar' für j:-:r könnte eine ʾaqtal-Bildung zu der Wurzel *rśś (s. N 331f.) angesetzt werden.

N 482  (f) t^{3}-j:-k-tj

Falls der Name nicht an N 73f. (ʾg-) anzuschliessen ist (t^{3} weiblicher Artikel), erscheint eine Deutung als "die von Akkad" (hebr. אַכַּד ʾakkad) möglich, wozu onomastisch der aram. PN אכדי ʾkdj Akkadayya (KAI II 291; Ges.^{18} 53) beigebracht werden kann.
Vgl. immerhin auch noch den früharab. PN ʾkyt bei Harding 63 (er vergleicht arab. ʾakyata "to pack, fill, lighten") und phön./aram./mittelhebr. אגד ʾgd "(zusammen-)binden" (Ges.^{18} 11), wozu hier ein Hypokoristikon denkbar ist.

N 483  (m) tj-j:-d-^{3}-r ^{F}

Hethitischer Offizier (Oberster der Leibwache) in der Kadeschschlacht.

Der Name dürfte innerhalb des hethitischen Onomastikons entweder mit Tatili (Laroche NH Nr.1307, NH Supplément p.43; so auch Helck) oder Tatali (Nr.1302) zu verbinden sein. Dabei müsste die Notation des Namensbeginns als 'ta-a-' interpretiert werden. Möglicherweise der gleiche heth. PN begegnet in N 527. Aus

Mari kann ev. noch der Name Tadara herangezogen werden (ARM XXII/2 597; aaO auch ein PN Tatura).

Die beiden folgenden Namen gehören zusammen:

N 484  (f) t-^{3}-y-$\underline{t}$-w$_{2}$

Tochter des Ḥ:-y (Besitzer der Stele CG 34072), 18.Dynastie.

N 485  (f) t-^{3}-y-$\underline{t}$-w-j-^{3}

Ob diese Namen fremd sicher, ist nicht sicher. Vgl. immerhin den saf. PN yz (nur 1 Beleg bei Harding 668) und den hebr. PN יְזִיאֵל/יְזוּאֵל j^{e}zî/û'ēl, den Zadok an w/jzj "congegratus, conglomeratus fuit" anschliesst (31; vielleicht auch wie der PN יִזִּיָּה jizzijjāh zu nzj "sprinkle; spring, leap" (40), vgl. Fowler 100.137 ['y^{e}zaw'ēl']).

N 486 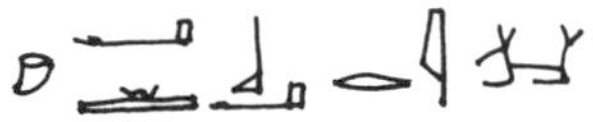 (m) t$_{2}$-^{c} $^{\underline{MD3T}}$-b-^{c}-r-j $^{ST\underline{H}}$

Syrer der Louvre-Ostraka, Anfang 19. Dynastie.

Nach Posener ist  vielleicht irrtümlich statt des gewöhnlichen Ideogrammstrichs gesetzt. Den Namen deute ich als דַּע־בַּעַל da^{c}-ba^{c}al "Nimm dich (meiner) an, Ba^{c}al!" zu der Wurzel ידע jd^{c} "wissen, kennen" (zu der Konnotation "sich kümmern um" in PN s. zu N 111). Vgl.aus Ugarit den PN b^{c}l-d^{c} (Gröndahl 142f.). Zur Problematik von Imperativen in Namen verweise ich auf die Ausführungen von Stamm (Eine Gruppe hebräischer Personennamen, 149.155f.), nach denen Imperative als Aufforderung an den Namensträger nur akkadisch, als Bitte an die Gottheit auch westsemitisch belegt sind; vgl. dazu noch Fowler 306 (Imperatives) mit Belegen Huffmon 86f., Gröndahl 42f. (Imperativ meist an erster Stelle), Zadok 42f. Den hebr. PN דְּעוּאֵל d$^{e c}$û'ēl und den epigraphisch belegten Namen d^{c}wjh erklärt Zadok (43) entsprechend als "Recognize El/God/Yhw", während Fowler (118) eine Deutung als entweder "Knowledge of God" (Wurzel jd^{c}) oder "Invocation of El" (Wurzel arab. da^{c}ā "to call") erwägt. Für jd^{c} in PN s. N 111.

N 487  (f) t:-^{c3}-m-$\underline{t}$-w

Sklavin aus der Kriegsbeute des Soldaten Ahmose, Anfang 18. Dynastie.

Burchardt deutete den Namen als Imperfekt-Bildung von der Wurzel עמס , die in ev. in N 141 vorliegt. Sollte dies zutreffen, kann das fehlende Subjekt nur eine Göttin gewesen sein; der PN wäre dann als *ta^{c}mus "(die Göttin NN) trägt, hat getragen" zu erklären. Ward (Personal Names, 296) vermutet, dass die Form "would represent Semitic *Taḫmus" (296; korrekt wäre: *ta^{c}mus, das keilschriftlich 'taḫmus' [vgl. Huffmon 198] transkribiert würde!). Mit dem Imperfektpräformativ zusammenzustellen ist das Nominalpräfix ta-, das v.a. Verbalabstrakta bildet (Beyer, Grammatik, 52). In diesem Sinn könnte auch eine Nominalform *ta^{c}mas o.ä. (Profanname "Last", "Bedrückung"?) angesetzt werden. Vgl. noch den folgenden Namen.

N 488  (f) t-^{3}-^{c}3-mj-ṯ-w

Frau des Wesirs ^{c3}-mj-ṯ-w unter Thutmosis III.

Da sich der Name dieser Frau nur durch den vorangestellten weiblichen Artikel von dem ihres Mannes (N 129) unterscheided, möchte ich darin keinen eigenständigen PN zu der Wurzel ^{c}ms, allenfalls in der Art von N 487, sehen, sondern ihn als t^{3}-(nt)-^{c3}-mj-ṯ-w "die [Frau] des ^{c3}-mj-ṯ-w" erklären. Der ursprüngliche Name der Frau wäre dann zugunsten dieses Beinamens verdrängt worden.

N 489 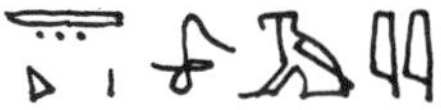 (f) t:-w^{3}-y

Frau des Priesters (ḥm-nṯr) R^{c}nfr unter Amenophis II.

Folgende Anschlüsse sind vermutlich in Betracht zu ziehen: der je einmal saf./ qat. belegte PN ṭwy/ṭwyn (Harding 390) zu ar. ṭawīya "Falte; innerste Denkart, wahre Gesinnung, Absicht" (Wehr 796); der früharab. PN dwy (Harding 246: "desert") und aus Mari der PN Tawiya (Birot 203). Vgl. lexikalisch noch hebr. תַּאֲוָה ta^{ʾa}wā̂ "Verlangen, Wunsch, Begehren" (HAL IV *s.v.* ; doch hat das Ugaritische thwt). Bei allen genannten Nomina wäre allerdings die Schreibung der Femininendung -t (oder liegt '-ā̂' vor?) zu erwarten.

N 490  (f) t^{3}-w^{3}-r-k-^{3}

Tante (Schwester der Mutter) des Rindervorstehers des Ptah Dw^{3}, Neues Reich.

Möglicherweise heranzuziehen sind die im heth. Onomastikon belegten PN Walkui und Walku(w)a (Laroche NH 203 Nr.1482f.) sowie der FN Waruki aus Nuzi (Cassin/Glassner 166) und das Element warka bei Albrights Erklärung von N 156. Semitisch kann ich nur lexikalisch auf hebr. יָרֵךְ jārēk "Oberschenkel", sab. wrk "hip, thigh" [Sab. Dict. 162], arab. warak (dass.) verweisen (vgl. dann etwa semantisch Noth 227f., Stamm 264-266 [Körperteile in PN]).

N 491  (m) t-^{3}-b^{3}-y F

Syrer des Leipziger Ostrakons, Anfang 18. Dynastie.

Der Name dürfte mit Sicherheit die Kurzform eines mit hebr. טוב ṭōb, akk. ṭābu "gut, angenehm, gütig" (HAL II 354ff.) gebildeten Namens darstellen, mit der hypokoristischen Endung -(i)ja versehen: Ṭabija "(der Gott NN) ist gut". Ein solcher Name dürfte auch in dem von Helck aus Nuzi verglichenen PN Ṭabeja vorliegen. Belege sind in den semitischen Onomastika ausserordentlich häufig: hebr. Noth 153, Fowler 76.290 (ausserhebr.Belege).346, Zadok 48f.52, amor. Huffmon 207 (auch Kzf. Ṭāba), Gelb CAA 369, Birot 266f., ARM XXIV 282 (auch Ṭâba); akkad. Stamm 294ff.360, Tallqvist 235-237, Saporetti 484-488 (auch Kzf. Ṭabīʾa, Ṭabīja), Freydank/Saporetti 132, Gelb NPN 147f., Cassin/Glassner 139f; eblait. Krebernik 82, Catagnoti 264; aram. Maraqten 168 (auch Kzf. ṭby), Silverman 149 (auch Kzf. ṭb), Kornfeld 51, ders., Anthroponomatik 43; früharab. ṭb (Harding 386; er vergleicht auch "ar. ṭabb, skilful").
Angesichts dieser Belegfülle ist eine Deutung nach den nur frühnordarab. bezeugten PN tby (1 × tham.; Harding 128 zieht "ar. tabb, misery, wretchedness" heran) oder db (14 × saf., 2 × tham., dazu 1 × saf. dbʾl; Harding 233 deutet ihn nach arab. dabb "calf") nicht ratsam.

N 492 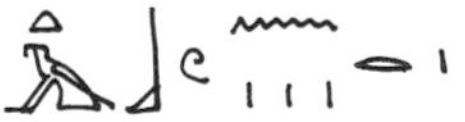 (f) t-^{3}-b-w$_{2}$-n:-r

Mutter des Kaufmanns Ḥr-šwt, Ende 20. Dynastie.

Dieser Name ist u.U. ägyptisch zu erklären als t^{3}-(nt)-b-w$_{2}$-n:-r "Die von ausserhalb, von draussen" (= die nicht im Ort Beheimatete; die Ausländerin?) zu

ägypt. *bl, kopt. ⲃⲟⲗ (Wb I 461). Vgl. aber noch folgende semit. Anschlüsse:
(a) Mit t^3 als Artikel vgl. bl, blʾ, bly, bll bei N 193(d).
(b) als qattūl-Hypokoristikon (Zadok 114f., Silverman 108-110) *Ṭabbūl zu der Wurzel hebr. טבל ṭbl "eintauchen", wozu der hebr. PN טְבַלְיָהוּ ṭ^{e}baljāhû "Y[ahwe] has dipped (purified)" (Fowler 109) einen Vollnamen darstellt. Die von Fowler vorgeschlagene Interpretation des hebr. PN (ebenso Zadok 29) ist m.E. der Deutung "bei Jahwe beliebt, gut für Jahwe" (HAL II 353, Zadok 57f.) vorzuziehen.
(c) ein Name tblt ist mit je einem tham. bzw. hadr. Beleg bezeugt (Harding 128). Harding will ihn nach arab. tabl "enmity, revenge" deuten. Vielleicht ist aber eher an arab. tābal "Koriander, Gewürz" (auch akkad., jüd.-aram.: AHw 3, 1297) oder tabala "verzehren, krank machen (Liebe)" (Wehr 135) zu denken? Einen PN tbll belegt Stark aus Palmyra, deutet ihn aber als Bildung mit präformativem 't' zu einer Wurzel bll (116).
(d) Vgl.weiter noch: akk.tabālu "wegnehmen, wegtragen, an sich nehmen" (AHw 3, 1297); arab. ṭabla "Pauke" (Wehr 767; auch akkad., aram.); eblait. dab$_6$-bù-lu bei Krebernik 164. Vgl. noch ev. N 313(c).

N 493  (f) $t\text{-}^3\text{-b-r-j-}^3$

Ranke (I 379 Anm.3) erwägt, in diesem FN eine Koseform zu dem FN t^3-br.t (356, 14 mit einem ptolemäischen Beleg) zu sehen, den er zu kopt. ⲧⲃⲉⲗⲉ, ⲧⲃⲉⲗⲏ "die Blinde" stellt (vgl. den ptol. MN br aaO 97, den Ranke als "der Blinde" ≙ kopt. ⲡⲃⲗ̄ⲗⲉ erklärt). Falls eine semit. Erklärung den Vorzug verdient, verweise ich auf N 189-193.

N 494  (m) $t\text{:-p}^3\text{-j-}^3$

Grossvater des Wesirs Paser, der unter Sethos I./Ramses II. amtierte.

In diesem Namen möchte ich am ehesten eine Kurzform eines mit akkad. tappu, ugar. tp "Genosse" gebildeten Satznamens erblicken. Vgl. die akkadischen PN Ṭab-tappê und Ṭab-tappum "Gut ist mein Genosse" (Stamm 295; dazu ein weiterer Beleg S.241), dazu die mittelassyr. Belege bei Saporetti II 16, Freydank/Saporetti 179 und zur Verwendung dieses Elementes in akkad. PN Fowler 185.233.254. 282. Für das Ugaritische s. Gröndahl 201 (il-tappa "Gott ist Freund"). Aus

Mari sind die Namen Tappi-ili/Mamma, Ea/Ištar/Sin/Šamaš-tappê (-tappiya) belegt (Birot 202; ARM XXII/2 570.580.593, XXIV 281, XXV 250).
An anderen Anschlussmöglichkeiten vgl. die saf. PN tf (3 × ; Harding 388 vergleicht Wurzeln "to be near" bzw. "patrol, watch") und tfy (2 × ; aaO 134).

N 495 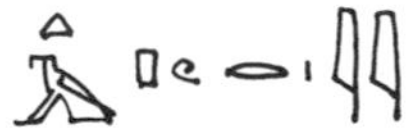 (f) t-^{3}-p-w_2-r-y

Helck übersetzt den PN als "die Bohne" (hebr. פּוֹל pôl, HAL III 754, arab. fūl) Das Wort ist als ägyptisches Fremdwort belegt (Helck 512(74) als ). Ob es in diesem Namen tatsächlich vorliegt, möchte ich sehr bezweifeln. Viel eher dürfte (bei Abtrennung des Femininartikels) ein Hypokoristikon eines Satznamens mit einer der bei N 232 genannten Wurzeln bzw. Lexeme anzunehmen sein. Sollte das 't' Radikal sein, was aber unwahrscheinlicher ist, kann allenfalls der früharab. PN tfl (Harding 134; "arab. tafala, to spit"; hebr. תפל tpl "albern reden", HAL IV 1634) verglichen werden.

N 496 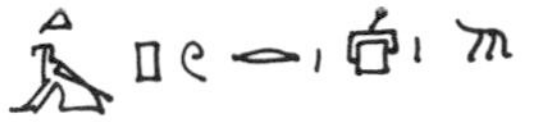 (f) t-^{3}-p-w_2-r-s^3 ŠNJ

Helcks Erklärungsversuch "Die Philisterin" kann ich nicht zustimmen. Der Name des Volkes wird ägyptisch 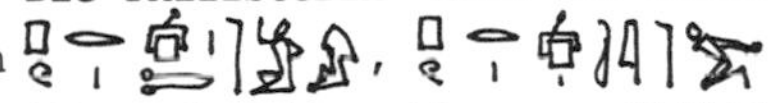 oder 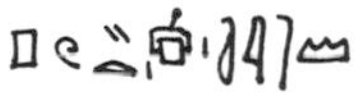 geschrieben (Burchardt Nr.412; vgl.Aḥituv, Toponyms [155]), entsprechend hebr. פְּלֶשֶׁת p^{e}läšät. Die ägypt.Umschrift zeigt also ausnahmslos die Endung -t des Namens, die daher auch im vorliegenden Fall notiert sein müsste. Den PN möchte ich ganz anders erklären, nämlich als *purs- oder *puls-, wozu ich auf die Belege der entsprechenden Wurzeln bei N 235 bzw. N 237ff. verweisen kann.

N 497  (m) t-^{3}-p-w_2-g-^{3}-r F

Helck vergleicht aus Nuzi den PN Ṭab-ugur und transkribiert danach unkorrekt ta-pu-gu-r⟨a⟩ - nach seinem eigenen System kann  nur 'ga', aber nicht 'gu' sein. Gegen diese Deutung sind als hauptsächliche Einwände vorzubringen:
1. der aus Nuzi herangezogene Name dürfte sicher als akk.Ṭab-Ugur "Gut ist Ugur" zu deuten sein, wobei Ugur in Nuzi die Entsprechung des Gottes Nergal ist (Gelb NPN 295; Laroche, Glossaire, 278). Die von Helck vorgenommene Gleichung setzt voraus, ägypt.  könne anlautendes u- wiedergeben (statt ), was nicht möglich ist.

2. die Umschrift von semit. 'b' durch ägypt. 'p' ist auf ganz wenige Ausnahmen beschränkt (Burchardt § 50); das Wort *ṭab "gut" mit ägypt. 'b' geschrieben findet sich dagegen in N 491.
Mit Blick auf N 494 möchte ich eine Interpretation des Namens als *Tappu-Gar "Gar ist ein Gefährte" vorschlagen; zu dem GN Gar s. RlAss 3, 146.

N 498  (m) t_2-p-j_2 ^{MD3T}-dj-y ^{F}

Syrer der Louvre-Ostraka, Anfang 19. Dynastie.

Eine Deutung des Namens ist problematisch. Statt 𓏴 steht vielleicht 𓎛, statt 'dj' ist eventuell 'mj' zu lesen. Die Determinierung mit der Buchrolle 𓏛 assoziiert vermutlich ägypt.tpj "erster". Helck transkribiert ta_4(?)-pi-ma-ja, gibt aber keinen Erklärungsversuch. Mit Blick auf den akkad. Namenstypus GN-tappûtī "(der Gott NN) ist meine Gemeinschaft, Hilfe" (Freydank/Saporetti 179; AHw 3, 1322) könnte möglicherweise ein Hypokoristi/kon *Tappūtīja vorliegen, doch ist damit das notierte \\ schlecht zu vereinbaren. Vgl. sonst noch den PN tfyt (Harding 135 mit 1 saf. Beleg) und den hebr. PN טָפַת ṭāpat (Noth 226, Zadok 137).

N 499  (f) t-w-n-ḥm^{HWJ}-t-w

Ward (Personal Names, 298) erklärt diesen auf derselben Holzstatuette wie N 10 notierten FN als Ableitung mit t-Präfix zu der Wurzel nḥm (s. N 97-99) und verweist dazu auf die hebr. PN tnḥm und תַּנְחֻמֶת tanḥūmät "consolation" (Zadok 128: taqtul-Bildungen; Stamm, Hebräische Ersatznamen, 75). Zu der Determinierung nach ägypt. nḥm "angreifen" s. oben bei N 97ff. Problematisch ist die formale Erklärung (taqtul) angesichts der Notation t-w-.

Die beiden folgenden Namen gehören zusammen:

N 500  (f) tj-:r

Frau des Pn-dw^3, Anfang 19.Dynastie.

N 501  (f) tj-r-y

Frau des W^{3}ḥ-jb, 18. Dynastie.

Ein ägyptischer Ursprung dieser Namen ist nicht ausgeschlossen. Ähnlich geschriebene Namen sind recht häufig (R I 382) und dürften zu ägypt. ṯ-n:-r, tj-n:-r "stark" gehören (s. F 21). Die vorliegenden PN wären dann keine Profannamen (da ohne Femininendung), sondern vermutlich Kurzformen ägyptischer theophorer Satznamen "(der Gott NN) ist stark" (Belege s.Ranke aaO). Dem steht aber entgegen, dass nach Wb 5, 382 die Schreibvarianten tj-:r/tj-r u.ä. erst seit der 21. Dynastie belegt sind, also wesentlich später als die vorliegenden Namen. Ward (Personal Names, 291) befürwortet eine ägypt. Herleitung des PN tr "from the old word for 'willow tree', this noun often in group writing" - etwa 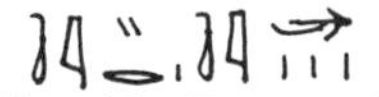 (pAnastasi III vs.1,8). Wb 5,385 belegt dazu , seit der 18. Dyn. auch  u.ä.; eine Notation ohne Femininendung erst für die ptol. Zeit.

Für den Fall einer semitischen Herleitung kann ich folgende Anschlussmöglichkeiten zur Diskussion stellen:

(a) die ugar. PN ṭalaya, ṭly (Gröndahl 202) zu טל *ṭall "Tau" (HAL II 358). Dieses Lexem erkennt Zadok (47) auch in den hebr. PN ʾ^{a}bîṭal, ḥ^{a}mᵓî/ûṭal.

(b) Kurzform *ṭal zu einem PN wie hebr. אֲבִיטַל ʾ^{a}bîṭal zu der Wurzel טלל ṭll "bedecken - schützen" (Fowler 105.171), die allerdings aram. ist (HAL II 359: *ẓll). ṭall 'shadow'> 'protection' nimmt Zadok auch für den äg.-aram. FN yhwṭl an (47).

(c) hebr. טְלֶה ṭālä "Lamm" (HAL II 352: aram. auch "Knabe"), syr. tlītā "Mädchen"); arab. ṭalan, ṭalw "junge Gazelle", altsüdarab. ṭlj (aaO).

(d) den PN tîrjāʾ, den Fowler (167.219.364) zu einer Wurzel tjr "to be watchful?" stellt. Dagegen wendet sich HAL IV 1592, das eine Deutung nach pers. tir(a) "Macht" bevorzugt. Zadok wiederum lehnt eine pers. Erklärung ab und befürwortet eine Interpretation als "Courtier of Yhw (?)" mit Verweis auf eblait. Ti-ra-ìl, amor. Ti-ir-ì-li u.a. (60.62 Anm.48). Maraqten vergleicht den alttestamentlichen Namen zu dem reichsaram. PN tryh (222; zu tw/jr bei Zadok 141).

(e) Vgl. noch das hurr. Element tili-/teli- bei N 510.

N 502 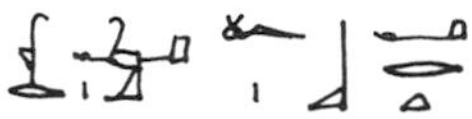 (m) Transkription: s.unten

Die Schreibung des Namens ist problematisch. Schon Bergmann setzte in seiner Publikation über das Zeichen  ein 'sic'. Helck umschreibt 't()r-^{c}u-f-b-^{c}-l' (ohne das 't' am Namensschluss!), wobei aber im Ägyptischen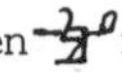für 'w^c', nicht *^{c}w steht (s. etwa die Schreibung für w^cw^c, Wb 1,280 u.a.). Zusätzlich ist zu fragen, ob für  nicht *tū > *tē (s. bei N 412f.) anzusetzen ist. Eine gemäss der Helckschen Umschrift mögliche Deutung als *tar^{c}up-ba^{c}lat "Ba^{c}lat hat triefen lassen = (von der Schuld) reingewaschen" zu der Wurzel רעף r^{c}p hif. (HAL IV 1185) mit semantischen Parallelen etwa in den hebr.PN zu den Wurzeln nzj hif. "besprengen" und ṭbl "eintauchen" (=reinigen, läutern; Fowler 100.109.137) ist doch sehr unwahrscheinlich. Vielleicht liegt daher ein ägypt. PN mit semitischem GN vor: *trj-^{c}wj=fj-b^{c}rt "seine Arme beten die Ba^{c}alat an".

N 503  (m) t-w_2-r-w^3-s-r F

Syrer des Leipziger Ostrakons, Anfang 18. Dynastie.

Dieser Name wurde verschiedentlich diskutiert. Dabei möchte ich von dem Ansatz Helcks absehen, der wieder rein mechanisch einen PN konstruiert: "vgl.NPN tarwazaḫ, aber anstelle v. -zaḫ hier das Element -šarri". Edel erklärt den Namen als hurr. Tulbi-šarri (Hethitische Personennamen, 68-70). Der Name ist so in Nuzi belegt (Gelb NPN 268; Cassin/Glassner 149), ebenso in Alalach (Wiseman, Alalakh Tablets, 150) und ähnlich in Ugarit (tulbi-šarrumu). Zu dem (in der Bedeutung ungeklärten) Element tulbi s. Laroche, Glossaire, 270. Görg möchte als weitere Möglichkeit den Namen des Fürsten Talwišar von Alalach (bzw. ein postuliertes *Tulwišar) vergleichen (Zum Namen des Fürsten von Taanach, 16f.). Die Erklärung Edels ist vielleicht zu bevorzugen, weil sie der Notierung  in der ersten Silbe ('u') Rechnung trägt. Für die Umschrift eines keilschriftlichen b/p durch ägypt. 'w' ist auf die Erscheinung der Transkription des hurritischen spirantischen Labials [v] durch b, p oder w in den Systemen der Keilschrift bzw. der ugaritischen Alphabetschrift zu verweisen. Vgl. dazu die Ausführungen Speisers (Introduction, 42; s. auch 37): "It follows that the interchange of w and p/b points to a labial that was neither stop nor semivowel, hence obviously a spirant (...). Medially we find the same kind of interchange in R[as]S[hamra] kmrb = syllabic ^{d}Kuma/urb/wi. The last-cited instance shows that RS b could represent a spirant, in this case apparently [v]".

Die folgenden zwei PN gehören zusammen:

N 504  (m) t-w_2-r-b^3-y [F]

Lederarbeiter unter Ramses II.

N 505  (m) t-w_2-r-b^3:-y
Var.mit  b^3,  b^3_3:

Nekropolenarbeiter in Deir el-Medineh, ramessidisch.

Helck umschreibt tu-ra-bí-ja und vergleicht aus Nuzi und Alalach den Namen Tulpija. Derselbe Name (Tulbija) liegt auch nach Edel vor (Hethitische Personennamen, 70), d.h. eine Kurzform zu einem mit dem hurr. Element 'tulbi' gebildeten Satznamen (wie N 503; ein Beleg auch bei Laroche NH Nr.1367). Diese Erklärung dürfte richtig sein und wurde auch von Ward (Personal Names, 298) übernommen.
Vgl. aber aus dem früharabischen Onomastikon noch die PN trb (Harding 131 mit 7 saf. Belegen, "arab. tirb, companion"), tlb (aaO 135; 'Taulab', 1× lih., 2 × saf.), drb (aaO 238: "arab. dârib, experienced, skillful", 13 saf.), ṭrbʾl (aaO 387; 1 × saf.); aus Mari: Tarabu (ARM XXV 257); lexikalisch arab. turba "Staub, Erde", turābī "staubig, erdig" (Wehr 137).

N 506 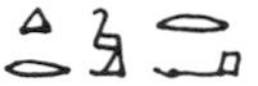 (m) t-r-w-r-^{c}

Syrischer Söldner unter Echnaton (seine Frau s. N 51).

Die interessante Darstellung dieses durch ein Trinkrohr Bier trinkenden Söldners aus Amarna ist seit langem bekannt und hat schon in dem 'Ausführlichen Verzeichnis' der ägyptischen Altertümer von 1899 zu Mutmassungen über seine Herkunft (Nordsyrien) geführt. Bisher gibt es aber meines Wissens nur einen einzigen Erklärungsversuch für den fast ausschliesslich konsonantisch notierten Namen: Helcks Anschluss an das in PN aus Nuzi häufig bezeugte Element 'turar'. Belegt sind theophore Satznamen wie Turar-Tešup, Turar-Tilla usw. und die Kurzformen Turari und Turariia (Gelb NPN 159, Cassin/Glassner 151f.).
Eine solche Anknüpfung kann aber das deutlich notierte ^{c}Ajin nicht erklären. Ich möchte eine Deutung des Namens als *Tūra-ri^c "Wende dich (mir) zu, Freund!" vorschlagen (ri^c< ri^{c}é, Beyer 43) und als vergleichbare akkad. und amor. PN zu

der Wurzel tāru "zurückkehren, sich (jemandem) zuwenden" (Stamm 168) akkad. Tūram-ilī, Ilī-tūram "Wende dich mir wieder zu, mein Gott" (Stamm 168), Adad/ Ištar-tūra (Saporetti II 165), amor. Tūra-ilī, Tūra-Dagan, Tūri-Dagan (Gelb CAA 366f. noch mit Durru-Ammi; Birot 205), zusätzlich in den weiteren Mari-PN Tūram-Dagan, Dagan-tūraya, Ilī-tūraya, Kzf. Tūriya (ARM XXII/2 598, XXIV 270, XXV 250) anführen. Das Verb ist (imperfektisch) auch in ugar. PN belegt (Gröndahl 202; zu den akk./amor./ugar. Belegen vgl. Fowler 185.203.291).
Zu r^{c} "Freund; Hirt" s. Lipiński 123-125 und oben N 51; im Amoritischen Huffmon 260f. Im hebr. Onomastikon ist vermutlich אֲחִירַע ^{ʾa}ḥîra^{c} "the (divine) father is (my) friend, companion, fellow" so zu verstehen (Zadok 48, Fowler 144). Hier ist das Wort theophores Element. Bei dieser Erklärung ist die Schreibung ev. als zweckmässige Zeichenanordnung für eigentlich gemeintes *t-w-r-r-^{c} anzusehen. Zu der Transkription von ri^{c} s. S.380 (6.).

N 507  (f) tj-rw-k-^{3}-k

Mutter des Bauleiters Bnj^{3} (N 170) unter Thutmosis III.

Eine Erklärung des Namens ist schwierig. Verbalwurzeln 'trk' existieren im Akkadischen (tarāku "schlagen, klopfen", Stativ "dunkel sein", AHw 3,1324f.) und Arabischen (taraka "verlassen, unterlassen", Wehr 139). Ob bei einer Ableitung von der arab. Wurzel etwa der hebr. Frauenname עֲזוּבָה ^{ʿa}zûbā "die Verlassene" (Noth 231; Stamm, Ersatznamen, 78, ders., Frauennamen, 123: einem Kind gegeben, das beide Eltern verloren hat) zu vergleichen ist? Vgl. weiter den saf. PN drk (Harding 239; 1 Beleg). Allenfalls könnte auch eine Ableitung mit t-Präfix zu der in N 60 vermutlich vorliegenden Wurzel rkk angesetzt werden, doch dürfte das zweite 'k' redundant geschrieben sein wie bei N 60, N 278. Bei Berücksichtigung des 'u'-Vokals von  dürfte ein Anschluss an den heth. PN Talakka (Laroche NH Nr.1220) schwierig sein.

N 508  (m) tj-r-g-^{3}-n:-n-^{3}-s^{3} F
Var.  tj-r-g-^{3}-n:-n-^{3}-y-s^{3}
(Ramesseum)

Hethitischer Streitwagenfahrer in der Kadeschschlacht, 5. Jahr Ramses' II.

Edel konnte aufgrund des Belegs im Ramesseum die Deutung als *Tarḫunniš (in griech. Transkription ταρκυννις ; Hethitische Personennamen, 65f.) präzisieren: *Tarḫunnijaš "der zu (dem Gott) Tarḫuna Gehörige" (Namen und Wörter, 91f.). Zu der Transkription des Ghain (durch äg. 'g', keilschriftlich 'ḫ') s. N 455.

N 509  (m) tj-r-g-^{3}-tj-ṯ^{3}-s^{3} F

Truppenkommandant derjenigen von Qbsw (ḥrj-pḏt n n^{3} qbsw) in der Kadeschschlacht, 5. Jahr Ramses' II.

Auch hier verweise ich auf Edels Deutung des Namens als Tarḫu(n)tazziš "Mann des (Wettergottes) Tarḫunta" (Hethitische Personennamen, 63f.; Namen und Wörter, 92). Zu dem GN Tarḫu, Tarḫuna, Tarḫunt "le Victorieux" s. Laroche NH 289. Vgl. jedoch noch den ON Tarḫunta (im kilikischen Taurus, Laroche NH 271), für dessen Ghain auf die Entsprechung von keilschriftlichem Tarḫuntišša und alphabetischem (ugar.) trġds verwiesen werden kann (NH Nr.1272).

N 510  (m) t:$_{2}$-r-tj-j$_{2}$-s-b-w$_{2}$ ʿN.F

Bote des Hethiterkönigs Ḫattušili III.

Der Name ist als hurr. Tili-Teššup zu erklären (s. Edel, Neues Material, 44f.). Zu dem (ungeklärten) hurr. Nomen tili-/teli- s. Laroche, Glossaire, p.261. Den vorliegenden Beleg führt auch Laroche NH Nr.1327 an. Zur Determinierung s.oben zu N 79.

N 511  t-:r-t-^{3}-š^{3}

Eine Deutung des Namens ist schwierig, wobei vielleicht eine taqtal-Bildung *taltaš "Schärfe (o.ä.)" zu der Wurzel hebr. לטש ltš, ugar. lṭš "schärfen" (HAL II 502) vermutet werden kann. Zu Bildungsformen mit t-Präfix in der hebr. Onomastik s. Zadok 127f.

N 512  (f) t-^{3}-h:-r-tj

Zur Diskussion s. oben N 363/364.

N 513  (m) tj-j$_2$ ^{WNM}-s-b-j ^{ʿN}-b-n-r ^{STH}

Angestellter auf der Werft von Prw-nfr unter Thutmosis III.
Das Determinativ assoziativ gesetzt wegen ägypt. [Hieroglyphen] (Wb 5, 241). Glanville notiert zu dem [Hieroglyphe] ein 'sic', Helck umschreibt tí-ś-b⟨j⟩-ba-$^{c!}$-l⟨a⟩ (mit Helck lese ich [Hieroglyphen], nicht [wie Glanville] [Hieroglyphen]). Für den hurritisch-akkadischen Raum dürfte aber eher 'bēlu' "Herr" statt nordwestsem. 'b^{c}l' zu erwarten sein. Der PN ist dann als Teššup-bēl(u) "Teššup ist Herr" zu deuten.

N 514 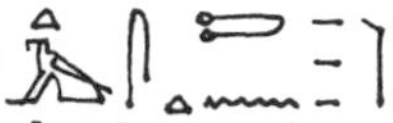 (m) t-^{3}-s-t-t̠-n $^{P.F}$

Syrer der Louvre-Ostraka, Anfang 19. Dynastie.
Helck transkribiert ta-śe-šin, liest hier also [Hieroglyphen] als *se (nach Posener steht [Hieroglyphen] statt gewöhnlichem [Hieroglyphen], Liste p.194f.). Als Erklärung gibt er lediglich "vgl.NPN -ta- mit dem Element ši-tana". Posener verweist auf den aus Kerkuk bezeugten PN Ši-ta-na und für den Namensanfang auf das häufige Präfix 'ta-' in kleinasiatischen Namen.
Der Name ist mir unklar (ob der 1× saf.belegte PN šzn zu vergleichen ist? Doch gehört t^3, da ein MN vorliegt, zum Namen hinzu). Die Pluralstriche sind wegen des ägypt. Pronomens der 2. Ps. Pl. t̠n "ihr, euch" gesetzt.

N 515  (f) t-^{3}-Q^3-^{c}-n-tj

Frau des Vorstehers der Arbeiten und Truppenkommandanten Maja, Sängerin des Re unter Ramses II.

Das Zeichen des 'sitzenden Mannes mit erhobenen Händen' fasse ich mit Gaballa (Publikation der Stele) als Formvariante des 'stehenden Mannes mit erhobenen Händen' (Gardiner A 28) auf, damit als ideographische Schreibung von ägypt.q^{3}j "hoch sein", während Schenkel (Transkription, S.47, Zeichen A$19) ihm den Logogrammwert hn(w) "preisen" zuweist. Eine vergleichbare Schreibung bietet aber der PN 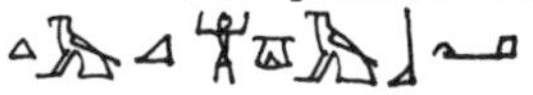, Var.  "die mit hohem Arm(?)" R I 370,15). Mit einem folgenden Gottesnamen, wie in dem vorliegenden Namen, erscheint 'q^{3}j' etwa in den PN q^{3}j-Jmn, q^{3}j-jn-ḥrt, q^{3}j-jnpw, q^{3}j-jḥy, q^{3}j-m^{3c}t, die als "Hoch ist Amun (Onuris, Anubis usw.)" zu verstehen sind (Wb 5, 3.3). Der Name ist damit als "Hoch ist ^{c}Anat", mit davorgesetztem Femininartikel: "die Q^{3}j-^{c}nt", "die (Frau namens) "'Hoch ist ^{c}Anat'" aufzufassen. Zur

Verehrung der ^{c}Anat in Ägypten s. oben bei N 131f.

N 516 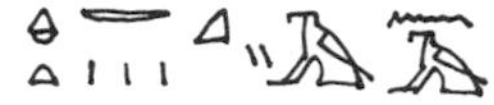 (m) $t{:}_2$-q-^{3}-j_2-n-^{3}

Besitzer der Stele Leiden V 62 mit Darstellung des Seth; ob 18. Dyn. (Boeser)?

Dieser Name gehört zu der semit. Wurzel תקן tqn (akkad., hebr., aram., arab.) "geordnet, fest sein" (HAL IV 1642; hebr. auch Var. תכן tkn), die in der Onomastik gut bezeugt ist. Neben der kausativen Verwendung im Akkadischen (etwa ^{d}Nabû-taqqinanni "Nabû, bring mich zurecht!", ^{d}Adad-tuqqin "Adad, bring (ihn) zurecht!" u.a., Stamm 177) sind v.a. der ugar. PN tqn (Gröndahl 201; auch PN il-taqnu), aus Alalach taqan (Wiseman 149) und im Assyrischen tqn, tqny (nach Maraqten 249) sowie taqūni (Tallqvist 230) zu vergleichen. Formal ist eine Kurzform *taqqin (assyr. Imperativ D-Stamm) zu einem theophoren Satznamen oder auch eine qātil-Form tāqin "geordnet, fest" (nordwestsemit.) plausibel, falls das notierte \\ als Wiedergabe eines 'i'-Vokals in Rechnung gestellt wird.

N 517  (m) t-^{3}-k-^{3}-r-n-^{3}-y P

Da kein Frauenname vorliegt, zählt das 't' sicher zum eigentlichen Namen. Ein Anschluss an den PN N 449 ist damit von vornherein unmöglich. Ich möchte eine qatalan-Form ansetzen, die in den semitischen Sprachen Verbalabstrakta bildet (Beyer 52, oder qatlān [Zadok 159f.]?), und zwar zu der in der akkadischen und aramäischen Anthroponomastik verwendeten Wurzel takālu, תכל tkl "vertrauen". Vgl.akk.PN wie Ana-^{d}Marduk-taklāku "Ich vertraue auf Marduk", Ana-^{d}Šamaš-takil "Er vertraut auf Samas", Takil-ana-ilīšu "er vertraut auf seinen Gott", Iliš-tikal "vertraue auf den Gott", Takil-bānûsa "Gegenstand des Vertrauens ist ihr Erzeuger(=der Herr)" u.a.m.(Stamm ANG 196.199.205.258.311f.317, Fowler 232.238 260.280; AHw 3, 1304f.). Als Kurzform (Stamm ANG 249) ist etwa der PN Taklu bezeugt (Saporetti II 164: "fiducioso, che ha fiducia"); weitere Belege geben Freydank/Saporetti 179. In der Amarna-Korrespondenz ist der Name Dagan-takala überliefert (Hess 100). Das Aramäische kennt die Namen Adad-takkal, hdtkl und Ilu-atakala (Fowler 224). Für die Nominalbildung auf -an vgl. tuklana "trust, confidence, faith" (qutlan-Form) im Mandäischen (Drower/Macuch, Dictionary, 483). Der vorliegende Name *Takalanja ist damit entweder als Profanname "meine Hoffnung!" (vgl. Bezeichnungen des Kindes als "Wonne", "Freude", "Glück" bei

Noth 225f.) oder als Kurzform eines theophoren Satznamens "(der Gott NN ist) meine Hoffnung, mein Vertrauen" zu interpretieren.
Ward (Personal Names, 299) vollzieht diesen Anschluss ebenfalls: "*Takilayu, a hypocoristic form based on Akk. Takil-, "trust"." In der formalen Interpretation wäre aber die Annahme einer Wiedergabe von 'l' durch r-n^3 aussergewöhnlich und ebenso die Vertretung von 'ki' durch k-^{3} zu begründen (vgl. unten S. 380). Zu der Notation der Pluralstriche s. den identischen Fall N 301; sie kann nicht zu einer Lesung *yu für y ^{P} führen. Die zweite vorgeschlagene Gleichung mit hurr. Takkaraya [Gelb NPN 145] ist unmöglich, da r-n^3 nicht für 'r' stehen kann.

N 518  (f) t-^{3}-k^3-r-h:

Zur Diskussion vgl. oben zu N 450.

N 519  (m) t-w_2-g-^{3}-y ^{F}

Ein Inspektor (rwḏw) unter Thutmosis IV.

Zu diesem PN s. die Diskussion bei N 560.

N 520  (f) t-^{3}-g-^{3}-rw ^{F}

Die ausführlichste Stellungnahme zu dem Namen gaben O.Berlev und S.Hodjash in der Publikation der ägyptischen Stelen des Pushkin-Museums (Reliefs, p.134):

> "This is a peculiar spelling of the name PN I, p.367, no.3(the Syrian Woman) [t^3-ḫ^{3}rw] which has been passed over without comment by Letellier, but has been discussed by Bogoslovsky, who sees here a phonetic change of the pattern noted by K.Sethe, Das ägytische Verbum, I, 1899, § 255,4. The crucial sign in this name is a sort of blending of the signs T 28[] and W 11[]. If this is indeed a phonetic change, and not a mere curious spelling, one might note the proximity of Wb III, p.232, nos.13-16 [ḫ^{3}rw] (Syrian) and Wb V, p.135, no.1 [k^{3}rj^3-šrjw] (Nubian). Both words subsequently became merely synonymous to denote "young people", the former in a general sense, the latter more specifically: "Young warrior", 'kalasirios' of Herodotus (II,164, 166). Still the sign T 28 is known to have replaced M 12[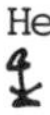] and Aa 1[].

Dieser Erklärungsansatz ist nicht unproblematisch. Der angesprochene phonetische Wechsel ḫ/g ist bei Sethe nur mit einem einzigen Beispiel belegt, also ausserordentlich selten. Zudem möchte ich zwischen den ḫ^{3}rw-Namen (s.den An-

hang an den Namenskatalog) und den k^3r-Namen (s.die Erörterung der Namen N 635 bis N 680) trennen (während etwa Meulenaere, Notes, 51 sie zusammenstellt), ein Zusammenhang scheint mir nicht erwiesen.
Zu dem vorliegenden PN möchte ich die folgenden Varianten eines aus der Spätzeit (Uschebtikasten u. Sarkophagfragment des Medelhavsmuseet, Stockholm; nach Peterson, Personennamen; Thirion, Notes d'onomastique III,113f.) überlieferten Namens vergleichen:

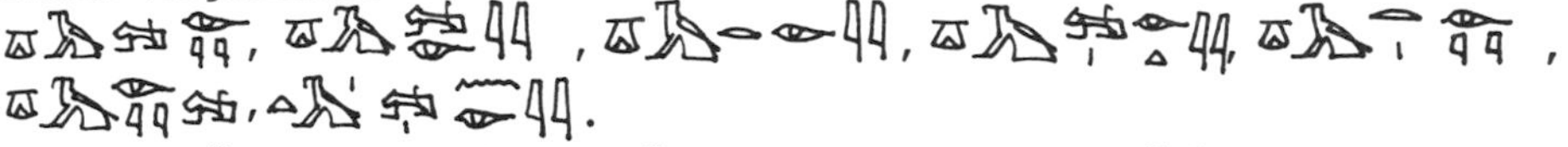

Der Name dürfte kaum anders zu übersetzen sein denn als "Löwenjunges" zu akk. gerru, hebr. גּוּר gûr, arab. ǧarw (HAL I 177; Wehr 178f.) "(Raubtier-, Löwen-) Junges" und hebr. אַרְיֵה 'arjē "Löwe" (HAL I 85; in mag.pHarris XII,2.5  geschrieben, s. Schneider, Beschwörung, 57f.62). Onomastisch ist dabei zu verweisen auf die palm. PN gwrʾ, gwry "(My) Young lion" (Stark 81; auch aus Mari Gurum-Addu [ARM XXIV 265]?). Vgl. auch gūrjā dʾarjā "Löwenjunges" in Hi 4,10 nach der Peschitta (HAL IV 1355). Mit Blick auf diese Belege kann vielleicht auch der vorliegende FN - mit Helck - als "(Löwen-)Junges" interpretiert werden (s. noch N 446(b) und unten zu N 635-680).

Die PN N 530 - N 532 gehören zusammen:

N 521 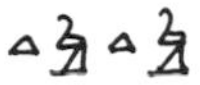 (m) t-w-t-w

Kammerherr Echnatons.

Zu der Problematik der ambivalenten Namensgestalt, für die in den Briefen der Amarna-Korrespondenz 'Dudu' notiert wird, vgl. als ähnlichen Fall N 438. Was die Position des Beamten betrifft, kann nicht gesagt werden, Echnaton habe ihm die Verantwortung für den diplomatischen Verkehr mit dem vorderasiatischen Ausland übertragen (wie Schlögl, Echnaton, 100 formuliert). Ganz im Gegenteil tritt er nur in der Korrespondenz mit Aziru von Amurru, sehr spät in der Regierungszeit Echnatons, in Erscheinung (EA 158, 164, 167, 169) und wird sonst in keinem anderen Brief erwähnt (Hachmann, Verwaltung, 39-41.48). Dass er syrischer Herkunft gewesen sei, kann fast als communis opinio der Forschung bezeichnet werden (etwa LÄ 1,215; Helck 178; Schlögl aaO 54), doch muss festgehalten werden, dass der Name des Beamten allein kein schlüssiger Beweis ist. (Allenfalls die Passage der Grabinschrift, nach der er die Gesandten aller Fremdländer empfing.)

Zwar sind PN der Form *Dudu/Dadu (zu semit. dōd/dād "Liebling", "Onkel", dazu Stamm, Der Name des Königs David; im MR geschrieben in dem PN pBrooklyn 35.1446 vso. 18a, s. Schneider, Namen, 265) in den meisten semit. Onomastika gut belegt: hebr. Noth 149, Zadok 52.140; amor. Huffmon 181f., Gelb CAA 290f., Birot 83f.87, ARM XXIV 264, XXV 250.253; ugar. Gröndahl 122; eblait. Catagnoti 226-230; akkad. Stamm 242 Freydank/Saporetti 47; aram. Lipiński 102, Maraqten 151f.; früharab. Harding 236; palm.Stark 83; nab.Khraysheh 59 (andere Deutung); zusätzlich kann noch auf "Lallnamen" wie Duda/Dada/Tuttu/Tatta (Laroche NH Nr.1300.1301.1386.1390, Supplément p.43.46), Tataia, Tute (Cassin/Glassner 142.153) verwiesen werden, die nicht sprachspezifisch sind (s.Laroche NH 240 und vgl. die elam. PN Dada, Tata, Dutu bei Zadok, Elamite Hypocoristica, 95. Doch sind auch aus Ägypten seit dem AR vermutlich Kose- oder Lallnamen wie tt, tjtj, auch twtw usw. häufig belegt (R I 383-386, v.a.383, 23f.; 385, 21.23-27; 386,1; als Kosenamen erklärt in Bd. II, 166f.). Vgl. noch (FN, in: ASAE 20, 160 aus TT 1), (Stele Giza Nr.34 bei Hassan, Sphinx [Giza VIII], 261 fig.197; Stele München Nr.29 [Ant.50], Dyroff/Pörtner, München, Tf.XX; PM $I^2/2$, 462 [Grab TT 409 des S^3mwt, gen. KjKj]; KRI III 346, Z.3), (Turiner Streik-Papyrus vso.4,4 = RAD 47, Z.8), (Ostrakon Gardiner 40,7 = Gardiner, Hieratic Ostraca, pl.XXIII Nr.3 Z.7). Ob in dem einen oder andern Fall auch hier ein fremder PN vorliegt, der wegen der Ähnlichkeit des einheimischen Namenstypus besonders leicht eine "interpretatio aegyptiaca" zuliess, ist naturgemäss nicht zu entscheiden. Auch bei dem vorliegenden PN und dem eben aufgelisteten ramessidischen Beleg aus Giza, den Helck als "asiatisch" klassifizierte (H 355 III.20), ist damit eine Herleitung aus dem ägypt. Onomastikon gut denkbar. Hess deutet die Problematik bei seiner Erörterung des Namens Dudu (EA) an (seine Erklärung als Hypokoristikon des Namens "twtw(?)-ij-m-ḥtp "one comes in peace(?)" kommt aber nicht in Frage). Ob die engen Beziehungen zwischen Aziru und Tutu in einer möglichen Herkunft des ägyptischen Beamten aus Amurru begründet liegen, ist daher zwar denkbar, muss aber hypothetisch bleiben. Zur Problematik ägyptischer Kurznamen s. noch die Bemerkungen zu F 13.

N 522 (m) $t\text{:-tj-j}_2\text{-w}^3$

Vater (nicht - wie Helck - Frau!) des Hirten Nsj-Jmn unter Ramses XI.

Diesen Namen gibt Helck leider völlig falsch als ša-ti-wa (363 XII.31) bzw. š-ta-wa (bei 360 X.12) wieder. Würde das  tatsächlich zum Namen gehören, dürfte es jedenfalls nur 'sì' (H 557) transkribiert werden, während die Umschrift 'ša' bei Helck  vorbehalten ist. Zusätzlich stellen  und  aber doch zwei Gruppen dar und dürfen nie nur durch 'ti' transkribiert werden. Dafür ist Helcks vorschnelle Gleichsetzung des hieroglyphischen Belegs mit den Alalach-Namen Ša-tu-wa und Ša-tu-wa-na (Wiseman, Alalakh Tablets, 146; s. zu N 414), wie man vermuten kann, verantwortlich. Am folgenschwersten ist aber, dass der angebliche Namensbeginn *sì gar nicht zum Namen gehört. An der betreffenden Stelle des pMayer A steht nämlich: 
d.h. "Nsj-Jmn, Sohn (s^3) des t:-tj-j_2-w^3".
Eine Erklärung des Namens ist schwierig. Vgl. dazu den heth. PN Tattiya (Laroche NH Nr.1305), der eine Erweiterung auf -a zu einfachem Tatti darstellt (246); andere PN haben stattdessen -wa. Zu dem GN Tatta s. aaO 291; ein (Feminin-Suffix?) -wiya aaO 325f.345.

N 523  (m) tj-w_2?-t-w_2-^{c}

Winzer (ḥrj-b^{c}ḥ) aus Amarna.

Hari (Répertoire, fiche 308) notiert hinter dem Namen noch das Fremd-Determinativ , das aber auf der Krugetikette nicht geschrieben ist. Zur Erklärung des Namens s. die Diskussion des PN N 521, wobei aber das ^{c}Ajin unberücksichtigt bleibt. Vgl. daher noch den frühtarab. PN td^c (Harding 130 zu einer Wurzel "to cry, lament"; 9 × saf., 3 × qat.).

N 524  (f) t-^{3}-$\underline{t}^3$-f-j_2
andere Lesart:  t-^{3}-$\underline{t}^3$-[zp 2] ≙ t-^{3}-$\underline{t}^3$-$\underline{t}^3$

Bürgerin (^{c}nḫt) unter Ramses XI.

Helck möchte den Namen an hebr. סוּפָה sûpā (*sûpat) "Sturmwind" (HAL III 706, zu סוף swp "zugrunde gehen" anschliessen, was ich von der Schreibung und Bedeutung her eher für unwahrscheinlich halte (vgl. aber b^{c}l-sip bei (b)). An Anknüpfungsmöglichkeiten möchte ich vorschlagen (vgl. noch bei N 532):
<u>(a) Mit 'z':</u> Die alttestamentlichen PN זִיף zîp und זִיפָה zîpā, die ev. wie

das Gentilizium זִיפִי zîpî zu dem ON זִיף zîp gehören (HAL I 257; entweder Tell ez-Zīf südöstlich von Hebron oder ez-Zeife im südwestlichen Negeb). Zu dem zweiten zitierten PN vergleicht HAL noch den früharab. PN zyft. Harding gibt noch den 5 × saf. belegten PN zf (zu arab. zaffa "flink laufen, eilen" [Wehr 525] gestellt; 299).
<u>(b) Mit 's':</u> Die alttestamentlichen PN סַף sap und סִפַּי sippaj (babyl.Sippē, Sippai, HAL III 720) sind vergleichbar . Vgl. den 2 × unsicher belegten saf. Namen sf (Harding 321) und den zu arab. saif "Schwert" gestellten PN syfm (aaO 336; vgl. ohne Bedeutungsangabe sab. s^3yf in Sab. Dict. 140). Ein PN b^cl-sip ist im Ugaritischen belegt und wird von Fowler (190.311) zu sʾp "to vanish, come to an end, cease" gestellt.
Dagegen ist der Name für den Fall der zweiten Lesart nach N 557f. zu erklären.

Die folgenden zwei Namen gehören zusammen:

N 525  (f) t-^{3}-$\underline{t}^3$-r

Mutter eines Angestellten Nsj-Jmn in Medinet Habu, Zeit Ramses' IX.

N 526  (f) t-^{3}-$\underline{t}^3$-r-j-^{3}

Bürgerin (^{c}nḫt nt njwt) unter Ramses' XI.

Zur Diskussion der Etymologie s. N 540 - N 548.

N 527  (m) t:-d-^{3}-r F

"Grosser der Thr" in der Kadeschschlacht, 5. Jahr Ramses' II.

Zu Anschlüssen s. bei N 483.

N 528  (f) t-^{3}-$\underline{d}^3$-b-w
Frau des Monthpriesters ^{c}š^3-jḫt, Besitzers von TT 174, 19. Dynastie.
Helcks Deutung des Namens als "Eidechse" (hebr. צָב ṣāb, HAL III 933) ist plausibel und onomastisch zu belegen; dabei läge *ḏabb vor. Da ägyptisch $\underline{d}$ neben *ḍ auch für *ṣ, *ẓ (alle hebr. צ), aber auch für *z und *$\underline{d}$ (beide hebr.

ʕ) stehen kann, sind zusätzlich noch andere Anschlüsse möglich:
(a) mit *ḍ: hebr. צָב ṣāb, arab.ḍabb "Dornschwanzeidechse" (HAL aaO, Wehr 740) ist als PN 30 × in den saf. Inschriften belegt (Harding 380; Ryckmans 186). Zadok schlägt diese Etymologie auch für den hebr. PN הַצֹּבֵבָה haṣṣōbēbā vor (106). Die aram. Entsprechung (mit ḍ > ʿ) liegt vor in dem PN ʿbʾ in Palmyra (Stark 102) und Hatra (Abbadi 134f.). Vgl. noch Zadok 148.
(b) mit *ṣ: *ṣbj (aram., ugar., akkad., amor.) "begehren, wollen", arab. ṣabba "heftig lieben", ṣabb "verliebt" (HAL III 1115, Wehr 691f.) ist in folgenden Namenskorpora bezeugt: hebr. צִיבָא ṣîbā (zu *ṣīb "desire", Zadok 141, falls nicht als "Zweig" (aram.) zu deuten [aaO; Noth 231]), ev. ṣbj, ṣibjā (Zadok 84, falls nicht zu (c)); amor. Huffmon 256, Gelb CAA 34 (ṣbʾ "to desire"; PN: Kzf. ṣabum, ṣubum, ṣiban, ṣibam, ṣibum, ARM XXII/2 594; phön. Benz 397 (vgl. Fowler 194); früharab. Harding 365 (ṣb, 19 × saf., 1 × hadr.; neben ṣabb "full of love" vergleicht er eine wohl weniger wahrscheinliche Wurzel "to pour out"). Den 2 × lih. belegten Namen ṣby deutet Harding (367) als "arab. ṣabiy, boy, youth". Nabatäisch ist der PN ṣwbw überliefert (von Khraysheh 156 wieder anders als Ṣaubu "Richtiger" interpretiert).
(c) mit *ẓ: zu hebr. צְבִי ṣᵉbî "Gazelle", arab. ẓaby "Antilope, Gazelle" (HAL III 937, Wehr 799; Sab. Dict. 171) gehört der 12 × saf. und 1 × min. belegte PN ẓby (Harding 391); von den jeweiligen Bearbeitern werden auch die hebr. PN צִבְיָה, צִבְיָא ṣibjā, epigraphisch ṣbj, ṣbjʾ (Noth 230; Zadok 84 mit amor. ᶠṢa-bi-ia-tum und [falls nicht zu ṭab "gut"] jüd.-aram.ṭby und neuassyr.Ṭa-bi-i/ia [mit ẓ > ṭ]) und der ägypt.-aram. Name ṣby (Kornfeld 69) hierzu gestellt. Hierzu gehören noch der lih. PN ẓbyh (Stiehl, Lihyanische Inschriften, 33) sowie ẓbym bei Avanzini, Onomastica sudarabica, 110 (vgl. sab. ẓbyt "young she-camel", Sab. Dict. 171).
(d) mit *ḏ: an arab.ḏabba "wegtreiben, verjagen; verteidigen"(Wehr 425) knüpft Harding den im Safaitischen belegten PN ḏb an (248: 9 Belege, dazu Komposita). Nicht vorliegen kann dagegen vermutlich arab. ḏiʾb "Wolf" (Wehr 425).
(e) mit *z: vgl. den früharab. PN zby (Harding 295 zu arab. zabā "to carry, drive on"; 8 × saf., 1 × sab.); während Kornfeld den äg.-aram. PN zby (wie Noth 39.47 den alttestamentlichen Namen זַבַּי zabbaj, vgl. Silverman 144) als Kurzform qattaj zu der Wurzel zbd stellt). Dagegen schliesst Zadok (148) sowohl zabbaj als auch zby an eine Wurzel *zbb an, mit Verweis auf neuassyr. und neu/spätbabylon. Za-ba-a-a/Za-ab-ba-a, amor. Za-ab-bu-um (und ev. Za-ab-bi-ia) sowie palm. zby (griech. Ζιββαιος ; ev. zbʾ). Vgl. ARM XXII/2 605: Zībum.

N 529  (f) $\underline{t}$-j_2-j-^{3}-j-s-j_2

Angehörige (?) des Magazinvorstehers des "reinen Ortes", Ḥr-m-wj^3, 18.Dynastie.

Der Name geht mit Sicherheit auf -j-s-j_2, nicht -y-j_2 aus. Ich möchte ihn mit Vorbehalt als *Siʾ-ʾasī "Sin ist mein Arzt" deuten. Zur Kurzform Siʾ (keilschriftlich Siʾ, Si-i-ʾ, Se-e) für den Gottesnamen Sin s. Tallqvist 194f.260, Maraqten 63f., Lipiński 216 (Reg.), sie ist nordwestsemitisch und neuassyrisch (AHw 3, 1046) bezeugt. Für den GN Sin in PN s.(u.a.) Birot 181-184, Stamm ANG 347f. Für akk. asû "Arzt" in PN vgl.etwa Ilī-asî "Mein Gott ist mein Arzt", Ilum-asûm "Der Gott ist Arzt", analog Bēli-asûm und mit Göttinnen ^{f}Bāu-,^{f}Bēlit-, ^{fd}Gula-asât "Bau (usw.) ist Ärztin" (Stamm 216.223; AHw I 76). In unserem Zusammenhang ist von Bedeutung, dass neben Aššur auch der Mondgott Sin den Beinamen asû "Arzt" in PN führen kann (Stamm 223 verweist auf einen Beleg bei Ranke, Early Babylonian Personal Names, 1905, 153). An weiteren Belegen für ʾasû "Arzt" (denominiert ʾsj "heilen") vgl. ugar. ba^{c}al-ʾasi "Ba^{c}al, heile/ Ba^{c}al ist Heiler" (Gröndahl 102; auch Sumu-asa), Kurzformen mittelass. asuʾu "Arzt, Heiler" (Saporetti 106), reichsaram. ʾsy (Maraqten 133f.), A-si-i (Tallqvist 31); ʾassi (Lipiński 109f.); palm. ʾsyʾ (Stark 71).
Der Vorbehalt bei dieser Erklärung betrifft die Wiedergabe des zweiten Samek (ʾasī) durch ägypt. 's' statt '$\underline{t}$(^{3})'.

N 530  (m) $\underline{t}^3$-jr-y

Rekrutenschreiber mit zweitem Namen R^c-wsr-ḫ^{c}w-nḫtw unter Sethnacht.

Der Name müsste ein semitisches Aquivalent zʾr oder sʾr (mit Suffix -j) besitzen. Vgl. onomastisch die früharab. PN sʾr (Harding 307; 5 × saf., 1 × hadr., 1 × qat.) und $\underline{d}$ʾrt (Harding 247; 1 × qat.) und lexikalisch arab.zāʾir "Besucher, Gast" (Wehr 536). Diese Anschlüsse sind aber nicht sicher.

N 531  (m) $\underline{t}^3$-w^3-$\underline{t}^3$-s^3

Hethiter in der Qadeschschlacht, Vorsteher von 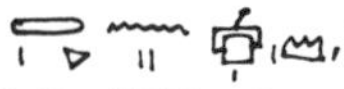,5.Jahr Ramses'II. Helcks Identifizierung mit Zuwanzaš (Laroche NH Nr.1583; Supplément p.52) wird auch von Edel (Hethitische Personennamen, p.67) akzeptiert ('n' an 'z' assimiliert).

N 532 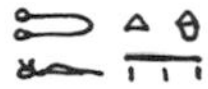 (f) $\underline{t}$-f-t:$_2$

Frau des Bauleiters des Totentempels Thutmosis' IV. in Abydos, Nfr-ḥ^{3}t.

Helck umschreibt fälschlich 's̲a' statt 's̀a'. Folgende Anschlussmöglichkeiten (nicht jedoch Helcks erneuter Verweis auf das von ihm zu N 524 herangezogene Nomen "Sturmwind"!) sind zusätzlich zu dem bei N 524 Genannten zu vergleichen:
(a) mit ≙ semit.'z': zu hebr. זֶפֶת zäpät "Pech" (HAL I 266) als "pechschwarz" (vgl. semantisch N 72); zu dem mit 1 min. Beleg bezeugten PN zftn (zu arab. zafata "to repulse", Harding 299).
(b) mit ≙ semit.'s': der früharab. sfd (Harding 321:"arab. saffaud, spit, meathook" ist aber doch unwahrscheinlich) sowie lexikalisch hebr. ספד spd "auf die Brüste schlagen, Klage anstimmen" (HAL III 720f.).
(c) mit ≙ 't'/'ṭ'/'d': hier ist zuallererst der Name der Tochter Salomos, טָפַת ṭāpat, anzuführen, den Noth nach mittelhbr. טִפָּה ṭippā "Tropfen" erklärt. Darin dürfte die besondere Schwäche oder Kleinheit des Kindes zum Ausdruck kommen, sofern die Ableitung überhaupt legitim ist (Stamm, Frauennamen, 121; vgl. Zadok 137). An anderen Anschlüssen vgl. noch die saf. PN tfyt (1 Beleg) und ṭf (2 Belege; Harding 135) sowie dfʾ (1 Beleg, Harding 241); vgl. N 494.

N 533  (m) $\underline{t}^{3}$?-m$^{\underline{MD3T}}$?-b-w-r-j $^{RNPJ.R^{c}}$

Vorsteher der Lastschiffe des Atontempels (jmj-rʾ qrw n pr Jtn), Amarnazeit.

Möglicherweise ist dieser Name als זְמוֹרָה z^{e}môrā "Ranke (der Rebe)" zu deuten (vgl. die Pflanzennamen bei Noth 230, Stamm 255f.). Die Schreibung mit den zwei Labialen 'm' und 'b' erklärt sich dabei vielleicht aus dem etymologischen Schwanken zwischen beiden Lauten: so haben wir hebr. זמר zmr II "schneiteln" mit dem Nasallaut 'm', dagegen ugar.zbr "to prune" (Gordon, Ugaritic Textbook, 393) und arab. (dial.) zabbara "beschneiden" (HAL I 263) mit dem stimmhaften Verschlusslaut 'b'. Ein vergleichbarer Fall ist N 351. Die Determinierung mit rnpj "jung sein" (Gardiner M 7) assoziiert ev. speziell , (u.ä.) "frische Pflanzen" (Wb 2, 435). Mit entweder 'b' oder 'm' könnten auch (a) zbl (s. N 181) oder (b) d̲mr (s. N 566) erwogen werden; in letzterem Fall wäre rnpj "jugendstark" (Wb 2,433) Determinativ zu d̲mr "stark, kräftig". Dabei wäre aber die Notation des jeweils anderen Labials schwierig zu erklären.

N 534  (m) t̲-m^3-m-w$_2$ ^{F}

Helck hat 's̲a' statt (nach seinem System) korrekt 's̀a' transkribiert. Während er auch im NR noch mit einer Mehrdeutigkeit Sibilante/Dentale für blosses 't̲' rechnet (für semit. 'z', 's', aber auch - wegen der inneragyptischen Angleichung an 't' - die Dentale 't', 'ṭ', ev.'d'), gibt 't̲' im Gegensatz zu 't̲^{3}' nach Edel nur den Verschlusslaut 't' wieder (s. S.337). Vgl. im einzelnen:
(a) PN zu der Wurzel תמם tmm "vollständig, vollkommen sein", besonders den ugar. PN tamumu (Gröndahl 201; Beyer 22: tamúm "vollendet"), den phön. PN tm (Benz 429) sowie die früharab. PN tm (Harding 136 mit 3 lih., 22 tham. und 235 (!) saf. Belegen) und tmm (aaO 138; 1× saf., je 3× tham./sab.). Vgl.noch N 226(b) und N 349.
(c) die v.a. frühnordarab. PN sm (9× saf., je 1× tham./lih., Harding 327: zu arab.samm "object, aim"), smm (13× saf., 2× tham., aaO 329 an die PN sm bzw.an arab. samâm "active, agile" angeschlossen); vgl.noch smmt (aaO 329 mit 1 tham. Beleg; zu sm oder arab. samâma "figure, face, person") und smmy (aaO 330, 1× min., zu sm). Diese Anknüpfung hat nur bei ursprünglichem Samek Gültigkeit. Vgl. lexikalisch noch hebr. סם sam "Spezereien, wohlriechendes Räucherwerk", akkad. sammu "Kraut, Arznei", aram. sammā' "Heilmittel"; akkad. sammû "Harfe, Leier" (AHw II 1018f.); onomastisch den akkad. PN Sāmum "der Rötlich-braune" (Stam 266). Ein sab. PN d̲mm bei Harding 258 ("ar. dhimâm, obligation").

N 535  (m) t̲^{3}-n:?-m^3

Hethitischer Schildträger in der Kadeschschlacht, 5. Jahr Ramses' II.

Helck umschreibt diesen Namen s̀í-l^e-má, gibt aber keine Deutung. Vermutlich liegt zalma "Schutz" vor, das in dem heth. PN N 372  umschrieben wird, d.h. ein Kurzform eines Satznamens. In Anfangsstellung erscheint das Lexem in dem PN ^{m}Za-al-ma[- (zweite Hälfte zerstört; Laroche NH 217 Nr.1657).

N 536  (m) t̲^{3}-n:-n-j$_2$
Var.  t̲^{3}-n:-n-^{3}

Hoher Beamter unter Thutmosis III./Thutmosis IV., Besitzer des Grabes TT 74.

Dieser traditionell 'Tjanuni' umschriebene Name ist hier exemplarisch für eine Reihe weiterer, ähnlich lautender Namen aufgenommen, für die ich etwa auf die R I 391, 26f.; 392, 1-3 gegebenen Belege verweisen kann. Eine weitere Variante des Namens N 536 ist eventuell  (Sitzstatue Wien ÄS 63; Jaroš-Deckert, CAA Wien 1, 100; Seipel, Bilder für die Ewigkeit, 108, Nr.62), falls hier 't̲' nicht im Gegensatz zu 't̲^{3}' Dentalwiedergabe ist. Leider äussern sich Brack/Brack (Grab des Tjanuni, 83f.) nicht zu der möglichen Bedeutung des Namens. Im Falle des Beamten Pḥ-sw-ḫr (Pomorska, Flabillifères, p.101f., No.7) ist der Name  nur Beiname, was ein Hinweis auf eine fremde Herkunft sein kann, doch gehört er nicht sicher mit dem vorliegenden PN zusammen. Einen möglichen Ansatz vermittelt der Name 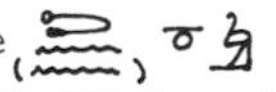 eines der nubischen Söldner aus Gebelein in der 1. Zwischenzeit (Fisher, Nubian Mercenaries, 61), wozu ich auf die Hinweise zu "nubischen" Namen im Kapitel zur Methodik (S. 4) verweise.
Für eine allenfalls zu erwägende semitische Deutung vgl.:
(a) akkad. PN mit zaninu "Versorger" (Wurzel זון "ernähren", HAL I 256), etwa Ilī-zaninī "Mein Gott ist mein Versorger" (Stamm ANG 213.316, Fowler 252.288);
(b) die Mari-PN Zunân, ^{f}Zunâna (ARM XXVI/1 [AEM I/1] 603), Zunānum (ARM XXIV 288; das Element zan- in amor. PN (Huffmon 188).
(b) die frühnordarab. PN zn (3 saf., 2 tham. Belege; auch ʾlzn, znʾl, Harding 302: zu arab. zanna "to judge"); arab. zāna "schmücken, zieren", zain "Schönheit; schön, hübsch", zīna "Schmuck, Zier" (Wehr 541f.).
(d) der ugaritische Name sny und der äg.-aram. PN snh zu arab. sny "glänzen" (Kornfeld 64); im AT der PN סְנָאָה s^{e}nāʾā "blackberry bush" (Zadok 78).
(e) die frühnordarab. PN sn (11× saf., Harding 332: arab. sanna "to sharpen, form, etc.", sann "path, road, method"), snn (2× saf.), sny (aaO 333; 1× tham., 66× saf.) und snyn (zu sny, 1× saf.), sofern ursprüngliches Samek vorliegt.

N 537 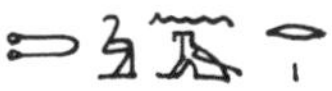 (m) t̲-w-n-^{3}-r

Obertürhüter der Ramessidenzeit.

Im Gegensatz zu dem folgenden Namen deutet diese Schreibung auf eine Lesung 'nr', nicht 'l'. Dazu kann ich einzig die ugar.PN snrn und snry (Gröndahl 186) vergleichen.

N 538  (m) ṯ-w-n:-r [TR]

Beiname des Vaters des Wesirs Paser, Nb-nṯrw, unter Sethos I. (Vater: N 494).

Sollte der Name semitisch sein, möchte ich die folgenden Anschlüsse heranziehen: den safaitisch 23 × belegten PN ḏl (Harding 256; dazu 3 × ḏll), der zu arab. ḏull "Erniedrigung, Demut, Unterwürfigkeit", ḏill "demütig" (Wehr 431) gehören dürfte; die Namen zwl (arab. zaul "brave, generous, quick witted", Harding 303 mit 1 qat. Beleg; vgl. zaul "Person, Gestalt", Wehr 537), swl (arab. sawala "to be potbellied", sawīl "equal, match", Harding 335; 3× saf., 1× tham.) und sll (arab.sulāla "offspring, posterity", je 1 × lih./saf./hadr., Harding 325). Ein nab. PN zwʾl findet sich bei Khraysheh 73; ein akkad. PN Sulâʾa bei Stamm 251. Vgl. die Anschlüsse mit anlautendem Samek bei N 390. Falls ṯ-w für einen Dental steht, kann der Name ev. mit dem früharab. PN ṭwl (1 × saf., Komposita ṭwlʾl [1 × saf.], ṭwlkrb [1 × qat.], Harding 390; Etymologie wohl nach טול ṭwl "lang sein; verlängern" [HAL II 357], (arab.) ṭawīl "hoch, gross"; Sab. Dict. 154) verbunden werden (vgl. noch N 314 für *daul bzw. *twl mit Nomen tl "young palms?" und *dwl mit dwlt "realm" in Sab. Dict. 36.148).

N 539 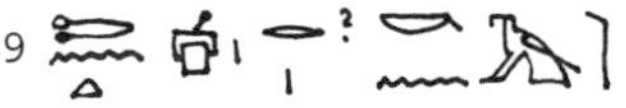 (f) ṯ-n-t-s^3-r?-k-n-^{3} F

Der Beleg ist mir nur nach R II 326,8 (pKairo, NR) zugänglich, eine Verifizierung des als zweifelhaft bezeichneten daher nicht möglich. Ranke (II 326,8 Anm.4) löst den FN als t^3-nt-śrkn auf, "wohl für t^3-nt-wśrkn 'die (Dienerin o.ä.) des Osorkon'". Dann dürfte der Beleg aber doch in die 22. Dyn. zu datieren sein. Eine semit. Interpretation des vorliegenden Namens ist problematisch und unter Annahme einer z.T. defektiven Schreibung allenfalls vom Akkadischen her zu vollziehen. Die Zeichenfolge s^3-r-k-n-^{3} erinnert etwa an den Königsnamen Šarru-kīn/kēn (Sargon) "der König ist legitim" (HAL III 726; dieser Name begegnet etwa ARM XXII/2 595). Nach Helck (567) hat  ,  die Lautung 'kin'. Ob ṯ-n-t mit Blick auf die mögliche Wiedergabe des GN Sin als ṯ-n im MR (pBrooklyn 35.1446 vso.69a.88a; so zuerst Albright, zuletzt Schneider, Namen, 277-279) ebenfalls als 'Sin' aufgefasst werden kann (s. noch N 529), ist äusserst unsicher. Dann könnte der ganze Name als *Sin-šarra-ukīn "Sin, mache den König echt/dauernd" verstanden werden (vgl. Marduk-šarra-uṣur "Marduk, stärke den König", ^{d}Adad-bēla-kaʾʾin "Adad, mache den Herr dauernd", Šarru-šuma-ukīn

(e) Anschlüsse *sr(r), *sl(l): s. bei N 391-395 bzw. N 390. Helck möchte die FN N 525f. nach hebr. סַר sar "widerspenstig" als "die Störrische" erklären, was aber weder semantisch (negative Bedeutung) noch formal (Femininendung) überzeugend ist und Helcks Ansatz 'i'-Vokal für $\underline{t}^3$ selber widerspricht. Vgl. allenfalls noch hebr. סִירָה sîrā "Becherblume" (HAL III 710).
Die PN mit Endung oder Artikel können vielleicht auch zu dem ON 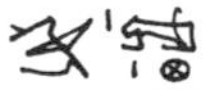 bzw. 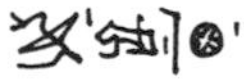 "Sile" (Gauthier, Dictionnaire des noms géographiques, VI, 1929, 67) gestellt und als "der/die aus Sile" (mit Fremddeterminativ, da Grenzfestung Ägyptens) verstanden werden. Für N 542/ N 548 (Dental?) vgl. noch bei N 500f.

N 549  (m) $\underline{t}$-r-w^3-s^3

Schreiber des Gottessiegels im Schatzhaus des Amun, Ramessidenzeit.

Helck gibt als Ansatz zur Erklärung des Namens: "ob mit dem hurritischen Namenselement tarwa- gebildet?". Ein derartiges Element ist aber sehr unsicher (Gelb NPN 150, Cassin/Glassner 141: nur der PN Tarwa-zaḫ; nicht aufgenommen bei Laroche, Glossaire). Falls der Name hurritisch zu erklären sein sollte, könnte allenfalls der FN Turwuše (Cassin/Glassner 153) oder das Nomen talawuši (Laroche Glossaire, 252, ohne Deutung) verglichen werden. Ich möchte aber eher einen Anschluss an den heth. Namen Tarwiššiya (Laroche NH Nr.1294; zum Toponym Taruiša s. aaO 271) erwägen.

N 550  (m) $\underline{t}^3$-r-b-w_2

Ein širdanu, Ende der 20.Dynastie.

Mit Ausnahme des Artikels liegt hier ein gleich wie N 263 geschriebener Name vor, zu dem Helck dennoch eine andere Deutung als die dort gegebene vorbringt: den aus Alalach belegten PN Zillabe (vgl. das Element Zilip- in hurr. PN, Gelb NPN 178f., Cassin/Glassner 173f.).
Zur Diskussion verweise ich auf N 263. Zusätzlich kann noch auf den 4 × saf. belegten PN ḏrb (Harding 251) zu arab. ḏariba "scharf sein" (Wehr 427) hingewiesen werden (und ev. - falls *s - die PN srb, slb bei Harding 315.324).

N 551  (m) $\underline{t}$-r-j_2-k-tj-j_2-j (Kamal) andere Lesart:  $\underline{t}$-r-j_2-k-j_2-tj (Sethe)

Vorlesepriester, 18. Dynastie (Zeit Thutmosis' III.).

Falls in diesem Namen  für 't' steht, verweise ich auf N 518 und arab.tirka "Vermächtnis, Erbe" (Wehr 139), der vorliegende PN könnte dann als *tirkati "mein Erbe" gedeutet werden (zu *trk s. bei N 507). Davon abgesehen bieten ev. die früharab. PN srk (Harding 316 zu arab. sarika "to become weak"), slk/slkt (Harding 325: arab. silka "thread, string") - diese beiden Anschlüsse, falls blosses '$\underline{t}$' im NR noch Wiedergabe eines 's' sein kann und ursprüngliches Samek vorliegt - und drk/drkt (Harding 239: arab. diraka "second sight", Wurzel drk "erreichen; verstehen", Wehr 387f.) weitere Ansatzpunkte.

N 552 Helck: šì-ḫà-tá-ja (m) Transkription: s.unten

Diener in der 18. Dynastie.

Der Name liegt mir nur in der Transkription Helcks vor, der in ihm eine Kurzform des Alalach-Namens Ziḫ̆atuena vermutet, ohne diesen Anschluss aber selber zu hinterfragen. Ohne Kenntnis der Originalschreibung möchte ich nur mit Vorbehalt Anknüpfungsmöglichkeiten vorbringen:
(a) den hebr. PN זֹחֵת zôḥēt, den Noth (229) und Zadok (106) nach mittelhebr. zaḥtān als "stolz", "haughty" übersetzen (vgl. HAL I 255).
(b) vielleicht kann eine Ableitung zu der Wurzel hebr. זוח zwḥ, arab. zāha "sich entfernen, weggehen" (HAL I 255; Wehr 539) postuliert werden.
(c) der hebr. PN סוּחַ sû^{a}ḥ (Var. sî^{a}ḥ) ist nach Zadok (143) "of a doubtful derivation (to sûḥā^{h} 'offal'< G[eographical]N[ame]?)".

N 553 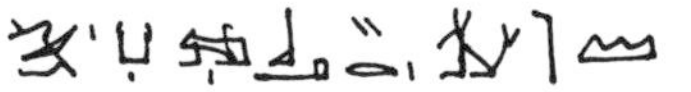 (m) $\underline{t}^{3}$-k^{3}-rw-b-^{c}-:r STḪ.F.Ḫ3ST
Var.  $\underline{t}^{3}$-k^{3}-r-b-^{c} STḪ.F.Ḫ3ST

Stadtfürst von Byblos in der Erzählung des Wenamun, Ende der 20. Dynastie.

Der Name besteht aus dem Verb זכר *$\underline{d}$kr "sich erinnern" und dem GN B^{c}l. Das verbale Element ist dabei in einer Weise notiert, die eine Deutung als gewöhnche 3. Ps. Sg. Perf. Qal *$\underline{d}$akar nicht zulässt, sofern wir die im Grunde akzep-

tierte Lautung 'ku' für  (und ev. *zi für ) auch hier annehmen - es sei denn, man sieht in dem vorliegenden Beleg einen Beweis für den vermeintlichen Verfall der Gruppenschrift am Ende des NR, wie Albright (VESO 14) meinte. Doch ist der Name N 553 sehr wahrscheinlich als *d̲ikru-ba^{c}al "Erinnerung des Ba^{c}al" zu interpretieren (zu der Notation s. noch unten S.391).
Die Wurzel *d̲kr "gedenken, sich erinnern" (HAL I 258f., akkad. zakāru "nennen" aram. dkr) ist in den semit. Onomastika weit verbreitet: hebr.Noth 187, Fowler 90.151f.158.163.284, Zadok 68[*d̲ikr].89; phön. Benz 305f., Fowler 191; ugar. Gröndahl 196; amor. Huffmon 187, Gelb CAA 296f (Typus Zikri-^{d}IM "Erinnerung Adads " mit *d̲ikr-"Erinnerung"), Birot 238f., ARM XXII/2 605 (auch Zikrūšu, Zikru-GN), Fowler 200; eblait. Krebernik 62, Catagnoti 253f. (auch PN d̲ikir-GN "ricordo di ND"); akkad. Stamm 361 (Reg.), Fowler 259; Amarna-Briefe: Hess 283; aram. Maraqten 113.135.207, Silverman 144, Kornfeld 49; früharab. Harding 255 (d̲kr und Komposita, häufig).
Nicht ganz ausgeschlossen ist auch ein Imperativname *d̲^{e}kūr-ba^{c}al "gedenke (meiner), Ba^{c}al". Vgl. dazu die analoge Notation
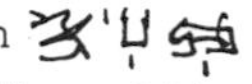
in mag. pHarris XII,10 (vermutlich Inf. cs. *s^{e}kūr von סכר skr "verschliessen" (Schneider, Beschwörung, 58f.). Für die Verwendung des Imperativs vgl. den (auch bedeutungsmässig verwandten) Namen N 486. Für den GN B^{c}l in Personennamen s. N 131. Vgl. noch den folgenden Namen.

N 554  (m) $\underline{t}^{3}$-k^{3}-rw-m-w_2 F

Vater eines Briefträgers D̲ḥwtj aus Gaza, 3. Jahr des Merenptah.

Der Name ist im Anschluss an N 553 als *d̲ikrum "Erinnerung" als Hypokoristikon eines Satznamens "Erinnerung (des Gottes NN)" aufzufassen; s. etwa zikrum bei Huffmon 132 (mit weiteren Belegen zu Hypokoristika auf -um). Vgl. noch den zu derselben Wurzel gehörenden 1× qat., 5× sab. bezeugten PN d̲krm (Harding 255).

N 555  (m) $\underline{t}$-w-t-n-j-^{3}

Hölbl bemerkt in seiner Publikation der Stele (Stele funerarie, 15) zu dem PN: "T̲wtnj^{3}: grafia sillabica per T̲tnj o Ttnj. Per la prima parte, cfr. Ranke I, p.381/18, per la fine ibidem, p.382/10; inoltre la forma Ttnt p.386/8.  non è certo una desinenza diminutiva, perchè il nome è scritto in grafia sillabica (cfr.Ranke II, p.141ss.)".

Für eine allfällige semit. Etymologie des Namens vgl.:

(a) *dōd "Liebling" (s. N 521) + -ān.

(b) früharab. PN swdn (15 × saf., 1 × hadr.; Harding 335; falls *s).

(c) der je einmal qat./sab. belegte ON ḏwdn, den ich zu arab. ḏaud "Verteidigung, Schutz" (Wehr 436) stellen möchte.

(d) arab. tūt "Maulbeerbaum" (Wehr 146) + -ān.

(e) zu arab. zāda "grösser, mehr werden, zunehmen" (Wehr 539) mit u.a. den PN zdn und zydn "Hinzufügung" in den reichsaram. Inschriften (Maraqten 159f.; sonst Harding 304, Khraysheh 73f.), was aber problematisch ist.

N 556  (m) $\underline{t}^3$-tj-:r-y F

Zu der von Gardiner vorgeschlagenen Konjektur "prob[ably] emend  omitting  and adding  sehe ich keine Veranlassung. Der Name ist als Hypokoristikon eines mit semit. *sitr "Schutz, Versteck" (hebr. סֵתֶר sētär; zu סתר str "verbergen", arab. satara; altsüdarab. "schützen", HAL III 728f.) gebildeten Satznamens "(der Gott NN) ist mein Schutz, meine Zuflucht" zu erklären. Die folgenden onomastischen Belege sind mir bekannt: hebr. סִתְרִי sitrî סְתוּר s^e^tûr, epigraphisch strh, jwstr (Noth 158, Fowler 163.353, Zadok 89.110 mit amor. Si-it-ri-ia, Si-it-ri-GN, neuassyr. < aram. GN-si-ti-ri-i, -sit-ri, neu/spätbabyl. < westsemit. Sa-at-tu-ru [qattūl-Hypokoristikon] und talm.Sitrî-ʾēl), amor. u.a. die Kurzformen Sitriya, Sitra (Huffmon 253f.: "protection", Gelb CAA 348, Birot 184, Fowler 200); äg.-aram. stry (Kornfeld 65, Silverman 161: "qal perfect, y hyp[ocoristic] Suff., or appelative noun with the possesive suffix"), stryh (Zadok 55.114), reichsaram. ʾlstr "'l ist mein Schutz", strh "Schutz" (Maraqten 130f., 190); frühhrab. str (7 saf., 1 min. Beleg bei Harding 310: "arab. satar, shield"; oder: "satîr, modest"?) und strʾl (aaO, 1 saf. Beleg). Zu *sitr als qitl-Bildung noch Zadok 68; semantische Parallelen bei Fowler 286f.

N 557  (m) $\underline{t}$-w_2-$\underline{t}$-w_2 3PD

Stallmeister unter Ramses V.

N 558  (m) $\underline{t}^3$-$\underline{t}^3$-w_2-j_2 F

Begleiter Ramses' XI.

Zu diesen Namen ist noch N 265 (ev.auch N 264) zu stellen. Helck übersetzt in allen drei Fällen den Namen als "Schwalbe" und bezieht sich damit auf das auch im Neuägyptischen als  und  (Wb 5, 413.14: "Sperling") bezeugte Wort (H 526(299); vgl. R I 372,11 PN t^3-t̲t̲t (?) 'der (weibl.) Sperling'). Im AT haben wir neben der Vokalisation סִיס sîs auch die Lautung סוּס sûs (HAL III 710) ; ohnehin liegt vermutlich ein onomatopoetisches Wort vor. Zusätzlich erwägt Vycichl bei der Erörterung der kopt. Entsprechungen ^{S}ⲁⲗⲁ, ^{B}ϭⲗⲁ auch eine Anknüpfung an (die sicher ebenfalls lautmalerische) Bezeichnung זִיז zîz mittelhebr. "Milbe" (HAL I 257, arab. "Grille, Zickade"). Dieses Wort könnte mit derselben Berechtigung wie sîs "Schwalbe" in N 558 angesetzt werden (falls kein Lallname vorliegt, s. dazu unten). Innerhalb der semit. Onomastika kommen aber für PN der Konsonanten folge 's-s' noch zwei weitere Anschlüsse in Frage: hebr. סָס sās (akk. sāsu, arab.sasa) "Motte" (HAL III 718f.) und סוּס sûs "Pferd" (HAL III 704f.). Für Personennamen der Konsonantenfolge 'z-z' begegnen in der Literatur noch ein Anschluss an aram. zūz (Stark), die Wurzel *zw/jz sowie eine Interpretation als Lallname. Eine Übersicht über die verschiedenen Belege und Interpretationsmöglichkeiten scheint mir daher angebracht:

(a) *sīs "Schwalbe": Lipiński 109 mit dem PN Sisi "(My) swift/swallow", babyl. Sissi, Sissiia aus Nuzi; häufig talmudisch.

(b) *sās "Motte": Stamm 254 mit den PN Sāsum, Sāsatum "Motte", Sāsiia "kleine Motte", Tallqvist 193; ev. palm. ssn (mit Diminutivendung -ān), Stark 102; phön. ssʾ (Benz 368); ev. die ugar.PN bei (c).

(c) *sūs "Pferd": Gröndahl 186f. mit den PN ss, ssw, ssn, aus Alalach Sussu u. Susuwa, aus dem Akkad. Su-si-i, Su-u-su (Tallqvist 204), wenn nicht zu (b); hebr. סוּסִי sûsî nach Noth 230, Zadok (mit ugar. susu, palm. swsʾ [Stark 101]).

(d) *zīz "Grille": Harding 298: zz "cicade, cricket" (1 × tham., 2 × saf.). Hierzu stellt Zadok (141 mit amor. Zi-zu) den hebr. PN זִיזָא / זִיזָה zîzā (falls nicht Lallname [Noth 41 befürwortet die Kurzform eines Vollnamens]). Weitere PN zizi bei (g).

(e) *zūz "Silbermünze": palm. PN zwzy zu aram. zûz "silver coin,money" (Stark 86). Weitere PN zuzu bei (g).

(f) Wurzel z-w/j-z: den hebr. PN זָזָא zāzā betrachtet Zadok als Lallname bzw. Ableitung von der Wurzel zw/jz "move" (137 mit neuassyr. Za-za-a). Weite-

re PN zazu/iya bei (g).
(g) Ungeklärtes, Lallnamen: aus Mari: Zūzu, Zizi, Zazum, Zaziya, Zazzu (Birot 245, ARM XXII/2 605f., XXIII 630f., XXVI 560); aus Ebla: zi-za, zi-zi, zi-zu, zu-zu (Krebernik 308; Archi, Personal Names, 246.248); aus Nuzi: Zizza, Zizziia, Zizzu (Cassin/Glassner 175; Gelb NPN 181); aus dem heth. Onomastikon: Zu(z)zu, Zuzaya, Zuzu(w)a (Laroche NH Nr.1588.1589.1591); aus Alalach: Zuzu, Zuzū, Zuzum, Zuzuwa (Wiseman, Alalach Tablets, 153).
Für die zur Diskussion stehenden Namen dürften nur (a) (N 265 u. N 557, sofern das Determinativ korrekt gesetzt ist; diese PN müssen wegen des ägypt. Lehnwortes nicht unbedingt fremd sein) und (d), ev.(g) (N 558 mit dem Fremd-Determinativ) in Betracht kommen. Für N 264 ist auch (c) möglich.

N 559  $\underline{t}^{3}$-$\underline{t}^{3}$-r

Eine Deutung des Namens ist problematisch. Für Namen wie Zuzulli (Laroche NH 215 Nr.1590) befürwortet Laroche eine Erklärung als 'base disyllabique à première syllabe redoublée' der 'formations primaires' (243). ARM XXV,259 führt einen PN Zizur-nar an. Schliesslich ist im phön. und reichsaram. Onomastikon eine Wurzel ssr mit unklarer Bedeutung belegt (Benz 368f., Maraqten 190; vgl. N 405). Der im AT belegte PN סִיסְרָא sîsrā, von Noth (64) als fremd eingestuft, wird HAL III 710 zu luwisch zi-za-ru-wa gestellt (nicht unbedingt plausibel; Zadok hat auf eine Aufnahme des Namens auch in den Abschnitt 'Non-hebrew and unclassifiable names' seiner Untersuchung verzichtet).

N 560  (m) d-g-^{3}-y F
Var.  d-g-^{3} ʿNT.NḪT-y F

Ein Sklave (ḥm) in pMayer A; Ende der 20. Dyn.

Hierzu ist vermutlich auch N 519 zu stellen. Die Variantennotation determiniert d-g-^{3} nach ägypt. dg^{3} "(Steine) verlegen; bauen; pflanzen (u.ä.)" (Wb 5, 499). Eine Schreibung  findet sich auch im Schlussabschnitt des Magischen Papyrus Harris für semit. dqq "zermalmen" (Schneider, Beschwörung, 57).
Folgende Interpretationsmöglichkeiten möchte ich vorschlagen:
(a) Zu der erwähnten Wurzel dqq gehört der akkad. PN daqqum "winzig" (Stamm 267; vgl. hebr. דַּק *daqq "klein, spärlich").

(b) hebr. דָּג dāg "Fisch" dürfte in dem PN דגא dg' aus Arad vorliegen, falls nicht eher * רגא rg' zu lesen ist (Zadok 166.279 [72127.14]), sowie in den ugar. PN abdg und dgy (Beiname "Fischer" des Boten der Göttin Aṯirat? Gröndahl 122).

(c) Aus den früharab. Namen vgl. dǧ (1 × saf., bei Harding 235 zu arab. daǧǧa "langsam gehen" bzw. duǧǧ "Huhn" gestellt) und dǧǧ (aaO mit 6 saf. Belegen, als qutail-Bildung 'duǧaiǧ' interpretiert; ein weiterer Beleg bei Jamme, Safaitic Inscriptions, 64: dǧǧ [aaO 'Daǧǧ' gelesen]).

Für N 519 ist ein zusätzlicher Anschluss an hebr. תּוּגָה tûgā "Kummer" (+ -y: "mein Kummer") wegen des Fehlens der Femininendung -t unwahrscheinlich.

Die folgenden vier PN gehören zusammen:

N 561 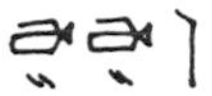 (m) d-j_2-d-j_2 ^{F}

Vater des Oberhandwerkers Pn-dw^3 in Deir el-Medineh, Zeit Sethos' I.

N 562  (m) d-j_2-d-j_2 ^{F}

Oberwinzer (ḥrj-b^{c}ḥ) in Amarna.

N 563 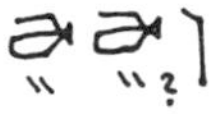 (m) d-j_2-d-j_2? ^{F}

Vater einer T^3-nfrt, späte 18. Dynastie.

N 564  (m) d-j_2-d-$_2$ ^{F}

[Ob identisch mit N 561? Zeit Ramses' II.]

Diese Namen möchte ich an den äg.-aram.PN dydy (Silverman 141: "most likely an onomatopoetic word derived from children's babbling", in Murašû Di-di-e; Noth 41) und die in Mari belegten PN Dīdi, Didi (ARM XXII/2 569, XXIV 265) anschliessen, zu denen vermutlich Namen wie dād/dōd "Liebling" (Wurzel *wdd "lieben") zu vergleichen sind. Vgl. Zadok 140 zu dem äg.-aram. Beleg: "Dydy consists of *dîd (perhaps related to dōd)." Vgl. die Diskussion zu N 521.

N 565  (f) d̲-j_2-wr-j_2-r

Frau (auf der Stele) des sd̲m-ᶜš m jst ᶜ3 St³w, Zeit des Tutanchamun.
Falls sich die Lesung  bestätigt (s. Quellenkatalog), dürfte sicher *wi zu lesen sein. Folgende in der früharab. Onomastik belegte Wurzeln med. w kommen für eine Erklärung in Betracht: ṣwr (Harding 378), ṣwl (379), ḍwr (385), ẓwr (395), zwr, zwl, d̲wr (303); dazu d̲ull (Wehr 431, s.N 538). Ein Beleg für zwr findet sich noch bei Jamme, Safaitic Inscriptions, 96 (vokalisiert 'Zuwār'). Vgl. noch semit. *ṣawar/ṣaur "Hals" (HAL III 946 ; hebr. * צַוָּר ṣawwār). Vielleicht sind auch die Bemerkungen Stamms zu einsilbigen und gedehnten zweisilbigen Formen desselben Grundwortes (wie ev. in dōd/dawīd) zu berücksichtigen (Der Name David, 182). Mit Blick auf die Notation und formale Interpretation von N 566 könnte aber auch eine qitl-Bildung vorliegen. Eine genauere Eingrenzung von Namensform und Bedeutung ist mir gegenwärtig aber nicht möglich.

N 566  (m) d̲³-p-w_2-:r F

Vater des Briefträgers B-ᶜ-:r-r-y (N 166) unter Merenptah, aus Gaza.

Verschiedene Ansätze zu einer etymologischen Deutung sind möglich:
(a) Traditionell (seit Burchardt) wird dieser PN als צִפּוֹר ṣippôr "Vogel" (HAL III 980) erklärt, wozu in der Tat onomastische Belege existieren: hebr. צִפּוֹר ṣippôr, צוֹפַר ṣôpar, FN ṣippōrā (HAL aaO; Zadok 116 mit neuassyr. Bīt-ṣu-pu-ri [ON, in Phönizien] und den ugar./palm. Belegen); äg.-aram. ṣpr (Kornfeld 69f.) ugar. ṣupari, ṣuparanu, ṣpr (oder zu ṣpr "Ziegenbock" [HAL III 981] bzw. akk. ṣupr "Klaue"? Gröndahl 190; Gordon, Ugaritic Textbook, Nr.2186); palm. ṣprʾ, ṣpry (Stark 109); auch saf. ṣfrh (1 ×, Harding 373)? Vgl. noch Huffmon 257f. mit ṣa-pur-sà-lim (zu arab. ṣabūr "patient, steafast"?) und ṣú-up-ri-e-ra-aḫ (ṣupr "claw"? Es läge *ẓ vor: arab. ẓufur/ẓufr/ẓifr "Nagel, Kralle" [Wehr 800].
(b) früharab. PN ḍfr (Harding 383: 3 × saf., dazu 2 × saf./1 × tham. ḍfrn; ob zu arab. ḍafara "(Haar) flechten" [Wehr 752] oder altsüdarab. ḍfr "case a well with stone" [Biella, Dictionary, 436].
(c) arab. ẓafira "erfolgreich sein, siegen, besiegen", ẓafar "Sieg", ẓafir und ẓāfir "siegreich" (Wehr 800).
(d) PN d̲fr (1 × sab., Harding 254: zu arab. d̲afir "stinking"), d̲fry bei Jamme, Safaitic Inscriptions, 86 (mit derselben Deutung).
(e) PN zfrm (1 × hadr./qat., Harding 299: "arab. zufr, lion, brave man").

N 567  (f) ḏ-j_2-m-j_2-r

Helcks Erklärung als "zu 'Wolle', deren Farbe sprichwörtlich ist" (scil. צֶמֶר ṣämär, HAL III 969) ist unwahrscheinlich. Vergleichsmoment ist für Helck offenbar die mit der weissen Farbe der Wolle verbundene Konnotation "Unschuld" (von den bei Helck angegebenen Belegen aus dem AT kann dafür aber nur Jes 1,18 - Helck schreibt fälschlich '11,18' - angeführt werden; Ez 27,18 betrifft nur die Wolle als Handelsware, Ps 147,16 vergleicht Schneefall mit Wollflocken !). Profannamen der Bedeutung "weiss" sind zwar belegt (Noth 225), doch ist ein PN ṣämär "Wolle, wollfarben" meines Wissens bisher nicht bezeugt. Das schliesst die Interpretation Helcks zwar nicht von vornherein aus, doch ist auch in diesem Fall derjenigen Erklärung der Vorzug zu geben, die in semitischen Namenskorpora bezeugt ist und weder sachlich noch sprachlich Probleme stellt.
Ich möchte den Namen daher eher als *ḏimri "mein Schutz (ist der Gott NN)" zu der Wurzel *ḏmr "schützen" (Fowler 105, Gröndahl 197, Huffmon 187, arab. ḏimr "stark", hebr. זִמְרָה zimrā "Stärke", HAL I 263) stellen. Die Wurzel ist in den meisten semitischen Onomastika gut bezeugt: hebr. Fowler 61.105.163.343, Zadok 46.88f. (זִמְרִי zimrî, zmrjhw, b^{c}lzmr); ugar. Gröndahl 197, Fowler 186; amor. Huffmon 187f., Gelb CAA 297f., Birot 241-243, ARM XXII/2 605 (Zimri-^{d}Dagan, Zimri-^{d}IM usw., Kzf. Zimriya); phön. Benz 306 (zmr); aram. Fowler 220 (dmr "strength"; etwa Nasuḫ-dimri); Amarna-Briefe: Hess 284f.286; äg.-aram. Kornfeld, Anthroponomatik, 43 (zmr); früh""arab.Harding 256f. (ḏmr, ḏmrt, ḏmrʾl, ḏmr^{c}ly u.a.; Ryckmans 70.222f.).
Diese Interpretation befürwortet auch Ward, Personal Names, 298. Zu der Notation der qitl-Bildung s. unten S.376.
Andere Anschlussmöglichkeiten sind: die früharab. PN ṣmr, ṣmrʾ, ṣmry (1 × lih./tham./saf.; Harding 375) und ḍmr (3 × saf., 1 × tham., aaO 384; ein weiterer lih. Beleg bei Stiehl, Lihyanische Inschriften, 32; wohl zu arab. ḍamīr "mager, dünn, schlank; Herz, Sinn, Inneres" [Wehr 755]). Dagegen kommt der Name zmr (Harding 301) "jeune homme beau et imberbe" (Ryckmans 85), palm. zmry "beardless" (Stark 86) für einen Frauennamen nicht in Betracht.
Vgl. noch lexikalisch arab. zamīla "Gefährtin" (Wehr 530).

N 568  (f) ḏ^{3}-n:-r-g-^{3}-tj

Beiname der Mutter des Weisen Amenophis Hapu (Varianten s. Quellenkatalog).

Eine Deutung des Namens stösst auf die Schwierigkeit der ganz unterschiedlich überlieferten Namensformen. Hier soll von der angegebenen Lesung ausgegangen werden, die auch den Erklärungen Rankes und Helcks zugrunde liegt. Die Deutung Helcks (364 XII.49 und 526(313)) als "die Hinkende" wäre zwar als Beiname akzeptabel, ist aber phonetisch ausgeschlossen. Sie setzt nämlich ein Ghajin an, das der Ägypter tatsächlich durch 'g' (oder auch 'q') umschreiben würde - doch liegt in Wahrheit normales ^{c}Ajin vor, wie arab. ẓala^{c}a "hinken, lahmen" (Wehr 801; hebr. צלע ṣl^{c} I, HAL III 964 - wo unglücklicherweise, wie schon im Fall von N 337, der vorliegende FN mit Helcks Deutung aufgeführt wird) zeigt!

Der von Ranke vorgenommene Anschluss des Namens als *צלקת an den hebr. PN צלק ṣäläq ist dagegen methodisch nicht zu beanstanden. Zu dem noch unklaren hebr. PN findet sich der aktuelle Forschungsstand in HAL III 966:

> "Bedeutung fraglich (der PN nicht bei Noth); Möglichkeiten a) zu arab. ṣalaqa 'gewaltig rufen'; b) zu jüd.-aram. צְלַק spalten (...); im Falle von b) lässt sich an einen Körperfehler denken, cf.akk. šulluqu (AHw 1267b)'mit zerfasertem Ohr (Pferd)', als PN s. Stamm 264."

Ein anderer möglicher Anschluss ist arab. zalaqa "gleiten" (KBL 509 zu hebr. mizlāg) bzw. das stattdessen in HAL I 261 angeführte d̲aliqa "spitzig sein".

N 568 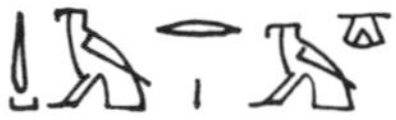 (m) d̲^{3}-r-g-^{3}

Neben dem Namen צֶלֶק ṣäläq (s.N 5) kann ich nur noch den saf. PN zrq (Harding 297; 1 Beleg) und den sab.PN ḍrǧn (aaO 382; 1 Beleg) anführen. Zu letzterem vergleicht Harding "arab.ḍarīǧ, quick running"; vgl.aber noch arab. ḍaraǧa "röten" (z.B.Wange) (Wehr 749). Den saf. PN möchte ich an arab. zariqa "blau werden" oder zuraiq "Eichelhäher" (Wehr 522) anschliessen. Ein entsprechender PN begegnet auch als zrqʾ "der Blaue" in Hatra (Abbadi 106) sowie als akkad. PN zarqā (CAD, vol. Z, 69).

N 569  d̲^{3}-s^{3}-s^{3}-tj

Dieser bei Helck aufgenommene Teil eines ON ist als PN nicht gesichert. Ein hypothetischer Anschluss könnte sich auf sab. s^{2}ṣṣ "effective, operative" abstützen (Sab. Dict. 135), das in dem vorliegenden Namen mit Sibilantenumsprung (*ṣs^{2}s^{2}) vorläge. Es könnte dann ein FN *ṣśśt ( Femininendung) oder ein feminines Nomen "Wirksamkeit, Effektivität" angenommen werden.

Zerstörte und zweifelhafte Belege

Als Belege N 571 - N 607 sind im folgenden Personennamen aufgenommen, deren Lesung teilweise zerstört oder fraglich ist bzw. deren Zuordnung zu der hier vorliegenden Sammlung sehr unsicher ist.

N 571  (m) j:-r-///

Der PN ist ev. zu N 43.48 zu stellen, falls -y fehlt. Vgl. noch R II 265,23 (Uschebti Florenz 1965) und aus der 21. Dyn.  (R I 11, 17 [dazu II 338]) auf dem Pergament Louvre N° AF 1577 (Černy,Parchemin,Z.15f.).

N 572 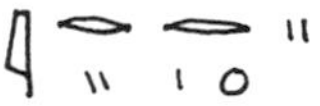 (m) Transkription: s. unten.

Diener (s$\underline{d}$m-^{c}š) des Amun, NR.

Aus der Notation geht nicht eindeutig hervor, ob  als r-[sp 2] = r-r oder r-$\breve{h}$-j$_2$ zu lesen ist.

N 573  (m)

j:-jr-w$_2$-$\underline{d}^3$-n-j$_2$ NḪT

jr-r-$\underline{d}^3$-n-j$_2$-n-j$_2$ $\underline{S}\underline{D}$.NḪT

j:-jr-n-w$_2$-j$_2$-$\underline{d}^3$

Die Variantenschreibungen sind kaum zu vereinbaren. Ob etwas wie *ʾarṣan "sehr fest, sehr stark" (Determinierung!) vermutet werden kann, falls der Name nicht ägyptisch ist (arab. raṣuna "fest, stark sein", raṣīn "fest, unerschütterlich" Wehr 476)? Besonders möchte ich auch auf ʾrzn (3× sab., Harding 36; vgl. rzn aaO 277 mit 2 sab. Belegen) hinweisen. Vgl. noch ʾrṣ (1× saf., Harding 37), rḍn (3× qat., aaO 279), rḍwn (1× lih., 2× min., 2× hadr., 1× sab., aaO 280).

N 574  j:-h-^{3}-y///

Falls der Name mit 'y' aufhörte, möchte ich einen Elativ (ʾaqtal-Bildung) *ʾahyaʾ "sehr schön aussehend" zu dem sab. PN hyʾ "handsome, comely" (Harding 631) annehmen (arab. hāʾa, hayuʾa "wohlgestaltet, von schönem Äusseren sein", hayyiʾ, hayiʾ "gut aussehend, ansehnlich" [Wehr 1365f.]).

N 575  (m) j:-h-f-j_2 $^{\underline{HRD}}$

Keine befriedigende semit. Anschlussmöglichkeit, die auch das gesetzte Determinativ "Kind" erklären würde. Vgl. den 12 × saf. belegten PN hf (von Harding 619 zu arab. haffa "to walk fast" gestellt).

N 576  (m) j:-ḫ^3-n:-///

Oberwinzer unter Ramses II.

Der Rest des PN ist zerstört, so dass unklar bleibt, ob etwa 'l' (n:-r) notiert war. Ob etwas wie *ʾaḫān "Brüderchen" (vgl. Aḫūnu "little brother" bei Tallqvist 19; hebr. ʾaḥjān, ugar. a/iḫyn, A-ḫi-ia-na bei Zadok 136; zu ʾaḫ in der Onomastik s. Noth 66-75, Fowler 335f., Stamm 43-45.53-58.326[Reg.], Benz 263f., Gröndahl 91f., Tallqvist 14-19, Harding 29, Maraqten 118-124, Silverman 132f., Catagnoti 206-218, Birot 54f., Stark 60f.) vorliegt oder die früharab. PN ʾḫwn (Harding 31), ḫl (über 120 Belege, aaO 225) und ʾḫlm (1 × sab., aaO 30) sowie noch andere Anschlüsse verglichen werden können, ist ganz ungewiss.

N 577  Transkription: s. unten

Die Lesung des Namens ist unsicher. Ist j:-ḫ-j_2-tj ^{W3S} (), j:-[sp 2]-tj ^{W3S} (= j:-j:-tj ^{W3S}, so Ranke: 'Iitj(?)') oder j:-t-j_2-tj ^{W3S} (so Helck, er vergleicht den Alalach-Namen Atata; mit ) gemeint?

N 578  y-n:-///

Möglicherweise liegt der Beginn eines semit. Imperfektnamens zu einer mit 'n' oder 'l' beginnenden Verbalwurzel vor,

N 579  (m) Transkription: s. unten

Sklave, Ramessidenzeit.

Die Lesung ist unklar, sowohl hinsichtlich des Anfangs (j-j: oder y-(j): ?) als auch bezüglich des Schlusses (nb?? oder ev.  'r'?).

N 580 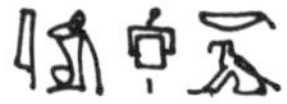 m j:-s^3-k-^{3}

Keine befriedigende Anschlussmöglichkeit (allenfalls früharab. PN sk, sǧʾ, sǧǧ

- falls ursprüngliches Samek vorliegt - bei Harding 310f.323?). Da in der Fajjum-Liste, die Vernus (Vestiges de langues) als "nubisch" betrachtet, Personennamen 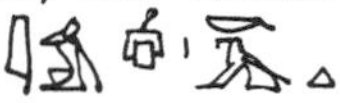 und  begegnen (dazu R I 46: ), liegt vielleicht ein nichtsemit. PN vor.

N 581  (f) ^{c}3-t$^{M\underline{D}3T}$-j-^{3}-y-$\underline{t}^{3}$-ḥ:

Die Schreibung des Namens ist in verschiedener Hinsicht merkwürdig. Epigraphisch fällt auf, dass auf der Stele 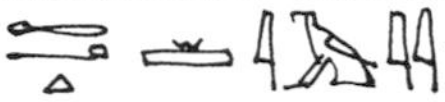 und  durch eine Leerspalte getrennt sind. Sprachlich scheint der Anfang ägyptisch zu sein (^{c}3t [fem.] "gross"), der Rest offenbar unägyptisch. Die Annahme eines anthroponomatophoren Personennamens "Gross ist die j-^{3}-y-$\underline{t}$-ḥ:" wird durch das notierte Feminin-t (statt blossem ^{c}3 oder nachgestelltem Pseudopartizip) erschwert. Eine semit. Deutung der nach ^{c}3t notierten Zeichenfolge ist heikel, da nicht sicher ist, ob Zeichen fehlen (Leerspalte), und da unmittelbare Anschlüsse für ein zu postulierendes *ʾjzh/ʾj$\underline{d}$h/ʾjsh fehlen. Ohne Aufteilung der Konsonantenfolge könnte allenfalls eine ʾaqtil- oder qaital-Form postuliert werden. Aufgeteilt werden könnte die Notation in j-^{3}-y (entweder akkad. prohibitive Partikel aj/ē [onomastisch Stamm 174f.], Fragepartikel ʾaj "wo" [onomastisch Stamm, Hebräische Ersatznamen, 64] oder theophores Element ʾy [nach Zadok 180 (9.)]) und $\underline{t}^{3}$-ḥ (zwḥ "sich entfernen"; oder *sw/jḥ ?).

N 582  (m) (^{c}-n?)-n-y-m ^{F}

Dieser PN begegnet in dem von A. Shisha-Halevy (An Early North-West Semitic Text) bearbeiteten nordwestsemit. Text in hieratischer Transkription. Die fragliche Ligatur kann dabei nach dem Bearbeiter als , ,  oder  aufgelöst werden. Als Transkription der ganzen Zeile gibt er:

was er nun freilich als 'bl-bd-ʾilj-ṣdn(-)jm' "son of [PN:] 'In the hands of the gods of the Sidonians/of maritime Sidon'" verstehen will. Diese Interpretation ist m.E. falsch. Nicht nur scheint die Kongruenz von Notation und postulierter Interpretation problematisch, sondern ist auch die für den PN (nach obiger Auflösung) angenommene Bedeutung mehr als ungewöhnlich. Ich möchte die Zeichenfolge  dagegen eher als bdl "Händler" (s. bei N 204f.(a)) + PN deuten. 'y' kann als Suffix noch dazu gehören oder zu

dem folgenden Namen, der somit entweder als Perfektname oder als Imperfektname mit dem GN Jām (Zadok 187 (60.), Huffmon 210 usw.) aufgefasst werden kann. Für die Verbalwurzel kommt bei einer Auflösung der Ligatur als ᶜnn "erscheinen" (vgl. hebr. PN עֲנָנְיָה ʿananjāh, עֲנָנִי ʿananî, ᶜnnjhw, Fowler 103.164) oder ᶜnn "cover" (Zadok 151) in Frage; der Name wäre dann als *ᶜananjām "(der Gott) Jām ist erschienen/hat bedeckt (= geschützt)" zu erklären.[a)]
Bei einer Lesung vgl. bei N 112; bei einer Lesung vgl. bei N 373 - in beiden Fällen wäre jedoch die Notation von zwei 'n' ein Problem.

N 583  w^3-r-///

Helcks Ergänzung des zerstörten Namens zu wa-ra-(na) wegen des Alalach-Namens Warana ist willkürlich.

N 584 Spiegelberg: Kitchen:  Transkription: s. unten
Oberwinzer; Ramses II.

Spiegelbergs Umschrift liesse an einen semit. PN mit bn "Sohn" (vgl.N 170-181) denken, doch gibt Kitchens Lesung einen ägypt. PN Ptḥ-m-ḥb "Ptah ist im Fest" wieder; allerdings müsste die dann merkwürdige Setzung von erklärt werden.

N 585 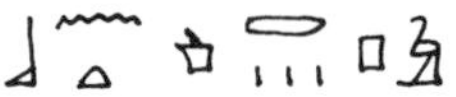 (f) Transkription: s. unten

Die Schreibung der zweiten Hälfte des vermutlich mit bnt "Tochter" (s. N 186 - N 188) einsetzenden Namens gibt so, wie sie Petrie umschrieb, keinen Sinn. Ob in Wirklichkeit vielleicht *  *bnt-ršpw "Tochter des Reschef" zu lesen ist?

N 586  b-w_2-r////-$t:_2$

Ob ein PN vorliegt, ist nicht sicher (Teil eines Hügelnamens in pWilbour). Falls das vollständig erhaltene erste Element eines zweigliedrigen PN darstellt, können für eine hypothetische Deutung die akkadischen mit būru "Kalb" gebildeten Namen herangezogen werden. būru ist entweder nomen regens eines folgenden Gottesnamens oder selber theophores Element. Für erstere Verwendung vgl. die PN Būr-ᵈAdad "Kalb des Adad", Būr-Sin "Kalb des Sin" (Stamm

(a) Ein zusätzlicher Beleg ist ᶜnny in Hatra (Abbadi 152).

261) und aus Mari Būr-Addu/Mamma/Nunu (ARM XXII/2 568, XXIV 264, XXV 249, XXVI 552), für letztere ("appellativo e simbolo divino") ^{d}Būr-nāṣir, ^{d}Būr-šar (Saporetti II 112.185). Zusätzliche Belege führt Tallqvist an, der 'būr' als "offspring" übersetzt, etwa Būr-anate, Būr-dada (66f.). Bei dem hier zur Diskussion stehenden PN ist nur ein Gottesname möglich, der auf einen Dental ausgeht.

N 587 [-] (m) *pqš (Erwähnung bei Hayes)

"clearly a foreigner" (Hayes), thutmosidisch.

Ohne Kenntnis der Schreibung möchte ich auf einen Erklärungsversuch verzichten.

N 588  (m) Transkription: s. unten

Oberbildhauer (ḥrj-ṯ^{3}jw), 18.-19. Dynastie.

Die Schreibung gibt nicht eindeutig Aufschluss darüber, ob p^3-g-^{3}-r-[sp II] = p^3-g-^{3}-r-r (so Boeser: 'Pagarara'; allenfalls sogar p^3-g-^{3}-r-g-^{3}-r?) oder (mit Helck) p^3-g-^{3}-r-ḫ-j$_2$ zu lesen ist. Für die erste Möglichkeit verweise ich auf die Belege bei F 24 und N 454 (dazu Harding 486: qlql). Bei der Lesung mit 'ḫ' kann *qrḥ "kahlköpfig" (in PN: Noth 227, Gröndahl 177, Tallqvist 183, Maraqten 210, Benz 406, Khraysheh 162 ("erfahren")) wegen 'ḥ' nicht in Betracht kommen.

N 589  m-š^3-/////

N 590  n?-j:-m-b-w$_2$

N 591  (f) rw-^{3}?-n?-y-tj-t

Frau des Besitzer der Stele CG 34172 des Pny, 18. Dynastie.

N 592 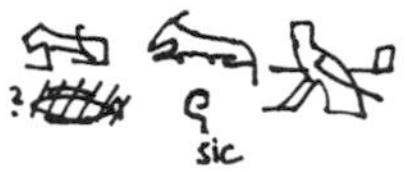 rw-jn$_2$?-jw-m

Helck transkribiert 'rú-an$_x$-ʾú-m (mit  = an$_x$). Die Lesung ist wie bei N 591 unsicher, weshalb ich auf eine Deutung verzichte.

N 593 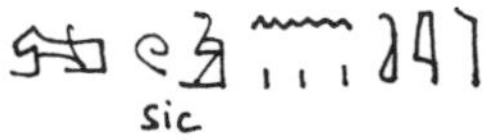 (m) rw?-w?-n:-tj ^{F}

Helck transkribiert diesen - nicht ganz sicher zu lesenden - Namen der Keftiu-Liste rú(?)-?-n-tá und vergleicht aus den Linear-A-Dokumenten ru-m-ta (Beziehungen Ägyptens und Vorderasiens zur Ägäis, 102). Vgl.zu diesem Vorgehen die Bemerkung zu Helcks kretischem Anschluss von N 72. Astour dagegen (Onomastika, 253) möchte in dem zweiten Element hurr. wandi "rechts" (Laroche, Glossaire, 293f.) erkennen und postuliert einen Namen *Luwanta, der - da hurritische Wörter grundsätzlich nicht mit 'l'beginnen - aus einem *Nu(w)-wanta entstanden sei. Mit derselben Unbekümmertheit in methodischer Hinsicht konstruiert Astour noch weitere Namen. Zusätzlich zu N 229 sollen drei weitere Ansätze Astours nicht ohne Entgegnung bleiben. In dem ganz problemlosen ägypt. PN  sn-nfr "der gute Bruder" möchte er tatsächlich die Umschrift eines (nicht belegten!) hurritischen Namens *Šen-nupar vermuten, obwohl das 'r' von nfr längst stumm und der Tonvokal ein 'a' war; vgl. Rianapa/R^{c}nfr, Naphururia/Nfr-ḫprw-R^{c}, Nafteta/Nfrtjtj usw. Den ebenso gut ägypt. PN 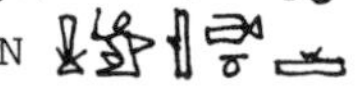 sn-qd (s. Ranke I 310,1.2) möchte er als Zusammensetzung aus hurr. Šen "Bruder" und dem im Alalach-Namen Qaduwiia bezeugten Element *qad deuten. Und einen weiteren, vermutlich ebenfalls ägypt., PN der Keftiu-Liste, 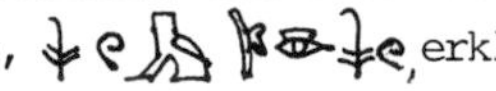, erklärt er als hybrid "hurro-semitic" mit semit. t̲mr "Frucht tragen" und dem (einfach an eine semitische Wurzel angefügten?) 'hurritischen Suffix' -si. Ein solches Vorgehen ist selbstverständlich ohne jede methodische Grundlage.
Für den vorliegenden Namen N 593 möchte ich aufgrund der unsicheren Lesung auf einen Deutungsversuch verzichten, der ohnehin nur die uns bekannten altorientalischen Sprachen, nicht das für den Namen postulierte Kretische (der Linear-A-Tafeln) berücksichtigen könnte.

N 594  (m) h-^{3}-t-^{3}-y///

Oberwinzer (ḥrj k^{3}mw) in Amarna.

Falls 'y' das Namensende darstellt, vgl. N 242 und N 348.

N 595  (m) ḥ^{3}///-r-y

Sklave aus der Kriegsbeute des Soldaten Ahmose, Anfang 18. Dynastie.

Falls nur ein  fehlt, kann ich auf die Erörterung von N 357-359 verweisen.

N 596 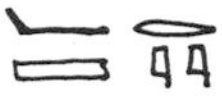 (m) $ḥ_2$-š-r-y (?)

Name nicht verifizierbar (s. Quellenkatalog); auf eine Deutung verzichte ich.

N 597  (f) Transkription: s. unten

[Auf derselben Stele wie N 199]

Die Schreibung des Namens ist unklar. Möglicherweise ist am Namensbeginn ägypt.  (ptol. auch 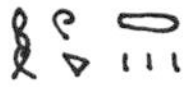 u.ä.) "Speise, Nahrung" (Wb 3,44) als Wortschreibung notiert. Der Name könnte dann konsonantisch als *ḥrfy umschrieben werden und wäre dann zu den Anschlüssen bei N 243 (und zu N 360) zu stellen.

N 598 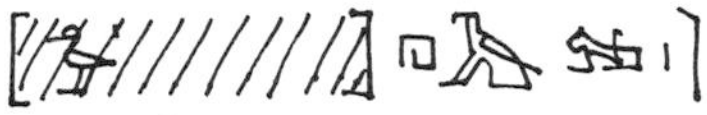 (m) [s^{3}?///]-h-^{3}-rw F

N 599 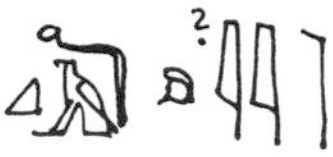 (m) Transkription: s. unten.

Winzer (?) unter Ramses II.

Statt  ist auch  möglich (Spiegelberg; Kitchen).

N 600  (a) (m) k-^{3}-ḥ:

N 601 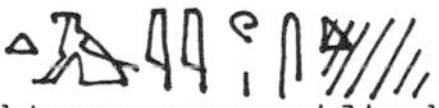 (f) t-^{3}-y-w_2-s-q?///

Eine nbt pr, ramessidisch.

Auf eine Deutung möchte ich wegen der Zerstörung des PN verzichten. Vielleicht liegt ein semit. Imperfektname (nach Abtrennung des Artikels) vor. An der Schreibung ist der Ideogrammstrich nach  auffällig.

N 602  t-^{3}-[/////]-$\underline{t}^{3}$

N 603 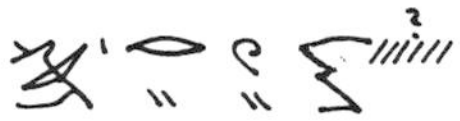 (m) $\underline{t}^{3}$-r-j_2-w_2-j_2///?

Gärtner in Deir el-Medineh, vermutlich 7. Jahr Ramses' III.

Eine Deutung ist schwierig, zumal das Namensende nicht lesbar ist. Vgl. viel-

---

(a) Vgl. allenfalls den 2 x saf. und 2 x tham. bezeugten PN ǧḥ (Harding 153).

leicht arab. saruwa "to be generous, manly" mit dem je 1× saf./tham. bezeugten PN srw (Harding 316; ursprüngliches *s ?). Der heth. Name Zili(wa) entfällt, da nach Laroche (NH Nr.1544) 'wa' die Partikel der direkten Rede ist.

N 604 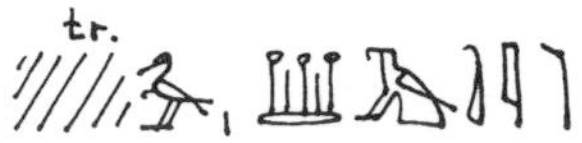 (m) ///b^{3}-š^{3}-tj ^{F}

Vor dem b^{3} erhaltene Spuren zeigen , wofür Černy/Gardiner (Publikation der Quelle) aber keinen Lesungsvorschlag machen. Für die Diskussion sind zwei Fälle zu unterscheiden:

(a) Die erhaltenen drei Gruppen stellen ein - damit vollständig erhaltenes - Wort dar. In diesem Fall wäre v.a. das in der akkad. Namengebung sehr häufige Element bāštī "mein Schutzengel" anzuführen, etwa in PN wie Ištar/Ilī/^{d}Abba-bāštī "Ištar/Mein Gott/Abba ist mein Schutzengel" (Stamm 210.308; in Mari mit den GN Addu, Baḫli, Dagan, Ea, Ummi (ARM XXII/2 561.566.568f.; XXIV 283; Huffmon 178f.) oder Lībūr-bāštī "mein Schutzengel sei heiter", Ali-bāštī "Wo ist mein Schutzengel?"(Stamm 160.285; vgl. aaO 307, 126; auch allein: bāštum (247) oder als erstes Glied in Bāštī-nuṣrī (ARM XXIV 263).

(b) Als zweiter Ansatz wäre anzunehmen, dass die Bruchstelle des Ostrakons den 1. Radikal einer Wurzel mit -b-š als 2./3. Radikal abgetrennt hat (bis auf die genannten Spuren).

N 605 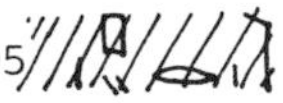 (m) ////p-j$_{2}$-r ^{F} (p-:r ?)

N 606  (m) ///]m-š^{3}-m-^{c3}

In dem erhaltenen zweiten Namensteil liegt sicher שמע šm^{c} "(er)hören" vor; Belege bei N 417(a). Von dem zerstörten Gottesnamen ist der Rest eines abschliessenden 'm' erhalten geblieben. Givéon (New Kingdom Stela; A God Who Hears, 38) ergänzte ihn zu *Šalim; Görg (Kanaanäer, 164ff.) dagegen schlug *^{c}Amm vor (Belege bei N 127(a)).

N 607  (f) ///š-m-mj$_{2}$

Vgl. ev. bei N 417.

Einträge N 608 - N 634: Die folgenden k(-^{3})-n:-r u.ä. geschrieben Namen sind aufgrund der Zahl der Belege gesondert ausserhalb des alphabetischen Kataloges zu behandeln. Die Zuordnung der Belege zu bestimmten Personen ist nicht immer unproblematisch, worauf im einzelnen das Quellenverzeichnis hinweist. Die Auflistung nennt zuerst die mit dem Fremd-Determinativ versehenen PN (N 608-621), dann die Namen ohne diese Determinierung (N 622-634).

N 608 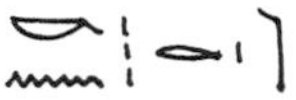 (m) k-n:-r ^{F}

Ein "chef du gebel [Koenig]" (^{c}3 n ḫ^{3}st), 20. Dynastie.

N 609 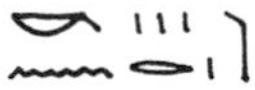 (m) k-n:-r ^{F}

Schiffskapitän (mnš dpt), Ende der 19. Dynastie.

N 610 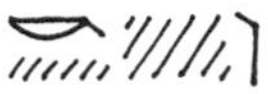 k-//// ^{F}

18. Dynastie.

N 611  (m) k-n:-r ^{F}

Var.  k-^{3}-n:-:r ^{F}

O.CG 25510,13 gibt an: "der Bürger Jmn-m-jnt (genannt) K-n:-r".

N 612 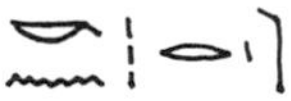 (m) k-n:-r ^{F}

13./14.Jahr Ramses' III.

N 613  (m) k-n:-r ^{F}

Wab-Priester, 13./14. Jahr Ramses' III.

N 614 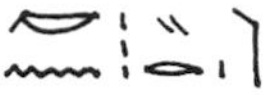 (m) k-n:-:r ^{F}

Stallmeister im 13. Jahr Ramses' III.

N 615 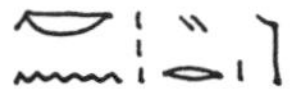 (m) k-n:-:r ^{F}

Wasserträger im 13. Jahr Ramses' III.

N 616 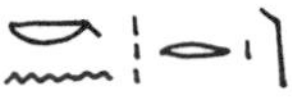 (m) k-n:-r ^{F}

Ein Ḏḥwtj-ms, genannt K-n:-r, 2. Hälfte der 20. Dynastie.

N 617  (m) k-n:-r ^{F} (p^{3} šry)

Sohn von N 616 ("K. der Jüngere").

N 618  (m) k-n-r ^{F}

Zeit Ramses' II.

N 619  (f) k-^{3}-n:-r ^{F}

Sängerin des Amun, Mutter des Jmn-m-ḥb (Besitzer des Grabes TT A.8, königlicher Schreiber, Aufseher der Kornspeicher des Amun u.a.), 18.-19.Dynastie.

N 620  (m) k-n-:r-y ^{F}

N 621  (m) p-^{3}-k-n-:r-y ^{F}

Beide Namen (N 620 und N 621) gehören in die Zeit Ramses'V.

Ohne Fremd-Determinativ sind die folgenden PN notiert:

N 622  (m) k-^{3}-n:-r

Wab-Priester, Usurpator des thebanischen Grabes TT 54, frühe 19.Dynastie.

N 623 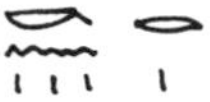 (m) k-n:-r

Besitzer des Grabes TT 178, Nfrrnpt, genannt K-n:-r; Schreiber des Schatzhauses des Amuntempels unter Ramses II.

N 624  (m) k-^{3}-n:-r

Beiname eines Minmose, 19. Dynastie.

N 625  (m) k-n:-r

General des Amun, Neues Reich.

N 626  (m) k-^{3}-n:-r

19. Dynastie (Titel: ...t^{3}wj).

N 627  (f) k-n:-r

Sängerin des Amun im Grab TT 40 des Vizekönigs von Kusch, Jmn-ḥtp/Ḥ:-y, Zeit Amenophis'IV./Tutanchamuns; eventuell seine Schwester (Hari, Répertoire, 294).

N 628  (m) k-n:-r

Webermeister der 19. Dynastie.

N 629 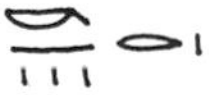 (m) k-n:-r

ein ḫrp-srqt (Wb 4,204.1) in der 19. Dynastie.

N 630  (m) k-n:-r

Schreiber, 7./8. Jahr des Merenptah.

N 631  (m) k-^{3}-n-r

Verwalter des Min (jdnw n P^3-mnw), Neues Reich.

N 632  (m) k^3-n:-r

20. Dynastie (oder später).

N 633  (m) k-^{3}-n:-r-rw-j-^{3}

Aufseher der Vorhalle, frühe 19. Dynastie.

N 634  (m) ?-d̲^{3}-$^{\underline{SD}}$-r-k-n:-r (d̲^{3}-r$^{\underline{SD}}$?)

Speleers gibt als Kommentar zu der Stele: "Sous le texte, un nègre est debout appuyé sur un baton". Das erste Zeichen des PN sieht wie das Land-Zeichen aus; ob etwa  gemeint ist und der Name als r-d̲^{3}r-knr "Knr (PN) entsprechend, wie Knr" (s. Wb 5,525.2) verstanden werden kann?

Für eine Etymologie dieses Namens vgl. die folgenden Punkte:
1. Die Schreibungen: Der Namensanfang hat gewöhnlich blosses 'k', in mehreren Belegen (N 611 Var., N 619, N 622, N 624, N 626, N 631, N 633) 'k-^{3}'. Der einzige Beleg, der eine Lautung *ku nahelegen würde (N 632), datiert in die 20. Dynastie oder später. Das folgende Phonem 'l' ist in der Mehrzahl der Fälle n:-r notiert, in N 611 Var., N 614, N 615 n:-:r, in N 620/621 n-:r, in N 618 n-r. Ungewöhnlich ist N 633 mit n:-r-rw-j-^{3}. Es fällt auf, dass unter den 27 aufgelisteten Belegen nur zwei Namen von Frauen getragen werden (N 619, N 627) und dass - von diesen PN und N 610 (zerstört, aber vermutlich hierher gehörig) abgesehen - alle Bezeugungen ramessidisch sind. Die Hälfte aller Namen ist mit dem Fremd-Determinativ als nichtägyptisch gekennzeichnet, was methodisch die Aufnahme in die vorliegende Arbeit verlangt.
2. Für eine Diskussion des Namens verweise ich auf Y. Koenig, Livraisons d'or et de galène (Hommages Sauneron), 199f., der festhält, dass die Herkunft unklar ist (gemäss Janssen libysch; der Verweis auf k-^{3}-r geschriebene Namen ist aber zu streichen, da eine Identität mit ihnen unbewiesen ist).
3. Einen Erklärungsansatz aus dem Ägyptischen unternahm Ranke, indem er die k-n:-r geschriebenen PN in eine Reihe mit den Namen 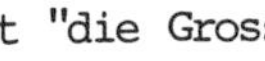 wr-n:-r, 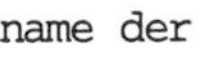 ḥ:-n:-r und 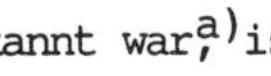 sw-n:-r stellte (II 160f.). Nachdem schon länger der erste dieser Namen als Koseform zu dem Namen Wrt "die Grosse" (Beiname der Hathor) erkannt war,(a) ist jetzt auch der PN ḥ:-n:-r als Koseform des GN Hathor erwiesen (Thirion, Notes d'onomastique IV, 136). Für den PN sw-n:-r vermutete Ranke eine analoge Bildung zu einem mit 's' anlautenden ägyptischen Gottesna-

(a) Bzw. zu T^3-wrt/Thoëris.

men (Seth?). Zu der in diesen Koseformen auftretenden Endung n:-r konnte er dagegen nur feststellen: "über Herkunft und Bedeutung der Endung -l wissen wir ebensowenig wie über ihre Vokalisation" (aaO). Vielleicht lässt sich hier mehr sagen. Ein Suffix -l in der geforderten (diminutiven, karitativen) Funktion ist nämlich auch in den semitischen Sprachen als Fremdsuffix aus dem Indogermanischen (al, el) bezeugt (Brockelmann GVG I 402 § 223 mit Belegen; hebr. ev. גִּבְעֹל gib^{c}ōl [Ges.^{18}, 196]). Die onomastischen Belege sind umstritten (Stamm Frauennamen 111.126, Noth 39.144, Benz 310 befürworten die onomastische Verwendung; Zadok erwähnt sie nicht einmal als Möglichkeit). Für die Endung im Indogermanischen verweise ich auf K.Brugmann/B.Delbrück, Grundriss der vergleichenden Grammatik der indogermanischen Sprachen, Bd.2/1, 1906, S.360ff. § 260ff., v.a. S.376 (in Eigennamen). Werden die k-n:-r geschriebenen PN in eine Reihe mit den genannten Koseformen zu Gottesnamen gestellt, so stellt sich neben der teilweisen Kennzeichnung dieser Belege als Fremdnamen das schon von Ranke genannte Problem, dass keine gängige ägypt. Gottheit verfügbar ist, die mit 'k' anlautet. Ob eine derartige Koseform etwa von k^3 "Ka" (Ka-Namen s. R II 208-216) oder k^3 "Stier" (= König) gebildet werden könnten, muss ich dahingestellt lassen. Die Determinierung der Hälfte aller Belege mit] spricht aber für eine nichtägyptische Etymologie des Namens (dabei ist von vornherein auch nicht zu entscheiden, ob nicht ganz verschiedene Namen in der Schreibung zusammengefallen sind).

3. In diesem Fall möchte ich allerdings von einer Herleitung aus dem Semitischen absehen, da Wurzeln kl(l)/gl(l) in den entsprechenden Onomastika (aber auch im Hurritischen und Hethitischen) viel zu selten belegt sind, um eine Ableitung von 27 in ägypt. Quellen belegten PN *kl rechtfertigen zu können.

<u>**Einträge N 635 - N 680:**</u> auch bei den sehr zahlreichen k-^{3}-r u.ä. geschriebenen PN empfiehlt sich eine gesonderte Auflistung und Erörterung ausserhalb des alphabetischen Namenskatalogs. Auch hier ist die Reihenfolge **(a)** PN mit Fremd-Determinativ (N 635 - N 643), **(b)** PN ohne Fremddeterminativ (N 6   - N 6   ).

N 635  (m) k-^{3}-r F

Var. 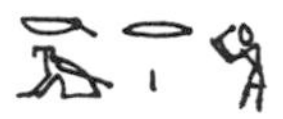 k-^{3}-r $\underset{\cdot}{\text{HWJ}}$

Diener am Platz der Wahrheit, Besitzer des Grabes TT 330, Zeit Ramses' II.

N 636  (m) k-^{3}-r ^{F}

Wasserträger (w^{3}ḥ-mw) unter Ramses XI.

N 637  (m) k-^{3}-r ^{F}

Arbeiter unter Ramses XI.

N 638 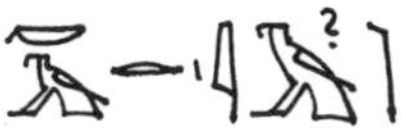 (m) k-^{3}-r-j-^{3}? ^{F}

Wab-Priester unter Ramses XI.

N 639  (m) k-^{3}-r-y ^{F}

Hirt unter Ramses XI.

N 640  (m) k-$^{3\ WNM}$-r-w_2 ^{F}

Syrer des Leipziger Ostrakons, Anfang 18. Dynastie.

N 641 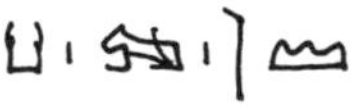 (f) k^{3}-rw $^{F.Ḫ3ST}$

Frau auf der Qudschu-Stele des Iniahay, erste Hälfte der 19. Dynastie.

N 642  (f) k-r-t ^{F}

N 643 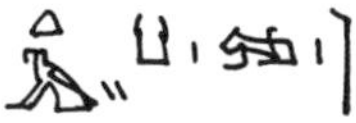 (f) t-^{3}-j_2-k^{3}-rw ^{F}

Eine Sklavin (ḥmt) in der 19. Dynastie.

Die folgenden Einträge sind ohne Fremd-Determinativ geschrieben:

N 644  (f) k-^{3}-r

Frau auf der Stele des Jmn-ms, 18. Dynastie.

N 645  (m) k^{3}-r $^{\underline{H3R}}$

Hirt unter Ramses V.

N 646  (m) k^{3}-r

Beiname des Obersten der mškbjw, Jmn-m-wj^{3}, Zeit Ramses' III.

N 647  k^{3}-r

N 648 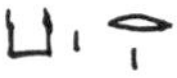 k^{3}-r

Wedelträger unter Ramses III.

N 649 [Beleg mir nicht zugänglich; nach Ranke]

N 650  (m) k^{3}-:r

N 651  (m) k^{3}-r ^{ʿT}

N 652  (f) k^{3}-r-// ^{ŠNJ}

Eine Bürgerin, 19. Dynastie.

N 653  (m) k^{3}-r-j

N 654  (f) k^{3}-r-j ^{ŠNJ}

Frau eines Beamten des Ptahtempels, 19. Dynastie.

N 655 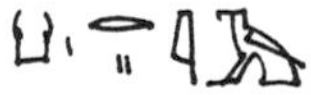 (m) k^{3}-r-j$_{2}$-j-^{3}

Vorsteher einer Priesterabteilung des Aton, Amarnazeit.

N 656 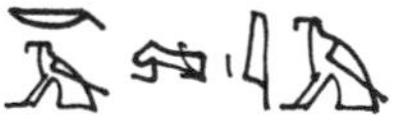 (m) k-^{3}-rw-j-^{3}

Bürger (^{c}nḫ) unter Ramses V.

N 657 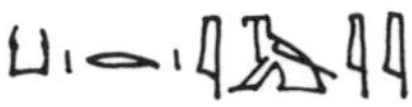 (m) k^{3}-r-j-^{3}-y

N 658  (f) k^{3}-r-y

Tochter des Vorstehers der Fruchtmagazine, Inena, 19. Dynastie.

N 659  (m) k^{3}-rw-y

Kapitän, ramessidisch.

N 660  (m) k^{3}-r-y

Vater eines Nsj-sw-Jmn, Zeit Ramses'IX./XI.

N 661  (m) k^{3}-r-y

Soldat der 18. Dynastie.

N 662 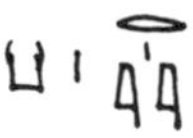 (m) k^{3}-r-y

Sohn von N 661.

N 663  (m) k^{3}-r-y

Stallmeister unter Ramses V. (entgegen der Feststellung Helcks steht hier kein Determinativ ).

N 664  (m) k^{3}-r-y

Hirt unter Ramses V.

N 665  k-^{3}-r-w-j_{2}

N 666  (m) k^{3}-r-^{c}:

Bauer unter Ramses V.

N 667  k-^{3}-r-tj

N 668  (m) k-r-t:$_{2}$

Beiname des Aufsehers Snj, 18. Dynastie.

N 669  (f) k^{3}-r-t:$_{2}$

Hausherrin, Tochter des ^{c}ḥpt und der Tjnr, Neues Reich.

N 670  (f) k^{3}-r-t ^{ŠNJ}

Bürgerin, 19. Dynastie.

N 671  (m) k-r-t:$_{2}$

Gefängniswärter, ramessidisch.

N 672  (m) p-^{3}-k^{3}-:r

N 673  (m) p-^{3}-k-^{3}-r-y

N 674 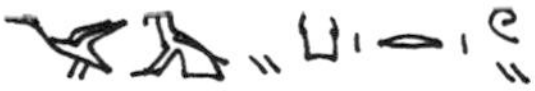 (m) p-^{3}-j$_{2}$-k^{3}-r-w$_{2}$-j$_{2}$

N 675 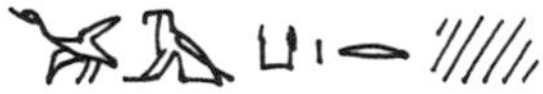 (m) p-^{3}-k^{3}-r-///

Schreiber, Ramessidenzeit.

N 676 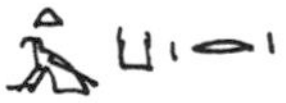 (f) t-^{3}-k^{3}-r

Var. 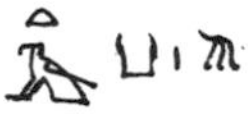 (Peet) t-^{3}-k^{3} ^{ŠNJ}

N 677  (f) t-^{3}-k^{3}-r$^{\text{R}^{c}\text{.ŠNJ}}$

Der Name dürfte FN sein (vgl. N 676, 678ff.), obwohl  steht und die Inschrift von sn "Bruder" spricht.

N 678  (f) t-^{3}-k^{3}-r

Hausherrin auf der Stele des Ramose, 19.Dynastie.

N 679 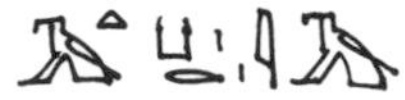 (f) t-^{3}-k^{3}-r-j-^{3}

Hausherrin auf der Stele des Amunnacht, Anfang 20.Dynastie.

N 680 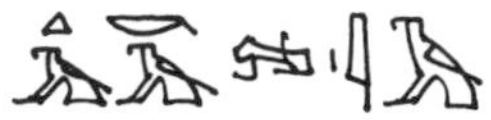 (f) t-^{3}-k-^{3}-rw-j-^{3}

Var. 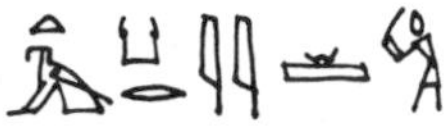 t-^{3}-k^{3}-r-y $^{\text{MD3T.ḤWJ}}$

Var.  t-^{3}-k-^{3}-r-y

Var. 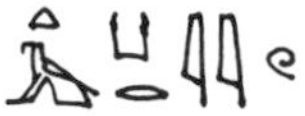 t-^{3}-k^{3}-r-y-w_2

Bürgerin (^{c}nḫt) unter Ramses V.

Ähnlich wie bei den zuvor aufgeführten PN k(-^{3})-n:-r stösst auch bei diesen Namen jeder Erklärungsansatz auf erhebliche Schwierigkeiten. Das Material ist hinsichtlich der Schreibungen sehr uneinheitlich und dürfte auch in Bezug auf Herkunft und Bedeutung der Namen ganz unterschiedlich zu interpretieren sein. Helck berücksichtigt in seiner Sammlung (in Klammern die von ihm dazu vorgebrachten Vergleiche) die folgenden Namen: N 636, N 637, N 638 (Nuzi: Karaja), N 639, N 640 (Nuzi: Qariu), N 645, N 660, N 663 (fälschlich kú-r⟨a⟩ transkribiert; Alalach: Kurri), N 665, N 666, N 667 (Alalach: Karrate), N 671 (Alalach Karrate), N 676. Das sind insgesamt 13 Belege, während die vorliegende Zusammenstellung 46 Personennamen nachweist, von denen 9 Belege (N 635 - N 643) durch  als ausländisch gekennzeichnet sind. Nach der Schreibung möchte ich versuchsweise folgende Namenstypen unterscheiden:

(a) Schreibung 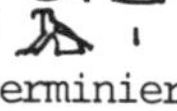, z.T. mit den Endungen , 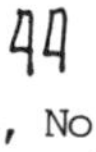 bzw. Artikel, z.T. mit  determiniert; N 635 Var. (Valbelle, Poids, No.5291) mit . Bemerkenswert ist, dass die Varianten bei N 680 sowohl k-^{3} als auch k^{3} notieren, obwohl die Graphien in der Gruppenschrift unterschiedliche Lautwerte ('ka' vs. 'ku') repräsentieren dürften.

(b) Schreibung  (N 665). Der PN N 640 gehört dagegen vermutlich zu (a) (semit. Nominativendung -u ?).

(c) Schreibungen 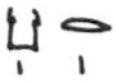 , 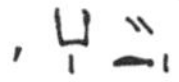 , 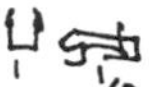 mit den Endungen  ,  oder 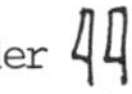. Vereinzelte Determinierung mit  (N 680 Var.),  (N 645: wegen כר kōr (Hohlmass)? Vgl. ägypt.  ,  "Schrein" (Gardiner, Grammar, p.524.597),  (N 677, dazu auch ).

(d) Schreibung  (N 674), vgl.(b).

(e) Schreibungen  ,  ,  (Frauen- und Männernamen!) (N 642, 667, 668, 669, 670, 671). Bei den FN kann -t als Femininendung die Namensträgerin bezeichnen, während bei den MN allenfalls ein feminines Substantiv zur Bezeichnung einer Eigenschaft möglich ist.

(f) Schreibung  (N 669) (zu (e)?).

(g) k^{3}-r mit folgendem ^{c}: (ägypt. $^{c}3$?) findet sich in N 666.

Für eine Deutung kommen aus dem vorderasiatischen Bereich eine ganze Reihe von Anschlüssen in Betracht, vgl.etwa: kar "Widder" (Gröndahl 150f., s.N 449), gēr "Schutzbürger" (von Burchardt zu N 640 erwogen; Gröndahl 129, Benz 298f., Fowler 115f.157.340, Zadok 138), akkad. kurrûm, kurrītum "von kleiner Statur" (Stamm 267; Birot 141); für Wurzeln *gwr s.noch bei N 446, *gl(l), gr(r) bei N 473; Wurzeln kjl/kwl (Benz 330f., Maraqten 174, Fowler 104); gul-la, gú-li (Archi, Personal Names 244.249); hurr. kul-, gul- "sagen" (Gelb NPN 229; Gröndahl 237; auch zu anat. kulá), hurr. kel-, kil- (Laroche, Glossaire 142f.); heth. PN kura, kulia (Laroche NH p.97.99; vgl. Gröndahl 278f.) u.a.m. Diese unvollständige Auflistung von kar/gar/kal/gal/kur/gur/kul/gul lautenden möglichen Anschlüssen soll die Problematik eines Anschlusses verdeutlichen.
Für die nicht ausdrücklich als fremd bezeichneten Namen kommen daneben vermutlich auch ägyptische Anschlüsse in Betracht. Die Bearbeiter des Wb verweisen zur Erklärung der FN  ,  u.ä. (Wb 5,107.10) auf das Wort 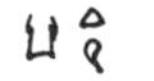 (Wb 5, 93f.) "äusseres weibliches Geschlechtsteil, übertragen verächtliche Bezeichnung für eine Frau". Ranke verweist bei den 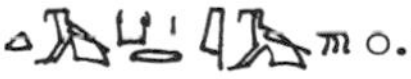 o.ä. geschriebenen FN (R I 371,5) auf den FN  (u.ä.), den er als "die Dirne" übersetzt ( "Dirne", Wb 5,101). (Zu den R I 371,5 angeführten späten PN wie t^{3}-kr-ḏḥwtj (etwa: "das Kind des Thot") s. im folgenden Abschnitt.) Die entsprechend determinierten PN  bzw. 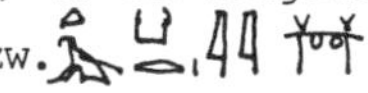 übersetzt Ranke dagegen als "der Gärtner" bzw. "die Gärtnerin" (R II 191).

Die k^3r-Namen können nicht angesprochen werden, ohne ein weiteres Problem aufzugreifen: den zuerst in Papyrus Lansing 2,3 (20. Dynastie) auftauchenden Terminus in der Bedeutung "youngster, young fellow" (Caminos, LEM 378), der über demot. gl-šr "Krieger, Soldat" und kopt. ϭⲁⲗⲁϣⲓⲣⲉ "guerrier", "géant"(Vycichl, Dictionnaire, p.339) als Ausgangspunkt der Bezeichnung καλασίριοι (eine der zwei ägyptischen Kriegerkasten bei Herodot II,164. 166.168; VII,89) angesehen wird. Die Forschung zu diesem Begriff möchte ich kurz skizzieren:

Zuerst machte Schäfer 1895 (in: ZÄS 33, S.113) auf späte PN wie oder (u.a.; vgl.die PN t^3-kr/gr-ḥb, t^3-kr-ḏḥwtj bei R I 371,5) aufmerksam, deren ersten Bestandteil er an das Wort 'gar' "Sohn" im neunubischen Dialekt von Mahas anschloss und dementsprechend die PN als "Sohn der Mut" bzw. "Sohn des Thot" usw. interpretierte. Diesen Ansatz übernahm Spiegelberg für die Deutung des (seit der 3. Zwischenzeit häufiger belegten) Ausdrucks k^3r-šrj, nachdem er zuvor zu einer Ableitung des Begriffes aus $ḫ^3$rw-šrj "junger Syrer" (das aber zu kopt. ϩⲣϣⲓⲣⲉ wurde) tendiert hatte (Randglossen, S.87ff.). Den nicht unproblematischen Anschluss an ein erst im Neunubischen belegtes Wort gab er dann aber knapp zwanzig Jahre später zugunsten einer anderen Erklärung wieder auf. Nun (in: OLZ 27(1924), 187f.) sah er in dem Wort die Nisbe (auf !) einer südlich von Nubien gelegenen Gegend 'Kar'; damit hätte der Ausdruck k^3r-šrj ursprünglich soviel wie "kleiner Nubier" bedeutet. Diese Auffassung findet sich auch bei Caminos, der bemerkt: "literally meaning might have been 'young Nubian' > 'youngster, young fellow', very much like ϩⲣϣⲓⲣⲉ, literally 'young Syrian'"(LEM 378). Diese Etymologie sah sich durch die Annahme gestützt, bei den καλασίριοι Herodots habe es sich um vornehmlich nubische Truppen gehandelt. Dazu hat aber zuletzt A.B.Lloyd festgestellt, dass ein solcher Schluss nur mit "extreme reserve" gezogen werden dürfe; bei den Kalasiriern habe es sich im Gegenteil wohl um gewöhnliche Bürger gehandelt, von denen nur ein geringer Teil überhaupt militärisch aktiv gewesen sei (Herodotus Commentary II, 99-182, Leiden 1988, p.187). Den Ausdruck selber deutet er nach dem neunubischen Anschluss Spiegelbergs (kri/gal "youth" und ägypt. šrj).

Vycichl dagegen setzt, wenn ich seine Übersetzung als "petit garçon(de Syrie)" richtig interpretiere, als Ausgangspunkt ein $ḫ^3$rw-šrj an (Dictionnaire, p.339; vgl. noch die Bemerkungen von Hodjash/Berlev zu N 520). Schliesslich bemerkt McGready zu dem Wort καλάσιρις (von καλασίριος abgeleitet ?): "the Egyptian form of the word has not yet been found in texts" (Egyptian Words, p.249;

vgl. auch Bulletin de la Société Linguistique de Paris LXXXIV (1989) 1, 60).

Nach dieser Sichtung der bisherigen Ansätze möchte ich einen semitischen Anschluss in die Diskussion einbringen, der m.E. im Gegensatz zu den genannten Herleitungen keine sprachlichen Probleme aufwirft: im Phönizischen begegnet ein Wort 'gr' "jeune garçon" (Cohen, Dictionnaire, fasc.2, 109, גור 5.), das auch in der moabitischen Inschrift des Meša-Steins (um 840 v.Chr.) belegt ist als grn (Pl.) "Jungen" und grt (Pl.) "Mädchen" und vermutlich zu hebr. גור gûr "(Löwen-)Junges", akkad. gerru, arab. ǧarw "(Raubtier-)Junges" (HAL 177, Wehr 178) gehört (Cohen aaO). Die Umschreibung des semit. 'g' durch ägypt. 'k' ist regulär (Burchardt § 123; Czermak, Laute, S.208; Helck 536: am Wortanfang) die Bedeutung des Begriffs $k^{3}r$-šrj, die sich aus diesem Anschluss ergibt, ist genau die geforderte: "junger Bursche".

ANHANG:

(a) Personennamen der Bedeutung "Syrer"

Helck hat in seinen 'Beziehungen' (352f.) einige Belege des PN (P^{3}-, t^{3}-) ḫ^{3}rw "(Der, die) Syrer(in)" gegeben. In den meisten Fällen ist der Beweis nicht zu erbringen, dass es sich bei den Namensträgern um Ausländer aus diesem Gebiet und nicht um Ägypter handelt. Erwiesen ist das für Helck nur im Falle der (in seinen Namenskatalog übernommenen) Belege RAD 11,10 (358 VIII.10); pMayer A 5,7 (doppelt verzettelt: H 356 IV.12 in der Sparte "Angestellte", 359 IX.24 in jener "Arbeiter"!), pBM 10054 vso.2,13 (H 363 XII.41), pBM 10068 vso.3,23.
Mir sind aus dem Neuen Reich die folgenden Belege bekannt:
ḫ^{3}-rw/ ḫ^{3}-rw-y: pMayer A 5,7; pAmiens vso.4,x+3; Hayes, Inscriptions, fig.21; CG 25543, rto.2 (s.N 205); CG 25575,22; CG 25576, 9; CG 25598,4/vso.B,5; CG 25654,3; CG 25820,2; CG 47562; CG 570 (JdE 27838, Beiname eines s-^{c3}; H 366 XIII.51, s.ASAE 1,99); Nationalmuseum Kopenhagen Inv.A.A.a.37, A.A.a. 46; Marciniak, Inscriptions No.4,11; 127,1; pLeiden I 350 vso.IV,28; R I XXVIII (zu 2I3,23m); pWilbour A 46,36; 97,12; B 2A, x+4; 8,11; R I 427,13 (2 Belege); pAbbott 4,13; 7,6; pTurin Pleyte-Rossi 156,9; Naville Todtenbuch, Ap.; LD Text I,17; R I 427,13.
ḫ^{3}-rw-y-t:$_{2}$: pGurob II,1 Z.4 , II/2 rto. Z.15f. (B 734; R I 274,1; Griffith, Kahun, pl.39); pBerlin 9784,5 (Gardiner, Four Papyri, p.28).
p^{3}-ḫ^{3}-rw: Stele Pushkin-Museum I.1.a.5604 (4077)(Hodjash/Berlev, Reliefs, Nr. 83); Uschebti Musée National de Céramique Sèvres No.Inv.MNC 3689^{2} (Bulté, Catalogue, No.106); pBM 10068 vso.3,23; Černy,Graffiti 1282,5.12; 1349; 1403; O. Brüssel E.301 (Speleers p.48 No.182); CG 42224; Berlin 2302; 11965, 11978 (Roeder, Inschriften II S.44f.455.578); O.CG 25588,3; 25758,5; CG 46779-46788; CG 47829-832; CG 47901; Graffiti de la Montagne Thébaine, No.2764; Marciniak, Inscriptions, 2,2; 4,5; 4,7; 22,3; 117,4; pLeiden I 352, Z.1 (R I 116,19; Černy, Stolen Property, 186); Helck, Materialien, S.831; Theban Necropolis Journ. 2,3 (RAD 66); pBM 10068 vso.3,23; Stele Hungarian Museum of Fine Arts, Budapest, Nr.51.2145 (KRI III 268, Z.5); Uschebti Liège I/676 = Eg.34 (M. Malaise, Antiquités égyptiennes de Liège, p.81, fig.29, pl.VII/15); Stele Leiden V 56 (Boeser, Stelen, Nr.32, pl.XXI); Spiegelberg, Amphoreninschriften, S.33 (KRI II 680,4); Stele Petrie, Memphis I, pl.17 und p.8.20. W^{c}-ḫ^{3}rw: s. F 10.
t^{3}-ḫ^{3}-rw: Grab des Mes, Saqqara, S 15 (s.Gaballa, Tomb-Chapel); pBM 10054 vso.

2,13; Stele Tübingen Nr.471 (Brunner-Traut/Brunner, Äg.Sammlung Tübingen, S. 102f., Tf.89); Hari, Répertoire, 301; Turin 50077; Leiden Inv.AST 23 (Boeser, Pyramiden, S.10f., fig.65); Stele BM 324.

(b) Personennamen mit anderer Herkunftsbezeichnung

Die im MR geläufige Bezeichnung ^{c3}m "Asiate" kann ich im NR onomastisch nur in dem PN P^3-^{c3}m der 18. Dynastie auf dem Stück Field Museum of Natural History, Chicago, 30177a/b ("openwork ring stand and flask"; Egypt's Golden Age, Nr.106 p.119 und 308) und Urk. IV 11,13 (R 102,21), Lieblein, Dict.1355 nachweisen.[a)]
P^3-k-f-tj-w-j$_2$ ^{F} "der Kreter" bei Vercoutter, L'Egypte et le monde égéen pré-héllenique, p.96 (gibt als Beleg "O. BM 5647, inédit", unter welcher Nummer aber die Schreibtafel mit Keftiu-Namen - s. N 72 - läuft). P^3-^{c}-p-:r ^{F} "der ^{c}Apiru" auf Schreibpalette in Hildesheim (R I 102,22). T^3-ḫ-t:$_2$ $^{RD.WJ}$ "die Hethiterin (?)" auf Holzsarg-Fragment Turin 880 (R I 367,6). P^3-š^3-sw ^{F} "der Beduine" (Tempel Sethos' I. in Abydos, Aufschrift beim Durchgang bei der Königstafel; R I 117,24), T^3-š^3-sw ^{F} "die Beduinin" (pHarris A = pBM 10053 6,9; R I 367,21). š^3-r-d-ȝ-n-ȝ "der Širdanu" (R I 319,9).[b)]
Vgl. noch oben N 58f.62-65.67.69.210.215-221.224.229.231.236.325-329.F 14f.369 378.482.492.540ff.(falls zu ṯ^{3}rw "Sile").

(c) der Name Sw-n:-r: s.N 254 und zu einer möglichen ägyptischen Deutung oben zu den k(-^{3})-n:-r geschriebenen Namen. Dieser PN ist nie mit) determiniert. Belege: Relief Yale YAG 1937.126 (Scott, Ancient Eg.Art at Yale, p.133f.); Inschrift im Haremhab-Speos von Gebel Silsile (Habachi, Jubilees, p.66f. und fig. 3); Uschebtis Zagreb, Monnet-Saleh, Antiquitées, Nos.617-620; Uschebti Berlin 4530 (und Berlin 343); H.D.Schneider, Art from Ancient Egypt, p.79 no.49; Austin, Cultes funéraires, 1987, p.47 no.96; Uschebti London UC 114 (Petrie, Shabtis, p.X), Uschebtis Bologna, Florenz, Leiden (Petrie aaO p.XX; Boeser, Statuetten, S.13, Nr.73.74); Newberry, Funerary Statuettes, p.222f.; Stele Leiden V 57 (Boeser, Stelen, Nr.30); R I 316,10 mit pAnast.4,9; vso.8; Petrie, Kahun, Gurob, Hawara, Tf.24,1; Wb-Zettel 127 (Sethe 25,86); B 783 mit Lepsius, Denkmäler, III, 209e 14; pLeiden 350 Rs.3,10.14;) Ramesseum-Aufschrift 220 (KRI II 695, Z.16). P^3-sw-n:-r: Stele BM 166 (Hieroglyphic Texts 9, p.26f. und pl.XXII; KRI II 389, Z.9); Goyon, Wadi Hammamat, Nr.234.
Für semitische Anschlüsse s. unter N 390.538 [mit Samek].

(a) Dazu ^{c}3m(t) R I 59, 2.3.
(b) Dazu kpnj "einer aus Byblos" bei Condon, Account Papyri, p.76 (75 Z.2).

Falsch klassifizierte Personennamen (F 1 - F 31)

Die folgende Liste führt PN v.a. der Sammlung Helcks auf, die dort als vorderasiatisch klassifiziert wurden, m.E. jedoch ägyptisch sind und daher keine Aufnahme in den Hauptkatalog fanden.

F 1 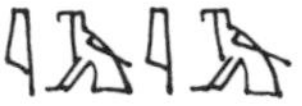 j-^{3}-j-^{3}

Dieser als Bestandteil eines ON des pWilbour bezeugte Beleg, von Helck ʾá-ʾe transkribiert, dürfte ein ägypt. Lall- oder Kosename sein. Vgl. identische PN etwa Mes-Inschrift S 7 (Gaballa, Tomb-Chapel, z.St.), Stele Nr.34 bei Hassan, The Great Sphinx (Giza VIII), 261 fig.197, sowie die Bemerkung zur Methodik oben S. 3 .

F 2  (m) j:-p^{3}-j-^{3}

Derselbe PN findet sich noch pBerlin 9785,19 (= R I 22,12; ZÄS 43,40). Vermutlich ist er als Variante zu den gruppenschriftlich j:-p-j$_2$-y u.ä. (s. S.67 a)) notierten Kurzformen von PN Imn-m-jpt (dazu Sethe, Kurznamen, 90) u.ä. zu betrachten. Semit. Anschlüsse (hebr. PN אַפַּיִם ʾappajim [Noth 227, Zadok 75]; ʾp bei Gelb CAA 237; frühnordarab. PN ʾf, ʾfy [Harding 58f.]) sind dagegen wenig wahrscheinlich.

F 3  (m) jn-n-^{3}-ḫ-j$_2$

Winzer im 3. Jahr Sethos' II.

Helck vergleicht den aus Alalach bekannten PN Inaḫu, doch ist der Name aller Wahrscheinlichkeit nach ägyptisch und zu nḫt "stark" zu stellen, s. unten F 16. Zu der Schreibung mit anlautendem j- vgl. die Schreibungen von nht "Sykomore" als jnht (etwa R I 206,26 und Stele 11 bei P.Ramond, Bibl.d.'ét.62, 1977, 54). Semitisch könnte einzig eine Kurzform eines akkad. PN wie Inaḫ-ilum "Er ist müde (leidend) geworden, o Gott" (Stamm 163) postuliert werden.

F 4 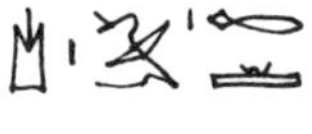 (m) jwn-ṯ^{3}-^{c}:

Arbeiter in Deir el-Medineh, ramessidisch.

Ward (Personal Names, 295) klassifiziert den Namen als semitisch und stellt ihn (ohne formale Erklärung) zu der Wurzel נסע ns^{c}, die in dem FW
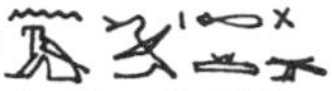
in Deir el-Medineh belegt ist (Černy, Hieratic Ostraca, pl.64,2 rto.3; H 516 (146) "herausreissen"; Ward aaO und ders., Semitic Loanwords, 430: "to leave, depart"). Dieser Ansatz ist jedoch nicht nur mit Blick auf die onomastische Belegbarkeit dieser Wurzel und die semantische Einordnung problematisch, sondern besonders auch hinsichtlich einer formalen Interpretation des dann zu postulierenden Hypokoristikons. Dasselbe gilt in ähnlicher Weise für eine Anknüpfung an die Wurzel nz^{c} √I "withdraw (allegiance)", II "come to grips with (enemy); disputation, quarrel" (Sab. Dict. 101).
Wäre daher allenfalls ägypt. jwn.(pw).ṯ^{3}.^{c}3 "Eine Stütze ist der grosse Junge" (vgl. Wb I,53; V,340) denkbar?

F 5  (f) j:-ḫ-m

Mutter des Bauleiters Bnr-mrwt, Zeit Thutmosis' III.

Helck denkt an einen Kurznamen ʾaḫ "der Bruder ist...", bevorzugt jedoch die Annahme einer Verkürzung des für sie belegten Vollnamens Tḫj-m-^{3}ḫt. Dieser Erklärung möchte auch ich den Vorzug geben, umso mehr, als eine Kurzform zu einem Satznamen "(mein) Bruder ist (der Gott NN)"kaum *ʾaḫum mit Nominativendung und Mimation lautete und ein Profanname Aḫumma "Ein Bruder ist's!" (Stamm 130) für einen FN ohnehin von vornherein nicht in Frage kommt. Zu Belegen für ʾaḫ "Bruder" in der semit. Onomastik s. bei N 576.

F 6  (m) j:-k-j_2

Rinder-, Domänen- und Prophetenvorsteher des Month, 18. Dyn. (?).

Helck vergleicht den Alalach-Namen Akki. Als Transkription von hurr. ag- "darbringen" erscheint j:-k-j_2 in N 79. Semit. wären aber ebenfalls verschiedene Anschlüsse denkbar (s. N 73f.). Da aber ägypt. PN wie  oder 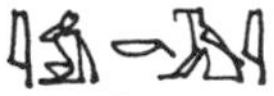 im MR und NR gut bezeugt sind (R I 47,26ff.48,3), kann der vorliegende Name nicht als vorderasiatischer PN in Anspruch genommen werden.

F 7 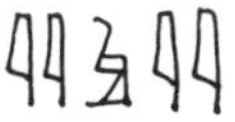 y-w-y

Bestandteil eines Hügelnamens in pWilbour; sicher ägypt. Lall- oder Kosename.

F 8  (m) ^{c}:-m-ṯ^{3} MṮ3

Arbeiter in Deir el-Medineh.

Ward (Personal Names, 296) möchte diesen PN zu dem Namen des Wesirs ^{c}3-mj-ṯw (N 129) stellen, doch liegt gerade aufgrund der Determinierung wohl ein vulgärer ägyptischer Beiname ^{c}3-mṯ^{3} "mit grossem Penis" vor. Dazu können semantisch PN wie akkad. Paḫallānu "Mit (grossen) Hoden", Pilpilānu/Pappalānu "Urinträpfler" (Stamm 266), palm. ʾnbt "having pubic hair" (Stark 70), ugar. ^{c}ytṯn "urinator", ḫran "cacator" (Naveh, Nameless People, 122), ägypt. p^{3}-^{c}3-ẖt "der mit grossem Bauch" (R II 178) u.a.m. verglichen werden.

F 9 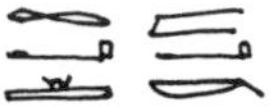 (m) ^{c}3-m-k

Gelobter des Königs (ḥsj n nṯr nfr), Schreiber des Herrn der beiden Länder.

Der Name wird von Helck als ^{c}á-ma-k umschrieben, doch liegt sicher ein ägypt. Name vor. Im Turiner Streik-Papyrus vso. 4,11 (Gardiner RAD 47, Z.6) ist der identische Name  belegt, wobei Gardiner auf die R I 416,20 aufgenommenen PN 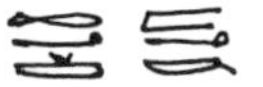 und  aus Deir el-Medineh verweist. Wie die letztgenannte Schreibung eindeutig zeigt, ist ägypt. ^{c}3-mk(j)t "gross an Schutz, mit grossem (Zauber-)Schutz" zu übersetzen (s. Wb II 160 zu mkj, mkt). Zu demselben Ergebnis kommt Ward (Personal Names, 292).

F 10  (m?) w^{c}-ḫ^{3}rw F.Ḫ3ST

Helck transkribiert ^{c}u-ḫá-rú und zieht den Alalach-Namen Uḫari heran. Dazu sind aus dem mittelassyrischen Onomastikon Uḫar und Uḫura (Saporetti I 493; Freydank/Saporetti 134) anzufügen, die ich an uḫḫuru "zurückgestellt, letzter" (AHw 3, 1404; von aḫāru) anschliessen möchte. Damit wäre die Identifizierung hinfällig, da ʾ, nicht ^{c} vorliegt. Hinzu kommt, dass  im Ägyptischen gewöhnlich für die Konsonantenfolge w-^{c}, nicht ^{c}-w steht (s. bei N 502). Da Bergmann über die Zeichen  den Vermerk 'sic' gesetzt hat, dürfte vermutlich ägypt. w^{c} ḫ^{3}rw "ein Syrer" als Variante zu dem häufigen p^{3} ḫ^{3}rw "der Syrer"

(s. die Belege oben S.286f.) zu lesen sein.

F 11 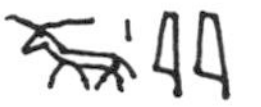 (m) $b^3{}_2$-y

Schatzmeister, leitender Minister der Königin Tausret, Ende der 19. Dynastie.

Dieser höchste Beamte der Königin Tausret dürfte Syrer gewesen sein, doch ist der PN $b^3{}_2$-y (neben dem er den Namen R^cmssw-ḫ̮^{c}w-m-nṯrw trug) m.E. ägyptisch, obwohl Helck aus Alalach bi-i-ja vergleicht. Das scheint angesichts so oder ähnlich geschriebener ägyptischer Namen (R I 89: b^3y, b^3j^3 usw.) nicht plausibel. Daher ist auch ein Anschluss an PN wie by, byy (Harding 125f., Benz 286) abzulehnen.

F 12  (m) p^3-y-m $^{MW.MR}$

Arbeiter in Deir el-Medineh, 20. Dynastie.(Frau: N 381).

Ward (Personal Names, 297) möchte den Namen als semitisch ansehen und folgert: "Since the father of the workman P^3-Ym has what appears to be an Egyptian name, this would either be a case where the mother was foreign, or a case of a foreign name given to a child born in Egypt in memory of the family's origins." Der GN Jām "Meer" begegnet zwar nicht nur - so Ward - in ugar. PN, sondern auch in amor. und ev. hebr. PN (Huffmon 210; Zadok 55). Doch ist das Wort als Lehnwort "Meer" im Neuägyptischen geläufig (Wb I,78), u.a. auch in dem Gottesnamen Imn-p^3-ym, so dass durchaus ein mit dem Lexem gebildeter ägypt. Name vorliegen kann, etwa ein Hypokoristikon eines mit dem GN Imn-p^3-ym gebildeten Satznamens.

F 13  (m) p^3-ε^3 k t ^{MSK3}

Vater eines Kaufmanns unter Ramses IX.

Helck umschreibt P^3-šá-k-t, als sei der Name nichtägyptisch, doch liegt ägypt. 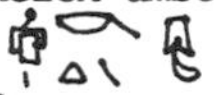 "Eselsfüllen" vor (Wb 4,315, mit mask. oder fem. Artikel; kopt. ^{S}ⲤⲎϬ, ^{B}ⲤⲎϪ, Vycichl, Dictionnaire, 207), als PN belegt R I 321,3 (ev. 5,6) und in dem FN  pWilbour A 10,9.

F 14 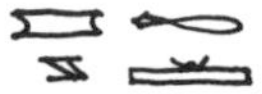 (m) mr-^{c}:

Hirt unter Ramses XI.

Die Schreibung des Namens ist nicht eindeutig.  ist gewöhnlich 'mr', steht aber hieratisch regelmässig für  jw (Burchardt § 21). Demgemäss liest Helck ʾi-^{c}á und vergleicht aus den Alalakh Tablets den PN Ia, der jedoch ein ^{c}Ajin kaum enthalten haben kann und eher ein nicht etymologisierbarer Kurz- oder Lallname sein dürfte. Doch auch die Lesung des Kanalzeichens als 'mr' und die Rekonstruktion der zeitgenössischen Aussprache des PN als Mi^{c}o, wie sie Gardiner (Taxation, 32) vornahm, führt im Hinblick auf eine semitische Deutung des Namens nicht wesentlich weiter. Allenfalls lässt sich der im AT belegte PN מַעַי mā^{c}aj vergleichen, der von Noth (93) als Kurzform qattaj (Endung -aj anstelle des 3. Radikals) erklärt wird, während Zadok ihn als qatl-Bildung zu hebräisch מֵעָה mē^{c}ä, aram. m$^{e c}$î, arab. ma^{c}y "intestines, bowels" (onomastisch m^{c}yʾ in Palmyra, Stark 95) auffasst. Auch damit wäre die vorliegende Notation nicht ohne weiteres zu vereinbaren. Da das ^{c}Ajin auf das Semitische oder Ägyptische weist, möchte ich am ehesten eine ägyptische Erklärung als Kurzform eines Satznamens GN-m-mr-^{c}3 "(der Gott/die Göttin NN) ist auf dem grossen Kanal" ansetzen (allenfalls GN-m-jw-^{c}3 "GN ist auf der grossen Insel"). Ähnlich vgl. den PN m-ḥb als Kurzform zu GN-m-ḥb "GN ist im Fest" (R II 101 mit weiteren Kurzformen) oder m-pw als Kurzform zu Imn-m-jpt (R. van Walsem, A Variant).
Für PN mit 'mr' "Kanal" (Festnamen) verweise ich auf ^{c}ntj-m-mr "^{c}Anti ist im Kanal" (R I 69,20), Nbw-m-mr-Qjs "'Gold' ist im Kanal von Kusae" (pBrooklyn 35.1446 vso. 25b) oder nṯr-m-mr "Gott ist im Kanal" (R I 214,14).

F 15 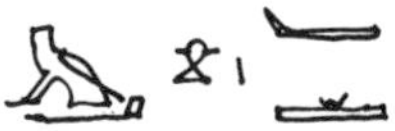 m-ḥr-ḥ:

Zu diesem von Helck als 'm^e-ḥe-ḥà' aufgenommenen Teil eines Toponyms in pWilbour merkt Gardiner an: "The name looks unconvincing as it stands though occuring again (cancelled) in [pWilbour] 20,1; perhaps emend either  or 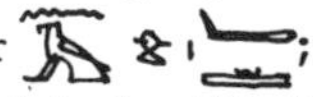; for the latter cf. (e.g.) A 57,44; B 5,19." Entsprechend sieht Helck den PN als "wohl identisch mit na-ḥe-ḥà" an. Der Name  findet sich etwa auch KRI III 187, Z.6, wobei Kitchen als Aussprache "Naḥiho" postuliert. Ob dieser PN an das Verb nḥrḥr "sich freuen" (Wb 2,299) anzuschliessen ist? Zu den Notationen m-ḥr-ḥ: und n^3-ḥr-ḥ: sind aber auch noch 

k-^{3}-ḥr-ḥ: und k-^{3}-ḥr-t:$_2$-ḥ^3 zu erwähnen (R I 348,5).

F 16 (m) n-^{3}-ḫ-j$_2$-y

Helck vergleicht zu diesem als asiatisch klassifizierten Namen aus Alalach Naḫḫe. Es gibt ausreichend Indizien dafür, dass wir den PN als ägyptisch ansehen müssen. Für gruppenschriftliche Schreibungen genuin ägyptischer Namen (Kurzformen) kann auf Notationen wie j:-n-j$_2$-y für (GN-m-)jnt, j:-p-j$_2$-y für (GN-m-)jpt oder für (GN-)m-ḥb u.a. verwiesen werden. Auf einen ägyptischen Anschluss des vorliegenden Namens entweder an "schützen, helfen" und "Schützer, Verteidiger" (Wb 2,304f) oder nḫt "stark sein" (Wb 2,314-318) weist insbesondere der mit dem 'schlagenden Mann' determinierte, mit Ausnahme des abschliessenden -y gleich notierte PN (O.Turin N 57015).
An weiteren Belegen n-^{3}-ḫ-j$_2$ nenne ich: O.Turin 57015; 57388 rto.7, 57408 col. I,1; 57432 vso. 5,6; London UC 14362; London BM 281, BM 360, BM 1629; Hari, Répertoire, 166f.; Turin N 50010; Valbelle, Poids, N°s 5032, 5128, 5302; sehr häufig in den Kairener Ostraka; Pyramidion des Chonsu (Rammant-Peeters, Pyramidions, Doc.66, p.71f.). Dieser letzte Beleg liefert nun wohl den Beweis für einen Kurznamen mit nḫt "stark": Auf face IV des Pyramidions erscheinen Ḫnsw, Diener am Ort der Maat, und sein Sohn Nḫt-m-Mwt. Auf face II sind es Ḫnsw, die Hausherrin T^3-mk und sein Sohn n-^{3}-ḫ-j$_2$. N-^{3}-ḫ-j$_2$ ist hier also offenbar Kurzform des Satznamens Nḫt-m-Mwt.

F 17 (m) rw-s^3

Zu diesem PN der Keftiu-Liste von BM 5647 verglich Astour (Onomastica, 251) aus Alalach (Wiseman, Alalakh Tablets, 141) die Namen Lu-us-sa und Lu-uz-za. Da der PN ohne das Fremddeterminativ notiert ist, direkt nach ihm die ägyptischen PN (vgl. N 593) einsetzen und ähnliche Namen offenbar von Ägyptern getragen werden - vgl. (CG 47747), ev. (CG 34082) -, kann auch hier die gruppenschriftliche Notation eines ägypt. Kurznamens vorliegen. Dazu käme zuerst die häufige Kurzform rsj zu PN wie Rs(j)-snb u.ä. (von der Wurzel rsj "(er)wachen", Wb 3,449f.) in Frage. Ägyptische PN, die mit dieser Wurzel gebildet sind, sind sehr zahlreich (R I 226f.).
An formal ähnlichen, gruppenschriftlich notierten PN vgl.: **k^3-s^3, k-s^3** (sehr

häufig CG Ostraka; CG 47618; CG 34075; CG 25063; Roeder, Inschriften, II, 274; Hari, Répertoire 290.1; Turin 50037, 50084, 50161, 50230, 50255; O.Turin 57020 57068, 57388, 57432, 57409, 57537; Zagreb 607; Hannover Inv.1935.200.181; Cerny, Graffiti (4 Belege); Valbelle, Poids (1 Beleg); Koenig, BIFAO 88(1988), 113ff.; **rw-tj**, **rw-t:$_2$**, **r-t-w**, **r-tj** (CG 34111, 34114, 34137; Valbelle, Poids, 5148; O.Turin 57006, 57026, 57028-30, 57046, 57056, 57283, 57388, 57409, 57432 CG 25505, CG 25634); **t-w-s^3**, **t-w-s-j$_2$** (Valbelle, Poids, 5192; CG 34073); **n-^{3}-f-j$_2$** (Leiden Inv. AST 23); **p-w-ḥ:** (CG 34049); **t-w-r-y**, **t-w-r-j-^{3}** (CG 34082 34099, 34101; Florenz KS 1942); **t-w-ḫ-j$_2$** (London UC 14566); **n-^{3}-ḫ-j$_2$** (s. F 16; F 3); **r-k-^{3}**, **r-k^3**, **r-j$_2$-k^3** (s. F 18f.) u.a.m. Die Problematik ägyptischer Kurznamen müsste für sich ausführlich behandelt werden.

F 18  (m) r-k^3

Oberhandwerker unter Ramses II.

F 19  (m) r-j$_2$-k^3

Altarschreiber des Tempels des R^c unter Ramses II.

Helck deutet beide Namen als "Lyker"; dabei muss er F 18 als l^e-kú transkribieren, um sich die Möglichkeit eines Vokals ausser 'a' zu erhalten. Das Land Lukku wird ägyptisch etwa 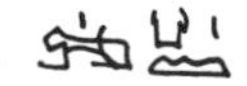 (im Poème des Kadeschberichts, KRI II 4, Z.4) geschrieben. Während auch für W. Röllig aus Lukku stammende Ausländer in Ägypten gesichert sind (aber einzig durch den PN N 236, s. dort), halte ich auch in diesem Fall die einen ähnlichen Sachverhalt betreffende Argumentation H. Klengels (s. N 325) für gerechtfertigt (vgl. auch zu N 62ff.). Immerhin ist aus Ugarit der PN lukaya, lky belegt (Gröndahl 281). Dagegen passen die vorliegenden PN, die weder den 'u'-Vokal schreiben noch eine Nisbebildung sind und auch nicht den vorangestellten Artikel p^3 "der von" aufweisen, schlecht zu der ägypt. Schreibung des Toponyms. Eine Deutung als "Lyker" müsste neben diesen sprachlichen Problemen auch die historisch-geographischen lösen: wie Helck selber feststellt (227), sind im Grunde keine Beziehungen zwischen Ägypten und dem Gebiet im südwestlichen Kleinasien festzustellen. Hinzu kommt die Existenz ähnlich notierter ägyptischer PN wie  (CG 25660,17 [Texte A]: Černy, Ostraca hiératiques, fasc.3, p.52, 72*, pl.LXIX; bzw. Napoli Inv.gen. 1036:

Hölbl, Stele funerarie, 11: in 3. Generation ägyptisch!). Dass schliesslich auch für eine nichtägyptische Erklärung nicht nur - wenn überhaupt - 'Lukku' in Betracht käme, zeigen der ugar. PN lg (Gröndahl 154) und die früharab. PN rǧ, rǧʾ, lǧy (Harding 270; 511 mit Ryckmans I 345f.). Doch dürften die Namen F 18f. ägyptische Kurznamen sein.

N.B.: Bei dieser Gelegenheit möchte ich auf das Fremdwort  r-k-^{3} SḎ.ḤWJ in Mag. pHarris vso. 11,3 eingehen. Helck (516(152)) gibt die von Burchardt (641) angenommene Bedeutung "verzaubern". H.O. Lange schlägt in seiner Bearbeitung des Papyrus (94.96) "verdrängen" vor, da das Verb in Parallele zu ägypt.  "zurücktreiben" (feindlicher Mächte) steht. Mögliche semit. Anschlüsse sind daher arab. laǧǧa "bedrängen, belästigen" (Wehr 1142), raǧǧa "erschüttern" (Wehr 451) oder lakaʾa "schlagen", lakka "mit der Faust schlagen" (Wehr 1165).

F 20 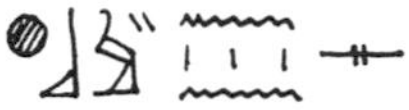 (f) ḫ-b-w-j$_2$-n:-n-s

Frau des Ḫ^c-m-w^{3}st, Vorstehers der nördlichen Festungen unter Amenophis III., Gelobte der Sachmet, Grösste des Harems der Bastet.

Dieser von Helck als asiatisch klassifizierte, aber dafür merkwürdig notierte (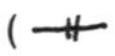 am Wortende!) FN dürfte in Wirklichkeit ägyptisch sein, wie der für das MR bezeugte PN 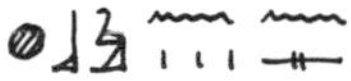 (R I 268,18) nahelegt. Ob der FN als ḫbj-n.n.s "wir tanzen für sie (die neugeborene Tochter)" (ḫbj: Wb 3,250) zu interpretieren ist?

Für den u.U. ägyptisch zu deutenden PN  s. N 374.

F 21  s^3-p^3-jr(t) (m)

Prinz, Sohn Seqenenres II. oder Ahmoses, Ende 17./Anfang 18. Dynastie.

Helck bevorzugt eine ägypt. Erklärung als "Sohn des Schöpfers" gegenüber einem Anschluss an den Alalach-Namen Šapari (wogegen sich auch D.B. Redford, History and Chronology of the Eighteenth Dynasty, 1968, 68 n.62 wendet). Nach A.P. Zivie (in: BIFAO 72, 1972, 77) bedeutet der Name dagegen "le fils du l'oeil" (s. noch R I 281,24; Hodjash/Berlev, Reliefs Nr.61).

F 22 (m) š^3-w$_2$ ^{MḎ3T}-k^3-ṯ^3 $^{RD.JW}$

Soldat unter Ramses V.

Helck interpretiert die Determinierung der zweiten Namenshälfte als Assoziation des Wortes kṯn/kḏn "Streitwagenfahrer" (s.N 253). Eine semit. Deutung des PN stellt grosse Probleme. Dagegen scheinen zwei ägypt. Ansätze erwägenswert:
(a) š^3-w k^{3}ṯ^3 "der Kleine ist bestimmt worden" mit "schicksalhaft bestimmen" (Wb 4,402f.) und (in PN: R I 350,1), kopt. ⲕⲟⲩϫⲓ "klein, wenig" (Vycichl, Dictionnaire, 92).
(b) š^{3}w k^{3}ṯ^3 "geeignet als Wagenlenker", d.h. als Beiname des Soldaten, mit neuägypt. , "wert, geeignet" (mit Genitiv auch: für ein Amt, Wb 4,404); kopt. ϣⲁⲩ- "(einer Sache) wert, tauglich (für etwas)") und (auch ohne , Wb 5,148) "Wagenlenker". Möglicherweise ist diese letztere Deutung aufgrund der Notation (w$_2$ vor MḎ^{3}T; Determinative) vorzuziehen.

F 23 q-^{3}-rw-j RD

Gardiner ergänzt vor diesem Teil eines Ortsnamens im pWilbour . Helck vermutet einen fremden PN, umschreibt qa-rú-ʾe und vergleicht aufgrund der Determinierung die Wurzel hebr. קרא qrʾ "begegnen" (Nbf. zu קרה). Doch liegt sicher das neuägypt. Wort "landfremder Vagabund, Bettler" (Wb 5,59) vor, so dass der ON als "Haus des Bettlers" (mit der Ergänzung Gardiners: "der Bettlerin") zu deuten ist.

F 24 (m) q-^{3}-r-r

Schreiber unter Ramses V.

Helck umschreibt qa-ra-r⟨a⟩ und vergleicht aus Nuzi den PN Qariru. Doch ist eine Erklärung als ägypt. "Frosch" (Wb 5,61), das als PN belegt ist (R I 336,8; auch noch kopt. ⲕⲣⲟⲩⲣ , ⲕⲣⲟⲩⲣⲓⲥ [Crum, Dictionary, 117; vgl. Vycichl, Dictionnaire, 86f.]), einer Deutung als Fremdname vorzuziehen, zumal das Semitische keine eindeutige Interpretation zulässt (grr, gll, qrr, qll, ġll; s. etwa Harding 158.165.457.479; Gröndahl 127f.177; Stark 82; Noth

230; Zadok 147; Wehr 173.189.922.1011f. usw.; dazu aussersemit. etwa heth. Galulu, Garala [Laroche NH Nr.492.519]).

F 25  (m) k-^{3}-m

Helck transkribiert 'ka-m' und vergleicht aus Alalach den PN Kammu. Mit Blick auf die PN R I 344,26ff.30; 345,1f.4f.9 möchte ich ihn aber für ägyptisch halten. Für allfällige semit. Anschlüsse s. bei N 442.

F 26 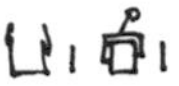 k^{3}-s^{3}

Für diesen PN verweist Helck auf "Posener, Syria 18, 183" (richtig: 193), wo der Name aber als "nom propre égyptien, courant au Nouvel Empire" bezeichnet wird (s. bei F 17!).

F 27  [Černy] (m) k-^{3}-$\underline{t}^{3}$-wn-w$_{2}$ [Det.].P
[Kitchen]

Sohn des Schreibers Pn-t^{3}-wrt (Brüder Imn-nḫt, Imn-ḥtp), ramessidisch.

Ward (Personal Names, 299) bestreitet eine ägypt. Erklärungsmöglichkeit; der Name erscheine so ägyptisch nicht - "though it remains obscure why Pentaweret would have a son with a foreign name". Er vergleicht aus den Amarnabriefen Kuzuna, dazu den hethit. PN Kizzuwa - beides wenig überzeugend.
Ob eine Konjektur in  k^{3}.$\underline{t}^{3}$.wnḫ-w "Das Kind soll (schön) gekleidet sein" (s. Wb 1,323f.[wnḫ]; 5,340[$\underline{t}^{3}$]; Gardiner, Grammar § 242 [k^{3}]) als Wunschname möglich ist?

F 28  (m) tj-n:-r-y

Vater eines Gottesvaters Ḫ^{c}-Imn unter Ramses XI.

Dieser von Helck als asiatisch beurteilte PN ist ägyptisch und gehört zu dem vermutlichen Lehnwort 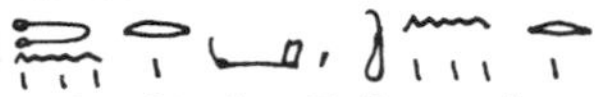 "stark, tüchtig, tapfer" (Wb 5 382f.), das als PN - auch mit der Endung -ja usw.) sehr häufig belegt ist (R I 381).

F 29  t^3-k-^{3}-j-^{3}-y

S. N 438 (ägypt. Belege).

Für PN t-w-t-w-j-^{3} s. N 521.

F 30  (m) ṯ^3-y-n-^{3}

Var.  ṯ^3-y DB*.NHT-f

Auch dieser Name ist bei Helck aufgenommen. Merkwürdig ist dabei die Variante mit -f statt -n-^{3}. Vielleicht kann die Hauptschreibung hypothetisch als gruppenschriftlich notierte mechanische Verkürzung eines Satznamens wie 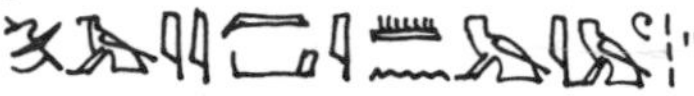 "Amun ergreift sie" (R I 367,14: pHarris A 2,6; 20. Dyn. wie F 27) oder 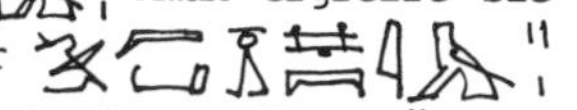 "Onuris ergreift sie" (R I 387,15; Spätzeit) verstanden werden, während die Variante auf -f die nicht mechanische, sondern sprachliche Verkürzung "er ergreift (sie)" darstellen würde, doch bleibt dies sehr unsicher.

F 31  (m) ṯ^3-^{c}:

Wasserträger (Helck hat "Holzholer"!) im 27. Jahr Ramses' III.

Helck gibt keinen Anschluss. Eine ägyptische Erklärung als ṯ^3 ^{c}3 "grosses Kind" (vgl. R I 386,22 und 388 Anm.1; ṯ^3 "Vogeljunges, Tierjunges, kleines Kind") ist am wahrscheinlichsten, zumal derselbe Name in pAbbott Dockets vso. A 12 (R I 386,25 = KRI VI 764,15) von einer Frau getragen wird.
Wenig plausibel ist dagegen der einzige allenfalls vergleichbare Anschluss an den hebr. PN זיע zî^{c}a, den Zadok 141 von zw/j^c "zittern" ableitet (nach Noth 242). HAL I 257 führt neben dieser Interpretation noch arab. ḏj^c " an die Öffentlichkeit kommen", miḏjā^c "mitteilsamer Mensch" an.

C. QUELLENKATALOG

Der folgende Katalog liefert den Quellennachweis der in Teil B diskutierten Personennamen. Die einzelnen Einträge sind einheitlich gegliedert:

N : Nummer des Belegs (identisch mit der in Teil B zugeteilten)

(a): Nachweis des Belegs in den bisherigen einschlägigen Sammlungen; dabei bezeichnet B: Burchardt, Altkanaanäische Fremdworte, R: Ranke, Personennamen, H: Helck, Beziehungen (immer die 2. Auflage von 1971).

(b): Angabe der genauen Quelle, Datierung.

(c): Angabe der Publikation des Beleges; weitere Literatur zu Quelle/Person.

N 1 (b) Stele CG 34083 des Jj-B^{c}L aus Abydos, 18. Dynastie.
(c) Lacau, Stèles I^{2}, 132f. u. pl.XLII.

N 2 (b) Stele CG 34053 des Qumu, 18. Dynastie.
(c) Lacau, Stèles I^{1}, 93-95.

N 3 (a) H 364 XIII.1
(b) pWilbour A 51,16 in Ortsname "Stall des J.", Zeit Ramses' V.
(c) Gardiner, Wilbour Papyrus I.

N 4 (b) Stele Pushkin Museum I.1.a.6493, Mitte 18. Dynastie.
(c) Hodjash/Berlev, Egyptian Reliefs, Nr.48, p.101.

N 5 (b) Stele CG 34070 des R^{c}, 18. Dynastie.
(c) Lacau, Stèles I^{2}, 117f. u. pl.XXXVIII.

N 6 (a) R II 262, 16; H 360 XI.1
(b) Ostrakon Louvre E.14354, Z.1, Anfang 19. Dynastie.
(c) Posener, Liste p.189f. und pl.30.

N 7 (b) pLouvre 3171, 3,5, 20. Dynastie.
(c) Spiegelberg, Rechnungen, pl.XVIII; Gardiner, Taxation, p.57.

N 8 (a) B 18; R I 21,11; H 362 XII,1.
(b) Biographische Inschrift des Soldaten Ahmose aus Elkab, Anfang 18. Dynastie.
(c) Urk.IV, 1, 16; die Variantenschreibung bei C. Vandersleyen, Les guerres d'Ahmosis, p.24 Anm.5.

N 9 (a) R II 262,20; H 360 XI.2.
(b) Ostrakon Louvre E 14355, Z.3, Anfang 19. Dynastie.
(c) Posener, Liste, p.193f.

N 10 (a) R I 414,28; H 362 XII.2.

(b) Holzstatuette aus Deir el-Medineh, Kairo JdE 63646 B; Beginn 18. Dynastie.
(c) Bruyère, Rapport Deir el-Medineh 1934/35 [FIFAO 15], p.171.

N 11 (b) Stelenfragment Warschau Nr.139328 MN aus Edfu, 18. Dynastie(?).
(c) Kołodko, Stele, 32-34.

N 12 (a) R I 21,13; H 362 XII.3.
(b) Stele Louvre C 50 des Ḥ^{3}tj^{3}y, Zeit Sethos' I.
(c) KRI I 329, Z.3.

N 13 (a) R II 262,24.
(b) Herzskarabäus aus Grab SA 19 (Steindorff = Lepsius 11) in Aniba, frühe 18. Dynastie.
(c) Steindorff, Aniba II, S.87, 222-224, Tf.47,3.

N 14 (a) R I 415,2; H 354 III.1.
(b) Grabkegel aus dem Asasif, ausgehende 17./frühe 18. Dynastie.
(c) Davis, Funerary Cones, Nr.568; Hayes, Scepter of Egypt II, p.35.

N 15 (a) R I 25, 16; H 362 XII.8.
(b) Stele Louvre C 50 des Ḥ^{3}tj^{3}y, Zeit Sethos'I.
(c) KRI I 329, Z.4.

N 16 (a) R II 260,12; H 362 XII.4.
(b) Turin 165, 18. Dynastie.
(c) Beleg nach Lieblein,Dictionnaire 2236; Ranke.

N 17 (a) B 46.
(b) Grabstein Berlin 7272 des Sn-Ḏḥwtj (Burchardt gibt als Nr.'1391').
(c) Roeder, Inschriften II, 109.

N 18 (a) B 45; R I 26,1; H 362 XII.9.
(b) Stele Ny Carlsberg Glyptothek AEIN 134 für die syrische Astarte, Zeit Amenophis' III.
(c) Koefoed-Petersen, Stèles, pl.44 u. p.35f.; ders., Recueil, p.59; Stadelmann, Gottheiten, 107f.

N 19 (a) B 49; R I 26,7; H 361 XI.9.
(b) Ostrakon Leipzig Inv.Nr.495 aus Theben(?), 1.Hälfte 18. Dynastie.
(c) Steindorff, Liste, S.17, Rs.17; Ägyptisches Museum Leipzig, S.43.

N 20 (a) H 359 XI.3.
(b) Etikette aus Amarna mit hieratischer Aufschrift.
(c) Pendlebury, City III, pl.XCV, 276; Hari, Répertoire 23 und 162.

N 21 (a) B 51; R I 31,3; H 361 XI.8.
(b) Ostrakon Leipzig Inv.Nr.495 aus Theben, 1. Hälfte 18. Dynastie.
(c) Steindorff, Liste, S.17, Ägyptisches Museum Leipzig, 43.

N 22 (a) H 356 V.1.
(b) Stele BM 1332, Zeit Thutmosis' IV.
(c) Hieroglyphic Texts VIII, pl.33, p.38-40; Urk.IV, 1630-1632.

N 23 (b) Stele des Leicester City Museum (Kitchen Nr.2), Zeit des Merenptah.
(c) Kitchen, Four Stelae, 81-87 mit pl.XX und fig.2, KRI IV 99, Z.15.

N 24 (a) R I 38,7.
(b) pBM 10053 (pHarris A) rto. 8,2, Zeit Ramses IX.
(c) Peet, Tomb-Robberies, pl.XIX; KRI VI 514, Z.15 (vgl. 506, Z.14).

N 25 (b) pBM 10054 vso.2,21, Zeit Ramses' IX.
(c) Peet, Tomb-Robberies, pl.VII.

N 26 (a) R I 38,7.
(b) pAnastasi VIII, 2.11, Zeit Ramses' II.
(c) Bakir, Epistolography pl.29 = KRI III 502, Z.4.

N 27 (b) pBM 10054 vso.2,16.
(c) wie N 25.

N 28 (a) B 75; R I 38,9; H 362 XII.6.
(b) pMayer A 3,1; pBM 10054 vso.2, 16.21.27; pBM 10068, 5,2; Zeit Ramses'IX.
(c) Peet, Tomb-Robberies z.St.; KRI VI 808, Z.8.

N 29 (a) R I 38,10; H 355 IV.2.
(b) pBM 10053 rto 8,1, Zeit Ramses' IX.
(c) Peet, Tomb-Robberies pl.XIX; KRI VI 514, 14.

N 30 (b) pBM 10054 vso.2,27, Zeit Ramses' IX.
(c) wie N 25.

N 31 (a) R I 38,9.
(b) Uschebti Florenz 1868.4681.
(c) Beleg nach Ranke.

N 32 (b) Ostrakon Brüssel E.301.
(c) Speelers, Recueil p.48 Nr.182 = KRI VII 357, Zeit Ramses' V.

N 33 (a) R I 415,21; H 359 IX.1.
(b) Ostrakon CG 25605, Z.2, Tal der Könige, 2. Hälfte 19. Dynastie.
(c) Černy, Ostraca hiératiques 58* und p.36.

N 34 (a) H 364 XIII.4.
(b) pWilbour A 21,19 in Ortsname "Dorf des J.", Zeit Ramses' V.
(c) Gardiner, Wilbour Papyrus I.

N 35 (a) B 78; R I 38,11.
(b) pBM 10053 rto.1,13, Zeit Ramses IX.
(c) Peet, Tomb-Robberies, pl.XVII, 13; KRI VI 507, Z.4.

N 36 (a) R I 36,17; H 353 I.1.
(b) Turin 165, 18. Dynastie.
(c) Beleg Lieblein, Dictionnaire s.v.; Ranke.

N 37 (a) H 361 XI.5.

(b) pWilbour A 51,50, Zeit Ramses' V.
(c) Gardiner, Wilbour Papyrus I.

N 38 (a) R I 38,25; R II 265, 12; H 354 II.3.
(b) Sarg des J. aus Gurob, 19. Dynastie; Wien Statue 16 (Saal 1), 19. Dynastie.
(c) Petrie, Kahun, Tf.19; Statue: nach Ranke aaO.

N 39 (a) R II 265, 13; H 289.
(b) Ostrakon CG 25807 aus dem Tal der Könige, Mitte 19. Dynastie.
(c) Černy, Ostraca hiératiques, II, p.94, 115*, pl.CXI; vgl. noch Barnett/Černy, King Ini-tešub; Gardiner, AEO I, 132*; Klengel, in: RlAss Bd.5, 1980, S.104f.

N 40 (a) H 364 XIII.8.
(b) pWilbour A 64,27 in Ortsname, Zeit Ramses'V.
(c) Gardiner, Wilbour Papyrus I.

N 41 (a) R II 265, 19; H 357 VI.3.
(b) pWilbour A 89,32, 73,35 (Var.), Zeit Ramses' V.
(c) Gardiner, Wilbour Papyrus I.

N 42 (a) R II 266, 15; H 359 IX.4.
(b) pWilbour A 55,16, Zeit Ramses'V.
(c) Gardiner, Wilbour Papyrus I.

N 43 (a) H 360 X.1.
(b) Etikette mit hieratischerAufschrift aus Amarna.
(c) Pendlebury, City, III, pl.LXXXVIII, 104; Hari, Répertoire 16.

N 44 (b) Stele CG 34062 des Wesirs Ramose, Amarna.
(c) Lacau, Stèles I[1], 109f. u. pl.XXXVII.; Mariette, Monuments 1166.

N 45 (a) H 364 XIII.9.
(b) pWilbour B 19,19 in Ortsname "Neuland des J.", Ende 20. Dynastie.
(c) Gardiner, Wilbour Papyrus I.

N 46 (a) R I 39,7.
(b) Inschrift im Grab des Mes in Saqqara, S 15, Zeit Ramses' II.
(c) Gaballa, Tomb-Chapel, pl.LXIII, Z.17; PM III[2], 553-556; ältere Lit. (Loret, Gardiner) bei Gaballa.

N 47 (a) B 93; R I 39,7 (dazu II, 342); H 360 XI.3.
(b) Ostrakon Leipzig Inv.-Nr.495 aus Theben (?), Rs.14.
(c) Steindorff, Liste, S.17f.; Ägyptisches Museum Leipzig, 43.

N 48 (b) Stele CG 34079 des Hr-m-wj[3] aus Abydos, 18. Dynastie.
(c) Lacau, Stèles I[2], 126f. u. pl.XL; Mariette, Monuments 1073.

N 49 (a) R II 266, 14; H 354 III.4.
(b) pWilbour A 86,8. Zeit Ramses' V.
(c) Gardiner, Wilbour Papyrus I.

N 50 (b) Ostrakon Deir el-Medineh 652,4; Zeit Ramses' IV.
(c) Černy, Ostraca hiératiques non-littéraires, p.7 und pl.13; KRI VI 172.

N 51 (a) R I 43,6; H unter 358 VIII.13.
(b) Grabstele Berlin 14122 des T-r-w-r-^{c}, aus Amarna.
(c) Spiegelberg/Erman, Grabstein; Roeder, Inschriften II, 117; Hari, Répertoire 58; Ausführliches Verzeichnis, 129.

N 52 (a) B 99; R I 43, 8; H 361 XI.7.
(b) Ostrakon Leipzig Inv.-Nr.495, Rs.20, 1. Hälfte 18. Dynastie.
(c) Steindorff, Liste, S.17f; Ägyptisches Museum Leipzig, 43.

N 53 (a) R I 43, 11; H 362 XII.5.
(b) Kalkstein-Stele des Nnw^{3}f im Metropolitan Museum, New York (MMA 12.182.3); Zeit Thutmosis' III.
(c) Hayes, Scepter of Egypt II, fig.93 und p.168.

N 54 (b) Krugetikette aus Malkata, 37. Jahr Amenophis' III.
(c) Hayes, Inscriptions, fig.16/17f.: 55, 251.

N 55 (a) R II 343.
(b) Philadelphia D.A.N. 1602.
(c) Unpubliziert, Beleg nach Ranke.

N 56 (a) R I 43, 17; H 360 X.3.
(b) Hieratische Krugaufschriften 144, 164, 208 aus dem Ramesseum, Zeit Ramses' II.
(c) Spiegelberg, Amphoreninschriften, S.32; KRI II 694, Z.14-16.

N 57 (a) R I 18, 12 (dazu II 339); H 354 III.6.
(b) Stele des Musée Calvet Avignon, Inv.A 4., Zeit Ramses' II.
(c) Morets, Monuments, 188f.; Egypte & Provence p.38f. Weitere Belege bei KRI III, 191-195. Helck, Verwaltung, S.490f., n°.28; Ruffle/Kitchen, Family.

N 58 (a) H 364 XIII.5.
(b) Grab des Pnnwt in Aniba, Zeit Ramses' VI. (Helck aaO hat falsch 'Ramses IV.').
(c) Steindorff, Aniba II, pl.101, Z.12 (S.242-245); KRI VI 351, Z.9. Der Aufsatz von Roccati, Chypre dans les sources égyptiennes du Nouvel Empire (angekündigt bei Valbelle, Ouchebtis, p.64) konnte nicht ausfindig gemacht werden.

N 59 (a) R I 43,19.
(b) pHarris I 75,14 (die Person Ende der 19. Dynastie).
(c) Erichsen, Papyrus Harris I, 91.

N 60 (a) H 364 XIII.6.
(b) pWilbour A 83, 32, Zeit Ramses' V.
(c) Gardiner, Wilbour Papyrus I.

N 61 (a) R I 43, 28.
(b) Grab TT 343 des Bnj^{3}, Zeit Thutmosis' III.

(c) Guksch, Grab des Benja, S.44 (Lit.); PM I,1 410ff.

N 62 (a) R II 266, 26; H 358 VIII.1.
(b) Uschebti des J., Walters Art Gallery, Baltimore, Inv.22.180; NR.
(c) Steindorff, Walters Art Gallery, Nr.725, p.160 und pl.119.

N 63 (a) H 357 VI.1.
(b) Stele aus Abydos, 19. Dynastie.
(c) Clère, Hymne à Abydos, p.88f, pl.IV.

N 64 (a) R II 266, 26 Anm.1; H 356 V.2.
(b) pBM 10056 vso.8,11, Zeit Thutmosis' III.
(c) Glanville, Royal Dockyard, 7* vso.8,11.

N 65 (a) R I 43, 29; H 354 III.2.
(b) pLeningrad (Petersburg) 1116A vso.48, 64, 19. Jahr Amenophis'II.
(c) Golénischeff, Papyrus hiératiques.

N 66 (a) R II 267,5.
(b) pWilbour A 57,22, Zeit Ramses' V.
(c) Gardiner, Wilbour Papyrus I.

N 67 (a) R I 46, 21.
(b) pLeiden I 350, vso. Col.III, 29, Zeit Ramses' II.
(c) Janssen, Ship's Logs, p.13; Spiegelberg, Geschäftsjournal, S.148 und 159 Anm.XXX.
NB: Der bei Helck 366 XIII.37 aus vso. Col.V, 8, beigebrachte Beleg P^{3}-ʾaś-r ist zu streichen; dort heisst es richtig P^{3}-k^{3}-:r, wie schon Ranke I 137, 16 und dann Janssen aaO z.St. haben.

N 68 (a) B 144; R I 47, 1; H 101f.561.
(b) Biographische Inschrift des Soldaten Ahmose aus Elkab, Anfang 18. Dynastie.
(c) Urk.IV 11, 11.

N 69 (a) H 354 II.1.
(b) Schenkungsstele aus Giza, 3. Jahr des Eje.
(c) Urk.IV 2109, Z.14.

N 70 (a) R I 47, 2; H 354 III.5.
(b) Grab TT 85 des Jmn-m-ḥb, gen. Maḥu, Offizier unter Thutmosis III./Amenophis II.
(c) Urk.IV 913, Z.10.

N 71 (a) R II 260, 6.
(b) Statue einer knieenden, mahlenden Dienerin, CG 1256; Neues Reich.
(c) Borchardt, Statuen, 4, S.132.

N 72 (b) Schreibtafel BM 5647, rto.2a, Anfang 18. Dynastie.
(c) Peet, Writing-Board. Vgl. dazu Astour, Onomastica, 249; Vercoutter, L'Egypte, 45-50; Helck, Beziehungen zur Agäis, 101-103; Haider, Griechenland - Nordafrika, 19-21 (Lit.).

N 73 (a) B 157; R I 47, 14 (dazu II 344); H 361 XI.4.

(b) Ostrakon Leipzig Inv.-Nr.495 aus Theben (?), Rs.21.
(c) Steindorff, Liste, S.17f.; Ägyptisches Museum Leipzig, 43.

N 74 (a) R II 344; H 361 XI.4.
(b) Ostrakon Louvre E 14354, Z.2, Anfang 19. Dynastie.
(c) Posener, Liste, p.190.

N 75 (a) H 364 XIII.10.
(b) pWilbour B 8,18 in Hügelname, späte 20. Dynastie.
(c) Gardiner, Wilbour Papyrus I.

N 76 (a) R I 48,13.
(b) pAllemant A, Z.17. Nach Ranke datiert der Papyrus in die 18. Dyn., nach Spiegelberg (danach auch LÄ 4,722) in die 21. Dynastie.
(c) Spiegelberg, Papyrus hiératiques inédits, p.70.

N 77 (b) Schreibtafel BM 5647 rto.4a, frühe 18.Dynastie.
(c) Peet, Writing-Board; weitere Lit. bei N 72(c).

N 78 (b) Schreibtafel BM 5647 rto.1b, frühe 18.Dynastie.
(c) Peet, Writing-Board; weitere Lit. bei N 72(c).

N 79 (a) B 171; R I 48, 27; H 355 IV.1.
(b) pLouvre 3171,3,3, 20. Dynastie (Helck hat falsch '3151').
(c) Gardiner, Taxation, p.57.

N 80 (a) H 362 XII.7.
(b) Stele BM 322, 18.-19.Dynastie (vermutlich 18., da nicht in KRI).
(c) Hieroglyphic Texts VII, pl.8 und p.6.

N 81 (a) R I 52, 2; H 358 VIII.2.
(b) Stele BM 322, 18.-19.Dynastie.
(c) wie N 80(c).

N 82 (a) R (vgl. N 81); H 353 III.3.
(b) Stele des Jmn-m-ḥꜣt aus Sedment, ramessidisch.
(c) Petrie, Sedment, pl.LIII.

N 83 (a) R I 52, 2.
(b) Uschebti Leiden Inv.Nr. AST 34 aus Abydos, Mitte 18. Dynastie.
(c) Schneider, Shabtis, II, p.90 und pl.33.109.

N 84 (a) R I 52, 2(Sethe, Wb.-Zettel Kairo?).
(b) Stele CG 34044 des Nb-jrj, 18. Dynastie.
(c) Lacau, Stèles I, p.77f.

N 85 (a) R I 52,18; H 365 XIII.12.
(b) pAbbott Dockets A 11, Zeit Ramses' XI.
(c) Peet, Tomb-Robberies, pl.XXIII; KRI VI 764, Z.14.

N 86 (a) R I 53,11.
(b) pBerlin 9784,18, 27. Jahr Amenophis' III.
(c) Gardiner, Four Papyri, p.29.

N 87 (a) H 364 XIII.7.
(b) pLouvre 3171 col.3,6 in Ortsname "Dorf des J.", 20. Dynastie.
(c) Spiegelberg, Rechnungen, pl.XVIII. Die verbesserte Lesung zuerst Gardiner, Taxation, p.57, übernommen von Helck aaO.

N 88 (b) Schreibtafel BM 5647, Anfang 18.Dynastie.
(c) Peet, Writing-Board; weitere Lit. s. N 72(c).

N 89 (a) B 109; R I 43, 16; H 354 II.2.
(b) P.jud.Lee I 4; Zeit Ramses' III.
(c) KRI V, 362, Z.6; Goedicke, Harem Conspiracy, pl.XI.

N 90 (a) R I 416, 17.
(b) Ostrakon CG 25757, Z.2, Ende 20./Anfang 21. Dynastie.
(c) Černy, Ostraca hiératiques, p.79 und 92*.

N 91 (a) R I 55, 26; H 354 III.7.
(b) Statue CG 567, Zeit Ramses' II. Weitere Denkmäler bei KRI III, 195-198 (rechnet auch CG 1062 eines sš njswt jmj-r' pr y-p^3 hinzu, trotz unterschiedlicher Schreibung).
(c) Borchardt, Statuen II, S.117f. und Bl.96. Vgl. Helck, Verwaltung, S.491; Ruffle/Kitchen, Family.

N 92 (b) Stele CG 34097, 18. Dynastie.
(c) Lacau, Stèles I^2, p.149f. und pl.XLVII.

N 93 (a) R I 56, 2.
(b) Ostrakon vom Tempel des Mentuhotep Nb-ḥpt-R^c, Vs.8, Neues Reich.
(c) Beleg nach Helck.

N 94 (a) R I 56, 1; H 365 XIII.17.
(b) Stele Kairo 3/7/24/17 aus Abydos, Zeit Ramses' II.
(c) Mariette, Abydos II, pl.L; ders., Monuments Nr.1136 (p.422f.). Berlandini-Grenier, Dignitaire, p.12; Schulman, Ramessesemperre; Pomorska, Flabillifères 179-181.

Zus.1 (b) Ostrakon Turin N.57432 (Inv.n.13101) aus Deir el-Medineh, vso.2, Jahr 10/20 Ramses'III.
(c) Lopez, Ostraca ieratici III/3, p.41f. und tav.139f.

Zus.2 (b) Stele Pushkin Museum Moskau I.1.b.33(4130)des Y., Zeit Ramses'II.
(c) Hodjash/Berlev, Reliefs, Nr.85, p.142-144.

Zus.3 (a) Helck 359 IX.5.
(b) pBibl.Nat.211 rto.2, 19 (Kitchen: 18), Zeit Sethos' I.
(c) Spiegelberg, Rechnungen pl.XIII b,19, und S.25-27; KRI I 274, Z.8

Zus.4 (a) H 355 IV.5.
(b) pBibl.Nat.209, rto., 3, 12, Zeit Sethos' I.
(c) Spiegelberg, Rechnungen pl.IXb, col.III, 12; KRI I 265, Z.4.

Zus.5 (b) Stele Brüssel E.5285, 19.Dynastie.
(c) Limme, Stèles, p.32f.

Zus.6 (b) Block des Y. mit TB 146, Brooklyn 37.1487 E, späte 18./frühe

19. Dynastie.
(c) Martin, Corpus of Reliefs, Nr.41, p.20 u. pl.14,45.

N 95 (a) B 217; R I 56, 5; H 365 XIII.18.
(b) Unveröffentliches Fragment pGurob A Vs.2,5 (s.Helck, Materialien, S.253).
(c) Beleg nach Ranke.

N 96 (a) B II 86; R I 56, 6.
(b) Ranke gibt nur einen Wb.-Zettel an: Kairo Wb.306 (Sethe 23, 115).
(c) Beleg nach Ranke.

N 97 (a) B 224; R I 56, 8; H 361 XI.10.
(b) Ostrakon Leipzig Inv.Nr.495, Vs.5., 1.Hälfte 18.Dynastie.
(c) Steindorff, Liste, S.17f.; Ägyptisches Museum Leipzig, 43.

N 98 (a) wie N 97(a).
(b) wie N 97(b), dort Rs.16.
(c) wie N 97(c).

N 99 (b) Grabstele des NR, Zagreb, ehem.Sammlung Koller (alte Nummer 578).
(c) Monnet Saleh, Antiquités, N° 14, p.30.

N 100 (a) B 225; R I 56, 9(1); H 353 I.2.
(b) pTurin 66,5 (Abrechnungen), Zeit Ramses'IX.; dazu: pBM 10052,I,5; pMayer A,I,6; pBM 10383,I,3.
(c) Pleyte/Rossi, Papyrus de Turin pl.IV; Peet, Tomb-Robberies pl.25, 5 (= KRI VI 767, Z.10); aaO pl.22, 3; KRI VI 804, Z.4.
(d) Helck, Verwaltung 494f.

N 101 (a) R I 56, 10; H 357 VI.4.
(b) Stele Kairo JdE 43649 des Paser aus Abydos, Anfang 19. Dynastie.
(c) Legrain, Miracle, p.162 und pl.XVI (Z.7); KRI III 465, Z.2.

N 102 (a) R I 56, 11.
(b) Holzstatuette des Y. im Museum Meermanno-Westreenianum, Den Haag, Neues Reich; Leiden K.15 (Beleg von Ranke).
(c) Spiegelberg, Ägyptische Sammlung Haag, S.8f.(W.j).

N 103 (a) R II 268, 29; H 357 VII.1.
(b) pWilbour A 36,5, Zeit Ramses' V.
(c) Gardiner, Wilbour Papyrus I.

N 104 (a) R II 268, 30; H 365 XIII.14.
(b) Chicago Oriental Institute, Case K 14.
(c) Unpubliziert; Beleg nach Ranke.

N 105 (a) H 356 V.3.
(b) Stele des P^3-ḥm-nṯr aus Sedment, 19.Dyn.
(c) Petrie, Sedment, II, pl.LXVIII.

N 106 (a) B 235; R I 56, 12; H 361 XI.11.
(b) Ostrakon Leipzig Inv.Nr.495, Vs.4, frühe 18. Dynastie.
(c) Steindorff, Liste, S.17f.; Ägyptisches Museum Leipzig, 43.

N 107 (a) R II 268, 31.
(b) Beleg in Dorpat (PSBA 16, 154).
(c) Beleg nach Ranke.

N 108 (a) B 236; R I 56, 13; H 361 XI.11/12.
(b) Ostrakon Leipzig Inv.Nr.495, frühe 18. Dynastie.
(c) Steindorff, Liste, S.17f.; Ägyptisches Museum Leipzig, 43.

N 109 (a) R I 56, 16; H 355 IV.4.
(b) pBoulaq 12,3-4 (Berechnung von Leihschweinen), ramessidisch.
(c) Spiegelberg, Varia, 142f.; verbesserte Lesung bei Ranke aaO.

N 110 (a) R II 268, 32; H 361 XI.13.
(b) Ostrakon Louvre E 14355, Z.7, Anfang 19. Dynastie.
(c) Posener, Liste, p.195.

N 111 (a) B 241; R I, 416.19; H 365 XIII.15.
(b) New York MMA 679; erwähnt Hayes, Scepter of Egypt, II, p.170.
(c) Beleg nach Ranke.

N 112 (b) Objekt der Sammlung Hilton Price; Neues Reich?
(c) Catalogue Hilton Price, II, 11 (4084).

N 113 (a) B 250; R I 59, 18; H 361 XI.14.
(b) Ostrakon Leipzig Inv.Nr.495, Vs.3, Anfang 18. Dynastie.
(c) Steindorff, Liste, S.17f.; Agyptisches Museum Leipzig, 43.

N 114 (b) Krugetikette Deir el-Medineh 6220, N^{o} d'inv.430, ramessidisch.
(c) Koenig, Etiquettes, p.41 u. pl.24.

N 115 (a) H 364 XIII.11.
(b) pWilbour B 9,18 in Ortsname Pn-^{c}:-b^{3}-t:$_{2}$, Ende 20. Dynastie.
(c) Gardiner, Wilbour Papyrus I.

N 116 (b) Stelenfragment der 18. Dynastie aus Deir el-Medineh.
(c) FIFAO XX/2, pl.II, fig.103; Beleg nach Ward, Personal Names, 296.

N 117 (a) R II 269, 30.
(b) Grab TT 302 des P^{3}-r^{c}-m-ḥb, Dra^{c} Abu el-Naga^{c}, ramessidisch.
(c) (Beleg nach Ranke)

N 118 (a) B 255; R I 60, 14.
(b) Grab des Wesir ^{c}pr-j-^{3}-r in Sakkara, Amarnazeit.
(c) Zivie, Tombes rupestres, p.64; ders., Le trésor funéraire du vizir Aper-El; ders., Découverte à Saqqarah, p.38 fig.14, p.55 fig.21, p.127 fig.76 (^{c}pr-j-^{3}), p.60 fig.24 (^{c}pr-j-^{3}-r; auf der Fotografie nicht lesbar).

N 119 (a) B 256; R I 60, 16; H 361 XI.15.
(b) Ostrakon Leipzig Inv.Nr.495, Rs.18, Anfang 18.Dynastie.
(c) Steindorff, Liste, S.17f.; Ägyptisches Museum Leipzig, 43.

N 120 (a) B 256; R I 60, 15; H 355 IV.3.

(b) pBologna 1094, 10, 3; 20. Dynastie.
(c) Gardiner LEM p.9; Caminos LEM p.26.

N 121 (a) H 365 XIII.21.
(b) Stele des NR aus Serâbît el-Khâdim.
(c) Gardiner/Peet/Cerny, Inscriptions of Sinai, pl.LXXXIX Nr.423.

N 122 (b) Krugetikette Deir el-Medineh 6475, N^{o}.d'inv.824, ramessidisch.
(c) Koenig, Etiquettes, p.89 und pl.60.

N 123 (a) R I 416, 25.
(b) Hieratische Aufschrift auf Weinkrug aus dem Grab des Tutanchamun, C.413 = JdE 62306.
(c) Černy, Hieratic Inscriptions from the Tomb of Tut^{c}ankhamun, p.1 und 21. S. noch die Bemerkung bei N 335(c).

N 124 (a) H 365 XIII.22.
(b) Unpubliziertes Ostrakon des Metropolitan Museum of Arts.
(c) Erwähnt Syria 34(1957), 148. Keine hieroglyphische Umschrift verfügbar.

N 125 (a) wie N 124.
(b) Unpubliziertes Täfelchen des British Museum.
(c) wie N 124(c).

N 126 (a) B 257; R I 60, 18; H 365 XIII.23.
(b) pAnast.III vso. 6,8; Zeit des Merenptah.
(c) Gardiner LEM p.31; Caminos LEM p.109.112.

N 127 (a) R II 269, 7; H 359 IX.6.
(b) pWilbour A 65, 48; Var.71, 11 (falsches Zitat bei Helck), Zeit Ramses' V.
(c) Gardiner, Wilbour Papyrus I.

N 128 (b) Kanopenkrug Boston, Museum of Fine Arts 72.1587, 18. Dynastie.
(c) Brovarsky, CAA Boston, fasc.1, 45f.

N 129 (a) B 262; R I 61, 6.
(b) Grab TT 83 des Wesirs J^{c}ḥms/^{c}mṯw, Zeit der Hatschepsut.
(c) Urk.IV 489-494.

N 130 (a) R II 270, 7; H 365 XIII.13.
(b) Adoptionspapyrus = p.Ashmolean 1945.96, rto. Z.9.
(c) Gardiner, Adoption, pl.5 l.9; KRI VI 736, Z.5.

N 131 (a) Ob R I 69, 15 (Wb.-Zettel, Kairo)?
(b) Uschebti Berlin 4519 aus Memphis, ramessidisch.
(c) Roeder, Inschriften, II, 278; Ausführliches Verzeichnis, S.183.

N 132 (b) Besucher-Graffito vom Totentempel des Sahure in Abusir, Zeit Amenophis' II./Thutmosis' IV.
(c) Megally, Visitors' Graffiti, 227-234.236-240, fig.2.3.

N 133 (a) R II 272.9; H 362 XII.10.

(b) TB BM 10466 (Helck hat fälschlich 11466).
(c) Beleg nach Ranke (er verweist auf Shorter, Cat.Eg.Rel.Pap., 1938, S.11).

N 134 (b) Stele Kairo JdE 72275; s. PM III^{2},1, p.43.
(c) Hassan, Great Sphinx, p.265 u.fig.201; Thirion, Notes III, p.108; Zivie, Giza, p.223f.(NE 76).

N 135 (a) R II 272, 11.
(b) pWilbour A 65, 27, Zeit Ramses' II.
(c) Gardiner, Wilbour Papyrus I.

N 136 (a) R I 70,17.
(b) pAnastasi V, 22,1, ramessidisch.
(c) Gardiner LEM 68, Z.8.

N 137 (a) H 362 XII.12.
(b) pBM 10053 rto.2,18, Zeit Ramses' IX.
(c) Peet, Tomb-Robberies pl.17; KRI VI 508, Z.12.

N 138 (a) R I 70, 19 (Wb$_{3}$-Zettel); H 362 XII.11.
(b) Stele des Pn-t^{3}-wrt aus seinem Grab in Abydos, Jahr 1 des Merenptah (PM V, p.58f.), Kairo 12/6/24/17.
(c) Mariette, Abydos, II, pl.49 rechts; KRI IV 103, Z.9.

N 139 Wurde umklassifiziert: s. F 10.

N 140 (b) Quellen s. (c), Zeit Ramses' II.
(c) Gauthier, Livre des Rois, III, 101 Nr.46; Stadelmann, Gottheiten 105.

N 141 (a) R I 71,7.
(b) Louvre E 5610.
(c) Beleg nach Ranke.

N 142 (a) B 289; R II 272, 24; H 359 IX.7.
(b) Stele BM 290, Zeit Ramses' II.
(c) Hieratic Texts, IX, p.63 und pl.XLVIII; KRI III 260, Z.9.

N 143 (a) B 292; R I 72, 1; H 207.
(b) Darstellung der Kadeschschlacht, Ramesseum, Zeit Ramses' II.
(c) Kuentz, Bataille, I, 168.177; KRI II 137, Z.15f.

N 144 (a) H 362 XII.13.
(b) Grab TT 268, Zeit Ramses' II.
(c) PM I/1, p.349; dort wird als Beleg "Turin Mus.Sup.6044" zitiert, wo aber die Namen der Eltern nicht genannt sind, s.Tosi/Roccati, Stele e altre epigrafi, p.161: Suppl.6044 = N° 50170). Weder dieser noch ein entsprechender Beleg finden sich KRI III, 765f.

N 145 (a) R I 72,3.
(b) pTurin 1895 + 2006 vso. 2,13; ramessidisch.
(c) Černy, Taxation, p.37; Gardiner RAD 44, Z.5 ('3,13').

N 146 (a) H 359 IX.8.
(b) pAbbott Dockets B 22, Zeit Ramses'XI.
(c) Peet, Tomb-Robberies, pl.XXIV; KRI VI 767, Z.3.

N 147 (a) wie N 156.
(b) pBerlin 10494 vso.1/2.
(c) Černy LRL 24, 3., Jahr 21 Ramses'XI.(Wente LRL, p.16: "Yr.2 of Wḥm-mswt or later"); Wente LRL, p.44f.

N 148 (a) R I 417, 15 (Ostraka) (identisch mit N 147?).
(b) Graffito Nr.1301b im Tal Qubbanet el-Qirud, Theben-West; Ostraka CG 25574, 26; 25575, 14; 25576, 10; 25577, 7 aus dem Tal der Könige, Ende 20./Anfang 21.Dynastie. Als ev. dieselbe Person wie N 147 betrachtet von Ward, Personal Names, 296. Hierzu vielleicht auch der Beleg bei Peet, Tomb-Robberies, pl.30,13.
(c) Černy, Graffiti, p.19 u.pl.56; Černy, Ostraca hiératiques, fasc. 2, p.27f., 49*-51*, pl.XXXVIII-XL.

N 149 (a) R I 72,11 und XXI.
(b) pMayer A 9,2.10; Zeit Ramses' IX.
(c) KRI VI 820, Z.5; 821, Z.1.

N 150 (a) H 359 IX.9.
(b) pBM 10053,3,5, Zeit Ramses' IX.
(c) Peet, Tomb-Robberies, pl.XVII; KRI VI 509, Z.2.

N 151 (a) H 357 VII.3.
(b) pWilbour A 65, 18 (falsches Zitat bei Helck); Zeit Ramses' V.
(c) Gardiner, Wilbour Papyrus I.

N 152 (a) H 365 XIII.19.
(b) pWilbour A 51,7 in Ortsnamen "Wohnung des W.", Zeit Ramses' V.
(c) Gardiner, Wilbour Papyrus I.

N 153 (a) R II 274, 27; H 357 VII.2.
(b) pWilbour A 80,40, Zeit Ramses' V.
(c) Gardiner, Wilbour Papyrus I.

N 154 (a) B 312; R I 82, 27; H 353.I.3.
(b) p.judiciaire Turin 4,12, Zeit Ramses' III.
(c) KRI V, 355, Z.7; De Buck, Judicial Papyrus, p.155.

N 155 (a) R II 274, 29; H 359 IX.10.
(b) pWilbour A 27, 41, Zeit Ramses' V.
(c) Gardiner, Wilbour Papyrus I.

N 156 (a) B 315; R I 83, 12; II 275, 2; H 356 IV.6.
(b) Wenamun 2,2; 5. Regierungsjahr Ramses' XI.
(c) Gardiner LES 67.

N 157 (a) B 316.
(b) Wenamun 1,16; 5. Regierungsjahr Ramses' XI.
(c) Gardiner LES 62.

N 158 (a) H 365 XIII.25.
(b) pWilbour A 57, 30 in Ortsname "Weinberg des B.", Zeit Ramses' V.
(c) Gardiner, Wilbour Papyrus I.

N 159 (a) B 338; R I 93, 27; H 231.303.
(b) pAnastasi III vso.6,3; 3. Jahr des Merenptah.
(c) Gardiner LEM 31.

N 160 (a) R II 317,13.
(b) pWilbour A 47, 31, Zeit Ramses' V.
(c) Gardiner, Wilbour Papyrus I.

N 161 (a) H 357 VI.5
(b) pWilbour A 89, 30, Zeit Ramses' V.
(c) Gardiner, Wilbour Papyrus I.

N 162 (a) R I 93, 24; H 365 XIII.26.
(b) Stele Wien 107, Neues Reich.
(c) Bergmann, Denkmäler, S.17.

N 163 (a) B 334a; R I 93, 23; H 353 I.4.
(b) p.judiciaire Turin 2,2; 5,3.6, Zeit Ramses'III.
(c) KRI V 350, Z.13; 357, Z.8; 358, Z.6; De Buck, Judicial Papyrus.

N 164 (a) R II 317, 17.
(b) pWilbour A 70, 51, Zeit Ramses' V.
(c) Gardiner, Wilbour Papyrus I.

N 165 (a) R II 276,20.
(c) Mém. Miss. I, 370 (Beleg nach Ranke).

N 166 (a) B 335; R I 93, 25.
(b) pAnast.III vso.6,1, 3. Jahr des Merenptah.
(c) Gardiner LEM 31.

N 167 (a) B 336; R I 93, 26, H unter 365 XIII.26.
(b) Stele Wien 107, Neues Reich.
(c) Bergmann, Denkmäler, S.17.

N 168 (a) R II 276, 19; H 357 VII.4.
(b) pWilbour A 66,28 (falsche Angabe bei Helck), Zeit Ramses' V.
(c) Gardiner, Wilbour Papyrus I.

N 169 (a) H 365 XIII.31.
(b) pWilbour in Ortsname "Hügel des B.", Zeit Ramses' V.
(c) Gardiner, Wilbour Papyrus I.

N 170 (a) R I 97, 9; H 356 V.4.
(b) Grab TT 343 des b-n-j-ꜣ/Pꜣ-ḥqꜣ-mn, Zeit Thutmosis' III.
(c) Guksch, Grab des Benja, S.43f.

N 171 (a) H 365 XIII.28.
(b) Stele des Dwꜣ-r-nḥḥ aus Theben, London UC 14462, 18. Dynastie.
(wiederverwendet als Baumaterial im Totentempel Amenophis' II.).

(c) Petrie, Six Temples, pl.15; Urk.IV, 1480f., Stewart, Stelae, pl.15 und p.25f.

N 172 (a) H 365 XIII.29.
(b) Brief pBM 10102, vso.4, Zeit der Hatschepsut.
(c) Glanville, Letters, pl.XXXV (zum Beruf p.302).

N 173 (a) B 341; R II 277, 4; H 353 I.5.
(b) Stele aus Abydos, Zeit Ramses'II./Merenptahs (weitere Quellen: c).
(c) Mariette, Abydos, II, 50; ders., Monuments Nr.1136, p.422f.; KRI IV 104; weitere Quellen bei Pomorska, Flabillifères, 179-181.

N 174 (a) R I 277,9.
(b) Fisher, D.A.N., Grab 156.
(c) Unveröffentlicht, Beleg nach Ranke.

N 175 (a) B 342; R I 96, 23; H 354 II.5.
(b) Stele BM 149 des B., Stele BM 167 des Ptḥ-m-wj^3, 19. Dynastie. Ranke nennt weiter ein unpubliziertes Kairener Relief eines Haremsvorstehers Hormin. Die Stelen des BM haben  , nicht  (so Ranke und nach ihm Helck).
(c) Hieroglyphic Texts, 9, p.27f. und pl.XXIII; p.29f. u. pl.XXV; KRI III, 205f.

N 176 (a) R I 96, 24; H 356 V.5.
(b) pLeningrad (Petersburg) 1116 B, Z.16.30,37, Zeit Thutmosis' III.
(c) Golénischeff, Papyrus hiératiques.

N 177 (b) Uschebti des B., Alnwick Castle Nr.1842, 19. Dynastie.
(c) Birch, Catalogue Alnwick Castle, p.249.

N 178 (a) B 343; R I 96, 17; II 277, 5; H 356 IV.7.
(b) pTurin 4,3, Zeit Ramses' IX. (LÄ 4, 738).
(c) Pleyte-Rossi pl.IV, Z.3; hieroglyphische Umschrift nach Ranke.

N 179 (a) B 343; R I 96, 17; II 277, 5; H 356 IV.8.
(b) Ostrakon Louvre (E) 2262; 42. Jahr Ramses' II.
(c) Spiegelberg, Ostraca hiératiques, p.64; KRI II 907, Z.11.

N 180 (b) Türpfosten des B. Kairo JdE 40031, Zeit Ramses' III.
(c) Gaballa, Documents, p.109f.; KRI V 432, Z.8.

N 181 (b) Schreibtafel BM 5647 rto.4b; Anfang 18. Dynastie.
(c) Peet, Writing-Board; weitere Lit. bei N 72(c).

N 182 (a) H 365 XIII.27.
(b) pLeningrad 1116 A vso.29 und 170 (letztere Stelle bei H zu ergänzen), Abrechnungen aus dem 19. Jahr Amenophis' II.
(c) Golénischeff, Papyrus hiératiques, pl.15.

N 183 (a) R I 97, 20; II, 352; H 208.
(b) Darstellungen der Kadeschschlacht, Abu Simbel, Nordwand der Säulenhalle, Zeit Ramses' II.
(c) Kuentz, Bataille, I, p.193.

N 184 (a) R I 97, 21; H 354 II.4.
(b) Grabkegel Strassburg 375.400.407 (nach Ranke; u.a.), Amarnazeit.
(c) Davis, Funerary Cones, Nr.260, 519, 527, 528. Vgl. Helck, Kije, S.160.

N 185 (a) R I 98,30.
(b) Stele Leiden V 93, Neues Reich.
(c) Boeser, Stelen, Nr.29 und Tf. XIX.

N 186 (a) B 346; R I 97, 22.
(b) Grab der Prinzessin B., Tal der Königinnen Nr.71, Zeit Ramses'II.
(c) KRI II 923f. (Belege).

N 187 (b) Statue des Merenptah vor dem Luxortempel, PM II^{2}, p.302, Zeit des Merenptah.
(c) KRI IV 64, Z.3.

N 188 (a) H 362 XII.14.
(b) Ostrakon MMA Field no.23001.48, vso.2, Zeit der Hatschepsut.
(c) Hayes, Thutmoside Ostraca, pl.IX Nr.4 und p.32 Anm.7.

N 189 (a) R I 97, 29; H 365 XIII.32.
(b) Ostrakon Gardiner 34 (Teil eines Briefes).
(c) Cerny/Gardiner, Hieratic Ostraca, pl.XX, 6 und p.7.

N 190 (b) Denkstein des P^{3}y, München, ramessidisch.
(c) Dyroff/Pörtner, Nr.29 [Ant.50], p.39f. und Tf.XX.

N 191 (a) R I, 98.1; H 362 XII.15.
(b) Leidener Tb.-Papyrus T.5, ramessidisch (Munro, Untersuchungen, S.301 [Katalog b.25]).
(c) Naville, Todtenbuch, Lb (S.92).

N 192 (a) H 359 IX.11.
(b) pWilbour A 71, 25, Zeit Ramses' V.
(c) Gardiner, Wilbour Papyrus I.

N 193 (b) Ostrakon Deir el-Medineh 60, 8; Zeit Ramses' II.
(c) KRI III 563, Z.10.

N 194 (a) R I 418, 19.
(b) Ostrakon CG 25543, rto.2, Tal der Könige, Zeit Sethos' II.
(c) Cerny, Ostraca hiératiques, fasc.2, p.18, 39*, pl.XXV; KRI IV, 309, Z.6.

N 195 (a) R I 98, 25.
(b) Grab des Mes in Saqqara, S 11, Zeit Ramses' II.
(c) Gaballa, Tomb-Chapel, pl.LXIII.

N 196 (a) R I 98, 26.
(b) Grabstein München, Glyptothek 16.
(c) Dyroff/Pörtner, München, Nr.14, S.18 und Tf.IX.

N 197 (a) R I 98, 26; H 355 III.13.

(b) Stele Louvre C 92 des Rw-rw, Zeit Sethos' I.
(c) KRI I 308, Z.9. Die bei H (nach Helck, Verwaltung, 488) gegebene hieroglyphische Schreibung 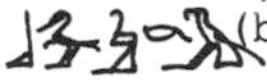 (bú-kê) ist zu streichen.

N 198 (a) R I 98,28.
(b) Ranke gibt: "Stele im Handel (Breasted)".
(c) Beleg nach Ranke.

N 199 (a) R I 98, 29.
(b) Statuengruppe des Nb-nḥḥ und der B., Kairo CG 597 = JdE 22109, 19. Dynastie.
(c) Borchardt, Statuen, S.150f.

N 200 (b) Holzuschebti der Ist-m-ḥb, Tochter der B., 19. Dynastie.
(c) Michailidis, Contribution, p.447 und pl.VIII b. (Schreibung auf Fotografie kaum lesbar).

N 201 (a) R I 98, 31.
(b) Stele BM 322, Neues Reich.
(c) Hieroglyphic Texts, 7, pl.8 und p.6.

N 202 (a) R I 99, 1.
(b) Louvre D 15, Neues Reich.
(c) Pierret, Recueil d'inscriptions, II 32 [Newberry, Rekhmara, 1905, Tf.IV ist dazu noch hinzuzufügen].

N 203 (b) Ostrakon Turin N.57062 (=Suppl.5941), Inv.n.10344, rto.9, aus dem Tal der Königinnen, 47. Jahr Ramses' II.
(c) López, Ostraca ieratici III,1, p.36 und tav.39; KRI III 526, Z.4.

N 204 (a) B 394; R I 99, 20.
(b) Wenamun 1,9; Ende der 20. Dynastie.
(c) Gardiner LES 61.

N 205 (a) H 365 XIII.33.
(b) Ostrakon aus dem Umfeld der Pyramide Sesostris' I. in Lischt, Zeit Ramses' II.
(c) Erwähnt von Hayes, Scepter of Egypt II, 343.

N 206 (a) R II 277, 26.
(b) Statue CG 921 des Ḏḥwtj-nfr, Neues Reich.
(c) Borchardt, Statuen, 3, S.155.

N 207 (a) R I 100, 4; H 365 XIII.35.
(b) Stele des Ḏḥwtj-mśw, Sammlung Schloss Banz, frühe 18.Dynastie.
(c) Unpubliziert; Beleg nach Ranke (nach Champollion, Monuments de l'Egypte et de la Nubie. Notes descriptives, I, 1844, 837).

N 208 (a) R II 277, 27; H 365 XIII.34.
(b) Philadelphia 29-87-462, MR/NR (dh Zweite Zwischenzeit, Ranke); Neues Reich (Helck).

N 209 (b) Stele CG 34115 des P. aus Abydos, 18. Dynastie.

(c) Lacau, Stèles, I/2, p.168.

N 210 (a) B II 86; R I 101, 4; H 358 VIII.3.
(b) Stele CG 34091 des Mrr^{c}, 18. Dynastie.
(c) Lacau, Stèles, I/1, pl.XLIV, I/2, p.140-142; Mariette, Monuments 1055, p.380f.

N 211 (a) R I 101, 5.20; H 356 IV.9.
(b) Stele Leiden V 49 (Inv.AP.19), 18. Dynastie.
(c) Boeser, Stelen, Nr.14 und Tf.XI.

N 212 (a) R I 418, 21.
(b) Ostrakon CG 25820, 3, Tal der Könige, Ende 20. Dynastie.
(c) Černy, Ostraca hiératiques, fasc.4, p.98, 118*, pl.CXVI.

N 213 (a) H 355 III.9.
(b) pWilbour A 80,9; 88, 21; 93, 26 (mittlerer Beleg nicht bei H), Zeit Ramses' V.
(c) Gardiner, Wilbour Papyrus I.

N 214 (a) H unter 364 XIII.8.
(b) pWilbour A 73, 35 in Ortsname "Hügel des P.", Zeit Ramses' V.
(c) Gardiner, Wilbour Papyrus I.

N 215 (a) H 360 X.5.
(b) Krugaufschrift aus Amarna.
(c) Petrie, Tell el Amarna, pl.24 Nr.77; s. Spiegelberg, Amphoreninschriften, S.33.

N 216 (a) wie N 215.
(b) Krugaufschrift aus dem Ramesseum Nr.173, Zeit Ramses' II.
(c) Spiegelberg, Amphoreninschriften, S.32 (Belege); KRI II 695, Z.2.

N 217 (a) H 366 XIII.36.
(b) pBM 10104 (Brief des I^{c}ḥ-msw), vso., Zeit der Hatschepsut.
(c) Glanville, Letters, p.311f. mit fig.1.

N 218 (b) Stele Liverpool City Museum Inv.I 3930 M (N° 152), Zeit des Siptah/der Tausret.
(c) KRI IV 445, Z.16.

N 219 (b) Stele BM 166 des B^{3}k-^{c3}, 36./37. Jahr Ramses' II. (3. Sedfest).
(c) Hieroglyphic Texts, 9, p.26f. und pl.22.; KRI II 389, Z.5.

N 220 (a) B II 86.
(b) Aix en Provence 11, Ende Neues Reich.
(c) Beleg nach Burchardt.

N 221 (a) B 52; R I 101, 3.
(b) Turiner Streikpapyrus (Cat.1880) 37,14, 29. Jahr Ramses' III.
(c) Gardiner RAD 46, vso.3,14.

N 222 (b) Stelenfragment Freiburg i.Br. Nr.104; Zeit Ramses' II.
(c) KRI III 846 (verweist auf Wiedemann, PSBA 13, 1890/91, 31).

N 249 (a) R II 283, 1; H 358 VIII.5.
(b) Unnumerierter pTurin, 20. Dynastie.
(c) Černy LRL 60,10; 61,2.5; 62,1; Wente LRL p.74 (Nr.38).

N 250 (b) Stele Ny-Carlsberg-Glyptothek Kopenhagen AEIN 1552 des P., 18. Dynastie.
(c) Koefoed-Petersen, Stèles p.26 (Nr.29) und pl.29.

N 251 (a) R I 419, 25.
(b) Ostrakon CG 25649 rto.2, Tal der Könige, Zeit Ramses' IX.
(c) Černy, Ostraca hiératiques, fasc.3, p.49, 69*, pl.LXIV; KRI VI, 660, Z.4.

N 252 (a) H 359 IX.15.
(b) pBM 10052, 2, 18; pAbbott Dockets B 12; Zeit Ramses' XI.
(c) KRI VI 770, Z.11; VI 766 Z.9. Peet, Tomb-Robberies. Der von Helck gegebene weitere Beleg 'pMayer A 10,8' ist falsch; offenbar meint er A 10,18, wo als Variante (?)  p^{3}-k-^{3}-n-j$_{2}$-y steht.

N 253 (b) Hieratische Graffiti im Tempel Thutmosis' III.in Deir el-Bahari, Jahr 2 Ramses' VI.: No.4, Z.5/6; No.29, Z.1/5; No.45, Z.3.
(c) Marciniak, Inscriptions hiératiques, p.61ff./pl.IV; p.86/pl.XXVI, p.100f./pl.XXXVII,2 (= KRI VI, 361-363).

N 254 (b) Stele Leningrad (Golénischeff Nr.1085) des R^{c}-mrj, 19. Dynastie.
(c) Struve, Ermitažnye stely, Nr.36, S.284f., Text S.302.

N 255 (a) B 431; R I 142, 12.
(b) Ägyptische Fassung des hethitisch-ägyptischen Vertrages (Fassungen Karnak/Ramesseum), Jahr 21 Ramses' II.
(c) KRI II 232, Z.11f.

N 256 (b) Krugetikette Deir el-Medineh 6427, N^{o} d'inv.911.
(c) Koenig, Etiquettes, p.80 und pl.54.

N 257 (a) B 432; R I 142, 16; H 361 XI.19.
(b) Ostrakon Leipzig Inv.Nr.495 Vs.9, Anfang 19. Dynastie.
(c) Steindorff, Liste, S.17f.; Ägyptisches Museum Leipzig, 43.

N 258 (a) R I 123, 8; H 356 V.8.
(b) Stele Louvre C 50 des Ḥ^{3}tj^{3}y, Zeit Sethos'I. (die Person selber dürfte unter Thutmosis III. anzusetzen sein [Helck]).
(c) KRI I 329, Z.3f.

N 259 (a) H 361 XI.16.
(b) Grab TT 341 des Nḫt-Jmn in Sh. Abd el-Qurna.
(c) Davies, Seven Private Tombs, pl.XXIV; KRI III 361, Z.11 (schreibt b-^{c}-r gegen Davies: b-r-^{c}).

N 260 (a) R II 284, 2; H 359 IX.16.
(b) pWilbour A 22, 42, Zeit Ramses' V.
(c) Gardiner, Wilbour Papyrus I.

N 261 (b) Ostrakon Turin N.57257 (= suppl.6799), Inv.n.11399, Deir el-Medineh, 19.-20. Dynastie.
(c) López, Ostraca ieratici, III/2, p.56f.und tav.88.

N 262 (a) R II 284, 4; H 357 VII.5.
(b) pWilbour A 48, 35 (Helck fälschlich: 47, 35), Zeit Ramses' V.
(c) Gardiner, Wilbour Papyrus I.

N 263 (a) H 366 XIII.40.
(b) Ostrakon Deir el-Medineh 240 (No.Inv.766), vso.3, Zeit Ramses'II.
(c) Černy, Ostraca hiératiques non-littéraires, III, p.13 u.pl.23; KRI III 570, Z.15f.

N 264 (a) R II 284, 6; H 359 IX.17.
(b) pWilbour A 83, 11, Zeit Ramses' V.
(c) Gardiner, Wilbour Papyrus I.

N 265 (a) R II 284, 5; H 357 VII.6.
(b) pWilbour A 85, 25, Zeit Ramses' V.
(c) Gardiner, Wilbour Papyrus I.

N 266 (a) H 360 X.6.
(b) Krugaufschriften des Ramesseums, Nr.286.287.293, Zeit Ramses' II.
(c) Spiegelberg, Amphoreninschriften, S.33; KRI II 695, Z.6-8; gleicher Name Ostrakon Brüssel E.346 = Speleers, Recueil,p.54 Nr.227.

N 267 (a) H 366 XIII.41.
(b) pMayer A 13, Zeit Ramses' XI.
(c) KRI VI 826, Z.11.

N 268 (a) R II 289, 26; H 363 XII.19.
(b) Herzskarabäus aus dem Grab dreier Prinzessinnen Thutmosis' III. im Wadi Qubbânet el-Qirûd.
(c) Winlock, Treasure, p.41 u.pl.XXII; PM I/2, 591f.

N 269 (a) H 363 XII.19.
(b) Statuengruppe des Ḫ^{c}-m-w^{3}st aus Bubastis, Zeit Amenophis' III.
(c) Urk.IV 1931, Z.11.

N 270 (b) Uschebti University College London UC 49.
(c) Petrie, Shabtis, XVIII.

N 271 (a) R II 289, 27; H 362 XII.18.
(b) wie N 268(b).
(c) wie N 268(c).

N 272 (a) B 456; R I 153, 19; H 356 IV.10.
(b) Wenamun 1,7, Ende der 20. Dynastie.
(c) Gardiner LES 61, Z.9.

N 273 (a) R I 153, 2 (alte Lesung); H 362 XII.16.
(b) Ostrakon BM 5633, Deir el-Medineh, vso.4, Zeit Ramses' III.
(c) Černy/Gardiner, Hieratic Ostraca, pl.LXXXVI vso.4; KRI V 589, Z.2

N 274 (a) R I 160,12.
(b) Papyrus Bibliothèque Nationale 203.
(c) Spiegelberg, Rechnungen, Tf.I,3.

N 275 (a) R I 163, 4.
(b) Uschebti Florenz 2074; Neues Reich (?).
(c) Petrie, Shabtis, XVIII.

N 276 (a) B 478; R I 163, 8.
(b) Ägyptische Fassung des hethitisch-ägyptischen Friedensvertrages, 21. Jahr Ramses' II.
(c) KRI II 226, Z.12.

N 277 (a) B 469; R I 163, 5; H 359 IX.18.
(b) Turiner Steuer-Papyrus (pTurin 96) vso.2,3, Jahr 14 Ramses' XI.
(c) Gardiner RAD 43, Z.3; ders., Taxation, p.35.

N 278 (a) H 366 XIII.42.
(b) pWilbour A 35,23 in Ortsname "Dorf des M.", Zeit Ramses' V.
(c) Gardiner, Wilbour Papyrus I.

N 279 (a) R I 163, 10; H 360 X.7.
(b) Krugaufschriften Nr.154.188 aus dem Ramesseum, Zeit Ramses' II.
(c) Spiegelberg, Amphoreninschriften, S.33; KRI II 678, Z.13f.

N 280 (a) R II 291, 28; H 362 XII.17.
(b) wie N 268(b).
(c) wie N 268(c).

N 281 (a) R II 292, 1; H 358 VIII.6.
(b) pWilbour A 68,10 (Helck fälschlich: 8,10); 68,35; 89,38 (letztere zwei Belege bei H zu ergänzen), Zeit Ramses' V.
(c) Gardiner, Wilbour Papyrus I.

N 282 (b) Fragment eines Reliefblocks vom Tempel Thutmosis' III.in Deir el-Bahari (F 774) mit hieratischem Graffito aus der 2.Hälfte der 20. Dynastie (der Namensträger ist daher ev.mit N 281 identisch).
(c) Marciniak, Inscriptions hiératiques, N°.71, p.121 und pl.LVI A.

N 283 (a) R II 292, 1; H 358 VII.8.
(b) pWilbour A 54, 23, Zeit Ramses' V.
(c) Gardiner, Wilbour Papyrus I.

N 284 (a) B 487; R I 163.12; H 359 IX.19.
(b) pBM 10053 (pHarris A) rto.4, 18, Zeit Ramses'IX. (H hat 'Pap.Amherst VII 4, 18').
(c) Peet, Tomb-Robberies, pl.XVIII; KRI VI 511, Z.2.

N 285 (b) Ostrakon Turin N.57068 (=Suppl.6361), Inv.n.10351, Deir el-Medineh, 7.Jahr Ramses' III.
(c) López, Ostraca ieratici, III/1, p.38 u.tav.42; KRI V 448, Z.6.

N 286 (a) R I 422,2.
(b) Ostrakon CG 25572 rto.4, Zeit Ramses' III.

(c) Černy, Ostraca hiératiques, p.26, 48*, pl.35f.; KRI V 572, Z.10.

N 287 (a) B 524; R I 166, 28.
(b) Wenamun 1, 16, Ende 20. Dynastie.
(c) Gardiner LES 62.

N 288 (b) Ostrakon Turin N.57382 (=Suppl.9614), Inv.n.13189, vso.6, Deir-el-Medineh, 19.-20. Dynastie.
(c) López, Ostraca ieratici, III/3, p.27 u.tav.120.

N 289 (b) wie N 288(a), dort vso.7.
(c) wie N 288(b).

N 290 (a) R II 288, 5; H 358 VII, 9.
(b) pWilbour A 59, 4, Zeit Ramses'V.
(c) Gardiner, Wilbour Papyrus I.

N 291 (a) B 543; R I 167, 21.
(b) Ägyptische Fassung des hethitisch-ägyptischen Friedensvertrages, 21. Jahr Ramses' II.
(c) KRI II 227, Z.3.9; 228, Z.2.

N 292 (a) B 544; R I 167, 12; II 292, 25.
(b) Kanopenscherbe der (ehemaligen) Sammlung Tigran Pascha, Kairo, 19. Dynastie.
(c) Unpubliziert, soweit mir bekannt; Beleg nach Ranke; Spiegelberg, Eigennamen, S.52.

N 293 (b) Schreibbrett BM 5647, frühe 18. Dynastie.
(c) Peet, Writing-Board; weitere Lit. s. bei N 72(c).

N 294 (a) R II 293, 3.
(b) Stele Warschau 142294 MN des P-j_2-j-^{3} (ehemalige Coll.Hoffmann), Zeit Ramses' II./Merenptahs.
(c) Kołodko 26-32 (zum Namen S.31 Anm.e).

N 295 (b) Krugetikette aus Amarna, 5. Jahr Echnatons.
(c) City of Akhenaten, III, fig.60.

N 296 (b) pAnastasi III vso.6, 7.
(c) Gardiner LEM 31.

N 297 (a) H 363 XII.21.
(b) Stele des Ḥ:-y aus Memphis, 18. Dynastie (?).
(c) Petrie, Memphis I, pl.17 und p.8.20.

N 298 (a) B 560; R II 296.12; H 366 XIII.44.
(b) Burchardt (auf den sich Ranke beruft) gibt 'pMayer A 2,8'; das Zitat ist falsch (so H aaO); der richtige Beleg ist mir nicht bekannt.

N 299 (b) Stele CG 34097 des Ypw, 18. Dynastie.
(c) Lacau, Stèles I^2, p.149f. und pl.XLVII.

N 300 (b) wie N 299(b).
(c) wie N 299(c).

N 301 (a) R I 205, 29; H 354 II.6.
(b) p.judiciaire Turin 6,5, Zeit Ramses'III.
(c) KRI V 360, Z.7; De Buck, Judicial Papyrus.

N 302 (b) Relieffragment Petrie Collection UC 14484, 19. Dynastie.
(c) Stewart, Egyptian Stelae, pl.44.4 und p.55.

N 303 (a) R I 206, 4 (alte Lesung).
(b) Stele BM 156 des P^{3}y, Zeit Ramses' II.
(c) Hieroglyphic Texts, 9, p.32f., pl.28 und 28A; KRI III 210, Z.6.

N 304 (a) H 367.
(b) pWilbour A 90, 22; 93, 22 in Ortsnamen "Dorf des N.".
(c) Gardiner, Wilbour Papyrus I.

N 305 (b) Uschebtis CG 47169 und CG 47180, 19.-20. Dynastie.
(c) Newberry, Funerary Statuettes, p.82f. und 85.

N 306 (a) H 360 X.8.
(b) Weinkrugaufschrift aus dem 37. Jahr Amenophis' III. aus Malqata.
(c) Hayes, Inscriptions, fig.6 Nr.54.

N 307 (a) H 367.
(b) pWilbour B 14, 12, Ende 20. Dynastie.
(c) Gardiner, Wilbour Papyrus I.

N 308 (b) Schreibbrett BM 5647 rto.3, Anfang 18. Dynastie.
(c) Peet, Writing-Board; weitere Literatur s. N 72(c).

N 309 (a) R II 301, 20.
(b) pWilbour A 15,12; 17,14; Zeit Ramses' V.
(c) Gardiner, Wilbour Papyrus I.

N 310 (a) R I 213, 9.
(b) Holzstatuette des Neuen Reichs des Museum Meermanno-Westreenianum in Den Haag.
(c) Spiegelberg, Ägyptische Sammlung Haag, S.7f.; dazu Berlandini-Grenier, Varia Memphitica III, 258.

N 311 (a) B 587; R I 213, 14; H 361 XI.21.
(b) Ostrakon Leipzig Inv.Nr.495, Rs.15, Anfang 18.Dynastie.
(c) Steindorff, Liste, S.17f.; Ägyptisches Museum Leipzig, 43.

N 312 (a) B 588; R I 213, 15; H 361 XI.20.
(b) pBologna 1086, 11, Zeit des Merenptah (Helck hat fälschlich: '1886').
(c) Wolf, pBologna S.92f.; KRI IV 79, Z.16.

N 313 (a) H 363 XII.20.
(b) Stele des Ḥḥ aus Abydos, Zeit Ramses' II.
(c) Petrie, Tombs of the Courtiers, pl.31 Nr.2.

N 314 (b) Grabkegel Brüssel E.3988 des N. aus Theben, Neues Reich.
(c) Speleers, Recueil, p.48 Nr.175.

N 315 (a) H 366 XIII.46.
(b) pWilbour B 12, 10 in Hügelnamen, Ende der 20. Dynastie.
(c) Gardiner, Wilbour Papyrus I.

N 316 (b) Quellen s. (c), Zeit Ramses' II.
(c) Gauthier, Livre des Rois, p.100 Nr.35.

N 317 (a) B 609; R I 221, 29; H 361 XI.22.
(b) Ostrakon Leipzig Inv.Nr.495, Vs.2, Anfang 18.Dynastie.
(c) Steindorff, Liste, S.17f.; Ägyptisches Museum Leipzig, 43.

N 318 (a) B 613; R I 222, 1; H 208.
(b) Darstellungen der Kadeschschlacht, Zeit Ramses'II (Ramesseum, Variante in Abu Simbel).
(c) Kuentz, Bataille, I, 178 Var.195, Z.7f.

N 319 (a) R II 302, 23; H 358 VII.10.
(b) pWilbour A 60, 29, Zeit Ramses' V.
(c) Gardiner, Wilbour Papyrus I.

Zus.1 (a) R I 222, 8; H 355 III.12.
(b) Stele Hildesheim 1088 des Rfj_2; ob hierher auch die Stele CG 34074 aus Abydos gehört, ebenfalls von einem Schreiber R.? Zeit Ramses' II.
(c) Kayser, Altertümer Hildesheim, S.65; KRI III 227, Z.6; die Kairener Stele bei Lacau, Stèles, I^2, 121f.

Zus.2 (b) Stele CG 34074. Vgl.die Bemerkung zu N 344(b); ansonsten 18.Dyn.
(c) wie N 344(c) (Lacau).

Zus.3 (a) H 360 X.9.
(b) Hieratische Aufschriften Nr.55-57 (nur die erste bei H genannt) auf Krugetiketten aus Amarna.
(c) City of Akhenaten III,2, pl.LXXXVI.; Hari, Répertoire, 226.

N 320 (a) B 618; R I 222, 11; H 366 XIII.49.
(b) p.judiciaire Turin 5,2, Zeit Ramses' III.
(c) KRI V 356, Z.15.

N 321 (a) Vgl. R I 222, 9; II 127.
(b) Ostrakon Brüssel E.301, Zeit Ramses' V.
(c) Speleers, Recueil, p.48; KRI VII 357, Z.11.

N 322 (a) R I 222, 9.
(b) Stele Ny Carlsberg Glyptothek AEIN 134 für die syrische Astarte, Zeit Amenophis' III.
(c) Koefoed-Petersen, Stèles, pl.44 u.p.35f.; ders., Recueil, p.59. Stadelmann, Gottheiten, S.107f.

N 323 (b) Sphinx Alnwick Castle 379 des R-n:-r für Thutmosis III.
(c) Birch, Catalogue Alnwick Castle, p.42f.

N 324 (a) R I 224,18.
(b) Louvre C 76, Neues Reich.
(c) Pierret, Recueil d'inscriptions, II, 14.

N 325 (a) H 358 VII.18.
(b) Grab des Mes in Saqqara, Zeit Ramses' II.
(c) Gaballa, Tomb-Chapel, pl.LXIII.

N 326 (a) H 366 XIII.50.
(b) pWilbour A 35, 2 in Ortsname "Dorf des R.", Zeit Ramses' V.
(c) Gardiner, Wilbour Papyrus I.

N 327 (a) R I 224, 26; H 355 III.13.
(b) Stele Louvre C 92 des R., pBibl.Nat.209, Zeit Sethos' I.
(c) KRI I 307, Z.15; 308, Z.2 (Louvre C 92); Spiegelberg, Rechnungen, pl.IXa, col.II, 3 = KRI I 263, Z.3.

N 328 (b) Statue Brooklyn 61.196 des J^{c}ḥms, genannt R., frühe 18. Dynastie.
(c) James, Corpus, Nr.178, p.77f.u.pl.XLVII.

N 329 (b) Beschriftete Amphore von Sidmant, UC Petrie Collection 19160; 12. Jahr Haremhabs.
(c) Martin, Three Objects, p.119 und pl. 21.

N 330 (a) R I 225,13.
(b) pBM 10053 (pHarris A) rto.4,13; Zeit Ramses' IX.
(c) Peet, Tomb-Robberies, pl.XVIII; KRI VI 510, Z.13.

N 331 (a) R II 303, 2; H 359 IX.20.
(b) pWilbour A 22, 17.19.21, Zeit Ramses' V.
(c) Gardiner, Wilbour Papyrus I.

N 332 (a) R II 303, 2.
(b) pWilbour A 22, 15 (vermutlich nicht identisch mit N 331 wegen unterschiedlicher Berufsangabe).
(c) Gardiner, Wilbour Papyrus I.

N 333 (a) H 366 XIII.48.
(b) Stele vor dem Grab des R. in Saqqara; pLouvre 3171 col.1,9 (bei H fälschlich '3151' u.'JEA 29' statt '27'); ev. pMünchen 809. Person: 18. Dynastie (Zeit Thutmosis' IV.?).
(c) Zivie, Tombe d'un officier, p.144-149 (ausführliche Diskussion aller Belege und Schreibungen); ders., Découverte, p.48f. fig. 18/19.

N 334 (a) R II 374 (Zusatz zu I 227, 13); H 358 VII.11.
(b) pWilbour A 41, 5; 68, 36, Zeit Ramses' V.
(c) Gardiner, Wilbour Papyrus I.

N 335 (a) R I 227, 13.
(b) Statue des Jmn-ms und des Ršpw Bologna KS 1821; Stele BM 161 derselben, Zeit Ramses'II.
(c) Pernigotti, Statuaria 49ff.mit tav.LXIII 2, XIII = KRI VII 143, Z.5.8; Hieroglyphic Texts, 10, p.23f.und pl.52f. = KRI VII 141,

Z.12; 142, Z.3. Hinzuweisen ist noch auf den Fehler bei W.K.Simpson, Art.Reschef, LÄ 5, 1984, Sp.244 mit Anm.5, der auf einen "charioteer ^{c}pr-ršpw" verweist. Daher ist auch der entsprechende Beleg bei Schneider, Namen, S.258, zu streichen.

N 336 (a) H 363 XII.22.
(b) Stele Kairo 12/6/24/17 aus dem Grab des Pn-t^{3}-wrt in Abydos (PM V, 58f.), 1. Jahr des Merenptah.
(c) Mariette, Abydos, II, pl.49; KRI IV 103, Z.9f.

N 337 (a) H 358 VIII.7.
(b) Stele des L. aus Qantir, mit Kartusche 'Wsr-m^{3c}t-R^{c}-Mnṯw-m-t^{3}wj'.
(c) Habachi, Khatâ^{c}na-Qantir, p.519f.

N 338 (b) Stele Hannover Inv.Nr.2939, Anfang 18. Dynastie.
(b) Cramer, Denkmäler Hannover, S.107.

N 339 (a) R I 227, 27.
(b) Namenliste auf der Rückseite des Stelenbruchstücks O. Gardiner 27, 19. Dynastie.
(c) Černy/Gardiner, Hieratic Ostraca, pl.XXII,4, Z.2 (a).

N 340 (a) R I 227, 28; H 359 IX.21.
(b) pBM 10053 (pHarris A) rto.6,8, Zeit Ramses' IX.
(c) Peet, Tomb-Robberies; KRI VI 512, Z.15.

N 341 (a) H 366 XIII.47.
(b) pWilbour B 7, 14 in Ortsname "Migdol des R.", Ende 20. Dynastie.
(c) Gardiner, Wilbour Papyrus I.

N 342 (a) H 363 XII.23.
(b) pBM 10054 vso.2,19, Zeit Ramses' XI.
(c) Peet, Tomb-Robberies, pl.VII; KRI VI 744, Z.7.

N 343 (a) R I 425, 16.
(b) Uschebti CG 47274 des H., ramessidisch.
(c) Newberry, Funerary Statuettes, p.125.

N 344 (a) R II 303, 31; H 358 VIII.9.
(b) pWilbour A 54, 6 (H hat fälschlich: 32, 16).
(c) Gardiner, Wilbour Papyrus I.

N 345 (a) H 363 XII.24.
(b) pBM 10054 vso.2,15, Zeit Ramses' XI.
(c) Peet, Tomb-Robberies, pl.VII; KRI VI 744, Z.3.

N 346 (a) H unter 363 XII.24.
(b) pBM 10054 vso.2,23, Zeit Ramses' XI.
(c) Peet, Tomb-Robberies, pl.VII; KRI VI 744, Z.11.

N 347 (a) R I 231, 19.
(b) pGurob Fragment A, rto. 1,11; ramessidisch.
(c) Unpubliziert, Beleg nach Ranke.

N 348 (a) H 359 IX.22.
(b) pBM 10068 vso.4,24, Jahr 12 Ramses' XI.
(c) Peet, Tomb-Robberies; KRI VI 751, Z.12.

N 349 (b) pLeningrad (Petersburg) 1116 A vso.184, 19.Jahr Amenophis' II.
(c) Golénischeff, Papyrus hiératiques.

N 350 (a) B 671; R I 234, 1; H 361 XI.236.
(b) Ostrakon Leipzig Inv.Nr.495, Vs.10, Anfang 18. Dynastie.
(c) Steindorff, Liste, S.17f.; Ägyptisches Museum Leipzig, 43.

N 351 (a) H 363 XII.25.
(b) Verschiedene Quellen zu H., Mutter der Königin Isis, Zeit Ramses' III., s. (c).
(c) Etwa KRI V 367, Z.6; KRI VI 768, Z.12; Cerny, Queen Ese.

N 352 (a) R II 305, 1; H 356 IV.11.
(b) pWilbour A 77, 42, Zeit Ramses' V.
(c) Gardiner, Wilbour Papyrus.

N 353 (a) R I 241, 3 [Stele Florenz]; H 356 V.10.
(b) Stele BM 1332 und dazu Statue Florenz Cat.1514; die Ranke aaO genannte Holzpalette des Louvre und kl.Statue 14(?) ev.zu N 354? Vor Thutmosis IV.
(c) Hieroglyphic Texts, 8, pl.33 und p.38-40; Urk.IV, 1630 Z.18.

N 354 (a) R I 241, 3 [LD Text III 267].
(b) Grab TT 82, Zeit Thutmosis'III.(dieser H. identisch mit N 353 ?).
(c) Davies/Gardiner, Tomb of Amenemhet, p.4; Vernus, Noms propres, p.198.

N 355 (a) R I 241, 5.
(b) Stele Florenz 1581(Schiaparelli), Inv. Nr.2510, 1.Hälfte der 18. Dynastie.
(c) Bosticco, Stele egiziane, p.24f. und tav.16.

N 356 (b) Stele CG 34123 des Jpwnfr; 18. Dynastie.
(c) Lacau, Stèles I^{2}, 174f.;

N 357 (a) R I 253, 18; H 363 XII.26.
(b) Stele BM 322, vermutlich 18. Dynastie. Hall (c) gibt 18./19. Dyn. doch ist die Stele nicht aufgenommen in KRI.
(c) Hieroglyphic Texts, 7, pl.8 und p.6.

N 358 (a) R I 253, 18.
(b) Holzstab Louvre 1537, Neues Reich.
(c) Beleg nach Ranke.

N 359 (a) R I 253, 21.
(b) Grabstein, Turin, Neues Reich.
(c) Beleg nach Ranke.

N 360 (a) R II 307, 28.
(b) "Medinet-Maadi-Stele (Schott)" (Ranke).

(c) Beleg nach Ranke.

N 361 (a) R I 254, 1; H 355 III.14.
(b) pLeningrad (Petersburg) 1116 A vso.86, 19. Jahr Amenophis' II.
(c) Golénischeff, Papyrus hiératiques.

N 362 (a) R I 208, 25 ('n' ist zu streichen).
(b) pAnastasi I, 12, 2, Beginn der Regierung Ramses' II.
(c) Gardiner, Egyptian Hieratic Texts I/1, p.21.

N 363 (b) Magischer Ziegel BM 15016 mit TB 151e, Neues Reich.
(c) Roeder, Inschriften, II, 525.

N 364 (a) R II 307, 29; H 358 VII.12.
(b) pWilbour A 58, 41, Zeit Ramses' V.
(c) Gardiner, Wilbour Papyrus I.

N 365 (b) Krugetikette Deir el-Medineh 6283, N^{o}·d'inv.1064 A, ramessidisch.
(c) Koenig, Etiquettes, p.52 und pl.31.

N 366 (a) H unter 366 XIII.48.
(b) pLouvre 3171, col.III, 4. S.oben 333(b).
(c) Spiegelberg, Rechnungen, pl.XVIII. Die Lesung ḥ-j_2- statt ḥ-n- nach Zivie, Tombe d'un officier, p.144; Gardiner, Taxation, p.57; Helck, Materialien, S.573 (die alte Lesung dagegen noch bei Helck aao (a)).

N 367 (a) R I 257, 21.
(b) Wenamun 2, 75, Ende der 20. Dynastie.
(c) Gardiner LES, p.75 Z.2.

N 368 (a) R I 257, 17.
(b) pGurob Fragment L 2,3; 67. Jahr Ramses' II.
(c) Gardiner RAD 30, Z.12.

N 369 (a) R I 261, 19; H 363 XII.27.
(b) Denkstein CG 34016 = JdE 27815, Zeit Thutmosis' III.
(c) Lacau, Stèles I/1, 32-36; Urk.IV 1066, 15; 1067, 6.9.

N 370 (a) B 719; R I 268, 20; H 361 XI.25.
(b) Ostrakon Leipzig Inv.Nr.495 Vs.12, Anfang 18. Dynastie.
(c) Steindorff, Liste, S.17f.; Ägyptisches Museum Leipzig, 43.

N 371 (b) Stele Cannes Inv.YIP 21 der Collection Lycklama a Nijeholt, Deir el-Medineh, Ende 18. bis 20. Dynastie.
(c) Margaine, L'Egypte ancienne, Nr.9 (p.12).

N 372 (a) B 546; R I 167, 22; verbesserte Lesung: II 363; H 208.
(b) Darstellungen der Kadeschschlacht, 5. Jahr Ramses' II.
(c) KRI II 138, Z.9; Kuentz, Bataille, II, 377 (34.).

N 373 (a) R II 310, 12; H 361 XI.24.
(b) Ostrakon Louvre E 14355, Anfang 19. Dynastie.
(c) Posener, Liste, p.194.

N 374 (a) H 359 IX.23.
(b) pBM 10068 rto.6,16, Zeit Ramses' IX.
(c) Peet, Tomb-Robberies; KRI VI 505, Z.8.

N 375 (a) B 739; R I 274, 3; H 207.
(b) Darstellungen der Kadeschschlacht, 5. Jahr Ramses' II.
(c) Kuentz, Bataille, I, 168.177; KRI II 138, Z.2f.

N 376 (a) H 357 VI.7.
(b) pBM 10068 vso.4,19, Zeit Ramses' XI.
(c) Peet, Tomb-Robberies, pl.XV; KRI VI 751, Z.11.

N 377 (b) Ostrakon CG 25642, rto. 2,4, Tal der Könige, 2.Hälfte der 20. Dynastie.
(c) Černy, Ostraca hiératiques, fasc.3, p.46f., 67*, pl.LXII. KRI VI 665, Z.15.

N 378 (a) H 363 XII.29.
(b) pBM 10054 vso.2, 22, Zeit Ramses' XI.
(c) Peet, Tomb-Robberies; KRI VI 744, Z.10.

N 379 (a) R I 274, 22.
(b) Ägyptische Fassung des hethitisch-ägyptischen Vertrages, 21. Jahr Ramses' II.
(c) KRI II 226, Z.8.11; 227, Z.4.6.9.

N 380 (a) B 763; R I 314, 15; H 361 XI.24.
(b) Ostrakon Leipzig Inv.Nr.495, Rs.13, Anfang 18. Dynastie.
(c) Steindorff, Liste, S.17f.; Ägyptisches Museum Leipzig, 43.

N 381 (a) R I 303, 2; H 363 XII.30.
(b) Ostrakon Petrie 31, rto.2,9, Ende der 19. Dynastie.
(c) Gardiner/Černy, Hieratic Ostraca pl.XXXV und p.11; KRI VI 170, Z.3.

N 382 (a) B 770; R I 303, 13; H 361 XI.26.
(b) Ostrakon Leipzig Inv.Nr.495, Vs.1, Anfang 18. Dynastie.
(c) Steindorff, Liste, S.17f.; Ägyptisches Museum Leipzig, 43.

N 383 (a) R II 315, 2.
(b) pBM 10056 vso. Col.4,3; Var.rto.Col.16, 2, Zeit Thutmosis' III.
(c) Glanville, Royal Dockyard, I, p.*6 und *5; II, p.25f.

N 384 (a) B 776; R I 306, 15.
(b) Ägyptische Fassung des hethitisch-ägyptischen Friedensvertrages, 21. Jahr Ramses' II.
(c) KRI II 228, Z.1.

N 385 (a) B 778; R I 306, 16; H 207.
(b) Darstellungen der Kadeschschlacht, 5. Jahr Ramses' II.
(c) Kuentz, Bataille, I, p.19.179, Var.(Abu Simbel) p.195; KRI II 137, Z.2-4.

N 386 (a) R II 315, 10; H 361 XI.28.

(b) Ostrakon Louvre E 14354, Z.5, Anfang 19. Dynastie.
(c) Posener, Liste, p.191f.

N 387 (a) H 360 X.10.
(b) Graffito aus Amarna, Eastern Village, 6. Jahr Echnatons; Krugaufschrift, 16. Jahr Echnatons.
(c) City of Akhenaten, I, pl.LXIII Nr.170 (Graffito), p.98 (Krugaufschrift).

N 388 (a) B 782; R I 307, 23; H 208.
(b) Darstellungen der Kadeschschlacht, 5. Jahr Ramses' II.
(c) Kuentz, Bataille, I, 178; KRI II 138, Z.6.

N 389 (b) Schreibtafel BM 5647 vso.5a, Anfang 18. Dynastie.
(c) Peet, Writing-Board; weitere Lit. bei N 72(c).

N 390 (b) Stele Kairo JdE 66612 von Nazlet el-Batran, Jahr 6 Ramses' III.
(c) Gaballa, Documents, p.111f. und fig.2; KRI V 229, Z.12.

N 391 (b) Herzskarabäus Zagreb, Neues Reich (?).
(c) Monnet Saleh, Antiquités, Nr.402, p.93.

N 392 (a) R II 316, 23; H 358 VII.13.
(b) pWilbour A 91, 15 (Helck hat fälschlich: 19, 15), Zeit Ramses' V.
(c) Gardiner, Wilbour Papyrus I.

N 393 (a) H unter 367 XII.69.
(b) pGeneva D 191, 8, 20. Jahr Ramses' XI.
(c) Černy LRL 57, Z.11; Wente LRL 4. Ob hierzu der Name s^{3}-r-///-$^{\underline{NDS}}$ auf CG 25575, Z.37, Ende 20./Anfang 21. Dynastie?

N 394 (b) Ostrakon Deir el-Medineh 151 vso.Z.10, 27. Jahr Ramses' III.
(c) KRI V 515, Z.3.

N 395 (a) R I 428, 27.
(b) Ostrakon CG 25535, 8, Tal der Könige, Ende 20. Dynastie.
(c) Černy, Ostraca hiératiques, fasc.1, p.15, 32*, pl.XXII.

N 396 (a) B II 87; R I 317, 12; H 357 VI.9.
(b) Gegenstände aus unbekanntem Grab des S. in Saqqara, Nachamarnazeit?
(c) LD Text I, 16f.; Roeder, Inschriften, II, 306; dazu Stadelmann, Gottheiten, 34-36; PM III^{2}/2, p.717; Ausführliches Verzeichnis, S.223; Hari, Répertoire, fiche 268.

N 397 (a) R II 316, 26; H 359 IX.25.
(b) pWilbour A 15, 3, Zeit Ramses' V.
(c) Gardiner, Wilbour Papyrus I.

N 398 (a) R I 317, 15.
(b) Grab TT 48; weitere Quellen s.(c), etwa: Statue CG 42128; Stele BM 123; Grabkegel London UC 37843-5; Krugaufschrift aus Malqata, Zeit Amenophis' III.
(c) Säve-Söderbergh, Four Eighteenth Dynasty Tombs, etwa pl.60;

Legrain, Statues, I, p.80f.u.pl.LXXVII; Hieroglyphic Texts, 7, pl.42; Stewart, Mummy-Cases, Nr.147, p.74 (Lit.); Davis, Funerary Cones, No.477; Hayes, Inscriptions, fig.14 Nr.203; Pomorska, Flabillifères, Nr.29, S.119-121; Helck, Verwaltung, S.367f.482f.; LÄ 1, 194f.; PM I^2/1, 87-91.

N 399 (a) B 798; R I 317, 16; H unter 361 XI.20.
(b) pBologna 1086, 11, 3. Jahr des Merenptah (oder des Amenmesse oder Sethos'II.).
(c) Wolf, pBologna, S.92f.; KRI IV 79, Z.16/ 80, Z.1.

N 400 (a) R I 317, 17.
(b) Uschebtis Leiden Inv.no. AF 25b, Inv.no.AF 246, frühe 19. Dyn.
(c) Schneider, Shabtis II, p.69 (3.2.1.43) und pl.98 (verweist auf Uschebti Cairo 47671).

N 401 (a) H 358 VII.14.
(b) pWilbour A 85, 1, Zeit Ramses' V.
(c) Gardiner, Wilbour Papyrus I.

N 402 (a) R I 317, 18; H 359 IX.26.
(b) pBM 10053 rto.7,6, Zeit Ramses' IX.
(c) Peet, Tomb-Robberies; KRI VI 513, Z.15.

N 403 (a) H 355 III.15.
(b) pBM 10052, rto.2,22, Zeit Ramses' XI.
(c) Peet, Tomb-Robberies, pl.XXVI; KRI VI, 770, Z.15.

N 404 (a) R I 317, 19.
(b) pAnastasi VIII, 2,5; Zeit Ramses' II.
(c) Bakir, Epistolography, pl.29; KRI III 501, Z.11.

N 405 (a) H 359 IX.27.
(b) Ostrakon Deir el-Medineh 151, vso.17, 27. Jahr Ramses' III.
(c) Černy, Ostraca hiératiques non-littéraires, II, pl.26 und p.11; KRI V 515, Z.6.

N 406 (a) R I 321, 1.
(b) Ranke gibt: m NR Kairo Wb.206 (Sethe 23, 38).
(c) Beleg nach Ranke

N 407 (a) R I 321, 6; H 355 III.16.
(b) pBibl.Nat.206, 2,3, Zeit Sethos' I.
(c) Spiegelberg, Rechnungen, pl.VI; KRI I 246, Z.1.

N 408 (a) H 360 X.11.
(b) Krugetikette aus Amarna.
(c) City of Akhenaten, III, 2, pls.85 Nr.35 (Helck hat fälschlich pl. '35').

N 409 (a) R I 321, 9.
(b) Fragment einer Grabwand, Wien N°.79, Neues Reich.
(c) Wreszinski, Inschriften, S.129 (Z.1).

N 410 (b) Namenliste auf der Rückseite des Stelenbruchstücks O. Gardiner 27, 19. Dynastie.
(c) Černy/Gardiner, Hieratic Ostraca, pl.XXII.

N 411 (a) R I 321, 28.
(b) Gedenkskarabäus Amenophis' III., Berlin Inv.Nr.11002.
(c) Roeder, Inschriften, II, 260.
(d) Ägyptisches Museum Berlin, S.52 (Kat.Nr.550).

N 412 (b) Relief Louvre E.26901, Zeit Ramses' II.
(c) Vandier, Ramsès-Siptah, pl.11 (die Umschrift p.172 nicht genau!); KRI II 908, Z.12.

N 413 (b) Uschebti Zagreb 630 (aus der Collection Koller, alte Nummer 311), Neues Reich.
(c) Monnet Saleh, Antiquités, p.140.

N 414 (a) H 360 X.12.
(b) Amphorenaufschrift, 7. Jahr der Hatschepsut.
(c) Hayes, Varia, p.79f. und fig.1 D.

N 415 (a) B 826; R I 323, 14; H 359 VIII.28.
(b) Uschebti UC 68 des S. aus Grab 20 in Illahun, 19. Dynastie.
(c) Petrie, Kahun, pl.XXIV und p.38/40; ders., Shabtis, p.IX.

N 416 (a) B 828; R I 323, 18; H 366 XIII.52.
(b) pTurin 1972, vso.2; pPhillipps vso.2; Ostraka CG 25574, 23; 25575, 32; 25577, 3 (alle Tal der Könige); Graffito; Ende 20./Anfang 21. Dynastie.
(c) Černy LRL 8,10; LRL 30,4; Černy, Ostraca hiératiques, fasc.2, p.27f., 49*-51*, pl.XXXVIII-XL; Spiegelberg, Ägyptische und andere Graffiti aus der thebanischen Nekropolis, Heidelberg 1921, Nr.1021 d (nach Helck, mir nicht zugänglich).

N 417 (b) Krugetikette Deir el-Medineh 6329, N^{o}.d'inv.927-691, ramessidisch
(c) Koenig, Etiquettes, p.61 und pl.39.

N 418 (a) B 850; R I 327, 17; H 366 XIII.54.
(b) pAnastasi III vso.6,7, 3. Jahr des Merenptah.
(c) Gardiner LEM 31, Z.13.

N 419 (a) B 852, 853; R I 328, 3; H 357 VI.10.
(b) Uschebti Leiden 69, Inv.no.L.VII.5; dazu Stele BM 51c (nach (a)). Frühe 19. Dynastie (s.(c)). Bei H ist diese Person mit dem folgenden Beleg N 420 identifiziert, getrennt noch in Helck, Materialien, S.51. Allerdings verzeichnet R den Namen š3-m-r-y für das Grab TT 13 (von N 420). S. noch N 420(b).
(c) Schneider, Shabtis, II, p.110 (Nr.3.5.1.6) und pl.114; III, pl.44.

N 420 (a) R I 329, 12; H unter 357 VI.10.
(b) Grab TT 13; das Grab wird erwähnt im Grabräuberpapyrus pAbbott (pBM 10221) 2, 14 (dazu die Konjektur von Winlock, in: JEA 10 (1924), p.228), ramessidisch.

(c) PM I^2/1, 25; KRI VI 470, Z.15 (pAbbott).

N 421 (a) H 366 XIII.55.
(b) pWilbour A 46, 39 in Ortsname, Zeit Ramses' V.
(c) Gardiner, Wilbour Papyrus I.

N 422 (a) R I 329, 21.
(b) Holztafel Berlin 822, frühe 18. Dynastie.
(c) Roeder, Inschriften, II, 99; Ausführliches Verzeichnis, S.159.

N 423 (b) Ostrakon mit Liste von Arbeitern vom Vorhof des Grabes TT 71 des Senenmut in Sh. Abd el-Qurna, zw. 7. und 9. Jahr Thutmosis' III.
(c) Hayes, Ostraka and Name-Stones, pl.XVII Nr.82 Z.5 und p.7.

N 424 (a) H 360 X.13.
(b) Krugetikette aus Amarna.
(c) City of Akhenaten, III, 2, fig.152; Hari, Répertoire 281.

N 425 (b) Grabstele Hildesheim Inv.Nr.1261, 18. Dynastie, um 1400 v.Chr.
(c) Seipel, Bilder für die Ewigkeit, S.110f.(Nr.63); ders., Ägypten (Katalog Linz) Nr.437, S.266f.

N 426 (a) H 357 V.11.
(b) Grab TT 140, Zeit Thutmosis' III.
(c) PM I^2/1, p.254.

N 427 (a) R I 429, 22; II 320, 7; H 364 XII.50.
(b) Pyramidion Liverpool M 11015, Zeit Ramses' II.
(c) Edwards, Collections, p.130f.; Rammant-Peeters, p.39f.und pl.XXII (Doc.36); KRI III 50, Z.8; Helck, Verwaltung, S.452.

N 428 (a) R I 336.12.
(b) pGurob Fragment B 1,5, ramessidisch.
(c) Unpubliziert; Beleg nach Ranke.

N 429 (a) R I 336, 21.
(b) Uschebti Berlin 10814, Neues Reich.
(c) Roeder, Inschriften, II, 295; Ausführliches Verzeichnis, S.182.

N 430 (a) H 477.
(b) Feldzugsbericht aus dem 7. Jahr Amenophis'II. (Stele aus Memphis).
(c) Urk.IV 1308, Z.12.

N 431 (a) R II 320, 28; H unter 361 XI.20.
(b) pBologna 1086, 11, Jahr 3 des Merenptah (oder des Amenmesses oder Sethos' II.).
(c) Wolf, pBologna, S.92; KRI IV 80, Z.1.

N 432 (a) R I 337,17 (2); H 360 X.14.
(b) Weinkrugaufschriften des Ramesseums Nr.175.215, Zeit Ramses' II.
(c) Spiegelberg, Amphoreninschriften, S.33; KRI II 675, Z.15f.

N 433 (a) H 366 XIII.57.
(b) pBibl.Nat.211 rto.1,18, Zeit Sethos' I.

(c) Spiegelberg, Rechnungen, pl.XIII; KRI I 274, Z.5.

N 434 (a) R I 337.20; H 353 I.7.
(b) p.judiciaire Turin 2,2; 5,3, Zeit Ramses'III.
(c) KRI V 350, Z.12; 357, Z.8; De Buck, Judicial Papyrus.

N 435 (a) H 359 IX.29, 366 XIII.58.
(b) pAbbott Dockets B 20; pMayer A 13 C,9, Zeit Ramses' XI.
(c) Peet, Tomb-Robberies, pl.XXIV; KRI VI 767, Z.1; 828, Z.5.

N 436 (a) R II 320.30; H 361 XI.29.
(b) Ostrakon Louvre E.14355, Z.1, Anfang 19. Dynastie.
(c) Posener, Liste, p.192f.

N 437 (a) B 960; R II 320.31.
(b) pAnastasi I 23,6, Anfang Ramses' II.
(c) Gardiner, Egyptian Hieratic Texts, p.35; Fischer-Elfert, Streitschrift, S.199; Posener, Mésaventure.

N 438 (b) S. die Belege in der unter (c) genannten Literatur.
(c) Hari, Répertoire, 292; Harris, Kiya; Helck, Kijê; Reeves, New Light.

N 439 (b) Ostrakon Turin N.57297 (=suppl.6675), Inv.n.11285, rto., 19.-20. Dynastie.
(c) López, Ostraca ieratici, III/2, p.68 und tav.94.

N 440 (a) H 358 VII.15.
(b) Adoptionspapyrus (pAshmolean 1945.96), rto.Z.8, 18. Jahr Ramses' XI.
(c) Gardiner, Adoption, pl.V, Z.8; KRI VI 736, Z.4.

N 441 (a) R I 345, 3; H 207.
(b) Darstellungen der Kadeschschlacht, Jahr 5 Ramses' II.
(c) Kuentz, Bataille, I, 168.177.

N 442 (b) Stele des Kes, Moskau, Pushkin-Museum I.1.a.5630(4147), 2. Hälfte der 18. Dynastie.
(c) Hodjash/Berlev, Reliefs, p.114.116.118 (Nr.60).

N 443 (a) H 358 VIII.12.
(b) Grabkegel, Neues Reich.
(c) Davis, Funerary Cones, Nr.399.

N 444 (a) R I 347, 4.
(b) Kalkstein-Statuette aus Deir el-Bahari, 18. Dynastie.
(c) Carnarvon/Carter, Five Years Exploration, p.29.

N 445 (a) R II 322, 30 (mit Anm.4); H 367 XIII.61.
(b) pWilbour A 32, 35, Zeit Ramses' V.
(c) Gardiner, Wilbour Papyrus I.

N 446 (a) B 1003; R I 346, 19; H 362 XI.33.
(b) pMayer A vso.9,9; 12,21; pBM 10052 vso.12,1.6, Zeit Ramses' XI.

(c) Peet, Tomb-Robberies, pl.XXXII (pBM 10052); KRI VI 793, Z.3.9; 820, Z.15; 826, Z.4.

N 447 (a) B 1005; R I 347, 6; H 354 II.7.
(b) p.judiciaire Turin 4,7, Zeit Ramses' III.
(c) KRI V 354, Z.3; De Buck, Judicial Papyrus, p.154f.

N 448 (a) R I 347, 8; H 363 XII.32.
(b) Statuengruppe Brüssel E 4295 des S^{3}tjmn und der K., 18.Dynastie.
(c) Capart, Mélanges, p.106; Speleers, Recueil, p.35 Nr.117; Van de Walle, Publication, p.173 (Lit.!); Brunton, Connections.

N 449 (a) R I 347, 11; H 363 XII.33.
(b) Stele CG 34091 des Mrjr^{c}, Zeit Thutmosis' III.
(c) Lacau, Stèles, I, pl.XLIV, II, p.141.

N 450 (a) R I 347, 17.
(b) Stele BM 166 des Jmnḥtp/Ḥ:-y; 37.Jahr Ramses' II.
(c) Hieroglyphic Texts, 9, p.26f.u.pl.XXII; KRI II 388, Z.15 ('2nd stela of Bak^{c}aa').

N 451 (b) Stele CG 34052 des K., 18. Dynastie.
(c) Lacau, Stèles, I/1, p.92f. und pl.XXXI.

N 452 (b) Ostrakon Turin N.57424 (=suppl.9725), Inv.n.13269, Z.1, Deir el-Medineh, 19.-20. Dynastie.
(c) López, Ostraca ieratici, III/3. p.39 und tav.133.

N 453 (b) Ortsnamenlisten des Totentempels Amenophis' III. D_N li.10, D_N li.2; spätes Siegel (nach NR) aus Armenien.
(c) Edel ONL, 32 und Tf.II; Görg, Zentrum der Kassiten, S.87 Abb.1/2 und Tf.17; ders., Zu einem Siegel, 88 (Originalpublikation von Piotrovsky).

N 454 (a) H 363 XII.34.
(b) Megiddo Ivory, Palest.Archeol.Mus.38.814 + 38.815, Zeit Ramses' III.
(c) KRI V 256, Z.8.11.

N 455 (a) B 1022; R I 347, 24.
(b) Gedenkskarabäus Amenophis' III., Berlin 11002.
(c) Roeder, Inschriften, 260; Ägyptisches Museum Berlin, S.52.

N 456 (a) R I 347, 26; H 357 V.12.
(b) Totenbuch pBM 9940 des K./Nfr-rnpt, ramessidisch (I.Munro, Untersuchungen, S.304 (Nr.42).
(c) Naville, Todtenbuch, S.63f. (A n).

N 457 (a) R I 347, 30.
(b) Denkstein München 28 des Sm^{3}jf-m-p^{3}-Jtn, Amarnazeit.
(c) Dyroff/Pörtner, München, p.38f.und pl.XIX.

N 458 (a) R I 348, 10.
(b) wie 457(b).

(c) wie 457(c).

N 459 (a) R II 323, 2; H 361 XI.30.
(b) Ostrakon Louvre E 14355, Z.2, Anfang 19. Dynastie.
(c) Posener, Liste, p.193.

N 460 (a) R I 348, 21.
(b) Stele Wien 102 des Wpw^{3}wt-ms, Neues Reich.
(c) Wreszinski, Inschriften, S.62.

N 461 (a) R II 322, 13; H 355 III.18.
(b) Brief pLeyden 348 vso.1,1; 6,1 u.ö., Zeit Ramses'II.
(c) Gardiner LEM 132-137.

N 462 (a) R II 323, 4; H 367 XIII.64.
(b) Brief pTurin 1979, 7, Theben, frühes Wḥm-mswt (J.19) Ramses' XI.
(c) Černy LRL 42, 16; Wente LRL p.58f. und p.16.

N 463 (a) R I 348, 23.
(b) Stele Tübingen Nr.470 des B^{3}k-n-Jmn, Mittlere 18. Dynastie.
(c) Spiegelberg/Pörtner, Grabsteine, I, Nr.31, S.17f. und pl.XVII; Brunner-Traut/Brunner, Ägyptische Sammlung Tübingen, I, S.96 und Tf.65.

N 464 (a) H 367.
(b) pWilbour A 79, 16 in Ortsname "Dorf des K.", Zeit Ramses' V.
(c) Gardiner, Wilbour Papyrus I.

N 465 (b) Krugetikette Deir el-Medineh 6345 N^{o}·d'inv,661-662, ramessidisch.
(c) Koenig, Etiquettes, p.64 und pl.42.

N 466 (a) R I 348, 29.
(b) Stele des K., München Nr.25 [Ant.52], 18. Dynastie.
(c) Dyroff/Pörtner, München, S.35f. und Tf.17.

N 467 (a) H 360 IX.33.
(b) pBM 10068 vso.7, 25, Zeit Ramses' XI.
(c) Peet, Tomb-Robberies, pl.XVI; KRI VI 754, Z.10.

N 468 (a) R I 349, 29.
(b) Brief pAnastasi V,14,1; Zeit Sethos' II. (Gardiner LEM XVI).
(c) Gardiner LEM 63, Z.7.

N 469 (a) H 367 XIII.63.
(b) pBM 10068 rto.4,14, Zeit Ramses' IX.
(c) Peet, Tomb-Robberies; KRI VI 502, Z.4.

N 470 (a) H 356 IV.14.
(b) pBM 10053 (pHarris A) rto.7, 18, Zeit Ramses' IX.
(c) Peet, Tomb-Robberies, pl.XIX; KRI VI 514, Z.12.

N 471 (a) B 1060; R I 352.11; H 207.
(b) Darstellungen der Kadeschschlacht, Jahr 5 Ramses' II.
(c) Kuentz, Bataille, I, 167.178.193; KRI II 137, Z.11-13.

N 472 (a) B 1062; R II 323, 15.
(b) Burchardt und Ranke (mit Verweis auf B) geben 'pMayer A 2,14'; dort ist der Name aber nicht zu finden (KRI VI 807, Z.10). Vgl. als ähnlichen Fall N 298 (Fehlzitat).

N 473 (a) R II 323, 16; H 360 X.16.
(b) Grab TT 161 des Nḫt, Zeit Amenophis' III.(?).
(c) PM I^{2}/1, 274.

N 474 (a) R I 352, 21.
(b) Stele CG 34079 des Ḥr-m-wj^{3} aus Abydos, 18. Dynastie.
(c) Lacau, Stèles, I/2, p.126f. und pl.XL; Mariette, Monuments, Nr.1073 (p.390).

N 475 (a) R I 353, 21.
(b) Totenbuch pBM 9964, Zeit Thutmosis' III./Amenophis' II. (Munro, Untersuchungen, S.289f.).
(c) Naville, Todtenbuch, 58 [Ae].

N 476 (a) R I 353, 11.
(b) wie N 474(b).
(c) wie N 474(c).

N 477 (a) H 363 XII.38.
(b) pBM 10054 vso.2,20, Zeit Ramses' XI.
(c) Peet, Tomb-Robberies, pl.VIIf.; KRI VI 744, Z.8.

N 478 (b) Stele Bologna KS 1925 des Nb-smn aus Abydos, Mitte 18. Dynastie.
(c) Bresciani, Stele egiziane, p.50f. und tav.19.

N 479 (a) B 1073; R I 354, 5; H 363 XII.36.
(b) Denkstein CG 34016 (JdE 27815) des Snjmsw, Zeit Thutmosis' III.
(c) Lacau, Stèles, I/1, p.34 u.pl.X; Urk IV 1067.

N 480 (b) Stele BM 773 des P^{3}w aus Abydos, 18. Dynastie, um 1400 v.Chr.
(c) Hieroglyphic Texts, 7, pl.47 und p.13.

N 481 (a) R II 323, 28; H 363 XII.37.
(b) pWilbour A 40,17 (Helck hat fälschlich '25,19'), Zeit Ramses' V.
(c) Gardiner, Wilbour Papyrus I.

N 482 (a) R II 323, 30.
(b) Stelenbruchstück vom Westfriedhof in Deir el-Medineh.
(c) Anthes, Grabungen, 68.

N 483 (a) B 1074; R I 386, 20; H 207.
(b) Darstellungen der Kadeschschlacht, 5. Jahr Ramses' II.
(c) Kuentz, Bataille, I, 177; KRI II 138, Z.5.

N 484 (b) Stele CG 34072 des Ḥ:-y aus Abydos, 18. Dynastie.
(c) Lacau, Stèles I/2, p.119f. und pl.XXXIX.

N 485 (b) Relieffragment Petrie Collection UC 14484, 19. Dynastie.
(c) Stewart, Egyptian Stelae, pl.44.4 und p.55.

N 486 (a) H 362 XI.34.
(b) Ostrakon Louvre E.14354, Z.4, Anfang 19. Dynastie.
(c) Posener, Liste, p.191.

N 487 (a) B 1078; R II 329, 9.
(b) Biographie des Soldaten Ahmose in seinem Grab in Elkab, Anfang 18. Dynastie.
(c) Urk.IV 11, Z.9.

N 488 (a) R I 358, 22.
(b) Grab TT 131 des Wsr-jmn; Frau des Wesirs ^{c}mṯw (N 129), TT 83, Zeit Thutmosis' III.
(c) PM I^{2}/1, p.167.

N 489 (b) Grabkegel Wien, Zeit Amenophis' II.
(c) Wreszinski, Inschriften, VIII.1, S.183; Davies, Funerary Cones, Nr.54.

N 490 (a) R I 355, 18.
(b) Florenz 1624 (2541) (Schiaparelli).
(c) Schiaparelli, Antichità Egizie.

N 491 (a) B 1081; R I 379, 19; H 362 XI.36.
(b) Ostrakon Leipzig Inv.Nr.495, Vs.7, Anfang 18. Dynastie.
(c) Steindorff, Liste, S.17f.; Ägyptisches Museum Leipzig, 43.

N 492 (a) R I 353, 19 (alte Lesung); H 363 XII.35.
(b) pBM 10053 rto.3,2, Zeit Ramses' IX.
(c) Peet, Tomb-Robberies; KRI VI 508, Z.15.

N 493 (a) R I 379, 22.
(b) Ranke gibt Wb-Zettel.
(c) Beleg nach Ranke.

N 494 (a) H 367 XIII.65.
(b) Grab TT 106 des Wesirs Paser, Zeit Sethos' I./Ramses' II.
(c) Beleg nach Helck, Verwaltung, S.450; Helck, Verwaltung, 447-451.

N 495 (a) R II 324, 29; H 363 XII.39.
(b) pWilbour A 25,19, Zeit Ramses' V.
(c) Gardiner, Wilbour Papyrus I.

N 496 (a) R II 324, 30; H 363 XII.40.
(b) pWilbour A 32, 25, Zeit Ramses' V.
(c) Gardiner, Wilbour Papyrus I.

N 497 (a) R II 329, 15; H 362 XI.37.
(b) Ostrakon Louvre E.14355, Z.5, Anfang 19. Dynastie.
(c) Posener, Liste, p.194.

N 498 (a) H 362 XI.35.
(b) Ostrakon Louvre E.14354, Z.3, Anfang 19. Dynastie.
(c) Posener, Liste, p.190f.

N 500 (a) Vgl. R I 382, 1 (mit weiteren Belegen des Namens).
(b) Stele Turin 50040 (=cat.1565), Anfang 19. Dynastie.
(c) Roccati, Stele, p.74f. und 277.

N 501 (b) Statuengruppe Wien ÄS 9233 des W³ḥ-jb und der T.mit Sohn, 18.Dyn.
(c) Jaroš-Deckert, Wien (CAA) 1, 160-165.

N 502 (a) H unter 365 XIII.26.
(b) Stele Wien 107, Neues Reich.
8c) Bergmann, Denkmäler, S.17.

N 503 (a) B 1103; R I 382, 14; H 362 XI.39.
(b) Ostrakon Leipzig Inv.Nr.495, Rs.19, Beginn 18. Dynastie.
(c) Steindorff, Liste, S.17; Ägyptisches Museum Leipzig, 43.

N 504 (a) H 360 IX.34.
(b) Ostrakon Gardiner 89, rto.5, frühe 19. Dynastie (Zeit Ramses'II).
(c) Černy/Gardiner, Hieratic Ostraca, pl.LX/1; KRI III 724, Z.4.

N 505 (a) R I 431, 10; H 357 V.13.
(b) Grab TT 327 des T.in Deir el-Medineh; Pyramidion Leningrad 19491 des T₃; Pyramidion Warschau (ehemals Louvre E.14396) seines Sohnes P³sr; hierzu vermutlich auch das Uschebti Berlin 7595 des T. Dazu (nach Ward, Personal Names, 298) E.S.Bogoslovsky, Monuments and Documents from Dêr el-Medina in the Museums of the USSR IV, in: VDI 122(1972), p.71f., FIFAO XIV p.28 (Pyramidia; Opfertisch) Černy/Gardiner, Hieratic Ostraca, pl.60,1 rto.5.
(c) PM I²/1, 397; Rammant-Peeters, Pyramidions, Doc.32, p.34f. = KRI III 838, Z.1; Doc.68, p.73f. = KRI III 836, Z.4; 837 Z.4; Roeder, Inschriften, II, 595.

N 506 (a) R I 382, 18; H 358 VIII.13.
(b) Stele Berlin 14122 aus Tell el-Amarna.
(c) Spiegelberg/Erman, Grabstein, Tf.XVII; Hari, Répertoire, 314; Roeder, Inschriften, II, 117; Ausführliches Verzeichnis, S.129.

N 507 (a) R I 382, 19.
(b) Grab TT 343 des Bnj³, Zeit Thutmosis' III.
(c) Urk.IV 1471, Z.13; Guksch, Grab des Benja, S.44.

N 508 (a) B 1118; R I 382, 20, H 207.
(b) Darstellungen der Kadeschschlacht, 5. Jahr Ramses' II.
(c) Kuentz, Bataille, I, 19.176.177; KRI II 137, Z.6-9.

N 509 (a) B 1119; R I 382, 21; H 207.
(b) wie N 508(b).
(c) Kuentz, Bataille, I, 168.177; KRI II 137, Z.15f.

N 510 (a) B 1122; R I 382, 23.
(b) Ägyptische Fassung des hethitisch-ägyptischen Friedensvertrages, 21. Jahr Ramses' II.
(c) KRI II 226, Z.1.

N 511 (b) Grabstein Berlin 7289, Neues Reich.

(c) Roeder, Inschriften, II, 164; Ausführliches Verzeichnis, S.168.

N 512 (a) R I 366, 4.
(b) Uschebti CG 47246 der T. aus Saqqara, 19. Dynastie.
(c) Newberry, Newberry Statuettes, p.115; Petrie, Shabtis, p.XXI.

N 513 (a) H 356 IV.15.
(b) pBM 10056, vso.4,3, Zeit Thutmosis' III.
(c) Glanville, RoyalDockyard, 6*.

N 514 (a) R II 330, 8; H 362 XI.38.
(b) Ostrakon Louvre E.14355, Z.6, Anfang 19. Dynastie.
(c) Posener, Liste, p.194f.

N 515 (b) Stele Kairo 14/10/69/1 des My, Zeit Ramses' II.
(c) Gaballa, Monuments, p.132 und fig.3; KRI III 281, Z.3.

N 516 (b) Stele Leiden V 62, Inv.AP 60, des T. mit Darstellung des Seth. Ob daher Boesers Datierung (18. Dyn.) korrekt?
(c) Boeser, Stelen, Nr.25, Tf.VI.

N 517 (a) R I 431, 12.
(b) Ostrakon CG 25575, Ende 20./Anfang 21. Dynastie.
(c) Černy, Ostraca hiératiques, 50*, p.27.

N 518 (a) R I 371, 16.
(b) Stele Leiden V 35, Inv.AP 22, 20. Dynastie.
(c) Boeser, Stelen, N°.41, pl.XXIII.

N 519 (b) Hölzerne Mumienetikette mit hieratischer Aufschrift, Royal Museum of Scotland RMS 1956.163 (Person: unter Thutmosis IV.).
(c) Dodson/Janssen, A Theban Tomb, p.129 Z.4 und pl.XI [2].

N 520 (a) R II 326, 12; H 364 XII.44.
(b) Stele Pushkin Museum Moskau I.1.a.5614 (4087) mit Darstellung der Qudschu, Deir el-Medineh, erste Jahre Ramses' II.
(c) Hodjash/Berlev, Reliefs, Nr.74, p.131f.134.

N 521 (a) R II 329, 11; H 353 I.8.
(b) Grab des Tutu in Tell el-Amarna (Nr.8).
(c) Davies, Rock Tombs VI, pl.XII-XXI; Hari, Répertoire, 312.

N 522 (a) H 363 XII.31 (falsche Lesung und Umschrift!).
(b) pMayer A rto.3,10, Zeit Ramses' XI.
(c) KRI VI 809, Z.6.

N 523 (a) H 360 X.17.
(b) Weinetikette aus Amarna.
(c) City of Akhenaten, III/2, pl.XC, Nr.145; Hari, Répertoire, 308.

N 524 (a) H 364 XII.45.
(b) pBM 10054 vso.2,29, Zeit Ramses' XI.
(c) Peet, Tomb-Robberies; KRI VI 744, Z.16.

N 525 (a) H 364 XII.46.
(b) pBM 10054 vso.5,16, Zeit Ramses' IX.
(c) Peet, Tomb-Robberies, pl.VIII; KRI VI 495, Z.6.

N 526 (a) H unter 364 XII.46.
(b) pTurin 2021 rto 3,2, Zeit Ramses' XI.
(c) Černy/Peet, Marriage Settlement, pl.14 (H fälschlich:'13'); KRI VI 740, Z.10.

N 527 (a) B 1140; R I 386, 20; H 208.
(b) Darstellungen der Kadeschschlacht, 5. Jahr Ramses' II.
(c) Kuentz, Bataille, I, 179; KRI II 138, Z.10.

N 528 (a) H 364 XII 47.
(b) Grab TT 174 des ^{c}š^{3}-jḫt, 19. Dynastie.
(c) PM I^{2}/1, p.281.

N 529 (b) Stele CG 34079 des Ḥr-m-wj^{3} aus Abydos, 18.Dynastie.
(c) Lacau, Stèles, I/2, p.126f.u.pl.XL; Mariette, Monuments Nr.1073 (p.390).

N 530 (a) R I 386, 24.
(b) Statue Leiden D 37 (Inv.AST 6)des Wsr-ḫ^{c}w-R^{c}-nḫtw/Ṯ., Zeit des Sethnacht.
(c) Boeser, Beschreibung 5/2: Pyramiden, S.6f. und Tf.VII; KRI V 6, Z.11

N 531 (a) B 1144; R II 331, 9; H 208.
(b) Darstellungen der Kadeschschlacht, 5. Jahr Ramses' II.
(c) Kuentz, Bataille, I, 179; KRI II 138, Z.12.

N 532 (a) R I 390, 30; H 364 XII.48.
(b) Stele BM 148 des Nfr-ḥ^{3}t, Zeit Thutmosis' IV.
(c) Hieroglyphic Texts, 7, pl.43f. und p.13.

N 533 (b) Stele Leningrad No.30, Amarnazeit.
(c) Struve, Ermitažnye stele, S.282f.301. Fehlt bei Hari, Répertoire.

N 534 (a) R II 331, 11; H 367 XIII.70.
(b) Brief pGeneva D 191 vso.14; Jahr 2 des Wḥm-mswt (=J.21) Ramses' XI.
(c) Černy LRL 59, 11; Wente LRL 71-74 und 16 (Datierung).

N 535 (b) Kadeschbericht, 5. Jahr Ramses' II.
(c) Kuentz, Bataille, I 179 (19.1), II 377 (36.), KRI II 138, Z.11.

N 536 (a) R I 391, 26.
(b) Grab TT 74 des Ṯ., Zeit Thutmosis'III./IV.
(c) Brack/Brack, Grab des Tjanuni, S.83f.

N 537 (b) Uschebti CG 47651 des Ṯ. aus Saqqara, ramessidisch.
(c) Newberry, Funerary Statuettes, p.191f. und pl.XVIII.

N 538 (b) Stele Ny Carlsberg Glyptothek Kopenhagen AEIN 50, Zeit Ramses'II.

(c) Koefoed-Petersen, Statues, p.36 und pl.73; vgl.Helck, Verwaltung, S.313f.

N 539 (a) R II 326, 8.
(b) Kairener Papyrus, NR (Ranke).
(c) Beleg nach Ranke.

N 540 (a) B 1159; R I 392, 15.
(b) pAnastasi III vso.5,1, 3. Jahr des Merenptah.
(c) Gardiner LEM 31, Z.16; Caminos LEM 109.112.

N 541 (a) R I 392, 15.
(b) Grab TT 1 des Snnḏm, 19. Dynastie.
(c) Daressy, in: ASAE 20(1920), p.160; FIFAO VI/2, p.133 (nach Ward, Personal Names, 299).

N 542 (b) Stele CG 34079 des Ḥr-m-wj^{3} aus Abydos, 18. Dynastie.
(c) Lacau, Stèles, I/2, p.126f. und pl.XL; Mariette, Monuments Nr.1073 (p.390).

N 543 (a) B 1161; II 87; R I 392, 19.21f.; 393, 6; H 355 III.21.
(b) Sehr häufig in Briefen aus Deir el-Medineh: pBibl.Nat.196,I.II. IV; 197, II.III.V.VI; pBM 10100; 10284; 10326; 10375; 10417 (H hat: '10517'); 10494; Fragment Gardiner; pGeneva D 187; D 407; pGriffith; pLeiden I 369; pPhillipps; pTurin 1973; 1974+1945; 1975; 1979; Zeit Ramses' XI.
(c) Černy LRL; Wente LRL.

N 544 (a) H 367 XIII.69.
(b) pBM 10068 vso.3,23, Zeit Ramses' XI.
(c) Peet, Tomb-Robberies, z.St.; KRI VI 750, Z.5.

N 545 (a) wie 544(a).
(b) pBM 10054 vso.5,5, Zeit Ramses' IX.
(c) Peet, Tomb-Robberies; KRI VI 494, Z.11.

N 546 (a) wie 544(a).
(b) pBM 10054 vso.6,1, Zeit Ramses' IX.
(c) Peet, Tomb-Robberies; KRI VI 495, Z.11.

N 547 (a) H 357 V.14.
(b) pBM 10054 vso.6,3 (derselbe wie N 544?), Zeit Ramses' IX.
(c) Peet, Tomb-Robberies, z.St.; KRI VI 495, Z.12.

N 548 (b) Grabstein München Nr.25 [Ant.52] des K-^{3}-š-j$_{2}$-š$^{3}_{2}$, Neues Reich.
(c) Dyroff/Pörtner, München, S.35f. und Tf.17.

N 549 (a) R I 393, 4; H 355 III.19.
(b) Grab TT 232 des Ṯ., ramessidisch.
(c) PM I^{2}/1, 328f.

N 550 (a) R II 331, 20; H 358 VIII.14.
(b) pWilbour A 17,40, Zeit Ramses' V.
(c) Gardiner, Wilbour Papyrus I.

N 551 (a) B 1117; R I 393, 9.
(b) Opfertafel Kairo CG 23034 (JdE 39580) für die Königin S^{3}t-j^{c}ḥ, Gemahlin Thutmosis' III., aus Abydos.
(c) Kamal, Tables d'offrandes, p.27 (gibt als Datum 'XIIe dynastie'!); Urk.IV 604, Z.12.

N 552 (a) H 360 IX.36.
(b) Erwähnt bei Hayes (H fälschlich: Winlock), Scepter of Egypt, II, p.182, 18. Dynastie.
(c) Nur in Umschrift (Hayes, Helck) greifbar.

N 553 (a) B 1173; R I 394, 23.
(b) Wenamun 1,16f.; 3,7; Ende der 20. Dynastie.
(c) Gardiner LES 62.64.

N 554 (a) R I 394, 24; H 367 XIII.71.
(b) pAnastasi III vso.6,6, 3. Jahr des Merenptah.
(c) Gardiner LEM 31.

N 555 (b) Stele Neapel Inv.gen.1019, 2. Hälfte 18./Anfang 19. Dynastie.
(c) Hölbl, Stele funerarie, p.14f. und pl.6.

N 556 (a) B 1178; R I 395, 12.
(b) pAnastasi IV,7,4, Zeit Sethos' II.
(c) Gardiner LEM 42, Z.1.

N 557 (a) R II 331, 31; H 358 VIII.17.
(b) pWilbour A 36,49, Zeit Ramses' V.
(c) Gardiner, Wilbour Papyrus I.

N 558 (a) H 353 I.9.
(b) pBM 10383 (P.de Burgh) 3,3, Zeit Ramses' XI.
(c) Peet, Tomb-Robberies, pl.XXII; KRI VI 835, Z.13.

N 559 (a) R I 395, 28.
(b) Uschebtis Florenz 1867 und 4686.
(c) Beleg nach Ranke.

N 560 (a) R I 400, 25.
(b) pMayer A rto.4,15.18.
(c) KRI I 812, Z.8.13.

N 561 (b) Stele BM 1629; Stele Turin N.50059 (=cat.1521) des Jmn-nḫt; Pyramidion Deir el-Medineh 7; O. CG 25573, I, 12; Stele und zwei Stelenfragmente aus Deir el-Medineh; Uschebtis Turin und Deir el-Medineh; O. Turin N.57276 (=suppl.6801; Inv.n.11400 Z.2), Zeit Sethos' I.
(c) Hieroglyphic Texts, 10, p.26f.u.pl.63 (Lit.) = KRI VII 37f.; Roccati, Stele, p.96f.287; Rammant-Peeters, Pyramidions, Doc.79; Černy, Ostraca hiératiques, fasc.2, p.27, 49*, pl.XXXVII; KRI I, 402f.; Valbelle, Ouchebtis, p.79; Lopez, Ostraca ieratici, III/2, p.62 und tav.90.

N 562 (b) Weinetikette aus Amarna.
(c) City of Akhenaten, III/2, pl.LXXXVII, 78; Hari, Répertoire, 320.

N 563 (b) pBrooklyn 35.1453 A, V/H, Z.10, späte 18. Dynastie.
(c) Condon, Account Papyri, p.61.63.67.

N 564 (b) Ostrakon Deir el-Medineh 111; Zeit Ramses' II. (zu N 561?).
(c) Černy, Ostraca hiératiques non-littéraires I, p.29, pl.61/61A; KRI III 574.

N 565 (b) Stele Leningrad Nr.31 des St^{3}w, Zeit des Tutanchamun.
(c) Struve, Ermitažnye stele, S.283.301; nicht bei Hari, Répertoire. Dieser Beleg wird bei Martin, Shabtis, p.124 Anm.32 'ḏmr'gelesen und zu N 567 gestellt; doch zeigen Piotrovsky , Egyptian Antiquities, pls.49 und 50 eher den wr-Vogel als die m-Eule.

N 566 (a) B 1211; R I 406, 14; H 367 XIII.72.
(b) pAnastasi III vso.6,1, 3. Jahr des Merenptah.
(c) Gardiner LEM 31, Z.7; Caminos LEM 110.

N 567 (a) R II 333, 30; H 364 XII.Nachtrag
(b) Opfertafel Deir el-Medineh no.43586; Uschebtis London BM 8812, 8652; Uschebtis Ashmolean Museum, Oxford, QCL 10-13; Uschebti New York, Metropolitan Museum of Art 66.99.85; Vgl.noch N 565 (von Martin N 567 zugeordnet).
(c) Janssen, Donation Stela, p.66; Martin, Shabtis, p.124f. (31-37); British Museum. A Guide to the Fourth, Fifth and Sixth Egyptian Rooms, p.8; FIFAO XX/2, p.6.

N 568 (a) R I 432, 6; XXVIII (zu 407, 12); II 334, 1; H 364 XII.49.
(b) Ostrakon Berlin 21447 (Beiname der Jtw, Mutter des Amenophis, Sohn des Hapu), stammt aus der 20. Dynastie. Zeitgenössisch ist der Grabkegel (Davies, Funerary Cones, Nr.10; Urk.IV 1838, Z.7), der Pn ḏ^3-n:-r-j$_2$ m rk tʾ liest; aus dem Dekret für die Totenstiftung (Stele BM 138, 21. Dyn.) stammt die Lesung j:-ḏ^3-n:-r-ḥ$_2$ - ob in diesem Fall überhaupt ein Name gemeint ist, ist fraglich. Zur Diskussion s. Robichon/Varille (c).
(c) Robichon/Varille, Amenhotep, p.8-12.

N 569 (a) R I 407, 12.
(b) Stele in Stockholm, Neues Reich.
(c) Beleg nach Ranke (Mogensen, Stèles égyptiennes au Musée National de Stockholm, Copenhague 1919, p.55).

N 570 (a) H 367 XIII.73.
(b) pWilbour A 24,14 in Ortsname "Dorf des (bzw.der; von) Ḏ.".
(c) Gardiner, Wilbour Papyrus I.

N 571 (b) Stele Ny Carlsberg Glyptothek, Kopenhagen, AEIN 962, 18./19. Dyn.
(c) Koefoed-Petersen, Stèles, p.28f. und pl.34.

N 572 (a) R I 18, 12.
(b) Stele 3546 des Nationalmuseums Kopenhagen des J., Neues Reich.
(c) Mogensen, Inscriptions, p.33.

N 573 (a) R II 266, 16.
(b) Fisher D.A.N. Grab 306.
(c) Unveröffentlicht; Beleg nach Ranke.

N 574 (b) Krugetikette Deir el-Medineh 6401, N^{o} d'inv. 848, n^{o} du séquestre 7049, ramessidisch.
(c) Koenig, Etiquettes, p.75 und pl.50.

N 575 (a) R II 266, 28.
(b) "Univ. Coll. Mus. Reihe 530" (Ranke).
(c) Beleg nach Ranke.

N 576 (a) R I 45, 11; H 360 X.4.
(b) Ostrakon Brüssel E.339, Zeit Ramses' II.
(c) Speleers, Recueil p.54 Nr.220; Spiegelberg, Amphoreninschriften S.32 (Nr.274); KRI II 695, Z.1.

N 577 (a) R I 7, 10; bei H 365 XIII.26.
(b) Stele Wien 107; Neues Reich.
(c) Bergmann, Denkmäler, S.17 (Nr.XVIII).

N 578 (b) Ostrakon CG 25665 vso.4, Deir el-Medineh, 18. Dynastie.
(c) Černy, Ostraca hiératiques, fasc.3, p.54.

N 579 (a) R I 416, 18.
(b) Beleg nach Ranke (Bruyère, Rapport Deir el-Medineh, 1925, p.41).

N 580 (a) R II 267, 19.
(b) Kanopenkrug eines h^{3}tj-^{c} von Athribis, Neues Reich.
(c) A. Duringe, Etude sur quelques monuments du Musée archéologique de Cannes (Musée Lycklama), Lyon 1907, Tf.2 und p.7.

N 581 (b) Stele des K(^{3})y-nfr, Puschkin Museum Moskau I.1.a.5619 (4119); Zeit Ramses' II.
(c) Hodjash/Berlev, Egyptian Reliefs, Nr.79, pp.138.140.

N 582 (b) Ostrakon CG 25759 rto.; ramessidisch.
(c) Černy, Ostraca hiératiques, *93, pl.XCVI.

N 583 (a) H 365 XIII.20.
(b) pWilbour B 9,5 in Ortsname "Dorf des W.", Ende 20. Dynastie.
(c) Gardiner, Wilbour Papyrus I.

N 584 (a) R I 97, 4.
(b) Weinkrugaufschrift des Ramesseums 239.299, Zeit Ramses' II.
(c) Spiegelberg, Amphoreninschriften, S.26.34; KRI II 679, 5f.

N 585 (b) Uschebti Florenz, Neues Reich.
(c) Petrie, Shabtis XVII.

N 586 (a) H 365 XIII.30.
(b) pWilbour B 7,18, Ende 20. Dynastie.
(c) Gardiner, Wilbour Papyrus I.

N 587 (a) H 366 XIII.39.

(b) Herzskarabäus, erwähnt von Hayes, Scepter of Egypt, II, 224, frühthutmosidisch.
(c) Keine hieroglyphische Umschrift verfügbar.

N 588 (a) Vgl. R I 120, 16; H 356 V.7.
(b) Pyramidion Leiden Inv.AM 14a, 15-17; Opfertisch Inv.AM 14b; Pyramidion Louvre D 44 (N.364); Opfertafel Ny-Carlsberg-Glyptothek Kopenhagen AEIN 1554; Zeit des Haremhab/ramessidisch?
(c) Boeser, Beschreibung 5/2, S.2, Tf.XIV; S.5, Tf.III (erwähnt noch Kapelle im Museum Thorwaldsen in Kopenhagen, Sphinx XIII, S.52); Rammant-Peters, Pyramidions, p.63f.; Koefoed-Petersen, Bas-Reliefs, p.63 und pl.LXXXVI; ders., Recueil, p.76.

N 589 (b) Ostrakon CG 25665 rto.9, Deir el-Medineh, 18. Dynastie.
(c) Černy, Ostraca hiératiques, fasc.3, p.54.

N 590 (b) Personennamenliste pBerlin 12344, Z.4.
(c) Hieratische Papyrus Berlin, III, Tf.XLII.

N 591 (b) Stele CG 34172 des Pny (?), 18. Dynastie.
(c) Lacau, Stèles I^2, 210-212 und pl.LXIII.

N 592 (a) H 358 VIII.8.
(b) Grab des Mes in Saqqara, N 17, Zeit Ramses' II.
(c) Gaballa, Tomb-Chapel, pl.LXI; PM III^2, 553-556.

N 593 (b) Schreibtafel BM 5647 vso.2a, Anfang 18. Dynastie.
(c) Peet, Writing Board; weitere Lit. bei N 72.

N 594 (b) Krugaufschrift aus Amarna.
(c) City of Akhenaten, III, pl.XC, fig.151; Hari Répertoire, 231.

N 595 (b) Biographie des Soldaten Ahmose in Elkab, Anfang 18. Dynastie.
(c) Urk.IV 11, Z.12.

N 596 (b) Stele Ny Carlsberg Glyptothek AEIN 36 des Nb, Neues Reich.
(c) Koefoed-Petersen, Stèles, p.22f. und pl.24. Die hieroglyphische Form des Beleges nach p.XXIX; auf pl.24 konnte ich ihn nicht verifizieren.

N 597 (a) Stele CG 597 = JdE 22109 des Nb-nhh und der B^3-k-j_2-r-tj, 19. Dynastie.
(b) Borchardt, Statuen, S.151.

N 598 (b) Hieratische Aufschrift auf der 9. Säule (Seite F) des Tempels Thutmosis' III., 2. Hälfte der 20. Dynastie.
(c) Marciniak, Inscriptions hiératiques, N^O 26, Z.2, p.84/pl.XXIV, 2.

N 599 (b) Krugaufschrift des Ramesseums (Form. A III), Zeit Ramses' II.
(c) Spiegelberg, Amphoreninschriften, S.33; KRI II 677,16.

N 600 (a) R I 347, 30.
(b) Stele BM 303, Neues Reich.
(c) Hieroglyphic Texts 6, pl.XLIII.

N 601 (b) Uschebti Deir el-Medineh Nr.26, ramessidisch.
(c) Valbelle, Ouchebtis, p.34 und pl.III.

N 602 (b) Hieratische Aufschrift auf dem Fragment F 5393 des Tempels Thutmosis' III. in Deir el-Bahari, 2. Hälfte der 20. Dynastie.
(c) Marciniak, Inscriptions hiératiques, N° 52, Z.3, p.106/pl.XLIII.

N 603 (b) Ostrakon Turin N.57068 (= suppl.6361), Inv.n.10351, Deir el-Medineh, 7. Jahr Ramses' III.
(c) López, Ostraca ieratici, p.38 und tav.42; KRI V 448, Z.5.

N 604 (b) Ostrakon Leipzig 42.
(c) Černy/Gardiner, Hieratic Ostraca, pl.III 1 rto.6.

N 605 (b) Ostrakon Turin N.57441 (= suppl.9628), Inv.n.13201, Deir el-Medineh, Zeit Ende Ramses' III. bis Ramses V.
(c) López, Ostraca ieratici, III/3, p.44f. und tav.147f.

N 606 (b) Stele des Neuen Reichs aus Serâbît el-Khâdim (gefunden 1979).
(c) Givéon, New Kingdom Stela.

N 607 (b) Stele in Rovigo (6 B), 18.-19. Dynastie.
(c) Dolzani, Collezione egiziana, p.16-18, tav. VIIIb.

N 608 (b) Papyrus des IFAO, Document A bei Koenig (c).
(c) Koenig, Livraisons d'or (BIFAO), (GS Sauneron).

N 609 (b) pBologna 1086, 12; 3. Jahr des Merenptah (oder des Amenmesse oder Sethos' II.).
(c) Wolf, pBologna, S.92f.; KRI IV 80, Z.2.

N 610 (b) Ostrakon CG 25665, vso.3, Deir el-Medineh, 18. Dynastie.
(c) Černy, Ostraca hiératiques, fasc.3, p.54.

N 611 (b) Ostraka CG 25507 rto.1,10, Deir el-Medineh; 25510, 13; 25522 rto. 2,7; 25796, 2,24, Tal der Könige, 2. Hälfte 19. Dynastie bzw. Zeit Sethos' II.
(c) Černy, Ostraca hiératiques, fasc.1, p.3, 5*, pl.III; p.5, 7*, pl.VII; p.11, 26*, pl.XVII; fasc.4, p.91, 113*.

N 612 (b) Ostrakon CG 25555 rto.4, Deir el-Medineh, 13./14. Jahr Ramses' III.
(c) Černy, Ostraca hiératiques, fasc.2; p.21, 43*, pl.XXVII.

N 613 (b) Wie N 612 (b), dort vso.6.
(c) Wie N 612 (c).

N 614 (b) Ostrakon Turin N.57151 (= suppl.6629), Inv.n.11238, Deir el-Medineh, 13. Jahr Ramses' III. (identisch mit N 612?).
(c) López, Ostraca ieratici, III/2, p.25 und tav.67.

N 615 (b) Wie N 614 (ob identisch mit N 612?). Dürfte identisch sein mit dem jnw-mw K. des Turiner Streik-Papyrus, vso. 3,7.
(c) Wie N 614; Gardiner RAD 46, Z.11.

N 616 (b) Hieratische Inschrift vom Tempel Thutmosis' III. in Deir el-Bahari, 8. Säule, Seite A, Z.3, 2. Hälfte der 20. Dynastie; dazu (derselbe?) Inschrift auf Fragment F 6584, Z.1.
(c) Marciniak, Inscroptions hiératiques, n° 9, p.68f., pl.IX(A); n° 112, p.143 und pl.LXXVI, 2.

N 617 (b) Wie N 616(b) (Inschrift auf 8. Säule), Z.5.
(c) Wie N 616(c) (n° 9).

N 618 (b) Sammlung Wiedemann 18.
(c) Beleg nach Spiegelberg, Amphoreninschriften.

N 619 (a) R I 346, 11.
(b) Grab TT A.8 des Imn-m-ḥb, 18./19. Dynastie.
(c) PM I^{2}/1, 449; LD Text III, 239[4].

N 620 (a) R II 322, 22.
(b) pWilbour A 15,4; 32,51, Zeit Ramses' V.
(c) Gardiner, Wilbour Papyrus I.

N 621 (a) R II 283, 22.
(b) pWilbour A 30,7, Zeit Ramses' V.
(c) Gardiner, Wilbour Papyrus I.

N 622 (b) Grab TT 54 des Ḥ:-y, usurpiert von K., frühe 19. Dynastie.
(c) PM I^{2}/1, p.104; Polz, Grab Nr. 54.

N 623 (b) Grab TT 178 des Nfr-rnpt, genannt K.; Pyramidion Kairo 20/2/24/1, Zeit Ramses' II.
(c) PM I^{2}/1, p.283; Rammant-Peeters, Pyramidions, Doc. 31, p.33f. und pl. XXI, 60; KRI III 320-331 (Grab und Pyramidion).

N 624 (a) R I 346, 12.
(b) Louvre C 218, 19. Dynastie.
(c) Pierret, Recueil, p.135f.

N 625 (b) Stele aus Abydos, Mariette Nr.1158; Neues Reich.
(c) Mariette, Monuments, Nr.1158 (p.433).

N 626 (b) Relief Kestner Museum Hannover Inv.Nr.1935.200.189, aus Saqqara, 19. Dynastie.
(c) Drenkhahn, Reliefs Hannover, Nr.45, S.132f.; Martin, Corpus of Reliefs, p.41, Nr.107, pl.39.48.

N 627 (b) Grab TT 40 des Jmn-ḥtp/Ḥ:-y, Vizekönig von Kusch unter Amenophis IV./Tutanchamun.
(c) Davies, Tomb of Huy, pl.II; Hari, Répertoire, 294.

N 628 (b) Kopfstütze Heidelberg Inv.Nr.290 des K.(Webermeister), 19. Dyn.
(c) Feucht, Vom Nil zum Neckar, S.75.

N 629 (b) Stele BM 656 des My und seines Sohnes K., 19. Dynastie.
(c) Hieroglyphic Texts, p.14 und pl.L.

N 630 (b) Ostrakon CG 25504,I,8, Tal der Könige, 7./8. Jahr des Merenptah.
(c) Černy, Ostraca hiératiques, fasc.1, p.2, 2*/3*, pl.II.

N 631 (b) Uschebti London UC 83; Uschebti Bologna.
(c) Petrie, Shabtis, p.IX Nr.83; p.XX (Reg.).

N 632 (b) Uschebti UC 126; Uschebti Kairo CG 48311 (20. Dyn. oder später).
(c) Petrie, Shabtis, p.XX (Reg.); Newberry, Funerary Statuettes,p.313

N 633 (a) R I 346, 13.
(b) Uschebti Leiden BA 238, frühe 19. Dynastie.
(c) Schneider, Shabtis, II, 70 (3.2.1.46).

N 634 (b) Stele Brüssel E.2385, 18.-19. Dynastie.
(c) Speleers, Recueil, p.39 Nr.146.

N 635 (a) R I 346, 17.
(b) Grab TT 330; Stele Turin N.50012(=cat.1636), Deir el-Medineh; Stelen BM 328, 818 des K., 144 des Q^{3}ḥ^{3}; Opfertisch und weitere Stelenfragmente; Uschebtifragment des K.; Uschebti der Tochter Meretseger; Ostrakon Turin N.57297 (=suppl.6675), Inv.n.11285, ebenfalls Deir el-Medineh, Zeit Ramses'II. Hierher dürfte, obwohl ohne Fremd-Determinativ geschrieben, auch das Gewicht Deir el-Medineh Nr.5291 (=Poids IFAO n^{o}.inv.SA 11946) mit hieratischer Aufschrift gehören (Det. 'schlagender Mann').
(c) PM I^{2}/1, 398; Roccati, Stele, p.47-49 und 266 (Tf.); Hieroglyphic Texts 9, 48f. und pl.XL; 49f. und pl.XL; p.46f.u.pl.XXXIX; KRI III 824-828; Valbelle, Ouchebtis, Nr.25 p.34; Lopez, Ostraca ieratici, III/2, p.68 und tav.94; Valbelle, Poids, p.98 und pl. 37; dazu Stele des Metropolitan Museum of Art, erwähnt Bulletin MMA 24 (1965-66), p.53.

N 636 (a) R I 346, 17; H 359 IX.30.
(b) pAbbott Dockets vso.B 13, Zeit Ramses' XI.
(c) Peet, Tomb-Robberies; KRI VI 766, Z.10.

N 637 (a) B 999; H unter 360 IX.32.
(b) pMayer A 4,8, Zeit Ramses' XI.
(c) KRI VI 811, Z.11f.

N 638 (a) H 357 VI.11.
(b) pBM 10068 vso.2,14, Zeit Ramses' XI.
(c) Peet, Tomb-Robberies, pl.XIV; KRI VI 749, Z.14.

N 639 (a) R I 346, 28.
(b) Brief pTurin 1971 vso.1, Jahr 10 des Wḥm-mswt (=J.29) Ramses' XI.
(c) Černy LRL 32,7, Wente LRL 49-51.16 (Datierung).

N 640 (a) B 999; R I 347, 1; H 361 XI.31.
(b) Ostrakon Leipzig Inv.Nr.495, Vs.8, Anfang 18. Dynastie.
(c) Steindorff, Liste, S.17; Ägyptisches Museum Leipzig, 43.

N 641 (b) Stele Puschkin Museum Moskau I.1.a.5613 (3177) des Iniahay, Deir el-Medineh, erste Hälfte 19. Dynastie (Qudschu-Stele).

(c) Hodjash/Berlev, Reliefs, Nr.75, p.133-135.

N 642 (a) R II 322, 31.
(b) Stück des Musée Guimet, Neues Reich.
(c) Beleg nach Ranke.

N 643 (a) R I 371, 6.
(b) pGurob Fragment K 2,2; ramessidisch.
(c) Gardiner RAD 29, Z.4.

N 644 (b) Stele CG 34067 des Jmn-ms aus Abydos, 18. Dynastie.
(c) Lacau, Stèles, I/2, p.114f.

N 645 (a) H 359 IX.31.
(b) pWilbour A 66,22, Zeit Ramses' V.
(c) Gardiner, Wilbour Papyrus I.

N 646 (b) Stele BM 1183 des Jmn-m-wj3, genannt K., Zeit Ramses' III.
(c) Hieroglyphic Texts, 10, p.42 und pl.99; KRI V 96.

N 647 (b) Uschebti Leiden Inv.no. AF 128, späte 18. Dynastie.
(c) Schneider, Shabtis, II, p.102f.; pl.

N 648 (b) p.jud. Turin 4, 1; Zeit Ramses' III.
(c) KRI V 351, Z.14.

N 649 (a) R I 346, 17.
(b) Spiegelberg, Graffiti, 1009.
(c) Beleg mir nicht zugänglich.

N 650 (b) Ostrakon CG 25738, Tal der Könige, 19.-20. Dynastie.
(c) Černy, Ostraca hiératiques, fasc.4, p.74, pl.LXXXIX.

N 651 (b) Ostrakon CG 25576,6, Tal der Könige, Ende 20./Anfang 21.Dynastie.
(c) Cerny, Ostraca hiératiques, fasc.2, p.27f., 50*, pl.XXXVII.

N 652 (b) pGurob Fragment K 2,4; ramessidisch.
(c) Gardiner RAD 29, Z.6.

N 653 (b) Stele CG 34122 aus Abydos, 18. Dynastie.
(c) Lacau, Stèles, I/2, p.174.

N 654 (b) Stele Leiden V 39 (AP 37), 19. Dynastie.
(c) Boeser, Stelen, Nr.38, pl.XXIII.

N 655 (a) R I 346, 27.
(b) Stele CG 34061 des K., Amarnazeit.
(c) Lacau, Stèles, I/1, p.108f. und pl.XXXVI; Hari, Répertoire, 290.

N 656 (a) R II 322, 26.
(b) pWilbour A 37,12, Zeit Ramses' V.
(c) Gardiner, Wilbour Papyrus I.

N 657 (a) R II 322, 27.

(b) pWilbour A 89,17, Zeit Ramses' V.
(c) Gardiner, Wilbour Papyrus I.

N 658 (a) R I 346, 28.
(b) Stele Florenz Inv.n.2578 des Inena und der Nehy, 19. Dynastie.
(c) Rosticco, Stele, Nr.50, p.57f. und fig.51.

N 659 (b) Krugetiketten Deir el-Medineh 6217 und 6218, N^{os}.d'inv.512, 514, ramessidisch.
(c) Koenig, Etiquettes, p.40 und pl.24.

N 660 (a) H 367 XIII.62.
(b) pBM 10054 vso.5,18; pBM 10068 vso.2,23 (derselbe?), Zeit Ramses' IX./XI.
(c) Peet, Tomb-Robberies, z.St.; KRI VI 495, Z.8; VI 749, Z.11.

N 661 (a) R I 346, 28.
(b) Stele BM 294 des K., 18. Dynastie.
(c) Hieroglyphic Texts, 7, p.9 und pl.XXIV.

N 662 (a) Wie N 661(a).
(b) Wie N 661(b).
(c) Wie N 661(c).

N 663 (a) R II 322, 25; H 358 VII.16.
(b) pWilbour A 58,23, Zeit Ramses'IX.
(c) Gardiner, Wilbour Papyrus I.

N 664 (b) pWilbour A 92,18, Zeit Ramses' V.
(c) Gardiner, Wilbour Papyrus I.

N 665 (a) H 367 XIII.59.
(b) pWilbour B 6,15 in Ortsname "Dorf des(?) K.", Ende 20.Dynastie.
(c) Gardiner, Wilbour Papyrus I.

N 666 (a) R II 322, 28; H 360 IX.32.
(b) pWilbour A 86,22; 87,18 (diese Stelle bei H nachzutragen), Zeit Ramses' V.
(c) Gardiner, Wilbour Papyrus I.

N 667 (a) H 367 XIII.60.
(b) pWilbour A 78,1 in Hügelname, Zeit Ramses' V.
(c) Gardiner, Wilbour Papyrus I.

N 668 (a) R I 347, 25.
(b) Grabstein des Snj, genannt K., in Stuttgart, No.22, 18. Dynastie.
(c) Spiegelberg/Pörtner, Grabsteine I, S.13 und Tf.XIII.

N 669 (a) R I 347, 25.
(b) Stelenfragment Kestner Museum Hannover Inv.Nr.2935, Neues Reich.
(c) Cramer, Denkmäler Hannover, S.90f.

N 670 (b) pGurob Fragment K 2,13; ramessidisch.
(c) Gardiner RAD 29, Z.15.

N 671 (a) R I 347, 25; H 356 IV.13.
(b) Turin 31, ramessidisch.
(c) Beleg nach Ranke.

N 672 (a) R I 137, 16 (s. (b)).
(b) pLeiden I 350 vso. Col.I, Z.x+13; V, Z.8; Jahr 52 Ramses' II. Die ältere Lesung Spiegelbergs (Geschäftsjournal) P^{3}-js-:r findet sich noch unkorrigiert bei H 366 XIII.37 ("der Assyrer") = R II 278, 10.
(c) Janssen, Ships' Logs, p.9.16.

N 673 (a) R II 283, 24.
(b) pWilbour A 69, 48, Zeit Ramses' V.
(c) Gardiner, Wilbour Papyrus I.

N 674 (a) R I 120, 9.
(b) pBM 10053 (pHarris A) rto.7,2, Zeit Ramses' IX.
(c) Peet, Tomb-Robberies; KRI VI 513, Z.11.

N 675 (b) Stele Petrie Collection UC 14608, 19.-20. Dynastie.
(c) Stewart, Egyptian Stelae, pl.33.2 und p.42.

N 676 (a) H 363 XII.43.
(b) pBM 10053 rto.7,4, Zeit Ramses' IX. Hinzu kommt aaO rto.5,9 (nach Peet [s.(c)] p.110 Anm.15, der auf die parallele Liste aus dem Turin Necropolis Journal B rto.5,5 verweist. Entsprechend ist die Angabe bei H ("pBM 10053,5,5") zu korrigieren).
(c) Peet, Tomb-Robberies; KRI VI 513, Z.13.

N 677 (b) Hieratische Inschrift auf der 3. Säule, Seite D, des Tempels mosis' III. in Deir el-Bahari, 2. Hälfte der 20. Dynastie.
(c) Marciniak, Inscriptions hiératiques, N°.49(Z.4),p.103 und pl. XLI,1.

N 678 (b) Stele Tübingen 469 des Ramose, 19. Dynastie.
(c) Brunner-Traut/Brunner, Sammlung Tübingen, S.101f. und Tf.88; Spiegelberg/Pörtner, Grabsteine I, Nr.28, S.16 und pl.XVI.

N 679 (b) Stele Bologna KS 1918 des Amunnacht, Beginn der 20. Dynastie.
(c) Bresciani, Stele egiziane, p.76f. und tav.40.

N 680 (a) R II 328, 1-4.
(b) pWilbour A 27,18.47; 37,25; 41,44; 52,23, Zeit Ramses' V.
(c) Gardiner, Wilbour Papyrus I.

Quellenbelege F 1 - F 31

F 1 (a) H 364 XIII.3
(b) In ON pWilbour B 3,23, Ende 20. Dynastie.
(c) Gardiner, Wilbour Papyrus I.

F 2 (a) H 364 XIII.2
(b) pBM 10104 vso., Brief des Ahmose an W3d̲trnpwt, Zeit der Hatschepsut.
(c) Glanville, Letters, p.311f. und fig.1.

F 3 (a) H 360 X.2
(b) Weinkrugaufschrift (Nr.5) aus dem 3. Jahr Sethos' II. im Gründungsdeposit des Totentempels der Tausret, Theben-West.
(c) Petrie, Six Temples, pl.XIX.5 und p.29; Spiegelberg, Amphoreninschriften, S.32.

F 4 (a) R I 415, 23.
(b) Ostrakon CG 25576,16.
(c) Černy, Ostraca hiératiques, z.St.

F 5 (a) H 364 XII.51.
(b) Doppeluschebti des Bnr-mrt und seiner Mutter J., Zeit Thutmosis'III
(c) Hayes, Scepter of Egypt II fig.68; dazu Kairo JdE 65830 = Urk.IV 1372; s. Helck, Verwaltung S.401 und 509.

F 6 (a) H 357 VI.2.
(b) Grabkegel, 18. Dynastie (?).
(c) Davis, Funerary Cones, Nr.498.

F 7 (a) H 365 XIII.16.
(b) In ON pWilbour B 12,5, Ende 20. Dynastie.
(c) Gardiner, Wilbour Papyrus I.

F 8 (a) Ward, Personal Names, 296.
(b) Ostrakon BM 5672.
(c) Černy/Gardiner, Hieratic Ostraca, pl.69,1, vso.4.

F 9 (a) R I 61, 5 (vgl. I 416, 20); H 365 XIII.24.
(b) Stele Hildesheim 490, Zeit Ramses' II.
(c) Habachi, Khatâ^c^na-Qantir, p.539; KRI III 227, Z.3.

F 10 (a) H 365 XIII.26 (3.).
(b) Stele Wien 107.
(c) Bergmann, Denkmäler, S.17.

F 11 (a) H 354 III.8 (vgl. R I 89, 19).
(b) Felsinschrift Gebel Silsileh; Skarabäus Sammlung von Bissing Nr.558 und weitere Quellen (s. (c)), Ende 19. Dynastie.
(c) Davis, Tomb of Siptah, p.XVIII; Hornung/Staehelin, Skarabäen, S.302 (und S.72 mit weiteren Belegen); Helck, Verwaltung 355f.473 (Quellen), dazu London UC 14376 (foundation plaque vom Totentempel des Merenptah-Siptah), Stewart, Egyptian Stelae, p.7 und pl. 4.8.

F 12 (b) Etwa Papyrus Deir el-Medineh 27,2-3; Ostrakon Petrie 31, rto.2,9.

(c) S. Allam, Hieratische Ostraka und Papyri aus der Ramessidenzeit, Tübingen 1973, S.301f. und pl.98f.; O. Petrie: s. N 381 (c).

F 13 (a) H 366 XIII.38
(b) pBM 10068 rto.4, 15; Zeit Ramses' IX.
(c) Peet, Tomb-Robberies, pl.XI; KRI VI 502, Z.6.

F 14 (a) B 16; H 359 IX.2.
(b) Turiner Steuer-Papyrus, Pleyte-Rossi 156,7, Zeit Ramses' XI.
(c) Gardiner RAD 40, Z.16; ders., Taxation, p.32.

F 15 (a) H 366 XIII.43.
(b) pWilbour B 17,3 in Hügelname, Ende 20. Dynastie.
(c) Gardiner, Wilbour Papyrus I.

F 16 (a) H 366 XIII.45.
(b) Grabkegel des N., Neues Reich.
(c) Davies, Funerary Cones, Nr.284.454.

F 17 (b) Schreibtafel BM 5647 rto.7, Anfang 18. Dynastie.
(c) Peet, Writing-Board; weitere Lit. bei N 72 (c).

F 18 (a) R I 227, 15; H 356 V.9.
(b) Naos BM 476 des R., Zeit Ramses' II.
(c) Hieroglyphic Texts X, p.25 und pls. 58-60; KRI III 126, Z.16; 127, Z.2.6.10; British Museum. A Guide, p.196.

F 19 (a) R I 227, 16; H 357 VI.6.
(b) Opfertafel aus einem Mnevis-Grab in ^{c}Arab el-Ṭawil, Zeit Ramses'II.
(c) Daressy, Tombe d'un Mnévis, p.207.

F 20 (a) H 363 XII.28.
(b) Statuengruppe des Ḫ^{c}-m-w^{3}st aus Bubastis, Zeit Amenophis' III.
(c) Urk. IV 1931, Z.20.

F 21 (a) R I 281, 24; H 357 VI.8.
(b) Verschiedene Namensträger. Zu den Quellen s. die bei der Diskussion des PN angegebene Lit. und LÄ 5 s.v. Sapair.

F 22 (a) H 358 VIII.11.
(b) pWilbour A 52,39; Zeit Ramses' V.
(c) Gardiner, Wilbour Papyrus I.

F 23 (a) H 366 XIII.56.
(b) pWilbour B 9,3 in ON "Haus der Q.", Ende 20. Dynastie.
(c) Gardiner, Wilbour Papyrus I.

F 24 (a) H 355 III.17.
(b) pWilbour A 22,37, Zeit Ramses' V.
(c) Gardiner, Wilbour Papyrus I.

F 25 (a) H 360 X.15.
(b) Weinkrugaufschriften Nr.140.169.207 des Ramesseums, Zeit Ramses'II.
(c) Spiegelberg, Amphoreninschriften, S.33; KRI II 673, Z.14.

F 26 (a) H 361 XI.32.
(b) S. die Bemerkung zum Namen S.297 und die Belege bei F 17.

F 27 (a) Ward, Personal Names, 299.
(b) Graffito Theben-West no.2141.
(c) J. Černy, Graffiti de la montagne thébaine, no. 2141 (nach Ward).

F 28 (a) H 367 XIII.66.
(b) pBM 10068 vso.3,27, Zeit Ramses' XI.
(c) Peet, Tomb-Robberies; KRI VI 750, Z.13.

F 29 (a) H 367 XIII.67.
(b) pWilbour A 66,2 in ON; Zeit Ramses' V.
(c) Gardiner, Wilbour Papyrus I.

F 30 (a) H 367 XIII.68.
(b) In ON pWilbour A 39,29; 64,32; 74,34; Var. B 23,31.32 (bei H nur der erste Beleg), 2. Hälfte der 20. Dynastie.
(c) Gardiner, Wilbour Papyrus I.

F 31 (a) R I 386, 25; H 360 IX.35.
(b) Ostrakon Deir el-Medineh Nr.151, vso.7.13.18; 27. Jahr Ramses' III.
(c) Černy, Ostraca hiératiques non-littéraires, II, pl.25f. und p.11; KRI V,515, Z.2.4.7. Der in der Diskussion erwähnte FN aus pAbbott Dockets vso. A 12 (R aaO) bei KRI VI 764, Z.15.

D. SCHLUSSBETRACHTUNG

Die vorliegende Arbeit stellt den Versuch dar, auf dem schwierigen Gebiet der Überlieferung vorderasiatischer PN in ägyptischen Quellen in methodischer Hinsicht und der praktischen Durchführung vergleichender onomastischer Arbeitsweisen zu einer gut begründeten Basis für weitere Untersuchungen zu gelangen. Zusammenfassend sollen hier noch die sprachliche Zusammensetzung der asiatischen Nebenüberlieferung, der Beitrag der Schreibung der PN zur Problematik der Gruppenschrift und die Determinierung der Namen angesprochen werden.

1. Die sprachliche Zusammensetzung der Nebenüberlieferung

Wolfgang Helck beschliesst seine Zusammenstellung der aus Ägypten bekannten Asiaten mit einer Statistik, welche die Verteilung der Personennamen auf die einzelnen Sprachen während der 18.-20. Dynastie aufzeigt:

Helck	18.Dynastie	19.Dynastie	20.Dynastie	total	prozentual
hurritisch	42	27	49	118	35,2 %
semitisch	29	31	36	96	28,7 %
unsicher	19	22	50	91	27,2 %
Herkunftsnamen	9	13	8	30	8,9 %
Insgesamt	99	93	143	335	100 %

Hervorstechendstes Merkmal ist das Überwiegen hurritischer Personennamen gegenüber semitischen im Verhältnis 11:9 (55%:45%). Auch bei einer Hinzurechnung aller als unsicher klassifizierten Belege zu den nach Helck semitischen Namen stellen hurritische PN noch einen beträchtlichen Anteil von 35% dar.
Angesichts der historisch-geographischen Gegebenheiten (die Ägypten nächstliegenden hurritischen Sprachgebiete in Syrien sind mindestens 1000 km entfernt!) ist ein so hoher Prozentsatz von Hurritern gegenüber Angehörigen viel näher an

Ägypten beheimateter semitischsprachiger Bevölkerungsgruppen in äusserstem Masse unwahrscheinlich und würde nach einer besonderen Erklärung verlangen. Aus der Diskussion der Namen in der vorliegenden Arbeit ergibt sich jedoch ein grundlegend anderes Bild. Ich möchte den einzelnen Sprachen folgende Anteile zuordnen (dabei sind Verschiebungen in kleinerem Umfang noch möglich).

'NR' bezeichnet auf das Neue Reich, 'R' auf die Ramessidenzeit datierte Belege, bei denen eine genauere zeitliche Festlegung nicht möglich ist.

	NR	18.Dyn.	R	19.Dyn.	20.Dyn.	total	%
Semitisch	50	137	34	86	123	430	78,8%
Hurritisch	-	6	4	3	1	14	2,6%
Ambivalente Namen (äg./semit./hurr.)	2	9	-	10	17	38	6,9%
Andere Sprachen/ unklare Namen	12	22	2	7	21	64	11,7%
Total (a)	64	174	40	106	162	546	100 %
Äg.PN mit sem.GN	3	2	1	4	2	12	
'Alašia' (oder semit.)	-	2	-	6	3	11	
Total (b)	67	178	41	116	167	569	
Asiatische PN ausserhalb Ägyptens lebender Personen:							
Semitisch	-	-	-	7	2	9	
Hurritisch	-	1	-	1	-	2	
Andere Sprachen (u.a. Hethitisch)	-	4	-	19	3	26	
Total (c)	67	183	41	143	172	606*	

* Mit dem umklassifizierten Beleg (N 139 =) F 10 ergeben sich die 607 PN des Kataloges.

	NR	18.Dyn.	R	19.Dyn.	20.Dyn.	total
Falsch klassif. PN	3	6	2	7	13	31

Aus dieser Übersicht geht hervor, dass knapp 80% der Namen semitisch erklärbar sind. Nicht mehr als 14 Namen möchte ich als relativ eindeutig hurritisch bezeichnen, was einem sehr bescheidenen Anteil von nur 2,6 % entspricht, der sich auch bei einem Einbezug der zweifelhaften Belege nur unwesentlich erhöht. In der Diskussion der PN habe ich in einigen Fällen auch PN aus dem von Laroche publizierten hethitischen Korpus verglichen, etwa bei N 233, 447, 490 (s. das entsprechende Register).

Das semitische Namensmaterial an sich ist weiter zu untergliedern. In einigen Fällen, wo gemeinsemitische (sowohl lexikalisch als auch onomastisch bezeugte) Wurzeln vorliegen, muss sich eine Klassifizierung mit der allgemeinen Festlegung auf das Semitische begnügen, während bei anderen Belegen zumindest eine Abgrenzung Nordwest-/Südsemitisch gegen das Ostsemitische möglich ist. Der Hauptanteil aller in der vorliegenden Sammlung erfassten semitischen Personennamen ist aber eindeutig als nordwestsemitisch charakterisiert, was den Namensträgern eine Herkunft aus dem syrisch-palästinensischen Raum zuweist.

Eine noch präzisere Zuordnung dieser PN zu bestimmten nordwestsemitischen Einzelsprachen habe ich in bestimmten Fällen erwogen, sie stösst aber gewöhnlich auf ganz erhebliche Schwierigkeiten.[1] Dem ostsemitischen Zweig der semitischen Sprachen, d.h.dem Akkadischen und hier besonders dem Mittelassyrischen, können nur recht wenige Namen zugewiesen werden (etwa N 68, 88, 396, 399, 412, 494, 487; s. das akkadische Register); der Grund dürfte wie im Falle des Hurritischen die grosse räumliche Entfernung des akkadischen Sprachgebietes von Ägypten sein.

Von äusserster historischer Bedeutsamkeit wäre der Nachweis frühnordarabischer Personennamen aus der Zeit des Neuen Reichs, da die ersten Araber bisher erst durch die Araberkämpfe der Assyrer (853 v.Chr.) bezeugt sind. Der frühnordarabische Zweig des Südsemitischen ist im 1. Jahrtausend durch zahlreiche Inschriften in dem Gebiet der arabischen Wüste, etwa östlich einer Linie Damaskus - Golf von Aqaba, in seinen Einzeldialekten gut dokumentiert. Eine recht grosse Anzahl von Namen der vorliegenden Sammlung kann ich nun nur an dieses Material anschliessen, etwa N 137, 150, 156, 210, 260, 267, 271, 289, 344, 353, 421, 423, 429, 434, 457f. u.a.m. (s.das arabische Register). Dabei stellt sich die Frage, über welche sprachlichen Kriterien ein Name verfügen muss, um als "arabisch" gelten zu können und in welchem Ausmass man bisher nur im Arabischen bezeugte Wurzeln und Lexeme auch für den Bereich des Nordwestsemitischen postulieren darf. Die Problematik wird etwa daran deutlich, dass schon

---

1 Das gilt auch für andere Onomastika, vgl.etwa Maraqten 110.

aus dem Mittleren Reich PN überliefert sind, die korrekt nur aus dem Arabischen erklärbar sind: neben dem oben bei N 250 zitierten šaglum aus den Sinaiinschriften etwa der von mir seinerzeit (Namen 261 Anm.31) noch unerklärt belassene PN  y-^{c}-p^{3}-nw$_{2}$ (Ächtungstexte E 11; Posener, Princes et Pays, 70), der mit Endung -ān zu dem 6mal im Sabäischen belegten PN y^{c}fr "young doe" - vielleicht dann in der Bedeutung "junger Hirsch" - gehören wird. Für die genannten und weitere Belege des vorliegenden Materials können neben lexikalischen z.T. aber auch morphologische Gründe angeführt werden (N 289: Partizip akt. des II. Stammes; N 434: qataltal). Sollten sich einige der in der vorliegenden Untersuchung gegebenen arabischen Anschlüsse bestätigen und sich die entsprechenden Namen als früharabisch erweisen, wären die Nordaraber einige Jahrhunderte früher, als sie bisher dokumentiert sind, historisch greifbar.

2. Der Beitrag der Personennamen zur Problematik der Gruppenschrift

Die Beurteilung der ägyptischen Gruppenschrift (syllabischen Schrift[1]), deren wichtigste Behandlungen - neben vielen weiteren Einzelbeiträgen - durch W. Max Müller (1893), M. Burchardt (1909/10), W. F. Albright (1934), W. Helck (1962, 1971, 1989) und E. Edel (1966) geboten wurden,[2] hat sich bisher ganz überwiegend an der Schreibung von Ortsnamen des syrisch-palästinischen Raumes orientiert, bei denen "wir die Entsprechung zwischen ägyptischer Schreibung und Keilschriftüberlieferung am sichersten herstellen können"[3]. Dabei hat Helck für die gemäss seinem System zutage tretenden Divergenzen zwischen der ägyptischen Transkription und der Vergleichsüberlieferung die folgenden Gründe geltend gemacht:

1. Die Notation erfolgte so, wie der Ägypter den fremden Ausdruck hörte und aussprach bzw. ist schon für das Ursprungsland eine andere als die traditionell geschriebene Aussprache anzusetzen.
2. Die Vokalqualität nur der Ton- bzw. z.T. Nebentonsilben wurde korrekt bezeichnet, für die Nichttonsilben ist die ägyptische Notation dagegen gegebenenfalls als Angabe eines Schwa für einen für den Ägypter undefinierbaren Vokal anzusehen. Dieses Resultat leitet Helck aus einem "echten Zirkelschluss" ab, indem er aus der ägyptischen Transkription auf die Akzentposition des originalen Ausdrucks rückschliesst ("korrekte" Notation einer Silbe = mögliche Tonsilbe, "unkorrekt" notierte Silben haben Schwa) und mit der so postulierten Akzentposition wiederum die angebliche Schwa-Notation der anderen Silben begründet.[4]
3. Auch für Endsilben seien Zeichen mit anderem Vokalwert in Tonsilben als Konsonant + Schwa anzusetzen bzw. sei ein "Vokalnachschlag" und eine Vokalübernahme bei Wurzeln II gem. zu beobachten.
4. Schliesslich postuliert Helck häufige Vokalumsprünge, eine Beeinflussung durch benachbarte Vokale ("auf Sprecheinwirkung zurückzuführen") sowie in bestimmten Fällen Metathese von Konsonanten.

Insgesamt ergibt sich damit ein beträchtliches Ausmass an Hilfskonstruktionen, um eine Übereinstimmung von Belegen und postulierter Systemstruktur zu erzie-

1 Ich bevorzuge die Bezeichnung "Gruppenschrift", die sich nach der rein äusseren Erscheinung der Schrift richtet und keine Vorstellungen über Funktion und Lesung (wie es der Ausdruck "syllabische Schrift" tut) impliziert.

2 Zu der Forschung bis Albright s. ders., Vocalization, 1-6; zu der Rezeption Albrights selber D.R. Hillers, William F. Albright as a Philologian, 49-51; die extrem negative Haltung Edgertons, Egyptian Phonetic Writing, wurde selber abgelehnt. Zu der neueren Diskussion s. Schenkel, Syllabische Schreibung.

3 Helck GSS 121f.

4 Die Begründung, der Zirkelschluss sei legitim, "weil die sich ergebende Betonung wahrscheinlich erscheint und oft sogar mit der von uns ohne Begründung benutzten übereinstimmt", ist aber angesichts der weitreichenden Konsequenzen, die eine genaue Verifikation erfordern würden, unannehmbar.

len, während die Beweisführung m.E. unzureichend ist. Insbesondere das Postulat der Unbestimmbarkeit von Nichttonvokalen ägyptischerseits und die konsequente Schwa-Notierung läuft dem (mit Helck) erklärten Ziel der Gruppenschrift zuwider, "durch Benutzung bestimmter Zeichen und Zeichengruppen klare Aussagen über die bei der Aussprache wichtigen Vokale zu machen" (GSS, 122).

- So soll der Ägypter etwa den ON Ṣiribašani (EA), dessen Notation  nur in  = 'sa' mit Helcks System übereinstimmt, als 's̲^{ə}-r^{ə}-b^{ə}-śa-n^{ə}' ausgesprochen haben - mit 4 Schwa als angeblich unbestimmbaren Vokalen, während "nur die hauptbetonte Silbe ihren vollen Vokalklang (behielt)" (H 565; GSS 131). Das ist m.E. sehr unwahrscheinlich. Die hieroglyphische Notation ist sicher Umschrift der nordwestsemit. Grundform *ṣirr/ṣarr-bāṯan "Enge von Bāṯan" (vgl. Edel, ONL 18; hebr. צר "Enge"; bṯn: Ges. 18, 184) mit 3 Silben, womit die hieroglyphische Schreibung viel besser zusammenpasst.

Die Personennamen der vorliegenden Sammlung umfassen über 2000 Belege von Zeichen bzw. "Gruppen", die für die Problematik der Gruppenschrift bisher nur in wenigen Einzelfällen herangezogen, aber nicht systematisch ausgewertet wurden, da eine philologische Untersuchung zu den PN fehlte. In die Diskussion können sie bei sorgfältiger Analyse den Vorteil einbringen, dass in den meisten Fällen mit ihren Trägern die Gewährsleute für eine korrekte Aussprache selber in Ägypten waren. Die folgende Bestandesaufnahme der im vorliegenden Material auftretenden Schreibungen geht in erster Linie einmal rein deskriptiv vor, indem sie die Funktion von Zeichen und Gruppen innerhalb der postulierten Deutung eines Namens v.a. im Vergleich mit den Lautwerten von Helck und Edel festhält und erst dann eine vorläufige Beurteilung versucht. Methodisch sind folgende Probleme zu vergegenwärtigen:

1. Wie standardisiert war ein allfälliges gruppenschriftliches System; inwieweit waren in der Konfrontation mit praktischen Erfordernissen auch individuelle Lösungen eines betreffenden Schreibers (worauf seltene Gruppen, Wortschreibungen, Determinierungen hinweisen) möglich?
2. Wie ist der Charakter der Quelle in bezug auf korrekte und fehlerhafte Transkriptionen zu gewichten (zeigt etwa ein offizielles Aktenstück aus der königlichen Verwaltung eine verlässlichere Notation als eine Privatstele aus der Provinz) ? Generell ist auch mit gelegentlichen Verschreibungen, Fehlern usw. zu rechnen.
3. Lassen sich diachron von der 18. bis zur 20. Dynastie Veränderungen (angeblicher Verfall der Gruppenschrift) feststellen?

Diese Punkte müssen allerdings meist als Postulate einer Analyse stehenbleiben, da wir in konkreten Fällen kaum Anhaltspunkte besitzen, welche genannten Faktoren mitspielen oder wie sie zu gewichten sind.

In der GS des NR ist (a) phonetisches Komplement von Zweikonsonantenzeichen auf -^{3} (s. unten w^{3}, c^{3}, b^{3}, p^{3}, m^{3}, ḥ^{3}, ḫ^{3}, s^{3}, š^{3}, ṯ^{3}, ḏ^{3}) und (b) tritt es zu den Einkonsonantenzeichen j, n, h, q, k, g, t häufig hinzu, worin Helck ei/ne Erweiterung des reinen Devanagari-Systems sieht (GSS 122f.). Bis zum ausge/henden MR für 'r' und 'l' benutzt, hat es im NR keinen selbständigen Konsonan/tischen Wert. Seine Notation im Anlaut in N 476 dürfte fehlerhaft sein. In den behandelten PN sind aussergewöhnlich die Schreibungen 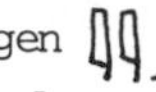 (N 209), (N 426, falls als *q-j$_{2}$-f-^{3} zu verstehen) und insbesondere (N 336) bzw.  (N 199), während (N 183) selten auch sonst belegt ist (GSS 124 verzeich/net 3 Belege).

Für das einfache Schilfblatt gibt Helck den Wert ʾa und notiert das danach homophone , nach ihm ein "Relikt aus der Fremdwörterschrift des MR"(GSS 123) als ʾá.

Belege: N 2, 3, 5, 11, 12, 13, 22, 61, 67, 68, 87, 209, 224, 242, 249 (+), 268, 281 Var., 290, 298 (für ), 380, 412 (in Wortschreibung), 415, 486 (statt Ideogrammstrich?), 513, 529, 533, 572.
Vgl. auch unten zu .

Die Durchsicht der Belege ergibt im Vergleich zu Helck ein differenzierteres Bild, für das die Vergegenwärtigung der Äusserungen Huffmons zum Gebrauch von  in dén MR-Ächtungstexten sinnvoll ist:[5]

"-(2) i often represents Semitic ʾ (...),
-(3) i occurs almost ubiquitously in the Posener texts as an unexplained final letter (over twenty times), often omitted in variant writings of the same name. Clearly in these cases (...) the i is not consonantal,
-(4) i may at times represent -i (vowel),
-(5) i in some names seems to correspond to neither ʾaleph nor a vowel."

Aus den Personennamen der vorliegenden Sammlung ergibt sich:

1.  im Anlaut gibt Aleph (+Vokal) wieder. Der Vokal ist dabei oft 'a', wie sichere Deutungen (N 3, 5, 11-13, verm. 61, 67, 87, 224) und Austauschbar-

5 Huffmon 111f. Anm. 70; vgl. Sass, Studia Alphabetica, 21 (neben Wiedergabe von Aleph auch mater lectionis für "medial and final a and i").

keit mit (N 22) zeigen. In N 68 steht dagegen sicher für 'ʾi'.

2. Im Wortinnern steht als Vokalandeutung, in N 290 für 'i', in N 380 möglicherweise in ähnlicher Funktion wie hebräisches Pataḥ furtivum (a).
3. Das Auftreten von am Namensende ist problematischer. Es steht hier:
   a) nach Graphemen auf \\ j_2 (N 242, 415);
   b) nach Zeichen auf $-^3$ in N 209 ($y-^3$, vor Det. ^{WNM}; äg. Wortassoziation), N 268 (w^3), mit nachfolgendem hieratischen Auslassungsvermerk in N 127 (m^3, Var. $j-w_2$; äg. Wort assoziiert), 249 ($g-^3$, Var. g mit dreimal);
   c) nach den GN $B^c l$ und Teššub (N 111 $B^c L$-j als Var. zu b-^{c}-r ^{STH}; N 486 als b-^{c}-r-j ^{STH}; N 513 s-b-j für *-šub). Vgl. in den jüngeren Ächtungstexten den GN Hadad als h-d-d-w_2 und h-d-d-j (E 4, 6, 7, 19, 21, 46);
   d) mit Var. y in N 281 (+);
   d) schliesslich noch in der Wortschreibung trj in N 412.413 sowie in N 533.

In einigen Fällen (N 242, 415, ev. 111 Var., ob 127, 249?) dürfte der Vokal 'i' notiert oder verdeutlicht sein, andere sind lediglich Schreibvarianten (N 281; N 486 ev. für Ideogrammstrich) bzw. stumm in Wortschreibung (N 412.413). Vgl. noch unten zu $j-^3$ im Auslaut.

Die Lesung 'ʾa' (Helck notiert ʾá') für diese im NR häufige Gruppe, die in etwa 10% der vorliegenden Belege vorkommt, mit wenigen Ausnahmen ausschliesslich im Anlaut der Namen, ist anerkannt (H 541; Edel, ONL 71f. einschränkend, dass mit dem Zeichen i.G. nur Aleph gemeint gewesen sein könnte, sich der Wert 'ʾa' nur durch das Fehlen anderer Vokalanzeiger als "mit überwiegender Wahrscheinlichkeit" gegeben annehmen liess; Roccati, Notazione vocalica, 119f.; Albright, VESO 33f. u.a.m.).

<u>Belege:</u> N 4, 6, 7, 8, 9, 10, 14, 17, 18, 22 Var., 31, 36, 40, 41, 42, 43, 46, 47, 48, 49, 51, 52, 53, 54, 55, 56, 58, 59, 60, 62, 63, 64, 65, 66, 67, 71, 73, 74, 76, 79, 80, 81, 82, 83, 84, 86, 89, 206, 207, 208, 209, 210, 211, 213, 214, 215, 216, 217, 218, 219, 220, 221, 222, 223, 227, 228, 396 (Kzf.), 475, 477, 478, 479, 481, 482, 483, 571, 573, 574, 575, 576, 577, 579?, 580, 590; F 2, 5, 6.

Die Lesung 'ʾa' lässt sich bestätigen. Die seltene Verwendung von j: im Inlaut als blosse Vokalbezeichnung 'a' (GSS 134f.; Edel, ONL 71) findet sich in dem heth. PN N 483 (ob auch in N 590?).

In der Schreibung des GN ʾEl ergibt sich der entsprechende Vokalwert durch das

folgende :r, d.h. wir haben j:-:r ≙ j:-j_2-r (für 'ʾe' s. Edel, ONL 70, H 542 als ʾé) mit den Belegen 40, 41, 42, 43, 49, 213, 214, 477, ev. 481, 570, 571. Dagegen sind andere Belege dieser Notation als ʾa + -r/l zu interpretieren: N 60, 63, 216, 218, 221.
Statt haben wir in N 10, in N 71.

Diese Gruppe bezeichnet nach Helck selbständig den Wert 'ʾê'. Mit dieser Umschrift in GSS (gegenüber ʾe in H 540) und der Einordnung aa0 in Kolonne D ("einkonsonantisches Zeichen mit Angabe für ê") statt Kolonne B ("einkonsonantisches Zeichen mit zusätzlichem Aleph") macht er richtigerweise deutlich, dass hier + zu verstehen ist (Konsonant + Kennzeichnung 'e'), da sonst korrekt nach Helcks System die Gruppe als *ʾa aufzufassen wäre. In seiner Funktion als angebliche Vokalnotation 'e' steht das Graphem nach Einkonsonantenzeichen, Einkonsonantenzeichen + ^{3} und Zweikonsonantenzeichen, wozu hier auf die Erörterung bei den betreffenden Zeichen vorausverwiesen werden kann. Daher können sich die folgenden Bemerkungen auf die Verwendung von j-^{3} in selbständiger Funktion und einige grundlegende Überlegungen beschränken.

1. j-^{3} im Anlaut ist als ʾe plausibel in N 118, 212 (GN ʾEl, so vielleicht auch N 44 zu deuten), ebenso vermutlich in N 50, 209. Unklar ist N 581.
2. Nach dem Vokalanzeiger \\ j_2 in N 76, 317, 357, 358, 382, 529, wobei Helck (H 541) in solchen Fällen einen 'eingefügten Gleitlaut' annehmen möchte; nach 'w' in N 299, 300, 392 (+ hierat.), 485.
3. Die überwiegende Zahl von Belegen findet sich im Auslaut, allerdings kaum je konsonantisch als -ʾ (semitisch häufig quieszierend bzw. ausgefallen unter Ersatzdehnung des vorhergehenden Vokals), wofür allenfalls N 317 = ev. labīʾ und N 529 = Siʾ-, Siʾe- zu nennen wären, sondern mit einer ähnlichen Problematik behaftet wie z.T. vielleicht einfaches im Auslaut. Der Vokal 'e' ist kaum je zu beweisen, etwa in N 494 (tappê). Helcks Meinung, dass "hurritische Personennamen, die in Nuzi oder Alalach auf -aja bzw. -uja enden, mit endendem ê ins Ägyptische aufgenommen" wurden (GSS 135), basiert auf nicht korrekten Namensgleichungen. In verschiedenen PN, die auf -j-^{3} ausgehen, ist statt 'e' eher an 'a' zu denken oder scheint die Gruppe die Länge des vorangehenden Vokals zu betonen (k-^{3}-j-^{3} =ḳā, r-j-^{3} eventuell = lā usw.). Unklar ist N 543, wo nebeneinander die Endungen -y, j-^{3}-y und j-w_2-y stehen (= a/-ya, -a-ya ?). Vgl. N 392, 427.

4. Da im Wortinlaut vokalischen Wert hat und üblicherweise nur den Anlaut bezeichnet, ist die Frage aufzuwerfen, wie denn ʾa im Wortinlaut bzw. -auslaut bezeichnet würde. In N 439 k-^{3}-j-^{3}-rw müsste mit Helck kêrú gelesen werden, doch scheint eine Deutung als *kaʾalu (oder *gaʾīlu, s. die Diskussion) gut denkbar. Ebenso ist etwa in N 350 ein *ḥaja gegenüber *ḥaje vorzuziehen (mit j-^{3} = 'a' nach 'ya').

 (a),  (b)

Belege: N 57, 68, 127 Var.(andere Schreibung:), 429 Var.(andere Schreibungen: -y, -j$_2$-y), 543 Var. (-j-w$_2$-y, andere Schreibungen: -y, -j-^{3}-y). Die Notationen (a) und (b) sind austauschbar (N 57); für (a) hat Helck 'ʾu'. Im Anlaut ist der Wert 'ʾu' (N 57, 68). Im Auslaut in N 127, 429 (s. dort).

Belege: N 20, 21, 45, 70, 72, 75, 77, 78, 88, 173, 387.
Der Wert der Gruppe ist 'ʾi' oder auch als reiner Vokal 'i' (Helck 543; Edel, ONL 70). Erstere Lesung findet sich im Anlaut (sicher N 20, 21, 45, 70, 72, ev. 75, ev. 77(f.), 88, ev. 173), letztere wohl in N 387 (wo Helck annimmt, dass hier "wohl ein "Alef" hinter dem Konsonanten gehört wurde", H 544; das scheint jedoch wenig plausibel).

Belege: N 17, 19, 85, wovon die ersten beiden die postulierte Lesung 'ʾu' (bei Helck ʾú) bestätigen.

Belege: N 3, 11 in Wortschreibung; Lesung ʾab (vgl. Gardiner, Grammar, p.459).

Belege: N 33; vgl. F 3.
Helck vermutet durch Verbindung des PN jn-n-^{3}-ḫ-j$_2$ mit dem in Alalach bezeugten Namen Inaḫu einen Wert ʾin, doch dürfte der hieroglyphische Beleg ägyptisch sein (= F 3; vgl. F 16). Einzige Bezeugung im vorliegenden Material ist somit N 33, wo mit folgendem r-j$_2$ ev. eine Lesung *ʾili vorliegt.

Belege: N 22, 23, 24, 25, 26, 27, 28, 29, 30, 32, 34, 35, 36, 37, 38, 39; F 4. Nach Helck (GSS 137f.) als häufigstes Mehrkonsonantenzeichen von unbestimmter Vokalqualität, für die sich nach ihm 'ʾan', 'ʾin','ʾal' (bei folgendem 'r') und 'ʾul' (bei folgendem r bzw. n:-r) eruieren lassen, wobei er 17 Belege seiner Sammlung (offenbar v.a. PN) unerklärt lässt. Die noch H 566 zusätzlich angesetzte Lautung 'ʾar' ist richtigerweise - da unmöglich - in GSS nicht mehr erwähnt. Die Personennamen ergeben dazu noch - mit folgendem r bzw. n:-r - die Lesung 'ʾil'. Im einzelnen:

ʾin: N 39 (mit folgendem n:), ev. N 38 (+ n(:); 2. Deutung).

ʾil: N 24, 25, 26, 27, 28, 29, 30 (+ n:-r), 32 (+ n:-r; 2. Deutung), 35 (+ n:-r), 38 (+ n:, falls 1. Deutung)

ʾan: N 22, auch N 37?

ʾal: N 36 (+ r), vgl. vermutlich 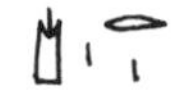 ≙ ʾal mag. pHarris XII,4 (Schneider, Beschwörung, S.61, 18.)

ʾul: N 32 (+ n:-r, 1. Deutung)

Belege: N 51, 59, 440, 480, 530. Dazu fragt GSS 139, ob k-^{3}-jr-y-w_2-sw ^{F} (N 440, aber mit Fremd-Determinativ!) und der im selben Papyrus genannte PN (in das vorliegende Material nicht aufgenommen) etwa "rein" ägyptisch seien.

Die Lesung ʾar (H 566, GSS 139; Schneider, Beschwörung, 58) bestätigt der Name N 51, wo j:-jr-r-b-w ≙ ʾarb ist und  durch  und  phonetisch komplementiert werden; ebenso bei N 59.

 Beleg: nur N 69 (der noch H 566 (366 XIII.37) als zusätzlicher Beleg der Gruppe gerechnete PN beruht auf falscher Lesung, s. oben bei N 67).

Die Lesung ʾas in GSS (nach dem ON Ašqalōn) ist auch für N 69 anzusetzen.

 / 

Für die Funktion beider Zeichen als (a) Vokalangabe 'u' nach Konsonanten (V in KV) (vgl. die Ausführungen von Edel, ONL 61-64) bzw. (b) Anzeige eines Silbenschlusses (K + w = -K) verweise ich auf die einzelnen Konsonanten.[6] Hier sind

6 NB: Dass 'w' im MR auch als mater lectionis für 'i' stehen konnte, wie Sass, Studia alphabetica, 21, meint, beruht auf einer falschen Deutung: Posener E 47 ibw3m ist nicht *ʾabilum, sondern *ʾaburam "Der Vater ist erhaben".

die Belege mit selbständigem konsonantischen Wert anzuführen, für den Helck (GSS) 'wa' ansetzt (für).

<u>Belege:</u> ev. N 69, 159, 291, ev. 461.

Am sichersten liegt 'wa' vor in N 159 w-t-:r ≙ *watar, dann vermutlich in 291, falls Grundform Muwatallis, nicht Mutallis (Laroche NH 123, Nr.837), ev. auch N 69 (s. dort). Konsonantisches 'w' in Diphthong vermutlich in 461 bei Lesung $-w_2$-t: *kaw/kau̯ > kō.

<u>Belege:</u> N 65, 210, 233, 265, 381, 414, 425, 461 (falls $-w_2-j_2$ zu lesen), 558, 603.

Die von Helck für angesetzte Lesung 'wi' ist im Falle der vorliegenden Belege nicht eindeutig. Für N 65, falls vom Landesnamen Arzawa abgeleitet, ist H 573 und Edel, ONL 82f. zu vergleichen. Nach letzterem ist dort das 'w' als gesprochenes 'w' ausdrücklich durch gekennzeichnet, doch liegt eher eine Nisbe vor. Bei N 65 (falls Nisbe), vielleicht auch 381 und 414 (ob ebenfalls 233, 425?) könnte an 'wi' gedacht werden.

<u>Belege:</u> N 2, 113, 150, 151, 152, 153, 154, 155, 156, 157, 169, 234, 268, 314, 467, 489, 490, 503, 522, 531, 549, 583.

Während Helck immer 'wá' postuliert, ergibt sich anhand der PN ein differenzierteres Bild:

1. Die Lautung 'wa' ist weitaus am häufigsten, und zwar in allen Positionen; N 113 (1. Deutung), 150, 153, 154, 155, 156, 157?, 169?, 268, 467?, 490?, 531.
2. Daneben erscheint w^3 auch dort, wo die Vergleichsüberlieferungen 'wi' haben, und zwar in N 503 (hurr.), N 549 (heth.), ev. N 113 (2. Deutung) und N 489 (semit.).
3. In noch anderer Verwendung begegnet w^3 in N 2 (ev. konsonantisches 'w' in ʾaw-?), in N 314 (in Diphthong -au- in *daulān) bzw. in N 234 *rūṣī (oder ev. rauḍ?).

 Helck gibt als Lesung 'wan'. Vgl. bei den Belegen N 151f.

 Diese sonst nicht belegte Gruppe offenbar in N 565; die Lautung dürfte

'wi' sein (falls qitil, qittil) oder (vgl. 567!) -w (II in qitl).

<u>Belege:</u> N 2, 5, 6, 7, 19, 29, 30, 37, 43, 44, 45, 46, 47, 48, 54, 57, 73, 74, 90(2),92, 93, 96, 97, 98, 99, 100, 101, 102, 103 (2×), 104, 105, 106, 107, 108, 109, 110, 111, 112, 136, 145, 166, 169, 184, 185, 191, 192, 193, 194, 206, 207, 208, 209, 223, 225, 226 (2×), 227, 232, 239, 248, 252, 254, 256, 257, 277, 279, 281, 283, 289, 301, 302, 305, 307, 308, 312, 319, 325, 344, 348, 359, 365, 371, 373, 376, 393, 394, 395, 396, 396 Kzf., 404, 405, 410, 412, 413, 417, 419, 420, 432, 437, 440, 441, 468, 469, 470, 479, 480, 484, 485, 489, 491, 495, 496, 501, 504, 505, 508 Var., 517, 519, 530, 543, 544, 545, 546, 547, 548, 552, 556, 560, 574, 578, 579, 581, 582, 591, 594, 595, 596, 597, 599, 601; F 7, 11, 12, 16, 28, 29, 30.

Dieses mit rund 145 Belegen innerhalb des vorliegenden Materials zweithäufigste Zeichen (nach , ) ist nach Helck 'ja' (H 544f., GSS[7]).  steht:

1. Im Anlaut, etwa als Wiedergabe des semit. Präformativs j- der 3. Ps. Sg. Imperfekt (N 93 (falls hif^{c}il), 96, 97, 98, 99, 100, 101, 103, 104, 105, 106, 107, 108, 109, 110, 112, 226 (2. Deutung), 578?, 601?), als erster Radikal (N 93 (falls Qal), 102, 111, 226 (1. Deutung)); dazu 582.
2. Im Inlaut selten: etwa N 206, 207, 208, 297, 441, 508 Var.; in N 396 für -ʾʾ-.
3. Sehr häufig im Auslaut (-j allgemein häufige Endung von Personennamen (Suffix, Hypokoristikon); vgl. im Amoritischen Huffmon 134f.: -iya, -aya im Hebräischen Zadok 170: -aj, usw.; auch ägyptisch: R II 143-151) (Mehrzahl der Belege).

Insgesamt betrachtet lässt sich der Wert 'ja' bestätigen, doch ist in einigen Fällen (ev. N 289; bei Endung) auch blosses silbenschliessendes -j möglich. In N 289 kann 'ji' vermutet werden (Nachtonsilbe, = j^{e} ?).

<u>Belege:</u> N 94, 95, 440, 601.

Helck liest y-w_2 'ju'. Am deutlichsten sind N 94 y-w-p^{3}-^{c}: ^{F} ≙ jōpa^{c} (Imperf. hif.) und N 95 y-w_2-m-:r ^{F} = jōmar (hebr., amorit. hat jaʾmur). N 440 ist ungeklärt, N 601 zerstört.

---

7 Die GSS 124 angegebene Belegzahl ('2') offenbar fälschlich; H 544 hat 25 .

 Beleg: nur N 350.
Helck liest diese Gruppe jê, allerdings von der durch sein System postulierten Auffassung von j-^{3} als Vokalanzeige 'e' zu vorangehendem Konsonanten aus. Das in N 350 vorliegende Wort findet sich als ḥ:-y in N 37, als ḥ-y bzw. ḥ:-y in zwei PN des MR (Belege s. unter N 350), wobei jeweils *haj(a) zu lesen ist.

\\

Nach Helck ausschliesslich Vokalanzeiger 'i' nach Konsonant, nach Edel auch für aj > ē, a, u und z.T. bei Vokallosigkeit (ONL 65-68). Im einzelnen verweise ich auf die Verbindungen mit den verschiedenen Konsonanten (s. dort).

Belege: aufgelistet unter 1.-3.
Helck gibt als Lesung '^{c}a'. Innerhalb der behandelten PN findet sich das Zeichen oft in (teil-)konsonantischen Schreibungen, unter denen Gottesnamen weitaus am häufigsten sind; hier liegt die traditionelle Schreibung bekannter Begriffe vor (Albright VESO p.12; Sass, Studia Alphabetica, p.9). Im einzelnen findet sich  in folgenden Verwendungen:

1. Im GN B^{c}l. Ob dabei die Grundform *ba^{c}l mit Doppelkonsonanz nach dem Vokal oder daraus entstandenes ba^{c}al mit aufgesprengter Doppelkonsonanz zugrunde gelegt werden kann (vgl. Beyer, 17: amorit. ba^{c}l, 21: ugarit. ba^{c}(a)l, 24: mittelkanaanäisch (Amarna) ba^{c}l, 48: althebr. ba^{c}l [ba^{c}al]), ist schwierig zu entscheiden. Belege sind: N 111, 119, 120, 159, 161, 162, 163, 165 (s. dort zur Schreibung), 166, 167, 168, 258, 259, 274,284, 418, 446, 486, 553 Im GN ^{c}nt (Belege: N 131, 132, 133, 134, 135, 177, 178, 179, 180, 186, 187 200,515), ^{c}n (N 130?, 386), ^{c}m (415?), ^{c}ṯtrt (nur in äg. PN mit dem semit. GN, N 139, 140, 141, 316), r^{c} (Epitheton "Gefährte"; N 51[mit ^{c}-^{3}], 506).
2. In meist konsonantischen Schreibungen im Wortanlaut (N 117, 142, 146, 149, 582) bzw. Silbenanlaut (160, 164), wo die Erklärung '^{c}a' aufweist.
3. In mindestens zwei Fällen - falls nicht die genannten Belege B[c]l von 1. so zu interpretieren sind - steht  am Silbenende als -[c], nämlich in N 292 und N 418 ≙ šama[c] (mit hier plausibler Auflösung von  in m-^{c}).

Aufgrund des konsonantischen Charakters vieler dieser Schreibungen und der ev. bei 1. (ba^{c}l) und bei 3. anzunehmenden Funktion als -^{c} dürfte die Interpretation von  als "konsonantisch ^{c}", nicht a priori '^{c}a', vorzuziehen sein, wobei dann allerdings auch ausserhalb traditionell notierter GN aufgrund von

Stellung des —, Affinität des ^{c}Ajin zu 'a' und Fehlen anderer Vokalbezeichnung die Lesung '^{c}a' oft nahegelegen haben muss.

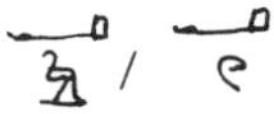

Belege: N 111, 136, 138, 144, 145, 147, 148, 502 (äg. Element?).

1. In N 111 liegt in y-t-w-^{c}-w_2 Part.pass. Qal *jadū^{c} vor; demnach steht hier als auslautendes ^{c}Ajin (-^{c}).
2. Sonst erscheint die Gruppe im Wortanlaut, wo für N 138 und N 144 '^{c}u' möglich ist, vermutlich auch in N 136, N 145 (vgl. dort). Anders (ägypt.) ist wohl N 502 zu erklären. Wenn N 147.148 nach den ramessidischen Belegen bei Vernus, Amon P^{3}-^{c}d̲r, p.170, als *^{c}ōzír "Helfer" aufzufassen sind, setzen sie qātíl > qōtíl (Beyer, 50) voraus.

Helck liest als '^{c}á'. Im folgenden werden alle fünf verschiedenen Schreibweisen, da offenbar gleich verwendet, gemeinsam behandelt.

Belege: s. 1.-3. Folgende Feststellungen zur Verwendung lassen sich treffen:

1. Im Anlaut meist sicher '^{c}a' (N 113, 114, 115, 116, 127, 128, 129, 137 [wenn zu ^{c}arf zu stellen], 143, 488.
2. Bei der Verwendung im Inlaut hängt die Lesung von der Interpretation der PN bezüglich Bildungsform und Lautgestalt ab: N 298 na^{c}ran bzw. na^{ca}ran, N 267 ma^{c}bir bzw. ma^{ca}bir (bzw. mu^{c}bir, mu^{c}abbir); d.h. entweder '-^{c}' oder '^{c}a'. Ob in N 310 '^{c}a-', in N 487 '-^{c}' zu postulieren ist?
3. Im Wortauslaut in N 49.50, 175, 176 (falls Kzf. mit apokopiertem 2. Glied) vermutlich als '^{c}a' zu interpretieren; vielleicht auch in 416 aufgrund des vorausgehenden Silbenschlusses mit :r (falls keine doppelt geschlossene Silbe vorliegt). Dagegen liegt in N 94 (*jōpa^{c}), 262 (*zir^{c}- oder *sil^{c}-), ev. 416, 486 (*da^{c}) und 606 (*šama^{c}) sicher silbenschliessendes ^{c}Ajin (-^{c}) vor. Allenfalls dürfte N 262 aufgrund der Assimilation/Elision des auf den Laryngal folgenden Aleph als *zir^{c}a-/*sil^{c}a- mit '^{c}a-' realisiert worden sein. Unklar ist N 436 (-^{c}, -^{c}a ?). Vgl. F 4.

Die Belege lassen für die Schreibungen ^{c}:, ^{c3} usw. also die Funktion als '^{c}a', aber auch diejenige als Silbenschluss '-^{c}' erkennen.

Belege: mit N 118, 119, 120, 123, 126; mit N 121, 122; dazu N 124f.

Wortschreibung für semit. ᶜbd "Diener, Knecht" (s. die Diskussion bei N 118).

Belege: N 3, 5, 10, 11, 12, 13, 14, 39, 71, 79, 111, 116, 117, 119, 120, 122, 142, 159, 161, 162, 163, 165, 166, 167, 168, 170, 171, 172, 176, 181, 182, 184, 185, 188, 190, 202 (Ranke), 258, 259, 274, 284, 383 (2 ✕), 418, 446, 486, 493, 502, 510 (falls s-w_2-b), 513, 553, 584 (Spiegelberg), 585.

Helck hat als Wert 'ba' ("besonders gern in bestimmten Worten", H 547), das gegebenenfalls aber auch für 'b^{e}' stehen könne. Die rund 50 Belege im vorliegenden Material ergeben ein differenzierteres Bild. Danach erscheint  :

1. In dem immer , d.h. traditionell/konsonantisch geschriebenen GN Bᶜl (N 111, 119, 120, 159, 161, 162, 163, 165, 166, 167, 168, 258, 259, 274, 284, 418, 446, 486, 502 [GN bᶜlt], 553) für 'ba', ebenso in dem auch rein konsonantisch notierten N 142 (ᶜakbār).
2. In der konsonantischen Gruppe  in N 170, 171, 172, 176, 181, 182, 184, 185, 188, 584 (Spiegelberg), 585, wobei in N 181 (ev. auch N 170ff., 176, 184f., 584??) *bin "Sohn", in N 585 *bint "Tochter" vorliegt. In den übrigen Belegen ist auch eine andere Vokalisation denkbar (s. Einzeldiskussion).
3. Mit folgendem  in dem GN Bēl in N 383, 513, ev. N 122 (s. dort), der damit wiederum konsonantisch transkribiert wird.
4. Als Silbenschluss -b in ʾb "Vater" in N 3, 5, 10, 11, 12, 13, dazu sicher in N 116 (ᶜabdi), 129 (ᶜabdat; rein konsonantisch); vielleicht auch N 39 (Schreibung?), 71?, 79.510 (falls *s-w_2-b zu lesen).

Als Fazit lässt sich festhalten:  bezeichnet vermutlich lediglich den Konsonanten 'b', da dem Zeichen sonst 'ba', 'bi', 'be', 'bØ' usw. zugestanden werden müsste. Ein genereller Wert 'ba' kann nicht angesetzt werden.

Die Gruppe (Helck: 'ba') erscheint einzig in N 183 (≙ heth. Silbe 'pa' ohne Unterscheidung stimmlos/stimmhaft).

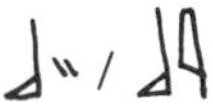

Belege: N 227, 317, 382, 396, 444, 513.

Die von Helck für  postulierte Lesung 'bi' lässt sich bestätigen, wobei in N 396 die Variantenschreibung  hat (und vgl. 396 Kzf.).  findet sich in N 444 ('bi' plausibel) und in merkwürdiger Schreibung des GN Teššub in 513.

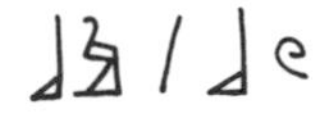

Belege: N 4, 7, 51, 79 (falls nicht *s-w_2-b), 90, 101, 108, 114, 158, 263, 272 299, 300, 337, 342, 351 (Var.), 406, 445, 492, 510, 528, 533, 550, 586 590.

Die PN der vorliegenden Sammlung gestatten die Unterscheidung von zwei Verwen-dungsarten:

1. Als 'bu' in N 4, verm. N 7, 108, 114, 272, 299, 300, 337, 445?, 492?, 533, verm. 586; ob auch N 263, 550 (vgl. 263)?
2. Als Wort-, aber auch Silbenauslaut blosses '-b' (von H 547 in der Nachfolge Burchardts schon anerkannt für den Wortauslaut).
   (a) Wortende in N 51 (III in qatl), 101 (III in jaqtal), 406 (III in qatal) ev. 445, 510 (falls nicht *s-w_2-b zu lesen), ev. 528.
   (b) Silbenauslaut in N 90 (I in jaqtal); ob Var. zu 351?

Belege: N 6, 8, 9, 19, 115, 169, 174, 178, 179, 181, 189, 191, 192, 193, 194, 195, 196, 197, 198, 199, 201, 203, 204, 205, 318, 339, 351 (Var.), 365 367, 370, 396 Kzf., 471, 491, 505, 598?, 604.

Nach Helck ist immer 'bí' anzusetzen, während Edel fallweise neben 'bi' auch 'ba' und 'bu' annimmt (ONL 73). Zum Gebrauch lässt sich feststellen:

1. Die Lesung 'bi' ergibt sich aus N 6, 19, ob 115?, 174, 178, 179, 181, 198. 199 (qitl: *bikr), 201, 204.205 (1. Deutung), ob 331?, 339 (falls Nisbe bzw. Endung), ev. 365 (2. Lesung), 370 (falls hurr.), 491, 504, 505 Var.
2. Bei einigen der genannten bzw. noch nicht zitierten Belege sind auch Anschlüsse mit 'ba' prinzipiell vergleichbar, etwa bei N 189, 191, 192, 193, 194, 195, 196, 197, 204, 205, 365 (2. Lesung), 491, 604 (falls ≙ bāštī). Bei N 367 erfordert die sichere Identifikation als *Ḥātíbā (fem. Part. akt. Qal) geradezu eine Lesung als 'ba'.[8]
3. Falls N 8 j:-b^3-n-^{3} mit Var. j:-b-n-^{3} = ʾabn "Stein" bzw. N 115 ^{c}:-b^3-t:$_2$ = ^{c}abd, wäre hier  erster Silbenschluss (oder ist schon eine Aufsprengung der Doppelkonsonanz angezeigt?).

8 Gemäss Helck müsste *Ḥatabi gelesen werden und die Transkription als *Ḥát^{e}b^e mit Erstbetonung (!) oder Vokalumsprung i-a > a-i angenommen werden!

Belege: N 173, 175, 177, 180, 186, 187, 267, 313, 352, 396, 396 Kzf., 505.
Austauschbar mit (etwa N 396 Kzf., Schreibungen *bin "Sohn", 505), wobei in N 396 die Variantenschreibungen und gleichsetzen. Diese Lesung ist in allen Belegen gegeben (in N 313 bzw. 352 bei Deutung als qatīl-Form).

Die wenigen Belege - N 93, 256, 258, 259 - sind i.W. konsonantisch, so dass anstelle von Helcks Wert 'pa' (H 549) besser nur blosses konsonantisches 'p' angesetzt werden sollte.

Belege: N 229, 237, 238, 239, 498, 505.
Die Lesung 'pi' (Helck 549) liegt in N 238-239 vor; N 229 und 605 (zerstört) entfallen für eine Bestimmung. Nicht vereinbar mit einer Lesung 'pi' ist N 498, falls tatsächlich als *tappûtīja zu deuten. Vgl. N 237.

Belege: N 123, 124, 125, 243, 247, 255, 257, 260, 267 (Kitchen), 334, 335, 447 495, 496, 497, 566, 585.

1. Der Wert 'pu' (so H 549, wogegen Edel, ONL 74, 'pá', 'pí' und 'pú' gelten lässt) ist gegeben in vermutlich N 247, 255, 257 (oder *paṷ-?), ev. 447 (da vorher Silbenschluss :r), 496, 497, 498, 565 (falls *ṣippōr).
2. Daneben findet sich die Gruppe als auslautendes -p (vgl. oben zu /), wie der GN Ršp (qatl: *Rašp, Zadok 69; Raš(a)p, Huffmon 263; hebr. räšäp < *rišp; daneben existiert auch amor. Rušpan zu *rušp: Zadok, Huffmon aaO) in N 123-125 (wo bei allfälliger Kasusendung das Genitiv-i stehen müsste, also wohl *Raš(a)p vorliegt) und 334f. (auch N 585?) sowie ev. N 243 und 260 (1. Silbenschluss, falls = *zufr) zeigen.

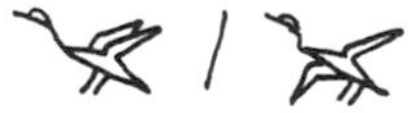

Belege: N 94, 225, 232, 233, 235, 240, 241, 242, 245?, 246?, 249 (falls Radikal), 266, 254, 255, 261, 319, 375, 384, 385, 455. Ob 587?

1. Die von Helck befürwortete Lautung 'pa' (Edel, ONL 74, mit zusätzlich 'pi') wird von N 94, ev. 232.233, 241, 242 (falls 'p' Radikal), 254, 266, 255, 319, 455 gestützt.

2. Eine besondere Problematik stellen die hethitischen Namen dar. Bei der Deutung von N 375 als Harapš-ili setzt Edel etwa eine Nebenform *Harpaš-ili an (s. bei N 375). Helck erklärt die Diskrepanz zwischen dem Namen Šuppiluliuma (N 384) und der hieroglyphischen Wiedergabe durch eine in wenig späterer Zeit belegte Namensform 'Šapalulme' (GSS 129), wonach die Aussprache mutmasslich *š̆p̆lúl mit dem Übergang Vortonvokale > Schwa gewesen und derart auch transkribiert worden sei (s^3, p^3 also mit Schwa statt Vollton 'a'). In N 225 schliesslich dürfte heth. Piyaš als p^3-y-$s^{3\ F}$ umschrieben worden sein, wäre also mit Helck als p̆jás aufzufassen. Eine Erklärung für diesen auch von Edel zusätzlich postulierten Wert 'pi' dürfte darin liegen, dass der ägyptische Artikel p^3 in der Ramessidenzeit wohl stark enttont war (keilschriftlich ohne genaue Festlegung als 'pa', 'pi', 'pu' wiedergegeben; *p^e ?) und gerade die Schreibung N 225 mit folgendem 'y' den neuägypt. Demonstrativartikel ( [Wb I,493], kopt. ⲡⲉⲓ pej, ⲡⲓ pi, Till, Koptische Grammatik, § 202) assoziieren liess.

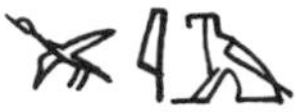

Diese Gruppe nur in N 494 belegt, wo ev. 'pē' (so Helck) vorliegen könnte.

Belege: N 21, 426 (falls q-j_2-f-^{3}), 427 (falls f-:r), 502 (äg.?), 532, 597.
Da kein Beleg problemlos ist, verweise ich auf die Einzeldiskussion. In N 21 ist neben einer Transkription von semit.'p' (1. Deutung) ev. auch eine Wiedergabe von semit. 'b' (spirantisch, d.h. als 'v'?) erwägenswert.

Belege: N 76, 137, 244, 251, 360, 426 (falls q-^{3}-f-j_2), 427 (falls f-j_2-r), 448, 524, 575.
Nach Helck 'fi'. Diese Lesung ist in einigen Fällen wahrscheinlich: N 251, 427 (falls zu ġafir), dazu mit folgendem j-^{3} N 76. Silbenschliessendes -p könnte in N 137 (falls zu ^{c}arf) und 448 vorliegen (auch in N 360?), während N 244 und N 524 unsicher sind. Vgl. die Einzeldiskussion der Namen.

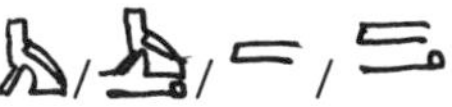

Belege: N 15, 17, 19, 20 (2 ×), 21, 32, 52, 55, 68, 81, 82, 83, 84, 89, 95, 96, 128, 129, 133, 143, 159, 160 (2 ×), 163, 164, 188, 209, 210, 211,

226, 267, 268, 269, 270, 271, 272, 273, 275, 276 (Var.), 277, 278, 279, 280, 281, 282, 283, 284, 285, 286, 287, 288, 289, 290, 291, 292 (2 ×), 293, 294, 295, 296, 321, 322, 349, 351 (3 Varr.), 353, 354, 355, 356, 372, 387, 389, 417, 418, 419, 441, 442, 472, 476, 487, 533, 582, 589, 590, 592, 606, 607; vgl. F 8, 9, 25.

Mit 90 Belegen zu den am häufigsten verwendeten Zeichen gehörig, sind bei  mit den angegebenen Schreibungen folgende Verwendungsarten (es ist nach Helck "betontes und unbetontes -ma-, aber auch -m^{e}-, d.h. wird auch dort geschrieben, wo etwa keilschriftliche Quellen einen unbetonten anderen Vokal (i, u) schreiben", H 549) festzuhalten:

1. Wo die gebotenen Anschlüsse 'ma' aufweisen, etwa N 52, 95, 159, 163, 271, 272, 278, 279, 281, 282, 283, 284, 292, 294, 417, 418, 419, 441, 606.
2. Als silbenschliessendes -m, etwa N 19, 20 (2 ×), 21, 32, 55, 81-84, 89, 96 133, 143, 160 (2.'m'), 164, 188 (qatl: *šamš; d.h. 1. Silbenschluss), 210f.? 293, 321, 322, 349?, 389 (falls II in qatl), 418, 472, 476, 582.
3. In einigen Fällen wäre, falls wir nicht auf Helcks These von 'm^{e}' für 'mu' in unbetonter Silbe rekurrieren, ein Wert 'mu' anzusetzen. Dies scheint in N 372 ḫ^{3}-m-ṯ^{3}-r-j$_{2}$-m^{3} = Ḫimmuzalma ebenso gegeben zu sein wie in N 291 m-w$_{2}$-ṯ-n:-r = Muwatallis (falls nicht *Mutallis transkribiert ist) und eventuell in N 268 m-n-nw-w^{3}-j (falls = Munuwa). Weiter dürfte 'mu' im Anlaut in einigen PN vorliegen, für die ein arabischer Anschluss plausibel erscheint: N 289 m-g-^{3}-y-r NDS (am ehesten = *muġayyir), 273 m-n:-ṯ-w$_{2}$-ḥ:-tj (eher - trotz Schreibung mit w$_{2}$ - multāḥat oder multaḥad[9] als manṭūḥat?). In 290 m-t:-j-n-t-tj dagegen dürfte  anstelle von 'me/mi' stehen.
4. Zu dem Nebeneinander von 'm' und 'b' in der Transkription bei Anschlüssen mit 'm' oder 'b' in den semit. Einzelsprachen s. N 351, 533.

Auch in diesem Falle dürfte  (und Varr.) also blosses konsonantisches 'm' bezeichnen.

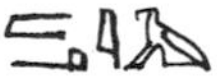 Beleg: nur N 18.

Nach Helck wäre 'mê' zu vokalisieren, doch ist auch 'ma' denkbar.

Belege: N 388, 415 (+ ), 442, 567.

Von den Belegen ist N 388 ungeklärt. In N 415 dürfte (von Helck postuliertes) 'mi' vorliegen, wobei  folgt; in dem formal nicht genau zu bestimmenden Per-

---

9 Nach Helck müsste dann hier ein Vokalumsprung u-a > a-u angesetzt werden.

sonennamen N 442 könnte 'mi' (-m + Endung 'i', vgl. Zadok 169) angesetzt werden. In N 566 d̲-j_2-m-j_2-r = *d̲imr (qitl) ist die Notation des zweiten \\ (nach dem ersten Silbenschluss) erklärungsbedürftig. In ähnlichen Fällen möchte etwa Helck das "Nachschlagen" eines Vokals annehmen (GSS 132f. mit den Beispielen Da-pu-rú, kin-nù-rú [H 523 Nr. 253] und Ḫa-bí-tí, doch vgl. unten zu  bzw. ), während Edel (ONL 67f.) Belege für \\ bei Vokallosigkeit (Silbenschluss) anführt. Vielleicht ist auch der Umstand relevant, dass nordwestsemitische PN, die qitl-Formen sind, keilschriftliche gelegentlich als 'qitil' transkribiert werden: vgl. hebr. zilpā / amor. zilipum (d.h. *zilpum); hebr.gšmy (zu *gišm)/ neuassyr. < phön. ON Gi-si-mì-ia; hebr. sitrî / neuassyr. < aram. (Gott NN)-ši-ti-ri-i/šit-ri (Zadok 88f.).

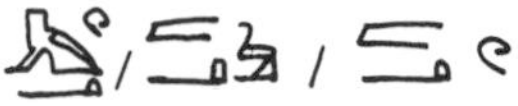

Belege: N 109, 153, 167, 276, 291, 371, 534, 554.
Auch m + w (Helck hat 'mu' für 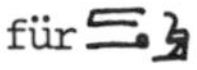, GSS 124) erscheint in zweifachem Gebrauch:
1. Als 'mu' in ev. N 153, 276, 291 (nur, falls *mutallis), 371?
2. Als Bezeichnung für auslautendes -m in N 109 (III in jaqtal; mit ägyptischer Wortassoziation), ev. N 153, N 167, ev. N 534, 554 (*d̲ikrum).

 Beleg: nur N 128
Wortschreibung, entweder nach mwt "(Göttin) Mut" oder mwt "Mutter", die bisher m.W. nicht belegt ist (s. bei N 128).

 Beleg: ev. N 132
Helck (H 566; GSS 140) setzt als wahrscheinliche Lesung 'min' an. Für die Deutung von mn-tj als semitisches (3. Ps. Sg. fem. Qal zu mnj "zuteilen"), nicht ägyptisches (Pseudopartizip 3. Ps. Sg. fem.) Wortelement spricht allenfalls das frühe Datum des Belegs (s. bei N 132). In diesem Fall wäre der Wert 'man' anzunehmen, was zu der rekonstruierten urkoptischen Vokalisation *mān > kopt. ⲙⲟⲩⲛ (Schenkel, Einleitung, 76) stimmig wäre.

 Beleg: N 607 (zerstört)

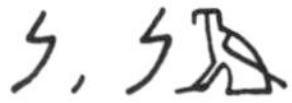

Belege: N 87, 103, 104, 105, 127, 320, 372, 386, 534, 535.
Dieses Zeichen, für welches Helck 'má' ansetzt (H 550; GSS 124), findet sich

nach Ausweis der untersuchten Belege sowohl mit dem Wert 'ma' als auch auslautend als '-m'. Die Bezeugungen sind im einzelnen:

1. Als 'ma' in N 87, 103, 127 (in äg. Wortassoziation), 372, ob 534?, 535.
2. Silbenschliessend als '-m' in N 104, 105, 320, 386, ob 534?

 (Schreibungen , , , , )

Belege: N 15, 68, 129, 292, 293, 354, 355, 486.

Zum Zeichen vgl. Gardiner, Grammar, p.258: "It is from  imi 'give' that  has been borrowed as a biliteral sign for mi (also for initial m (...)), chiefly introduced by m as , with the variants , ; so in the imperative mi 'come'." Helck (H 550) notiert das Zeichen als Variante zu ,  () mit dem Wert 'ma', dass als 'm^{e}' auch für 'mi' ausserhalb der Tonsilbe stehen könne. Dennoch umschreibt er in N 15 und 68 (wo er  schreibt!) 'mi' (und vgl. N 293). Besonders zu vermerken sind die möglicherweise identischen PN N 355 (mit ) und N 356 (mit ). Zu der Lesung 'mi' vgl. besonders noch die Diskussion der Ortsnamen bei Edel, ONL, Nr. 2, 3, 34, 35, 54, 69, 73.

Eine generelle Festlegung ist für die vorliegenden Belege nicht möglich. Der Wert 'mi' ist in N 68 gegeben, während in N 303 eine Deutung des theophoren Elements als 'Mithra' aus sachlichen Gründen verneint wurde. In 293 - falls überhaupt semitisch - wäre i.G. 'mu' zu bevorzugen, allenfalls aber auch 'mē' denkbar. Für die übrigen Fälle, deren Anschlüsse bzw. genaue morphologische Erklärung unklar ist, möchte ich mich nicht festlegen.

Belege: N 10, 61, 82, 98, 122, 130, 131, 132, 133, 134, 135, 160, 164, 176, 177, 178, 179, 180, 181, 182, 184, 185, 186, 187, 188, 206, 207, 268, 271, 290, 298, 306, 313, 314 (2 ×), 351, 434 (2 ×), 453, 514, 515, 539, 582 (2×), 585, 591.

Nach Helck, GSS 124, 'na' bzw. 'la', nach H 551 "'n(a)', besonders wenn ein kleineres Zeichen folgt" bzw. 'n^{e}'. Folgende Punkte sind zu differenzieren:

1. 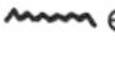 erscheint häufig in (teil-)konsonantischen Transkriptionen, aus welchen als grössere Gruppe die stereotypen Umschriften des GN [c]Anat als + t auszusondern sind (ob dabei z.T. *[c]Antā < [c]Anat [Zadok 146 mit Anm. 5] vorliegt?): N 131, 132, 133, 134, 135, 177, 178, 179, 180, 186, 187, 200, 515.
2. Als 'na' in recht wenig Belegen: N 10, ev. 160, 164, 306 (dazu 1.), wobei allerdings N 160 und N 164 rein konsonantisch notiert sind und in N 10 und

N 306 eine durch günstige Zeichenanordnung (,) der Grund war; in qatal II gem. als II bei N 582.

3. Als silbenschliessendes '-n' in folgenden PN: N 98 (I in jaqtal), 176, 177, 178, 181 (+ n:), ob 184f.?, 188 (1. Silbenschluss in *bint), verm. 271, 290 298 (äg. Wortassoziation; + n-^{3}), 314 (falls *daulān), 434 (2 × ; 2. Mal + n-^{3}), 539 (falls ṯ-n-t = Sin), vermutlich auch N 61 (III in ʾaqtal) und als III in qatal II gem. bei N 582.
4. steht gelegentlich für 'l': als auslautendes '-l' in der Schreibung eines auch als Lehnwort schon eingebürgerten Begriffs in N 206 und (+ n-^{3}) N 207, ebenso in N 453 (Kurigalzu).
5. Darüberhinaus ist am bemerkenswertesten - falls zu bestätigen - die Wiedergabe von semitischem Dalet durch die Kombination von n + t in N 313 und 314. Besondere Fälle sind schliesslich N 82 (unvollständige Notation für 'nu'), N 268 (komplementär zu ?) und N 351 (2 Varr. mit überflüssigem 'n').

Als Fazit kann auch hier festgehalten werden, dass die Schreibung von "konsonantisch n" ist.

Belege: N 8, 10, 21, 22, 23, 33, 53, 56, 61, 112, 154, 173, 207, 229, 251, 252, 253, 269, 270, 275, 297, 298, 299, 300, 301 (2 ×), 303 (3 ×), 305, 306, 308, 309, 310, 311, 312, 315, 318, 344, 361, 373, 396, 411, 414, 424, 433, 434, 449, 456, 460, 475, 508, 516, 517, 536, 537, 539, 590; F 3, 16.

Die Gruppe, die Helck als 'na/la' liest bzw. n^e (d.h. auch = ni, nu in unbetonten Silben) und die für Edel 'na', 'ni' oder 'nu' repräsentieren kann, findet sich im vorliegenden Korpus in folgender Verwendung:

1. Im Anlaut: Wert 'na' in N 21, 298, 299f., vermutl. 301.303, 308?, 311, 312, 315, 590?; mit III in 305 möglicherweise 'nē'.
2. Im Inlaut: Wert 'na' in 251, 252, ev. 301.303, ev. 373, 475, ob 537?, 344. Im Falle des heth. PN 508 hat die Hauptüberlieferung 'ni'.
3. Im Auslaut häufig, entweder als 'na' oder als '-n', d.h. Silbenschluss, vgl. H 551: "-na ist die beliebte Auslautschreibung von auf -n endenden Worten" (fragwürdig aber die folgende Bemerkung: "Während man also bei -m den Nominativ bevorzugt, so bei -n den Akkusativ."). Im einzelnen ist:

   (a) = 'na' in 411, ev. N 33, 253, 269, 270, 275, 314?, 433. In N 306 liegt eine Nisbenbildung vor, d.h. mit \\ vermutlich 'ni'.

(b) ='-n' in N 8 (Deutung 2), 10 (III in qatal), 53, 56, 61, ev. 154, vermutl. 173, 298 (-ān), 344?, 361, 396, ev. 433, 434, vermutl. 449, 460, 517. 112, 516, vermutl. 539. Hier findet sich gelegentlich auch die Verbindung n-n^{3} (N 61, 298, 434, vgl. N 22). Vgl. unten zu n:.

Mögliche Anschlüsse an hurr./anatol. PN haben im Auslaut sogar 'ni', etwa N 456 (falls = Kurruttani), 154 (falls = Warani o.ä.).

4. Der Wert 'l' findet sich nur im Auslaut als '-l' in N 207 (mit vorangehendem n:, Var. n; auch ägypt. Lehnwort).

Belege: N 9 (n:-j-^{3} !), 170-172, 302? (Wortschreibung), 555.
'ne' (so Helck) ist zweifelhaft; s. die Einzeldiskussion der PN.

Belege: N 88, 100 Var., 252, 297, 302, 306, 386, 536.
Der Wert 'ni' liegt vor in N 252, 302 (Wortschreibung), 386 (Genitivendung); N 306 ist Nisbe zu 'Naharina'. Bei N 100 Var. mit n-j$_{2}$ dürfte die Schreibung n: korrekt sein. Unklar sind N 297 und N 536 (Var. mit n-^{3}!), während in N 88 die Schreibung im Rahmen der gegebenen Deutung nur als *nai(a) (Hypokoristikon Iddinaia) verständlich wäre.

Belege: N 9, 23, 38, 39, 53, 97, 99, 100, 101, 104, 105, 173, 174, 175, 179, 180, 181, 182, 183, 186, 187, 207 (+ n-^{3}), 269, 270, 272, 273, 302, 318 (+ n-^{3}, Var. !), 351, 508, 535, 536; ob auch N 576, 578, 593.

1. Nach Helck ist "häufige Schreibung eines silbenschliessenden -n (bzw. manchmal auch -l)" (H 552). In vielen Fällen lässt sich dies bestätigen:
   (a) '-n': N 97.99.100.101 (I in jaqtal), 173.175.179.180.181[n-n:].186.187 (in *bin/*bint), 272, 283 (3. Deutung), ev. 302, 508, 585. Ob 576, 578?
   (b) '-l': N 273 (1. und 2. Deutung), 535.
   Dabei findet sich teilweise die Verbindung n:-n-^{3}: N 23, 207, 269, 270, 318.
2. Eine Anzahl Belege zeigt n: als anlautendes n-/l- (na-, la-): N 9 (+ j-^{3}), 53 (falls *ʾarnān), 104.105 (II in jaqtal), ev. 182, 183, 351 (1 Var., falls von gleicher Vokalisation wie ohne Metathese ausgegangen werden kann), 536?
3. In N 23 komplementierend zu , ebenso in N 38f. mit den Lesungen 'ilu'/'ini' (38) bzw. 'ini' (39) (d.h. wohl ungenau 'in/il').

Belege: N 11, 24, 25, 26, 27, 28, 29, 30, 31, 32, 34, 35, 114, 122?,150, 212, 250, 291, 314, 323, 324, 325, 351 (2 Varr.), 374?,383, 390, 492, 513, 538, 568.

Die genannten Gruppen erscheinen im NR nie im Wortanlaut, sonst jedoch in al-len Positionen. Während Helck 'la$_2$' ansetzt, hat Görg, Valenz, die Funktion als Wiedergabe eines silbenschliessenden bzw. dageschierenden 'l' betont. Die obigen Gruppen treten in den PN in folgenden Belegen und Verwendungen auf:

(a) 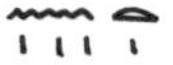 als gewöhnlichste Schreibung in N 24, 25, 26, 27, 30, 32, 34, 35, 150, 212, 250, 291, 323, 324, 351 (2 Varr.), 390, 492, 538, 567; als '-l', aber auch als 'la' (N 32, 35, vgl. auch PN wie N 150, 323f.). In N 291 offenbar nur *Muwatal geschrieben.

(b)  in dem Element rw-n:-rw N 11 für 'lu'.

(c)  in 325 für 'li'.

(d) 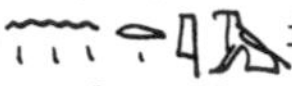 in N 28, 29, 31, wobei Bestimmung des Vokals nicht möglich.

(e)  als alte Form (schon AR!) in 114 ('-l'), 314 ( , 'la'), 383 u. 513 ('-l' in GN Bēl). Vgl. noch bei N 122 und N 374.

 Belege: N 268, 304 mit der Lesung 'nu' (wie Helck, GSS 124: nú).

 Belege: N 81, 83, 84, 443.

Die Lesung 'nu' (Helck: nu$_4$) ist vermutlich in allen Belegen gegeben.

 Beleg: nur N 307. Lesung 'naḥ' sicher (so auch Helck, GSS 138, während in H 566 noch als "nicht vokalisierbar" betrachtet).

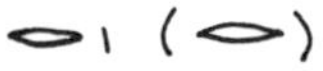

Belege: N 12, 13, 38, 44, 48, 51, 52, 53, 56, 57, 61, 62, 64, 65, 68, 72, 75, 89, 96, 102, 110, 111, 113, 118, 119, 123, 124, 125, 130, 133, 136, 137, 138, 139, 140, 141, 142, 145, 148, 149, 153, 154, 157, 165 (2 x), 166, 181, 191, 192, 193, 199?, 208, 210, 211, 217, 219, 220, 223, 224, 230, 231, 232, 233, 234, 237, 238, 239, 240, 243, 248, 256, 258, 259, 260, 261, 262, 263, 275, 276, 289, 292, 298, 310, 311, 313, 317, 318, 319, 321, 322, 323, 329, 330, 331, 332, 333, 334, 335, 336, 337, 338, 341, 342, 343, 344, 345, 351 (3 Varr.), 360, 363, 364, 369, 375, 379, 385, 388, 393, 395, 396, 397, 398 (2 x), 399, 401, 402, 403, 411, 412, 413, 419, 420, 423, 435, 444, 451, 452, 453, 454, 455, 456, 463

471, 472, 473, 479, 483, 490, 495, 496, 497, 501, 502, 503 (2 x), 504, 505, 506 (2 x), 508, 509, 510, 512, 517, 518, 525, 527, 537, 539, 541-548, 549, 550, 553, 559, 565, 567, 569, 571, 572, 583, 586, 597, 605; F 18.

Mit rund 200 Belegen ist das häufigstverwendete Zeichen im vorliegenden Material; hinzu kommen mit etwa 80, mit etwa 30, mit rund 40 und mit 7 Belegen. Nach Helck (H 552f.) steht (weniger korrekt auch ohne Ideogrammstrich) für betontes 'ra/la', als 'r^{e}' (bzw.'l^{e}') aber auch für unbetontes 'ri/li' oder 'ru/lu'. Edel (ONL 83ff) gesteht dem Zeichen die Werte '-r/-l', 'ra/la', 'ri/li' sowie 'ru/lu' zu, woraus folgt: " hat also konsonantischen Wert, und Silbenwert höchstens in soweit, wie man auch beim Buchstaben von einem silbischen Wert sprechen kann; oder anders ausgedrückt: für ri/ru ist Defektivschreibung für , ." Die PN ergeben (Auswahl):

1. 'ra': N 55, 89, 123ff., 133, 145?, ev. 199 (+ ^{3}, s. die Diskussion der Nominalform), 218 (falls II in ʾaqtal), 298, 317 (oder 'la-'), 319, 321f., 334f., 339, 341, ev. 344, 517, 539?
2. 'la': N 12, 44, 56 (2 x)?, ob 130?, 138, 145?, 166, 223 (oder '-l'?), 317 (oder 'ra-'), 318?, vermutl. 323, 336 (+ ^{3}), 337, 502, 517 (III in qat(a)lan).
3. '-r': N 12 (2.), 13, ev. 38 (1. Deutung), 53, 57, 61, 62, 64f., 68, 75, ev. 102, ev. 110, 113 (1. Deutung), ev. 137, 139ff., 142, 148f., 224, 231, 233?, 260, 262 (1. Deutung), 276, 289, ev. 292, ev. 310, 311 (oder '-l'), 343, 369, 396, 411, 419, ev. 423, ev. 454 (2 x), 463?, 497, 508, 509, 549, 567, ev. 586.
4. '-l': N 52, 96, ev. 102, 113 (2. Deutung), 181, 208, 238 f., 262 (2. Deutung), 311 (oder '-r'), 342, 435, 444, ev. 454 (2 x), 472 (2. Deutung: II in qatl), 496, 503, 504f.; GN B^{c}l: N 111, 119, 258; GN ʾEl: N 118.
5. In einer geringen Anzahl von Belegen steht blosses , wo die Vergleichsüberlieferungen andere Vokale (i, u) aufweisen: 're' (N 399, ev. 341), 'ri' (N 237; N 453 [2 x] , 503, 510), 'li' (N 375, 379, 385, 483, 527: heth. PN) 'ru' (N 456; 553 mit Var. rw als *d̲ikr erklärbar), 'lu' (N 455), wobei es sich um hethit., hurrit. und akkad., aber nicht nordwestsemit. PN handelt.
6. Aufgrund der Assoziation eines ägyptischen Begriffes kann *ri^{c}é, hebr. re^{c}a "Gefährte" (N 51.506) (+) notiert werden, da der ägypt. GN R^{c} im NR nach Ausweis der keilschriftlichen Transkriptionen etwa 'Ria' lautete.

7. Nicht unter 1.-6. aufgeführte PN sind entweder onomastisch/lexikalisch oder morphologisch nicht oder nicht eindeutig zu bestimmen.

Insgesamt betrachtet steht  also für 'ra'/'la' im An- oder Inlaut, sogar noch häufiger aber für auslautendes 'r'/'l'; in einigen Fällen (defektiv) für 'r'/'l' + 'i'(e)/'u'.

(in bestimmten Fällen ist ungewiss, ob :r oder j_2-r gemeint ist)

Belege: N 40, 41, 42, 43, 45, 49, 50, 58, 60, 63, 67, 95, 120, 126, 146, 147, 156, 159 (2 x), 161, 163, 165?, 168, 199 (falls nicht j_2-r), 204, 205? 213, 214, 215, 216, 218, 221, 228, 235, 241, 267, 274, 277, 278, 279, 281, 282, 283, 284, 307, 315, 343 (eher j_2-r)?, 351 (1 Var.), 362, 375 (als ḫ-:r aufgefasst), 379 Var., 387, 394, 405, 418, 421, 427 (falls nicht j_2-r), 428, 437, 445, 446, 447, 450, 461, 477, 481, 500, 511, 540, 553, 556, 566, 570, ob 605?

Die Funktion als Silbenschluss (-r, -l; Edel ONL 68f.) ist eindeutig. Die entsprechende Schreibung für -an im GN Dagan (N 126) ist eine sekundäre Umdeutung.

Belege: N 33 (falls nicht n + r für 'l'), 46, 47, 54, 55, 89 (2. Lesung), 162, 167, 305, 306, 333 (Var.), 357, 358, 372, 376 (2. Lesung), 419 Var., 422, 448, 478, 486, 533, 551, 572, 603; F 19.

N 486 und N 533 haben . Die Lautung 'ri' (H 553; GSS 125) ist sicher für N 305, 306, 333, ev. für N 432, 448 und weitere Belege. Die Verwendung der Gruppe im GN B^cl (N 162, 167, 486) ist nicht klar. In dem heth. PN N 372 steht 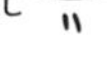 für auslautendes 'l' (in N 535 dasselbe Namenselement mit n:).

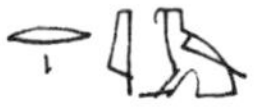

Belege: N 189, 190, 294, 391, 427, 493, 526.

Helcks begründet seine Lesung 'rê' in H 553 mit den Gleichungen (gemäss unserer Zählung) N 29 = Arreja (mit willkürlichem 'e'-Vokal, denn der Vergleichsname H 355.IV.2 lautet 'Araja'!), k-^{3}-r-j-^{3} (s. den Abschnitt unten zu den PN 'k^{3}r' u.ä.) = (angeblich!) Karê < Karaja (auch GSS 135) und N 427 = hebr. גָּפְרִית . Doch hat nicht nur keiner der Vergleichsbelege 'e'-Vokal, sondern sind auch die Gleichungen selber als falsch zu beurteilen. Die vorliegenden Belege ergeben nirgends eine sichere Aussage zur Qualität des j-^{3} nach r (möglicherweise ein vokalisches Suffix wie hebr. -i/e [Zadok 156f.] oder 'a'

[N 427] ?).

Belege: N 11, 36, 52, 167, 211 (Var.), 228, 236, 277, 280, 287, 304, 320, 326f., 328, 329, 330, 340, 345, 346, 352, 359, 361, 376, 384, 392, 397, 399, 400, 449, 453 (Var.), 452, 464, 473, 507, 520, 543 (Var.), 553, 554, 591, 592, 593, 598; F 23.

Das Zeichen ist nach Helck 'rú', und zwar aufgrund der semitischen Nominativendung besonders auch am Wortende (H 553). Die Lesung 'ru/lu' lässt sich in der Regel bestätigen; ev. ist am Wortende auch auslautendes 'r/l' denkbar (etwa N 304; auch N 287, 520?). Die dritte Var. von N 453 mit für 'ri' stammt aus späterer Zeit (nach NR).

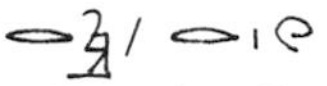

Die Schreibung in N 506 ist aller Wahrscheinlichkeit nach graphisch bedingt und in *t-w-r zu "normalisieren". in N 72 bzw. N 418 kann als Notation eines silbenschliessenden 'r/l' verstanden werden (vgl. zu den anderen Gruppen K + w/w_2 für K im Auslaut). Vgl. N 640.

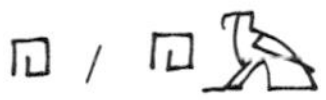

Belege: N 163, 223, 242, 271, 281, 282, 283, 284, 306, 342, 344, 345, 346, 347 348, 349, 429, 574, 575, 594, 598.

Die Schreibung mit einfachem begegnet in der Anordnung mit einem schmalen Zeichen (in N 271, 306; in N 575). Helck hat als Wert 'ha' (H 553), möchte aber aufgrund eigener Gleichungen von N 348 h-^{3}-d-j_2-y mit (nicht nachgewiesenem) Hudija (aaO) bzw. sogar Ḫutija (H 359 IX.22: mit 'ḫ' !), die m.E. abzulehnen sind, auch 'h^e' (für andere Vokale in unbetonter Position) annehmen. Die Lautung 'ha' lässt sich mit den behandelten Belegen gut vereinbaren. für silbenschliessendes 'h' ist jedoch als 2. Radikal in qatl-Formen möglicherweise anzunehmen für N 223 (*ʾahl) bzw. N 242 (*fahd; falls p^3 Radikal).

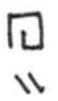 Beleg: nur N 343

Die Lesung 'hi' ist für den Beleg plausibel (bei vorgeschlagener Deutung).

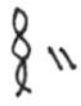 Beleg: nur N 366 (formale Deutung unsicher; H 554: 'ḥi').

 Belege: N 366, 597 (, Wortschreibung?)
Falls in N 366 der GN Hauron vorliegt, für *ḥaw-, ḥau̯-.

 Belege: N 103, 367, 595 (zerstört).
Helck (H 554) besteht auf der alleinigen Lautung 'ḥa' (und 'ḥ^{e}') gegen Edel, ONL 76. Die wenigen Belege in PN lassen 'ḥa' in N 367 (I in qātil) und ev. 595 erkennen, dagegen '-ḥ' im Auslaut in N 108 (III in jaqtul).

Belege: N 37, 66, 72, 90, 104, 105, 106, 231, 243, 244, 350, 351 (alle Varr.), 352, 353, 354, 355, 356, 357, 358, 359, 360, 362, 363, 364, 365, 368, 369, 380, 409, 450, 457, 458, 512, 518, 552, 581, 596.
Innerhalb des vorliegenden Materials stellt  ḥ: die gewöhnliche Vertretung von 'ḥ' dar. Helck (H 554f.) transkribiert 'ḥà'. Wiederum sind in den PN die zwei Verwendungsarten als K + 'a' und '-K' deutlich:
1. **'ḥa'**: N 37, 66, 72, 96, 231, 243, 350, 351, 352, 353 (f.?), 355, 356, 365, 368, 369; ev. auch N 244, 357f., 358, 360, 362, 363f., 458, 512, 552; vgl. N 596.
2. **'-ḥ'**: N 103 (I in jaqtal), 104, 105, 106 (I in jaqtal), 380, vermutl. 409, 450, 457 (II in qull), 518; ob 581?

Belege: N 109, 110, 111, 499.
Lesung 'ḥam' (H 566, GSS 139): N 109-111 (2. Silbe in jaqtal). N 499 dürfte im Vergleich mit den semit. Belegen am ehesten eine taqtūl-Bildung (Zadok 128) darstellen, wozu jedoch die Schreibung (t-w-, ḥm in 2. Silbe) kaum passt.

Belege: N 378, 379; dazu N 375 (als ḫ-:r aufzufassen); F 5.
Die Lesung 'ḫa' (H 555) liegt in 379 und dem entsprechend verstandenen N 375, vermutlich auch in N 378 vor.

Belege: N 37, 57, 255, 262, 373, 375, 396; ev. 572, 577, 588; F 3.
Der von Helck angenommene Wert 'ḫi' (H 555) ist deutlich in N 37, 57, 255, 262 396, während N 375 eher als ḫ-:r zu verstehen und zum vorangehenden Zeichen zu

rechnen ist. N 572, 577, 588 sind in der Lesung nicht klar. Die Transkription des GN Ḫepa (*ġb) mit korrektem 'g' bei N 455 (Giluḫepa), mit 'ḫ' dagegen bei dem hier angeführten Namen Putuḫepa (N 255) ist - wie oben ausgeführt - von der Quelle der Namensvorlage her zu erklären (dagegen fragt Helck, GSS 137, "ob dies mit dem Unterschied hurritisch(-mitannisch) und hethitisch zusammenhängt", ohne diese Frage zu präzisieren). Bei Giluḫepa war eine direkte Umsetzung der Originallautung möglich (Gedenkskarabäus Amenophis' III.), während "Putuḫepa" aus der keilschriftlichen Wiedergabe des Namens (korrekt mit 'ḫ' für 'ġ') im hethitisch-ägyptischen Friedensvertrag transkribiert wurde und man dabei - etymologisch falsch - ägyptisches 'ḫ' für keilschriftliches 'ḫ' setzte.

Belege: N 245, 246, 285, 286, 370, 371, 372, 376, 377, 423, 576.
Edel führt ONL 74 auch  als eine der Gruppen an, die hinsichtlich ihrer Vokalangabe zwei- oder dreideutig seien, nämlich für 'ḫa', aber auch 'ḫu' stünden. Helck versucht, diese Problematik mit (a) der Annahme von 'ḫu' in unbetonten Silben, das "daher als ḫ$^{\acute{e}}$ gesprochen und damit -ḫá- geschrieben" worden sei, bzw. (b) der Postulierung von Vokalmetathese u-a > a-u zu erklären (H 555f.). In den genannten Belegen dürfte 'ḫa' vorliegen mit Ausnahme von PN N 372, wo die hethitische Form 'ḫi' hat. Unklar sind N 245f.

 Beleg: N 286 (s. dort)
 Beleg: N 370, Wert 'ḫu' (falls hurritisch)

- Ägyptisches 's' (ś) steht für semitisch 'ś' und 'ṯ' (= akkadisch 'š'), in gewissen Fällen möglicherweise auch für semitisch 's';  besonders auch für das auslautende '-s' (keilschriftlich 'š') der hethitischen Nominativendung (Edel, ONL 77f).

Belege: N 67, 68, 71 Var., 79, 224, 307, 351 (1 Var.), 379, 383, 389, 410, 461 503, 510, 513, 584 (Spiegelberg), 601.
Der Gebrauch (nach H 556 'śa') lässt sich wie folgt darstellen:

1. In rein konsonantischen Notationen wie N 383 (s-b- ≙ ṯab) und 389 (s-m vermutlich ≙ ṯam).
2. Im Silbenauslaut in N 68 und N 224, wobei H 539 für das in beiden Namen be-

nutzte 𓋴𓋴 trotz N 68 (ʾIštar) eine "sichere Lesung ʾaś" (N 224) ansetzt.

3. Im Silbenanlaut in N 67, 307, 379 Var., 461 (alle + :r), 410, 503, vermutl. 601; während die Schreibungen N 79 und N 510 wahrscheinlich graphisch bedingte, in *s-w_2-b zu "normalisierende" Anordnungen sind (da ja nach der Determinierung semit. *t̲wb "umkehren" assoziiert wird). Merkwürdig ist die Notation derselben Silbe in N 513 als s-b-j. Fehlerhaft steht 's' statt 'd̲' in einer Variantenschreibung bei N 351. In den Schreibungen mit 𓂋 (d.h. -Vr) liegt 'a'-Vokal vor in N 307, 461, 'i'-Vokal dagegen in 379 (Var. 𓅷 𓂋!) und ev. 67. In N 410, 503 vermutlich ebenfalls 'a'.

Als Schlussfolgerung ergibt sich, dass auch 𓋴 als Zeichen für "konsonantisch 'ś/t̲'", d.h. nicht als Silbenzeichen aufzufassen ist.

 Belege: N 79, 510, falls als *s-w_2-b zu verstehen (s. den vorhergehenden Abschnitt, sub 3.).

 Belege: N 414, 514 (unklar; s. die Diskussion der Namen).

 Belege: nur N 529 (s. dort).

 Belege: N 34, 139, 140, 141, 475.

Dieses Zeichen erscheint gewöhnlich nicht in der Gruppenschrift, im vorliegenden Material nur - aus Gründen der Zeichenanordnung - im GN ^{c}Astarte in den zudem sonst ägyptischen PN N 139 (Kurzform), 140 und 141. Die weiteren Belege (N 34, 475) sind in ihrer Deutung sehr problematisch.

Belege: N 39, 58, 100, 107, 109, 110, 194, 203, 215-222, 225, 235, 247, 248, 249, 331 (2 x), 332 (2 ×), 377, 381, 382, 384, 385, 388, 390, 392, 393, 394, 396, 397, 399, 400, 401, 402, 403, 404, 405, 406, 407, 408, 409, 411, 415, 416, 447, 451, 452, 459, 460, 462, 463, 470, 471, 481, 496, 508, 509, 531, 549, 539, 570 (2 ×), 580; F 17.

Helck gibt als Lesung 'śa', das wiederum als 'ś^{e}' in unbetonten Silben auch für 'si' und 'su' stehen könne (H 557). Nach Edel (ONL 76ff.) gibt das Zeichen 'sa', 'si', 'su' und vokalloses 's' (d.h. silbenschliessend) wieder. Mit Blick auf den Vokal lässt sich differenzieren (in Klammer Angabe, ob *ś, *t̲ oder *s vorliegt oder möglich ist, sofern semitische PN und eruierbar):

1. Im (Wort-, Silben-)Anlaut 'a': N 100, 109 (t̲, s, ś), 194? (s, ś?), 247 (t̲), 248 (t̲, ś, s), 249 (ś), 331f. (4 × ś), 377 (ś), 381 (ś?), 382 (ś, t̲), 390

(s?) 392.393.394.397 (s. die Diskussion), 396 (Präformativ des š-Stamms), 399 (akk. š, *ś), 401 (wie N 399 oder ṯ), 402-404 (s. Diskussion), 405, 406 (ś), 407f. (ś), 409, 410, 415 (ṯ), 416? (ś?), 451 (ś?), 460? (s?), 462 (ṯ) 463?, 481 (ś), 539 (wie 399), 570?

2. Im Anlaut mit anderem Wert: Vokal 'u' in N 39 (GN Teššub), 384 (Šuppiluliuma, während Helck auf die Form 'Šapalulme' rekurriert), 411 (Šutarna; vgl. Edel, ONL 77); Vokal 'i' ev. in N 385, wo die Variantenschreibung  hat, und vermutl. in N 549. Zu dieser Verwendung in nichtsemitischen PN gehört auch der folgende Punkt:
3. Schreibung der hethitischen Nominativendung -s (keilschriftlich 'š'): N 388 471, 508, 509, 531, ob auch N 447 und 549 (falls so zu interpretieren)?
4. Im Wortauslaut: in den PN N 58.215-222.481? [(p^3-, t^3-) j:-(:)r-s^3], 110, 235, 331f., 447, 452?, 497.

 Belege: N 276, ev. 365, 375, 379 Var., 385 (Var.), 598?
Das Zeichen erscheint gesichert nur in hethitischen PN als 'si' (keilschriftlich 'ši').

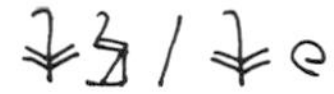

Belege: N59, N 96, 221, 224, 308, 318, 377 (+ \\ ), 380, 386, 391, 395, 398, 401, 405, 412, 413, 424, 440, 462, 481, 579 (verderbt).
Die Lesung 'su', die von Helck angesetzt wurde (H 557), lässt sich für N 96 (2. Silbe in jaqtul), 224, ev. 380, 386, vermutl. 412f. bestätigen. Im Auslaut ist das Zeichen belegt in N 221, 377 (+ \\ ), 401, 440, 462, 481 (ob teilweise als '-s'?).

 Beleg: nur N 307
Wortschreibung nach ägypt. sm "Gemüse" (GSS 141), wofür Helck aaO 'sam' vokalisiert, nachdem er noch H 366 'ś()m' ("Vokalisierung nicht möglich") notiert hatte. Die Lesung 'śam' findet sich allerdings schon H 360.X.10, und dies, obwohl Helck ein Element "šumi-" heranzieht! Nach der Diskussion des PN in der vorliegenden Arbeit könnte die Gruppe für *ṯam, vielleicht auch *śam stehen. Zu  s. Gardiner, Grammar, Sign-list F 37 u. M 21; ders., The Transcription of New Kingdom Hieratic, JEA 15(1929), 53 ; Wb 4, 119ff.

Belege: N 21, 123-125, 188 (2 ×), 607; ob 587?

Helck (H 557) hat als Wert 'ša' (bzw. in unbetonter Silbe 'š^{e}' für 'šu'), doch steht das Zeichen in der traditionellen Notation des GN Reschef (N 123-125) im Auslaut und als günstige Zeichenanordnung mit dem schmalen Zeichen , und ebenso findet es sich in der "syllabischen" Schreibweise von N 21 über . In der als i.W. konsonantisch zu beurteilenden Schreibung von N 188 begegnet es im GN Šmš (qatl-Form: *šamš) als an- und auslautendes 'š' (ebenfalls eine traditionelle Notation, vgl. in den MR-Ächtungstexten Sethe e 21, Posener E 37, 43, 60:). Insgesamt betrachtet, ist trotz der wenigen Belege die Auffassung von als für 'konsonantisch š' stehend gerechtfertigt.

 Beleg: nur N 466 (bei Helck nicht verzeichnet; Deutung unklar).

Belege: N 38, 70, 71, 72, 77, 78, 250, 292, 309, 310, 333, 353, 354, 362, 417, 418, 419, 421, 422, 423, 424, 511, 589, 604, 606.

Folgende Verwendung lässt sich feststellen (Helck: ša):

1.'ša': ev. N 38 (2. Deutung), 71?, 250 (*šagl: I in qatl), 292.419.428.606 (šama^{c}), 417, vermutl. 421, 422?, 423; ob 362?

2.'-š': N 70, 72, 310?, 333, 353f.?, ev. 511 (taqtal?), 604?

Ein Wert 'šu' ergibt sich bei der 1. Deutung von N 38.

 Belege: N 354, 465, 77 (s. die Einzeldiskussion).

 Beleg: N 420 (vgl. dort; Wert vermutlich 'šu').

- Ägyptisch 'q' kann für semitisch 'q', 'g' und 'ġ' stehen (s. zu).

Belege: N 337, 587? (ohne hierogl. Beleg), 601? (zerstört)

In N 337 bei gegebener Deutung für 'ġa'.

Belege: N 73, 74, 75, 183, 228, 312, 336, 406, 425, 426? (falls *q-^{3}-f-j_2 zu lesen), 427, 428 (2×), 429, 430, 435, 436, 437, 471 (Var.), 599; F 24.

Nach H 558 steht die Gruppe für 'qa', aber auch für unbetontes 'qi', 'qu' und "Schwa mobile" (d.h. 'q^{e}'; das als Beweis angeführte  = * עַקְרְבוֹת hat aber gerade Schwa quiescens, d.h. silbenschliessendes 'q'!). Der Vokal dieser Gruppe ist 'a' in N 183 (heth. 'g'), vermutl. 312 (g, q?), 336 (q), 406 (q), 427 (falls qātil; ġ), ev. N 73f. (g?), 425 (q?), 428 (1.  g, q?), auch 429? (q, g?), 430 (g?), ob 471? In N 435 und N 437 steht die Gruppe für *gau̯; in N 427 ist, onomastisch betrachtet, 'ġu' (Anlaut von qutl-Form) plausibel. N 75 und N 228 sind formal nicht eindeutig (II in qitl bzw. qatūl, qatīl, falls Nomen; g). Vgl. noch zu den unklaren N 436 und 471.

Belege: N 311, 426, 516 ()
Abgesehen von N 426 mit unklarer Lesung liegt in N 311 (qatil; q, g) und N 516 (ebenfalls qatil; q) sicher 'i'-Vokal vor (H 559: 'qi').

Belege: N 431, 432, 433, 434.
Nach Helck (GSS 142) liegt hier eine Wortschreibung nach ägypt. qd "Charakter" vor, was zumindest für N 432f. mit der entsprechenden Determinierung bestätigt wird. Die Lautung 'qad' (H 567; GSS aaO mit ON Qadna, Qadesch) ergibt sich zudem aus kopt. ϭⲟⲧ < *qad; vgl. Schenkel, Einführung, 87: urkopt. a > kopt. allg. a, > Sahid./Bohair. o (a > o um 550-450 v.Chr.). In den vorliegenden PN gibt die Schreibung 'gad' (in N 431ff) bzw. vermutlich 'ġad' (N 434) wieder.

● Ägyptisch 'k' kann für semitisch 'k' oder 'g' stehen (s. das Folgende).

Belege: N 60, 109, 142, 198, 199 (2. Lesung), 244, 278, 444, 453, 469, 482, 507, 539, 551 (Lesung Kamal).

Folgende Verwendung lässt sich in der Schreibung der PN feststellen:

1. An der Stelle von 'ka' vermutlich in N 444 (i.W. konsonantisch), 482, von (kassitisch) 'ga' in N 453. Ob auch in N 244, 551 (Lesung Kamal), 469?
2. Als auslautendes '-k' in N 60 (falls 2.  redundant), 142 (konsonantisch), 198 (ev. 199) (II in qitl); als auslautendes '-g' in N 109 (I in jaqtal).
3. Redundant ist  ev. in den Belegen N 60 (oder ), 278 und ev. 507 (nach vorangehendem k^{3} bzw. k-^{3}).

4. Die Anordnung , die in N 453 und 539 vorliegt, klassifiziert Helck als Wortschreibung mit der Lesung 'kin', ohne jedoch das zugrunde liegende Wort anzugeben. Die vorgeschlagene Lautung wäre allenfalls bei N 539 möglich, während bei N 453 (kassitisch) 'gal' vorliegt.

Fazit: Auch  dürfte rein konsonantischen Wert (für 'k', 'g') aufweisen.

Belege: N 35, 76, 77, 78, 156, 195, 236, 250, 251, 252, 287, 297, 439, 440, 442, 447, 448, 449, 451, 453, 461, 467, 468, 469, 490, 507, 517, 580, 600; F 25, 27, 29.

Helck bemerkt zu der nach ihm 'ka' lautenden Gruppe: "Sichere Belege für den Gebrauch von unbetontem -ki- und -ku- liegen kaum vor" (H 559). Als solche Belege nennt er ^{c}:-k-^{3} für 'Akko' und m-k-tj für 'Megiddo', wobei in letzterem Fall die Schreibung "anzeigen (dürfte), dass man ägyptisch diese Stadt verändert Makta nannte" (!, zweifelhaft). Wir beobachten den folgenden Gebrauch:

1. Als 'ka' in vermutl. N 76, 77, 156, 251, 252, ev. 439 (s. oben zu  und die Diskussion), 448, 449, ev. 507, 517; ob auch N 35, 78, 195, 236, 440, 447, 461, 464, 466, 600 ?
2. Als 'ga' in N 250, 453 Var., 468; ev. 439.
3. Silbenschliessend als '-g' in N 250, als '-k/-g' ev. in N 287. Vgl. noch N 490 (ev. anderer Vokal?).

Belege: N 52, 106, 459, 613.

Zu den Namen des Hauptkataloges ist hier noch der k^{3}r-Name N 613 mit aufgenommen, der von einem Syrer getragen wird. Gemäss Helck lässt gerade dieser Name für die verwendete Wortschreibung (nach k^{3}j "denken") "wegen der Verbindung mit dem Nuzi-Namen Qariu die Lesung ka erkennen" (H 567; GSS 142). Diese Gleichung ist, wie oben betont, weil völlig willkürlich, als falsch zu betrachten. In N 459 und 613 (Wortanlaut) ist 'ka' plausibel, während die Verwendung im Auslaut in N 52 und 106 problematischer ist, wo auslautendes 'k' vorliegen dürfte: III in qatl (N 52) bzw. III in jaqtul (N 106). In letzterem Fall könnte

auch nicht mit k-^{3} zusammen Wortschreibung sein, sondern Determinativ zum gesamten PN *jaḥtuk "(der Gott NN) entscheidet".

Belege: N 130, 196f., 407f., 439 (falls nicht anders zu erklären, s. unter). Helck führt zur Begründung seiner Lesung 'kê' "vgl. :بكى "Balsamstaude" (> bí-kê)" an (H 559), womit der e-Vokal aber wiederum nur konstruiert ist, nicht belegt (hebr. בָּכָא bākā!). Falls N 195f. zu der zugrundeliegenden Wurzel zu stellen oder als Hypokoristikon eines PN wie bkʾl (keilschriftlich Ba-ka-a-ilu) zu erklären ist, deutet die Notation möglicherweise ein 'a-a' ≙ ā an. Ebenso dürfte s^3-k-^{3}-j-^{3} in N 407f. der keilschriftlichen Notation desselben Elementes als sa-ka-a entsprechen. In N 439 schliesslich ist eine Deutung als *kaʾalu im Gegensatz zu Helcks *kēru (etwa für גֵר gēr) ebenso plausibel. In dem nicht sicher erklärten PN N 130 schliesslich könnte u.U. la-ka-a = lakā notiert sein.

Belege: N 79, 199 (falls k-j$_2$-r, nicht k-:r), 438 (vermutl. ägyptisch), 443, 455, 475, 551 (Lesung Sethe), F 6.

Die Lesung 'ki' (Helck 559) in N 79, ev. 199 (falls qatil), ev. 443; 'gi' bei N 455. Im Auslaut noch in N 475 (s. dort).

Belege: N 461 (falls k-^{3}-w$_2$-t-), 463 (k-w-).

Für (GSS 125 mit 3 Belegen) hat Helck 'ku'. In N 461 liegt ev. *kau-/kō- vor; N 463 ist ganz unsicher.

Belege: N 2, 12, 13, 60, 110, 253, 278, 441, 445, 446, 450, 452, 453, 454, 456 457, 458, 460, 462, 465, 470, 518, 553, 554; F 26.

Singulär unter dieser Belegen ist die Notation in N 2. Der akzeptierte Wert 'ku' (H 559f.; Edel, ONL 78f.; Albright VESO 60f. mit keilschriftlichen Umschreibungen) lässt sich bei allen Belegen, die sicher anzuschliessen sind, feststellen. Besonders hervorzuheben ist die Schreibung von *d̲ikr(u) als in N 553 bzw. von *d̲ikrum in M 554, d.h. als sei d̲ik^{u}ru(m) notiert. Vgl. hierzu Helcks These eines Vokalnachschlags in anderen Fällen (oben sub), wobei hier die Notation des u-Vokals in vorangehender Silbe postuliert werden müsste. Möglicherweise ist - obwohl die Doppelkonsonanz im Aus-, nicht Anlaut steht - aber eher das Beispiel Knossos (Linear B: ko-no-so; Edel ONL 78) heranzuziehen (Auflösung der Doppelkonsonanz und Färbung des

Hilfsvokals nach der folgenden Silbe).
Ein redundant geschriebenes k^3 steht vermutlich in N 60. Der von Albright VESO p.14 etwa als Beleg für den Verfall der syllabischen Schrift in der Ramessidenzeit gewertete PN N 446 (erstes Element sei *gēr, daher nicht mehr mit der traditionellen Lesung verwendet) kann anders erklärt werden (s.Diskussion).

• Ägyptisch 'g' steht für semitisch 'g', 'ġ' oder 'q' (s. unten).

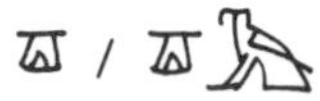

Belege: N 110, 126, 143, 184, 185, 249, 272, 288, 289, 471 (Var. q-^{3}), 472, 474 (2 ×), 476, 497, 508, 509, 519, 520, 560, 568, 569, 588.

allein findet sich in N 143, 184f., 471, 476. In konsonantischer Hinsicht liegt vor (unklar sind N 184f., 471, 588):
1. 'g' in N 126, 143, 472 (1. Deutung), 474, 476, 498, 520, 567f. (2. Deutung).
2. 'q' in N 272, ev. 519.560, 567f. (1. Deutung).
3. 'ġ' in vermutl. N 110, 289, 472 (2. Deutung), 508f.
Folgende Vokalwerte lassen sich mit diesen Konsonanten beobachten:
1. 'a' in N 126, 272, 289, 472, 474 (2 ×), 498, 519, 520, 560, 567.
2. 'u' in ev. N 124, 'ü' in N 508f. (griech. υ).
3. 'ø', d.h. silbenschliessend, ev. in N 568.
4. Zu den Belegen mit einfachem vgl. die Einzeldiskussion der Namen.

Belege: N 288, vgl. N 249.
Helck führt als einzigen Beleg N 249 an, den er als p^3-śá-gê (H 358 VIII.5) bzw. hieroglyphisch (GSS 128) wiedergibt, obwohl korrekt nur wäre (nicht sicher; s. oben S. 12 , unter 5.). Einziger Beleg ist damit N 288 (s. dort).

 Beleg: N 455. Lesung 'gi' (keilschriftlich 'hi').

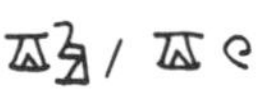

Belege: N 159 (, mit Ideogrammstrich!), 473 ( ).
In N 159 liegt vermutlich -g (-gg) in Inf. II gem. *magg vor. 473 ist unklar.

•Ägyptisch 't' kan für semitisch 't', 'ṭ' oder 'd' stehen (s. unten).

△

Belege: N 69, 117, 178, 180, 200, 256, 280, 281, 290, 316, 389, 461 (2. Lesung 502, 506 (falls nicht als *t-w-r- zu verstehen), 511, 523, 539, 555, 585; dazu N 414, 514 (s. oben zu).

Da das ägypt. t der Femininendung zur Zeit des NR geschwunden war, musste eine Transkription der semit. Femininendung (rein konsonantische Transkriptionen ausgenommen) von der Verwendung dieses entwerteten Zeichens absehen. An seine Stelle tritt gewöhnlich , wie ähnlich zur Umschrift von , den Platz des zu 't' gewordenen einnimmt (s. unten). Entsprechung ist der Gebrauch von blossem △ in gruppenschriftlichen Transkriptionen zu sehen:

1. Oft als nur redundante Zusatznotierung der Femininendung in eingebürgerten fremden GN, so der ᶜAnat in N 178 ( ), N 180 ( ), N 200 ( ), der ᶜAstarte in N 316 ( ), bzw. zu im Auslaut in N 280.
2. Vor nachfolgendem in N 290, 389 (auch N 69?), wobei die Funktion als Raumfüller unter einem flachen Zeichen mitspielt.
3. Als Angabe eines kurzen Vokals (im Sinne des ägyptischen Auslauts der Feminina nach Abfall der konsonantischen Endung) ev. in N 290 (: 'ya', Var.: : yǎ), N 256 (= *pe?); vgl. auch N 461 (2. Lesung), 539 und 414.514 mit der Gruppe .
4. Mit der eigenständigen Lesung 't' in rein konsonantischen Schreibungen: bei N 117 (ᶜbdt), 502 (bᶜlt), 585 (bnt); dazu in N 511 (falls t-:r), 555.

Belege: N 81, 226, 339, 491, 492?, 498, 511, 514, 517, 594.

Helck setzt 'ta' an und postuliert für die von Edel (ONL 81) als Gegenbeleg angeführte Schreibung des ON Tunip einen Vokalumsprung *Tunpa > *Tanpu (H 560) Bei den vorliegenden PN haben wir 'ta' in vermutlich N 226, 498, 517 (1. Silbe in qat(a)lan); 'ta' in 491, ob 511 (II in taqtal?); 'da' in 81 (falls *ʾadān). N 514 und N 594 sind unklar. Der Wert in N 339 hängt von der Deutung ab ('ta' bzw. 'ta' bei entsprechender Nominalform bei Deutung 1/2; 'ta' bei Deutung 3).

Belege: N 10 (nach gemäss Lesung Bruyère), 14, 36, 145, 340, 402.

Helck begründet H 560 den Wert 'ti' mit dem Fremdwort (H 521, 219, Gefässbezeichnung), das er mit EA šuibda und šʾb "(Wasser) schöpfen" verbindet,[10] und dem PN N 402, den er mit dem Nuzi-Namen Šarteja identifizieren will. Daraus lässt sich aber ein Wert 'ti' nicht ableiten! Für die vorliegenden Belege ist 'ti' möglich, aber nicht schlüssig zu erweisen. Besonders ist auf N 10 hinzuweisen, wo wie eine "Doppelnotierung" zu aussieht, das hier 'ta' (II in qatal) repräsentieren dürfte (*natan).

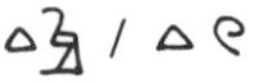

Belege: N 38, 69 (1. Lesung), 82, 83, 84, 106, 111, 254, 255, 349, 368, 388, 468, 471, 499, 503, 504, 505, 506 (falls in *t-w-r- zu "normalisieren"), 519, 521, 523.

Die Gruppe (Helck: 'tu') tritt in folgender Verwendung auf:

1. Für 'tu' in N 106 (II in jaqtul), ev. 254, 255, 503-505, 506.
2. Für 'du' in vermutl. N 41, 69 (1. Deutung), 82-84, 111, ev. 519, 521.
3. Unklar (vgl. die Einzeldiskussion) sind N 349, 368, 388, 468, 471, 523. Bei N 499 kann nicht *tu angesetzt werden.

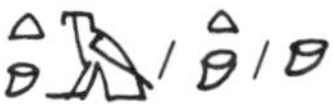

Belege: N 379, 486, 498.

Helck nimmt in H 562 für den Wert ta_4 an und belegt den Wert mit der Schreibung von "Ḫatti" als . Die beiden zusätzlichen "Belege" sind in Tat und Wahrheit ganz anders geschrieben: Helcks * bzw.* sind richtig und (N 491, 498) geschrieben! Die wenigen Belege dieser Sammlung ergeben die Lautung 'da' sicher in N 486, 'ta' möglicherweise in N 495, während der hethitische Originalbeleg bei N 379 'tu' aufweist. U.a. letztere Schreibung lässt Edel als Gruppe für blosses 't' ansehen (ONL 81).

Belege: N 10, 21, 39, 66, 78, 79, 80, 102, 131, 132, 133, 135, 138, 140 (2), 144, 152, 156, 157, 177, 178, 179, 182, 186, 188, 199, 200, 201, 203, 242, 247, 272, 285, 290, 296, 313, 337, 340, 341, 349, 351, 363, 367, 368, 370, 381, 389, 403, 411, 422, 451 (Var.), 458, 467, 468, 482 483, 500, 501, 507, 508, 509, 510, 512, 513, 515, 522, 523, 551, 552, 556, 568, 570, 577, 593, 604.

---

10 In EA 14 III 61 als ägyptische Übersetzung von akkadisch 'kukubu', selber ein kanaanäisches Lehnwort (E. Edel, in: Documentum Asiae Minoris Antiquae (FS H. Otten), Wiesbaden 1988 [Nachtrag zu S. 110]).

Mit rund 75 Belegen eines der häufigsten Zeichen, repräsentiert nach Helck 'tá' bzw. 't^{e}' für 'tu', 'ti' in unbetonten Silben (H 561: "besonders am Wortende, wo in der Keilschrift -i als Zeichen eines Murmelvokals geschrieben wird"), nach Edel (ONL 85) 't' (ta, ti, tu). Folgende Differenzierung im Gebrauch lässt sich festhalten:

1. Am häufigsten als Bezeichnung der nominalen Femininendung:
   (a) Singular: im GN ^{c}Anat N 131, 132, 133, 135, 200, 515; dazu im Genitiv nach semit. nomen regens (d.h.: ev. 'ti') N 177, 178, 179, 186. Im GN ^{c}Astarte in N 140. In N 66 (< -dt), 78, 150, 188, 199, 272 (Deutungen 1/2), 285, 290, 367 (4 Varr.), 370 (falls semit.), 381, ev. 389, 403?, 422?, 451?, 458, ob 551?, 567, 569, 577. Dabei dürfte in einigen Fällen 'ti' vorliegen ('t' + hypokorist. oder Possesivsuffix '-i').
   (b) Plural: N 282, 337, beidemal wohl 'ti' (282 Nisbe, 337 Possessivsuffix 1. Ps. Sg.).
2. Als Bezeichnung der Verbalendung 3. Ps. Sg. fem. in N 21 (Deutung 1: '-at', Deutung 2: '-ta') und ev. in 132 (falls 2. Element semit.: '-ta').
3. Als auslautendes '-t' ('-ṭ', '-d') - ev. (wie bei 1.) fallweise mit Endung '-i' - in N 102 (t, d), 157 (d), 182 (t)?, 201 (t), 247 (ṭ), 272 (d, falls nicht zu 1.; Deutung 3), 482 (d, oder 'dē'?). Hier ist hervorzuheben N 556 = *sitr + hypokoristische Endung, wo 1. Silbenschluss wäre, falls die Doppelkonsonanz nicht aufgesprengt ist (vgl. zu *d̲ikr unter , zu *d̲imr unter).
4. Der Wert 'ta' lässt sich feststellen bei N 10 (s. Diskussion zur Schreibung 132 (falls 2. Teil semit.), 140 (1.), 411, 483, 508f.
5. Die Lesung 'ti' bei N 39.79 (GN Teššub; in N 513:), 367 (qātíl), auch ev. N 370, dazu die in angegebenem Sinn als 'ti' möglichen Lesungen bei 1.-3., beispielsweise N 272, 290, 337 u.a.m.
6. Vgl. auch die Einzeldiskussion der hier nicht eingeordneten Belege, die eine sichere Entscheidung über die Lesung nicht zulassen oder verschieden interpretierbar sind.

Insgesamt scheint für '-t', 'ta', 'ti' (resp. 'ṭ', 'd') stehen zu können, also i.W. nur eine konsonantische Notation darzustellen (vgl. oben zur Entwertung des △ in der Femininendung). Es führt m.E. nicht weiter, für alle Fälle mit Auslaut-'t' bzw. 'ti' das Zeichen als 'ta' zu lesen und dann sekundär dies als 't^{e}' in unbetonter Silbe (als Notation auch anderer Vokale) zu erklären, um sich wieder dem Befund anzunähern.

Belege: N 87, 313, 451 Var.

Helck (H 561) belegt den Wert 'tê' mit dem PN N 313 (in der vorliegenden Zählung), den er zwar aaO S.363 als n$^{(e)}$-tá-bí-ra-tê(?) transkribiert, aber ohne jeglichen Deutungsvorschlag belässt! Vermutlich liegt die Notation der Femininendung '-t' vor. N 87 bzw. 451 Var. sind nicht verwertbar (s. dort).

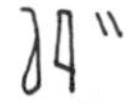

Belege: N 242 ( ), 513 ( ), 522 ( ), 552 (; Lesung Sethe), 510. Helck bezeichnet als tí (H 561); ebenso gibt Edel 't-i' (ONL 45, 65). Der Wert ist in N 513 (GN Teššub; vgl. N 510 mit) zu bestätigen, eventuell (s. die Diskussion) in den weiteren Belegen. 'Teššub' liegt auch in N 510 vor. Zu der Wortschreibung bei N 513 s. dort.

Belege: N 296, 523?

In N 296 ist ev. eine Nisbe (an fem. Pl.) *musdōti anzusetzen. 523 ist unklar.

Belege: N 61, 115, 186, 202, 229, 271, 338, 366, 456, 510, 516, 532, 586, 597.

Helck setzt als Lesung tì (H 562: auch 'tè'; GSS 126) an. Von seinen Belegen ist aber die Gleichung k-r-t:$_2$ = Karrate (N 668) nur eine von möglichen, ist die Deutung j:-b$^3_5$-t:$_2$ = ʾabadti in pAnastasi I umstritten und die letztlich auf Gustavs zurückgehende Identifizierung von j-r-t:$_2$-n-n^3 (N 61) mit angeblichem *Aritenni aus Nuzi zu streichen, da letzterer PN eine Fehllesung ist (so schon 1943 Gelb, Nuzi Personal Names!). Edel dagegen (ONL 80f.) beurteilt die Gruppe als Wiedergabe von 'konsonantisch t' ohne Silbenwert. Der von Helck postulierte Wert 'ti' lässt sich im allgemeinen auch anhand der PN nicht bestätigen, die folgendes Bild ergeben:

1. Die Femininendung '-t' liegt vor in N 186 (*bint; andere Schreibungen dieses Wortes notieren , , !) und (geschrieben) in N 271 (Part. fem.), ev. N 202 (falls *bitt). Auslautendes 't' hat eventuell auch N 532.
2. Die Lautung 'ta' findet sich bei N 61 (sowohl bei semit. als auch hurrit. Anschluss), N 561 (*tāqín: qātíl) und vermutlich N 456.
3. Der Wert 'ti' tritt einzig in N 510 (Tili-Teššub) gesichert auf; allenfalls kann N 115 ^{c}:-b^3-t:$_2$ als *^{c}abdi mit hypokoristischer Endung (damit t:$_2$ für

441, 453, 469, 509, 524, 525, 526, 530, 531, 533, 535, 536, 540, 541, 543-547, 550, 552, 553, 554, 556, 558 (2 ×), 559, 602, 603; F 4, 27.30f.

Mit rund 55 Belegen eines der häufigsten Zeichen, ist nach Helck 'šî', nach Edel nur eindeutige Notation von semit. 's' und 'z' (scil. auch 'd̲'; ONL 83). Im vorliegenden Material lässt sich folgende Verwendung feststellen:

1. 'zi' bzw. 'd̲i' in N 253, 262 (falls *zir^c: I in qitl), 441, 509, 533?, 553, 554 (*d̲ikr: I in qitl), 237.
2. 'si' in N 238 (*pils: qitl, + hypokor. -i), 239 (dass., + -ija), 262 (falls *sil^c: I in qitl), 469?, 556 (*sitr: I in qitl), 558 (2 ×).
3. In wenigen Fällen ist eine merkwürdige, irreguläre Vertretung von semitisch 'ṣi'('ḍi'?) durch am Wortende festzustellen: N 234 rūṣī (durch Determinierung sicher), N 399 *šarru-rēṣī (allenfalls *-raḍi), 374 *ḫal(a)ṣi (nur, falls nicht ägyptisch), nur ev. N 341 - in allen Fällen nach 'r' (und ev. auch 'l', d.h. Sonorlauten). Ob hier - eine Bestätigung der Deutungen vorausgesetzt - allenfalls Brockelmann, GVG I 153, d., zu vergleichen ist (Weitergabe des Stimmtons eines Sonorlautes an einen folgenden stimmlosen Laut) oder eine ungenaue Notation angenommen werden muss?
4. Dass auch ('z' +) 'a'-Vokal gelegentlich durch notiert wird, geht aus den folgenden Belegen hervor: N 65 (falls Nisbe zu ON Arzawa; Helck dagegen postuliert eine Ausspracheentwicklung ʾArzawa > ʾArz^{e}w/ʾAr^{e}z^{e}w > ʾAreziw/geschrieben ʾAr^{e}ziwi > ʾAr^{u}ziw/geschrieben ʾá-rú-šî-wi (!)), 372.535 (in heth. Element 'zalma'), 531 (2.), ob N 263.550?
5. Andere Werte: 'zu' in N 531 (1., ob 'zü'?), 453 (Kurigalzu: nur genaue Sibilanten-Wiedergabe?). Die Notation eines Silbenschlusses lässt sich annehmen in N 173 (*ʾid̲n: II in qitl), 264f. (*sūs), 296 (*musd̄oti o.ä.).
6. Für alle übrigen Belege, die meist 'z', auch 'd̲' und 's', transkribieren, deren vokalische Deutung jedoch nicht sicher ist, s. die Einzeldiskussion.
7. Obwohl Helck betont, gehöre zu den "Wortzeichen", die "nicht durch Hinzutreten eines Vokalzeichens einen anderen Vokal erhalten (können)" (H 563), liest er (aaO 564) als 'šê' - wohlgemerkt nur systemimmanent postuliert, da der als Beleg angeführte PN 85 aaO 365 (XIII.12) von ihm nicht erklärt wird.

Belege: N 117, 126, 219, 389, 434 (2 ×), 560.

Das Zeichen steht über/unter anderen schmalen Zeichen: über △ (N 117, 389),  (N 126, 560), 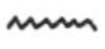 (2 × in N 434), unter  bzw. 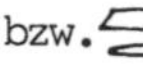 in N 211 (+ Var.). Davon sind N 117, 211 Var., 389, 434 ganz oder mehrheitlich konsonantisch no/tiert. In allen Belegen ausser N 211 ist 'da' (H 564) zu vokalisieren, in N 211 steht  für auslautendes 'd' (oder 'ṭ'?).

<u>Belege:</u> N 241, 293 (2 ×), 483, 527.
Helck, der 'da' ansetzt (H 564), führt für den auch möglichen Wert 'd^{e}' N 483 mit der Deutung als "Tadilis" (Tatili) an, doch ist auch 'Tatali' möglich (wie bei N 527). Falls N 293 semitisch, nicht "kretisch" ist, stünde d-^{3}-d-^{3} am ehesten für 'dādu' (in *mudādum). In der Zeichenfolge d-^{3}-j-^{3} in 241 (dann Zerstörung) liegt entweder das Namensende vor (dann = '-ṭi' in *palṭi o.ä.) oder die Wortfuge eines theophoren PN wie *palṭ-ʾēl (dann = '-ṭ').

<u>Belege:</u> N 87, 88, 89 (1. Lesung), 116, 204, 205, 312, 347, 348, 376, 415, 437, 561-564.
Die Lesung 'di' (H 364) ist in den meisten Fällen deutlich oder plausibel. In N 204f., wo 'da' vorliegen dürfte, müsste die Schreibung 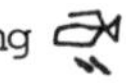 dabei aller/dings als d-:r verstanden werden. Vgl. noch N 431, wo qd-j$_{2}$ ~ *gaddi oder *ga-di (mit zur nächsten Silbe gezogenem 'd').

<u>Belege:</u> N 296, 429.
In N 296 vermutlich 'du' ('do') (falls Pl. fem.); in 429 ev. auslautend ('-d').

 <u>Beleg:</u> nur N 498 (eventuell = 'ti').

● Ägyptisch 'ḏ' steht für semit. 'ṣ', 'ḍ', 'ẓ', auch 'z' und 'ḏ'.

<u>Beleg:</u> N 337, 599 (zerstört).
In N 337 (*ġaḏbōti) als Silbenauslaut '-ḏ'.

Belege: N 565, 566.
In N 566 für 'ḏi' (in *ḏimr).

Belege: N 101, 146, 147, 148, 149, 181, 231, 276 (+ ), 294, 315, 342 (2. Lesung), 351, 369, 416, 435, 437, 528, 566, 568, 569, 570, 599?

Helck (H 564f.) postuliert 's̱á', das aber als 's̱^{e}' auch für andere Vokale stehen könne. Faktisch kommt er damit - wie bei mehreren schon genannten Gruppen - in die Nähe von Edel, der für $\underline{d}^{3}$ die Werte ḏa, ḏi, ḏu feststellt und deshalb für  nur den konsonantischen, keinen festen syllabischen Wert gelten lässt. Konsonantisch transkribiert  (z.T. nur die wichtigsten möglichen Anschlüsse):

1. 'ṣ': N 101, 266, 294, 315 (2. Anschluss), 342, 351, 528 (Deutung 2), 565, 567f.?, 569
2. 'ḍ': N 231.369, 416 (1. Anschluss), 528 (Deutung 1), 568?
3. 'ẓ': N 315 (1. Anschluss), 528 (Deutung 3), ev. 565.
4. 'z': N 181, 416 (2. Anschluss), 435, 437, 528 (Deutung 5), 568?
5. 'ḏ': N 147-149, 528 (Deutung 4), 568?

Vokalisch liegt in der Regel 'a' vor (ev. 'i' in N 101 [II in jaqtil], 565 ?).

 Beleg: N 436 (zur Problematik der Lesung s. dort).

Einige Bemerkungen sollen die Diskussion der einzelnen gruppenschriftlichen Zeichen bzw. Zeichenverbindungen beschliessen, ohne eine Erörterung der gesamten Problematik - die auch Fremdwörter und Ortsnamen innerhalb der für sie geltenden besonderen Gebrauchs- und Überlieferungssituation (Fremdwörter als integrierender Bestandteil der Sprache; Ortsnamen in Listen) miteinbeziehen muss - bieten zu können.

Sowohl der zu Beginn angeführte Ansatz Helcks als auch derjenige Edels werden m.E. dem vorliegenden Material nicht gerecht. Allgemein lässt sich feststellen, dass faktisch die Argumentation Helcks, nach der 'Ka' als 'K^{e}' auch für 'Ku', 'Ki' und '-K' stehen kann (wobei aber die bezweckte genaue Vokalwiedergabe hinfällig wird), recht nahe an Edels These (K-^{3} rein konsonantisch, für Ka, Ki, Ku, -K) herankommt. Die Einschränkung Helcks, dass dies nur in unbetonten Silben der Fall sei, wobei er Ton- und Nichttonsilben aus der Kongruenz des Be-

legs mit den Silbenwerten seines Systems ableitet, lässt sich nicht stützen. Ganz im Gegenteil liegt der Ton in vielen Fällen auf einer Silbe, die einen anderen Lautwert als den von Helck postulierten aufweist.
Das Problem liegt m.E. darin, dass ein heterogenes Belegmaterial (Ort, Verfasser, Zweck, Genauigkeit der Notation usw.), über dessen Zustandekommen und Bearbeitung wir wenig wissen, in ein vorgefasstes Standardsystem eingepasst werden soll.
Einige grundsätzliche Beobachtungen ergeben sich aus dem vorliegen Material:

- Einkonsonantenzeichen weisen nur konsonantischen Wert auf, da für sie sonst Ka, -K, Ku, Ki angenommen werden müsste.
- Einkonsonantenzeichen + ^{3} bzw. Zweikonsonantenzeichen auf -^{3} begegnen häufig für 'Ka', aber auch als '-K' (fallweise andere).
- Einkonsonantenzeichen + w/w_2 begegnen anlautend als 'Ku', aber auch auslautend als '-K' (Wortauslaut, Auslaut von KVK-Silben).
- Einkonsonantenzeichen + j_2 (j) haben in der Regel den Wert 'Ki'.
-  ist als 'e' ausser im Wortanlaut kaum je zu bestätigen (ev. z.T. ʾa, vokalisch 'a' oder - nach vorhergehendem '-a' - zur Bezeichnung von 'ā').
- Gegen Sass, nach dem "the Egyptian 'alphabetic script' was abandoned towards the New Kingdom in favour of syllabic writing" (Studia Alphabetica, 9), blieb die rein oder teilweise konsonantische Notierung eine gängige Möglichkeit.
- Ein wichtiger, bisher kaum berücksichtigter Faktor ist die assoziative Notation, d.h. ein bekanntes ägyptisches Wort wird zu (einem Teil) der fremden Lautfolge (oder der Transkription) assoziiert. Diese Assoziation kann explizit sein (durch Determinative in etwa 40 Fällen) oder implizit (eine Zeichenfolge wird nach einem im Ägyptischen so notierten Wort gesprochen; vgl. oben S.380 (6.).

Wenn blosse Einkonsonantenzeichen nicht 'Ka' bezeichnen, wobei durch Anfügung von Zusatzzeichen andere Vokalwerte angedeutet würden, kann die Gruppenschrift gegen Helck nicht als Devanagari-Schrift bezeichnet werden. Am ehesten liegt ein System konsonantischer Notation mit Vokalandeutung (a, i, u) und einigen eigentlichen Silbenzeichen vor, das aber sehr pragmatisch gehandhabt wurde und Raum liess für eine im konkreten Fall nützliche Wortassoziation oder einen individuellen Lösungsansatz. Im Falle des vorliegenden Materials hat es, insgesamt betrachtet, eine recht genaue Wiedergabe der Originallautung erreicht.

3. Zur Determinierung fremder Personennamen in der Gruppenschrift

Das Thema der Determinierung fremder PN wurde von Givéon in einem Aufsatz kurz angeschnitten (Determinatives), wobei er eine Unterscheidung in "true etymologies" und "false etymologies" vornahm. Die PN liefern folgendes Material:

Jeder vierte Name etwa ist durch oder als fremd gekennzeichnet. Die Belege sind:

(Gardiner T 14): N 6, 9, 18, 19, 21, 28, 35, 37, 39, 50, 52, 54, 56, 59, 63, 64, 67, 69, 72, 73, 74, 77, 78, 88, 89, 94, 95, 96, 97, 98, 100, 103, 106, 108, 110, 113, 114, 117, 119, 126, 127, 143, 150, 154 (vgl. aaO Zusatzbeleg), 156, 158, 159, 160, 163, 164, 166, 173, 179, 183, 193, 194, 216, 217, 218, 220, 221, 224, 225, 229, 235, 236, 237, 238, 239, 240, 245, 246, 249, 256, 257, 261, 267, 276, 279, 284 (2×), 286, 291, 293, 296, 301 306, 307, 308, 310, 311, 312, 317, 318, 320, 334, 338, 349, 350, 370, 372, 373, 375, 376 (Mitte), 379, 380, 382, 384, 385, 386, 389, 397, 399, 401, 417, 418, 431, 432, 433, 434, 436, 437, 440, 447, 453 Var., 459, 462, 471, 477, 481, 482, 483, 491, 495, 497, 503, 504, 508, 509, 510, 514, 519, 520, 527, 534, 539, 540, 541, 554, 556, 558, 560, 561, 562, 563, 564, 566, 577 (so korrekt zu lesen?), 582, 584, 593, 598, 599, 605 = 164 Belege.
Dazu N 608-621 (14 Belege) und N 635-640.642f. (8 Belege).

(T 14 + N 25): N 38, 58, 157, 204, 272, 287, 367, 553, 641, vgl. F 10.
Vgl. noch in N 122.

A 1 N 331f. (äg. s).
A 2 N 77 (unklar), 106, 459, 640 (äg. k^{3}j), 181 (unklar), 203 (äg. s^{3}j), 209 (äg. m^{3}<u>t</u>), 293 (äg. my ?), 298 (äg. rn), 513 (äg. tw).
A 17 N 575 (unklar; ob nur Bezeichnung des Namensträgers ?)
A 21 N 461 (äg. sr).
A 24 N 97. (äg. nḥm), 147f. (semit. ^{c}<u>d</u>r), 212 (GN ʾEl), 282 (semit. mhr), 296 (äg. m<u>t</u>^{3}), 353 (semit. *ḥmš ?), 446 (GN B^{c}l), 499 (äg. nḥm), N 635 Var.; N 680 Var.
A 28 N 89 (semit. rwm).

D 3 N 496; vgl. N 652, 654, 670, 676 Var., 677.

D 4 N 443 (ägypt. nw).

D 6 N 341 (semit. rḍj ?), N 143 (äg. ^{c}n; für D 7), N 239 (sem. pls).

D 40 N 264 (semit. pss); ev. N 374; N 500 Var. (äg. dg^{3}), 573 (semit.?).

D 41 N 302 (äg. nj).

D 50 N 285.

D 54 N 245 (äg. ḫ^{c3}).

D 55 N 40f. 42, 49, 50, 212-214 (äg. ^{c}n für AN), 79, 510 (sem. ṯwb)

D 56 N 234: (semit. rwṣ).

E 20 (Ideogramm), 119 (Det.), 121 (Ideog.), 257 (Det.), 283 (Ideogramm), 284 (Det.), 383 (Det.), 446 (Det.), 513 (Det.), 553 (Det.).

F 21 N 292 (semit. šm^{c}).

F 27 N 127 Var. (äg. m^{3}j).

F 51 N 651.

G 37 (unklar), 288 (äg. mg^{3}), 289 (arab. mġyr), 377 (arab., *ḫśś)

G 38, 41 N 265 (semit. sūs), 435 (semit. gôzāl).

H 8 N 178, 180 (GN ^{c}Anat).

I 12 N 179 (GN ^{c}Anat).

K (5) N 262 (unklar), 304 (äg. n^{c}r), 421 (unklar; ob äg. šn^{c} ?).

M 3 N 109 (äg. śm^{c}).

N 5 N 55 (semit. rwm), 188 (GN Šamaš), 677.

Q 7 N 315 (äg. ḏ^{3}r).

U 9 N 310 (semit. š^{c}r ?).

V 19 N 151f. (semit. wzn ?), 645 (ägypt. k^{3}r oder ev. semit. kōr).

Y 1　~~　N 354(unklar; wegen semit.?), 362 (äg. $š^3$ oder semit.), 498 (äg.
　　　　tpj).

Z 2　III　N 301, 344, 517 (äg. n^3y), 514 (äg. ṯn).

Z 9　X　N 331f. (äg. s^3s^3); s. oben D 40.

Aa 2　　N 266 (ägypt. $\underline{d}^3$, $\underline{d}^3j$).

1. Die überwiegende Mehrheit der Belege stellt die phonetische (oder nach dem
   Schriftbild erfolgende) Determinierung aufgrund der Assoziation eines ägypt.
   Wortes dar: ⟨glyph⟩ hinter ⟨glyph⟩ wegen ägypt. k^3j "denken"; ⟨glyph⟩ in ⟨glyphs⟩
   wegen ägypt. ⟨glyphs⟩ "kochen"; ⟨glyph⟩ in ⟨glyphs⟩ wegen ägypt. nw
   "sehen"; ⟨glyph⟩ in ⟨glyphs⟩ wegen ägypt. ⟨glyphs⟩ "Stange zum Stossen des Schiffes" usw.

2. In einigen Fällen begegnet eine korrekte Etymologisierung des Namens; etwa
   bei N 188, 234, 292, 435.

3. Besonders hervorzuheben ist die bei N 40ff. erörterte Wiedergabe des keilschriftlichen Logogramms AN durch ägypt. ⟨glyph⟩ .

E. LITERATURVERZEICHNIS

Abbadi, S., Die Personennamen der Inschriften aus Hatra (Texte und Studien zur Orientalistik 1), Hildesheim 1983.

Ägyptische Kunst im Liebighaus, Frankfurt am Main 1981.

Ägyptisches Museum Berlin. Oestlicher Stülerbau am Schloss Charlottenburg. [bearbeitet v.W.Kaiser] Berlin 1967.

Ägyptisches Museum der Karl-Marx-Universität Leipzig. Führer durch die Ausstellung. [Bearbeitet von] Renate Krauspe, Leipzig ^{3}1987.

Aḥituv, Sh., Canaanite Toponyms in Ancient Egyptian Documents, Jerusalem 1984.

Aistleitner, J., Wörterbuch der ugaritischen Sprache, hg. v. O. Eissfeldt, Berlin ^{3}1967.

Albright, W. F., The Vocalization of the Egyptian Syllabic Orthography (American Oriental Series 5), New Haven/Conn.1934, Repr.New York 1966.

ders./T. O.Lambdin, New Material for the Egyptian Syllabic Orthography, in: JSS 2(1957), 113-127.

Anthes, R., Die deutschen Grabungen auf der Westseite von Theben in den Jahren 1911 und 1913, in: MDAIK 12 (1943), 1-68.

Archi, A., The Personal Names in thc Individual Cities, in: Studies on the Language of Ebla, ed.by P.Fronzaroli (Quaderni di Semitistica 13), Firenze 1984, 225-251.

ders. (Ed.), Eblaite Personal Names and Semitic Name-Giving, Rom 1988 (ARE, studi 1), Rom 1988.

Archives Royales de Mari:

XXII/2 Documents administratifs de la salle 135 du Palais de Mari transcrits et traduits par Jean-Robert Kupper, Paris 1983.

XXIII Archives administratives de Mari 1, publiées par G. Bardet, Francis Joannès, B. Lafont, D. Soubeyran, P. Villard, Paris 1984.

XXIV Textes administratifs des salles Y et Z du Palais de Mari, I.Texte publiés par Philippe Talon, Paris 1985.

XXV Textes administratifs relatifs aux métaux, publiées par Henri Limet, Paris 1986.

XXVI Archives épistolaires de Mari I/1, publiées par J.-M. Durand, Paris 1988.

Archives épistolaires de Mari I/2, publiées par D. Charpin, F. Joannès, S. Lackenbacher, B. Lafont, Paris 1988.

Astour, M.C., Second Millenium B.C. Cypriot and Cretan Onomastica Reconsidered in: JAOS 84(1964), 248ff.

Ausführliches Verzeichnis der aegyptischen Altertümer und Gipsabgüsse, 2. völlig umgearbeitete Aufl. Berlin 1899 [Äg.Museum Berlin].

Austin, M.M., Les cultes funéraires en Egypte et en Nubie. Exposition Calais 1987-88, Béthune-Dunkerque 1988.

Avanzini, A., Glossaire des Inscriptions de l'Arabie du Sud, vol.2: ʾ-ḥ, Firenze 1980.

dies., L'onomastica sudarabica antica del III secolo dopo Cristo, in: dies., Problemi di onomastica semitica meridionale (Seminari di Orientalistica, 1) Pisa 1989, 3-13.

Bakir, ᶜAbd el-Mohsen, Egyptian Epistolography from the Eighteenth to the Twenty-First Dynasty (Bibl.d'étude 48), Le Caire 1970.

Barnett, R.D./J. Cerny, King Ini-tešub of Carchemish in an Egyptian Document, in: JEA 33(1947), 94.

Beckerath, J. von, Handbuch der ägyptischen Königsnamen (MÄS 20), München/ Berlin 1984.

Beeston, A.F.L./M.A. Ghul/W.W. Müller/J. Ryckmans, Sabaic Dictionary (English-French-Arabic), Louvain-la-Neuve/Beyrouth 1982.

Benz, F. L., Personal Names in the Phoenician and Punic Inscriptions, Rom 1972 (Studia Pohl 8).

Bergmann, E.von, Inschriftliche Denkmäler der Sammlung ägyptischer Alterthümer des österreichischen Kaiserhauses, in: RdT 12(1892), 1-23.

Bergsträsser, G., Einführung in die semitischen Sprachen. Sprachproben und grammatische Skizzen, ND Darmstadt 1977 von München 1928.

Berlandini-Grenier, J., Le dignitaire ramesside Ramsès-em-per-Rê, in: BIFAO 74(1974), 1-19 und T.I-IV.

dies., Varia Memphitica III, in: BIFAO 79(1979), 249-265.

Beyer, K., Althebräische Grammatik. Laut-und Formenlehre, Göttingen 1969.

Biella, J.C., A Dictionary of Old South Arabic: Sabaean Dialect, Chico 1982 (Harvard Semitic Studies 25).

Birch, S., Catalogue of the Collection of Egyptian Antiquities at Alnwick Castle, London 1880.

Birot, M./J.-R. Kupper/O. Rouault, Noms propres = Archives Royales de Mari XVI/1: Répertoire analytique (2e volume), tomes I-XIV et textes divers hors-collection. Première partie, Paris 1979.

Blumenthal, E., Altägyptische Reiseerzählungen. Die Lebensgeschichte des Sinuhe. Der Reisebericht des Wen-Amun, 2. veränd. Auflage Leipzig 1984.

Boeser, P.A.A., Beschreibung der ägyptischen Sammlung des Niederländischen Reichsmuseums der Altertümer in Leiden.Bd.5: Die Denkmäler des Neuen Reichs. Zweite Abteilung: Pyramiden, Kanopenkasten, Opfertische, Statuen; dritte Abteilung: Stelen, Haag 1913.

Borchardt, L., Statuen und Statuetten von Königen und Privatleuten im Museum von Kairo Nr.1-1294, 2 Teile, Berlin 1925 (Cat.Gén.).

Bosticco, S., Le stele egiziane del Nuovo Regno. Museo Archeologico di Firenze, Rom 1965.

Brack, A. und A., Das Grab des Tjanuni. Theben Nr.74 (AVDIK 19), Mainz 1977.

Brandt, A. von, Werkzeug des Historikers. Eine Einführung in die Historischen Hilfswissenschaften, Stuttgart [10]1983.

Bresciani, E., Le stele egiziane del Museo Archeologico di Bologna, Bologna 1985.

dies., Lo straniero, in: S. Donadoni (Ed.), L'uomo egiziano, Roma-Bari 1990, 235-268

British Museum. A Guide to the Egyptian Galleries (Sculpture)[E.A.W.Budge], London 1909.

British Museum. A Guide to the Fourth, Fifth and Sixth Egyptian Rooms, and the Coptic Room [E.A.W.Budge], London 1922.

Brockelmann, C., Grundriss der vergleichenden Grammatik der semitischen Sprachen, 2 Bde, Berlin 1908-1913, ND Hildesheim 1961.

Brovarski, E., Canopic Jars (CAA Museum of Fine Arts, Boston, fasc.1), Mainz 1978.

Brunner-Traut, E./H. Brunner, Die ägyptische Sammlung der Universität Tübingen, 2 Bde, Mainz 1981.

Brunton, G., Syrian Connections of a Composite Bow, in: ASAE 38(1938), 251f.

Bulté, J., Catalogue des collections égyptiennes du Musée National de Céramique à Sèvres, Paris 1981.

Burchardt, M., Die altkanaanäischen Fremdworte und Eigennamen im Aegyptischen 2 Teile, Leipzig 1909/10.

ders., Ein arisch-ostsemitischer Name, in: ZÄS 50(1912), 122.

Callender, J.R., Rez.von W.Schenkel, Aus der Arbeit an einer Konkordanz zu den altägyptischen Sargtexten, Wiesbaden 1983, in: BiOr 45(1988), 105-107.

Caminos, R., Late Egyptian Miscellanies, London 1954.

Capart, J., Mélanges (§1: Monument inédit de la collection Ed.Fétis à Bruxelles), RdT 22(1900), 105-108.

Carnarvon, Earl of/H. Carter, Five Years Exploration at Thebes, London 1912.

Cassin, E.E./J.J.Glassner, Anthroponymie et anthropologie de Nuzi, vol.1: Les anthroponymes, Malibu 1977.

Catagnoti, A., I nomi di parentela nell'onomastica di Ebla, in: Miscellanea Eblaitica, 1, a cura di Pelio Fronzaroli (Quaderni di Semitistica 15), Firenze 1988, 183-277.

Černy, J., Ostraca hiératiques CG N°s. 25501-25832, 2 vols, Le Caire 1935.

ders., Parchemin du Louvre N^o. AF 1577, in: Mélanges Maspéro I, Orient Ancien, fasc.1, Le Caire 1934 (MIFAO 66/1), 233-239.

ders., Catalogue des ostraca hiératiques non-littéraires de Deir el-Médineh,
tome I, N°s. 1-113, Le Caire 1935 (Doc. de fouilles III).
tome II, N°s. 114-189, Le Caire 1937 (Doc. de fouilles IV).
tome III, N°s. 190-241, Le Caire 1937 (Doc. de fouilles V).
tome IV, N°s. 242-339, Le Caire 1939 (Doc. de fouilles VI).

ders., Restitution of, and Penalty Attaching to, Stolen Property in Ramesside Times, in: JEA 23(1937), 186-189.

ders., Late Ramesside Letters (Bibliotheca Aegyptiaca IX), Bruxelles 1939.

ders., Graffiti hiéroglyphiques et hiératiques de la Nécropole Thébaine (Doc. de fouilles IX), Le Caire 1956.

ders., Queen Ese of the Twentieth Dynasty and Her Mother, in: JEA 44(1958), 31-37.

ders., Hieratic Inscriptions from the Tomb of Tutᶜankhamun (Tutᶜankhamun Tomb Series II), Oxford 1965.

ders., A Community of Workmen at Thebes in the Ramesside Period (Bibl.d'étude 50), Le Caire 1973.

ders./A.H. Gardiner, Hieratic Ostraca, vol.1, Oxfort 1957.

ders./T.E. Peet, A Marriage Settlement of the Twentieth Dynasty. An Unpublished Document from Turin, in: JEA 13(1927), 30-39 u.pls.13-14.

Chaker, S., Onomastique berbère ancienne (Antiquité/Moyen Age): rupture et continuité, in: ders., Introduction au domaine berbère, Paris 1984.

The City of Akhenaten, 3 parts, 1923-1951 (Mém.Eg.Exp.38/40/44):
Part I, by T.E. Peet and C.L. Wolley, 1923.
Part II, by H. Frankfort and J.D.S. Pendlebury, 1933.
Part III (2 vols.), by J.D.S. Pendlebury, 1951.

Clère, J.J., Un hymne à Abydos sur une stèle inédite d'époque ramesside, in: ZÄS 84(1959), 86-104 u.Tf.IV/V.
Cohen, D., Dictionnaire des racines sémitiques ou attestées dans les langues sémitiques, 2 fasc., Paris 1970-1976.
ders.(Ed.), Les langues chamito-sémitiques (=Les langues dans le monde ancien et moderne, ed. Jean Perrot, troisième partie), Paris 1988.
Condon, V., Two Account Papyri of the Late Eighteenth Dynasty (Brooklyn 35.1453 A and B), in: RdE 35(1984), 57-82.
Cramer, M., Ägyptische Denkmäler im Kestner-Museum Hannover, in: ZAS 72(1936), 81-108 und Tf.IV-IX.
Crum, W.E., A Coptic Dictionary, Oxford 1939.
Czermak, W., Die Laute der ägyptischen Sprache. Eine phonetische Untersuchung, 2 Teile, Wien 1931.
Daressy, M.G., La tombe d'un Mnévis de Ramses II, in: ASAE 18(1918), 196-210.
Davies, N. de Garis, The Rock Tombs of El Amarna. Part VI.- Tombs of Parennefer, Tutu and Ay, London 1908 (Archaeological Survey of Egypt, 18).
ders., Seven Private Tombs at Kurnah (Mond Excavations at Thebes, II), ed.by A.H.Gardiner, London 1948.
ders./A.H.Gardiner, Tomb of Huy (Theban Tomb Series 4th Memoir), London 1926.
ders., A Corpus of Inscribed Egyptian Funerary Cones, part I: plates, ed.by M.F.L.Macadam, Oxford 1957.
Davis, Th. M., The Tomb of Siptah, London 1908.
De Buck, A., The Judicial Papyrus of Turin, in: JEA 23(1937), 152-164.
von Deines, H. /H. Grapow, Wörterbuch der ägyptischen Drogennamen (Grundriss der Medizin der Alten Ägypter VI), Berlin 1959.
Diem, W., Gedanken zur Frage der Mimation und Nunation in den semitischen Sprachen, in: ZDMG 125(1975), 239-258.
van Dijk, J., The Canaanite God Hauron and His Cult in Egypt, in: GM 107(1989) 59-68.
Dodson, A./J.J. Janssen, A Theban Tomb and its Tenants, in: JEA 75 (1989), 125-138.
Dolzani, C., La collezione egiziana del Museo dell'Accademia dei Concordi a Rovigo, Roma 1969 (Orientis antiqui collectio VIII).
Donner, H./W.Röllig, Kanaanäische und aramäische Inschriften, I-III, Wiesbaden 1962-1964.
Drenkhahn, R., Die Elephantine-Stele des Sethnacht und ihr historischer

Hintergrund (ÄgAbh 36), Wiesbaden 1980.
dies., Ägyptische Reliefs im Kestner Museum Hannover (Sammlungskatalog 5), Hannover 1989.
Drower, E.S./R. Macuch, A Mandaic Dictionary, Oxford 1963.
Dürr, L., Die Wertung des göttlichen Wortes im Alten Testament und im Antiken Orient (MVAG 42/1), Leipzig 1938.
Dyroff, K./B. Pörtner, Ägyptische Grabsteine und Denksteine aus süddeutschen Sammlungen. II: München, Strassburg i.E. 1904.
Edel, E., Neues Material zur Beurteilung der syllabischen Orthographie des Ägyptischen, in: JNES 8(1949), 44-47.
ders., Die Ortsnamenlisten aus dem Totentempel Amenophis'III.(BBB 25), Bonn 1966.
ders., Hethitische Personennamen in hieroglyphischer Umschrift, in: FS Heinrich Otten, Wiesbaden 1973, 59-70.
dies., Kleinasiatische und semitische Namen und Wörter aus den Texten der Qadešschlacht in hieroglyphischer Umschrift, in: Fontes atque Pontes, FS H. Brunner, Wiesbaden 1983, 90-105.
ders., Weitere Beiträge zum Verständnis der Geschenklisten des Amarnabriefes Nr.14, in: Documentum Asiae Minoris Antiquae, FS für Heinrich Otten zum 75. Geburtstag, hg.v.Erich Neu/Christel Rüster, Wiesbaden 1988, 99-114.
Edgerton, W.F., Egyptian Phonetic Writing, from its Invention to the Close of the Nineteenth Dynasty, in: JAOS 60(1940), 473-506.
Edwards, A.B., The Provincial and Private Collections of Egyptian Antiquities in Great Britain, in: RdT 10(1888), 121-133.
Edzard, D.O., Semitische und nichtsemitische Personennamen in Texten aus Ebla, in: A. Archi (Ed.), Eblaite Personal Names, 25-34.
Egypte et Provence. Civilisation, survivances et "Cabinetz de curiositez". Edité par la Fondation du Musée Calvet Avignon, Avignon 1985.
Egypt's Golden Age. The Art of Living in the New Kingdom 1558-1085 B.C. Catalogue of the exhibition, Museum of Fine Arts, Boston, Boston 1982.
Erichsen, W., Papyrus Harris I (Bibliotheca Aegyptiaca 5), Brüssel 1933.
Erman, A., Zur Schreibung der Personennamen, in: ZÄS 44(1907), 105-110.
ders., Hymnen an das Diadem der Pharaonen. Aus einem Papyrus der Sammlung Golenischeff (APAW), Berlin 1911, Anhang: Liste fremder Personennamen,55-58.
Fales, F.M., A List of Assyrian and West-Semitic Women's Names, in: Iraq 41 (1979), 55-73.

Faulkner, R.O., The Wilbour Papyrus, ed.by A.H.Gardiner, vol.4: Index, Oxford 1952.

Feucht, E., Vom Nil zum Neckar. Kunstschätze Ägyptens aus pharaonischer und koptischer Zeit an der Universität Heidelberg, Berlin 1986.

Fischer, W. (Hg.), Grundriss der Arabischen Philologie, Bd.I: Sprachwissenschaft, Wiesbaden 1982.

Fischer-Elfert, H.-W., Die satirische Streitschrift des Papyrus Anastasi I (ÄgAbh 44), Wiesbaden 1986.

Fisher, H., The Nubian Mercenaries of Gebelein During the First Intermediate Period, in: Kush 9(1961), 44-80.

Fowler, J. D.,Theophoric Personal Names in Ancient Hebrew. A Comparative Study (JSOT Suppl.Series 49), Sheffield 1988.

Freydank, H./C. Saporetti, Nuove Attestazioni dell'onomastica medio-assira, Roma 1979.

Gaballa, G.A., Some Nineteenth Dynasty Monuments in Cairo Museum, in: BIFAO 71 (1972), 129-137.

ders., Three Documents from the Reign of Ramesses III, in: JEA 59(1973), 109-113.

ders., The Memphite Tomb-Chapel of Mose, Warminster 1977.

Gamer-Wallert, I., Fische und Fischkulte im Alten Ägypten (ÄgAbh 21), Wiesbaden 1970.

Gardiner, A. H., The Inscription of Mes, in: UGAÄ 4, 1903-05, ND Hildesheim 1964.

ders., Four Papyri of the 18th Dynasty from Kahun, in: ZAS 43(1906), 27-47.

ders., Egyptian Hieratic Texts. Ser.I: Literary Texts of the New Kingdom. Part I: The Pap.Anastasi I and the Pap.Koller, together with the Parallel Texts, Leipzig 1911.

ders., Late Egyptian Stories (Bibliotheca Aegyptiaca I), Bruxelles 1937.

ders., Late Egyptian Miscellanies (Bibliotheca Aegyptiaca VII), Bruxelles 1937

ders., Adoption Extraordinary, in: JEA 26(1940), 23-29, pls.5-7.

ders., Ramesside Texts Relating to the Taxation and Transport of Corn, in: JEA 27(1941), 19-73.

ders., The Wilbour Papyrus. Vol.1: Plates, vol.2: Translation, vol.3: Commentary, Oxford 1941-1948.

ders., Ancient Egyptian Onomastica, 3 vols, Oxford 1947.

ders., Ramesside Administrative Documents, Oxford 1948.

ders./E.T.Peet, Inscriptions of Sinai, 2 parts, sec.ed.rev.and augm.by J.Černy, Oxford 1952-1955.

ders., Egyptian Grammar. Being an Introduction to the Study of Hieroglyphs, Oxford ^{3}1957 (1982).

Garr, W.Randall, Dialect Geography of Syria-Palestine, 1000-586 B.C.E., Philadelphia 1985.

Gasse, A., Données nouvelles administratives et sacerdotales sur l'organisation du domaine d'Amon, XXe-XXIe dynasties, à la lumière des Papyrus Prachov, Reinhardt et Grundbuch (avec édition princeps du papyrus Louvre AF 6345 et 6346-7), I, Le Caire 1988 (Bibl.d'ét. 104).

Gauthier, H., Le livre des rois d'Egypte, 5 vols, Le Caire 1907-1917.

ders., Dictionnaire des noms géographiques contenus dans les textes hiéroglyphiques, vol.VI, Le Caire 1929.

Gelb, I. J., Computer-Aided Analysis of Amorite (Assyriological Studies Nr.21) Chicago 1980.

ders./P.M. Purves/A.A. MacRae, Nuzi Personal Names, 1943 (OIP LVIII).

Gesenius, H., Hebräisches und aramäisches Handwörterbuch über das Alte Testament, unter verantwortlicher Mitarbeit von U. Rüterswörden hg. von R.Meyer und H. Donner, 18.Auflage, Bd.1, Berlin 1987.

Gibson, J.C.L., Textbook of Syrian Semitic Inscriptions, Vol.II: Aramaic Inscriptions, Including Inscriptions in the Dialect of Zenjirli,Oxford 1975.

Givéon, R., Two Egyptian Documents Concerning Boshan from the Time of Ramses II, in: RSO 40(1965), 197-202.

ders., A Personal Name With the Plant Determinative, in: RdE 28(1976), 155f.

ders., Determinatives in the Hieroglyphic Writing of Canaanite Names, in: ders., The Impact of Egypt on Canaan (OBO 20), Fribourg 1978, 15-21.

ders., A New Kingdom Stela from Sinai, in: IEJ 31(1981), 168-171.

ders., A God Who Hears, in: Studies in Egyptian Religion, Dedicated to Professor Jan Zandee, ed.by M.Heerma Van Voss/D.J.Hoens/G.Mussies/D.van der Plas/H.te Velde, Leiden 1982, 38-42.

Glanville, S.R.K., The Letters of Aahmose of Peniati, in: JEA 14(1928), 294-312; pls.XXX-XXXV.

ders., Records of a Royal Dockyard in the Time of Thutmosis III: Papyrus British Museum 10056, in: ZÄS 66(1931), 105-121 u.1*-8*; 68(1932), 7-41.

Goedicke, H., Was Magic Used in the Harem Conspiracy Against Ramses III?, in: JEA 49(1963), 71-92, pls.X/XI.

ders., "Irsu, the Kharu" in Papyrus Harris, in: WZKM 71(1979), 1-17.
Golénischeff, W., Les papyrus hiératiques N$^{os.}$ 1115, 1116A et 1116B de l'Ermitage Impérial à St. Pétersbourg, Leipzig 1913.
Görg, M., Untersuchungen zur hieroglyphischen Wiedergabe palästinischer Ortsnamen (Bonner Oriental. Stud. 29), Bonn 1974.
ders., Zur Valenz der Gruppe 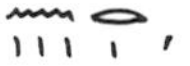, in: GM 10(1974), 19f.
ders., Zur Erklärung des Namens des Hyksosprinzen, in: MDAIK 37(1981), 69-71.
ders., t̲nr ("stark"), ein semitisches Lehnwort? In: GM 68(1983), 53f.
ders., Ein Kanaanäer im Sinai, in: BN 20(1983), 19-21 = Beiträge 164-166.
ders., Zum Namen des Fürsten von Taanach, in: BN 41(1988), 15-18 = Beiträge 167-170.
ders., Beiträge zur Geschichte der Anfänge Israels. Dokumente - Materialien - Notizen (ÄAT 2), Wiesbaden 1989.
ders., Amenophis III. und das Zentrum der Kassiten, in: Beiträge 74-87.
ders., Zu einem Siegel mit dem Namen Kurigalzus von Babylonien in Hieroglyphen in: Beiträge 88f.
ders., Ein asiatisch-ägyptischer Inspektor in Timna, in: Beiträge 175-179.
Gordon, C.H., Ugaritic Textbook (Analecta Orientalia 38), Roma 1965.
Goyon, G., Nouvelles inscriptions rupestres du Wadi Hammamat, Paris 1957.
Green, M., m-k-m-r and w-r-k-t-r in der Wenamun-Geschichte, in: ZÄS 113(1986), 115-119.
Greenfield, J. C., Notes on the Early Aramaic Lexicon, in: OrSuec 33-35 (1984-1986), 149-155.
Griffith, F.Ll., The Petrie Papyri. Hieratic Papyri from Kahun and Gurob (Principally of the Middle Kingdom), London 1898.
Grøndahl, F., Die Personennamen der Texte aus Ugarit (Studia Pohl 1), Rom 1967.
Grumach, I., Untersuchungen zur Lebenslehre des Amenope, 1970.
Guksch, H., Das Grab des Benja, gen.Paheqamen, Theben Nr.343 (AVDIK 7), Mainz 1978.
Gustavs, A., Die Personennamen in den Tontafeln von Tell Ta^{c}annak, in: ZDPV 50 (1927), 1-18; 51(1928), 169-218.
ders., Subaräische Namen in einer ägyptischen Liste syrischer Sklaven und ein subaräischer (?) Hyksos-Name, in: ZÄS 64(1929), 54-58.
Habachi, L., Khatâʿna-Qantir: Importance, in: ASAE 52(1952), 443-562.
ders., The Jubilees of Ramesses II and Amenophis III with Reference to Certain

Aspects of Their Celebration, in: ZÄS 97(1971), 64-72.
Hachmann, R., Die ägyptische Verwaltung in Syrien während der Amarnazeit, in: ZDPV 98(1982), 17-49.
Haider, P.W., Griechenland - Nordafrika (IdF 53), Darmstadt 1988.
Hall, H.R., The Egyptian Transliteration of Hittite Names, in: JEA 8(1922), 219-222.
Harding, G.Lankester, An Index and Concordance of Pre-Islamic Arabian Names and Inscriptions, Toronto 1971.
Hari, R., Répertoire onomastique amarnien (AegHel 4), Genève 1976.
Harris, J.R., Kiya, in: CdE 49(1974), 25-30.
Hassan, S., The Great Sphinx and Its Secrets. Historical Studies in the Light of Recent Excavations (Giza VIII), Cairo 1953.
Hayes, W.C., Ostraka and Name Stones from the Tomb of Sen-mut (No.71) at Thebes (The Metropolitan Museum of Art Egyptian Expedition Publications XV), New York 1942.
ders., Inscriptions from the Palace of Amenhotep III, in: JNES 10(1951), 35-40 u.fig.1-16, 83-104 u.fig.17-23, 156-168 u.fig.24-33, 177-183, 231-242.
ders., Varia from the Time of Hatschepsut, in: MDAIK 15(1957), 78-90.
ders., The Scepter of Egypt. A Background for the Study of the Egyptian Antiquities in the Metropolitan Museum of Art, II, New York 1959.
ders., A Selection of Thutmoside Ostraca from Der el-Bahri, in: JEA 46(1960), 29-52 u.pls.IX-XIII.
Hebräisches und Aramäisches Lexikon zum Alten Testament, 3. Auflage neu bearbeitet von W. Baumgartner unter Mitarbeit von Benedikt Hartmann u. E.Y.Kutscher [Band I], von Walter Baumgartner unter Mitarbeit von Benedikt Hartmann u. E.Y. Kutscher, herausgegeben von B. Hartmann, Ph. Reymond u. J.J. Stamm [Band II], von Walter Baumgartner und Johann Jakob Stamm, unter Mitarbeit von Ze'ev Ben-Ḥayyim, Benedikt Hartmann u. Philippe H. Reymond [Band III], von Johann Jakob Stamm, unter Mitarbeit von Ze'ev Ben-Ḥayyim, Benedikt Hartmann u. Philippe H. Reymond [Band IV], Leiden 1967/1974/1983/1990.
Helck, Wolfgang, Zur Verwaltung des Mittleren und Neuen Reichs (PrAeg 3), Leiden-Köln 1958.
ders., Materialien zur Wirtschaftsgeschichte des Neuen Reichs, 2 Bde, Wiesbaden 1961.
ders., Die Beziehungen Ägyptens zu Vorderasien im 3. und 2. Jahrtausend v. Chr., 2. verbesserte Auflage, Wiesbaden 1971 (ÄgAbh 5).

ders., Die Beziehungen Ägyptens und Vorderasiens zur Agäis bis ins 7. Jahrhundert v. Chr. (EdF 120), Darmstadt 1979.
ders., Kijê, in: MDAIK 40(1984), 159-167.
ders., Grundsätzliches zur sog. "Syllabischen Schreibung", in: SAK 16(1989), 121-143.
Hess, R.S., Amarna Proper Names, Ph.D. Dissertation, Cincinatti 1984.
Hieratische Papyrus aus den Königlichen Museen zu Berlin, herausgegeben von der Generalverwaltung, Dritter Band, Leipzig 1911.
Hieroglyphic Texts from Egyptian Stelae etc., British Museum, Part I-XI.
Part II. [E.A.W.Budge] London 1912.
Part III. [E.A.W.Budge] London 1912.
Part IV. [E.A.W.Budge] London 1913.
Part V. [E.A.W.Budge] London 1914.
Part VI. [E.A.W.Budge] London 1922.
Part VII. [H.R.Hall] London 1925.
Part VIII. [I.E.S.Edwards] London 1939.
Part IX. [T.G.H.James] London 1970.
Part X. [M.L.Bierbrier] London 1982.
Part XI. [M.L.Bierbrier] London 1987.
Hillers, D.R., William F. Albright as a Philologian, in: The Scholarship of William Foxwell Albright. An Appraisal. Papers Delivered at the Symposium "Homage to William Foxwell Albright". The American Friends of the Israel Exploration Society, Rockville, Maryland, 1984, ed. by Gus W. Van Beek, Atlanta 1989, 45-59 (Harvard Semitic Studies, 33).
Hilton Price, F.G., A Catalogue of the Egyptian Antiquities in the Possession of F.G. Hilton Price, 2 vols, London 1897/1908.
Hodjash, S./O. Berlev, The Egyptian Reliefs and Stelae in the Pushkin Museum of Fine Arts, Moscow, Leningrad 1982.
Hölbl, G., Le stele funerarie della collezione egizia. Museo archeologico nazionale di Napoli, Rom 1985.
Hornung, E./ E. Staehelin, Skarabäen und andere Siegelamulette aus Basler Sammlungen (ÄDS 1), Basel 1976.
Huffmon, H.B., Amorite Personal Names in the Mari Texts. A Structural and Lexical Study, Baltimore 1965.
James, T.G.H., Corpus of Hieroglyphic Inscriptions in the Brooklyn Museum, I. From Dynasty I to the End of Dynasty XVIII (Wilbour Monographs VI), Brook-

lyn 1974.

Jamme, A., Safaitic Inscriptions from the Country of ^{c}Ar^{c}ar and Raʾs al-^{c}Ananiyah, in: F. Altheim/R. Stiehl (Hgg.), Christentum am Roten Meer, I, 1971, 41-109.

Janssen, J.J., Two Ancient Egyptian Ship's Logs. Papyrus Leiden I 350 verso and Papyrus Turin 2008+2016, Leiden 1961.

ders., An Unusual Donation Stela of the Twentieth Dynasty, in: JEA 49(1963), 64-70.

Jaroš-Deckert, B., Statuen des Mittleren Reichs und der 18. Dynastie. Kunsthistorisches Museum Wien, Lief.1 (CAA), Mainz 1987.

Kákosy, L., Fragmente eines unpublizierten magischen Textes in Budapest, in: ZÄS 117(1990), 140-157.

Kamal, Ahmed Bey, Tables d'offrandes. CG N$^{os.}$ 23001-23256, Le Caire 1909.

Kayser, H., Die ägyptischen Altertümer im Roemer-Pelizaeus-Museum in Hildesheim, Hildesheim 1973.

al-Khraysheh, F., Die Personennamen in den nabatäischen Inschriften des Corpus Inscriptionum Semiticarum, Diss.Marburg 1986.

Kitchen, K.A., Four Stelae in Leicester City Museum, in: Or 29(1960), 75-97, fig.1-4 u.pls.XIX-XXII.

ders., Ramesside Inscriptions. Historical and Biographical, 7 vols., Oxford 1975-1989.

Klengel, H., Art.Lulluwa, in: RlAss 7, 3./4.Lieferung, 1988, 164-168.

Koefoed-Petersen, O., Recueil des inscriptions hiéroglyphiques de la Glyptothèque Ny Carlsberg (Bibliotheca Aegyptiaca VI), Bruxelles 1936.

ders., Les stèles égyptiennes (Publications de la Glyptothèque Ny Carlsberg 1) Copenhague 1948.

ders., Catalogue des statues et statuettes égyptiennes (Publications de la Glyptothèque Ny Carlsberg 3), Copenhague 1950.

Koenig, Y., Catalogue des étiquettes de jarres hiératiques de Deir el-Médineh.
Fasc.1 (Doc.de fouilles XXI/1): N$^{os.}$ 6000-6241, 1979.
Fasc.2 (Doc.de fouilles XXI/2): N$^{os.}$ 6242-6497, 1980.

ders., Livraisons d'or et de galène au trésor du temple d'Amon sous la XXe dynastie, in: Hommages Sauneron I, 1979, 185-220 und pl.XXX-XXXVII.

ders., Livraisons... [2. Teil], in: BIFAO 83(1983), 249-255 und pl.LII-LIV(a).

Kołodko, M., Stele Nowego Państwa w zbiorach Muzeum Narodowego w Warszawie [Stelen des Neuen Reichs in den Sammlungen des Nationalmuseums in Warschau], in: Rocznik Muzeum Narodowego w Warszawie 23(1979), 7-39.

Kornfeld, W., Onomastica Aramaica aus Ägypten (SBOAW Phil.-hist. Klasse 333), Wien 1978.

ders., Neues über die phönizischen und aramäischen Graffiti in den Tempeln von Abydos, Wien 1978.

ders., Zur althebräischen Anthroponomatik ausserhalb der Bibel, in: WZKM 71 (1979), 39-48.

Kottsieper, I., Die Bedeutung der Wz. ᶜṣb und skn in Koh 10,9. Ein Beitrag zum hebr. Lexikon, in: UF 18(1986), 213-222.

ders., mgg - "Krieg führen, kämpfen". Eine bisher übersehene nordwestsemitische Wurzel, in: UF 20(1988), 125-133.

Krebernik, M., Die Personennamen der Eblatexte. Eine Zwischenbilanz, Berlin 1988.

Kruchten,J., Comment on écrit l'histoire égyptienne: la fin de la XIX dynastie vue d'après la section "historique" du papyrus Harris I, in: Ann.de l'Inst. de Phil. et d'Hist. Orient.et Slaves 25(1981), 51-64.

Kuehne, C., Die Chronologie der internationalen Korrespondenz von El-Amarna (AOAT 17), Neukirchen-Vluyn 1973.

Kuentz, C., La Bataille de Qadech, Le Caire 1928-1934 (MIFAO 55).

Lacau, P., Stèles du Nouvel Empire. CG 34001-34189, 3 fasc.:
Fasc.1: CG 34001-34064, Le Caire/Leipzig 1909.
Fasc.2: CG 34065-34186, Le Caire 1926.
Fasc.3: CG 34187-34189 u.Indices ["Stèles de la XVIIIe dynastie"], Le Caire 1957.

Laroche, E., Les noms des Hittites (Etudes linguistiques IV), Paris 1966.
ders., Les noms des Hittites: Supplément, in: Hethitica 4, Louvain 1981, 3-58.

ders., Glossaire de la langue hourrite (Etudes et commentaires 93), Paris 1980.

Lawton, R.,Israelite Personal Names on Pre-Exilic Hebrew Inscriptions, in: Biblica 65(1984), 330-346.

Layton, S.C., The Semitic Root *Ġlm and the Hebrew Name ᶜAlaemaet, in: ZAW 102 102 (1990), 80-94.

Leahy, A., The Name P^{3}-wrm, in: GM 76(1984), 17-23.

Legrain, G., Statues et statuettes de rois et de particuliers, t.1, Nos.42001-42138, Le Caire 1906.

ders., Un miracle d'Ahmès Ier à Abydos sous le règne de Ramsès II., in: ASAE

16(1916), 161-170.

Lepsius, R., Denkmäler aus Ägypten und Aethiopien, 3.Abteilung: Denkmäler des Neuen Reichs, Bde V-VIII, Reprint Genève 1972 der Ausgabe 1849-1858; Text Band III, hg.von E.Naville, bearbeitet von Kurt Sethe, Leipzig 1900.

Leslau, W., A Comparative Dictionary of Ge^{c}ez. Ge^{c}ez-English, English-Ge^{c}ez, Wiesbaden 1987.

Lexicon in Veteris Testamenti Libros, edidit Ludwig Koehler/Walter Baumgartner, Leiden 1958.

Lexikon der Ägyptologie, begründet von W. Helck und E. Otto, hg. von W. Helck und W. Westendorf, 6 Bde, 1975-1986.

Lieblein, J., Dictionnaire de noms hiéroglyphiques en ordre généalogique et alphabétique, Christiania/Leipzig 1871.

Limme, L., Stèles égyptiennes. Musées Royaux d'Art et d'Histoire, Bruxelles 1979.

Lipiński, E., Studies in Aramaic Inscriptions and Onomastics I (Orientalia Lovaniensia Analecta 1), Leuven 1975.

ders., Etudes d'onomastique ouest-sémitique, in: BiOr 37(1980), 3-12.

Lloyd, A. B., Herodotus Book II, Commentary 99-182, Leiden 1988 (Etudes préliminaires aux religions orientales dans l'Empire Romain 43/3).

López, J., Ostraca ieratici (Catalogo del Museo Egizio di Torino, ser.II - Collezioni, vol.III):
Fasc.1: N.57001-57092, Milano 1978.
Fasc.2: N.57093-57319, Milano 1980.
Fasc.3: N.57320-57449, Milano 1982.
Fasc.4: N.57450-57568, Tabelle lignee N.58001-58007, Milano 1984.

Lüddeckens, E., Namenkunde, in: Textes et langages I (Bibl.d'étude LXIV,1), 241-248.

Malaise, M., Antiquités égyptiennes et Verres du Proche-Orient Ancien des Musées Curtius et du Verre à Liège, Liège 1971.

Malinine, M./G.Posener/J.Vercoutter, Catalogue des stèles du Sérapéum de Memphis, 2 tomes, Paris 1968.

Manniche, L., The Wife of Bata, in: GM 18(1975), 33-38.

Maraqten, M., Die semitischen Personennamen in den alt-und reichsaramäischen Inschriften aus Vorderasien (Texte und Studien zur Orientalistik 5), Hildesheim 1988.

Marciniak, M., Les inscriptions hiératiques du temple de Thoutmosis III

(Deir el-Bahari I), Varsovie 1974.
Margaine, A.-M., Petits guides des Musées de Cannes 1: L'Egypte ancienne. Catalogue, Cannes 1984.
Mariette, A., Catalogue général des monuments d'Abydos, découverts pendant les fouilles de cette ville, Paris 1880.
ders., Abydos. Description des fouilles. Tome deuxième, Paris 1880.
Martin, G. T., Shabtis of Private Persons in the Amarna Period, in: MDAIK 42 (1986), 109-129.
ders., Corpus of Reliefs of the New Kingdom from the Memphite Necropolis and Lower Egypt, Vol.1, London 1987.
Mayrhofer, M., Die Indo-Arier im Alten Vorderasien, Wiesbaden 1966.
McGready, A.G., Egyptian Words in the Greek Vocabulary, in: Glotta 46(1968), 247-254.
Megally, M., Two Visitors' Graffiti from Abûsîr, in: CdE 56(1981), 218-240.
Meulenaere, H. de, Notes d'onomastique tardive III, in: RdE 14(1962), 45-51.
Michailidis, G., Contribution à l'étude de la Grande Déesse en Egypte, in: BIE 36/2 (1953-54), 1955, 409-454.
Mogensen, M., Inscriptions hiéroglyphiques du Musée National de Copenhague, Copenhague 1918.
Monnet Saleh, J., Les antiquités égyptiennes de Zagreb. Catalogue raisonné des antiquités égyptiennes conservées au Musée Archéologique de Zagreb en Yougoslavie, Mouton 1970.
Moran, W.L., Les lettres d'El-Amarna. Correspondance diplomatique du Pharaon. Traduction avec la collaboration de V.Haas et G.Wilhelm. Traduction française de D.Collon et H.Cazelles, Paris 1987 (Litt.anc.du Proche-Orient 13).
Moret, A., Monuments égyptiens du Musée Calvet à Avignon, in: RdT 34(1912), 182-189.
Moscati, S./A.Spitaler/E.Ullendorf/W.von Soden, Introduction to the Comparative Grammar of the Semitic Languages, Wiesbaden 1964.
Müller, W. M., Asien und Europa nach altägyptischen Denkmälern, Leipzig 1893.
Müller, W. W., Das Frühnordarabische, in: Fischer, Grundriss, 17-29.
ders., Das Altarabische der Inschriften aus vorislamischer Zeit, aaO, 30-36.
Munro, I., Untersuchungen zu den Totenbuch-Papyri der 18. Dynastie. Kriterien ihrer Datierung, London 1988.
Murtonen, A., Hebrew in Its West Semitic Setting, A Comparative Survey of Non-Masoretic Hebrew Dialects and Traditions. Part I: A Comparative Lexicon

(Studies in Semitic Languages and Linguistics XIII).
Section A: Proper Names, Leiden 1986;
Section Ba: Root System: Hebrew Material, Leiden 1988.
Nashef, Kh., Die Orts-und Gewässernamen der mittelbabylonischen und mittelassyrischen Zeit (Répertoire géographique des textes cunéiformes V)(BTAVO B 7.5), Wiesbaden 1982.
Naveh, J., Nameless People, in: IEJ 40/2-3 (1990), 108-123.
Naville, E., Das Aegyptische Todtenbuch der XVIII. bis XX. Dynastie aus ververschiedenen Urkunden. Einleitung, Berlin 1886.
ders., The XIth Dynasty Temple at Deir el-Bahari. Part III (Egypt Exploration Fund, 32. Memoir), London 1913.
Newberry, P. E., Funerary Statuettes and Model Sarcophagi. CG 48274-48575. Fasc.1,2: Le Caire 1937; fasc.3: Indices et planches, Le Caire 1957.
Noth, M., Die israelitischen Personennamen im Rahmen der gemeinsemitischen Namengebung, 2.ND Hildesheim 1980 von Stuttgart 1928.
Peet, T.E., The Egyptian Writing-Board B.M.5647, Bearing Keftiu Names, in: Essays in Aegean Archaeology, Presented to Sir Arthur Evans in Honour of His 75th Birthday, ed.by S.Casson, Oxford 1927.
ders., The Great Tomb-Robberies of the Twentieth Egyptian Dynasty, 2 vols, Oxford 1930.
Pernigotti, S., La statuaria egiziana nel Museo Civico Archeologico di Bologna, Bologna 1980.
Peterson, B.J., Ausgewählte ägyptische Personennamen nebst prosopographischen Notizen aus Stockholmer Sammlungen, in: OrSuec 19-20(1970-71), 3-22.
Petrie, W.M.F., Kahun, Gurob and Hawara, London 1890.
ders., Six Temples at Thebes. 1896, London 1897.
ders., Memphis I, London 1909.
ders., Sedment I-II, London 1924.
ders., Tombs of the Courtiers and Oxyrhynkhos, London 1925.
ders., Shabtis. Illustrated by the Egyptian Collection in University College, London, ND Warminster 1974 von 1935.
Pierret, P., Recueil d'inscriptions inédites du Musée Egyptien du Louvre, tomes I-II, Paris 1874-1878.
Piotrovsky, B.(Ed.), Egyptian Antiquities in the Hermitage, Leningrad 1974.
Pleyte, W./F. Rossi, Papyrus de Turin, Leiden 1869.
Polz, D., Das Grab Nr.54 in Theben. Ein Beitrag zur Archäologie thebani-

scher Felsgräber, Diss.Heidelberg 1988.
Pomorska, I., Les flabillifères à la droite du roi en Egypte ancienne, Varsovie 1987.
Porter, B./R.Moss (u.E.Burney), Topographical Bibliography of Ancient Egyptian Hieroglyphic Texts, Reliefs and Paintings, 7 Bde, Oxford 1927-52, 2.Auflage 1960ff.
Posener, G., Une liste de noms propres étrangers sur deux ostraca hiératiques du Nouvel Empire, in: Syria 18(1937), 183-197 mit pl.XXX.
ders., Princes et Pays d'Asie et de Nubie. Textes hiératiques sur des figurines d'envoûtement du Moyen Empire, Bruxelles 1940.
ders., La mésaventure d'un Syrien et le nom égyptien de l'ours, in: Or 13 (1944), 193-204.
ders., Les Asiatiques en Egypte sous les XIIe et XIIIe dynasties, in: Syria 34 (1957), 145-163.
Prosdocimi, A.L., Appunti per una teoria del nome proprio, in: Avanzini, Problemi, 15-70.
Rammant-Peters, A., Les pyramidions égyptiens du Nouvel Empire (Orientalia Lovaniensia Analecta 11), Leuven 1983.
Ranke, H., Keilschriftliches Material zur altägyptischen Vokalisation, APAW 1910, Phil.-hist. Klasse, Anhang Abh.II.
ders., Die ägyptischen Personennamen, 2 Bde, Glückstadt 1935-1952, Bd.3 (Verzeichnis der Bestandteile), Glückstadt 1977.
Reeves, N., New Light on Kiya from Texts in the British Museum, in: JEA 74 (1988), 91-101.
Robichon, C./A.Varille, Le temple du scribe royal Amenhotep, fils de Hapou, I, Le Caire 1936 (FIFAO 11).
Roccati, A., Ricerche sulla scrittura egizia - III: La notazione vocalica nella scrittura geroglifica, in: OrAnt 27(1988), 115-126.
Roeder, G., Aegyptische Inschriften aus den Staatlichen Museen zu Berlin, 2. Band: Inschriften des Neuen Reiches. Indizes zu Band 1 u.2, Leipzig 1924.
Röllig, W., Art.Lukku, in: RlAss Bd.7, 3./4.Lief., 1988, 161-163.
Rössler, O., Verbalbau und Verbalflexion in den hamito-semitischen Sprachen, in: ZDMG 100(1950), 461-514.
ders., Der semitische Charakter der libyschen Sprache, in: ZA 16(1952),121-150.
ders., Das ältere ägyptische Umschreibungssystem für Fremdnamen und seine sprachwissenschaftlichen Lehren, in: Neue afrikanistische Studien, hg.von

Johannes Lukas (Hamburger Beiträge zur Afrika-Kunde 5), 1966, 218-229.
ders., Ghain im Ugaritischen, in: ZA 54(1961), 158-172.
Roschinski, H. P., Sprachen, Schriften und Inschriften in Nordwestarabien, in: Bonner Jahrbücher 180(1980), 155-180.
Ruffle, J./Kitchen, K.A., The Family of Urḫiya and Yupa, High Stewards of the Ramesseum, in: Glimpses of Ancient Egypt. Studies in Honor of H.W.Fairman, Warminster 1979, 55-74.
Ryckmans, G., Les noms propres sud-sémitiques, 3 vols, Louvain 1934-35.
Säve-Söderbergh, T., Four Eighteenth Dynasty Tombs (Private Tombs at Thebes, Vol.I), Oxford 1957.
Saporetti, C., Onomastico medio-assira, 2 Bde, Roma 1970.
Sass, B., Studia Alphabetica. On the Origin and Early History of the Northwest Semitic, South Semitic and Greek Alphabets, Freiburg(Schweiz)/Göttingen 1991 (OBO 102).
Sauneron, S., La forme égyptienne du nom Tešub, in: BIFAO 51(1952), 57-59.
ders./J. Yoyotte, Traces d'établissements asiatiques en Moyen-Egypte sous Ramsès II, in: RdE 7(1950), 67-70.
Schaffer, B., Tiernamen als Frauennamen im Altsüdarabischen und Frühnordarabischen, in: Al-Hudhud. FS Maria Höfner zum 80.Geburtstag, hg. von Roswitha G. Stiegner, Graz 1981, 295-304.
Schenkel, W., Aus der Arbeit an einer Konkordanz zu den altägyptischen Sargtexen. I: Zur Transkription des Hieroglyphisch-Aegyptischen, Teil II: Zur Pluralbildung des Ägyptischen, Wiesbaden 1983.
ders., Art. Syllabische Schreibung, in: LÄ 6, 1986, 114-122.
ders., Einführung in die altägyptische Sprachwissenschaft, Darmstadt 1990.
Schiaparelli, E., Museo Archeologico di Firenze. Antichità Egizie I, Roma 1887
Schlögl, H. A., Echnaton, Reinbek bei Hamburg 1986.
Schneider, H. D., Shabtis. An Introduction to the History of Ancient Egyptian Funerary Statuett-es with a Catalogue of the Collection of Shabtis in the National Museum of Antiquities at Leiden, 3 parts, Leiden 1977.
ders., Art from Ancient Egypt, 1987.
Schneider, T., Die semitischen und ägyptischen Namen der syrischen Sklaven des Papyrus Brooklyn 35.1446 verso, in: UF 19(1987), 255-282.
ders., Mag.pHarris XII,1-5: Eine kanaanäische Beschwörung für die Löwenjagd ? In: GM 112(1989), 53-63.
Schulman, A. R., Mhr and Mškb. Two Egyptian Military Titles of Semitic Origin,

in: ZÄS 93(1966), 123-132.
ders., The Royal Butler Ramessesemperre^{c}, in: JARCE 13(1976), 117-130.
Schult, H., Vergleichende Studien zur alttestamentlichen Namenkunde, Diss. Bonn 1967.
Scott, G.D.,III, Ancient Egyptian Art at Yale, Yale 1986.
Seipel, W., Bilder für die Ewigkeit. 3000 Jahre ägyptische Kunst. Konstanz, Konzil, 25. März - 23. Mai 1983, Konstanz 1983.
ders., Ägypten. Götter, Gräber und die Kunst. 4000 Jahre Jenseitsglaube. Katalog zur Ausstellung Schlossmuseum Linz, 9.April-28.September 1989, I, 1989.
Sethe, K., Über einige Kurznamen des neuen Reiches, in: ZÄS 44(1907), 87-92.
ders., Die Ächtung feindlicher Fürsten, Völker und Dinge auf altägyptischen Tongefässscherben des Mittleren Reiches (APAW 1926, Phil.-hist.Kl.Nr.5).
Shehadeh, L.R., Some Observations on the Sibilants in the Second Millennium B.C., in: "Working With No Data". Semitic and Egyptian Studies Presented to Thomas O. Lambdin, ed. by David M.Golomb, Winnona Lake 1987, 229-246.
Shisha-Halevy, A., An Early North-West Semitic Text in the Egyptian Hieratic Script, in: Or 47(1978), 145-162.
ders., The Proper Name: Structural Prolegomena to Its Syntax. A Case Study in Coptic (Beihefte zur WZKM, Bd.15), Wien 1989.
Silverman, H.M., Servant (^{c}ebed) Names in Aramaic and in the Other Semitic Languages, in: JAOS 101(1981), 361-366.
ders., Religious Values in the Jewish Proper Names at Elephantine (AOAT 217), Neukirchen-Vluyn 1985.
Simpson, W. K., Art.Reschef, in: LÄ 5(1984), 244-246.
Soden, W. von, Grundriss der akkadischen Grammatik, Rom 1952.
ders., Akkadisches Handwörterbuch, 3 Bde, Wiesbaden 1965-1981.
ders., Einführung in die Altorientalistik, Darmstadt 1985.
Speiser, E.A., Introduction to Hurrian (AASOR Vol.XX), New Haven 1941.
Speleers, L., Recueil des inscriptions égyptiennes des Musées Royaux du Cinquantenaire à Bruxelles, Bruxelles 1923.
Spiegelberg, W., Varia, in: RdT 15(1893), 141-145.
ders., Ostraca hiératiques du Louvre, in: RdT 16(1894), 64-67.
ders., Des papyrus hiératiques inédits du Louvre, in: RdT 16(1894), 68-74.
ders., Das Geschäftsjournal eines aegyptischen Beamten in der Ramsesstadt aus der Regierung Ramses' II., in: RdT 17(1895), 143-160.
ders., Rechnungen aus der Zeit Setis I.(circa 1350 v.Chr.) mit anderen Rech-

nungen des Neuen Reiches, 2 Bde, Strassburg 1896.
ders., Die aegyptische Sammlung des Museum Meermanno-Westreenianum im Haag, Strassburg 1896.
ders., Zu den semitischen Eigennamen in ägyptischer Umschrift aus der Zeit des "neuen Reiches" (um 1500-1000), in: ZA 13(1898), 47-56.
ders., Ägyptologische Randglossen zu Herodot, in: ZÄS 43(1906), 87f.
ders., Mitanni(?)-Eigennamen in hieroglyphischer Wiedergabe, in: ZA 32(1918/19), 205f.
ders., Bemerkungen zu den hieratischen Amphoreninschriften des Ramesseums, in: ZÄS 58(1923), 25-36.
ders./A. Erman, Grabstein eines syrischen Söldners aus Tell Amarna, in: ZÄS 36 (1898), 126-129.
ders./B. Pörtner, Aegyptische Grabsteine und Denksteine aus süddeutschen Sammlungen. I: Karlsruhe-Mülhausen-Strassburg-Stuttgart. Strassburg i.E. 1902.
Stadelmann, R., Syrisch-palästinensische Gottheiten in Ägypten (PrÄg 5), Leiden 1967.
Stamm, J.J., Akkadische Namengebung, ND 1968 von Leipzig 1939.
ders., Beiträge zur hebräischen und altorientalischen Namenkunde. Zu seinem 70. Geburtstag herausgegeben von Ernst Jenni und Martin A. Klopfenstein (OBO 30), Freiburg/Schweiz-Göttingen 1980. Daraus die Aufsätze:
ders., Zum Ursprung des Namens der Ammoniter, 5-8.
ders., Der Name Isaak, 9-14.
ders., Probleme der akkadischen und ägyptischen Namengebung. Eine Auseinandersetzung mit Hermann Ranke, 15-23.
ders., Der Name des Königs David, 25-43.
ders., Hebräische Ersatznamen, 59-79.
ders., Ein Problem der altsemitischen Namengebung, 81-95.
ders., Hebräische Frauennamen, 97-135.
ders., Eine Gruppe hebräischer Personennamen, 147-157.
ders., Namen rechtlichen Inhalts, 159-177.
ders., Namen rechtlichen Inhalts II., 179-198.
ders., Ein ugaritisch-hebräisches Verbum und seine Ableitungen, 199-203.
ders., Der Name Nabal, 205-213.
Stark, J.K., Personal Names in Palmyrene Inscriptions, Oxford 1971.
Steindorff, G., Eine ägyptische Liste syrischer Sklaven, in: ZÄS 38(1900), 15-18.

ders., Aniba II, Glückstadt-Hamburg-New York 1937.
ders., Catalogue of the Egyptian Sculpture in the Walters Art Gallery, Baltimore/Maryland 1946.
Stewart, H.M., Egyptian Stelae, Reliefs and Paintings from the Petrie Collection. Part I: The New Kingdom, Warminster 1976.
ders., Mummy Cases & Inscribed Funerary Cones in the Petrie Collection, Warminster 1986.
Stiehl, R., Neue liḥyānische Inschriften aus Al-U͟daib, in: F.Altheim/dies., Christentum am Roten Meer, 1971, I, 3-40.
Struve, V.V., Priloženija: Ermitažnye stely, in: Etjudy po istorii severnogo pričernomory, Kavkaza i srednej Asii, Leningrad 1968, 269-346.
Tallqvist, K.L., Assyrian Personal Names, 1914 (ND 1966).
Te Velde, H., Seth, God of Confusion. A Study of His Role in Egyptian Mythology and Religion (PrÄg 6), Leiden 1967.
Thirion, M., Notes d'onomastique. Contribution à une révision de Ranke, PN:
I, in: RdE 31(1979), 81-96.
II, in: RdE 33(1981), 79-87.
III, in: RdE 34(1982-83), 101-114.
IV, in: RdE 36(1985), 125-143.
V, in: RdE 37(1986), 131-137.
VI, in: RdE 39(1988), 131-146.
Till, W., Koptische Grammatik (Saïdischer Dialekt), 2. verb. Aufl. Leipzig 1961 (Lehrbücher für das Studium der Orientalischen Sprachen I).
Timm, S., Anmerkungen zu vier neuen hebräischen Namen, in: ZAH 2(1989), 188-198.
Tosi, M./A. Roccati, Stele e altre epigrafi di Deir el Medina n.50001-n.50262 (Catalogo del Museo Egiziano di Torino. Ser.Sec. - Collezione, vol.1), Turin 1972.
Urkunden der 18. Dynastie (Urk.IV), Bd.1-4 bearb.v.K.Sethe, 1906-1909, Bd.5-9 bearbeitet von W. Helck, 1955-1958.
Valbelle, D., Ouchebtis de Deir el-Médineh (Doc.de fouilles 15), Le Caire 1972.
dies., Catalogue des poids à inscriptions hiératiques de Deir el-Médineh N$^{os.}$ 5001-5423 (Doc.de fouilles 16), Le Caire 1977.
Vandersleyen, C., Les guerres d'Ahmosis, 1971.
Van de Walle, B., La publication des textes des musées: Bruxelles (Musées Royaux d'Art et d'Histoire), in: Textes et langages III, 169-180.

Vandier, J., Ramsès-Siptah, in: RdE 23(1971), 165-191.

Van Walsem, R., A Variant of the Personal Name 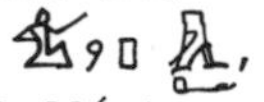, in: GM 83(1984),141.

Vercoutter, J., L'Egypte et le monde Egéen préhellénique, Le Caire 1956 (Bibl.d'étude 22).

Vernus, P., Noms propres juxtaposées au Moyen Empire, in: RdE 23(1971), 193-199.

ders., Amon P^{3}-^{c}ḏr: de la piété "populaire" à la spéculation théologique, in: Hommages Sauneron I, Egypte pharaonique (Bibl.d'ét.81), Le Caire 1979, 463-476.

ders., Vestiges de langues chamito-sémitiques dans des sources égyptiennes méconnues, in: James Bynon (Ed.), Current Progress in Afro-Asiatic Linguistics. Papers of the Third International Hamito-Semitic Congress, Amsterdam/Philadelphia 1984, 477-481.

Voigt, R. M., The Classification of Central Semitic, in: JSS 32(1987),1-21.

ders., Zur semitohamitischen Wortvergleichung, in: GM 107(1989), 87-95.

Vycichl, W., Les emprunts aux langues sémitiques, in: Textes et langages I (Bibl. d'étude LXIV,1), 81-89.

ders., Dictionnaire étymologique de la langue copte, Leuven 1983.

Ward, W.A., On Some Semitic Loan-Words and Personal Names in Egyptian Texts, in: Or 32(1963), 413-436.

ders., Some Foreign Personal Names and Loan Words from the Deir el-Medineh Ostraca, in: Essays in Ancient Civilization Presented to Helene J. Kantor, ed. by A. Leonard, Jr./B.B. Williams, Chicago 1990 (SAOC 47), 287-303.

Wehr,H., Arabisches Wörterbuch für die Schriftsprache der Gegenwart, Wiesbaden ^{5}1985.

Wente, E.F., Late Ramesside Letters (SAOC 33), Chicago 1967.

Westermann, C., Genesis (BK I/1-3), 1. Band, 1974.

Wiedemann, A./B. Pörtner, Ägyptische Grabsteine und Denksteine aus verschiedenen Sammlungen. III: Bonn-Darmstadt-Frankfurt a.M.-Genf-Neuchatel, Strassburg 1906.

Wild, S., Arabische Eigennamen, in: Fischer, Grundriss, 154-164.

Winlock, H.E., The Treasure of Three Egyptian Princesses, New York 1948.

Winnett, F.L./G.L. Harding, Inscriptions From Fifty Safaitic Cairns, Toronto 1978.

Wiseman, D.J., The Alalakh Tablets, London 1953.

Wörterbuch der Aegyptischen Sprache, hg.von Adolf Erman und Hermann Grapow,

5 Bände, Berlin 1926-1931.
Woldering, I., Ausgewählte Werke der aegyptischen Sammlung (Bildkataloge des Kestner-Museums Hannover 1), Hannover 1955.
Wolf, W., Papyrus Bologna 1086. Ein Beitrag zur Kulturgeschichte des Neuen Reiches, in: ZÄS 65(1930), 89-97.
Wreszinski, W., Aegyptische Inschriften aus dem K.K.Hofmuseum in Wien, Leipzig 1906.
Wuthnow, H., Die semitischen Menschennamen in griechischen Inschriften und Papyri des vorderen Orients, Leipzig 1930.
Xella, P., Il elemento ʾbn nell'onomastica fenicio-punica, in: UF 20(1988), 387-392.
Yeivin, S., Rez.von W.Helck, Die Beziehungen Ägyptens zu Vorderasien im 3. und 2.Jahrtausend v.Chr., 1962, in: BiOr 23(1966), 18-27.
Zadok, R., Arabians in Mesopotamia During the Late-Assyrian, Chaldean, Achaemenian and Hellenistic Periods Chiefly According to Cuneiform Sources, in: ZDMG 131(1981), 42-84.
ders., A Tentative Structural Analysis of Elamite Hypocoristica, in: BzNf 18 (1983), 93-120.
ders., Geographical Names According to New-and Late-Babylonian Texts (Répertoire géographique des textes cunéiformes V)(BTAVO B 7.8), Wiesbaden 1985.
ders., On Some Iranian Names in Aramaic Documents from Egypt, in: Indo-Iranian Journal 29(1986), 41-44.
ders., The Pre-Hellenistic Israelite Anthroponymy and Prosopography, Leuven 1988 (Orientalia Lovaniensia Analecta 28).
Zivie, A.-P., La tombe d'un officier de la XVIIIe dynastie à Saqqara, in: RdE 31(1979), 135-151 und pls.10-11.
ders., Tombes rupestres de la falaise du Bubasteion à Saqqarah - Campagne 1980 -1981, in: ASAE 68(1982), 64-69.
ders., Le trésor funéraire du vizir Aper-El, in: BSFE 1989.
ders., Découverte à Saqqarah. Le vizir oublié, Paris 1990.
Zivie, C.M., Giza au deuxième millénaire(Bibl.d'ét.70), Le Caire 1976.

F. REGISTER

I. Semitisch

1. Wurzeln

Das Register der Verbalwurzeln folgt der Anordnung bei Zadok 350ff.: ʾ, ʿ, b, d, ḍ, ḏ, g, ġ, h, ḥ, ḫ, k, l, m, n, p (arab. f), q, r, š, ś, s, ṣ, t, ṭ, ṯ, w/j, z, ẓ. Es führt nur Wurzeln auf, die ausdrücklich als solche zitiert wurden. Für nominale Ableitungen, die ohne Angabe der zugrunde liegenden Wurzeln angeführt wurden, verweise ich auf die Register der Lexeme (3.). Wurzeln, deren ursprüngliche Lautung unsicher ist (etwa bei arab. s < *s oder *š), werden mit + gekennzeichnet

ʾ-B-J	20	ʾ-R-Ḫ	37	ʿ-L-P	74	B-Ḥ-N	188
ʾ-Ḏ-N	49.64.90	ʾ-R-K	38	ʿ-L-J	74	B-Ḥ-R	52
ʾ-G-ʾ	45	ʾ-R-J	33	ʿ-M-D	71f.	B-K-R	98
ʾ-G-D	228	ʾ-R-Z	40	ʿ-M-S	71.230	B-K-J	97
ʾ-G-G	45f.	ʾ-Š-Š	43	ʿ-N-N	268	B-L-G	93f.
ʾ-G-M	227	ʾ-Ś-D	42	ʿ-R-P	74	B-L-L	232 (s.96)
ʾ-G-R	46	ʾ-Ś-R	42	ʿ-R-Ṭ	74	B-N-J	89
ʾ-Ḥ-D	41	ʾ-T-W/J	48	ʿ-T-L	77	B-R-ʾ	95
ʾ-Ḫ-R	290	ʾ-Ṯ-L	42	ʿ-T-R	77	B-R-R	95.162
ʾ-K-P	46	ʾ-W/J-L	102.104	ʿ-T-T	76	B-Ś-J	97
ʾ-K-J-T	228	ʾ-W/J-M	21	ʿ-T-J	76	B-S-ʾ +	96
ʾ-L-ʿ	34	ʾ-W/J-N	23	ʿ-Ṭ-R	77	B-S-S	96
ʾ-L-L	36.37	ʾ-W-R	33	ʿ-W-D	76	B-Ṭ-Ś	100
ʾ-L-M	27	ʾ-W-Š	43	ʿ-W-G	75	B-W-ʾ	88
ʾ-L-Ś	38			ʿ-W-L	64	B-W-ʿ	84
ʾ-M-M	21	ʿ-B-R	125	ʿ-W-N/		B-W-Ḥ	52
ʾ-M-R	54	ʿ-D-D	76	ʿ-N-W	72	B-J-N	89
ʾ-N-N	24	ʿ-D-L	77				
ʾ-N-W/J	24	ʿ-D-J	76	B-ʾ-W	88	D-ʿ-W/J	229
ʾ-R-B	34f.	ʿ-Ḏ-R	77.78	B-ʿ-J	84	D-B-R	147f. (122)
ʾ-R-D	104 (s.39)	ʿ-G-M	75	B-D-L	100	D-G-G	261
ʾ-R-Ḏ	40	ʿ-L-L	74 Anm.	B-Ġ-J	84	D-N-N	64

D-Q-Q 260
D-R-K 256
D-J-N 50.63

Ḍ-P-R 262
Ḍ-R-G 264
Ḍ-W-R 262

Ḏ-B-B 247
Ḏ-B-L 148
Ḏ-K-R 257
Ḏ-L-Q 264
Ḏ-M-R 183.249f. 263
Ḏ-R-B 255
Ḏ-J-ᶜ 298

G-ʾ-L 209
G-ʾ-J 94
G-D-D 222
G-D-W 221
G-H-D 203
G-H-Ṭ 203
G-L-Ḥ 215
G-L-L 225.277. 283.296
G-L-S^{+} 215
G-L-Ṯ 215
G-L-J 62
G-M-L 134
G-M-M 227 (s.210)
G-M-R 134
G-N-N 210
G-R-G 203
G-R-Ḥ 214
G-R-M 223
G-R-P 213
G-R-R 224.283. 296
G-R-Ś 215
G-R-J 62
G-Š-Š 221
G-Ś-M 61
G-Ś-Ś 219
G-Ṯ-M 61
G-W-R 20.212.283
G-W-Š/
G-Š-W 219
G-W-Z 222
G-Z-ʾ/J 222f.
G-Z-R 60
G-Z-Z 222

Ġ-Ḍ-B 159
Ġ-L-L 225.296
Ġ-P-R 202
Ġ-W/J-R 62.135
Ġ-W-Ṯ 76

H-B-L 162
H-B-R 162
H-D-J 114.163. 270
H-L-K 72
H-L-L 163
H-J-ʾ 265
H-T-K s.Ḥ-T-K

Ḥ-B-B 171
Ḥ-B-L 166
Ḥ-B-R 166
Ḥ-Ḍ-R 108.174
Ḥ-L-M 59
Ḥ-L-Š 171
Ḥ-L-J 168
Ḥ-M-D 168
Ḥ-M-Ś 167
Ḥ-M-S^{+} 167f.
Ḥ-M-J 58
Ḥ-M-Z 168
Ḥ-N-N 59.176
Ḥ-Q-P 115
Ḥ-R-D 171
Ḥ-R-P 114.271
Ḥ-R-R 169
Ḥ-R-Š 170f.
H-R-S^{+} 170
Ḥ-R-Ṭ 171
Ḥ-R-Ṯ 170
Ḥ-Ś-R 143
Ḥ-Ṣ-R 108.174
Ḥ-T-K 60
Ḥ-T-T 172f.
Ḥ-Ṭ-B 173
Ḥ-Ṭ-Ṭ 174
Ḥ-W/J-R 169f.
Ḥ-W-Ṭ 172
Ḥ-W/J-J 164.172

Ḫ-B-ʾ 172.174
Ḫ-B-L 166
Ḫ-B-T 175
Ḫ-B-Ṭ 175
Ḫ-L-D 177f.
Ḫ-L-Ṣ 177
Ḫ-M-M 175
Ḫ-M-Š 166
Ḫ-M-J 175
Ḫ-N-J 175
Ḫ-R-D 178
Ḫ-R-Š 170
Ḫ-Š-Š 178
Ḫ-T-ʾ 179
Ḫ-T-T 132.173.178
Ḫ-T-J 132
Ḫ-Ṭ-ʾ 179
Ḫ-Ṭ-B 173
Ḫ-W/J-M 175
Ḫ-J-N 175

K-ʾ-L 209
K-L-Ḥ 215
K-L-L 216.277
K-L-P 213
K-M-L 134
K-M-M 210
K-M-R 133
K-N-N 117.210
K-R-B 211
K-R-K-R 216
K-R-P-S^{+} 213
K-R-Ś 215
K-R-Ṯ 215
K-Š-Š 221
K-Š-W/J 219
K-S-ʾ$^{+}$ 219
K-S-S 223
K-S-S^{+} 219
K-S-J 218.222
K-Ṯ-R 220
K-Ṯ-Ṯ 219f.
K-W/J-L 283
K-W-N 117.210

L-ʾ-J 36.87
L-D-N 39

Ś-ʿ-R 145
Ś-D-D 42.196
Ś-G-ʾ 116
Ś-G-B 192
Ś-G-G 116
Ś-G-J 116
Ś-Ḥ-Ḥ 180
Ś-K-J 193
Ś-L-L 185f.
Ś-L-M 183
Ś-M-L 183
Ś-M-R 183
Ś-M-T 184
Ś-R-ʾ 186f.
Ś-R-R 186f.
Ś-R-J 186f.
Ś-Ṣ-Ṣ 264
Ś-J-ʿ 180
Ś-W-K 193
Ś-W-L 185f.
Ś-W-N 195
Ś-W/J-Ś 228
Ś-W-J 180
S-ʾ-P 246
S-K-R 257
S-L-ʾ 185
S-L-D 191
S-L-L 185
S-L-J 185
S-N-N 251
S-N-J 251
S-P-D 249
S-R-K+ 256
S-R-R+ 187
S-R-W 187.272
S-S-R 192.260
S-T-R 195.258
S-W/J-Ḥ 267
S-W-L 252
S-W-P 245

Ṣ-B-B 247
Ṣ-B-J/ʾ 247
Ṣ-L-Q 247
Ṣ-W-L 262
Ṣ-W-R 262

T-ʾ-L 227
T-ʾ-R 227
T-B-L 232
T-K-L 241
T-M-M 107.250
T-N-J 64
T-P-L 233
T-Q-N 241
T-R-K 238
T-W/J-R 235.238

Ṭ-B-L 156.232
Ṭ-W-B 160.231
Ṭ-W-L 252

Ṯ-M-R 183.270
Ṯ-P-Ṭ 115
Ṯ-R-R 187
Ṯ-R-J 189
Ṯ-W-B 47.181
Ṯ-W-R 187
Ṯ-W-J 180
Ṯ-M-D 184
W/J-ʾ-L 26
J-D-ʿ 63.229
W-D-D 138.261
J-G-R 62
J-Ḥ-M 58
J-P-ʿ 52f.
J-P-J 54
W/J-R-D 57
W-R-M 80
W-R-N 80
J-Š-R 189
W/J-S-D 139f.
W/J-T-N 64
J-T-N 63.136
W/J-T-R 85.137
J-Ṯ-ʿ 60
W-Z-N 80
W/J-Z-J 229

Z-B-B 247
Z-B-D 247
Z-B-R 249
Z-B-W/J 247
Z-L-G 264
Z-M-R 249
Z-N-N 251
Z-P-P 246
Z-P-T 249
Z-R-ʿ 122
Z-R-Q 264
Z-R-J 254
Z-W/J-ʿ 298
Z-J-D 258
Z-W-Ḥ 256.267
Z-W-L 262
Z-W/J-N 251
Z-W-R 262
Z-W/J-Z 259
Ẓ-L-ʿ 264
Ẓ-L-L 235
Ẓ-P-R 262
Ẓ-W-R 262

2. Personennamen

Ein vor das Stichwort gesetztes / bedeutet, dass an der angegebenen Stelle auf die Verwendung des entsprechenden Elementes in dem betreffenden Onomastikon verwiesen wird, ohne dass Einzelbelege zitiert werden.

2.1 Hebräisch/Altes Testament

Das Register enthält auch alttestamentliche und epigraphische Belege, die in ihrer Etymologie sprachlich nicht eindeutig hebräisch/nordwestsemitisch sind oder die aus nachalttestamentlicher Zeit stammen. Zusätzlich sind die zitierten epigraphisch bezeugten ammonitischen (amm.), moabitischen (moab.) und edomitischen (edom.) PN hier nachgewiesen. Amal.= amalekitisch; talm.= talmudisch

ʾᵃbî, ʾby	17	ʾᵃḥîšār	199	/ʾmr	55
ʾbgd/r	20	ʾjᶜdh	76	ʾôn, ʾônî, ʾny	24
ʾbjḥj	164	ʾākîš	47	ʾinjāʾ, ʾinjānî	
ʾᵃbîḥajil	169	ʾl, ʾēlā, ʾlʾ	26	(talm.)	24
ʾᵃbîtal	235	ʾᵃliʾātā	48	ʾnjhw	23f.
ʾäbjātār	85	ʾljbr (amm.)	162	ʾônam/n	24
ʾabnēr	143	ʾljdn	63	ʾinnî (talm.)	24
ʾᵃbîšûr	199	ʾᵃliḥōräp	114	ʾᵃnîᶜām	23.29
ʾāgēʾ	45	ʾᵃljahbāʾ	172	ʾassîr	41
ʾᵃgāg/ʾᵃgag(amal.)	46	ʾäljāšîb	55	ʾᵃpîᵃḥ	115
ʾagûr, ʾgwr	46	ʾûlām	27	ʾappajim	288
/ʾadōn	49	ʾlmg	85.135	ʾᵃrā/ʾrʾ, ʾᵃrîʾēl	33
ʾåhäl/ʾîʾab, ʾöhäl		ʾᵃlîmäläk	35	ʾrjhw, ʾrjw	33
ʾwhl	106	ʾlmšl (amm.)	55	ʾard, ʾardôn	39
ʾûzaj	49	ʾēlôn	28	ʾᵃrawnā	36
ʾåznî, ʾᵃzanjāhû	90	ʾēlᶜādā, ʾlᶜdh	76	ʾāraḥ	37
ʾᵃḥîʾām	21	ʾᵃlîpaz	121	ʾᵃrān, ʾōrän	36
ʾaḥban	89	ʾᵃlîpāl	109	ʾarnān, ʾårnān	36
ʾaḥlaj	87	ʾᵃlîpälät, ʾlplt	112	ʾᵃśarʾēl, ʾaśrîʾēl	42
ʾᵃḥîman/mān	126	ʾlśgb	192	ʾśʾ	43
ʾḥṣr	122	ʾᵃlîšāpāt	116	ʾäsbaᶜal	43
ʾᵃḥîraᶜ	35	/ʾm	21	ʾašḥûr, ʾšḥr	44

ʾîšaj 43
ʾtʾb 48

b^{eʾ}ērā, b^{eʾ}ērî 128
bk, bky 97
bēkär, bäkär 98
bōk^{e}rû 98
b^{e}kôrat 98
bilgā, bilgaj 93
bäla^{c} 91
/bn 89
bānî 89
bûnā 89
bunnî 89
bin^{c}ā 91
bēsaj, bsy 96
b^{e}sôdjah 96
b^{c}jh, b^{c}jw (Bar Kochba) 84
/b^{c}l 68
ba^{c}al, b^{c}l, b^{c}lʾ 87
b^{c}lzmr 263
bäṣär 226
b^{e}rāʾjāh 95
barzillaj 226
bitjā(h) 99

g^{eʾ}ûʾēl 94
gʾljhw, gʾlhw 209
gôg, ggj 225
gad, gaddî, gdj 204
gaddîʾēl, gdjhw 204
gāzēz 222
gālāl 224
/gml 134
/gmr 134
ginn^{e}tôn/j 211
/gēr 209
gērā, grʾ, grj 212.283
grjhw 212
garmî (Gentil.) 224
gšmj 61
gêšān 219

diblajim 148
d^{e}bîr, dibrî 148
d^{e}bôrā 147
dgʾ 261
/dōd 244.258
dāwîd 262
d^{ec}ûʾēl, d^{c}wjh 229

häbäl 162
hglnjh 62
hillēl 163
haṣṣōbēbā 247
hṣlʾl (amm.) 149.162
hṣljhw 149.162
hrjhw 162
hārān 163

zabbaj 247
z^{e}būl, z^{e}bûlûn 92
zôḥēt 256
/zkr (*ḏkr) 257
/zmr (*ḏmr) 263
zimrî, zmrjhw 263
zî^{c}a 298
zîp, zîpā 245
zāzā, zîzā 259

ḥōbāb, ḥubbā 172
ḥ^{a}bājāh 172
ḥäbär, ḥäbrôn 166
ḥ^{a}ṭîṭā 172f.
/ḥjj 164
ḥälʾā 168
ḥēläd, ḥäldaj 177f.
ḥuldā 178
ḥēläm 59
ḥäläṣ, ḥlṣ, ḥlṣjhw 177
ḥmjʾhl, ḥammûʾēl 58
ḥmdʾ, ḥämdān 168
ḥ^{a}mîṭal 58.144.168.235
ḥammat 168
ḥ^{a}nam/nʾēl 59
/ḥnn 59
ḥäṣrô, ḥäṣraj, ḥäṣrôn 174
ḥ^{a}qûpā 115
ḥûr, ḥûrî, ḥûraj 169
ḥārēp, ḥrp 114
ḥārûṣ 226
ḥäräš, ḥaršā 170
ḥ^{a}tat, ḥtt 39,172f.

ṭ^{e}baljāhû 232
/ṭwb 231
ṭāpat 46.234.249

jabîn 89
jibḥar 52
jigʾāl 209
jȧglî 62
jadôn 64
jdnjhw 63

/cbd (auch amm.) 66
cēbāl 65
cōg, côg 75
cādā 76
cadîʾēl, cadājāh (und jehôcaddā) 76
ciddô
côdēd 76
cadlaj 77
cazûbā 238
/czr (*cḏr) 78
caṭārā 77
cakbôr, ckbr, amm. ckbrj 75
cullā 74 Anm.
calämät 224
/cam (*camm) 70
/cmd 71
cāmôs, camasjāh, cǎmaśā, cǎmaśaj, camasā, camaššaj, cmsʾ 71
cênān 72
cǎnanî, cananjāh, cnnjhw 268
/cnt 73
cēpär, cåprā 202
cîr, cîrî, cîrā, cyrʾ 64
cårpā 74
caś(š)wāt 64
cûtaj 76
cattaj, catājāh 76
catlaj 77
cataljāh(û) 77

pedāhʾēl, pedājāh(û), pedāhṣûr, pdjhw, pdh, pdʾ 119
pṭj (Masada Ostr) 119
plʾjhw 108
pallûʾ 108
pelājāh 108
pālāl, pelaljāh 109
päläṭ, pilṭaj, palṭî, palṭîʾēl, pelaṭjāh(û), pltjhw, plth 112f.
päläṭ 113
pūrā 108
pirʾām 108
prpr 108
petûʾēl 118
petaḥjāh 124

ṣîbā 247
ṣbj, sbjʾ, ṣibjā 247
ṣäläq 264
ṣôpar 262
ṣippōrā 262

qeṣîcā 206
/qrḥ 269
qîš(î), qûšājāhû 158

rîbaj 150
/rbj, rbb 150
raddaj 160
/rwm 73
ramʾil (edom.) 73
rmj 152

repāʾēl, repājāh, rāpāʾ, rapûʾ, rpʾ 151
riṣjā 161
rôš 157
räšäp 157
rût 160

śegûb 192
śwk, śkjʾ, śākjāh 193
śalmā, śalmaj, śalmôn 183
śamlā, śamlaj 183
śerājāh(û), śrjhw, śrʾl, śrmlk 186

šāʾûl 84
šbʾl 181
/šwb (*ṯwb) 181
šōbaj, šbj, šbjt 23
šāweʾ 180
šûḥā, šûaḥ 179
šälämjāh(û)
šēläš, šilšā 190
šm 197
šammā 197
šemûʾēl, šmʾb, šmjh 197
*šämäd cj. šämär 184
/šmc 197
šāmac, šmc, šmcj, šimcā 197
šimcôn 182
/šmr 198
šämär, šimrî, šmr, šmrj 198
šimšôn 95

2.2 Amoritisch und Mari-Archive

Die Anordnung folgt Huffmon, 19ff.: A, E, I, U, B, G, D, Z, Ḫ, Ṭ, Y, K, L, M, N, S, P, Ṣ, Q, R, Š, T. Das seither publizierte umfangreiche Namenmaterial in ARM konnte im Rahmen der vorliegenden Arbeit selber nicht analysiert werden, so dass über amoritische PN hinaus auch akkadische Namen und PN unsicherer Herkunft, die in der vorliegenden Untersuchung zitiert wurden, in diesem Register eingeordnet sind.

Abiya, Abbiya 17
Abi-šadī 196
/ʾbn 17
Adi-AN 48
Adudu 49
Adunum 4
/ʾhl 106
Aḫlamu (n.trib.) 59
Ayalum, Ayala,
Ayalan 102
A-la-si-e-el 38
/ʾmr 54
Anāku-ilumma 226
A-an-li-im,
A-na-ba-lu,
A-na-ra-a-bu 24
ʾsd/ʾaśdum 42
Asīrum 41
/ʾp 288
Atti, Attuʾe,
Atti-Addu, Attu,
Attiia 48
Atri-AN 77

Iddinum 50
Ili/eli-Dagan 69
Iliya 26
I-li-la-ka 27f.72
Ilima-raḫê 27
Ili-matar 137
Iluna/ni 27
Ili-naṣir, -natun 27
I-la-ti,Il-la-tum29
Iltani 39

Umiya 21

Ba-da-ra-an 101
/b^{c}l 68
Bakrum, Bakirum,
Bi-ku-ur-tum 98
Ba-lum, Be-e-lum 87
/bn 89
bînum, binûm 89
bun-GN 89
/bānu/bunnu 89
bānû-GN 89

Bu-nu-a-na-ti 92
Bananum, Bannum 93
Būr-Addu/-Mamma/
-Nunu 269
Bāštī-nuṣrī 272
GN-bāštī 272

Ga-i-la-lum 209
Gagum, Gagatum,
Gaganum, Gagiia,
Guganum 225
Ga-da 204
Guzi 222
Gazizānu 222
Gulalan 225
/gml 134
/gmr 134
Ganan, Ganni 210
Gusan 219
Gurum-Addu 212.243
Gurrum, Gurruru 224

/dagan 69

Tappi-ili/Mamma 233
GN-tappê/tappiya 233
Ti-ir-ī-li 235

Tūra-ilī, -Dagan, Tūri-, Tūram-Dagan, GN-tūraya 238

Tūriya 238
Tarabu 237
Tatura 229

2.3 Ugaritisch

Die Reihenfolge ist ả, ỉ, ủ, b, g, d, d̲, h, w, z, ḥ, ḫ, ṭ, ẓ, y, k, l, m, n, s ś, ᶜ, ġ, p, ṣ, q, r, š, t, ṯ.

abdg 261
abiya, abaya 17
ʾgmy 227
ady 48
addu-minu 73
addu-mišlu 55
/ʾdr 52
adram 52
ʾyl, ayln 102
/ʾm 21
/ʾmr 54
ʾrz 40
ašbḥ 61
ʾṯr(y) 41

iḥmn 126
ily, iliya 26
ilḥbn 172
ilmhr 86
ilmlk 35
ilmškl 117
ilrb 34
il-tappa 232
il-taqnu 241
il-ṯtmr 183
išbᶜl, iši-baᶜal 43
ušn 43

bdy, badi 100
bidalaya 100
/bn 89
/bnt 94
bᶜyn 84
/bᶜl 68
bᶜl 87
baᶜal-ʾasi 248
bᶜl-dᶜ
bᶜl-sip 245f.
bri 95
bîtaya, bîte(y)a, bêti-ili(m) 99

gg, ggy, gagaya 225
gadya, gdy 204
gdn 204
gzl 206
glgl 216
glln 225
/gml 134
gmm 210
/gmr 134
gn, gny 210
gir-gišu 212.283
grp 213

dgy 261
/dagan 69
/dōd, dād 244
/dmr (*d̲mr) 263

/ḥwj, ḥjj 164
ḥṭb 173
ḫaya-il, ḥyil 164
/ḥnn 59
ḥry, ḥrr 169

ḫlp, ḫlpu 114
/ḫrd 178
ḫran 290

ṭly, ṭalaya 235

Iaʾ-za-na 64
/ydᶜ 63
/yām 291
ynḥm 56
ypy 54
/ypᶜ 53
yaṣ(ṣ)ubu, yṣb 57
yśr-ʾl (yśr³l) 187
/ytn 63
/ytr 85

/yṯ^c 60

/kwn 118
kmry, kmrn 133
kunap-ili 117
ksyn 218.222
kr 283
krb, kiribānu,
 kiribuya 212
ka(r)rānu, (bin-)
 karūna, krny 214
karūnu 214
kaš$^i/_u$ 220
kušarabi 219
/kṯr 220

^{f}la-e-ia-a 87
laba-abi 150
lg 295
lukaya, lky 294
laliʾu, llit,
 llwn 153

mdd 138
/mlk 130
mlky, mlkyy 130
mll 130
manina, mininu,
 mnn 126
miṣriya, muṣriya,
 mṣry 138
mrṭn 104
mrn 129
/mrr 129f.

/nbʾ 141
nāgirānu 146
/nwr 143
nḥbl 166
nanaya, nny 141f.
/n^{c}m 85
n^{c}r, n^{c}ril 140
naqub-adi 127
niqalā, nqly 146

sudumu 195
slu, sly, slyy,
 slyn, sll, salla 185
sil^{c}ānu 122
sa-am-ú-nu 182
sumu-asa 248
sny 251
snry, snrn 251
ss, ssw, ssn,
 susu 259
(bn-)srd 191

/^{c}bd 67
^{c}bdlbit 150
^{c}gy, ^{c}gw, ^{c}gwn 75
^{c}dl 77
^{c}dr 77
^{c}yṯn 290
^{c}k(?)br, Akbaru 75
/*^{c}amm 70
/^{c}md 71
^{c}my 70
^{c}mlbi/u 150
ammi-maḫ 132
ammi-ištamru 183
^{c}m-ṯtmr 183
/^{c}nt 73

ġlm, ġlmn 224

/pdy 119
pl, ply, pll 109
/plṭ 113
plṭ 113
pilsu, plsb^{c}l,
 pilsiya/uya 112
pr, prt 108
pru 108
prs, prsn, pursanu 110

ṣpr, ṣupari,
 ṣuparanu 262

qrḥ 269
qrrn 225.296

rišn 156
rabbānu, rabbūnu 150
/rwm 73
/r^c 35
rpiy 151
rîṣānu, rṣn 109
/ršp 69.157
ršpy, rišpaya 157
rt 160

/šum 197
šmy 197
šml 183
šmlbu 150
/šm^c 197
šm^{c}y 197
šamrānu 183
šipṭu 116

/šrš 190
/twr 238
tamumu 250
tqn 241
tṯmd 184
/ṯwb 181
ṯmrn 183

2.4 Eblaitisch

Anordnung wie 2.3 (Ugaritisch).

/ʾb 17
a-bù-$^{(d)}$gú-ra 19
abu-watar 85
a-bù-^{d}KU-RA 19
a-bí-tum 20
agga 46
adudu 49
adamu 50
aduna 49
/ʾdr 52
à-la-su 38
/ʾm 21
a-ma, a-mi, am-mi 70
ar-ra-ma-lik 35
arśī-aḫa 38
a-ti 48

IL-ba-da-ar 101
ílum-magú 135
iš$_{11}$-ga-um 94
iš-ra-ìl 187
i-ti-ga-um 94

/ga-um 94
ga-du-um 204
gú-li, gul-la 283
gú-zu-lu$_{x}$ 206

/dōd, dād 244
dab$_{6}$-bù-lu 232

/ḏkr 257
ḏikir-GN 257

/wtr 85

zilu 254
zi-za, zi-zi, zi-zu, zu-zu 260

/ḥwj, ḥjj 164

/ḫāl 169

/twb 231

/yd^{c} 63

kum-ar 133

/la 19
/lʾy 87
lu-lu, lu-la 153
lu-la-il 18

mi-ga-ì, migi-il 135

/n^{c}m 85

/śgʾ 116

/^{c}bd 66

razitum 161
rūṣ-ī 109
rí-ti, ri-TUM 160

/šm 197
/šm^{c} 197

ti-ra-ìl 235

2.5 El-Amarna-Tafeln

Anordnung wie 2.3 (Ugaritisch)

Addumi	50
/ʾmr	54
Arzaya, Arzawiya	40
Ili-milku	35
IR-Tirši (^{c}bd-?)	29
Bieri	128
Bu-ḫe/ḫi-ia	84
Ba^{c}lumme	50
Ba^{c}lu-mehr	86
Baštumme	50
Beti-AN	99
Dagan-takala	241
/ḏkr	257
/ḏmr	263
Ia-lu-na	102
Yapa^{c}-^{d}IM, Yapa^{c}u	53
Yanḫamu	56
Yapaḫi	52
Kalbāya	211
Kuniya	118
Kuzuna	297
Le-e-ia	87
Labʾāyu	150
^{c}Abdi-Riša	157
Aziru	78
/*^{c}amm	70
^{c}Ammištamru	183
Rabi-AN	150
/rwm	73
/rpʾ	151
Šābī-AN	181
/šm	197

2.6 Phönizisch-Punisch (einschliesslich "kanaanäisch")

Anordnung wie 2.1 (Hebräisch)

/ʾb	17
/ʾbn	17
ʾd, ʾdy	48
/ʾdn	49
/ʾdr	52
ʾwn	24
ʾhlb^{c}l, ʾhlmlk	106
ʾḫlḥy (Qedar)	19
ʾynʾ	102
/ʾm	21
ʾnk	226
ʾsrgn	210
ʾšʾ	43
byy	88.291
bkʾ	97
/bēl	69
blʾ	96.232
/bn	89
bn^{c}nt	92
/b^{c}l	68
b^{c}lpls	112
gʾn	94
gdʾ, gdy	204
gm	210
/gmr	134
gnn	210
grʾhl	106
grb^{c}l	212
grn	214
grs	215
grs	215
dbr	147

2.7 Aramäisch

Anordnung wie 2.1 (Hebräisch). Zu keilschriftlichen Transkriptionen s. auch bei 2.9.

ʾbʾ, ʾby 17
ʾbn 17
ʾbntn 18
ʾbsly 185
ʾgry 46
ʾdʾ, ʾdy, ʾAdda(y) 48
Adad-takkal 241
ʾdnlrm 19.49
ʾdšmy 197
ʾzn 90
ʾḥymn 126
ʾṭy 48
ʾyš 43
ʾkdy 228
ʾly 26
ʾlgrpw 213
ʾlmnny,
ʾEl-manāni 126
ʾlstr 258
ʾlšgb 192
ʾlty 28
Ilu-atakala 241
ʾnn 24
ʾsy, ʾassi 248
ʾšy 43
ʾšbʿl 43

bʾry 128
bkʾl 97
/bēl 69
bnn 93
bsʾ, bsy, bss 96
/bʿl 68
/br 95
brgʾyh (Bar-gaʾyā) 93
bt, bty 99

/gd 204
gwzy 222
glgwl 216
glgl 202.216
/gmr 134
/gml 134
gnʾ 210
gnt 210
grmʾlhy 224
grmn 224
grṣpn 212.283
gšm 61

/dgn 69
/dād 244
dydy 261
/dkr (*ḏkr) 257
/dmr (*ḏmr) 263

Hadad-sagab 192
Hadad-sa-ka-a 193
hdrqy 161
hdtkl 241
hṣwl 149.162

zby 247
/zmr (*ḏmr) 263
zrʿl 122

ḥblkn (Ḫabilkīnu) 166
/ḥwj, ḥjj 164
ḥwr, ḥwry 169
/ḥwrn (Ḥaurōn) 170
ḥldy 178
ḥlpw 114
ḥlṣʾ 177
ḥmṭṭ 168
/ḥnn 59

ṭb 231
ṭby 231.247
/ṭwb 231

ybḥrʾl 52
ygʾl 209
/ydʿ 63
ydwʿ, ydʿl 63
yhwṭl 235
yḥwt 172
ypʿhd 53
ytwm, ytwmh, ytmʾ 107
/ytʿ (*yṯʿ) 60

kmrʾlh 133
knny 117

2.8 Akkadisch

Die Reihenfolge ist A, B, D, E, G, H, I, Y, K, L, M, N, P, Q, R, S, S, S, T, T U, W, Z. S. auch die akkadischen PN bei 2.2 aus Mari und die keilschriftlichen Umschreibungen westsemitischer PN bei 2.9.

Abitî 20
Abkallu 20
/Abu 17
Abu-bani 18.89
Abuni/nu 18
Abu-šalim 18
^{d}Adad-bēla-kaʾʾin 252
^{d}Adad-tuqqin 241
Adīdum 50
Agû(i)a 46
Agru 46
Aḫi-lūmur 29
Aḫua-atta 48
Aḫumma 289
^{fd}Ai̭a-kuzub-mātim 19
/Alu 35
GN-alik-idīya 72
Ali-mālik 35
Ana-bābiša-ēmid 29
Anāku-ilumma 226
Ana-^{d}Šamaš-takil 241
Aqāl-ana-Marduk 46
Aqar-aplu, -Nabû 46
Arkat-ili 82
Aranu 36
Asuʾu, Asû 248
Aššur-aḫḫē-balliṭ 188
Aššur-daʾʾin-apla 188
Atta-ilumma 48
Atta-šu 48

^{f}Bakratum 98
Bakûa 97
Bakuratum 98
/bani 89
Basi, Basiya 97
GN-bāštī 272
Bāštum 272
^{f}Bāu-asât 248
^{d}Bēl-aḫḫē-uṣur 188
^{d}Bēl-aḫḫē-ušabši 188
^{d}Bēl-gūzu 222
Bēlī-asûm 248
Bēlit-asât 248
^{f}Bilti-marṣat 47.159
Bītum-māgir,-šēmi 99
Būr-^{d}Adad, -anate, -dada, -nāṣir, -Sin, -šar 268f.

/dād 244
Daqqum 260
GN-dumqi 19

GN-emūqi 19
^{d}Enlil-dūršu 29
Erība-Sin 55

Gagu, Gaggiya 225
Ga-lí-bu-um 211
/gml 134
^{fd}Gula-asât 248
Guziia 222
Guzulu 206 Anm.
Ḫabit-Sin 175
Ḫameya 175
Ḫatāʾu 179
Hurasanum 226

Ibne-GN 18
Idāya-alki 72
Iddin-GN 50
Iddina, Iddinaia 50
GN-idi 19
Idīnanni-ilī/Šamaš 50
Igāršu-ēmid 30
Ilaya, Iliya 26
Ilam(AN)-kurub 211
Ilānum 28
I-le-i-li 87
Ilī-aḫḫē-iddinam 188
Ilī-asî 248
Ilī-erīṣa 109
Ili-LUGAL-šu 190
Iliš-tikal 241
Ilī-tūram 238
Ilī-zaninī 251
Ilu-liʾ 87
DINGIR-li-indar 19
Iluma 27
Ilum-asûm 248

Za-ba-a-a,
Za-ab-ba-a 247
/zakāru 257
/zaninu 251
Zarqā 264
Za-za-a 259
Zēr-Ištar 122

2.9 Keilschriftliche Transkriptionen westsemitischer PN

Die Auflistung erfolgt nach der Reihenfolge von 2.8 (Akkadisch). Umschriften aramäischer PN sind z.T. auch bei 2.7 aufgeführt.

/adunu 49
Agburu 75
A-gi-ri,
Ag-gi-ri-ia 46
Aḫ-ʾ-a-ìl 102
Akbiru,
[AK]-bar-tú 75
Amsi 71
Asdudaia 42
A-si-i 248
Atar-suri 199

Ba-a-a 84
Ba-ḫe-e 84
Ba-hal-la,
Ba-a/al-lu 87
Ba-ḫa-tu 83
Ba-ka-a-ìl 97
Ba-(a-)ku-ú-a,
Bi-ik-ku-a 97
Bali-māni 126
DUMU-an-ta-m[a] 92
Bi-i-sa-a 96
Bu-na-a 89
Būr-anate 92

Di-di-e 261

Em-ma-a 22

Ga-a-ʾ-du-ru 94
Ga-ʾ-ú-ni 94
Ga-da-a/ʾ 204
Galalan(u),
Galūlu 224
Guziia 222

/^{c}bd 66
Ḫa-ba-tu 83
Ḫabililu 166
/ḫlp 114
Ḫal-li-ṣi 177
Ḫa-am-da,
Ḫa-ma-da-ʾ 168
Ḫam-ṭu-ṭu 168
Ḫu-ul-da-ʾ 178
Ḫu-ra-a 169

I-ka-ú-su 47
I-la-a 26
Il-iá-ta-a-nu 64
Ilum-ḫabil 166
DINGIR-palṭi 113
Iš-Dagan 43
Ištar-māni 126

It-ni-ìl 64

Yapaḫum 52
Ia-lu-na 102
Ia-ta-ma 107
Ia-tá-nu-um 64
Ia-at-na-a-ra-aḫ 64
Ia-ta-a-te 83

Kamaru 133
Ka-ti-ri 83
Ki-e-a-a 208
Kumri 133
^{d}Kura-aliʾ 102

La-anti 158
La-^{d}Nergal 158

Mananu 73
Mattanittu/attu,
Mattattu(-GN) 136
Me/Mi-ti-in-ti 136
Mit-ra-a 137
Mu-da-da 138
Muṣuri 139

Na-ba-a-a 141

Na-ar-me-na-a 125

Pa-da-a 119
/pdy 119
Pa-l(a)-ṭi-ia,
 Pal-liṭ-ia-u,
 Pa-la-ṭa-a-[a] 113
Pa-li-ṭu, Pal-ṭi-i 113
Pi-li-ia-a-ma 109

Qu-da-nu 204

Ra-ḫi-ia 161
Ra-pa-a 151
Re/Ri-šá-an-na 157

Sagab, Sa-gi-bu,
 Sa-gib-ilu 192
Śá-ma-aḫ-ú-nu 182
Sa-at-tu-ru 258
ᵈSiʾ-a-ali 102

GN-si-ti-ri-i,
 -sit-ri 258

Ša-ku-ú-ḫu 193

Ṭa-bi-i/ia 247

Urdānu 39

Zir-na-eme 122

2.10 Früharabisch

Die Anordnung folgt dem arabischen Alphabet (so Harding): ʾ, b, t, ṯ, ǧ, ḥ, ḫ, d, ḏ, r, z, s, š, ṣ, ḍ, ṭ, ẓ, ᶜ, ġ, f, q, k, l, m, n, h, w, y.

ʾbʾmhr 86
ʾbt 20
ʾbǧr 20
ʾbšwr 187.199
ʾblǧ 93
ʾbn 18
ʾbyn 18
ʾṯr, ʾṯrt 41f.
ʾǧ, ʾǧʾ, ʾǧt 45
ʾǧr 46
ʾǧm 227
ʾḥ 41
ʾḥb, ʾḥbh 172
ʾḥḥ, ʾḥḥt 41
ʾḥd 41
ʾḥšrn 143
ʾḥmd 168
ʾḥyd 41
ʾd, ʾdd 48f,
ʾdm 50
ʾḏn, ʾḏnn, ʾḏnt 90
ʾr, ʾrʾ 33
ʾrb 35
ʾrḫ 37
ʾrḏ 40
ʾrz, ʾrzʾ 40
ʾrzn 265
ʾrs 41
ʾrš 38
ʾrṣ 265
ʾz 49
ʾs 43
ʾsḥrn 44
ʾsḥl 45
ʾsḥm 44
ʾsḫr 200
ʾṭwd 50
ʾf, ʾfy 288
ʾqf 201
ʾkf, ʾkyf 47
ʾkyt 228
ʾlzn 251
ʾls 41
ʾlšwr 187
ʾlbḥr 52
ʾlrd 57
ʾlᶜ, ʾlᶜt, ʾlᶜy 34
ʾlᶜlf 74
ʾll 37
ʾlmlk 35
ʾlm 27
ʾlwtr 85
ʾlyt 28
ʾmr, ʾmrʾl 55.103
ʾmrd 103
ʾmy 103
ʾn, ʾnʾl, ʾnn, ʾny 24

slk 256
sly 186.199
sm, smm, smmy, smmt 250
smʾl, smw, smy 197
smr, smrʾl 198
smʿ, smʿʾl 197
sn, snn, sny(n) 251
swd 196
swdn 258
swr 187
swl 252
syfm 246

śmr (südarab.) 184

šb, šby 180
šbḥ 61
šbḥnr 61
šǧʾ 116
šǧʿ 116
šḥ 180
šdm 196
šr, šrʾ, šry 187
šrt 191
šrʿ 199
šzʿ 196
šzn 240
šśrm 192
šḍʿ, šḍʿt 196
šʿr, šʿrʾl 145
šk 193
šl 186
šmt 184
šmr, šmrm 183
šmʿn 182

šwr 187
šwn 195
šwy 180
šy, šyʾ 180

ṣb, ṣby 247
ṣfrh 262
ṣmr, ṣmrʾ, ṣmry 263

ḍb 247
ḍrǧn 264
ḍfr, ḍfrn 262
ḍmr 263

ṭb 231
ṭrbʾl 237
ṭf 249
ṭwl, ṭwlʾl, ṭwlkrb 252
ṭwy, ṭwyn 230

ẓbym, ẓbyh 247

ʿbt 65
/ʿbd 67
ʿbdḥt 174
ʿbṭ 65
ʿbl, ʿblm 65
ʿt 76
ʿtr 77
ʿty 76
ʿdʾ, ʿdt 76
ʿdr 77
ʿdl 77
ʿḏr 78
ʿrṭ 74
ʿrf, ʿrfn 74

ʿkbr 75
ʿlt 74
ʿlf 74
ʿm, ʿmm 70
ʿmt, ʿmmt 71
ʿAmā (modern) 70
ʿmy 70
ʿmd 71
ʿwt 76
ʿwd 76
ʿwr, ʿwrt 64
ʿwl, ʿwlt, ʿwlth, ʿwln 65

ġdn 205
ġzr 206
ġzl 206
ġḍbt, ġḍbm 159
ġfr, ġfrʾl, ġfrt, ġfrm 202
ġll 225
ġw, ġwyt, ġy 201
ġyr 135

fty 118
fdy 119
fr, fry 108
frʾ 108f.
frt 113
frṯ 110
frd 113
frš 110
frk 111
Farwa (modern) 109
fzl 120
fšǧ 116

hrn 163
hknf 117
hll, hllt 163
hwḥd 41
hwrʾ 82
hyʾ 265

/wtr 85
wtrʾl 85
wḥd 41
wrʾ 82
wrd 57.84
wrdʾl 84
wrl 81
wrn 80
wznt 80
wky 15
wld 84
wll 81

ybḥrʾl 52
ytm 107
/yṯ^{c} 60
yṯmr 183
yḥm, yḥmʾl 58
yḥmd 168
yḫld 178
yḫm'l 175
/yd^{c} 63
yd^{c}ʾl 63
yr, yrt 57
yrd 57
yšrʾl 187
yf^{c} 53
yqf 201
ykml 134
yhḥmd 168
yhrʾl 162

2.11 Nabatäisch

Anordnung wie 2.10 (Frühambisch).

ʾbgrw 20
ʾbyn 18
ʾgm, ʾgmh 227
ʾḥršw 170
ʾrybh 35
ʾsd 42
ʾšwdw, ʾšwdt 42
ʾlʾgmw 227
ʾlʾḥršw 170
ʾlbryw 95
ʾlgršw 215
ʾmt, ʾmh 21
ʾmrʾl, ʾmrw 103
ʾwšw 43

bʾw 88
brʾw 95
bryʾw 95
bkrw 98

gdṭb, gdw 204
gdyw 204
grrh 224
gršw 215
grmʾ, grmʾlb^{c}ly, grmʾlhy, grmb^{c}ly, grmlhy, grmw, grymw 224
gzyt 223
gšmw 62
glsy 215

ḥbʾlhy, ḥbw, ḥbybw, ḥbyw 172
ḥbwrʾ 166
ḥrtt, ḥrytw 170
ḥršw 170
ḥrw, ḥry 169
ḥššw, ḥšwšw 178
ḥṭbt 173
ḥldw 178
ḥlpw 114
ḥlyṣw 177
ḥmydw 168
/ḥnn 59
ḥwrw 169
ḥyʾl 165
ḥyt 172

dblʾ, dbylt 148
dwdw 244
rbʾl 150
zwʾl 252
spṭʾ 116
šby 180
šgy 116
škwḥw 193
šlʾ, šly, šylt 200
/šly 186
šmtw 184
šmrw 183
ṣwbw 247

ʿbt 65
ʿbd 67
ʿbṭt, ʿbṭh 65
ʿbyd 65
ʿlt, ʿly 74
ʿmʾw, ʿmmw 70
ʿwty 76
pdyw 119
prʾn 108
prwn 109
pṣʾl, pṣy, pṣyw 124
qrḥ 269
qypw 201

krnw 214
kmwlt 134
kyw 208
lbʾ 150
mtnw 136
mḥlmw 59
mrdw 104
mṣry 139
mʿyrw 135
/mlk 130
nṣrʾlhy, nṣrw 149
nʿrt 140
/nʿm 86
nqlw 146
nqybw 127
nqydw 147
nny 141
wrdw 84

2.12 Palmyra

Anordnung wie 2.10 (Früharabisch).

ʾbnʾ 17
ʾblʿly 19
/ʾdn 65
ʾzn 90
ʾrwnʾ 36
ʾsd 42
ʾsyʾ 248
ʾklb 211
ʾlṭy 28
ʾmtʾ 21
ʾnʾ 24
ʾnbt 290
ʾyšʾ 43

ʾywn 102
bsʾ 96
bʿʾ 84
/bʿl (bl) 68
bkrw 98
bny, bwnʾ 89
tbll 232
gdʾ, gdyʾ 204
grmy 224
glʾ 225

gmlyʾ 134
gmlt 134
gwrʾ, gwry 212.243
ḥbʾ, ḥbbt, ḥbwb,
ḥby, ḥbybʾ, ḥbyby 172
ḥbry 166
ḥtʾ 172
ḥty 173
ḥrʾ 169
ḥršʾ, ḥršw 170
ḥšš 178
ḥldʾ 178

2.13 Hatra

Anordnung wie 2.10 (Frühararabisch).

ʾbʾ, ʾby	17	zrqʾ	264	ᶜyny	72
ʾtlw	41				
ʾzn	90	šbw	180	qpʾ	201
ʾšʾ	43	šrṭʾ	191	qwpʾ	201
		/šly	186		
blgw	93	šly	200	krsʾ	215
		šmšlṭb	19		
gdʾ, gdy	204	šmᶜnw	182	mᶜyrw	135
gdwt	221			/mlk	130
grmlt, grmʾlt	224	ṭpsrʾ	122		
gwsn	219			/Nabû	141
		ᶜbʾ	247	nṣrw	149
ḥbʾ, ḥbyb	172	ᶜbnʾ, ᶜbny	65	nny	141
/ḥwy, ḥyy	165	ᶜbyd	65	nw/yhrʾ	143
		ᶜgʾ	76		
rby	150	ᶜḏr	78	hblʾ	162
/rpʾ	151	ᶜlt, ᶜltʾ	74	wrdn	84
rpʾ	151	ᶜnny	268	ydyᶜw	63

2.14 Griechische und lateinische Transkriptionen westsemitischer PN

Die Anordnung entspricht dem griechischen Alphabet. Zwei ebenfalls hier verzeichnete nichtsemitische PN sind mit + gekennzeichnet.

+ αγχους	47	Ιαγβης, Γαβης	159	Ορεχ	37
αλλαταιου	28			Ρουμος	152
αρες	170	Μαθθαναθ	136	Σαβεις	181
βαλγα, βελγα	93	Μακκαβαιος	127	Σαλουιος	185
βασσος	96	Μαλλαιος,		+ ταρκυννις	239
γαρμος	224	Μαλλεος, Μιλλαιος	130	Ωλα	74 Anm.
Ζιββαιος	247	Μογεαιρου	135	Aulus	74
Ζαβυλλος	92 Anm.	Ναγδας, Νεγιδ	147	Zabulius	92

3. Lexeme

Die folgenden Register führen Lexeme der verschiedenen semitischen Einzelsprachen auf, die zusätzlich zu PN und Verbalwurzeln in der Diskussion des Namenskataloges zitiert wurden. Für Verbalwurzeln s. das Register 1., für Lexeme als Bestandteile der einzelnen Onomastika bei 2.1-2.13. Die Anordnung entspricht derjenigen bei 2. (zusätzlich hier 3.6 Sabäisch, 3.7 Äthiopisch).

3.1 Hebräisch

* bezeichnet ein allgemein nordwestsemitisches Zitat.(bzw. rekonstr. Form).

ʾgj (samar.) 46
ʾgh (talm.) 45
ʾēgäl 46
ʾăgam 227
*ʾāgēm 227
ʾ^{a}dōn 49
ʾaddîr 51
ʾōhäl 105
ʾwwz (mittelhebr.) 49
ʾûlām 27
ʾôn 24
ʾåznî 90
ʾäḥād 41
ʾaj 267
ʾ^{a}jil 102
ʾ^{a}jāl 102
ʾajjāl 102
*ʾäkäp 46
ʾukkāp (mittelh.) 46
ʾallôn 27
ʾāmā 21
ʾān 29
ʾānā 29
ʾ^{a}nî 29
ʾ^{a}nāk 226
ʾānōkî 226
ʾānnā 29
ʾāsîr 41
ʾ^{a}rî, ʾarjē 33.51. 243
ʾäräb, ʾōräb 34
*ʾrz 40
ʾōraḥ, ʾōrē^{a}ḥ 37
ʾōrän 36
ʾîš 43
ʾēšäl 42

baḥan 188
*bin 89-94. 268
*bint 94.100. 268
bäkär, b^{e}kōr, bākîr, b^{e}kîrā, bikrā, bakrî, bikrî, bikkûrā 98
bar 95

gāʾôn 94
gib^{c}ōl 277
*gadd 204.222
*gadj 204
g^{e}dûd, g^{e}dûdā 222
gôzāl 205.207
gûr, gôr 212.243 285
gz (mittelhebr.) 223
gulgōlät 216
gan 211
gåprît 202
gēr 212.283
*gargēr 217
gäräm 224
gäšäm 62

dāʾā 207
d^{e}bēlā 148
dōbär 122
dĕbôrā 147
dāg 261
dajjā 267
daq 260

har 162

z^{e}būl 92.249
zaḥtān (mittelh.) 256
zîz 259
z^{e}môrā 249
zimrā 263
zäpät 249
zäraʿ 122

ḥabaṣṣälät 165
ḥābēr 166
ḥaj 164
ḥajil 169
ḥäläd 178
ḥōläd 178
ḥ^{a}lî, ḥäljā 168
ḥām 58
ḥämäd 168
ḥōmät 144,168
ḥāmēš, ḥ^{a}mîsî 166
ḥāṣēr 174
ḥōr 169
ḥäräb 114
ḥōräp 114
ḥäräš 171
ḥārāš 171

ṭal 235
ṭālä 235
ṭippā 249

jäläd 58
jārēk 231
jēš/ʾîš 43
jātôm 106

kō^{a}ḥ 218
käläb 211
kälaḥ 215
kalkōl 216
kōmär 133
kānāp 117
kar 214.283
kōr 80.283
karpas 213
kārēś 215
kôšārā 220

lābîʾ 150
lōṭ 160
l^{e}ṭāʾā 160

māgôr 135
māzä 139
mizlāg 264
mikmār 133
mikmärät 133
manʿammîm 86
massad 139
môsad, môsādā,
mûsādā 139
mēʿä 292
*maṣṣārā 138
māṣôr 138
m^{e}ṣûrā 138
miṣrî 138
maqqäbät 127
mattān, mattānā 136

nāgîd 146
nāhār 143
nûr 142
nāḥāš 144
n^{e}ḥōšät 144
nîn 142
naʿar 140
nēṣär 149
nāqōd 147
nōqēd 147
n^{e}šāmā 23

sûḥā 256
sûs 259
sûpā 245
sîs 259
sîrā 255
sälaʿ 122
sam 250
sar 255
sētär 258

ʿadal (mittelhebr.) 77
ʿawîl 64
ʿûlā (mittelhebr.) 65.74
ʿiwwēr 64
ʿajin 72
ʿajir 64
ʿakbār 75
ʿälām 224
ʿammûd 70
ʿōpär 202
ʿaṣṣäbät 159
ʿāṣēl 78

pôl 233
pûrā 108
par 108
päräʾ 108

pärî 108
p^{e}rāzî, p^{e}rizzî 112
pištā 185
pätî 118

ṣāb 246
ṣ^{e}bî 247
ṣawwār 262
ṣämär 263
ṣāpîr 262
ṣippôr 262
ṣar 361

qēbā 158
qôp 201
qāṣēr 205

rāsîs 156
rōš, rîšôn 156
rē^{ca} 35.237

śaggîʾ 116
śî^{a}ḥ 179
śimlā 183
śar 186.188

šābaḥ (nachbibl.) 61
šālōš 190
šēm 197.272
ša^{c}ar 145
š^{ec}ōrā 144
šātîl 194

taʾ^{a}wā 230
tōʾar 227
tûgā 261
tōm 164
*tamúm 250

3.1 Ugaritisch/Amoritisch/Eblaitisch (U = Ugar., A = Amor., E = Eblait.)

ʾad (U) 48.50
ʾajl (U) 102
ʾaln (U) 27
ʾank (U) 226
ʾarḫ (U) 37

ʾidn (U) 90
ʾil (U) 102

ʾuz (U) 49

bidalu (U) 100.267

gn (U) 211
gappu (U) 201
gulu(m) (E) 19
galgal (U) 216

dʾay (d^{3}j), dʾiy (U) 207
dblt (U) 148

wazanum (E) 80

ḥbr (U) 166
ḥayy (U) 164
ḥmd (U) 168
ḥrš (U) 170
ḥrṯ (U) 170

ḫibrum (A) 166
ḫbt (U) 175
ḫāl (A, E) 169

kṯr, Kōṯar (U) 220

llʾ (U) 153
lalaʾum (A) 153
lulû (E) 153f.

maḫ (U) 132
mr (U) 129

nāgir (U) 146
nqd (U) 147

samu/sumu (A) 183.197

^{c}dr (U) 77

ġlm (U) 224
ġpr (U) 202

riš (U) 156
rš (U) 156

šudururu (U) 195
šḥt (U) 179
šum(u) (U) 182.197

thwt 230
tp 232

3.3 Phönizisch (und 'Kanaanäisch')   (EA = El-Amarna-Glossen)

ʾgdd	222
ʾmt	21
ʾnk/ʾnki	226
anuki (EA)	226
gm	210
gr	285
ḫaia (EA)	164
hr	162
ḥrš	170
^{kur}kaši (EA)	220
mwdd	138
mṭr	137
mn^{c}m	86
nuḫuštu (EA)	144

3.4 Aramäisch

(syr. = syrisch, äa. = ägyptisch-aramäisch, ja. = jüdisch-aramäisch, mand. = mandäisch; sofern im folgenden spezifiziert)

ʾwwzʾ (ja.)	49
ʾwš (äa.)	43
*ayl	102
ʾiyāla (syr.)	102
ʾukkāpā, ʾakpā, ʾukpānā	46f.
ʾānka	226
ʾr (äa.)	33
ʾarwānāʾ (syr.)	36
ʾarnā (syr.)	36
br	95
gzʾ (ja.)	223
gallā	224
ginna/gintā	211
gap	201
gurgur (mand.)	216
gūryā dʾaryā	243
dmr	263
habbala (syr.)	162
wāzā (syr.)	49
zūgallā	206
zûz	259
ḥamṣalaitā (syr.)	165
ḥarrāšā	171
ṭall	235
m^{ec}î	292
mṣr	138
mārēʾ	129
mrtʾ	131
nôbā (ja.)	141
nînyāʾ	142
s^{e}ṭam	196
smk	71
sammāʾ	250
š^{ec}ārtā	144
srad (syr.)	191
^{c}adal (ja.)	77
^{c}aw^{e}lā (ja.,syr.)	65
^{c}ytʾ	156
^{c}rʾ (ja.)	36
pîlāʾ	109
ṣîbā	247
qṣr (ja.)	205
ryb (ja.)	150
rātāʾ (syr.)	160
śagib	192
š^{e}ḇaḥ (syr.)	61
šûr	198
šätäl (ja.), š^{e}tîlā, šitla (mand.), šetlā, šētēltā (syr.)	194
tuklana (mand.)	241
tlītā (syr.)	235
tāpsārā	122

3.5 Arabisch

ʾabal 162
ʾaṯir 42
ʾaṯl 42
ʾaṯīl 42
ʾaǧr, ʾaǧir 46
ʾaǧamm 227
ʾaǧama 227
ʾuǧum 227
ʾaḥad 41
ʾaḥaṭṭu 173
ʾadd 48
ʾiḏn 90
ʾuḏun, ʾuḏaina 90
ʾarzāʾ 40
ʾasad 42
ʾaṭwada 50
ʾafaḫa 115
ʾukāf, ʾikāf 46
ʾaklab 211
ʾalaṭṭ 28
ʾimruʾ 55.103
ʾahl 105
ʾābat 20
ʾāṯir 42
ʾaus 43
ʾāla, ʾawwal 27
ʾāma 21
ʾānuk 226
ʾayyil, ʾiyyal, ʾuyyal 102

badd 100
badr 101
baṭṭa 100
baṭal 101
bakr, bikr 98
biss 96
bās 96

tabb 231
tabla 232
tirb 237
turba, turābi 237
tirka 256
tābal 232
tūt 258

ṯaḥar 45
ṯarr 187
ṯamd 184
ṯaur, ṯaura 187

ǧadwa 221
ǧady 204
ǧurǧur 216
ǧurḥ 214
ǧarrāra 224
ǧarf 213
ǧurn 214
ǧarw 243 (s. 212.285
ǧurāf 213
ǧaff 201
ǧulǧulu 216
ǧulḥ 215
ǧilf 213
ǧalāfa 213
ǧull 225
ǧalal, ǧalāl, ǧalīl, ǧulla 225
ǧamm 210
ǧamam 210
ǧamīl 134
ǧahd 203
ǧārif 213
ǧauzal 206

ḥabib 172
ḥibb 172
ḥabir 166
ḥatt 172.174
ḥatat, hatīt 173
ḥaṯl, ḥaṯīl 143
ḥaraʾ 169
ḥarit 169
ḥurr, ḥurra 169
ḥarīf 114
ḥarūn 170
ḥariy 169
ḥašr 143
ḥušš 171
ḥaṣūr 174
ḥaḍari, ḥaḍir 174
ḥalīf 114
ḥulū 170
ḥulwān 170
ḥaly, ḥilya 168
ḥamit 168
ḥamd 168
ḥāḍīr 174
ḥayy 164
ḥail 169

ḥīya 172
ḫabt 175
ḫabit 175
ḫatīt 178
ḫass 178
ḫašāš, ḫišāš 178
ḫuld 178
ḫuld, ḫald 178
ḫalid 177
ḫilāṭ 178
ḫauba 175

dabb 231
dubr, dubur 122
dubaila 148
duǧǧ 261
diraka 256
d̂ābir 148
dārib 237
daul 148.252

ḏiʾb 247
ḏafir 262
ḏill, ḏull 252.254 262
ḏimr 263
ḏimām 250
ḏaud 258

ratt 159
raǧis 158
radda 57
rašša 156
raṣīn 265
rātib 160
rauḍ 109

zirr 254
zuraiq 264
zufr 122.262
zamīla 263
zāʾir 248
zaul 252
zīz 259
zain 251
zīna 251

satar 258
satīr 258
saǧl 117
saḥir 45
saḫla 200
sadim 196
sirr 187.199
sirri, sirrīya 199
surra 199
sarrāʾ 187.199
surʿa, sarīʿ 199
sarīy 187
sasa 259
saṭwa 195
siʿr 145
saffaud 249
saliṭ 199
salʿ 199
silka 256
sall 185
sulāla 252
simʿ 182
samm 250
samām 250
samāma 250
sann 251

sawīl 252
saif 246

šabb 180
šabaḥ 61
šatla 194
šaǧā 116
šigāʿ 116
širra 191
šarṭ, šaraṭ 191
šaṣara 196
šaʿr 145
šaʿīr 144f.
šakk 193
šamar, šamra 184
šūḥ 179
šūḥā 179
šwr 187
šūrā 187
šīḥ 179

ṣabb 247
ṣabūr 262
ṣabiy 247
ṣaub 247

ḍabb 246f.
ḍarīǧ 264
ḍamīr 263

ṭabb 231
ṭabla 232
ṭalan, ṭalw 235
ṭawīl 252
ṭawīya 230

ẓaby 247
ẓafir, ẓāfir 262
ẓufur, ẓufr, ẓifr 262

^{c}abl 65
^{c}aban 65
^{c}atiy, ^{c}utīy 76
^{c}arf, ^{c}urf 74
^{c}ulat 74
^{c}ilf 74
^{c}amam 70
^{c}ādil 77
^{c}aul 65
^{c}ayyil 65

ġadan 205
ġurra 225
ġazr 206
ġazāl 206
ġaḍba 159
ġufr 202
ġafir 202
ġifāra 202
ġalla 225
ġulla, ġalil 225
ġalīl 225
ġulām 224
ġār 36

faḫḫ 115
faḫfaḫa 115
faḏḏ 121
faraǧ, furǧa 111
farīd 113
furr 108
farik 111
fulat 113
falaṭ 113
falaky 111
fahd 114
fahha 113
fātiy 118
fāza, fauz 121
fūl 233

quḥḥ 218
qarr 225
qurra 225
qarir 225
qarār 225
qaffa 201
qaffal 202
qafāʾ 201
qhd 203
qāfila 202
qawīy 200
qaiyāfu 201

katīt 222
kaṯaṯ 220
kuḥḥ 218
kurba 212
kariṯ 215
kirs 215
kirš 215
karafs 213
kasūm 62
kušša 219
kaššaš 220
kušna 219
kalib 211
kulba 211
kalf 213
kalaf, kalif 213
kulkul 216
kalkal, kalkala 216
kimr 133
kamm 210
kanīf 117
kann 210
kinn 118.210
kaum 210

laʾlaʾ, laʾlaʾa 153
luʾluʾ 154
labb 150
ladn, laduna 39
laḏḏa 161

matn, matīn 136
matāna 136
muǧāmala 134
maḥt 132
miḏyā^{c} 298
muruʾa, muruwa 103
marīra 129
maziya 139
ma^{c}y 292
maġar, muġra 135
muġīr, muġayyir, muġāyir 135
multāḥ 128
multaḥad 128
mun^{c}im, min^{c}ām 86
minqab 127
manqaba 128
mann 126
manā^{c}im 86

manāqib	127	nuhan, nuhya	127	ward	57.84
munya	125	nāqil	146	waḥid	40
naǧl	146			warrad	84
naǧǧār	146	habal	161	warak	231
nuḥās	144	hataka	60	waral	81
našʾ, našʾa, nāšiʾ		hadd	114	warāʾ	82
nāšiʾa	144	hadiya	114	wārim	80
naṣl	149	hirr, hirra	162	wazn, wazna	80
naḍir	149	halal	163		
naġil	146	hilāl	163	yaʾfūḫ	115
naqir	146	hādiy	114	yatīm	106
naqqār	146	hayiʾ, hayyiʾ	265	yarr, yarra	57

3.6 Sabäisch

ʾṯl	42	dbl	148	fls[3]	21
ʾḏn	90	dwlt	252	frś[2]	110
ʾmṣr	139	rdʾ	160 Anm	krbt	211
ʾyl	102	rsw, rsy	157	mrʾ	103
br	95	[3]syf	246	mrʾt	131
brw	96	śāhir	45	mfhd	114
bry	96	[2]śft	116	mn	126
bkr	98	[2]ślʾ	185	mnhyt	127
bll	96.232	[2]smt	184	mwd	138
tl	252	[2]syḥ	179f.	nqr	146
ḥrṯ	170	ṭly	235	hdy	114
ḥrd	171	ẓbyt	247	hkml	134
ḥmd	168	ġlm	224	wrk	231
ḥmś[1]	167	frs[3]	110		

3.7 Äthiopisch

gedud	222	ḥeṭūṭ	174	śabḥa	61
ḥarāsī/sāwī	171	saliṭ	199	ġyfir	202

3.8 Akkadisch

Anordnung wie 2.8 (Akkadisch).

4. Toponyme

Das Register umfasst semitische Orts-, Gebiets- und Stammesbezeichnungen. Die Anordnung der Stichwörter entspricht der in 2.1 (Hebräisch) gegebenen, wobei in 4.2 ḏ bei z, ṯ bei š eingereiht wird.

4.1 Altes Testament

ʾadorajim	51f.	gûr-baᶜal	212	siddîm	196
ʾakkad	228	zîp	246	ᶜabdôn	67
ʾᵃrab	34	ḥᵃrādā, ḥarōd	171	ᶜôbāl	65
ʾarnôn	36	ḥāṣôr	174	ᶜēbāl	65
ʾašdôd	42	härät	171	pᵉläšät	233
bēt-ʾarbēl	34	jiśrāʾēl	186	pisgā	116
bēt-hārān	163	nōb	141	śēᶜîr	145

4.2 Semitische Toponyme (ausser AT)

agm, agimu	227	ḏwdn	258
ʾḏnn, ʾḏnt	90	yr, yrt	58
Akkad	228	Karkara	216
Ālu-ša-Arad-aḫḫēšu	67	Makmal, Ǧebel	133
ambi	22	mnhtm, mnhytm	127
Amurru	103	Naharina	143
Asdudu/dimmu	42	naqabi	127
Arad-bēlti	67	Suḫu	179
Arad Silakku	68	Sá-am-ʾ-ú-na	182
Aššur, ʾṯr	41.106. 189	smᶜn	182
		Sippa	182
Bīt-Abdija	67	ᶜbdn	67
Bīt-Arad-Bīt-Kiš	67	Pīnaratum	107
Bīt-Arad-Ea	67	Ṣiribašani	361
Bīt-Ardiya	67	qṭntn	205
Gi-si-mī-ia	61	Šuḫatum	179
hrn	163	ṯmdt	184
		Ša-am-ḫu-na	182

II. Hurritisch

1. Onomastika aus Nuzi und Alalach

Das folgende Register zitiert die aus den Korpora von Nuzi (Gelb NPN) und Alalach zitierten Personennamen, einschliesslich der zahlreichen eindeutig oder möglicherweise semitischen Namen, die damit zu den Belegen der Rubriken 2.1-14 hinzukommen. Mit aufgenommen wurden hurritische PN anderer Herkunft (Ugarit usw.). Für die sprachliche Zuordnung (hurritisch/semitisch) verweise ich auf die entsprechende Stelle in der Diskussion des Namenskataloges. Die Anordnung entspricht 2.8 (Akkadisch).

Abbite 20
Abenatal/Abinadal 18
Ayaḫ 29
Akiya, Agiya 45
Akki 289
Aki-Teššub 47
Alliya 35
Allilua 36
Alliniri 35
Alluteia, Allai-Te
Alite/Alitu 28
Araya 9
Ariya 33
Arillia 36
Arenni 36
Arinduri 35
Ari-Tenni cj.
Ari-Šenni 39
Artanu 39
At-ili, Attilammu 48
Atte, Attiia 48
Attai-waḫri 48
Atata 266
Awara 64

Biriia 96
Bi-i-ya 291

Giluḫipa 217
Gaga 225

Ḫubita, Ḫubite,
Ḫupita 174f.
Ḫaluya 169
Ḫaluti 177
Ḫalutta 171
Ḫamie, Ḫami-Tešup 175
Ḫinniya 176
Ḫapira 166

Iddina, Iddinu 50
Ikkari 62
Inaḫu 288
Ini-Teššub 30 30
IR-Tirši 29
Išša 43

Yanḫamu 56
Yaqaru 62

Kammu 297
Kaia, Kiia 208
Karaya 282
Karrate 282
Kaše 218
Kataya 221
Katuta 221
Kazi 222
Kisuna 118
Kizu 118
Kurānu 214
Kurpa-zaḫ 211
Kurri 282
Kurrutani 217
Kušaya, Kušše 218
Kušši, Kuššiia,
Kušše, Kušuia 221

Lullu 154
Lu-us-sa,Lu-uz-za 293

Malluwae 129
Mannae, Manniia,
Mennaia, Minaia 126

2. Hurritische Lexeme

III. Hethitisch

1. Personennamen

Das folgende Register berücksichtigt alle aus Laroche, Noms des Hittites, und ders., Noms des Hittites, Supplément, zitierten Namen, unter denen sich jedoch auch zahlreiche nichthethitische PN befinden. Anordnung: wie 2.8 (Akkadisch). Für hethitisch 's' steht keilschriftlich 'š'.

Zu(z)zu, Zuzaya, Zuzu(w)a 260
Zuzulli 260

2. Lexeme und Ortsnamen

IV. Andere Sprachen

(i.a.= indoarisch, San. = Sanskrit, ved. = vedisch, pers. = persisch, luw. = luwisch, kret. = kretisch, anat. = anatolisch, elam. = elamisch, kass. = kassitisch, nub. = nubisch, num. = numidisch). Anordnung: wie I. (Wurzeln).

V. Ägyptisch

1. Personennamen

Das Register umfasst hieroglyphische und in Transkription zitierte Belege sowie keilschriftliche Umschreibungen ägyptischer Personennamen.

j^3-j^3	288		254	Haya	164
	32	m-pw	292		295
	26		126		175
	288		292	Hamašša	167
		m-ḫb	292		177
	293.	n-^{3}-f-j_2	294		
j:-p-w_2-y	67 Anm.	Nbw-m-mr-Qjs	292		270
	293		292		270
u.ä.	265		293f.		270
	289	Nṯr-m-mr	292		153.185
					276
	53	r-y	152		189
c3-mk(j)t	290	R^c-mss-...-ḫr-			291
^{c}ntj-m-mr	292	wnm-f	88	/Sth	15
		r-m	152f.	Sṯḫ-(ḥr)-ḫpš-f,	
wr-n:-r, wr-n:,	25f.81.	r-r	155	Šuta-ḫapšap	68
	153.276		155		
		rsj	293	q^3j-GN	240
			155		
b^3-j-^{3}, b^3-y	291		293	k^3-PN	277
br	232	r-k^3, r-j_2-k^3	294		
	16	r-t, r-tj, rw-tj,			208
p^3-c^3-ḫt	290	rw-t: $_2$	294		283
	67 Anm.		165		
p-j_2-y	67 Anm.	ḥn-,	176		283
			153.276		283
p-w-h:	294				284
	118	ḥ:/h^3-r-y	168		
Ptḥ-msj	167			k^3-r-k^3-r	216
	244				

k-r-k-r   216

k³-s³, k-s³   293, 293f., 297

gfj   208

t³br-t   232

t-w-r-y, t-w-r-j-³   294

t-w-ḫ-j₂   294

tḫj-m-³ḫt   289

Taḥmassi   167

t-w-s³, t-w-s-j₂   294

283

t³-kr-dḥwtj   283f.

t³-kr/gr-ḥb   284

240

244

t³-ttt   259

298

238

255

251

Dudu   244

2. Lexeme

jwn   289

jwnw   29

jb   16

jrj   33

jḫt, jyḫ   41

ᶜ₃   39.91.267 289f.298

72

32

wnm   75

wnḫ   297

231

188

ym   291

374

m ("wer?")   138

138

132

mn   73.376

85

134

139

290

n³y   141.163

142

nᶜr (auch)   143

210

nhrhr   292

72.293

288.293

148

145

rn   140

rnpj, -t   249

h³d   163

ḥb   73.75

ḥ³ᶜ   115

ḥ³rw   177.242 284.290

ḥᶜ   74

ḥbj   295

ḫ³r   80

s³j; s³³   100

180

sbḥ³   47

62

(demot. sl)   185

291

295

š³   47.296

š³w   296

š³sw   200

šnᶜ   199

q³j   200.240 296

296

209

207f.

201

gsm (demot.)   62

396

tpj   234

235

$\underline{t}^3$ — 123.289
297f.

$\underline{t}^3j$ — 177

$\underline{t}n$ — 240

$\underline{t}$-n:-r, $\underline{t}j$-n:-r — 235.297

d-g-^{3} — 260

124
148

Nachtrag:

k^3 — 277

283

283

296

3.Koptisch (und griechische Transkriptionen)

ⲃⲟⲗ	232	ⲥⲟⲗ	185
ⲕⲟⲩϫⲓ	296	ⲥⲟⲣⲧ	145
ⲕⲣⲟⲩⲣ, ⲕⲣⲟⲩⲣⲓⲥ	296	ⲥⲱ, ⲥⲟⲩ	66
ⲙⲁⲁⲩ	70	ⲥⲱⲗⲉ	66
ˢⲙⲉⲉⲩⲉ, ᴮⲙⲉⲩⲓ	102	ⲧⲏ	194
ⲙⲟⲩⲓ	70	ⲧⲃⲉⲗⲉ, ⲧⲃⲉⲗⲏ	232
ⲙⲟⲩⲛ	376	ⲧⲟ	397
ⲛⲅⲁⲣ, ⲛⲁⲉ	147	ⲱⲛ	
ⲟⲛ, ⲁⲛ	32	ϣⲁⲩ-	296
ⲡⲃⲗ̄ⲗⲉ	232	ϣⲱⲡⲉ	66
ⲡⲉⲓ, ⲡⲓ	374	ϩⲣ̄ϣⲓⲣⲉ	284
ⲣⲱⲗⲉ	66	ϫⲟⲥⲉⲙ, ϭⲟⲥⲙ	62
ⲥⲁ	156	ˢϫⲁϫ, ᴮϭⲁϫ	259?
ˢⲥⲏϭ, ᴮϭⲏϫ	291	ϭⲁⲗⲁϣⲓⲣⲉ	284
		(demot. gl-šr)	
καλασίριοι, καλάσιρις	284	ϭⲟⲧ	389
		ⲙⲟⲩⲗϩ	70

4. Fremdsprachige Namen und Wörter

Das Register umfasst (a) fremde Personennamen (ausser NR; NR nur, falls nicht vorderasiatisch oder zusätzlich erwähnt, (b) Fremdwörter, (c) fremde Toponyme.

	226
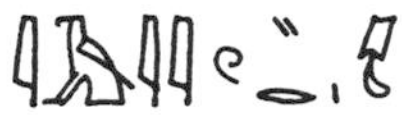	102
	151
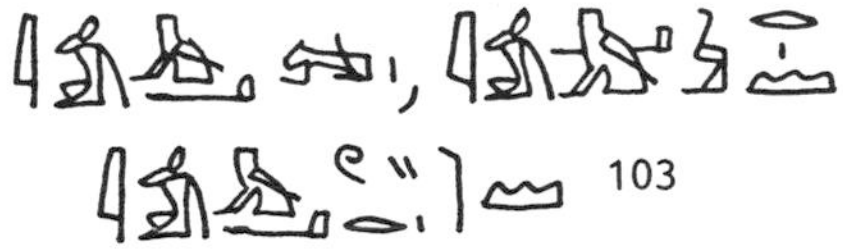	103
	25.366
	10
	26
	27
	28
	25
	147
	33.243
	36
	37
	37
	189
	105
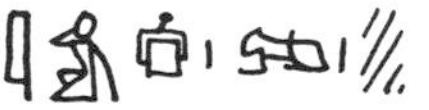	41
	44
	42
	43
j:-s3-h:-tj	179
	41
jdm (verschiedene ON)	50
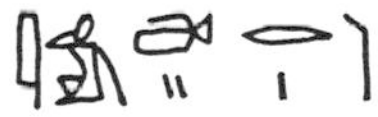	51
	359
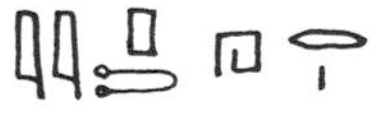	121
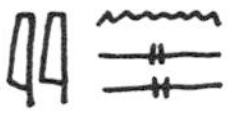	56
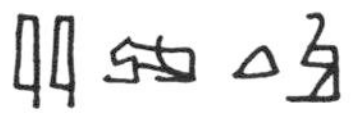	58
	63

68

^{c}Apiru 68

67

^{c}pr-rspw 66

56

sic 71

128.389

77

^{c}dr, spät: 78.206

9

sic 2 Anm.5, 80

Osorkon 252

31

91

97.391

101.267

233

233

10

111

111

p^{3}-s^{3}-g-^{3} 116

56

4

133

135

4

138

140

146

56

144

 289

 147

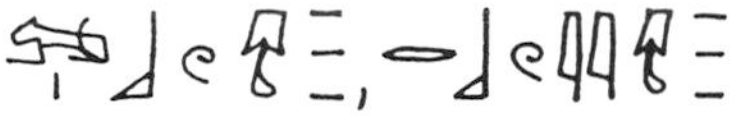 123

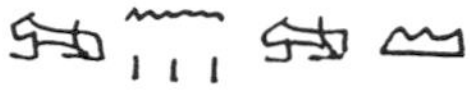 154

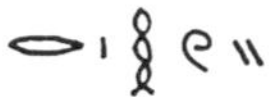 19

 295

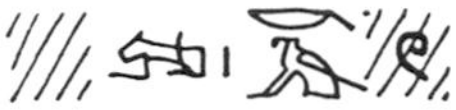 110

 165

 165

 170

 366

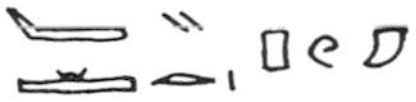 114

 171

 145

 145

 145

 31

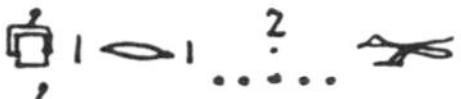 189

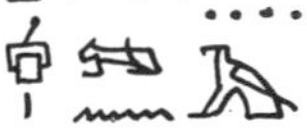 189

 145

 393

 182

 94

 117.359

 200

 203

 204

 2 Anm.5

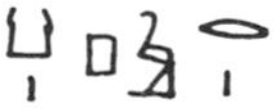 4

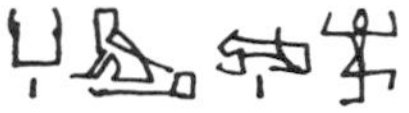 133

 133

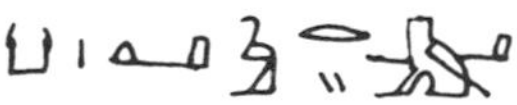 133

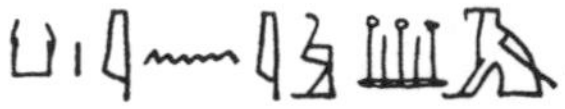 391

 242.284

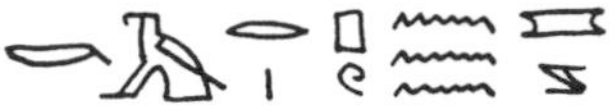 213

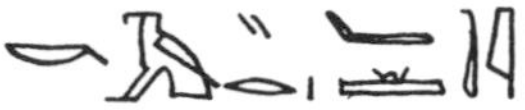 214

 215

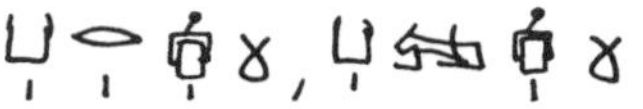 215

t3- 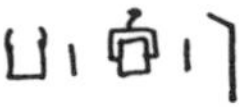

 220

 221

 45

kṯwn 118

 118

 62

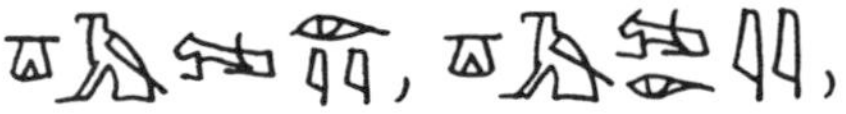

 usw. 243

 244

 31

 92

 121

 77

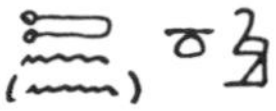 251

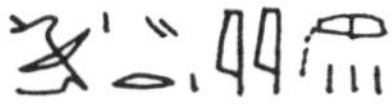 254

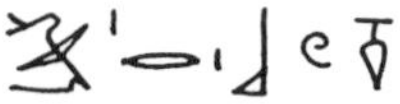 123

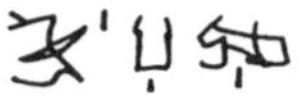 257

 259

 85.260

 31

 123

 361

VI. Götternamen/theophore Elemente

ʾb 16-20
ʾäbän jiśrāʾēl 17
ʾd 50.52
Admu 50
ʾdn 49
ʾḫ 29.122. S. 289
ʾy 267
ʾēl 26ff.30-34.66. 227
ʾm 21-23
Imn-p^{3}-Ym 291
^{c}amm(u) 196.272
^{c}An(u) 72.91. 183
^{c}nt 72-74. 91f. 99.240f
^{c}Aṡtarte 75.149
b^{c}l 15.63. 68, 85f. -88.128. 132.197f 229.257
b^{c}lt 84.236
bytʾl 99
Bēl 69.181. 240
Dagan 69
Gaga 225
Gar 234
^{d}gúra, ^{d}KU-RA 19
hrn 163
Ḥr 44
Ḥauron 169
Ištar 42
Išḫara 44
Yām 267.291
Kuseʾu, Käsä, ksʾ 62
Kōṯar 219f.
lʾy 87
Milku 35
mlk 139
m^{e}nî 125
Month 73.86
mrn 129
Mitra 137
matar 137
Mawt (> Mōt) 71
Nabû 141
Nanaja 141
^{d}nāru 107
r^{c} 34f.153. 237f,
Riša 157
Ršp 69.157. 268(.373)
Siʾ, Sin 248
Seth 15.85.88
šgl 117
Šaḫar 45
Šalim 272
šmš 94
Tarḫu(na, -nt) 230
Tiršu 29
Teššub 30.47. 239f.
Tatta 245
ṯad 196
zbl 92

Addenda et Corrigenda

Literatur und Abkürzungen

B. Heine/T.C. Schadeberg/E. Wolff, Die Sprachen Afrikas, 1981 (die S.4 Anm.18 zitierten Beiträge dort S.171-185, 187-215, 263-328).

G.T. Martin, Three Objects of New Kingdom Date from the Memphite Area and Sidmant, in: Pyramid Studies and Other Essays, FS I.E.S. Edwards, 1988, 114-120.

O. Rössler, Die Sprache Numidiens, in: Sybaris. FS H. Krahe, 1953.

DISO	C. Jean/J. Hoftijzer, Dictionnaire des Inscriptions sémitiques de l'ouest, 1965.
Gardiner AEO	A.H. Gardiner, Ancient Egyptian Onomastica, 1947.
KBL	Lexicon in Veteris Testamenti Libros, 1958.

Namenskatalog und Register

Abk.verzeichnis sub Ryckmans: l. "beziehen sich" st. "beziehen"
S.1 Anm.1: l. "Syntax" st. "Syntex"
S.8 unten: l. "I.J. Gelb/P.M. Purves/A.A. MacRae" st. "I.J. Gelb/A.A. MacRae"
S.18 zu N 10, 2. Zeile: l. "j:-b-n-j-t-j_2-n-^{3}" st. "j:-b-n-t-j_2-n-^{3}"
S.29 zu N 37 (a): l. "אָחִי ʾāḫî" st. "^{2} אָחי ʾāhî"
S.31 Z.10: l. "correspond" st. "correspondend"
S.34 zu N 51: l. "בֵּית" st. "בית"
S.41 zu N 66: l. "אֲחֹת" st. "אחת"
S.43 zu N 70(a): l. "'îš" st. "'îs"
S.49 zu N 85: l. "אֹזְנִי" st. "אזני"
S.51 4. Zeile von unten: l. "אַדִּיר" st. "אדיר"
S.55 letzte Zeile: l. "wie N 97" st. "wie N 109".
S.56 oben: l. "N 97/98...99" st. "N 109/110...111".
zu N 100: "ich möchte" erg. "ansetzen"
S.65 Z.4: l. "N 136.138" st. "N 137f."
S.67 Anm.b: l. "Bēt-š^{e}ʾēl" st. "Bet-s^{e}ʾēl"
S.69 zu N 126: die Umdeutung *Bēt-š^{e}-ʾēl ergab den Sinn "Gotteshaus"
S.74 zu N 137: l. "Ableitungen" st. "Ablleitungen".
S.75 zu N 141: l. "ḥb ḪB" st. "hb HB"
S.78 zu N 147: l. "P^3-ḫ^3-rw" st. "P^3-h^3-rw"
S.84 Z.2: l. "N 204f." st. "N 203f."
S.121 Ende von N 259: nach "statt" erg. "[illegible]"
S.141 zu N 301, Anfang: l. "den" st. "den den"
S.142 Transkription von N 304: l. "RM" st. "RMW"
S.144 Mitte: "käme" erg. "in Frage"
3. Zeile von unten: l. "der" st. "derr"; "Zischlaute" st. "Zisch-"
S.149 Z.11: l. "Profanname" st. "Profan-"
zu (c): zu KBL 630 erg. HAL III 677
S.154 unten: st. "N 32" l. "N 328"
S.156 unten/S.158 oben: l. "š^3" st. "s^3"
S.159 Z.8: l. "stammt" st. "dürfte"
S.166 Transkr. von N 353: l. "š^3 ḤWJ" st. "s^3 HWJ"; Z.4 v. unten: "š" st. "s"
S.169 Transkr. von N 361/S.172 zu N 366(c): l. je einmal "ḥ" st. "h"
S.174 Mitte: l. "ḥdrn", "ḥadara" st. "hdrn", "hadara"
S.181 zu N 382(c): l. "Harding" st. "Hardingf"; zu 383: l. "STḪ" st. "STH"
S.185 oben: l. "sw-n:-r" st. "sw-n:-:r"; Z.13: l. "geschriebenen" st."geschrieben"

S.190 Z.6: l. "seine Hilfe" st. "sein Hilfe"
zu N 401: l. " שְׁלִשָׁה " st. " שְׁלשָׁה "
S.191 zu N 403: sub (a) l. "šr" st. "sr"; sub$_3$(b) l. " סַרְדִּי " st. " סְרְדִי "
S.193 Transkr. von N 409: l. "s^3-k-ḥ:" st. "s^3-k-h:"
S.195 Anm.a: l. "*s" st. "*š"
S.199 Transkr. von N 422: l. "š^3" st. "s^3".
S.201 zu N 426(b): l. "eingedrungenes" st. "eingedrungene"
S.202 Z.1: zu KBL 192 ergänze HAL I 193
S.211 zu N 444: für käläb s. HAL II 453
S.220 Z.6: nach (HAL I 446) erg. "ist denkbar".
S.228 zu N 481: l. " אֱלְשָׁשׁ " st. " אֱלשׁשׁ ".
S.229 zu N 485, 1. Zeile: l. "sind" st. "sicher"
S.230 Z.3: streiche erstes "in"; zu N 489: statt "s.v." l. "1543f."
S.235 sub (c): l. "359" st. "352"; "ṭlītā" st. "tlītā"
S.243 Mitte: streiche "Die PN...zusammen"
S.249 Zur Erklärung von m-b (vor r) in N 533 vgl. eher Brockelmann GVG I 208f. (Entstehung des Verschlusslautes 'b' bei Übergang von 'm' zu 'r')
S.256 zu N 552: l. "zāḥa" st. "zāha"
S.264 zu N 567: l. " צִלֵּק " st. " צלק "; zu N 568, Z.1: l. "(s. N 567)".
S.268 zu N 585 ist hinzuzufügen R I 97, II 83 mit der entsprechenden Deutung als "eine Tochter ist es!" (vgl. aber zu N 175f.!).
S.273 Z.1: l. "geschriebenen" st. "geschrieben"
S.277 Z.17: l. "konnte" st. "könnten"; 4. Zeile v. unten, (b): l."N 644-N 680"
S.285 Z.7: l. " גִדֹר " st. " גדור "
S.288 zu F 3, Schreibungen 'jnht', s. die Zusammenstellung der Belege bei Erman, Zur Schreibung der Personennamen.
S.292 3. Zeile von unten: l. "Naḫiḫo" st. "Naḫiho"
S.298 Transkr. von F 30: l. "DB^c.NḪT" st. "DB*.NHT"

S.376 Z.8 l. "keilschriftlich" st. "keilschriftliche"
S.388 Z.10: l. "š" st. "s"; Z.15: l. "ša" st. "sa"
S.391 6. Zeile von unten: l. "N 554" st. "M 554"
S.392 5. Zeile v. unten: l. "ḫi" st. "hi"; 1. Zeile v. unten: l. "kann" statt "kan"; "t, ṭ" statt "t, t".
S.393 10. Zeile von unten: l. "*Tunpa > *Tanpu"; 7./8. Zeile von unten: l. "ṭa", "ta", "ṭa"
S.397 Mitte: l. "tū > tē" st. "te"
S.398 oben sub 2.: l. "(oder 'ṭa', 'da')" st. "(oder 'ta', 'da'); Z.12: l. "ṭ" st. "t"; Mitte: l. "ṭi" st. "ti"
S.399 sub 3.: l. "'ṣi'('ḍi'?)" st. "'si'('di'?)"
S.404 zu E 20: ergänze "111" als 1. Beleg vor "(Ideogramm)"
zu G 37: ergänze "248" als 1. Beleg vor "(unklar)"
S.435 l. "plṭjhw", "plṭh" st. "pltjhw", "plth"
S.436 zu 'Adunum': l. "49" st. "4"
S.448 l. "Ba-ḫal-la" st. "Ba-hal-la"
S.465 l. "śāḥir" st. "śāhir"

Ergänze im Register: S.79: Wurzeln wʾl u. wlj; arab. waliy, walaʾ; früharab. PN wl, wll, wly, wlyt, wlyw, wlʾly, wʾl, wʾlm; Palmyra wly; nabat. wʾlw; Hatra wylt; heth. PN Walaya; Alalach Wanza.
S.266: Wurzel hpp (arab. haffa; PN hf); akkad. Aḫūnu, hebr. ʾaḥjān, ugar. a/iḫyn, keilschriftliche Transkription A-ḫi-ia-na; Nomen ʾaḫ; früharab. PN ʾḫwn, ḫl, ʾḫlm.

ORBIS BIBLICUS ET ORIENTALIS

Bd. 1 OTTO RICKENBACHER: *Weisheitsperikopen bei Ben Sira.* X–214–15* Seiten. 1973. Vergriffen.

Bd. 2 FRANZ SCHNIDER: *Jesus der Prophet.* 298 Seiten. 1973. Vergriffen.

Bd. 3 PAUL ZINGG: *Das Wachsen der Kirche.* Beiträge zur Frage der lukanischen Redaktion und Theologie. 345 Seiten. 1974. Vergriffen.

Bd. 4 KARL JAROŠ: *Die Stellung des Elohisten zur kanaanäischen Religion.* 294 Seiten, 12 Abbildungen. 1982. 2. verbesserte und überarbeitete Auflage.

Bd. 5 OTHMAR KEEL: *Wirkmächtige Siegeszeichen im Alten Testament.* Ikonographische Studien zu Jos 8, 18–26; Ex 17, 8–13; 2 Kön 13, 14–19 und 1 Kön 22, 11. 232 Seiten, 78 Abbildungen. 1974. Vergriffen.

Bd. 6 VITUS HUONDER: *Israel Sohn Gottes.* Zur Deutung eines alttestamentlichen Themas in der jüdischen Exegese des Mittelalters. 231 Seiten. 1975.

Bd. 7 RAINER SCHMITT: *Exodus und Passa. Ihr Zusammenhang im Alten Testament.* 124 Seiten. 1982. 2. neubearbeitete Auflage.

Bd. 8 ADRIAN SCHENKER: *Hexaplarische Psalmenbruchstücke.* Die hexaplarischen Psalmenfragmente der Handschriften Vaticanus graecus 752 und Canonicianus graecus 62. Einleitung, Ausgabe, Erläuterung. XXVIII–446 Seiten. 1975.

Bd. 9 BEAT ZUBER: *Vier Studien zu den Ursprüngen Israels.* Die Sinaifrage und Probleme der Volks- und Traditionsbildung. 152 Seiten. 1976. Vergriffen.

Bd. 10 EDUARDO ARENS: *The ΗΛΘΟΝ-Sayings in the Synoptic Tradition.* A Historico-critical Investigation. 370 Seiten. 1976.

Bd. 11 KARL JAROŠ: *Sichem.* Eine archäologische und religionsgeschichtliche Studie, mit besonderer Berücksichtigung von Jos 24. 280 Seiten, 193 Abbildungen. 1976.

Bd. 11a KARL JAROŠ/BRIGITTE DECKERT: *Studien zur Sichem-Area.* 81 Seiten, 23 Abbildungen. 1977.

Bd. 12 WALTER BÜHLMANN: *Vom rechten Reden und Schweigen.* Studien zu Proverbien 10–31. 371 Seiten. 1976. Vergriffen.

Bd. 13 IVO MEYER: *Jeremia und die falschen Propheten.* 155 Seiten. 1977. Vergriffen.

Bd. 14 OTHMAR KEEL: *Vögel als Boten.* Studien zu Ps 68, 12–14, Gen 8, 6–12, Koh 10, 20 und dem Aussenden von Botenvögeln in Ägypten. – Mit einem Beitrag von Urs Winter zu Ps 56, 1 und zur Ikonographie der Göttin mit der Taube. 164 Seiten, 44 Abbildungen. 1977. Vergriffen.

Bd. 15 MARIE-LOUISE GUBLER: *Die frühesten Deutungen des Todes Jesu.* Eine motivgeschichtliche Darstellung aufgrund der neueren exegetischen Forschung. XVI–424 Seiten. 1977. Vergriffen.

Bd. 16 JEAN ZUMSTEIN: *La condition du croyant dans l'Evangile selon Matthieu.* 467 pages. 1977. Epuisé.

Bd. 17 FRANZ SCHNIDER: *Die verlorenen Söhne.* Strukturanalytische und historisch-kritische Untersuchungen zu Lk 15. 105 Seiten. 1977.

Bd. 18 HEINRICH VALENTIN: *Aaron.* Eine Studie zur vor-priesterschriftlichen Aaron-Überlieferung. VIII–441 Seiten. 1978.

Bd. 19 MASSÉO CALOZ: *Etude sur la LXX origénienne du Psautier.* Les relations entre les leçons des Psaumes du Manuscrit Coislin 44, les Fragments des Hexaples et le texte du Psautier Gallican. 480 pages. 1978.

Bd. 20 RAPHAEL GIVEON: *The Impact of Egypt on Canaan.* Iconographical and Related Studies. 156 Seiten, 73 Abbildungen. 1978.

Bd. 21 DOMINIQUE BARTHÉLEMY: *Etudes d'histoire du texte de l'Ancien Testament.* XXV–419 pages. 1978. Epuisé.

Bd. 22/1 CESLAS SPICQ: *Notes de Lexicographie néo-testamentaire.* Tome I: p. 1–524. 1978. Epuisé.

Bd. 22/2 CESLAS SPICQ: *Notes de Lexicographie néo-testamentaire.* Tome II: p. 525–980. 1978. Epuisé.

Bd. 22/3 CESLAS SPICQ: *Notes de Lexicographie néo-testamentaire.* Supplément. 698 pages. 1982.

Bd. 23 BRIAN M. NOLAN: *The Royal Son of God.* The Christology of Matthew 1–2 in the Setting of the Gospel. 282 Seiten. 1979. Out of print.

Bd. 24 KLAUS KIESOW: *Exodustexte im Jesajabuch.* Literarkritische und motivgeschichtliche Analysen. 221 Seiten. 1979. Vergriffen.

Bd. 25/1 MICHAEL LATTKE: *Die Oden Salomos in ihrer Bedeutung für Neues Testament und Gnosis.* Band I. Ausführliche Handschriftenbeschreibung. Edition mit deutscher Parallel-Übersetzung. Hermeneutischer Anhang zur gnostischen Interpretation der Oden Salomos in der Pistis Sophia. XI–237 Seiten. 1979.

Bd. 25/1a MICHAEL LATTKE: *Die Oden Salomos in ihrer Bedeutung für Neues Testament und Gnosis.* Band Ia. Der syrische Text der Edition in Estrangela Faksimile des griechischen Papyrus Bodmer XI. 68 Seiten. 1980.

Bd. 25/2 MICHAEL LATTKE: *Die Oden Salomos in ihrer Bedeutung für Neues Testament und Gnosis.* Band II. Vollständige Wortkonkordanz zur handschriftlichen, griechischen, koptischen, lateinischen und syrischen Überlieferung der Oden Salomos. Mit einem Faksimile des Kodex N. XVI–201 Seiten. 1979.

Bd. 25/3 MICHAEL LATTKE: *Die Oden Salomos in ihrer Bedeutung für Neues Testament und Gnosis.* Band III. XXXIV–478 Seiten. 1986.

Bd. 26 MAX KÜCHLER: *Frühjüdische Weisheitstraditionen.* Zum Fortgang weisheitlichen Denkens im Bereich des frühjüdischen Jahweglaubens. 703 Seiten. 1979. Vergriffen.

Bd. 27 JOSEF M. OESCH: *Petucha und Setuma.* Untersuchungen zu einer überlieferten Gliederung im hebräischen Text des Alten Testaments. XX–392–37* Seiten. 1979.

Bd. 28 ERIK HORNUNG/OTHMAR KEEL (Herausgeber): *Studien zu altägyptischen Lebenslehren.* 394 Seiten. 1979.

Bd. 29 HERMANN ALEXANDER SCHLÖGL: *Der Gott Tatenen.* Nach Texten und Bildern des Neuen Reiches. 216 Seiten, 14 Abbildungen. 1980.

Bd. 30 JOHANN JAKOB STAMM: *Beiträge zur Hebräischen und Altorientalischen Namenkunde.* XVI–264 Seiten. 1980.

Bd. 31 HELMUT UTZSCHNEIDER: *Hosea - Prophet vor dem Ende.* Zum Verhältnis von Geschichte und Institution in der alttestamentlichen Prophetie. 260 Seiten. 1980.

Bd. 32 PETER WEIMAR: *Die Berufung des Mose.* Literaturwissenschaftliche Analyse von Exodus 2, 23–5, 5. 402 Seiten. 1980.

Bd. 33 OTHMAR KEEL: *Das Böcklein in der Milch seiner Mutter und Verwandtes.* Im Lichte eines altorientalischen Bildmotivs. 163 Seiten, 141 Abbildungen. 1980.

Bd. 34 PIERRE AUFFRET: *Hymnes d'Egypte et d'Israël.* Etudes de structures littéraires. 316 pages, 1 illustration. 1981.

Bd. 35 ARIE VAN DER KOOIJ: *Die alten Textzeugen des Jesajabuches.* Ein Beitrag zur Textgeschichte des Alten Testaments. 388 Seiten. 1981.

Bd. 36 CARMEL McCARTHY: *The Tiqqune Sopherim and Other Theological Corrections in the Masoretic Text of the Old Testament.* 280 Seiten. 1981.

Bd. 37 BARBARA L. BEGELSBACHER-FISCHER: *Untersuchungen zur Götterwelt des Alten Reiches im Spiegel der Privatgräber der IV. und V. Dynastie.* 336 Seiten. 1981.

Bd. 38 MÉLANGES DOMINIQUE BARTHÉLEMY. *Etudes bibliques offertes à l'occasion de son 60e anniversaire.* Edités par Pierre Casetti, Othmar Keel et Adrian Schenker. 724 pages, 31 illustrations. 1981.

Bd. 39 ANDRÉ LEMAIRE: *Les écoles et la formation de la Bible dans l'ancien Israël.* 142 pages, 14 illustrations. 1981.

Bd. 40 JOSEPH HENNINGER: *Arabica Sacra.* Aufsätze zur Religionsgeschichte Arabiens und seiner Randgebiete. Contributions à l'histoire religieuse de l'Arabie et de ses régions limitrophes. 347 Seiten. 1981.

Bd. 41 DANIEL VON ALLMEN: *La famille de Dieu.* La symbolique familiale dans le paulinisme. LXVII–330 pages, 27 planches. 1981.

Bd. 42 ADRIAN SCHENKER: *Der Mächtige im Schmelzofen des Mitleids.* Eine Interpretation von 2 Sam 24. 92 Seiten. 1982.

Bd. 43 PAUL DESELAERS: *Das Buch Tobit.* Studien zu seiner Entstehung, Komposition und Theologie. 532 Seiten + Übersetzung 16 Seiten. 1982.

Bd. 44 PIERRE CASETTI: *Gibt es ein Leben vor dem Tod?* Eine Auslegung von Psalm 49. 315 Seiten. 1982.

Bd. 45 FRANK-LOTHAR HOSSFELD: *Der Dekalog.* Seine späten Fassungen, die originale Komposition und seine Vorstufen. 308 Seiten. 1982. Vergriffen.

Bd. 46 ERIK HORNUNG: *Der ägyptische Mythos von der Himmelskuh.* Eine Ätiologie des Unvollkommenen. Unter Mitarbeit von Andreas Brodbeck, Hermann Schlögl und Elisabeth Staehelin und mit einem Beitrag von Gerhard Fecht. XII–129 Seiten, 10 Abbildungen. 1991. 2. ergänzte Auflage.

Bd. 47 PIERRE CHERIX: *Le Concept de Notre Grande Puissance (CG VI, 4).* Texte, remarques philologiques, traduction et notes. XIV–95 pages. 1982.

Bd. 48 JAN ASSMANN/WALTER BURKERT/FRITZ STOLZ: *Funktionen und Leistungen des Mythos.* Drei altorientalische Beispiele. 118 Seiten, 17 Abbildungen. 1982. Vergriffen.

Bd. 49 PIERRE AUFFRET: *La sagesse a bâti sa maison.* Etudes de structures littéraires dans l'Ancien Testament et spécialement dans les psaumes. 580 pages. 1982.

Bd. 50/1 DOMINIQUE BARTHÉLEMY: *Critique textuelle de l'Ancien Testament.* 1. Josué, Juges, Ruth, Samuel, Rois, Chroniques, Esdras, Néhémie, Esther. Rapport final du Comité pour l'analyse textuelle de l'Ancien Testament hébreu institué par l'Alliance Biblique Universelle, établi en coopération avec Alexander R. Hulst †, Norbert Lohfink, William D. McHardy, H. Peter Rüger, coéditeur, James A. Sanders, coéditeur. 812 pages. 1982.

Bd. 50/2 DOMINIQUE BARTHÉLEMY: *Critique textuelle de l'Ancien Testament.* 2. Isaïe, Jérémie, Lamentations. Rapport final du Comité pour l'analyse textuelle de l'Ancien Testament hébreu institué par l'Alliance Biblique Universelle, établi en coopération avec Alexander R. Hulst †, Norbert Lohfink, William D. McHardy, H. Peter Rüger, coéditeur, James A. Sanders, coéditeur. 1112 pages. 1986.

Bd. 50/3 DOMINIQUE BARTHÉLEMY: *Critique textuelle de l'Ancien Testament.* Tome 3. Ézéchiel, Daniel et les 12 Prophètes. Rapport final du Comité pour l'analyse textuelle de l'Ancien Testament hébreu institué par l'Alliance Biblique Universelle, établi en coopération avec Alexander R. Hulst†, Norbert Lohfink, William D. McHardy, H. Peter Rüger, coéditeur†, James A. Sanders, coéditeur. 1424 pages. 1992.

Bd. 51 JAN ASSMANN: *Re und Amun.* Die Krise des polytheistischen Weltbilds im Ägypten der 18.–20. Dynastie. XII–309 Seiten. 1983.

Bd. 52 MIRIAM LICHTHEIM: *Late Egyptian Wisdom Literature in the International Context.* A Study of Demotic Instructions. X–240 Seiten. 1983.

Bd. 53 URS WINTER: *Frau und Göttin.* Exegetische und ikonographische Studien zum weiblichen Gottesbild im Alten Israel und in dessen Umwelt. XVIII–928 Seiten, 520 Abbildungen. 1987. 2. Auflage. Mit einem Nachwort zur 2. Auflage.

Bd. 54 PAUL MAIBERGER: *Topographische und historische Untersuchungen zum Sinaiproblem.* Worauf beruht die Identifizierung des Ǧabal Mūsā mit dem Sinai? 189 Seiten, 13 Tafeln. 1984.

Bd. 55 PETER FREI/KLAUS KOCH: *Reichsidee und Reichsorganisation im Perserreich.* 119 Seiten, 17 Abbildungen. 1984. Vergriffen. Neuauflage in Vorbereitung

Bd. 56 HANS-PETER MÜLLER: *Vergleich und Metapher im Hohenlied.* 59 Seiten. 1984.

Bd. 57 STEPHEN PISANO: *Additions or Omissions in the Books of Samuel.* The Significant Pluses and Minuses in the Massoretic, LXX and Qumran Texts. XIV–295 Seiten. 1984.

Bd. 58 ODO CAMPONOVO: *Königtum, Königsherrschaft und Reich Gottes in den Frühjüdischen Schriften.* XVI–492 Seiten. 1984.

Bd. 59 JAMES KARL HOFFMEIER: *Sacred in the Vocabulary of Ancient Egypt.* The Term *D̠SR,* with Special Reference to Dynasties I–XX. XXIV–281 Seiten, 24 Figures. 1985.

Bd. 60 CHRISTIAN HERRMANN: *Formen für ägyptische Fayencen.* Katalog der Sammlung des Biblischen Instituts der Universität Freiburg Schweiz und einer Privatsammlung. XXVIII-199 Seiten. 1985.

Bd. 61 HELMUT ENGEL: *Die Susanna-Erzählung.* Einleitung, Übersetzung und Kommentar zum Septuaginta-Text und zur Theodition-Bearbeitung. 205 Seiten + Anhang 11 Seiten. 1985.

Bd. 62 ERNST KUTSCH: *Die chronologischen Daten des Ezechielbuches.* 82 Seiten. 1985.

Bd. 63 MANFRED HUTTER: *Altorientalische Vorstellungen von der Unterwelt.* Literar- und religionsgeschichtliche Überlegungen zu «Nergal und Ereškigal». VIII–187 Seiten. 1985.

Bd. 64 HELGA WEIPPERT/KLAUS SEYBOLD/MANFRED WEIPPERT: *Beiträge zur prophetischen Bildsprache in Israel und Assyrien.* IX–93 Seiten. 1985.

Bd. 65 ABDEL-AZIZ FAHMY SADEK: *Contribution à l'étude de l'Amdouat.* Les variantes tardives du Livre de l'Amdouat dans les papyrus du Musée du Caire. XVI–400 pages, 175 illustrations. 1985.

Bd. 66 HANS-PETER STÄHLI: *Solare Elemente im Jahweglauben des Alten Testamentes.* X–60 Seiten. 1985.

Bd. 67 OTHMAR KEEL / SILVIA SCHROER: *Studien zu den Stempelsiegeln aus Palästina/Israel.* Band I. 115 Seiten, 103 Abbildungen. 1985.

Bd. 68 WALTER BEYERLIN: *Weisheitliche Vergewisserung mit Bezug auf den Zionskult.* Studien zum 125. Psalm. 96 Seiten. 1985.

Bd. 69 RAPHAEL VENTURA: *Living in a City of the Dead.* A Selection of Topographical and Administrative Terms in the Documents of the Theban Necropolis. XII–232 Seiten. 1986.

Bd. 70 CLEMENS LOCHER: *Die Ehre einer Frau in Israel.* Exegetische und rechtsvergleichende Studien zu Dtn 22, 13–21. XVIII–464 Seiten. 1986.

Bd. 71 HANS-PETER MATHYS: *Liebe deinen Nächsten wie dich selbst.* Untersuchungen zum alttestamentlichen Gebot der Nächstenliebe (Lev 19,18). XIV–196 Seiten. 1986. Vergriffen. Neuauflage in Vorbereitung.

Bd. 72 FRIEDRICH ABITZ: *Ramses III. in den Gräbern seiner Söhne.* 156 Seiten, 31 Abbildungen. 1986.

Bd. 73 DOMINIQUE BARTHÉLEMY/DAVID W. GOODING/JOHAN LUST/EMANUEL TOV: *The Story of David and Goliath.* 160 Seiten. 1986.

Bd. 74 SILVIA SCHROER: *In Israel gab es Bilder.* Nachrichten von darstellender Kunst im Alten Testament. XVI–553 Seiten, 146 Abbildungen. 1987.

Bd. 75 ALAN R. SCHULMAN: *Ceremonial Execution and Public Rewards.* Some Historical Scenes on New Kingdom Private Stelae. 296 Seiten, 41 Abbildungen. 1987.

Bd. 76 JOŽE KRAŠOVEC: *La justice (Ṣdq) de Dieu dans la Bible hébraïque et l'interprétation juive et chrétienne.* 456 pages. 1988.

Bd. 77 HELMUT UTZSCHNEIDER: *Das Heiligtum und das Gesetz.* Studien zur Bedeutung der sinaitischen Heiligtumstexte (Ez 25–40; Lev 8–9). XIV–326 Seiten. 1988.

Bd. 78 BERNARD GOSSE: *Isaie 13,1–14,23.* Dans la tradition littéraire du livre d'Isaïe et dans la tradition des oracles contre les nations. 308 pages. 1988.

Bd. 79 INKE W. SCHUMACHER: *Der Gott Sopdu - Der Herr der Fremdländer.* XVI–364 Seiten, 6 Abbildungen. 1988.

Bd. 80 HELLMUT BRUNNER: *Das hörende Herz.* Kleine Schriften zur Religions- und Geistesgeschichte Ägyptens. Herausgegeben von Wolfgang Röllig. 449 Seiten, 55 Abbildungen. 1988.

Bd. 81 WALTER BEYERLIN: *Bleilot, Brecheisen oder was sonst?* Revision einer Amos-Vision. 68 Seiten. 1988.

Bd. 82 MANFRED HUTTER: *Behexung, Entsühnung und Heilung.* Das Ritual der Tunnawiya für ein Königspaar aus mittelhethitischer Zeit (KBo XXI 1 – KUB IX 34 – KBo XXI 6). 186 Seiten. 1988.

Bd. 83 RAPHAEL GIVEON: *Scarabs from Recent Excavations in Israel.* 114 Seiten, 9 Tafeln. 1988.

Bd. 84 MIRIAM LICHTHEIM: *Ancient Egyptian Autobiographies chiefly of the Middle Kingdom.* A Study and an Anthology. 200 Seiten, 10 Seiten Abbildungen. 1988.

Bd. 85 ECKART OTTO: *Rechtsgeschichte der Redaktionen im Kodex Ešnunna und im «Bundesbuch».* Eine redaktionsgeschichtliche und rechtsvergleichende Studie zu altbabylonischen und altisraelitischen Rechtsüberlieferungen. 220 Seiten. 1989.

Bd. 86 ANDRZEJ NIWIŃSKI: *Studies on the Illustrated Theban Funerary Papyri of the 11th and 10th Centuries B.C.* 488 Seiten, 80 Seiten Tafeln. 1989.

Bd. 87 URSULA SEIDL: *Die babylonischen Kudurru-Reliefs.* Symbole mesopotamischer Gottheiten. 236 Seiten, 33 Tafeln und 2 Tabellen. 1989.

Bd. 88 OTHMAR KEEL/HILDI KEEL-LEU/SILVIA SCHROER: *Studien zu den Stempelsiegeln aus Palästina/Israel.* Band II. 364 Seiten, 652 Abbildungen. 1989.

Bd. 89 FRIEDRICH ABITZ: *Baugeschichte und Dekoration des Grabes Ramses' VI.* 202 Seiten, 39 Abbildungen. 1989.

Bd. 90 JOSEPH HENNINGER SVD: *Arabica varia.* Aufsätze zur Kulturgeschichte Arabiens und seiner Randgebiete. Contributions à l'histoire culturelle de l'Arabie et de ses régions limitrophes. 504 Seiten. 1989.

Bd. 91 GEORG FISCHER: *Jahwe unser Gott.* Sprache, Aufbau und Erzähltechnik in der Berufung des Mose (Ex. 3–4). 276 Seiten. 1989.

Bd. 92 MARK A. O'BRIEN: *The Deuteronomistic History Hypothesis:* A Reassessment. 340 Seiten. 1989.

Bd. 93 WALTER BEYERLIN: *Reflexe der Amosvisionen im Jeremiabuch.* 120 Seiten. 1989.

Bd. 94 ENZO CORTESE: *Josua 13-21.* Ein priesterschriftlicher Abschnitt im deuteronomistischen Geschichtswerk. 136 Seiten. 1990.

Bd. 95 ERIK HORNUNG (Herausgeber): *Zum Bild Ägyptens im Mittelalter und in der Renaissance. Comment se représente-t-on l'Egypte au Moyen Age et à la Renaissance.* 268 Seiten. 1990.

Bd. 96 ANDRÉ WIESE: *Zum Bild des Königs auf ägyptischen Siegelamuletten.* 264 Seiten. 1990.

Bd. 97 WOLFGANG ZWICKEL: *Räucherkult und Räuchergeräte.* Exegetische und archäologische Studien zum Räucheropfer im Alten Testament. 372 Seiten. 1990.

Bd. 98 AARON SCHART: *Mose und Israel im Konflikt.* Eine redaktionsgeschichtliche Studie zu den Wüstenerzählungen. 296 Seiten. 1990.

Bd. 99 THOMAS RÖMER: *Israels Väter.* Untersuchungen zur Väterthematik im Deuteronomium und in der deuteronomistischen Tradition. 664 Seiten. 1990.

Bd. 100 OTHMAR KEEL/MENAKHEM SHUVAL/CHRISTOPH UEHLINGER: *Studien zu den Stempelsiegeln aus Palästina/Israel.* Band III. Die Frühe Eisenzeit. Ein Workshop. XIV–456 Seiten. XXII Tafeln. 1990.

Bd. 101 CHRISTOPH UEHLINGER: *Weltreich und «eine Rede».* Eine neue Deutung der sogenannten Turmbauerzählung (Gen 11,1–9). XVI–654 Seiten. 1990.

Bd. 102 BENJAMIN SASS: *Studia Alphabetica.* On the Origin and Early History of the Northwest Semitic, South Semitic and Greek Alphabets. X–120 Seiten. 16 Seiten Abbildungen. 2 Tabellen. 1991.

Bd. 103 ADRIAN SCHENKER: *Text und Sinn im Alten Testament.* Textgeschichtliche und bibeltheologische Studien. VIII–312 Seiten. 1991.

Bd. 104 DANIEL BODI: *The Book of Ezekiel and the Poem of Erra.* IV–332 Seiten. 1991.

Bd. 105 YUICHI OSUMI: *Die Kompositionsgeschichte des Bundesbuches Exodus 20,22b-23,33.* XII–284 Seiten. 1991.

Bd. 106 RUDOLF WERNER: *Kleine Einführung ins Hieroglyphen-Luwische.* XII–112 Seiten. 1991.

Bd. 107 THOMAS STAUBLI: *Das Image der Nomaden im Alten Israel und in der Ikonographie seiner sesshaften Nachbarn.* XII–408 Seiten. 145 Abb. und 3 Falttafeln. 1991.

Bd. 108 MOSHÉ ANBAR: *Les tribus amurrites de Mari.* VIII–256 Seiten. 1991.

Bd. 109 GÉRARD J. NORTON/STEPHEN PISANO (eds.): *Tradition of the Text.* Studies offered to Dominique Barthélemy in Celebration of his 70th Birthday. 336 Seiten. 1991.

Bd. 110 HILDI KEEL-LEU: *Vorderasiatische Stempelsiegel.* Die Sammlung des Biblischen Instituts der Universität Freiburg Schweiz. 180 Seiten. 24 Tafeln. 1992.

Bd. 111 NORBERT LOHFINK: *Die Väter Israels im Deuteronomium.* Mit einer Stellungnahme von Thomas Römer. 152 Seiten. 1991.

Bd. 112 EDMUND HERMSEN: *Die zwei Wege des Jenseits.* Das altägyptische Zweiwegebuch und seine Topographie. XII–282 Seiten, 1 mehrfarbige und 19 schwarzweiss-Abbildungen. 1992.

Bd. 113 CHARLES MAYSTRE: *Les grands prêtres de Ptah de Memphis.* XIV–474 pages, 2 planches. 1992.

Bd. 114 SCHNEIDER THOMAS: *Asiatische Personennamen in Ägyptischen Quellen des Neuen Reiches.* 208 Seiten. 1992.

UNIVERSITÄTSVERLAG FREIBURG SCHWEIZ

Zum vorliegenden Buch

Personennamen sind eine wichtige Quelle für die Kulturgeschichte des Alten Orients. Davon sind die fremdsprachigen Personennamen, die uns aus Ägypten überliefert sind, in mehrerer Hinsicht bedeutsam. Für die Sozialgeschichte des Alten Ägypten sind sie die wichtigsten Indizien zur Identifizierung von Ausländern in ihrer gesellschaftlichen Stellung und, über die Bestimmung ihrer Herkunft, zur Einschätzung des Einflusses anderer Kulturkreise auf die ägyptische Zivilisation. In linguistischer Hinsicht repräsentieren sie eine wichtige Nebenüberlieferung zu den onomastischen Hauptüberlieferungen der Herkunftssprachen und bieten gleichzeitig aufschlussreiches Material für das Transkriptionssystem der sogenannten «Gruppenschrift».
Die vorliegende Arbeit untersucht die vorderasiatischen Personennamen in ägyptischen Quellen des Neuen Reiches (1540–1070). Sie stellt die erste, doppelt so umfangreiche Sammlung des Materials dar seit der Arbeit von W. Helck über die «Beziehungen Ägyptens zu Vorderasien im 3. und 2. Jahrtausend v. Chr. (1962, [2]1971) und die erste umfassende sprachliche Analyse überhaupt auf der Grundlage der semitischen, hurritischen und hethitischen Namenforschung.